SSC

STAFF SELECTION COMMISSION

ग्रुप 'सी'

मल्टी-टास्किंग

(गैर तकनीकी)

भर्ती परीक्षा-2019

19 प्रैक्टिस सेट्स

हल प्रश्न-पत्र

2013, 2014, 2016, 2017 एवं 2018 सहित

G K Publications (P) Ltd

CL MEDIA (P) LTD.

Edition : 2019

ISBN : **978-93-89161-09-0**
Typeset by : *CL Media DTP Unit*

Administrative and Production Offices

Published by : **CL Media (P) Ltd.**
A-45, Mohan Cooperative Industrial Area,
Near Mohan Estate Metro Station,
New Delhi - 110044

Marketed by : **G.K. Publications (P) Ltd.**
A-45, Mohan Cooperative Industrial Area,
Near Mohan Estate Metro Station,
New Delhi - 110044

For product information :
Visit ***www.gkpublications.com*** or email to ***gkp@gkpublications.com***

विषय सूची

➢ हल प्रश्न-पत्र

प्रश्न-पत्र – 2018	1 – 12
प्रश्न-पत्र – 2017	1 – 16
प्रश्न-पत्र – 2016	1 – 16
प्रश्न-पत्र – 2014	1 – 18
प्रश्न-पत्र – 10 - 3 - 2013 (प्रथम पाली)	1 – 14
प्रश्न-पत्र – 10 - 3 - 2013 (द्वितीय पाली)	1 – 14
प्रश्न-पत्र – 17 - 3 - 2013 (प्रथम पाली)	1 – 14
प्रश्न-पत्र – 17 - 3 - 2013 (द्वितीय पाली)	1 – 14
प्रश्न-पत्र – 24 - 3 - 2013 (प्रथम पाली)	1 – 14

➢ अभ्यास पत्र

अभ्यास पत्र – 1	1 – 16
अभ्यास पत्र – 2	1 – 14
अभ्यास पत्र – 3	1 – 15
अभ्यास पत्र – 4	1 – 14
अभ्यास पत्र – 5	1 – 13
अभ्यास पत्र – 6	1 – 14
अभ्यास पत्र – 7	1 – 14
अभ्यास पत्र – 8	1 – 12
अभ्यास पत्र – 9	1 – 15
अभ्यास पत्र – 10	1 – 16

परीक्षा प्रारूप

भाग	विषय	प्रश्नों की संख्या	अधिकतम अंक	समयावधि
(क)	तर्कशक्ति	25	100	90 मिनट
(ख)	गणित	25		
(ग)	अंग्रेजी भाषा	25		
(घ)	सामान्य ज्ञान	25		

हल प्रश्न-पत्र

हल प्रश्न-पत्र – 2018

(स्मृति पर आधारित)

सामान्य बुद्धिमत्ता एवं तर्कशक्ति

1. निम्नलिखित शब्दों को अंग्रेजी शब्दकोश के अनुसार क्रम में रखें।
   (1) Plantain (2) Plough
   (3) Planting (4) Plenteous
   (a) (2), (4), (3), (1) (b) (1), (3), (4), (2)
   (c) (1), (2), (3), (4) (d) (1), (4), (3), (2)

निर्देशः प्रश्न संख्या **2** और **3** में, दिए गए विकल्पों में से सम्बन्धित शब्द/अक्षरों/संख्या को चुनिए।

2. TBHL : UDKP :: XILG : __?__
   (a) YKOL (b) YKOK
   (c) ZLPM (d) YKPL

3. 22 : 495 :: 34 : __?__
   (a) 1173 (b) 2310
   (c) 575 (d) 888

4. यदि EAGER को REGAE लिखा जाए, तो इसी कूट भाषा में NAVER को कैसे लिखा जाएगा?
   (a) AVNRE (b) NAERV
   (c) REVAN (d) ANREV

5. अक्षरों का कौन-सा समूह खाली स्थानों को क्रमवार रखने से दी गई अक्षर श्रंखला को पूरा करेगा।
   ac_bb_a_c_ba
   (a) acab (b) bbac
   (c) cacb (d) acba

6. नीचे दिए गए चार समूहों में से उस समूह को ज्ञात कीजिए जो दिए गए समूह के समान है।
   (3 : 10 : 35)
   (a) (1 : 8 : 24)
   (b) (5 : 14 : 47)
   (c) (6 : 16 : 37)
   (d) (4 : 12 : 40)

निर्देशः प्रश्न संख्या **7** में, दो कथन दिया गए हैं जिसके आगे दो निष्कर्ष I और II निकाले गए हैं। आपको मानना है कि कथन सत्य है चाहे वह सामान्यतः ज्ञात तथ्यों से भिन्न प्रतीत होता हो। आपको निर्णय करना है कि दिए गए निष्कर्षो में से कौन-सा निष्कर्ष निश्चित रूप से निकाला जा सकता है। अपने उत्तर को निर्दिष्ट कीजिए।

7. **कथनः**
   1. कोई बुरा मजबूत नहीं है।
   2. सभी अच्छे बुरे हैं।

   निष्कर्षः
   I. कुछ अच्छे मजबूत हैं।
   II. कोई अच्छा मजबूत नहीं है।
   (a) केवल निष्कर्ष II अनुसरण करता है
   (b) केवल निष्कर्ष I अनुसरण करता है
   (c) या तो निष्कर्ष I या II अनुसरण करता है
   (d) न तो निष्कर्ष I न ही II अनुसरण करता है

निर्देशः प्रश्न संख्या **8** और **9** में, दिए गए विकल्पों में से सम्बन्धित शब्द/अक्षरों/संख्या को चुनिए।

8. लाईट : अपारदर्शी : __?__
   (a) हवा : वायु–रोधी (b) दस्तावेज : लेखक
   (c) रेत : रेगिस्तान (d) लकड़ी : पेड़

9. घर : ईंट :: __?__
   (a) फर्नीचर : मेज (b) कार्बन : हीरा
   (c) फर्नीचर : लकड़ी (d) डीजल : पेट्रोल

10. निम्नलिखित अक्षर श्रृंखला में, कितनी बार 'T' इस प्रकार उपस्थित है, कि 'T' के बाद GA आता है।
    L K T G A P G A T B V T G A M O L T A G I P T G A Q T H G A R
    (a) 2 (b) 5
    (c) 4 (d) 3

11. दिए गए सेट में, उसे चुनिए जो अन्य तीन विकल्पों से भिन्न है।

(a) तना (b) पत्ती

(c) फल (d) पौधा

12. मोनी, रजनी की सास है। सचिन, अमन का इकलौता पुत्र है। अंकिता, मोनी की पुत्री है। नम्रता, सचिन तथा अंकिता दोनों की बहन है। अमन का अंकिता से क्या संबंध है?

(a) पिता (b) भाई

(c) बहनोई (d) पुत्र

13. निम्न विकल्पों में से कौन-सा विकल्प नीचे दिए गए शब्दों का सार्थक क्रम दर्शाता है?

(1) शब्द (2) अनुच्छेद

(3) वाक्य (4) पाठ

(a) (1), (3), (2), (4) (b) (1), (2), (3), (4)

(c) (4), (2), (1), (3) (d) (1), (4), (3), (2)

14. दी गई श्रृंखला में, एक अनुक्रम दिया है, जिसमें एक पद लुप्त है। दिए गए विकल्पों में से वह सही विकल्प चुनिए जो अनुक्रम को पूरा करेगा।

93, 85, 69, 45, ___?___

(a) 15 (b) 13

(c) 21 (d) 11

15. यदि माह की 5वीं तिथि शुक्रवार है, तो माह के चौथे रविवार के 3 दिन पूर्व कौन-सी तिथि होगी?

(a) 25

(b) 26

(c) 27

(d) 24

16. सोहन उत्तर की ओर चल रहा है। फिर वह दाएं ओर मुड़ा, सीधे चला और फिर दाएं ओर मुड़ा, सीधे चला और वह बाएं ओर मुड़ा, सीधे चला। वह फिर से बाएं ओर मुड़ा। अब उसका मुँह किस दिशा की ओर है?

(a) उत्तर

(b) पूर्व

(c) पश्चिम

(d) दक्षिण

निर्देशः प्रश्न संख्या **17** और **18** में, दिए गए विकल्पों में से लुप्त अंक ज्ञात कीजिए।

17.

6	60	8
7	49	5
2	?	4

(a) 10 (b) 12

(c) 14 (d) 16

18.

76	186	100
7	3	2
4	6	5
26	34	?

(a) 18 (b) 22

(c) 26 (d) 24

19. निम्न प्रश्न आकृति में कौन-सी उत्तर आकृति, उसी में छिपी हुई है?

प्रश्न आकृतिः

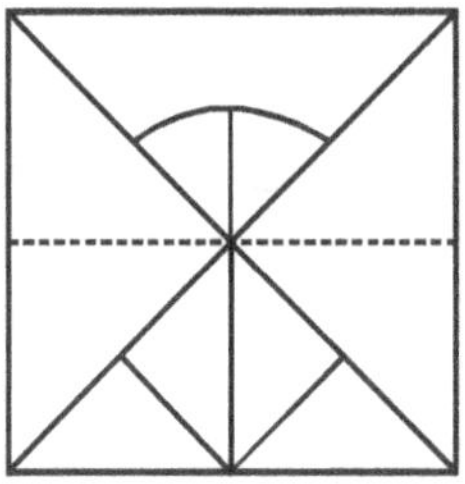

उत्तर आकृतियाँ

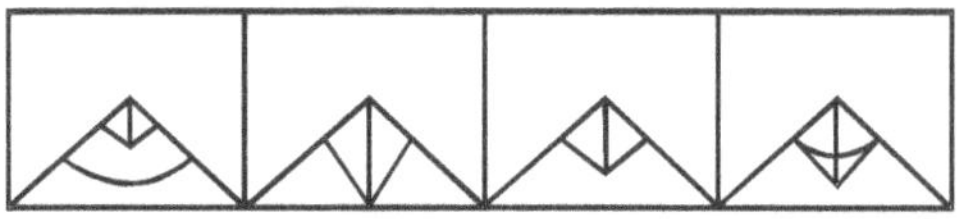

(A) (B) (C) (D)

20.

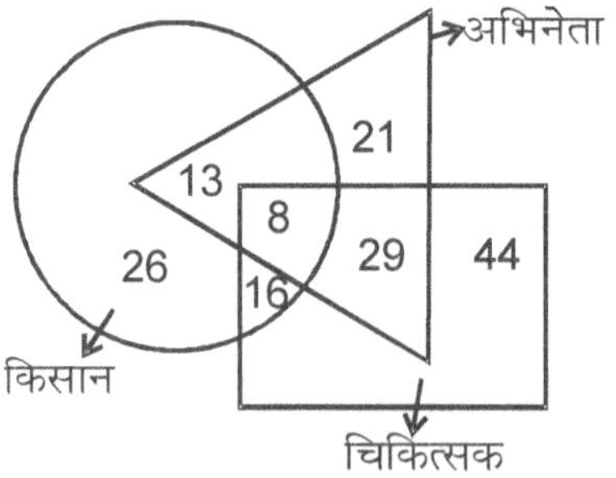

ऐसे चिकित्सक कितने है, जो न तो अभिनेता है न ही किसान हैं?

(a) 29 (b) 16

(c) 44 (d) 8

21. प्रश्न में, यदि एक दर्पण को रेखा MN पर रखा जाए, तो दी गई उत्तर आकृतियों में से कौन-सी आकृति प्रश्न-आकृति की सही प्रतिबिम्ब होगी?

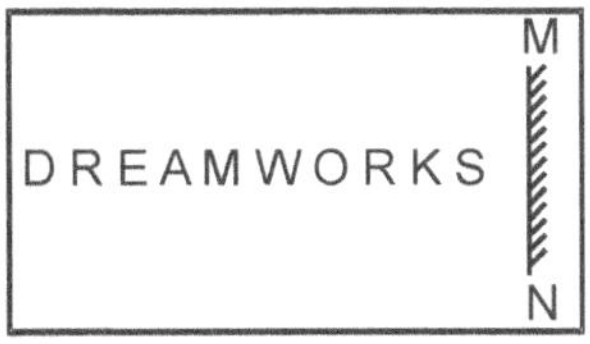

(a) 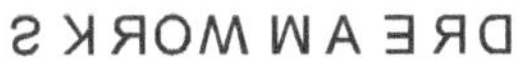

(b) 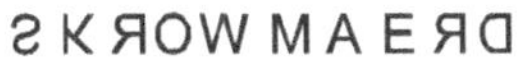

(c) 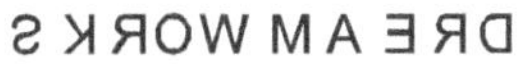

(d) 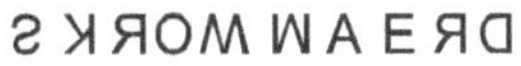

22. एक शब्द केवल एक संख्या-समूह द्वारा दर्शाया गया है, जैसा कि विकल्पों में से किसी एक में दिया गया है। विकल्पों में दिए गए संख्या-समूह अक्षरों के दो वर्गों द्वारा दर्शाए गए हैं, जैसा कि नीचे दिए गए दो आव्यूहों में है। आव्यूह I के स्तम्भ और पंक्ति कि संख्या 0 से 4 में दी गई है और आव्यूह II की 5 से 9 में। इन आव्यूहों से एक अक्षर की पहले उसकी पंक्ति और बाद में स्तम्भ संख्या द्वारा दर्शाया जा सकता है, उदाहरण के लिए 'K' को 00, 11, 43 आदि द्वारा दर्शाया जा सकता है और 'V' को 76, 89, 98 आदि द्वारा दर्शाया जा सकता है। उसी तरह से आपको दिए शब्द **LOST** के लिए समूह को पहचानना है।

आव्यूह–I

	0	1	2	3	4
0	K	T	U	S	N
1	N	K	S	T	U
2	S	N	T	U	K
3	U	S	K	N	T
4	T	U	N	K	S

आव्यूह–II

	5	6	7	8	9
5	V	M	E	L	O
6	O	L	V	E	M
7	L	V	O	M	E
8	M	E	L	O	V
9	E	O	M	V	L

(a) 58, 65, 21, 22 (b) 58, 77, 22, 01
(c) 87, 96, 31, 13 (d) 87, 67, 44, 34

23. दिए गए प्रश्न में विकल्पों में से विषम संख्या-युग्म चुनिए।

(a) 83, 56 (b) 45, 22
(c) 67, 40 (d) 75, 48

24. दिए हुए विकल्पों में से वह शब्द चुनिए जो नीचे दिए गए शब्द में शामिल अक्षरों से **बन** सकता हो।

ADMINISTRATION

(a) STRANGE (b) MINISTER
(c) STATION (d) DIMINISH

25. छात्रों की एक पंक्ति में, A बाएं से चौबीसवें स्थान पर है तथा B दाएं से बारहवें स्थान पर है। जब A तथा B अपने स्थानों की अदला-बदली कर लें, तो B दाएं से सत्ताईसवें स्थान पर हो जाएगा। A बाएं से किस स्थान पर होगा?

(a) 39 (b) 51
(c) 35 (d) 62

अंग्रेजी

Directions: In question nos. **26 and 27**, out of the four alternatives choose the one which can be substituted for the given words/sentence.

26. One who works for free

(a) Public Servant (b) Chancellor
(c) Social worker (d) Volunteer

27. One who thinks of the welfare of women

(a) Feminist (b) Misogynist
(c) Misogamist (d) Effeminate

Directions: In question nos. **28** and **29**, a sentence has been given in Direct/Indirect. Out of the four alternatives suggested, select the one which best expresses the same sentence in Indirect /Direct.

28. "Don't you know him?" I asked.

(a) I asked whether he know him.
(b) I enquired if he knew him.
(c) I asked if he had known him.
(d) I enquired whether he knows him.

29. "I have had the juice", I said.
    (a) I said that I have had the juice.
    (b) I said that I had already had the juice.
    (c) I said that I would have had the juice.
    (d) I said that I had had the juice.

Directions: In question nos. **30** and **31**, a sentence has been given in Active / Passive Voice. Out of the four alternatives suggested, select the one which best expresses the same sentence in Passive/Active Voice.

30. The teachers submitted their quarterly reviews.
    (a) Quarterly reviews had been submitted by the teachers.
    (b) Quarterly reviews were submitted by the teachers.
    (c) Quarterly reviews were being submitted by the teachers.
    (d) Quarterly reviews have been submitted by the teachers.

31. Employees must not leave the company without giving a valid reason.
    (a) The company should not be left by the employees without giving a valid reason.
    (b) The company must not be left by the employees until they give a valid reason.
    (c) Don't leave the company without giving a valid reason by the employees.
    (d) The company cannot be left by the employees until they give a valid reason.

Directions: In questions no. **32 to 36**, you have a brief passage with 5 questions following the passage. Read the passage carefully and choose the best answer to each question out of the four alternatives.

When we talk of education in our present age, we think largely in terms of schools and colleges. The man who is well-to-do spends money to send his son to foreign lands, in the belief that some wonderful process will take place there transforming a dull fellow into a genius. Yet the products of expensive schools and universities often fail to make good. On the other hand, the poor man who has struggled against adversity often earns the highest honour. The fact is that the true background of early education is the home. The home, the influence of the mother, the inspiring examples that are held before the child at an age while he is impressionable, are the true groundwork of character.

32. According to the passage, who helps in our character-building?
    (a) A foreign university
    (b) A well-to-do man
    (c) Examples that inspire
    (d) A man who has earned honour

33. The ideal background of early education is
    (a) a school.
    (b) a college.
    (c) a religious institution.
    (d) the home.

34. From the passage, we get an impression that the highest honour is often earned by
    (a) a man who has received education in a foreign country.
    (b) a man who has struggled against adversity.
    (c) a man who has seen prosperity alone.
    (d) the son of a prosperous man.

35. A well-to-do man sends his son to foreign lands
    (a) because it is the fashion of the day.
    (b) in the belief that his dull son will be transformed into a genius.
    (c) so that the son may learn the customs of those countries.
    (d) in order to make his son familiar with the persons and places of those countries.

36. The expression "the products of expensive schools and universities often fail to make good" means
    (a) they fail to make a mark in life.
    (b) they fail to become intelligent.
    (c) they fail to earn proper living.
    (d) they do not earn good reputation.

Directions: In question nos. **37 and 38**, sentences are given with blanks to be filled in with an appropriate word(s). Four alternatives are suggested for each question. Choose the correct alternative out of the four.

37. It is inconceivable that in many schools children are subjected to physical .... in the name of discipline.
(a) strictness (b) exercise
(c) abuse (d) security

38. The two sides in the civil war signed a peace ....
(a) truce (b) excuse
(c) alibi (d) pretext

Directions: In question nos. **39 and 40**, a part of the sentence is underlined. Below are given alternatives to the underlined part which may improve the sentence. Choose the correct alternative. In case no improvement is needed, your answer is (d).

39. Sharon writes poetry to <u>retard</u> her angst.
(a) settle
(b) pacify
(c) achieve
(d) No improvement

40. Snow White is <u>prettiest of all</u>.
(a) more prettier than all.
(b) most prettiest of all.
(c) the prettiest of all.
(d) No improvement

Directions: In question nos. **41 and 42**, some parts of the sentences have errors and some are correct. Find out which part of a sentence has an error. If a sentence is free from error, your answer is option (d).

41. During the earthquake (a) / people listened a strange noise, (b) / and rushed out of their homes. (c) / No error (d)

42. When the plane landed (a) / he found that (b) / one of the wings is damaged. (c) / No error (d)

Directions: In question nos. **43** and **44**, out of the four alternatives, choose the one which best expresses the meaning of the given word.

43. Absurd
(a) Senseless (b) Clean
(c) Abrupt (d) Candid

44. Philanthropy
(a) Generosity (b) Perversity
(c) Perjury (d) Flaunt

Directions: In question nos. **45 and 46**, four alternatives are given for the idiom / phrase. Choose the alternative which best expresses the meaning of the idiom / phrase.

45. Rain or shine
(a) Whatever the circumstances
(b) Live in poverty
(c) Behave moodily
(d) Relax oneself

46. I can eat a horse
(a) I can do anything to reach my goal
(b) I can defeat the strongest rival
(c) I am extremely hungry
(d) I am a foodie

Directions: In question nos. **47** and **48**, choose the word opposite in meaning to the given word.

47. Belligerent
(a) Tranquil (b) Alert
(c) Support (d) Neglect

48. Detrimental
(a) Demolition (b) Aversion
(c) Beneficial (d) Bad

Directions: In question nos. **49** and **50**, four words are given in each question, out of which only one word is correctly spelt. Find the correctly spelt word.

49. (a) Playgue (b) Plague
(c) Plageu (d) Playgeu

50. (a) Insideous (b) Incidious
(c) Insidous (d) Insidious

संख्यात्मक अभिरुचि

51. सतह से 45 मीटर ऊपर एक बिंदु P से एक टॉवर के शीर्ष का उन्नयन कोंण 45° है। यदि टॉवर की ऊँचाई 105 मीटर है, तो बिंदु P की टॉवर के पाद से दूरी होगी

(a) 50 मीटर (b) 60 मीटर
(c) 75 मीटर (d) 90 मीटर

52. यदि $x^2+4y^2+16z^2=2(x+4y+16z)-21$, तो $\frac{x}{2}-\frac{3}{2y}+5z$ का मान है

(a) 1 (b) 4
(c) $\frac{13}{16}$ (d) 0

53. वर्ष 2012 में 42% कर्मचारियों ने कर का भुगतान किया। कर न देने वाले कर्मचारी कर देने वाले कर्मचरियों से 7,716 ज्यादा हैं। कर्मचारियों की कुल संख्या है

(a) 48,225 (b) 52,250
(c) 64,500 (d) 36,225

54. 5 प्रेक्षणों का औसत 31 है, जब उनमें से प्रत्येक में एक अचर '2C' जोड़ दिया जाए, तो उनका औसत 37 हो जाता है। C का मान है

(a) 6 (b) 3
(c) 2 (d) 1

55. यदि $\operatorname{cosec}\theta+\cot\theta=\sqrt{3}\ (0°\le\theta\le 90°)$, तो $\sin 2\theta$ है

(a) $\frac{\sqrt{3}}{2}$ (b) $\sqrt{3}$
(c) $\frac{1}{2}$ (d) $\frac{1}{\sqrt{2}}$

56. यदि एक 10 सेमी त्रिज्या वाले वृत्त की जीवा 8 सेमी त्रिज्या वाले वृत्त पर स्पर्श रेखा है तथा दोनों वृत्त संकेद्री हैं, तो जीवा की लंबाई है

(a) 4 सेमी (b) 6 सेमी
(c) 12 सेमी (d) 24 सेमी

57. एक 16 सेमी व्यास वाले बेलनाकार बर्तन में कुछ पानी है। यदि उसमें 4 सेमी व्यास वाले दो गोलों को पूरी तरह डूबाया जाता है, तो पानी के तल में वृद्धि होगी

(a) $\frac{1}{3}$ सेमी (b) 3 सेमी
(c) 2 सेमी (d) $\frac{2}{3}$ सेमी

58. एक कार ₹2,87,000 में बेचने पर श्री खन्ना को 30% हानि हुई, तो उस कार का लागत मूल्य था

(a) ₹3,20,000 (b) ₹3,50,000
(c) ₹4,10,000 (d) ₹4,60,000

59. यदि $a^{\frac{1}{3}}+b^{\frac{1}{3}}=c^{\frac{1}{3}}$ है, तो

$\left[(a+b-c)^3+27abc\right]$ के बराबर है

(a) –27 (b) –3
(c) 0 (d) 3

60. एक वस्तु पर 18% की छूट, दूसरी वस्तु पर 24% की छूट के बराबर है। उन दो वस्तुओं का लागत मूल्य नहीं हो सकता है

(a) ₹320 और ₹240 (b) ₹248 और ₹186
(c) ₹152 और ₹114 (d) ₹184 और ₹136

61. A एक कार्य को 32 दिनों में और B वही कार्य 48 दिनों में पूरा करता है। यदि वे दोनों मिलकर वह कार्य 9 दिनों तक करें, तो उस कार्य का कितना भाग शेष रह जाएगा?

(a) $\frac{4}{9}$ (b) $\frac{15}{32}$
(c) $\frac{5}{16}$ (d) $\frac{17}{32}$

62. एक दुकानदार ₹16 और ₹24 प्रति 100 ग्राम लागत वाली दो प्रकार की चाय को एक खास अनुपात में मिलाता है। वह सम्मिश्रित चाय ₹23.40 प्रति 100 ग्राम की दर से बेचता है। यदि इस सौदे में उसका प्रतिशत लाभ 20% है, तो दो प्रकार की चाय का अनुपात है

(a) 9 : 7 (b) 7 : 9
(c) 8 : 9 (d) 11 : 15

63. एक लंब प्रिज्म का आधार एक समकोंण त्रिभुज है जिसकी समकोंण की आसन्न भुजाएँ 8 सेमी तथा 10 सेमी लंबी हैं। प्रिज्म की ऊँचाई 24 सेमी है। प्रिज्म की सामग्री का घनत्व 5 ग्राम/घन सेमी है। प्रिज्म का भार है

(a) 3.6 किग्रा (b) 6.4 किग्रा
(c) 8.4 किग्रा (d) 4.8 किग्रा

64. धारा की गति 5 किमी/घंटा है तथा एक व्यक्ति स्थिर पानी में 16 किमी/घंटा की गति से तैर सकता है। उस व्यक्ति को धारा के साथ 56 किमी तैरने में समय लगेगा

(a) $5\frac{1}{3}$ घंटे (b) $2\frac{1}{5}$ घंटे
(c) $2\frac{2}{3}$ घंटे (d) 3 घंटे

65. किसी धनराशि पर दो क्रमिक वर्षों का चक्रवृद्धि ब्याज क्रमशः ₹315 तथा ₹343.35 है। ब्याज की वार्षिक दर है

(a) 6 (b) 9
(c) $7\frac{1}{2}$ (d) 10

66. I और O त्रिभुज ΔABC के क्रमशः अंतः केन्द्र और परिकेन्द्र हैं। बढ़ाई गई रेखा AI, ΔABC के परिवृत्त को बिंदु D पर प्रतिच्छेदित करती है। यदि $\angle BID = 70°$ तथा $\angle COD = 60°$ है, तो $\angle ACB$ बराबर है

(a) 60° (b) 70°
(c) 40° (d) 50°

67. यदि $\cot^2\theta - \cos^2\theta = x$ है, तो $\cot^2\theta . \cos^2\theta$ का मान है

(a) x (b) 1
(c) $\frac{1}{x}$ (d) 2

68. $\frac{4}{9}, \frac{2}{7}, \frac{5}{8}, \frac{6}{11}$ में सबसे बड़ी भिन्न है

(a) $\frac{5}{8}$ (b) $\frac{4}{9}$
(c) $\frac{6}{11}$ (d) $\frac{2}{7}$

69. यदि चतुर्भुज ABCD में, $\angle DAB = 4\angle ADC$, $\angle ABC = 2(\angle BCD - 5°)$ तथा $(\angle ADC + \angle DCB) = 100°$, है, तो $\angle ABC$ बराबर है

(a) 90° (b) 130°
(c) 120° (d) 150°

70. माना लीजिए $a = 2\sqrt{2}+1$, $b = 3+\sqrt{3}$ तथा $c = \sqrt{5}+\sqrt{6}$. तो नीचे दिए गए चार विकल्पों में से सही विकल्प चुनिए।

(a) a > b > c (b) c > b > a
(c) b > a > c (d) b > c > a

71. 0.54 तथा 0.36 का तीसरा समानुपाती कौन-सा है?

(a) 0.18 (b) 0.24
(c) 0.30 (d) 0.12

निर्देशः सारणी एक कंपनी के 5 कर्मचारियों की आय के स्रोत को दर्शाती है। सारणी का अध्ययन करें और प्रश्न संख्या **72** और **73** के उत्तर दें।

कर्मचारी / आय के स्रोत (₹ में)	A	B	C	D	E
वेतन	15000	12000	24000	21000	9000
बोनस	3000	2400	4800	3600	3000
ओवर टाइम	4500	4800	3000	4400	5200
बकाया	7000	3300	6400	2000	5000
विविध	750	600	1200	400	500
कुल	**30,250**	**23,100**	**39,400**	**31,400**	**22,700**

72. वह कर्मचारी कौन है जिसका बकाया से आय का वेतन से आय के साथ अनुपात न्यूनतम है?

(a) A
(b) E
(c) B
(d) C

73. वह कर्मचारी जो अपनी कुल आय की तुलना में अधिकतम बोनस कमाता है, है

(a) E
(b) C
(c) D
(d) B

निर्देशः निम्न स्तम्भ आलेख का अध्ययन करें और प्रश्न संख्या **74** तथा **75** का उत्तर दें।

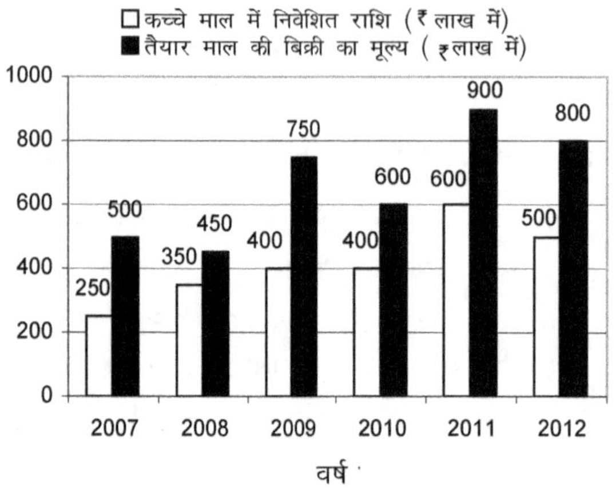

74. 2011 में तैयार माल की बिक्री का मूल्य वर्ष 2007, 2008 तथा 2009 में कच्चे माल में निवेशित कुल राशि का लगभग कितने प्रतिशत था?
    (a) 75% (b) 90%
    (c) 120% (d) 111.11%

75. वह वर्ष कौन-सा था जिसमें कच्चे माल में निवेशित राशि तथा तैयार माल की बिक्री में मूल्य का अंतर सर्वाधिक था?
    (a) 2011 (b) 2007
    (c) 2009 (d) 2012

सामान्य ज्ञान

76. हैदर अली __________ का शासक था।
    (a) बंगाल (b) हैदराबाद
    (c) अवध (d) मैसूर

77. स्टेपीज़ घास के मैदान कहाँ पाएँ जाते हैं?
    (a) मध्य एशिया (b) मध्य अफ्रीका
    (c) ऑस्ट्रेलिया (d) दक्षिण अमेरिका

78. निम्न में से कौन–सा पौधा 'बंगाल का आतंक' नाम से जाना जाता है?
    (a) एमेज़ॅन लिली
    (b) निमफिया
    (c) फ्लोटिंग हार्ट
    (d) वाटर हायसिंथ

79. अनिवार्य वस्तु अधिनियम, अधिनियमित किया गया था वर्षः
    (a) 1947 में (b) 1950 में
    (c) 1955 में (d) 1991 में

80. डोनबास पीपल्स मिलिशिया किस देश में सक्रिय एक सशस्त्र आतंकवादी समूह है?
    (a) सीरिया (b) इराक़
    (c) रूस (d) यूक्रेन

81. निम्न में से कौन 'जीवाश्म ग्रह' के रूप में जाना जाता है?
    (a) प्लूटो (b) सूर्य
    (c) चांद (d) पृथ्वी

82. भारत के राष्ट्रपति के पास ______ को नियुक्त करने की क्षमता है।
    (a) प्रधानमंत्री को
    (b) अटॉर्नी जनरल को
    (c) उच्च न्यायालयों के न्यायधीश को
    (d) उपरोक्त सभी को

83. विटामिन A का रसायनिक नाम क्या है?
    (a) थाइमिन (b) कैल्सिफैरोल
    (c) टोकोफैरोल (d) रेटिनॉल

84. निम्नलिखित में से किसकी मापन इकाई फैरड है?
    (a) विद्युत ल्युमिनेंस (b) विद्युत प्रतिरोध
    (c) विद्युत समाई (d) विद्युत आवेश

85. निम्न में से कौन मेसोपोटेमिया सभ्यता का हिस्सा नहीं था?
    (a) मेलुहा (b) सुमेर
    (c) बेबीलोनिया (d) अक्कड़

86. भारतीय रिजर्व बैंक के दिशा निर्देशों के अनुसार कौन-सी निम्नलिखित संस्थायें भुगतान बैंक स्थापित करने के लिए पात्र नहीं हैं?
    (a) मोबाइल टेलीफोन कंपनियां
    (b) गैर बैंकिंग वित्तीय कंपनियां
    (c) सुपर मार्केट श्रृंखलाएं
    (d) बैंकिंग क्षेत्र में 20 वर्षों के अनुभव वाले निवासी

87. भारतीय संविधान का निम्न में से कौन–सा संशोधन 'लघु संविधान' के रूप में जाना जाता है?

(a) 32वां (b) 42वां

(c) 43वां (d) 49वां

88. वित्त आयोग में अध्यक्ष सहित कुल कितने सदस्य होते हैं?

(a) 3 (b) 4

(c) 5 (d) 6

89. सौंदर्य का अध्ययन क्या कहलाता है?

(a) ओनीरोलॉजी (b) कैलोलॉजी

(c) थैनाटोलॉजी (d) जैलोटोलॉजी

90. निम्न में से कौन–सी याचिका का अर्थ वस्तुतः आदेश होता है?

(a) बंदी प्रत्यक्षीकरण (b) प्रतिषेध

(c) परमादेश (d) अधिकार–पृच्छा

91. निम्न में से कौन–सा प्राचीन विश्वविद्यालय बिहार में स्थित नहीं था?

(a) उदान्तापुरी (b) विक्रमशिला

(c) वल्लभी (d) नालंदा

92. हाल ही में प्रफुल्ल बिदवई का नीदरलैण्ड के एम्सटरडम में देहांत हो गया। वह एक सुप्रसि) _______ थे।

(a) पत्रकार (b) कवि

(c) लेखक (d) नर्तक

93. खमेर रूज शासनकाल निम्न में से किस देश से संबंधित है?

(a) मलेशिया (b) कंबोडिया

(c) म्यांमार (d) वियतनाम

94. यज़ीदी जातीय समुदाय का संबंध निम्न में से किस देश से ________ है?

(a) म्यांमार (b) मेक्सिको

(c) इराक़ (d) केन्या

95. माइटोकोंड्रिया के बारे में निम्न में से कौन–सा कथन गलत है?

(a) हमें अपना माइटोकोंड्रिया केवल हमारी माता से अनुवांशिक रूप से प्राप्त होता है।

(b) वे'सेल के पावर हाउस' कहलाए जाते हैं।

(c) उनमें थोड़ा बहुत डीएनए भी होता है।

(d) वे बैक्टिरिया में मिलते हैं।

96. वह दर्पण जिसका प्रयोग सर्च लाइटों में किया जाता है:

(a) समतल (b) परव लयिक

(c) उत्तल (d) अवतल

97. भारत में राष्ट्रीय विज्ञान दिवस कब मनाया जाता है?

(a) 25 जनवरी (b) 31 जनवरी

(c) 5 फरवरी (d) 28 फरवरी

98. नील आंदोलन ने प्रारम्भिक वर्षों में एक निर्णायक भूमिका अदा कि और गांधीजी को भारतीय राष्ट्रवाद का एक प्रमुख नेता बना दिया। गांधीजी ने नील किसानों के लिए प्रथम सत्याग्रह कहा आयोजित किया था?

(a) बारडोली (b) चंपारण

(c) साबरमती (d) चौरी–चौरा

99. धरण एक निर्जीव तत्व है, यह एक प्रकार का _________

(a) मृदा में अपक्षय होने वाला तत्व

(b) चट्टानों पर दिखने वाला जीवाश्म

(c) प्रयोगशाला में संश्लेषित खाद

(d) विशेष ग्रंथी जो कि पौधे की मृत छाल पर बनता है

100. कौन पहला और एकमात्र टेनिस खिलाड़ी है (पुरूष या स्त्री) जिसने 'कैलेण्डर वर्ष गोल्डन स्लैम' यानि एक कैलेण्डर वर्ष में सभी चार ग्रैण्ड स्लैम एकल खिताब और ओलम्पिक का गोल्ड मैडल भी जीता है?

(a) रोजर फेडरर (b) स्टैफी ग्राफ

(c) बेट्टी हिल्टन (d) राफेल नाडाल

उत्तरमाला

1. (b)	**2.** (b)	**3.** (a)	**4.** (c)	**5.** (c)	**6.** (b)	**7.** (a)	**8.** (a)	**9.** (c)	**10.** (d)
11. (d)	**12.** (a)	**13.** (a)	**14.** (b)	**15.** (a)	**16.** (a)	**17.** (b)	**18.** (b)	**19.** (b)	**20.** (c)
21. (c)	**22.** (c)	**23.** (b)	**24.** (c)	**25.** (a)	**26.** (d)	**27.** (a)	**28.** (b)	**29.** (d)	**30.** (b)
31. (b)	**32.** (c)	**33.** (d)	**34.** (b)	**35.** (b)	**36.** (a)	**37.** (c)	**38.** (a)	**39.** (b)	**40.** (c)
41. (b)	**42.** (c)	**43.** (a)	**44.** (a)	**45.** (a)	**46.** (c)	**47.** (a)	**48.** (c)	**49.** (b)	**50.** (d)
51. (c)	**52.** (b)	**53.** (a)	**54.** (b)	**55.** (a)	**56.** (c)	**57.** (a)	**58.** (c)	**59.** (c)	**60.** (d)
61. (d)	**62.** (a)	**63.** (d)	**64.** (c)	**65.** (b)	**66.** (c)	**67.** (a)	**68.** (a)	**69.** (c)	**70.** (d)
71. (b)	**72.** (d)	**73.** (a)	**74.** (b)	**75.** (c)	**76.** (d)	**77.** (a)	**78.** (d)	**79.** (c)	**80.** (d)
81. (c)	**82.** (d)	**83.** (d)	**84.** (c)	**85.** (a)	**86.** (d)	**87.** (b)	**88.** (c)	**89.** (b)	**90.** (c)
91. (c)	**92.** (a)	**93.** (b)	**94.** (c)	**95.** (d)	**96.** (b)	**97.** (d)	**98.** (b)	**99.** (a)	**100.** (b)

व्याख्या

2\. b सम्बन्धित शब्द में बाएं से अक्षरों की स्थान संख्या क्रमशः 1, 2, 3 तथा 4 से बढ़ता है। अतः XILG से संबन्धित शब्द YKOK है।

3\. a $22^2 + \frac{22}{2} = 495$

$\therefore 34^2 + \frac{34}{2} = 1173.$

4\. c शब्द के अक्षरों को उल्टे क्रम में लिखा गया है। अतः NAVER को REVAN लिखा जाएगा।

5\. c accbba / accbba.

6\. b $3 \times 2 + 4 = 10$

$10 \times 3 + 5 = 35$

इसी प्रकार,

$5 \times 2 + 4 = 14$

$14 \times 3 + 5 = 47.$

7\. a

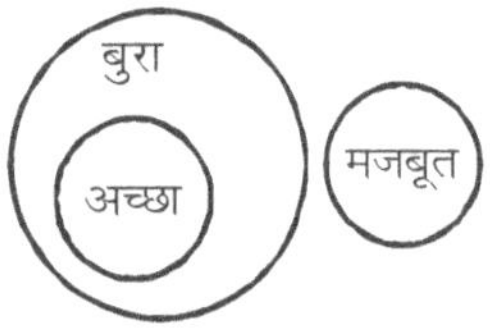

9\. c जैसे घर, ईंट से सम्बन्धित है उसी प्रकार फर्नीचर, लकड़ी से सम्बन्धित है।

10\. d L K **T G A** P G A T B V **T G A** M O L T A G I P **T G A** Q T H G A R

11\. d केवल (D) को छोड़कर सभी पेड़ के भाग हैं।

12\. a

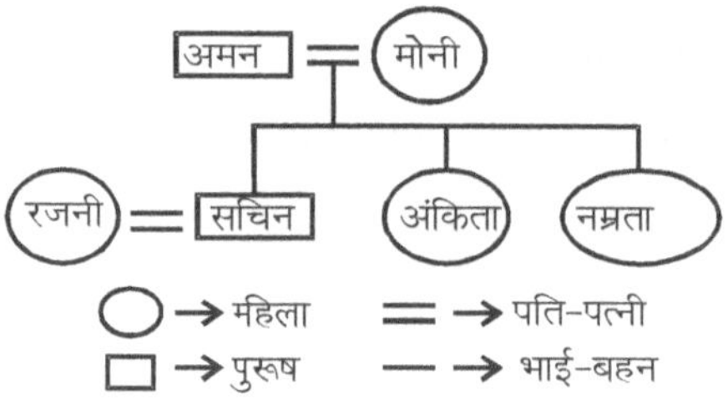

13\. a सही क्रम शब्द – वाक्य – अनुच्छेद – पाठ है।

14\. b $93 - 8 \times 1 = 85$

$85 - 8 \times 2 = 69$

$69 - 8 \times 3 = 45$

$45 - 8 \times 4 = \mathbf{13}.$

15\. a माह का पहला रविवार 5 + 2 = 7 वीं तिथि को होगा, इसलिए चौथा रविवार 28 वीं तिथि को होगा।

अतः अभीष्ट तिथि 28 – 3 = 25 वीं को होगी।

16\. a सोहन का मुँह उत्तर की तरफ था। वह दो बार दाएं ओर तथा दो बार बाएं ओर मुड़ा। अतः अब उसका मुँह उत्तर की ओर है।

17\. b $6 \times (8 + 2) = 66$

$7 \times (5 + 2) = 49$

$\therefore 2 \times (4 + 2) = \mathbf{12}.$

18. b $(26-7)\times 4 = 144$

$(34-3)\times 6 = 186$

$(\mathbf{22}-2)\times 5 = 100.$

22. c L = 58, 66, 75, 87, 99

O = 59, 65, 77, 88, 96

S = 03, 12, 20, 31, 44

T = 01, 13, 22, 34, 40

23. b विकल्प (B) को छोड़कर, प्रत्येक विकल्प में अगली संख्या पहली संख्या से 27 कम है।

25. a अभीष्ट संख्या = 24 + 27 – 12 = 39.

51. c

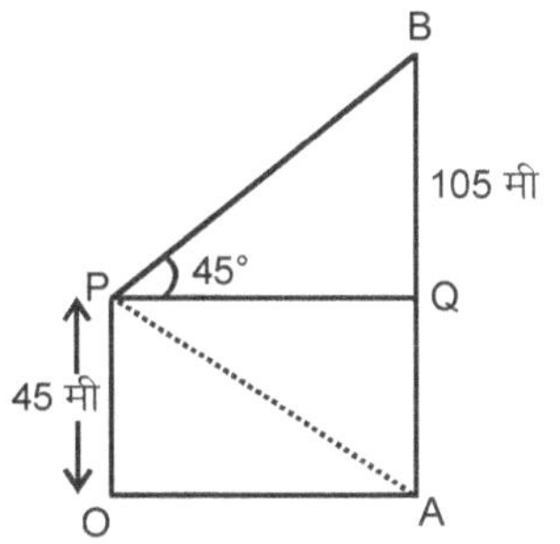

माना AB टॉवर है।

जैसा कि ΔBQP एक समद्विबाहु समकोण त्रिभुज है, तो

PQ = BQ = 105 – 45 = 60 मीटर

$\therefore$ अभीष्ट दूरी = $PA = \sqrt{AQ^2+PQ^2}$

$= \sqrt{45^2+60^2} = 75$ मीटर.

52. b $x^2+4y^2+16z^2 = 2(x+4y+16z)-21$

$\Rightarrow (x-1)^2+4(y-1)^2+16(z-1)^2 = 0$

$\Rightarrow x = y = z = 1$

$\therefore \frac{x}{2}-\frac{3}{2y}+5z = \frac{1}{2}-\frac{3}{2}+5 = 4.$

53. a कर्मचारियों की कुल संख्या

$= \frac{7716}{(100-42-42)}\times 100 = 48{,}225.$

54. b $\frac{31\times 5+5\times 2C}{5} = 37$

$\Rightarrow C = 3.$

55. a $\operatorname{cosec}^2\theta-\cot^2\theta = 1$

$\Rightarrow \operatorname{cosec}\theta-\cot\theta = \frac{1}{\operatorname{cosec}\theta+\cot\theta} = \frac{1}{\sqrt{3}}$

$\Rightarrow \operatorname{cosec}\theta = \frac{(\operatorname{cosec}\theta+\cot\theta)+(\operatorname{cosec}\theta-\cot\theta)}{2}$

$= \frac{\sqrt{3}+\frac{1}{\sqrt{3}}}{2} = \frac{2}{\sqrt{3}} = \operatorname{cosec}60^\circ$

$\therefore \sin 2\theta = \sin 120^\circ = \frac{\sqrt{3}}{2}.$

56. c

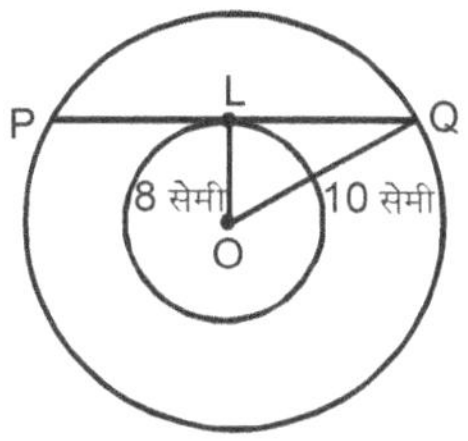

माना PQ जीवा तथा O वृत्त का केन्द्र है, तो

अभीष्ट लंबाई $= 2\sqrt{10^2-8^2} = 12$ सेमी.

57. a माना पानी के तल में वृद्धि x सेमी है, तो

$\pi\times\left(\frac{16}{2}\right)^2\times x = 2\times\frac{4}{3}\times\pi\times\left(\frac{4}{2}\right)^3 \Rightarrow x = \frac{1}{3}.$

58. c लागत मूल्य $= \frac{287000}{\left(1-\frac{30}{100}\right)} =$ ₹4,10,000.

59. c $a^{\frac{1}{3}}+b^{\frac{1}{3}} = c^{\frac{1}{3}}$

दोनों ओर घन करने पर,

$a+b+3\times a^{\frac{1}{3}}\times b^{\frac{1}{3}}\left(a^{\frac{1}{3}}+b^{\frac{1}{3}}\right) = c$

$\Rightarrow (a+b-c)^3 = \left(-3\times a^{\frac{1}{3}}\times b^{\frac{1}{3}}\times c^{\frac{1}{3}}\right)^3$

$\Rightarrow \left[(a+b-c)^3+27abc\right] = 0.$

60. d माना एक वस्तु का लागत मूल्य ₹x तथा दूसरी वस्तु का ₹y है, तो

$x\times\frac{18}{100} = y\times\frac{24}{100} \Rightarrow \frac{x}{y} = \frac{4}{3}.$

$\therefore$ दो वस्तुओं का लागत मूल्य का अनुपात हमेशा 4 : 3 होगा।

61. d अभीष्ट भाग $= 1-\left(\frac{9}{32}+\frac{9}{48}\right)=\frac{17}{32}.$

62. a माना अभीष्ट अनुपात x : y है, तो

$$\frac{16\times x+24\times y}{x+y}=\frac{23.4}{\left(1+\frac{20}{100}\right)}$$

$$\Rightarrow \frac{16\times x+24\times y}{x+y}=19.5$$

$\Rightarrow$ x : y = 9 : 7.

63. d आधार त्रिभुज का क्षेत्रफल

$= \frac{1}{2}\times 8\times 10 = 40$ वर्ग सेमी

$\therefore$ प्रिज्म का आयतन = आधार का क्षेत्रफल × ऊँचाई

= 40 × 24 = 960 घन सेमी

प्रिज्म का भार = घनत्व × आयतन

= 5 × 960 = 4800 ग्राम = 4.8 किग्रा

64. c अभीष्ट समय $= \frac{56}{16+5}=\frac{8}{3}=2\frac{2}{3}$ घंटे।

65. b ब्याज का वार्षिक दर

$= \frac{(343.35-315)}{315}\times 100 = 9\%.$

66. c

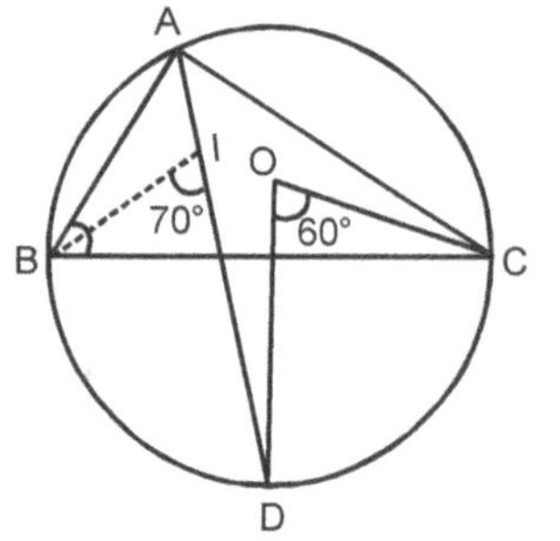

$\angle CAD = \frac{\angle COD}{2}=\frac{60^\circ}{2}=30^\circ$

$\Rightarrow \angle CAB = 2\times\angle CAD = 60^\circ$

Δ ABI में,

$\angle ABI+\angle BAI=\angle BID=70^\circ$

$\Rightarrow \angle ABI = 70^\circ-30^\circ=40^\circ$

$\Rightarrow \angle ABC = 2\angle ABI = 80^\circ$

$\therefore \angle ACB = 180^\circ-\angle ABC-\angle CAB$

$= 180^\circ-80^\circ-60^\circ=40^\circ.$

67. a $\cot^2\theta-\cos^2\theta=\frac{\cos^2\theta}{\sin^2\theta}-\cos^2\theta=\frac{\cos^2\theta}{1-\cos^2\theta}-\cos^2\theta$

$= \frac{\cos^2\theta-\cos^2\theta+\cos^4\theta}{1-\cos^2\theta}=\frac{\cos^2\theta.\cos^2\theta}{\sin^2\theta}$

$= \cot^2\theta.\cos^2\theta = x.$

68. a $\frac{5}{8}>\frac{6}{11}>\frac{4}{9}>\frac{2}{7}.$

69. c माना $\angle ADC = \theta.$ तो

$\angle DAB = 4\times\angle ADC = 4\theta$ तथा $\angle DCB = 100^\circ-\theta$

$\angle ABC = 2(\angle BCD-5^\circ)=2(\angle 100^\circ-\theta-5^\circ)$

$= 190^\circ-2\theta$

अब, $\angle ABC+\angle BCD+\angle CDA+\angle DAB=360^\circ$

$\Rightarrow 190^\circ-2\theta+100^\circ-\theta+\theta+4\theta=360^\circ$

$\Rightarrow \theta=35^\circ$

$\therefore \angle ABC=190^\circ-2\theta=120^\circ.$

70. d $a^2=\left(2\sqrt{2}+1\right)^2=9+4\sqrt{2}, b^2=\left(3+\sqrt{3}\right)^2$

$=12+6\sqrt{3}, c^2=\left(\sqrt{5}+\sqrt{6}\right)^2=11+2\sqrt{30}$

$\Rightarrow b^2>c^2>a^2$

$\Rightarrow b>c>a.$

71. b तीसरा समानुपाती $= \frac{0.36^2}{0.54}=0.24.$

72. d सारणी से स्पष्ट है कि C का अनुपात न्यूनतम है। तथा अनुपात

$= \frac{6400}{24000}=\frac{4}{15}.$

73. a सारणी से स्पष्ट है कि E अपनी कुल आय की तुलना में अधिकतम बोनस कमाता है।

74. b अभीष्ट प्रतिशत

$= \frac{900}{250+350+400}\times 100=90\%.$

75. c लेखाचित्र से स्पष्ट है कि अभीष्ट अंतर 2009 में सर्वाधिक है।

हल प्रश्न-पत्र – 2017

(स्मृति पर आधारित)

सामान्य बुद्धिमत्ता एवं तर्कशक्ति

1. दिए गए विकल्पों में से संबंधित शब्द को चुनिए।

ग्रन्थी : एडेनोलॉजी : : ? : ऐपियोलॉजी

(1) मकड़ी (2) पक्षी

(3) मुधमक्खी (4) मिट्टी

2. दिए गए विकल्पों में से संबंधित अक्षरों के समूह को चुनिए।

EVUF : JQPK : : CXWD : ?

(1) SHIR (2) HSRI

(3) HRTG (4) HIRS

3. दिए गए विकल्पों में से संबंधित संख्या को चुनिए।

34 : 45 : : 98 : ?

(1) 119 (2) 121

(3) 109 (4) 117

4. दिए गए विकल्पों में से विषम शब्द को चुनिए।

(A) रीयल (B) क्रोना

(C) फ्रैंक (D) पैसा

(1) A (2) C

(3) D (4) B

5. दिए गए विकल्पों में से विषम अक्षरों के समूह को चुनिए।

(A) EAIL (B) HBLO

(C) JFNQ (D) VRZC

(1) C (2) B

(3) D (4) A

6. दिए गए विकल्पों में से विषम संख्या युग्म को चुनिए।

(A) 4856 - 23 (B) 5260 - 13

(C) 7849 - 28 (D) 2499 - 26

(1) D (2) C

(3) A (4) B

7. निम्न विकल्पों में से कौन-सा विकल्प नीचे दिए हुए शब्दों को अंग्रेजी शब्दकोष के अनुसार इनके क्रम को दर्शाता है?

(1) Offscreen (2) Overstaff

(3) Offensive (4) Officials

(5) Offending

(1) 5, 3, 2, 4, 1 (2) 5, 4, 3, 2, 1

(3) 5, 3, 4, 1, 2 (4) 3, 5, 4, 1, 2

8. एक अनुक्रम दिया है, जिसमें एक पद लुप्त है। दिए गए विकल्पों में से वह सही विकल्प चुनिए जो अनुक्रम में प्रश्न चिन्ह (?) के स्थान पर आएगा।

TNG, VLH, ?, CEJ, HZK

(1) YIJ (2) YII

(3) WIJ (4) ZJI

9. एक अनुक्रम दिया है, जिसमें एक पद लुप्त है। दिए गए विकल्पों में से वह सही विकल्प चुनिए जो अनुक्रम को पूरा करे।

123, 173, 297, 371, 534, ?

(1) 852

(2) 853

(3) 747

(4) 793

10. अपने दोस्त से R का परिचय कराते हुए N ने कहा "R के पिता K के पुत्र है। S, K का दामाद है। S का पुत्र P है जो कि Q का पसंदीदा पौत्र है। Q की इकलौती पुत्री, J, मेरी माता है"। N का S से क्या संबंध है?

(1) माता

(2) पुत्री

(3) बहन

(4) पिता

11. एक तेज चलने वाली घड़ी जो कि प्रत्येक घंटे में 1 मिनट समय बढ़ा देती है, 1 बजे दोपहर को शुरू की जाती है। तेज चलने वाली घड़ी में जब रात के 7 बजते हैं तो उस समय सामान्य घड़ी में समय (अपराह्न) क्या है?

(1) $6{:}54\frac{60}{61}$ (2) $6{:}54\frac{6}{61}$

(3) $6{:}55\frac{60}{61}$ (4) $6{:}55\frac{56}{61}$

12. निम्नलिखित विकल्पों में वह शब्द चुनिए जो दिए गए शब्द के अक्षरों का प्रयोग करके **नहीं** बनाया जा सकता।

CONSPIRACY

(1) CRAYONS (2) PROSAIC

(3) RACOONS (4) ACRONIC

13. यदि SPLINTER को JMQTQDSM कोडित किया जाता है, तो CREATION का कोड क्या होगा?

(1) BFDSMHNS (2) BDSFMNSH

(3) BFSDMHSN (4) BFSDMNHS

14. यदि (+) को गुना, (×) को जोड़, (–) को भाग और (÷) को घटाना दर्शाया जाता है, तो निम्नलिखित विकल्पों में से 167 के बराबर कौन-सा है?

(1) 23 – 51 + 65 × 15 ÷ 5

(2) 23 – 51 × 65 ÷ 15 + 5

(3) 23 ÷ 51 × 65 + 15 – 5

(4) 23 + 51 – 65 ÷ 15 × 5

15. यदि 6 @ 7 & 5 = 165

3 @ 9 & 4 = 156

9 @ 8 & 6 = 218, है, तो 7 @ 8 & 2 का मान क्या है।

(1) 164 (2) 184

(3) 176 (4) 166

16. दिए गए विकल्पों में से लुप्त संख्या ज्ञात कीजिए।

24	43	?
42	35	23
31	22	47

(1) 41 (2) 33

(3) 30 (4) 42

17. D, E से पश्चिम में 12 मी की दूरी पर है। E, F के दक्षिण में 17 मी की दूरी पर है। A, B से उत्तर में 25 मी की दूरी पर है। B, C के पश्चिम में 18 मी दूरी पर है जो कि D के दक्षिण में 13 मी की दूरी पर है। F, G से पूर्व में 30 मी की दूरी पर है। A, G से कितनी दूरी पर और किस दिशा में है?

(1) 5 मी, उत्तर (2) 5 मी, दक्षिण

(3) 10 मी, दक्षिण (4) 10 मी, उत्तर

निर्देश **(प्रश्न 18):** नीचे दिए गए कथनों को सत्य मानते हुए निर्णय लीजिए कि कौन-सा निष्कर्ष अनुसरण करता है।

18. कथन:

1. कुछ पुरूष सैनिक हैं।
2. सभी सैनिक टैंक हैं।

निष्कर्ष:

1. कुछ पुरूष टैंक हैं।
2. सभी पुरूष टैंक हो सकते हैं।

विकल्प:

(1) केवल निष्कर्ष I अनुसरण करता है।

(2) केवल निष्कर्ष II अनुसरण करता है।

(3) निष्कर्ष I और II दोनों अनुसरण करते हैं।

(4) न ही निष्कर्ष I न ही II अनुसरण करता है।

19. निम्नलिखित प्रश्न में एक घन की चार स्थितियाँ दर्शायी गई हैं। E के विपरीत क्या आएगा?

प्रश्न आकृति:

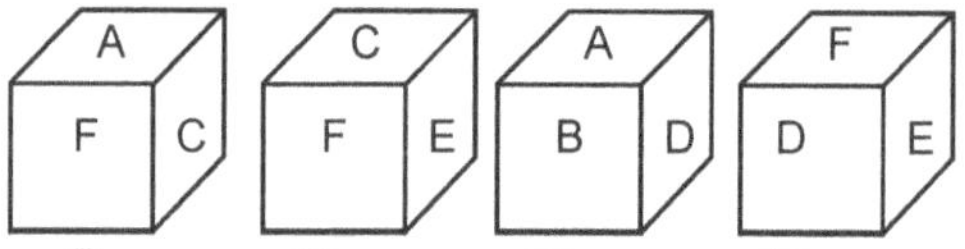

(i) (ii) (iii) (iv)

(1) D (2) B

(3) A (4) F

20. नीचे दी गई आकृतियों में से कौन-सी आकृति वोटर, पुरूष और बच्चे के बीच के संबंध को दर्शाती है?

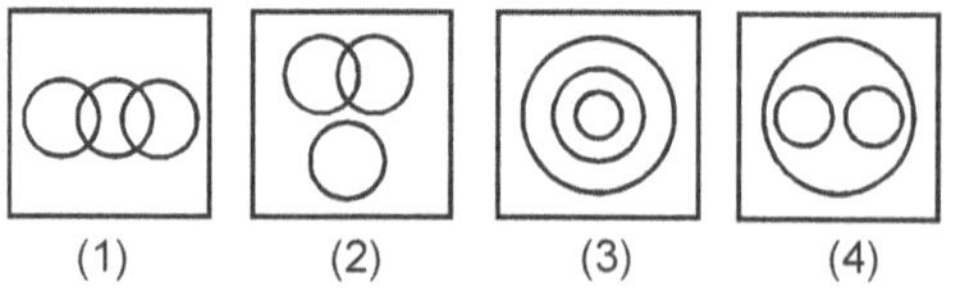

(1) (2) (3) (4)

21. नीचे दिए गए प्रश्न में, कौन-सी उत्तर आकृति प्रश्न आकृति के प्रतिरूप को पूरा करेगी?

प्रश्न आकृतिः

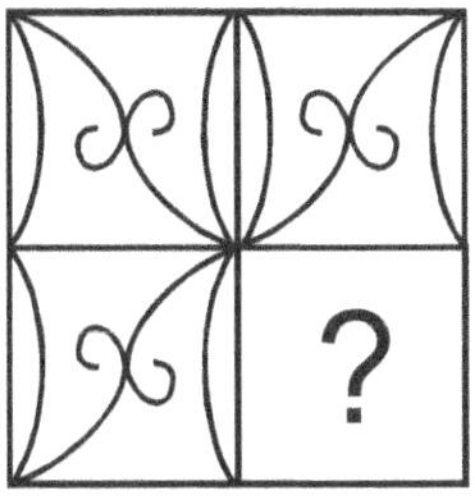

उत्तर आकृतियाँः

(1) 

(2) 

(3) 

(4) 

22. दी गई उत्तर आकृतियों में से उस आकृति को चुनिए जो प्रश्न आकृति में निहित है।

प्रश्न आकृतिः

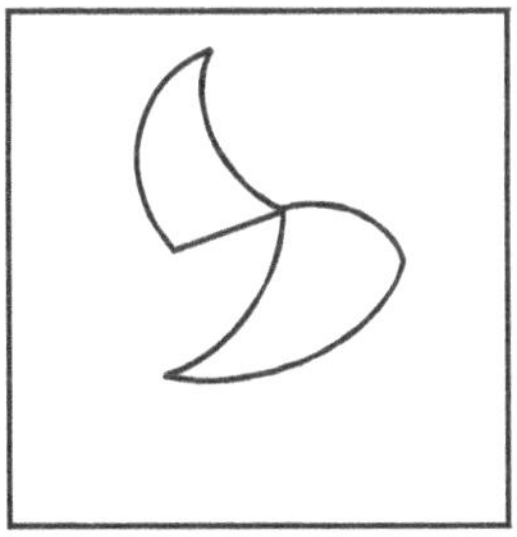

उत्तर आकृतियाँः

(1) 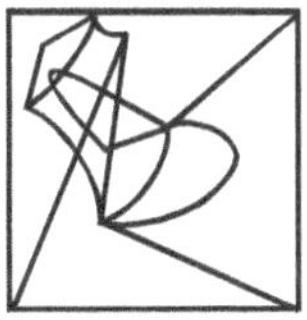

(2) 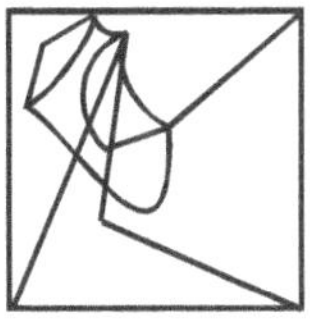

(3) 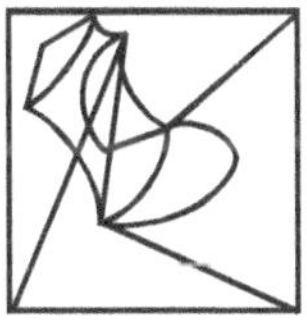

(4) 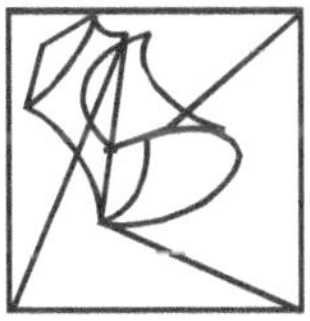

23. उत्तर आकृतियों में से उस आकृति को पहचानिए, जो प्रश्न आकृति का प्रतिबिंब है, यदि दर्पण को रेखा 'MN' पर रखा गया है।

प्रश्न आकृतिः

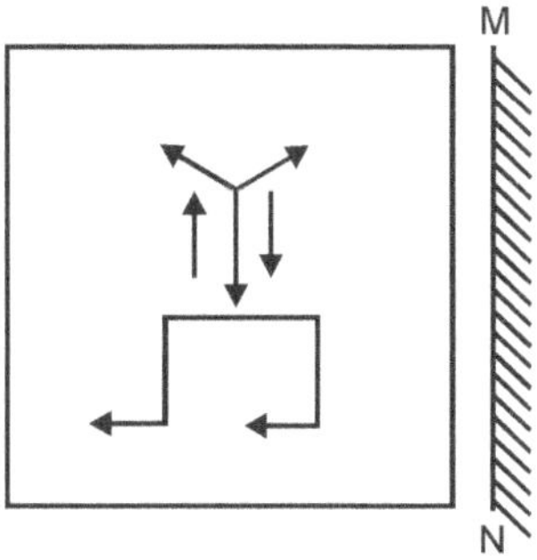

उत्तर आकृतियाँ :

(1) 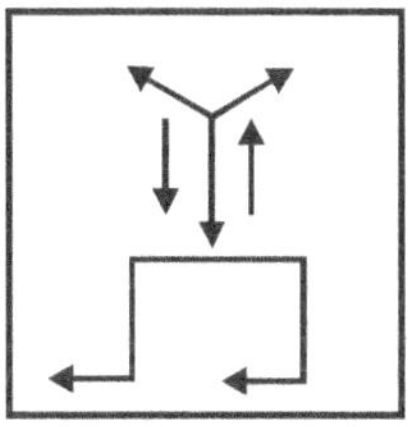

(2) 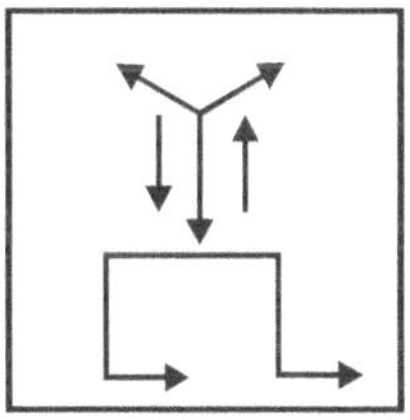

(3) 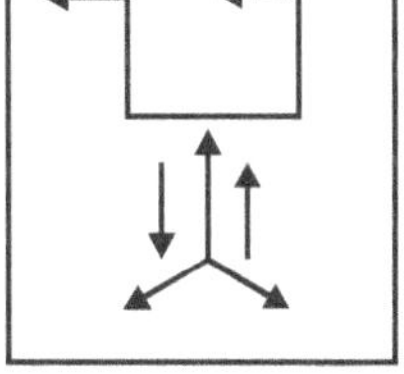

(4) 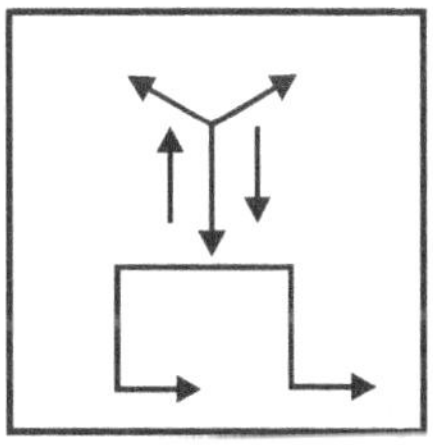

24. नीचे प्रश्न आकृतियों में दिखाए अनुसार काग़ज को मोड़कर छेदने तथा खोलने के बाद वह किस उत्तर आकृति जैसा दिखाई देगा?

प्रश्न आकृतियाँ:

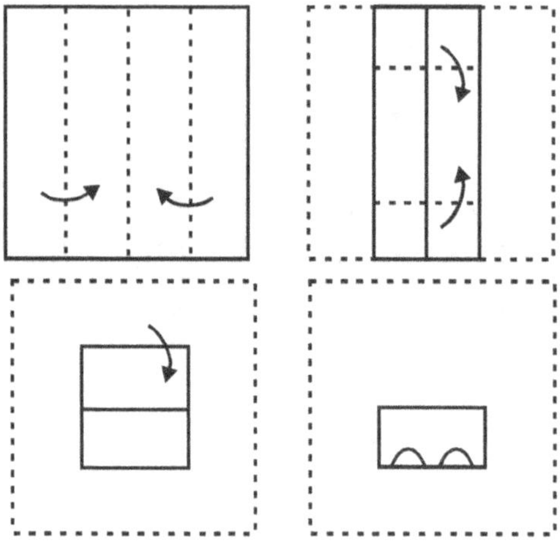

उत्तर आकृतियाँ :

(1)
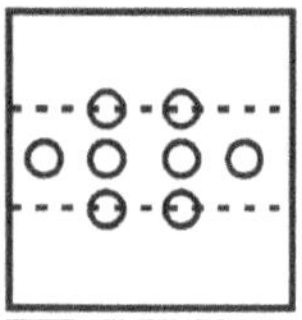

(2)
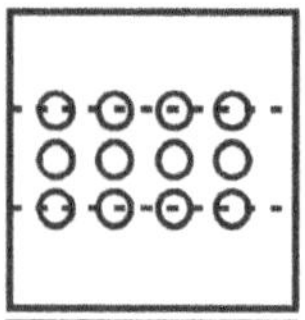

(3)
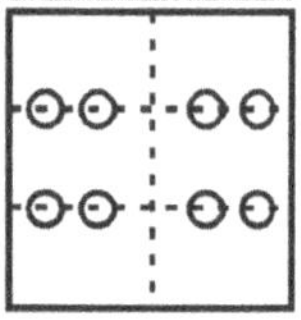

(4)
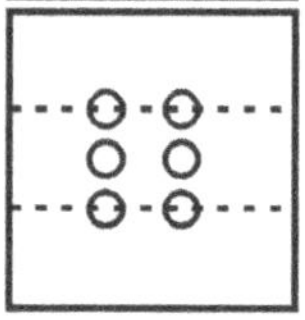

25. निम्नलिखित प्रश्न में, एक शब्द केवल एक संख्या-समूह द्वारा दर्शाया गया है। जैसा कि विकल्पों में से किसी एक में दिया गया है। विकल्पों में दिए गए संख्या-समूह अक्षरों के दो वर्गों द्वारा दर्शाए गए हैं, जैसा कि नीचे दिए गए दो आव्यूहों में है। आव्यूह I के स्तम्भ और पंक्ति की संख्या 0 से 4 में दी गयी है और आव्यूह II की 5 से 9, इन आव्यूहों से एक अक्षर को पहले उसकी पंक्ति और बाद में स्तम्भ संख्या द्वारा दर्शाया जा सकता है। उदाहरण के लिए 'H' को 10, 97 आदि द्वारा दर्शाया जा सकता है। तथा 'O' को 43, 58 आदि द्वारा दर्शाया जा सकता है। इसी तरह से आपको प्रश्न में दिए शब्द '**FRESH**' के लिए समूह को पहचानना है।

आव्यूह- I

	0	1	2	3	4
0	D	O	F	B	G
1	H	C	A	P	U
2	B	S	G	D	R
3	R	E	S	C	I
4	F	P	H	O	A

आव्यूह- II

	5	6	7	8	9
5	E	S	H	O	F
6	P	D	A	R	E
7	S	F	G	I	U
8	R	U	I	D	P
9	A	O	H	B	E

(1) 02, 24, 31, 75, 99

(2) 02, 85, 30, 56, 10

(3) 40, 68, 55, 75, 42

(4) 59, 24, 69, 68, 10

संख्यात्मक अभिरुचि

26. एक टैंक में रिसाव है जो कि टैंक को 9 घंटे में खाली कर सकता है। हालांकि, यदि इनलेट पाइप को खोल दिया जाए तो पूरा भरा हुआ टैंक 15 घंटे में पूरी तरह खाली हो जाता है। यदि इनलेट पाइप टैंक को 8 लीटर/मिनट की दर से भरता है तो टैंक का आयतन ज्ञात करें।

(1) 10,836 लीटर (2) 10,800 लीटर

(3) 11,700 लीटर (4) 12,600 लीटर

27. एक दुकानदार पेनों को 30% लाभ और पेसिंलों को 50% लाभ पर बेचता है। यदि दुकानदार द्वारा बेचे गये पेनों और पेंसिलों का अनुपात 1 : 2 होता, तो कुल लाभ 45% हो जाता। यदि दुकानदार, पेनों और पेंसिलों को 3 : 2 के अनुपात में बेचता है, तो दुकानदार द्वारा प्राप्त कुल लाभ क्या होगा?

(1) 40% (2) 48%

(3) 50% (4) 54%

28. संख्याएं x, y और z क्रमशः 3 : 4 : 5 के आनुपातिक हैं और $x + y + z = 192$ है। यदि $y = 2x - a$ और $z = 2b - y$ है, तो $2b - 3a$ का मान ज्ञात करें।

(1) 44 (2) 48

(3) 52 (4) 56

29. x वस्तुओं का क्रय मूल्य 20 वस्तुओं के विक्रय मूल्य के बराबर है जिसके कारण प्रतिशत हानि 20% होती है। यदि x वस्तुओं का विक्रय मूल्य 24 वस्तुओं के क्रय मूल्य के बराबर है, तो लाभ या हानि ज्ञात करें।

(1) 20% (2) 25%

(3) 40% (4) 50%

30. चीनी का क्रय मूल्य 40% बढ़ जाता है और परिवार का खर्चा 25% बढ़ जाता है। यदि परिवार में चीनी की खपत 6 किग्रा घट जाती है, तो परिवार द्वारा प्रयोग की जाने वाली चीनी की प्रारंभिक मात्रा ज्ञात करें।

(1) 28 किग्रा (2) 56 किग्रा
(3) 42 किग्रा (4) 49 किग्रा

31. यदि 300 मी की दौड़ में A, B को 25 मीटर की शुरूआती बढ़त देता है, तो A दौड़ को 14 सेंकड से जीत जाता है। जबकि 250 मीटर की दौड़ में A, B को अगर 50 मीटर की शुरूआती बढ़त देता है तो दौड़ बराबरी पर खत्म होती है। यदि 350 मीटर दौड़ में A, B को 75 मी की शुरूआती बढ़त देता है, तो अंतिम परिणाम क्या होगा?

(1) A, B को 2 सेंकड से हराएगा
(2) B, A को 2 सेंकड से हराएगा
(3) A, B को 1.5 सेंकड से हराएगा
(4) B, A को 1.5 सेंकड से हराएगा

32. पिंकी ने पारकर से रु. 3,640 उधार लिए और तीन बराबर वार्षिक किस्तों में वापस करने का वादा किया। यदि प्रतिवर्ष चक्रवृद्धि ब्याज 20% है, तो प्रत्येक किस्त का मान बताएं।

(1) रु. 1,728 (2) रु. 1,648
(3) रु. 1,754 (4) रु. 1,668

33. $2x^2+\frac{1}{3x^2-2}+3$ का न्यूनतम मान क्या है?

(1) 3 (2) 2.5
(3) 3.5 (4) 2

34. यदि $x^{x\sqrt{x}}=\left(x\sqrt{x}\right)^x$ है, तो $\sqrt{x}$ का मान क्या है?

(1) $\frac{3}{2}$
(2) $\frac{3}{4}$
(3) $\frac{9}{2}$
(4) $\frac{9}{4}$

35. त्रिकोणीय आधार ABC वाला एक पिरामिड है जिसमें AB = 25 सेमी, BC = 15 सेमी और CA = 20 सेमी। यदि बिन्दु D, C के लंबवत 16 सेमी की ऊँचाई पर है, तो पिरामिड का सतही क्षेत्रफल ज्ञात करें।

(1) 640 सेमी^{2} (2) 720 सेमी^{2}
(3) 680 सेमी^{2} (4) 760 सेमी^{2}

36. एक शंकु अपने आधार के सामानांतर सीधे काटा जाता है। यदि उसका ऊपरी भाग हटा दिया जाता है, तो एक बाल्टी बन जाती है। यदि बाल्टी के घुमावदार सतह के क्षेत्रफल, शंकु के घुमावदार क्षेत्रफल के $\frac{15}{16}$ वां भाग है और शंकु की त्रिज्या 8 सेमी तथा शंकु की ऊँचाई 20 सेमी है, तो बाल्टी का आयतन ज्ञात कीजिए।

(1) 326 π सेमी^{3} (2) 424 π सेमी^{3}
(3) 420 π सेमी^{3} (4) 318 π सेमी^{3}

37. यदि x cosA = sinA + 1 है, तो $x^2-(1+x^2)$sinA का मान क्या है?

(1) – 1 (2) 0
(3) 1 (4) 2

38. कुछ दोस्त खाने पर गए और उन्होनें निश्चय किया कि कुल रु. 630 खर्च करेंगे। लेकिन बाद में उनमें से चार दोस्तों के वापस जाने के कारण बचे हुए प्रत्येक दोस्त को पिछले औसत से रु. 18 अधिक खर्च करने पड़े। प्रारंभ में खाने पर जाने वाले दोस्तों की संख्या ज्ञात कीजिए।

(1) 10 (2) 12
(3) 14 (4) 16

39. पहले डिब्बे के मिश्रण में दूध और पानी का अनुपात 3 : 2 है, दूसरे डिब्बे में 7 : 3 तथा तीसरे डिब्बे में11 : 4 है। यदि इन डिब्बों के मिश्रणों की मात्रा को चौथे डिब्बे में डाला जाए और पहले तीन डिब्बों में मिश्रण की मात्रा बराबर हो, तो चौथे डिब्बे में दूध और पानी के आयतन का अनुपात ज्ञात कीजिए।

(1) 60 : 29 (2) 61 : 30
(3) 59 : 30 (4) 61 : 29

40. यदि $2x-\sqrt{a}=\frac{1}{\sqrt{a}}$ और $a > 0$ है, तो $\frac{\sqrt{x^2-1}}{x-\sqrt{x^2-1}}$ का मान ज्ञात कीजिए।

(1) 0 (2) $\frac{a-1}{2}$

(3) 1 (4) $\frac{a+1}{2}$

41. यदि $\frac{a}{1-a}+\frac{b}{1-b}+\frac{c}{1-c}+\frac{d}{1-d}+\frac{e}{1-e}=1$ है, तो

$\frac{a+1}{1-a}+\frac{b+1}{1-b}+\frac{c+1}{1-c}+\frac{d+1}{1-d}+\frac{e+1}{1-e}$ का मान क्या होगा?

(1) 3 (2) 5

(3) 6 (4) 7

42. यदि एक बहुभुज के बाहरी कोण और अन्तः कोण का अनुपात 1 : 9 है, तो बहुभुज की भुजाओं की संख्या ज्ञात करें।

(1) 16 (2) 20

(3) 14 (4) 18

43. C_1 और C_2 केन्द्र वाले दो वृत्त एक दूसरे को दो बिन्दुओं पर काटते हैं। यदि उनके क्षेत्रफलों का योग 74π सेमी^{2} है और उनकी त्रिज्याओं का योग 12 सेमी हैं तथा उनके केन्द्रों के बीच की दूरी 9 सेमी है, तो उस वृत का क्षेत्रफल ज्ञात करें जिसका व्यास C_1C_2 के उस भाग की लंबाई के बराबर होता है जो कि दोनों वृत्तों के प्रतिच्छेद भाग में पड़ता है।

(1) 4π सेमी^{2} (2) 6.25π सेमी^{2}

(3) 9π सेमी^{2} (4) 2.25π सेमी^{2}

44. एक इमारत के शीर्ष पर एक झंडा स्थित है। जमीन पर स्थित एक बिन्दु से झंडे के शीर्ष और झंडे के आधार पर बनने वाले उन्नयन कोण क्रमशः 60° और 30° हैं। यदि झंडे की ऊंचाई 150 मी है, तो इमारत की ऊंचाई ज्ञात करें।

(1) 75 मी (2) $150(\sqrt{3}-1)$ मी

(3) $50(3-\sqrt{3})$ मी (4) $75(\sqrt{3}-1)$ मी

45. एक ठोस प्रिज्म का आधार त्रिकोणीय है जिसकी तीन भुजाएं 34 सेमी, 16 सेमी और 30 सेमी हैं। यदि प्रिज्म की ऊंचाई 16 सेमी है, तो प्रिज्म का आयतन ज्ञात करें।

(1) 3560 सेमी^{3} (2) 3650 सेमी^{3}

(3) 3640 सेमी^{3} (4) 3840 सेमी^{3}

46. एक त्रिभुज ABC है जिसमें AB = 6 सेमी, BC = 7 सेमी और CA = 8 सेमी है। AD एक रेखा है जो BC को बिन्दु D पर इस प्रकार स्पर्श करती है कि DC = 4 सेमी। यदि $\angle ABC = 48°$ और $\angle ACB = 64°$ है, तो $\angle ADC$ का मान ज्ञात करें।

(1) 68° (2) 74°

(3) 82° (4) 84°

निर्देश (प्र. 47 से 50) नीचे दी गई जानकारी के आधार पर प्रश्नों के उत्तर दें।

नीचे दिए गए बार ग्राफ में वर्ष 2010 से 2016 के दौरान कैरियर लॉचर में पढ़ने वाले लड़कों व लड़कियों की संख्या (सैंकड़े में) को दर्शाया गया है।

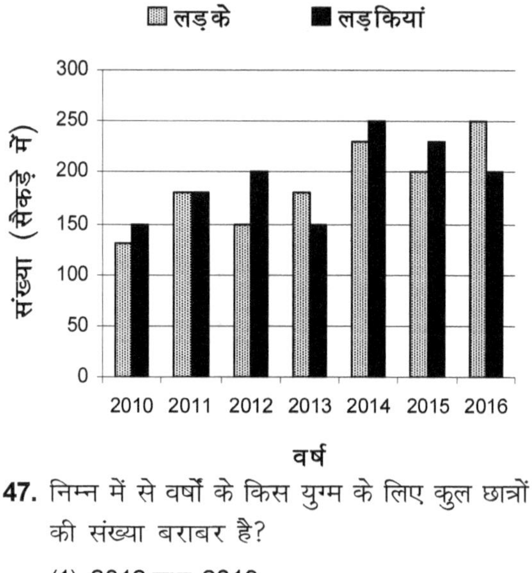

47. निम्न में से वर्षों के किस युग्म के लिए कुल छात्रों की संख्या बराबर है?

(1) 2012 तथा 2013

(2) 2015 तथा 2016

(3) 2014 तथा 2016

(4) 2011 तथा 2012

48. दी गई समयावधि में कुल लड़को और लड़कियों की संख्या का अनुपात क्या है?

(1) 26 : 27 (2) 13 : 14
(3) 27 : 26 (4) 14 : 13

49. किस वर्ष के दौरान लड़को की संख्या में पिछले वर्ष की तुलना में सर्वाधिक वृद्धि/कमी हुई है?

(1) 2011 (2) 2013
(3) 2016 (4) 2014

50. दी गई समयावधि में लड़कियों की औसत संख्या लगभग क्या है?

(1) 22500 (2) 21600
(3) 19300 (4) 18500

अंग्रेजी

Directions (Question 51): In the following question, out of the four alternatives, choose the word which best expresses the meaning of the word given in bold and click the button corresponding to it.

51. Queasy

(1) Assimilative (2) Nauseous
(3) Happy (4) Aggressive

Directions (Question 52): In the following question, out of the four alternatives, choose the word which is opposite in meaning to the word given in bold and click the button corresponding to it.

52. Tethered

(1) Ethereal (2) Festive
(3) Unbounded (4) Tacit

Directions (Question 53): Four words are given, out of which only one word is spelt correctly. Choose the correctly spelt word and click the button corresponding to it.

53. (1) Friter (2) Freter
(3) Fraeter (4) Fritter

Directions (Question nos. 54 to 56): In the following questions, one part of the sentence may have an error. Find out which part of the sentence has an error and click the button corresponding to it. If the sentence is free from error, click the "No error" option.

54. Copper is (A)/ an(B)/ useful metal. (C)/ No error (D)

(1) A (2) B
(3) C (4) D

55. Ganges (A)/ flows through (B)/ the town of Garhmukteshwar. (C)/ No error (D)

(1) A (2) B
(3) C (4) D

56. The Arabian Nights (A)/ are still a (B)/ great favourite among children. (C)/ No error (D)

(1) A (2) B
(3) C (4) D

Directions (Question nos. 57 to 59): The sentences given with blanks are to be filled with an appropriate word(s). Four alternatives are suggested. For each question, choose the correct alternative and click the button corresponding to it.

57. Two-thirds of the fort ____ in ruins.

(1) is (2) are
(3) were (4) have been

58. We _________ the matter yesterday.

(1) discuss
(2) discussed
(3) had discussed about
(4) discussed about

59. She has got ______ her examination.

(1) away
(2) at
(3) through
(4) about

Directions (Question nos. 60 to 62): In each of the questions, four alternatives are given for the Idiom/Phrase. Choose the alternative which refers to the meaning of the Idiom/Phrase and click the button corresponding to it.

60. A dime a dozen

(1) Something common
(2) Something uncommon
(3) Something deadly
(4) Something ugly

61. Take a rain check
(1) Book a train ticket
(2) Take an umbrella
(3) Check the weather
(4) Postpone a plan

62. Burn bridges
(1) Kill people
(2) Maim animals
(3) Destroy relationships
(4) Destroy buildings

Directions (Question nos. 63 to 65): Out of the four alternatives, choose the one which can be substituted for the given words/sentences and click the button corresponding to it.

63. Science dealing with the motion of projectile like rockets bombs & shells.
(1) Ballistics
(2) Laser
(3) Missile technology
(4) Logistics

64. Critical explanation or interpretation.
(1) Exorcise (2) Execrate
(3) Exonerate (4) Exegesis

65. A narrow strip of land connecting two larger land masses.
(1) Bay (2) Anodyne
(3) Isthmus (4) Channel

Directions (Question nos. 66 to 70): A sentence/a part of the sentence is underlined. Four alternatives are given which can replace the underlined part of the sentence. Choose the correct alternative and click the button corresponding to it. In case no improvement is needed, click the button corresponding to "No improvement".

66. He was <u>let off</u> with a fine.
(1) let into (2) let out
(3) let in (4) No improvement

67. I am <u>quite on sea</u>.
(1) quite across sea (2) quite at sea
(3) quite in sea (4) No improvement

68. She did not <u>turn out</u> at the meeting.
(1) turn at (2) turn about
(3) turn up (4) No improvement

69. The Minister is <u>in hot water</u> over the speech.
(1) in hot steam (2) in cold powder
(3) in warm blood (4) No improvement

70. He has the <u>gift of the eyes</u> and so, he is an eloquent speaker.
(1) gift of the vocal chord
(2) gift of the gab
(3) gift of the depth
(4) No improvement

Directions (Question nos. 71 to 75): A passage is given with 5 questions following it. Read the passage carefully and choose the best answer out of the four alternatives and then, click the button corresponding to it.

Tea is an aromatic beverage commonly prepared by pouring hot or boiling water over cured leaves of the Camellia sinensis, an evergreen shrub native to Asia. After water, it is the most widely consumed drink in the world. There are many different types of tea; some teas, like Darjeeling and Chinese greens, have a cooling, slightly bitter, and astringent flavour,while others have vastly different profiles that include sweet, nutty, floral or grassy notes.

Tea originated in Southwest China, where it was used as a medicinal drink. It was popularized as a recreational drink during the Chinese Tang dynasty, and tea drinking spread to other East Asian countries. Portuguese priests and merchants introduced it to Europe during the 16th century. During the 17th century, drinking tea became fashionable among Britons, who started large-scale production and commercialization of the plant in India to bypass the Chinese monopoly.

The term herbal tea usually refers to infusions of fruit or herbs made without the tea plant, such as steeps of rosehip, chamomile, or rooibos. These are sometimes called tisanes or herbal infusions to prevent confusion with tea made from the tea plant.

The Chinese character for tea is, originally written with an extra stroke as (pronounced tú, used as a word for a bitter herb), and acquired its current form during the Tang Dynasty. The word is pronounced differently in the different varieties of Chinese, such as chá in Mandarin, zo and dzo in Wu Chinese, and taand te in Min Chinese. One suggestion is that the different pronunciations may have arisen from the different words for tea in ancient China, for example tú may have given rise to tê; historical phonologists however argued that the cha, te and dzo all arose from the same root with a reconstructed pronunciation dra, which changed due to sound shift through the centuries. There were other ancient words for tea, though ming is the only other one still in common use. It has been proposed that the Chinese words for tea, tu, cha and ming, may have been borrowed from the Austro-Asiatic languages of people who inhabited southwest China; cha for example may have been derived from an archaic Austro-Asiatic root *la, meaning "leaf". Most Chinese languages, such as Mandarin and Cantonese, pronounce it along the lines of cha, but Hokkien varieties along the Southern coast of China and in Southeast Asia pronounce it like teh. These two pronunciations have made their separate ways into other languages around the world.

Starting in the early seventeen century, the Dutch played a dominant role in the early European tea trade via the Dutch East India Company. The Dutch borrowed the word for "tea" (thee) from Min Chinese, either through trade directly from Fujianor Formosa where they had established a port, or from Malay traders in Bantam, Java. The Dutch then introduced to other European languages this Min pronunciation for tea, including English tea, French thé, Spanish té, and German Tee. This pronunciation is also the most common form worldwide. The Cha pronunciation came from the Cantonese chàh of Guangzhou (Canton) and the ports of Hong Kong and Macau, which were also major points of contact, especially with the Portuguese traders who settled Macau in the 16th century. The Portuguese adopted the Cantonese pronunciation "chá", and spread it to India. The Korean and Japanese pronunciations of cha were borrowed into Korean and Japanese during earlier periods of Chinese history.

71. Where did the Dutch East India Company build a port?

(1) At Peking Harbor

(2) At Fujianor Formosa

(3) At Hwang Ho

(4) At Canton

72. What was the first use of tea?

(1) It was used as analternative to water.

(2) It was exported and used to earn foreign exchange.

(3) It was used as an alternative to wine.

(4) It was used as a medicinal drink.

73. What can be a possible title of the given passage?

(1) The Dutch influence in spreading tea as a drink to Europe.

(2) How tea came to be called as "cha"?

(3) An overview of the initial cultivation of tea.

(4) How cultivation of tea spread from China to India.

74. Who first introduced tea to Europe?

(1) The Spanish colonialists

(2) The French merchants

(3) The Portuguese priests

(4) The Portuguese pirates

75. What is the characteristic feature of Darjeeling tea?

(1) It has a beautiful flavor

(2) It has energetic properties.

(3) It has an astringent aroma.

(4) It has a slightly sweet taste.

सामान्य ज्ञान

76. एक प्लंबर के हाथों में एक ड्रिल मशीन किस तरह की वस्तु है?
(1) उपभोक्ता (2) महंगी
(3) सस्ती (4) मध्यवर्ती

77. भारतीय संविधान के अनुसार सरकार के कितने अंग हैं?
(1) एक (2) दो
(3) तीन (4) चार

78. भारतीय संविधान में कितने मौलिक अधिकार हैं?
(1) 10 (2) 8
(3) 6 (4) 4

79. किसकी अध्यक्षता में पूर्ण स्वराज की लड़ाई का प्रस्ताव पारित किया गया?
(1) महात्मा गाँधी (2) मो. अली जिन्नाह
(3) सुभाष चंद्र बोस (4) जवाहर लाल नेहरू

80. किसके वंशज अपने पिता की ओर से मुगल के वशंज थे?
(1) तिमुर (2) चँगेज खान
(3) शेर शाह सूरी (4) इनमें से कोई नहीं

81. हमारे सौर मंडल में कितने ग्रह हैं?
(1) 8 (2) 10
(3) 9 (4) 7

82. पश्थ्वी पर सबसे ऊंची पर्वत शिखर कौन सा है?
(1) मौना की (2) माउंट एवरेस्ट
(3) कंचन जंघा (4) मकालु

83. यदि उदर में किसी भी हाइड्रोक्लोरिक अम्ल का उत्पादन न हो ते कौन-सा एंजाइम कार्य नहीं करेगा?
(1) टाइलिन (2) रेनिन
(3) पेप्सिन (4) लिंपेस

84. मुख्य जड़ से बाहर आने वाली छोटी जड़ों को ----- कहते है।
(1) मूसला जड़ (2) पार्श्व जड़
(3) रेशेदार जड़ (4) घुमावदार जड़

85. एरिथ्रोसाइट्स और ल्यूकोसाइट्स दोनों ----- में बनते हैं।
(1) मज्जा (2) थाइमस
(3) धमनियों की दीवारें (4) लसीकापर्व

86. इलेक्ट्रीशियन कार्य करते समय रबर के दस्तानो का प्रयोग करते है क्योंकि:
(1) रबर एक कुचालक है
(2) रबर एक सुचालक है
(3) रबर के दस्ताने पहनना अनिवार्य है
(4) रबर कार्य आसान करता है

87. यदि एक लोलक निर्वात में दोलन करता है तो इसकी समयावधि -----
(1) घट जाती है
(2) बढ़ जाती है
(3) अपरिवर्तित रहता है
(4) पहले बढ़ती है तथा फिर घटता है

88. ईमेल एड्रेस का कौन सा प्रारूप सही है?
(1) xyz@w ebsite@co.in
(2) xyz.website@co.in
(3) xyz@website.co.in
(4) xyz.website.co.in

89. एक तत्व की परमाणु संख्या ----- से निर्धारित होती है।
(1) परमाणु में इलेक्ट्रह्नों तथा प्रोटॉन की संख्या क जोड़
(2) परमाणु में न्यूट्रॉन की संख्या
(3) तत्व की संयोजकता
(4) परमाणु में प्रोटोनों की संख्या

90. सर्वाधिक स्थिर या निष्क्रिय परमाणुओं के बाहरी कक्षा में इलेक्ट्रॉनों की संख्या ----- है।
(1) 1 (2) 5
(3) 3 (4) 8

91. वाहित मल में घुले हुए तथा निलंबित अपद्रव्य को क्या कहा जाता है?
(1) अपद्रव्य (2) अपशिष्ट
(3) पिंड (4) संदूषक

92. निम्नलिखित में से कौन प्रधानमंत्री मुद्रा योजना के तहत ऋण का वर्ग नहीं है?

(1) शिशु (2) वयस्क

(3) तरूण (4) किशोर

93. निम्नलिखित में से किसने ग्रहों की गति के नियमों की खोज की थी?

(1) जे. केप्लर (2) ऐल्बर्ट आइंस्टीन

(3) एन. कोपरनिकस (4) ओटो ब्लैथी

94. किस देश ने 2017 आईसीसी चैंपियंस ट्रॉफी जीती?

(1) भारत

(2) इंग्लैंड

(3) पाकिस्तान

(4) ऑस्ट्रेलिया

95. फुलकारी, कांन्था, चिकनकारी ----- के प्रसिद्ध रूप हैं।

(1) नृत्य

(2) चित्रकारी

(3) संगीत

(4) कढ़ाई

96. यूनेस्को शांति पुरस्कार 2017 का विजेता कौन है?

(1) बॉलीवुड अभिनेता आमिर खान

(2) इटली की मेयर ग्लूसी निकोलिनी

(3) लेखक डेविड ग्रॉसमैन

(4) यूके की मंत्री प्रिती पटेल

97. "गॉड्स ऑफ अंटार्टिका" नामक पुस्तक के लेखक कौन है?

(1) विशाल सिक्का (2) तरुन खन्ना

(3) यशवर्धन शुक्ला (4) अमिताव घोष

98. मेकांग गंगा सहयोग भारत और कितने अन्य देशों द्वारा एक पहल है?

(1) 3 (2) 5

(3) 7 (4) 11

99. निम्नलिखित में से भारत का कौन सा राज्य पाकिस्तान के साथ सीमा साझा नहीं करता है?

(1) पंजाब (2) राजस्थान

(3) गुजरात (4) महाराष्ट्र

100. जीडीपी का विस्तारित रूप क्या होगा?

(1) सकल घरेलू उत्पाद (2) साल घरेलू उत्पाद

(3) चालू घरेलू उत्पाद (4) इनमें से कोई नहीं

उत्तरमाला

1. (3)	**2.** (3)	**3.** (1)	**4.** (3)	**5.** (2)	**6.** (1)	**7.** (3)	**8.** (2)	**9.** (1)	**10.** (2)
11. (2)	**12.** (3)	**13.** (4)	**14.** (3)	**15.** (4)	**16.** (3)	**17.** (2)	**18.** (3)	**19.** (3)	**20.** (1)
21. (4)	**22.** (3)	**23.** (2)	**24.** (2)	**25.** (3)	**26.** (2)	**27.** (1)	**28.** (1)	**29.** (4)	**30.** (2)
31. (2)	**32.** (1)	**33.** (2)	**34.** (1)	**35.** (3)	**36.** (3)	**37.** (3)	**38.** (3)	**39.** (4)	**40.** (2)
41. (4)	**42.** (2)	**43.** (4)	**44.** (1)	**45.** (4)	**46.** (3)	**47.** (4)	**48.** (1)	**49.** (1)	**50.** (3)
51. (2)	**52.** (3)	**53.** (4)	**54.** (1)	**55.** (1)	**56.** (2)	**57.** (1)	**58.** (2)	**59.** (3)	**60.** (1)
61. (4)	**62.** (3)	**63.** (1)	**64.** (4)	**65.** (3)	**66.** (4)	**67.** (2)	**68.** (3)	**69.** (4)	**70.** (2)
71. (2)	**72.** (4)	**73.** (3)	**74.** (3)	**75.** (3)	**76.** (1)	**77.** (3)	**78.** (3)	**79.** (4)	**80.** (1)
81. (1)	**82.** (2)	**83.** (3)	**84.** (2)	**85.** (1)	**86.** (1)	**87.** (1)	**88.** (3)	**89.** (4)	**90.** (4)
91. (4)	**92.** (2)	**93.** (1)	**94.** (3)	**95.** (4)	**96.** (2)	**97.** (3)	**98.** (2)	**99.** (4)	**100.** (1)

व्याख्या

1. 3 एडेनोलॉजी ग्रन्थियों का अध्ययन है जबकि एपिओलॉजी मधुमक्खियों का अध्ययन है।

2. 2
A B C D [E F] G H I [J K] L M
Z Y X W [V U] T S R [Q P] O N

A B [C D] E F G [H I] J K L M
Z Y [X W] V U T [S R] Q P O N

3. 1 (6 × 7 – 8) : (7 × 8 – 9) :: (10 × 11 – 12) : (11 × 12 – 13) = 119

4. 3 अन्य सभी देशों की मुद्राएं है जबकि पैसा एक साधारण पद है।

5. 2
$E \xrightarrow{-4} A \xrightarrow{+8} I \xrightarrow{+3} L$
$H \xrightarrow{-6} B \xrightarrow{+10} L \xrightarrow{+3} O$
$J \xrightarrow{-4} F \xrightarrow{+8} N \xrightarrow{+3} Q$
$V \xrightarrow{-4} R \xrightarrow{+8} Z \xrightarrow{+3} C$

6. 1 विकल्प (1) 4 + 8 + 5 + 6 = 23
विकल्प (2) 5 + 2 + 6 + 0 = 13
विकल्प (3) 7 + 8 + 4 + 9 = 28
विकल्प (4) 2 + 4 + 9 + 9 = **24**

8. 2
$T \xrightarrow{+2} V \xrightarrow{+3} Y \xrightarrow{+4} C \xrightarrow{+5} H$
$N \xrightarrow{-2} L \xrightarrow{-3} I \xrightarrow{-4} E \xrightarrow{-5} Z$
$G \xrightarrow{+1} H \xrightarrow{+1} I \xrightarrow{+1} J \xrightarrow{+1} K$

9. 1
$11^2 + (1+1) = 123$
$13^2 + (1+3) = 173$
$17^2 + (1+7) = 297$
$19^2 + (1+9) = 371$
$23^2 + (2+3) = 534$
$29^2 + (2+9) = \boxed{852}$

10. 2
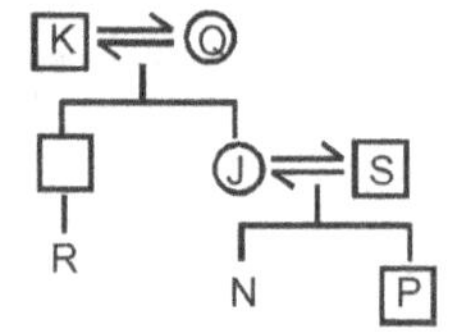

□ पुरूष ○ महिला ⇌ विवाहित

11. 2 सामान्य घड़ी जब 60 मिनट दर्शाती है तब तेज घड़ी 61 मिनट दर्शाती है। इसलिए तेज घड़ी के 360 मिनट में सामान्य घड़ी $\frac{60}{61} \times 360 = 354\frac{6}{61}$ मिनट दर्शाती है।
अतः वास्तविक समय
$$= 1 + 5\frac{6}{54} = 6:54\frac{6}{61}$$ अपराह्न

13. 4
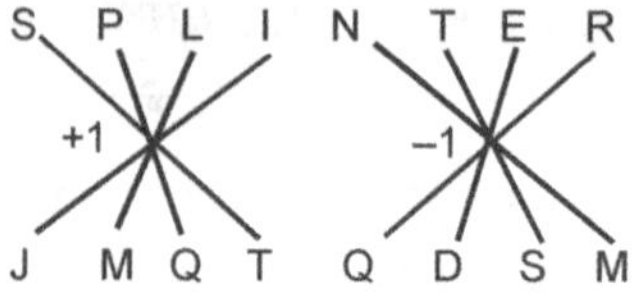

उसी प्रकार,
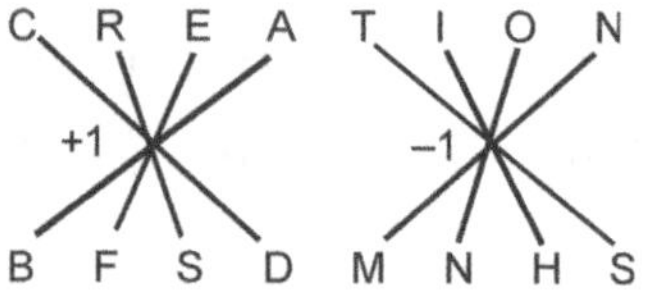

14. 3 $23 \div 51 \times 65 + 15 - 5$
$\Rightarrow 23 - 51 + 65 \times 15 \div 5 = 167$

15. 4 6 @ 7 & 5 = $\begin{array}{r} 13 \\ 35 \\ \hline 165 \end{array}$

3 @ 9 & 4 = $\begin{array}{r} 12 \\ 36 \\ \hline 156 \end{array}$

9 @ 8 & 6 = $\begin{array}{r} 17 \\ 48 \\ \hline 218 \end{array}$

इस प्रकार, 7 @ 8 & 2 = $\begin{array}{r} 15 \\ 16 \\ \hline 166 \end{array}$

16. 3 प्रत्येक पंक्ति और प्रत्येक स्तंभ का योग 100 है।

17. 2
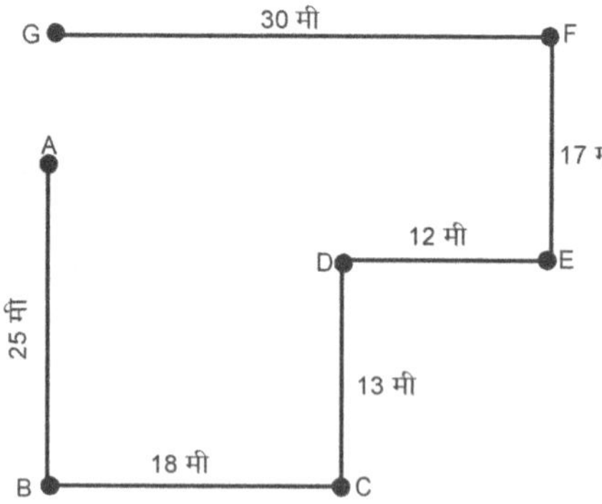

18. 3
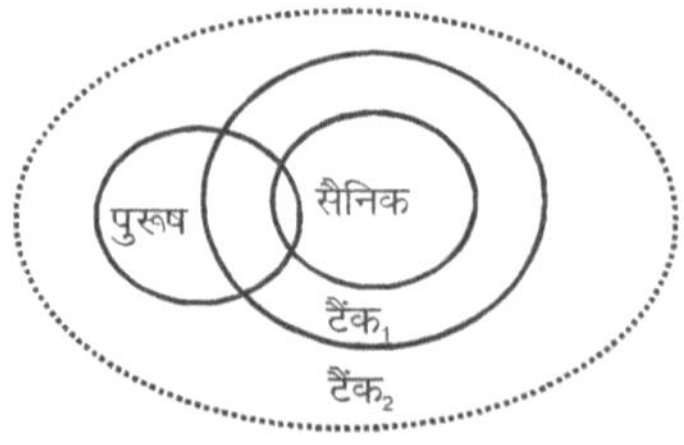

19. 3

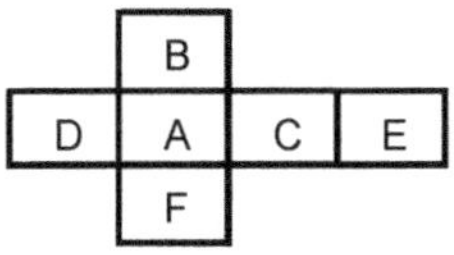

25. 3 F: 02 40 59 76
R: 24 30 68 85
E: 31 55 69 99
S: 21 32 56 75
H: 10 42 57 97

26. 2 सामान्यतः रिसाव टैंक को खाली करने में 9 घंटे लेता है लेकिन इनलेट के कारण वह टैंक को 15 घंटे में खाली करता है।

⇒ 6 घंटे में रिसाव द्वारा किया गया कार्य
= 15 घंटे में इनलेट द्वारा किया गया कार्य

इसलिए रिसाव और इनलेट की क्षमता का अनुपात = 5 : 2

⇒ 1 मिनट में रिसाव द्वारा बाहर निकाले गए पानी की मात्रा $= \frac{5}{2} \times 8 = 20$ लीटर

अतः टैंक का आयतन $= 20 \times 60 \times 9$
$= 10800$ लीटर

27. 1 पेन और पेंसिल के लाभ के लिए ऐलिगेशन का प्रयोग करने पर, हमें पेनों के कुल क्रय मूल्य के संबंध में पेनों के कुल विक्रय मूल्य का अनुपात 1 : 3 प्राप्त होता है।

{माना कि रु. 10 और रु. 30 है}

दुकानदार द्वारा बेची गई पेनों और पेंसिलों की संख्या का अनुपात = 1 : 2.

अतः हम एक पेन की कीमत रु. 10 और एक पेंसिल की कीमत रु. 15 मान सकते हैं।

इसलिए जब वह पेन और पेंसिल को 3 : 2 में बेचता है तो क्रय मूल्य
$= 10 \times 3 + 15 \times 2 =$ रु. 60 और कुल लाभ
$= 10 \times 3 \times 0.3 + 15 \times 2 \times 0.5 = 24.$

अतः अपेक्षित लाभ $= \frac{24}{60} \times 100 = 40\%.$

28. 2 माना कि x, y और z का मान क्रमशः 3k, 4k और 5k है।

⇒ $3k + 4k + 5k = 192$ या $k = 16$

अतः $x = 48, y = 64$ और $z = 80$

दिया है, $y = 2x - a$ and $z = 2b - y$

⇒ $a = 32$ और $2b = 144$

अतः $2b - 3a = 48.$

29. 4 $CP \times x = SP \times 20$ और $SP = 0.8CP$

⇒ $x = 16$

अतः लाभ $= \frac{24 - 16}{16} \times 100 = 50\%$ होगा।

30. 2 कीमत × मात्रा = व्यय

⇒ $\frac{7}{5} \times$ कीमत × मात्रा $= \frac{5}{4} \times$ व्यय

⇒ $\frac{28}{25} \times$ कीमत × मात्रा = व्यय

इसलिए मात्रा $\frac{25}{28}$ होनी चाहिए।

⇒ $\frac{3}{28} \times$ मात्रा = 6 किग्रा

अतः प्रारंभिक मात्रा = 56 किग्रा

31. 2 माना कि पहली दौड़ में A और B द्वारा लिया गया समय t और t + 14 सेंकड है।

इसलिए A औ B की गति क्रमशः $\frac{300}{t}$ मी/सेंकड और $\frac{275}{(t+14)}$ मी/सेंकड होगी।

⇒ $\frac{250}{\frac{300}{t}} = \frac{200}{\frac{275}{t+14}}$ या t = 96 सेंकड

इसलिए A अंतिम दौड़ $\frac{350}{\frac{300}{96}} = 112$ सेंकड और

B अंतिम दौड़ $\frac{275}{\frac{275}{110}} = 110$ सेंकड में पूरा करेगा।

अतः B, A को 2 सेंकड से हराएगा।

32. 1 माना कि प्रत्येक किस्त का मूल्य रु. x है।

⇒ $3640 \times (1.2)^3 = x \times (1.2)^2 + x \times (1.2) + x$

⇒ $3640 \times (1.2)^3 = 3.64\,x$

अतः x = रु. 1,728.

33. 2 समीकरण का न्यूनतम मान x = 0 पर $3 - \frac{1}{2}$ = 2.5 होगा।

34. 1 $x^{x\sqrt{x}} = \left(x\sqrt{x}\right)^{x}$

$\Rightarrow \sqrt{x}^{\left(2x\sqrt{x}\right)} = \sqrt{x}^{3x}$

अतः $\sqrt{x} = \frac{3}{2}$.

35. 3

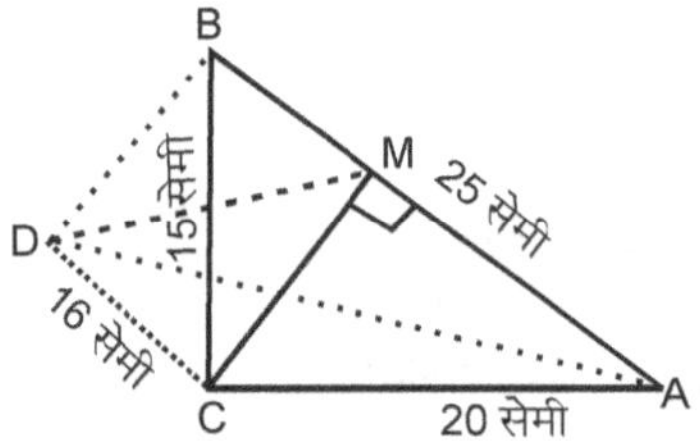

ऊपर दिए गए चित्र में, त्रिभुज BCA, त्रिभुज BMC के समान है।

$\Rightarrow \frac{20}{25} = \frac{CM}{15}$ या CM = 12 सेमी

$\Rightarrow$ त्रिभुज DCM में, $16^2 + 12^2 = DM^2$ या DM = 20 सेमी

अतः पिरामिड का कुल क्षेत्रफल

$= \frac{1}{2} \times (15 \times 20 + 15 \times 16 + 20 \times 16 + 25 \times 20)$

= 680 सेमी^{2} है।

36. 3

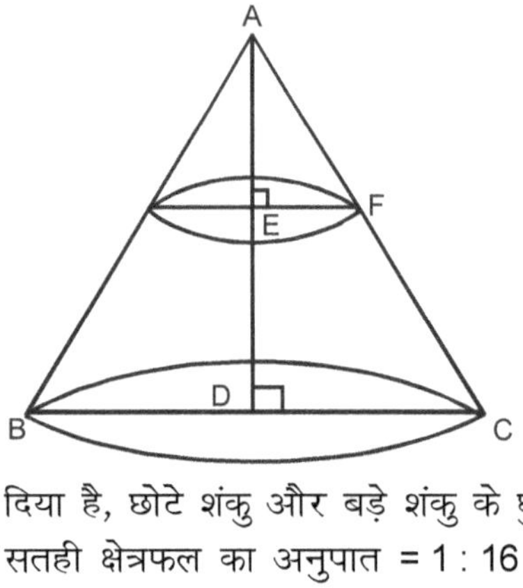

दिया है, छोटे शंकु और बड़े शंकु के घुमावदार सतही क्षेत्रफल का अनुपात = 1 : 16

Δ AEF, Δ ADC के समान है इसलिए AE : AD = 1 : 4 और EF : DC = 1 : 4

अतः AE = 5 सेमी और EF = 2 सेमी

अतः बाल्टी का आयतन

$= \frac{1}{3}\pi \times (8 \times 8 \times 20 - 2 \times 2 \times 5)$

= 420π सेमी^{3}

37. 3 समीकरण x cosA = sinA + 1 में A = 45° रखने पर x = 1 + $\sqrt{2}$ प्राप्त होता है।

v r% ehdj.k $x^2 - (1 + x^2)\sin A$ में x और A का मान रखने पर:

$\left(1 + \sqrt{2}\right)^2 - \left\{1 + \left(1 + \sqrt{2}^2\right)\right\} \times \frac{1}{\sqrt{2}} = 1$

38. 3 माना कि मित्रों की प्रारंभिक संख्या x है।

$\Rightarrow \frac{630}{x-4} = \frac{630}{x} + 18$

$\Rightarrow x = 14.$

39. 4 माना कि पहले, दूसरे और तीसरे डिब्बे में मिश्रण की मात्रा 30 इकाई हे यानि 5, 10 और 15 का ल.स.

अतः पहले, दूसरे तथा तीसरे डिब्बे में दूध और पानी की मात्रा क्रमशः 18 इकाई तथा 12 इकाई, 21 इकाई और 9 इकाई और 22 इकाई तथा 8 इकाई होगी।

अतः अपेक्षित अनुपात

= (18 + 21 + 22) : (12 + 9 + 8) = 61 : 29

40. 2 $2x = \sqrt{a} + \frac{1}{\sqrt{a}}$

$\Rightarrow 4x^2 = a + \frac{1}{a} + 2$

$\Rightarrow 4x^2 - 4 = a + \frac{1}{a} - 2$

$\Rightarrow \sqrt{(x^2 - 1)} = \frac{1}{2}\left(\sqrt{a} - \frac{1}{\sqrt{a}}\right)$

अतः $\frac{\sqrt{x^2 - 1}}{x - \sqrt{x^2 - 1}}$

$= \frac{\frac{1}{2}\left(\sqrt{a} - \frac{1}{\sqrt{a}}\right)}{\frac{1}{2}\left(\sqrt{a} + \frac{1}{\sqrt{a}}\right) - \frac{1}{2}\left(\sqrt{a} - \frac{1}{\sqrt{a}}\right)} = \frac{1}{2}(a - 1)$

41. 4 $\frac{a}{(1-a)} + \frac{b}{(1-b)} + \frac{c}{(1-c)} + \frac{d}{(1-d)} + \frac{e}{(1-e)} = 1$

जैसा कि दिए गए समीकरण का प्रत्येक पद समानांतर है इसलिए हम मान सकते है कि

$\frac{a}{(1-a)} = \frac{b}{(1-b)} = \frac{c}{(1-c)} = \frac{d}{(1-d)} = \frac{e}{(1-e)} = \frac{1}{5}$

$\Rightarrow a = b = c = d = e = \frac{1}{6}$

अतः $\frac{(a+1)}{(1-a)} + \frac{(b+1)}{(1-b)} + \frac{(c+1)}{(1-c)} + \frac{(d+1)}{(1-d)} + \frac{(e+1)}{(1-e)} = 7$

42. 2 माना कि बाहरी और अन्तः कोण क्रमशः x और 9x हैं।

$\Rightarrow x + 9x = 180°$ या $x = 18°$

अतः बहुभुज की भुजाओं की संख्या $\frac{360}{18}$ = 20 होगी।

43. 4

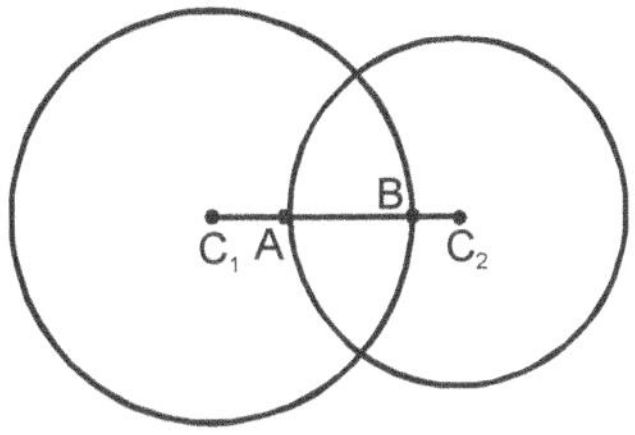

माना कि दो वृत्तों की त्रिज्याएं x सेमी और 12 – x सेमी है।

$\Rightarrow \pi x^2 + \pi(12 - x)^2 = 74\pi$

$\Rightarrow x = 7, 5$

$\Rightarrow C_1B = 7$ सेमी और $C_2A = 5$ सेमी

अतः AB = 3 सेमी और अपेक्षित क्षेत्रफल

= 9π सेमी^{2}

44. 1

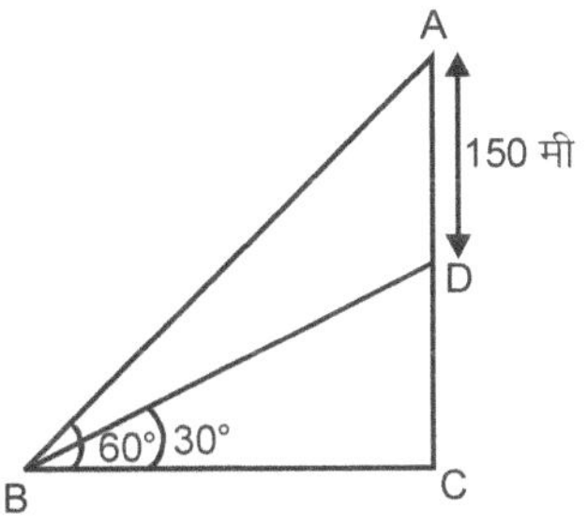

माना कि इमारत की ऊंचाई या DC = 'x' मी है।

Δ DCB में, $\tan 30° = \frac{x}{BC}$ या $BC = x\sqrt{3}$

Δ ACB में, $\tan 60° = \frac{AC}{BC} = \frac{AC}{x\sqrt{3}}$

$\Rightarrow \frac{AC}{x\sqrt{3}} = \sqrt{3}$ या AC = 3x

$\Rightarrow 150 + x = 3x$

अतः झंडे की ऊंचाई = 75 मी।

45. 4 पिरामिड का आयतन

= आधार का क्षेत्रफल× ऊंचाई

$\Rightarrow$ पिरामिड का आयतन

= $\frac{1}{2} \times 16 \times 30 \times 16 = 3840$ सेमी^{3}

.... {आधार समकोण त्रिभुज है}

46. 3

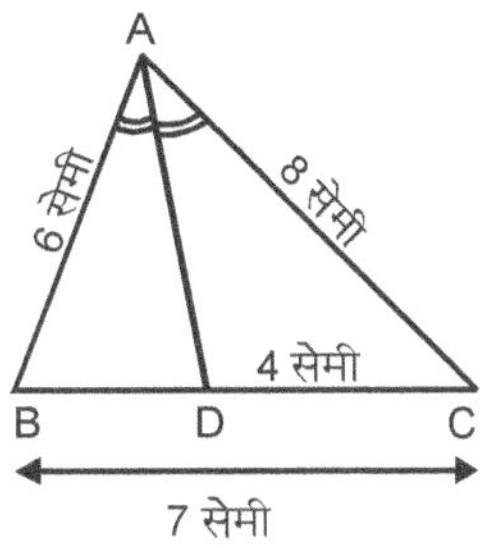

दिए गए चित्र में, AB : AC = BD : DC = 3 : 4

इसलिए ∠A का अन्तः द्विभाजक AD होगा।

∠BAC = 180 – (48 + 64) = 68° और ∠DAC = 34°

अतः ∠ADC = 180 – (34 + 64) = 82°

47. 4 2011 में छात्रों की कुल संख्या (सैंकड़े में)

= 175 + 175 = 350.

2012 में छात्रों की कुल संख्या (सैंकड़े में)

= 150 + 200 = 350.

48. 1 दिए गए समयावधि में लड़कों की कुल संख्या (सैंकड़े में)

= 125 + 175 + 150 + 175 + 225 + 200 + 250

= 1300

दिए गए समयावधि में लड़कियों की कुल संख्या (सैंकड़े में)

= 150 + 175 + 200 + 150 + 250 + 225 + 200

= 1350

अपेक्षित अनुपात = $\frac{1300}{1350} = \frac{26}{27} = 26:27.$

49. 1 वर्ष 2011 में लड़कों की संख्या में प्रतिशत वृद्धि

$= \frac{(175 - 125)}{125} \times 100 = \frac{50 \times 100}{125} = 40\%$

जो अधिकतम है।

50. 3 लड़कियों की संख्या (सैकड़े में) का औसत

$= \frac{1350}{7} = 192.85$ = 193 (लगभग)

54. 2 The article used in the sentence should be "a"

55. 1 "Ganges" should be preceded by the definite article "The".

56. 2 The verb should be singular because the subject is the name of a singular object.

57. 1 When a plural noun denotes some specific quantity or amount considered as a whole, the verb is generally singular.

58. 2 The "about" is redundant.

59. 3 "Got through" means "passed."

66. 4 The sentence is grammatically correct. "Let off" means "to be punished leniently."

67. 2 "Quite at sea" implies "to be perplexed or confused."

68. 3 "Turn up" means "to appear."

69. 4 "In hot water" implies that the Minister is in deep trouble.

70. 2 "Gift of the gab" implies "the ability to speak with fluency and eloquence."

71. 2 Refer to the last paragraph of the passage where the information is given.

72. 4 Refer to the first sentence of the second paragraph.

73. 3 The entire passage talks about the initial cultivation of tea in China. The other options are narrow in scope.

74. 3 Refer to the second paragraph for the answer.

75. 3 Refer to the last sentence of the first paragraph where the author mentions the point.

■■

हल प्रश्न-पत्र – 2016

सामान्य बुद्धिमत्ता एवं तर्कशक्ति

निर्देश—(प्रश्न 1 से 4 तक) नीचे दिए गए विकल्पों में से सम्बन्धित शब्द/अक्षरों/संख्या को चुनिए।

1. इंफ्लुएंजा : विषाणु : : टाइफाइड : ?

(*a*) जीवाणु (*b*) बैसिलस
(*c*) परजीवी (*d*) प्रोटोजोआ

2. LEFT: NGHV : : RIGHT : ?

(*a*) TIJKV (*b*) TKIJV
(*c*) VKIJT (*d*) TJIKV

3.

	6	–1
	12	
2	3	

	18	11
	36	
8	9	

	26	?
	52	
12	13	

(*a*) 19 (*b*) 23
(*c*) 33 (*d*) 21

4. रबड़ : वृक्ष : : रेशम : ?

(*a*) बुनावट (*b*) कपड़ा
(*c*) कीट (*d*) हस्तशिल्प

निर्देश—(प्रश्न 5 से 7 तक) नीचे दिए गए विकल्पों में से विषम शब्द/अक्षरों/संख्या को चुनिए।

5. (*a*) 6859 (*b*) 4913
(*c*) 2910 (*d*) 1331

6. (*a*) बैल (*b*) गाय
(*c*) बकरी (*d*) कुत्ता

7. (*a*) QUW (*b*) DHJ
(*c*) MPS (*d*) JHN

8. निम्नलिखित विकल्पों में से कौन सा विकल्प नीचे दिए गए शब्दों का सार्थक क्रम दर्शाता है?

1. दुर्घटना 2. न्यायाधीश
3. डॉक्टर 4. वकील
5. पुलिस

(*a*) 1, 2, 5, 4, 3 (*b*) 1, 3, 4, 2, 5
(*c*) 1, 3, 5, 4, 2 (*d*) 1, 2, 3, 4, 5

निर्देश—(प्रश्न 9 एवं 10 तक) एक अनुक्रम दिया गया है, जिसमें एक पद लुप्त है। दिए गए विकल्पों में से वह सही विकल्प चुनिए, जो अनुक्रम को पूरा करे।

9. BDE, CFG, EJK, ?

(*a*) HPQ (*b*) FLM
(*c*) ACF (*d*) GLM

10. 96, 109, 134, 175, ?

(*a*) 213 (*b*) 216
(*c*) 236 (*d*) 200

11. यदि A = 1, P = 2, L = 3, E = 4, T = 5 और S = 6 है, तो निम्नलिखित अक्षरों की एक श्रेणी से अर्थपूर्ण शब्द नहीं बनता है। उसे ज्ञात कीजिए-

(*a*) 25461 (*b*) 63442
(*c*) 23154 (*d*) 51654

12. 6 वर्ष पहले, राजू की आयु उसके भाई की आयु, जो 20 वर्ष थी, की आधी से 2 वर्ष कम थी। उसकी वर्तमान आयु क्या है ?

(*a*) 12 वर्ष (*b*) 14 वर्ष
(*c*) 8 वर्ष (*d*) 10 वर्ष

13. निम्नलिखित शब्दों को शब्दकोश के क्रम में व्यवस्थित कीजिए

(*a*) Chemistry (*b*) Chamber
(*c*) Cheap (*d*) Cheerful
(*a*) 2, 3, 4, 1 (*b*) 2, 1, 3, 4
(*c*) 3, 4, 2, 1 (*d*) 2, 4, 3, 1

निर्देश—(प्रश्न 14 से 16 तक) दिए गए विकल्पों में से सम्बन्धित शब्द/अक्षरों/संख्या को चुनिए।

14.

16	17	18
61	71	81
26	62	?
103	150	125

(*a*) 16 (*b*) 36
(*c*) 46 (*d*) 26

15.

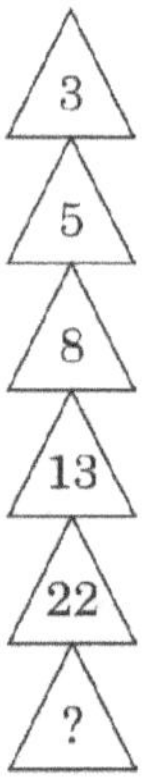

(*a*) 39 (*b*) 25

(*c*) 33 (*d*) 27

16. 7, 10, 3; 5, 11, 6; 8, 13, 5; 3, 5, 2; 6, 12, ?

(*a*) 6 (*b*) 5

(*c*) 3 (*d*) 4

17. एक शहर का नाम एवं एक तिथि दी गई है और उसके बाद चार विकल्प (A, B, C तथा D) दिए गए हैं। इन विकल्पों में से, केवल एक नीचे दिए गए शहर तथा तिथि से ठीक मिलता है, जबकि अन्य में कुछ-न-कुछ त्रुटि है। आपको अपने उत्तर के रूप में उसी विकल्प को चुनना है, जो दिए गए शहर के नाम एवं तिथि से ठीक-ठीक मिलता हो

Dharmapuri , January, 18th 2009

(*a*) Dharmapuri, January, 18th 2009

(*b*) DHARMAPURI, January, 18th 2009

(*c*) Dharmapari, January, 18th 2009

(*d*) Dharmapuri, Janury, 18th 2009

18. गौरव उत्तर की ओर मुँह करके खड़ा था। वह 40 मी चला और बाईं ओर मुड़कर 20 मी दूरी तय की। वह फिर बाईं ओर मुड़कर 40 मी चला। वह अपने प्रारम्भिक स्थान से कितनी दूरी पर है?

(*a*) 45 मी (*b*) 20 मी

(*c*) 40 मी (*d*) 15 मी

19. एक पाँसे के संलग्न फलकों पर दक्षिणावर्त क्रम में m, n, o, तथा p लिखे गए हैं और r एवं s घन के ऊपरी और निचले भाग पर लिखे गए हैं, जब oऊपरी भाग पर हो तो, तो निचले भाग पर क्या होगा?

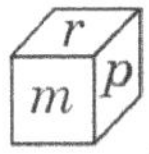

(*a*) s (*b*) r

(*c*) m (*d*) p

20. दिए गए वेन आरेख में, A तथा B दो निकटवर्ती राज्य हैं। यदि दोनों राज्यों की कुल जनसंख्या 90 लाख है तथा राज्य B में रहने वाले राज्य A के लोगों की संख्या 2 लाख है, तो राज्य A में रहने वाले राज्य B के लोगों की संख्या ज्ञात कीजिए

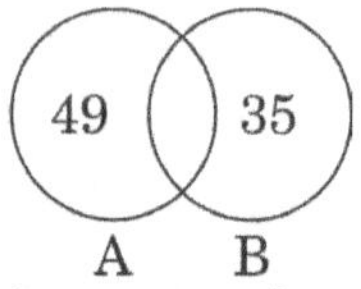

(वेन आरेख में जनसंख्या को लाखों में सूचित किया गया है।)

(*a*) 3 लाख (*b*) 6 लाख

(*c*) 2 लाख (*d*) 4 लाख

21. कागज के एक टुकड़े को मोड़कर काटने पर तथा खोलने के बाद वह प्रश्न आकृति में दिए अनुसार दिखाई देता है। दी गई उत्तर आकृतियों में से उस विकल्प को चुनिए, जो मोड़ने और काटने का सही चित्र है, जो प्रश्न आकृति के प्रतिरूप को उत्पन्न करे

प्रश्न आकृति

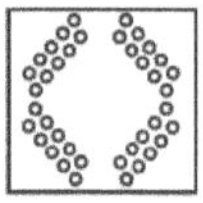

उत्तर आकृतियाँ

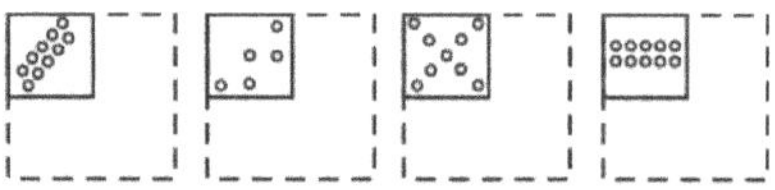

(*a*) (*b*) (*c*) (*d*)

22. कौनसी उत्तर आकृति प्रश्न आकृति के प्रतिरूप को पूरा करेगी?

प्रश्न आकृतियाँ

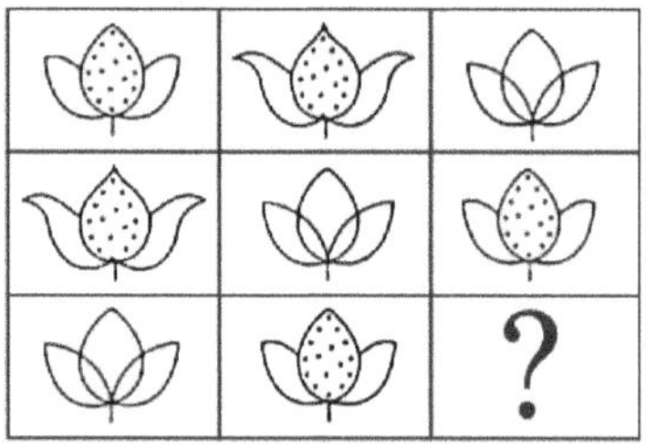

उत्तर आकृतियाँ

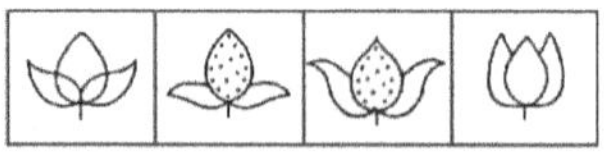

(*a*) (*b*) (*c*) (*d*)

23. कौनसी उत्तर आकृति प्रश्न आकृति में निहित है?

प्रश्न आकृति

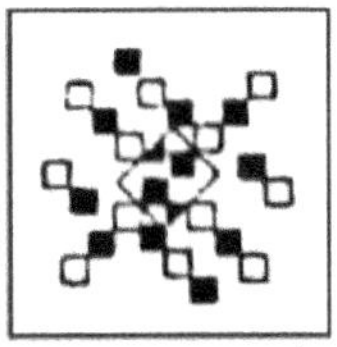

उत्तर आकृतियाँ

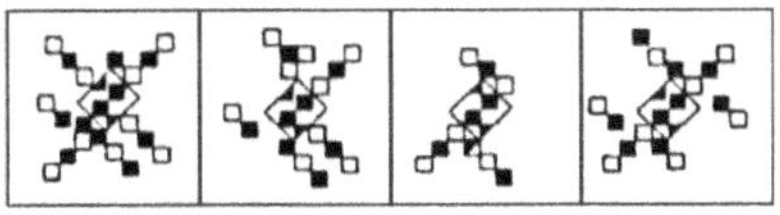

(*a*) (*b*) (*c*) (*d*)

24. एक संख्या केवल एक शब्द-समूह द्वारा दर्शाई गई है, जैसा कि विकल्पों में से किसी एक में दिया गया है। विकल्पों में दिए गए शब्द-समूह संख्याओं के दो वर्गों द्वारा दर्शाए गए हैं, जैसा कि नीचे दिए गए दो आव्यूहों में है। आव्यूह I के स्तम्भ और पंक्ति के शब्द A से E हैं और आव्यूह II के P से T। इन आव्यूहों से एक संख्या को पहले उसकी पंक्ति और बाद में स्तम्भ अक्षर द्वारा दर्शाया जा सकता है। उदाहरण के लिए, '1' को 'AA', 'EB', आदि द्वारा दर्शाया जा सकता है तथा '8' को 'QQ', 'SP', आदि द्वारा दर्शाया जा सकता है। इसी तरह से आपको नीचे दी गई संख्या के लिए समूह को पहचानना है।

1506

Matrix I

	A	B	C	D	E
A	1	2	3	4	5
B	4	1	2	3	5
C	3	2	5	1	4
D	5	4	1	2	3
E	3	1	4	5	2

Matrix II

	P	Q	R	S	T
P	0	6	7	8	9
Q	9	8	6	7	0
R	0	7	9	8	6
S	8	9	0	6	7
T	6	0	7	9	8

(*a*) EB, DA, SS, TP (*b*) AA, AE, PP, PQ
(*c*) BB, CC, DA, QR (*d*) DC, BE, QR, RT

25. निम्नलिखित में से 'WOMH' शब्द का जल प्रतिबिम्ब कौनसा होगा ?

(*a*) HMOW
(*b*) WOMH
(*c*) MOWH
(*d*) WOWH

संख्यात्मक अभिरुचि

26. दो घनों के आयतनों का अनुपात 1 : 27 है। घनों के एक फलक का दूसरे फलक से अनुपात है

(*a*) 1 : 18 (*b*) 1 : 3
(*c*) 1 : 6 (*d*) 1 : 9

27. यदि 207 को $\frac{1}{2}:\frac{2}{3}:\frac{3}{4}$, के अनुपात में तीन भागों में विभाजित किया जाता है, तो सबसे बड़ा भाग है

(*a*) 90 (*b*) 69
(*c*) 81 (*d*) 89

28. 11 संख्याओं का औसत 32 है। उनमें से प्रथम पाँच संख्याओं का औसत 27 है तथा अंतिम पाँच संख्याओं का औसत 34 है। छठी संख्या है

(*a*) 52 (*b*) 48
(*c*) 50 (*d*) 47

29. 15 लड़कों की औसत आयु 3 माह कम हो जाती है, जब उनमें से एक लड़का जिसकी आयु 14 वर्ष है, के स्थान पर एक नया लड़का आ जाता है। नए लड़के की आयु है

(*a*) 12 वर्ष (*b*) 10 वर्ष 3 माह
(*c*) 11 वर्ष (*d*) इनमें से कोई नहीं

30. शृंखला 53, 59, 61, ..., 71 में लुप्त पद ज्ञात कीजिए

(*a*) 69 (*b*) 63
(*c*) 65 (*d*) 67

31. 96 के $\frac{2}{3}$ से 144 का $\frac{3}{4}$ कितना आधिक है?

(*a*) 50 (*b*) 64
(*c*) 44 (*d*) 46

32. एक आदमी एक काम को 5 दिन में कर सकता है, किन्तु अपने पुत्र की सहायता से वह उसी काम को 3 दिन में कर सकता है। पुत्र अकेला उसी काम को कितने दिनों में कर सकता है?

(*a*) 8 दिन (*b*) $6\frac{1}{2}$ दिन
(*c*) 7 दिन (*d*) $7\frac{1}{2}$ दिन

33. A तथा B एक काम को 10 दिन में पूरा कर सकते हैं, B तथा C उसी काम को 12 दिन में और C तथा A उसी काम को 15 दिन में पूरा कर सकते हैं, तो A उसी काम को कितने दिन में पूरा कर सकता है?

(*a*) 27 दिन (*b*) 18 दिन

(*c*) 21 दिन (*d*) 24 दिन

34. धातु की एक आयताकार चादर, जिसकी लम्बाई 66 सेमी तथा चौड़ाई 44 सेमी है, को उसकी लम्बाई के अनुसार बेल्लित करते हुए एक बेलन बनाया जाता है, तो इस प्रकार बनाए गए नए बेलन की त्रिज्या है

(*a*) 8.5 सेमी (*b*) 10.5 सेमी

(*c*) 7 सेमी (*d*) 11 सेमी

35. एक इंडोर स्टेडियम की लम्बाई 24 मी, चौड़ाई 18 मी तथा ऊँचाई 16 मी है। उस सबसे लम्बे खम्भे की लम्बाई ज्ञात कीजिए जिसे इस स्टेडियम में रख सकते हैं

(*a*) 34 मी (*b*) 30 मी

(*c*) 25 मी (*d*) 24 मी

36. किसी वस्तु के अंकित मूल्य पर 12% छूट देने के बाद उस वस्तु को 880 में बेचा गया। अंकित मूल्य ज्ञात कीजिए

(*a*) 1000.00 (*b*) 985.60

(*c*) 774.40 (*d*) 885.60

37. एक साइकिल को 20% छूट पर 1,000 में बेचा गया। साइकिल का अंकित मूल्य क्या है?

(*a*) 1,250

(*b*) 1,520

(*c*) 1,500

(*d*) 1,205

38. एक वस्तु का सूची मूल्य 200 है एक दुकानदार उस वस्तु पर 20% तथा 10% के दो उत्तरोत्तर बट्टे देता है। यदि बिक्री कर 5% है, तो वस्तु का लागत मूल्य है

(*a*) 154.00

(*b*) 150.20

(*c*) 151.20

(*d*) 153.20

39. किसी कार्यालय में 4080 कर्मचारी हैं। यदि उनमें से 2400 पुरुष कर्मचारी हैं, तो कर्मचारियों में स्त्री-पुरुष अनुपात है

(*a*) 7 : 10 (*b*) 10 : 17

(*c*) 10 : 7 (*d*) 17 : 7

40. चावल की कीमत 2% कम हो जाती है। पहले 49 किग्रा चावल खरीदने के लिए जितनी धनराशि पर्याप्त थी उतनी धनराशि से अब कितने किग्रा चावल खरीद सकते हैं?

(*a*) 51 किग्रा (*b*) 48 किग्रा

(*c*) 49 किग्रा (*d*) 50 किग्रा

41. एक कार 125 किमी दूरी तक 50 किमी/घण्टे तथा 75 किमी दूरी तक 30 किमी/घण्टे की चाल से चलाई जाती है। कार की औसत चाल किमी/घण्टे में है

(*a*) 50 (*b*) 35

(*c*) 40 (*d*) 30

42. धनुषखोडी बोट मेल चेन्नई से 7 : 10 सायं पर रवाना होती है और 40 किमी/घण्टे की चाल से चलती है यह 1 घण्टा 5 मिनट के लिए मुख्य स्टेशनों पर रुकती है। यदि चेन्नई और धनुषखोडी के बीच की दूरी 680 किमी है, तो रेलगाड़ी धनुषखोडी कब पहुँचेगी?

(*a*) 1:25 अगले दिन (*b*) 1:15 अगले दिन

(*c*) 1:10 अगले दिन (*d*) 1.05 अगले दिन

43. 6,250 पर 14% प्रति वर्ष पर 146 दिन के लिए साधारण ब्याज है

(*a*) 350 (*b*) 400

(*c*) 450 (*d*) 875

44. 10% चक्रवृद्धि ब्याज पर 2,000 की धनराशि को 2,662 होने में कितने वर्ष लगेंगे?

(*a*) 6 वर्ष 4 माह (*b*) 3 वर्ष

(*c*) 3 वर्ष 4 माह (*d*) 6 वर्ष

45. 24 वस्तुओं का लागत मूल्य 18 वस्तुओं के विक्रय मूल्य के बराबर है। लाभ प्रतिशत होगा

(*a*) $34\frac{1}{3}\%$ (*b*) 33 %

(*c*) $33\frac{1}{3}\%$ (*d*) 34%

46. एक व्यापारी दो गायों को प्रत्येक को 500 में बेचता है। उनमें से एक पर उसको 10% की हानि और दूसरी पर 10% का लाभ होता है। पूरे सौदे में उसको कितना हानि या लाभ हुआ?

(*a*) $\frac{1,000}{99}$ लाभ (*b*) 1,000 लाभ

(*c*) 1,000 हानि (*d*) $\frac{1,000}{99}$ हानि

47. एक बैग को 162 में बेचने पर एक आदमी को 10% की हानि होती है। 10% लाभ पाने के लिए उसको किस मूल्य पर बैग बेचना चाहिए?

(*a*) 198 (*b*) 152

(*c*) 164 (*d*) 176

48. एक संख्या 20% बढ़ाने पर 42 हो जाती है। संख्या है

(*a*) 30 (*b*) 35

(*c*) 28 (*d*) 36

निर्देश (प्रश्न 49 एवं 50 तक) 10वीं कक्षा के विद्यार्थी, जो एक परीक्षा में बैठे हैं और उत्तीर्ण हो गए हैं, के चार सेक्शनों के वितरण निम्नलिखित वृत्तारेखों में दिए गए हैं, दोनों प्रश्नों के उत्तर दीजिए।

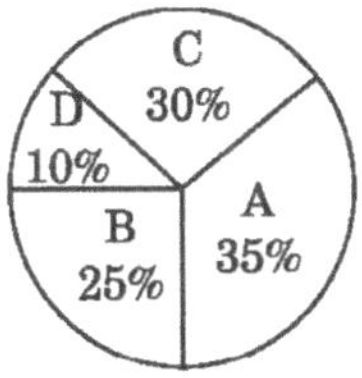

कुल बैठे = 400

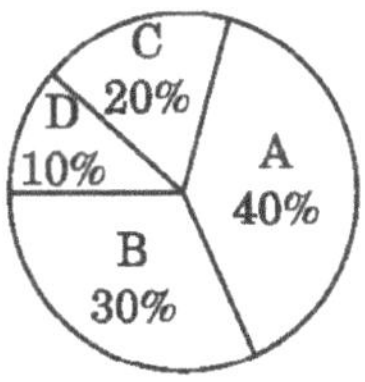

कुल उत्तीर्ण हुए = 300

49. उच्चतम उत्तीर्ण प्रतिशत वाला सेक्शन है

(*a*) B (*b*) A

(*c*) D (*d*) C

50. सेक्शनों C तथा D में परीक्षा में बैठे विद्यार्थियों की संख्या से सेक्शनों A तथा B में उत्तीर्ण हुए विद्यार्थियों की संख्या कितनी अधिक है?

(*a*) 60

(*b*) 30

(*c*) 40

(*d*) 50

अंग्रेजी

Directions (Q. 51-60) *Some parts of the sentences have errors and some are correct. Find out which part of a sentence has an error and blacken the circle corresponding to the appropriate option. If a setence is free from error, blacken the circle corresponding to 'No error' in the Answer Sheet.*

51. Please (*a*) /tell to me (*b*) /the story (*c*). No error (*d*)

52. He is (*a*) /not as stronger as (*b*) /his brother (*c*). No error (*d*)

53. One of the girls in my class (*a*) /have (*b*) /a car (*c*). No error (*d*)

54. My scooter is being serviced (*a*) /so I am going to the office (*b*) /by walk (*c*). No error (*d*)

55. She had been told by many people (*a*) /that her shiny blonde hair and blue (*b*) eyes /made her stand up in a crowd. (*c*) No error (*d*)

56. Patrick reached into the pocket (*a*) /of his trouser/ (*b*) and pulled out twenty - five rupees (*c*) No error (*d*)

57. Thanks God (*a*) /your family and you (*b*) /are safe (*b*). No error (*d*)

58. The passengers were (a) /asked to carefully (b) /get down off the train (c). No error (d)

59. Unless you receive the money order (a) /you will not be able (b) /to pay your rent (c). No error (d)

60. We usually (a) /have (b) /the lunch at twelve (c). No error (d)

Directions-(Q. 61-70) *Sentences are given with blanks to be filled in with an appropriate word(s). Four alternatives are suggested for each question. Choose the correct alternative out of the four and indicate it by blackening the appropriate circle (•) in the Answer-Sheet.*

61. The Board results are .... any moment.
(a) tabulated (b) expected
(c) launched (d) compiled

62. There was no trace .... finger-prints.
(a) in (b) with
(c) about (d) of

63. Whenever you .... in town, call me.
(a) am (b) are
(c) is (d) were

64. He .... several museums in Delhi.
(a) left at (b) went forward
(c) visited (d) moved to

65. The slum children .... round a burning fire to keep themselves warm.
(a) elbowed (b) grouped
(c) huddled (d) tucked

66. Polyester shirts are more .... than the cotton ones.
(a) durable (b) durably
(c) duration (d) durability

67. She was born .... rich parents.
(a) to (b) of
(c) from (d) with

68. Children should obey .... parents.
(a) them (b) they
(c) their (d) mine

69. The child has been missing .... yesterday.
(a) Since (b) for
(c) by (d) to

70. I do not like .... sugar in my coffee.
(a) fewer (b) many
(c) much (d) few

Directions (Q. 71-73) : *Out of the four alternatives, choose the one which best expresses the meaning of the given word and mark it in the Answer sheet.*

71. Convulsion
(a) Cease (b) Start
(c) Contraption (d) Fit

72. Furious
(a) Smile (b) Angry
(c) Calm (d) Desperate

73. Manage
(a) Independent (b) Loose
(c) Free (d) Control

Directions-(Q. 74-76) *Choose the word opposite in meaning to the given word and mark it in the Answer sheet*

74. Consecutive
(a) Sequential (b) Tangential
(c) Respective (d) Discontinuous

75. Zest
(a) Disinclination (b) Zeal
(c) Gusto (d) Unhappiness

76. Birth
(a) Death
(b) Anniversary
(c) Resurrection
(d) Life

Directions (Q. 77-79) : *Four alternatives are given for the Idiom / phase* **bold** *in the sentence. Choose the alternatives which best expresses the meaning of the Idiom / phase and mark it in the Answer sheet.*

77. The plane **took off** at 16:00 hours.
(*a*) ran down
(*b*) broke into pieces
(*c*) left the ground
(*d*) pulled away

78. We have **gone through** many hardships.
(*a*) suffered (*b*) examined
(*c*) enjoyed (*d*) tolerated

79. He **turned a deaf ear** to my advice.
(*a*) accepted
(*b*) did not hear
(*c*) disregarded
(*d*) did not understand

Dinctions-(Q. 80-84) *A part of the sentence is* ***bold****. Below are given alternatives to the* ***bold*** *part which may improve the sentence. Choose the correct alternatives. In case no improvement is required. choose "No improvement" option. Mark your answer in the Answer-Sheet.*

80. Men like Mahatma Gandhi and Abraham Lincoln **do great deeds** because of their strength of character
(*a*) did great deeds
(*b*) does great deeds
(*c*) done great deeds
(*d*) No imporvement

81. His elder brother **is looking** for him.
(*a*) looks
(*b*) was looking
(*c*) has looked
(*d*) No improvement

82. He **is solve** any sum of far.
(*a*) have not solved
(*b*) solved
(*c*) has not solved
(*d*) No improvement

83. Food **was the prime** necessity of health.
(*a*) is the important
(*b*) is the primary
(*c*) is the prime
(*d*) No improvement

84. He carried all his **luggages** to the airport.
(*a*) luggage
(*b*) things
(*c*) bags and boxes
(*d*) No improvement

Directions (Q.85-89) : *out of the four alternatives choose the one which can be substituted for the given words / phase and indicate it by blackening in the appropriate circle (•) in Answer sheet.*

85. Happening once year —
(*a*) Bicentenary (*b*) Biennial
(*c*) Annual (*d*) Centenary

86. One who designs buildings —
(*a*) A builder (*b*) A engineer
(*c*) A mason (*d*) An architect

87. The life-story of a person written by himself —
(*a*) Calligraphy (*b*) Autobiography
(*c*) Biography (*d*) Stenography

88. The curved path of the planet —
(*a*) Galaxy (*b*) Path
(*c*) Orbit (*d*) Axis

89. A remedy for all ills —
(*a*) Panacea (*b*) Antibiotic
(*c*) Alcohol (*d*) Paracetamol

Directions (Q. 90-95) : *Four words are given in each question , out of which only one word is correctly spelt. Find the correctly spelt word and mark your answer in the Answer-Sheet.*

90. (*a*) Rebilious (*b*) Rebelious
(*c*) Rebelous (*d*) Rebellious

91. (*a*) Allegeance (*b*) Allegiance
(*c*) Aligiance (*d*) Allegians

92. (*a*) Mathametics (*b*) Mathmatics
(*c*) Mathamatics (*d*) Mathematics

93. (*a*) Awkkward (*b*) Awkward
(*c*) Awakward (*d*) Awkword

94. (*a*) Inverce (*b*) Invention
(*c*) Inventry (*d*) Invant

95. (*a*) Tretmint (*b*) Treatment
(*c*) Triunent (*d*) Tritmant

Directions (Q. 96-100) : *In the following passage some of the words have been left out. Read the passage carefully and choose the correct answer to each question out of the four alternatives and fill in the blanks.*

I am forty years old, rather tall and I have blue eyes 96 long black hair. I wear 97 clothes as I teach student in a relaxed atmosphere. I enjoy my job 98 I get to meet and help so many different people from all over the world 99 my spare time. I like playing tennis which I 100 at least three times a week.

96. (*a*) yet (*b*) but
(*c*) still (*d*) and

97. (*a*) funny (*b*) silly
(*c*) casual (*d*) stiff

98. (*a*) so (*b*) for
(*c*) because (*d*) hence

99. (*a*) After (*b*) While
(*c*) During (*d*) At

100. (*a*) follow (*b*) pursue
(*c*) adopt (*d*) play

सामान्य जानकारी

101. निम्नलिखित में से कौनसी भारत में आयात की एक वस्तु है?
(*a*) हस्तशिल्प (*b*) वस्त्र
(*c*) मोती (*d*) अभियांत्रिकी वस्तु

102. यदि किसी वस्तु की माँग और पूर्ति दोनों बढ़ जाती हैं, तो सन्तुलन कीमत
(*a*) कम हो जाएगी
(*b*) वही रहेगी
(*c*) बढ़ जाएगी
(*d*) इनमें से कोई भी

103. प्रस्तावना
(*a*) परिस्थितियों पर निर्भर करती है
(*b*) न्याय्य है
(*c*) अन्याय्य है
(*d*) कार्यपालिका द्वारा प्रवर्तनीय है

104. गांधीजी के अनुसार स्त्री किस सन्दर्भ में पुरुष से श्रेष्ठ होती है?
(*a*) सहिष्णुता (*b*) नैतिक बल
(*c*) शारीरिक बल (*d*) बुद्धि

105. निम्नलिखित में से कौनसा 'उत्पादन के उत्पादित साधन' के रूप में माना जाता है?
(*a*) संगठन (*b*) पूँजी
(*c*) भूमि (*d*) श्रम

106. राज कमेटी किससे सम्बन्धित थी?
(*a*) बैंकिंग से
(*b*) कृषि से
(*c*) बड़े पैमाने के उद्योग से
(*d*) लघु उद्योग से

107. प्राथमिक कृषि ऋण समितियाँ (पी०ए०सी०एस०) आरम्भ की गई थीं
(*a*) ग्रामीण कर्ज़दारों को पुनःवित्तीयन सुविधाएं प्रदान करने के लिए
(*b*) ग्रामीण कर्ज़दारों को अल्पावधि ऋण प्रदान करने के लिए
(*c*) ग्रामीण कर्ज़दारों को मध्यकालिक ऋण प्रदान करने के लिए
(*d*) ग्रामीण कर्ज़दारों को दीर्घावधि ऋण प्रदान करने के लिए

108. भारत का सबसे बड़ा गुम्बज है
(*a*) जामा मस्जिद (*b*) ताज महल
(*c*) गोल गुम्बज (*d*) कुतुब मीनार

109. अब तक सबसे पुराने शिलालेख जिनकी गूढ़लिपी समझी जा चुकी है, किससे सम्बन्धित हैं?
(*a*) कुशाण काल से (*b*) हड़प्पा सभ्यता से
(*c*) ऋग्वैदिक काल से (*d*) मौर्य काल से

110. विद्रोह (1857) की असफलता का अन्तिम कारण था

(*a*) एकता का अभाव (*b*) झाँसी की रानी की मृत्यु

(*c*) नेताओं की स्वार्थपरता (*d*) विश्वासघात

111. पर्वतों का सामान्य वस्ती प्रकार है

(*a*) रैखिक-गुच्छेदार (*b*) विकीर्ण (बिखरा हुआ)

(*c*) अर्द्ध-गुच्छेदार (*d*) संकुलित

112. एनी बेसेन्ट का सम्बन्ध है

(*a*) गदर पार्टी से

(*b*) आर्य समाज से

(*c*) प्रार्थना समाज से

(*d*) थियोसोफिकल सोसाइटी से

113. राज्य सभा में सीटों की अधिकतम संख्या हो सकती है

(*a*) 500 (*b*) 250

(*c*) 275 (*d*) 300

114. भारतीय संविधान के किस अनुच्छेद के अन्तर्गत भाषण एवं अभिव्यक्ति की स्वतन्त्रता के अधिकार की गारण्टी दी गई है?

(*a*) अनुच्छेद 22 (*b*) अनुच्छेद 19

(*c*) अनुच्छेद 20 (*d*) अनुच्छेद 21

115. हर्षवर्धन किसके द्वारा पराजित हुए थे?

(*a*) ताइला II (*b*) जयसिंह

(*c*) पुलकेशिन I (*d*) पुलकेशिन II

116. इंग्लिश ईस्ट इण्डिया कम्पनी को किस वर्ष समाप्त कर दिया गया था?

(*a*) 1860 (*b*) 1857

(*c*) 1856 (*d*) 1858

117. मारियाना ट्रेन्च .... महासागर में स्थित सबसे गहरा ट्रेन्च है।

(*a*) आर्कटिक (*b*) प्रशान्त

(*c*) अटलान्टिक (*d*) हिन्द

118. निम्नलिखित में से कौनसा एन्टीडाई-यूरेटिक हॉर्मोन है?

(*a*) कॉर्टिसोन (*b*) वैसोप्रेसिन

(*c*) ऑक्सीटोसिन (*d*) ए०सी०टी०एच०

119. मानव में सी०एस०एफ० की मात्रा कितनी होती है?

(*a*) 200 मिली (*b*) 550 मिली

(*c*) 250 मिली (*d*) 150 मिली

120. वर्ष के लघुतर या दीर्घतर मौसम के लिए वृक्ष पत्तीहीन (अपर्ण) हो जाते हैं

(*a*) पर्णपाती वनों में (*b*) सदाबहार वनों में

(*c*) मैंग्रोव वनों में (*d*) गुल्म वनों में

121. किस पादप में तना संचयन तथा चिरकालिकता के कार्य करता है?

(*a*) टमाटर (*b*) शकरकंद

(*c*) प्याज (*d*) हल्दी

122. विश्व स्वास्थ्य संगठन (डब्ल्यू०एच०ओ०) ने चेचक उन्मूलन की घोषणा कब की थी?

(*a*) अप्रैल 1984 (*b*) जनवरी 1972

(*c*) मार्च 1976 (*d*) मई 1980

123. हिमनदाच्छादित घाटी के शीर्ष पर पाई जाने वाली सर्वाधिक सामान्य विशेषता है

(*a*) ड्रमलिन (*b*) निलम्बी घाटी

(*c*) सर्क (*d*) रॉश मूटोने

124. निम्नलिखित में से किसको 'ब्लैक गोल्ड' कहा जाता है?

(*a*) हीरा (*b*) अभ्रक

(*c*) ग्रेनाइट (*d*) कोयला

125. निम्नलिखित में से कौनसे भारतीय राज्य में प्रात:काल में सूर्य की किरणें सबसे पहले पड़ती हैं?

(*a*) अरुणाचल प्रदेश (*b*) त्रिपुरा

(*c*) मेघालय (*d*) सिक्किम

126. निम्नलिखित में से कौनसी युक्ति वैद्युत ऊर्चा को यान्त्रिक ऊर्जा में परिवर्तित करती है?

(*a*) प्रेरक (*b*) डायनेमो

(*c*) ट्रांसफॉर्मर (*d*) बिजली की मोटर

127. डोरी से बँधे हुए एक पत्थर को तेजी से वृत्त में घुमाया जाता है। घुमाते समय अचानक डोरी टूट जाती है, तो

(*a*) पत्थर की गति उसके वेग पर निर्भर करती है

(*b*) पत्थर स्पर्श-रैखिकत: उड़ जाता है

(*c*) पत्थर भीतर की ओर त्रिज्यत: गति करता है

(*d*) पत्थर बाहर की ओर त्रिज्यत: गति करता है

128. किस भारतीय संस्थान ने सबसे पहले सुपर कम्प्यूटर विकसित किया?

(*a*) सी-डैक (*b*) टी०सी०एस०

(*c*) इंफोसिस (*d*) विप्रो

129. वेबसाइट

(*a*) होम पेज है

(*b*) वेब में एक स्पेस है

(*c*) एक वेब पेज है

(*d*) एक ऐसा स्थान है जहाँ आप सम्बन्धित वेब पेजों को प्राप्त कर सकते हैं

130. एक स्थान से दूसरे स्थान पर यात्रा करने वाले लोगों द्वारा प्रयुक्त कम्प्यूटर है

(*a*) लैपटॉप (*b*) डेस्कटॉप

(*c*) सुपर कम्प्यूटर (*d*) वर्क स्टेशन

131. स्थायी चुम्बकन किस स्थिति में किया जा सकता है?

(*a*) इस्पात (*b*) ढलवाँ लोहा

(*c*) पिटवाँ लोहा (*d*) कच्चा लोहा

132. ऊपर फेंके गए किसी पिण्ड का गुरुत्वीय त्वरण होता है

(*a*) शून्य (*b*) 9.8 मी./से.^{2}

(*c*) -9.8 मी./से.^{2} (*d*) ± 9.8 मी./से.^{2}

133. किसी पिण्ड का जड़त्व निर्भर करता है

(*a*) उसके घनत्व पर (*b*) उसके द्रव्यमान पर

(*c*) उसके आकृति पर (*d*) उसके आयतन पर

134. भारत सरकार ने भारत के किस पूर्व प्रधानमंत्री के जन्मदिन पर 'अच्छा शासन दिवस' मनाने का निर्णय लिया?

(*a*) जवाहरलाल नेहरू (*b*) राजीव गांधी

(*c*) लाल बहादुर शास्त्री (*d*) अटल बिहारी वाजपेयी

135. अशोक शिलालेख किस लिपि में उत्कीर्णित किए गए थे?

(*a*) ब्राह्मी (*b*) मगध

(*c*) पाली (*d*) देवनागरी

136. लौह धातु के जंग लगने के लिए वायु में .... दोनों की आवश्यकता होती है।

(*a*) कार्बन डाइऑक्साइड और नमी

(*b*) ऑक्सीजन और ग्रीस

(*c*) ऑक्सीजन और नमी

(*d*) जल और पेंट

137. सैकेन्डी लोलक एक ऐसा लोलक है जिसकी समय अवधि होती है

(*a*) 3 सेकण्ड (*b*) 1 सेकण्ड

(*c*) 4 सेकण्ड (*d*) 2 सेकण्ड

138. एक धारावाही चालक सम्बन्धित है

(*a*) स्थिरवैद्युत क्षेत्र से

(*b*) चुम्बकीय क्षेत्र से

(*c*) विद्युत् क्षेत्र से

(*d*) विद्युत् चुम्बकीय क्षेत्र से

139. निम्नलिखित में से किस उच्च न्यायालय ने 2009 के दौरान भारत में समलैंगिक यौन-सम्बन्ध को वैध माना?

(*a*) चण्डीगढ़ (*b*) मिजोरम

(*c*) गोवा (*d*) दिल्ली

140. निम्नलिखित में से कौनसा यौगिक अम्ल की तरह व्यवहार करता है?

(*a*) H_2CO_3 (*b*) H_2O

(*c*) NH_4OH (*d*) NaOH

141. एक नीले लिटमस-पत्र को पहले तनु अम्लीय विलयन में और बाद में तनु क्षारीय विलयन में डुबोया गया। यह देखा गया कि लिटमस-पत्र का रंग

(*a*) रंगहीन से लाल हो गया है

(*b*) पीला हो गया है

(*c*) नीले से रंगहीन हो गया है

(*d*) पहले लाल और बाद में नीला हो गया है

142. निम्नलिखित में से कौनसे विटामिन में धातु-परमाणु है?

(*a*) विटामिन A

(*b*) विटामिन K

(*c*) विटामिन B_{12}

(*d*) विटामिन B_6

143. पर्यावरणी आन्दोलनों के परिणामस्वरूप किस परियोजना को रोक दिया गया था?

(*a*) नर्मदा परियोजना

(*b*) गंगा सागर बाँध

(*c*) साइलेन्ट वैली जलविद्युत् परियोजना

(*d*) प्रोजेक्ट टाइगर

144. किस वर्ष में प्रोजेक्ट टाइगर आरम्भ किया गया था?

(*a*) 2013-14 (*b*) 1973-74

(*c*) 1983-84 (*d*) 2004-05

145. भारत में किस वर्ष पर्यावरण संरक्षण अधिनियम पारित किया गया था?

(*a*) 2014 (*b*) 1996

(*c*) 1986 (*d*) 2004

146. भू-पृष्ठ के तीन-चौथाई भाग में है

(*a*) बालू (*b*) वायु

(*c*) जल (*d*) बर्फ

147. जनगणना 2011 के अनुसार, देश में सर्वाधिक जनसंख्या वाला राज्य कौनसा है, जहाँ लगभग 20 करोड़ (200 मिलियन) लोग रहते हैं?

(*a*) पश्चिम बंगाल (*b*) उत्तर प्रदेश

(*c*) मध्यप्रदेश (*d*) महाराष्ट्र

148. 'राष्ट्रीय ऊर्जा संरक्षण दिवस' प्रत्येक वर्ष कब मनाया जाता है?

(*a*) 24 नवम्बर (*b*) 24 दिसम्बर

(*c*) 14 नवम्बर (*d*) 14 दिसम्बर

149. 'गोबी डेजर्ट' एशिया में सबसे बड़ा मरुस्थल क्षेत्र है। यह दक्षिणी मंगोलिया के प्रदेशों तथा .... के उत्तरी प्रदेशों को आच्छादित करता है।

(*a*) चीन (*b*) भारत

(*c*) रूस (*d*) म्यांमार

150. ऑर्गेनाइजेशन ऑफ पेट्रोलियम एक्सपोर्टिंग कंट्रीज (ओपेक) का मुख्यालय कहाँ स्थित है?

(*a*) वियना, ऑस्ट्रिया

(*b*) कुवैत सिटी, कुवैत

(*c*) बगदाद, इराक

(*d*) जेनेवा, स्विट्जरलैण्ड

उत्तरमाला

1. (*a*)	**2.** (*b*)	**3.** (*a*)	**4.** (*c*)	**5.** (*c*)	**6.** (*d*)	**7.** (*d*)	**8.** (*c*)	**9.** (*a*)	**10.** (*c*)
11. (*a*)	**12.** (*b*)	**13.** (*a*)	**14.** (*d*)	**15.** (*a*)	**16.** (*a*)	**17.** (*a*)	**18.** (*b*)	**19.** (*c*)	**20.** (*d*)
21. (*a*)	**22.** (*c*)	**23.** (*d*)	**24.** (*b*)	**25.** (*c*)	**26.** (*d*)	**27.** (*c*)	**28.** (*d*)	**29.** (*b*)	**30.** (*d*)
31. (*c*)	**32.** (*d*)	**33.** (*d*)	**34.** (*b*)	**35.** (*a*)	**36.** (*a*)	**37.** (*a*)	**38.** (*c*)	**39.** (*a*)	**40.** (*d*)
41. (*c*)	**42.** (*b*)	**43.** (*a*)	**44.** (*b*)	**45.** (*c*)	**46.** (*d*)	**47.** (*a*)	**48.** (*b*)	**49.** (*b*)	**50.** (*d*)
51. (*b*)	**52.** (*b*)	**53.** (*b*)	**54.** (*c*)	**55.** (*c*)	**56.** (*b*)	**57.** (*b*)	**58.** (*d*)	**59.** (*b*)	**60.** (*d*)
61. (*b*)	**62.** (*d*)	**63.** (*b*)	**64.** (*c*)	**65.** (*b*)	**66.** (*a*)	**67.** (*b*)	**68.** (*c*)	**69.** (*b*)	**70.** (*c*)
71. (*d*)	**72.** (*b*)	**73.** (*d*)	**74.** (*d*)	**75.** (*a*)	**76.** (*d*)	**77.** (*c*)	**78.** (*a*)	**79.** (*b*)	**80.** (*a*)
81. (*d*)	**82.** (*c*)	**83.** (*b*)	**84.** (*a*)	**85.** (*c*)	**86.** (*d*)	**87.** (*b*)	**88.** (*c*)	**89.** (*a*)	**90.** (*d*)
91. (*b*)	**92.** (*d*)	**93.** (*b*)	**94.** (*b*)	**95.** (*b*)	**96.** (*d*)	**97.** (*c*)	**98.** (*c*)	**99.** (*c*)	**100.** (*d*)
101. (*c*)	**102.** (*b*)	**103.** (*c*)	**104.** (*b*)	**105.** (*b*)	**106.** (*b*)	**107.** (*b*)	**108.** (*c*)	**109.** (*d*)	**110.** (*a*)
111. (*b*)	**112.** (*d*)	**113.** (*b*)	**114.** (*b*)	**115.** (*d*)	**116.** (*d*)	**117.** (*b*)	**118.** (*b*)	**119.** (*d*)	**120.** (*a*)
121. (*d*)	**122.** (*d*)	**123.** (*c*)	**124.** (*d*)	**125.** (*a*)	**126.** (*d*)	**127.** (*b*)	**128.** (*a*)	**129.** (*d*)	**130.** (*a*)
131. (*a*)	**132.** (*c*)	**133.** (*b*)	**134.** (*d*)	**135.** (*a*)	**136.** (*c*)	**137.** (*d*)	**138.** (*b*)	**139.** (*d*)	**140.** (*a*)
141. (*d*)	**142.** (*c*)	**143.** (*c*)	**144.** (*b*)	**145.** (*c*)	**146.** (*c*)	**147.** (*b*)	**148.** (*d*)	**149.** (*a*)	**150.** (*a*)

व्याख्या

1. इंफ्लुएंजा, विषाणु के कारण होता है और टाइफॉइड, जीवाणु के कारण होता है।

2. जिस तरह,

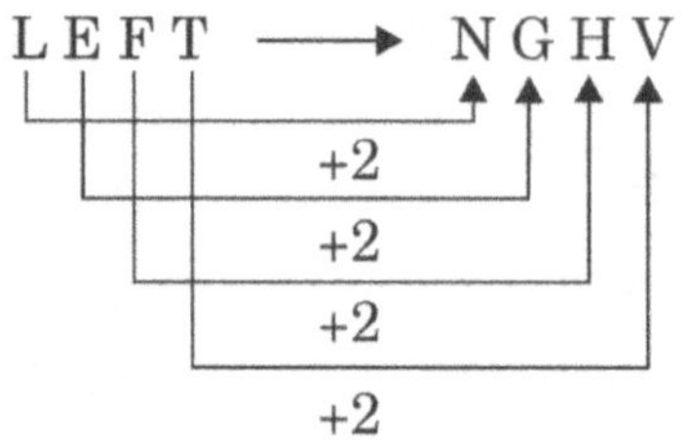

उसी तरह,

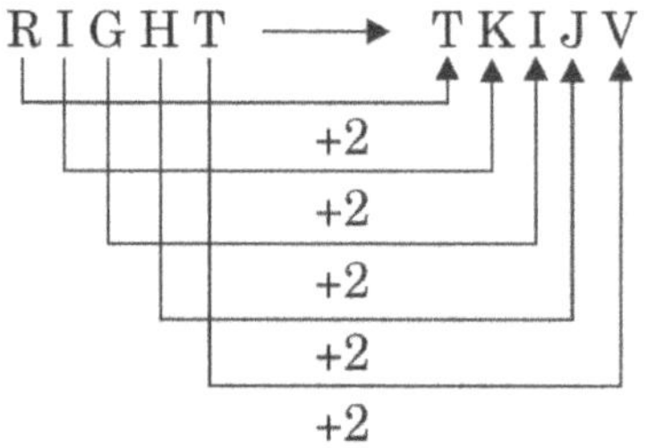

4. जैसे वृक्ष से रबड़ मिलती है, उसी तरह कीट से रेशम प्राप्त होता है।

5. 2910 के अलावा सभी किसी संख्या के घन है।

6. कुत्ते को छोड़कर सभी कैटल (मवेशी) के अन्तर्गत आते हैं।

8. क्रम ⇒ दुर्घटना, डॉक्टर, पुलिस, वकील, न्यायाधीश

9.

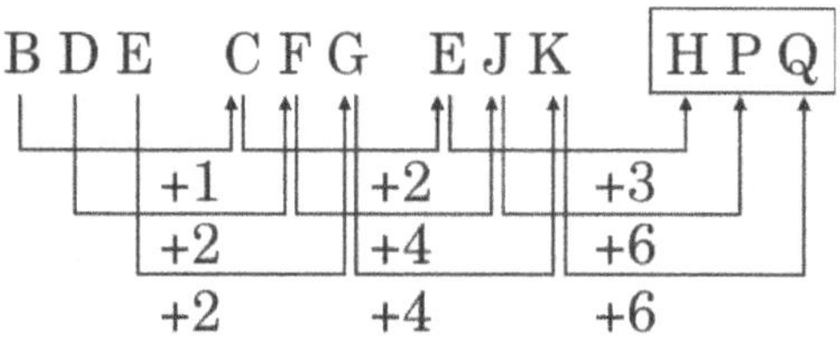

10.

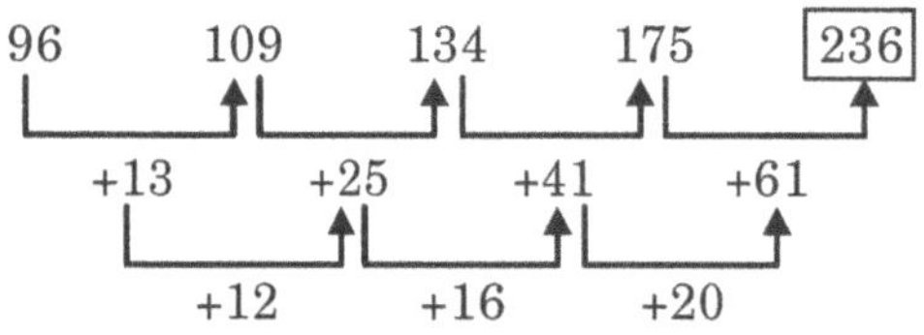

11. [25461 से बनने वाला शब्द = PTESA; जोकि एक अर्थपूर्ण शब्द नहीं है।]

12. माना, राजू की वर्तमान आयु = x वर्ष

और, उसके भाई की वर्तमान आयु = y वर्ष

6 साल पहले, राजू की आयु = $(x-6)$ वर्ष

और उसके भाई की आयु = $(y-6)$ वर्ष

तो, प्रश्नानुसार

$$(x-6) = \frac{1}{2}(y-6) - 2$$

और $y - 6 = 20$ (दिया है)

तो, $(x-6) = \frac{1}{2} \times 20 - 2$

$\Rightarrow (x-6) = 10 - 2$

$\Rightarrow x - 6 = 8$

$\Rightarrow x = 14$ वर्ष

अर्थात् राजू की वर्तमान आयु = 14 वर्ष

13. क्रम → Chamber, Cheap, Cheerful, Chemistry.

14. 16 + 61 + 26 = 103

17 + 71 + 62 = 150

18 + 81 + [26] = 125

15.

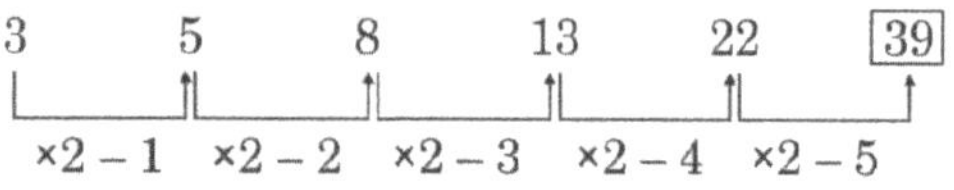

16. पहला अंक + तीसरा अंक = दूसरा अंक

7103 ⇒ 7 + 3 = 10

5116 ⇒ 5 + 6 = 11

8135 ⇒ 8 + 5 = 13

352 ⇒ 3 + 2 = 5

612[6] ⇒ 6 + 6 = 12

$\therefore$ $x = 12 - 6 = 6$

18. गौरव अपने प्रारम्भिक स्थान से 20 मी की दूरी पर है।

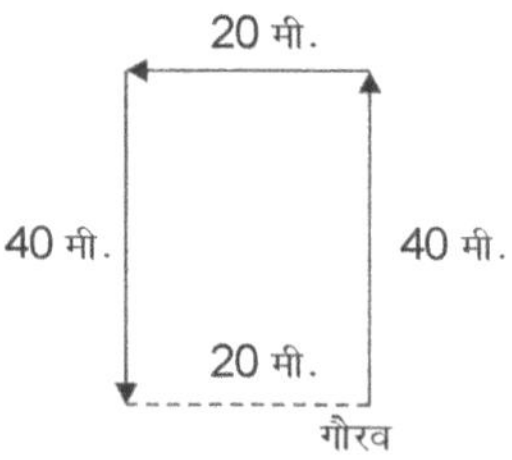

26. दिया है, $\frac{a^3}{b^3} = \frac{1}{27}$

$\Rightarrow \quad \frac{a}{b} = \frac{1}{3}$

फलकों के अनुपात $= \frac{6a^2}{6b^2}$

$= \frac{6 \times 1}{6 \times 9}$

$= \frac{1}{9}$

27. दिया है,

$\frac{1}{2}x + \frac{2}{3}x + \frac{3}{4}x = 207$

$\Rightarrow \frac{6x + 8x + 9x}{12} = 207$

$\Rightarrow \quad 23x = 207 \times 12$

$\Rightarrow \quad x = \frac{207 \times 12}{23} = 108$

तो, तीनों भाग हैं

$\frac{1}{2}x = \frac{1}{2} \times 108 = 54$

$\frac{2}{3}x = \frac{2}{3} \times 108 = 72$

और $\quad \frac{3}{4}x = \frac{3}{4} \times 108 = 81$

तो सबसे बड़ा भाग = 81.

28. 11 संख्याओं का औसत $= 32 \times 11 = 352$

प्रथम 5 संख्याओं का औसत $= 27 \times 5 = 135$

और आखिरी 5 संख्याओं का औसत $= 5 \times 34 = 170$

तो, छठी संख्या $= 352 - (135 + 170)$

$= 352 - 305 = 47$

29. कुल कमी $= 15 \times 3 = 45$ महीने = 3 वर्ष 9 महीने

तो, नए लड़के की आयु = 14 वर्ष – 3 वर्ष 9 महीने

= 10 वर्ष 3 महीने

30.
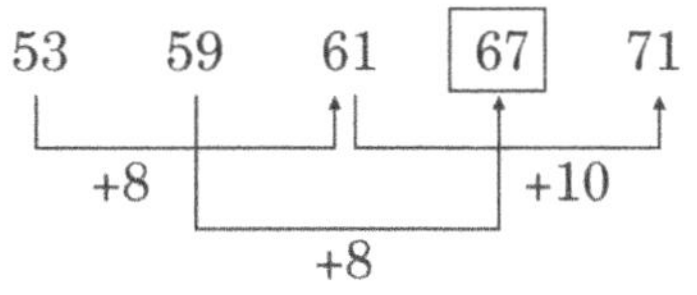

31. $\frac{3}{4} \times 144 = 108$

और $\quad \frac{2}{3} \times 96 = 64$

वृद्धि $= 108 - 64 = 44$

32. एक आदमी का 1 दिन का काम $= \frac{1}{5}$

आदमी और पुत्र का 1 दिन का काम $= \frac{1}{3}$

तो, पुत्र का 1 दिन का काम $= \frac{1}{3} - \frac{1}{5}$

$= \frac{5-3}{15}$

$= \frac{2}{15}$

तो, पुत्र अकेला उसी काम को $7\frac{1}{2}$ दिन में पूरा सकता है।

33. (A + B) का 1 दिन का काम $= \frac{1}{10}$

(B + C) का 1 दिन का काम $= \frac{1}{12}$

और (C + A) का 1 दिन का काम $= \frac{1}{15}$

तो, 2(A + B + C) का 1 दिन का काम

$= \frac{1}{10} + \frac{1}{12} + \frac{1}{15}$

$= \frac{15}{60}$

$= \frac{1}{4}$

(A + B + C) का 1 दिन का काम $= \frac{1}{8}$

तो, $(A + B + C) - (B + C) = \frac{1}{8} - \frac{1}{12} = \frac{1}{24}$

A उसी काम को 24 दिन में पूरा कर सकता है।

34. चादर का क्षेत्रफल = $66 \times 44 = 2904$ वर्ग सेमी

अब, बेलन की परिधि = $2\pi r = 66$

$$\Rightarrow \quad r = \frac{66 \times 7}{2 \times 22}$$

$$= \frac{21}{2}$$

= 10.5 सेमी

35. सबसे लम्बे खम्भे की लम्बाई

$$= \sqrt{l^2 + b^2 + h^2}$$

$$= \sqrt{(24)^2 + (18)^2 + (16)^2}$$

$$= \sqrt{576 + 324 + 256}$$

$$= \sqrt{1156}$$

= 34 मी

36. माना, अंकित मूल्य x है।

तब, प्रश्नानुसार,

$$x - \frac{12x}{100} = 880$$

$$\Rightarrow \quad \frac{88x}{100} = 880$$

$$\Rightarrow \quad x = \frac{880 \times 100}{88}$$

$$\Rightarrow \quad x = 1000$$

37. माना, अंकित मूल्य x है

तब, प्रश्नानुसार,

$$x - \frac{x \times 20}{100} = 1000$$

$$\Rightarrow \quad \frac{80x}{100} = 1000$$

$$\Rightarrow \quad x = \frac{1000 \times 100}{80}$$

$$\Rightarrow \quad x = 1250$$

38. प्रश्नानुसार,

क्रय मूल्य = $200 \times \frac{80}{100} \times \frac{90}{100}$

= 144

5% सेल टैक्स को जोड़ने के बाद

क्रय मूल्य = $144 + 144 \times \frac{5}{100}$

= 144 + 7.20

= 151.20

39. कुल कर्मचारी = 4080

पुरुष कर्मचारियों की संख्या = 2400

और महिला कर्मचारियों की संख्या

= 4080 – 2400 = 1680

तब, अनुपात = $\frac{1680}{2400} = \frac{7}{10}$

40. माना वास्तविक मूल्य = 100 प्रति किग्रा

49 किग्रा चावल को खरीदने के लिए प्राप्त धनराशि

= (100×49)

= 4900

नया मूल्य = 98 प्रति किग्रा

$\therefore$ खरीदे गए चावल की मात्रा

= $\left(\frac{4900}{98}\right)$ किग्रा

= 50 किग्रा

41. $T_1 = \frac{125}{50} = 2.5$ घण्टा

और $T_2 = \frac{75}{30} = 2.5$ घण्टा

अब, कुल समय = T = 2.5 + 2.5 = 5 घण्टा

अब, औसत चाल = $\frac{\text{कुल दूरी}}{\text{कुल समय}}$

$$= \frac{125 + 75}{5}$$

$$= \frac{200}{5}$$

= 40 किमी/घण्टा

42. दिया है, $S = 40$ किमी/घण्टा

$D = 680$ किमी

तो $T = \frac{D}{S}$

$= \frac{680}{40}$

$= 17$ घण्टा

तो, 7 : 10 के घण्टा बाद का समय 17 घण्टा बाद का समय

= 12 : 10 अगले दिन के

और 1 घण्टा 5 मिनट रुकने का समय

= 12 : 10 + 1 : 05

= 1 : 15 अगले दिन

43. साधारण ब्याज $= \frac{6250 \times 14 \times 146}{100 \times 365} = 350$

44. $2662 = 2000\left[\left(1+\frac{10}{100}\right)^{T}\right]$

$\Rightarrow \frac{2662}{2000} = \left(\frac{11}{10}\right)^{n}$

$\Rightarrow \frac{1331}{1000} = \left(\frac{11}{10}\right)^{n}$

$\Rightarrow \left(\frac{11}{10}\right)^{3} = \left(\frac{11}{10}\right)^{n}$

$\therefore$ n = 3 वर्ष

45. दिया है, 24 वस्तुओं का क्रय मूल्य = 18 वस्तुओं का विक्रय मूल्य

तो, लाभ = 24 – 18 = 6

लाभ % $= \frac{6 \times 100}{18} = 33\frac{1}{3}\%$

46. दिया है, दो गायों का विक्रय मूल्य = 1000

हानि % $= +10 - 10 - \frac{10 \times 10}{100} = -1\%$

तो, क्रय मूल्य $= \frac{100 \times \text{विक्रय मूल्य}}{100 - \text{हानि }\%}$

$= \frac{100 \times 1000}{99}$

तो, हानि $= \frac{100000}{99} - 1000$

$= \frac{1000}{99}$

47. विक्रय मूल्य = 162,

हानि % = 10 (दिया है)

तो, क्रय मूल्य $= \frac{100 \times 162}{90}$

$= 180$

और दिया है, लाभ = 10%

विक्रय मूल्य $= \frac{110}{100} \times 180$

$= 198$

48. माना, संख्या x है।

तब, प्रश्नानुसार,

$x + \frac{20x}{100} = 42$

$\Rightarrow \frac{120x}{100} = 42$

$\Rightarrow x = \frac{42 \times 100}{120}$

$\Rightarrow x = 35$

49. सेक्शन A $= \frac{40}{100} \times 300 = 120$

सेक्शन B $= \frac{30}{100} \times 300 = 90$

सेक्शन C $= \frac{20}{100} \times 300 = 60$

सेक्शन D $= \frac{10}{100} \times 300 = 30$

अत: उच्चतम उत्तीर्ण प्रतिशत वाला सेक्शन A है।

50. सेक्शनों A और B में उत्तीर्ण हुए विद्यार्थियों की संख्या

$$= 120 + 90 = 210$$

और सेक्शनों C और D में परीक्षा में बैठे हुए विद्यार्थियों की संख्या

$$= \frac{30}{100} \times 400 + \frac{10}{100} \times 400$$

$$= 120 + 40 = 160$$

दोनों का अंतर $210 - 160 = 50$

51. Delete 'To'. It is redundant. 'Tell' is a 'Transitive Verb'. If any object comes after the 'Transitive Verb', there is no need to use any Preposition after it.

52. Change 'Stronger' to 'Strong'. Here, the Adjective should be in 'Positive Degree'.

53. Change to 'Has' the subject 'One of the girls' is a singular subject.

54. Change 'By walk' to 'On foot'.

55. Change 'Stand up' to 'Stand out'.

56. Change 'Trouser' to 'Trousers'. The correct word is 'Trousers'.

57. Change 'Your family and you' to 'you and your family'.

59. Delete 'Not'. It is redundant'. 'Unless' has already been used for negative sense of the sentence.

74. 'Consecutive' means 'Continuous'. Its antonym is 'Discontinuous'.

75. 'Zest' means 'Inclination'. Its antonym is 'Disinclination'.

76. 'Birth' means 'To be born'. Its antonym is 'Death'.

90. 'Rebellious' means 'Showing desire to resist authority'.

91. 'Allegiance' means 'Loyalty'.

92. 'Mathematics' is a subject.

93. 'Awkward' means Causing Difficulty.

94. 'Invention' means 'The action inventing something'

95. 'Treatment' means 'Medical care given to a patient' for an illness or injury'.

■■

हल प्रश्न-पत्र – 2014

एस. एस. सी. मल्टी-टास्किंग (गैर तकनीकी)

समय : 2 घंटे **प्रश्न संख्या : 150**

भाग-क : सामान्य बुद्धिमत्ता एवं तर्कशक्ति

1. एक दिन सुबह, रीता ने सूर्य की ओर चलना प्रारंभ किया। कुछ दूर चलने के बाद, वह अपने बायीं ओर मुड़ी और फिर एक बार बायीं ओर मुड़ी। फिर कुछ देर चलने के पश्चात् वह फिर दायीं ओर मुड़ी। उसका मुख अब किस दिशा की ओर है?

(*a*) पूर्व (*b*) पश्चिम

(*c*) उत्तर (*d*) दक्षिण

2. निम्नलिखित समीकरण को संतुलित करने और * चिह्नों के स्थान पर प्रतिस्थापित करने के लिए गणितीय चिह्नों का सही क्रम समूह चुनिए

8 * 8 * 1 * 7 = 8

(*a*) × ÷ + (*b*) + ÷ ×

(*c*) ÷ × + (*d*) + × ÷

3. कुछ समीकरण एक विशेष प्रणाली के आधार पर हल किए गए हैं। उसी आधार पर अनुत्तरित समीकरण का सही उत्तर ज्ञात कीजिए।

678 = 366, 567 = 255, 946 = ?

(*a*) 334 (*b*) 499

(*c*) 699 (*d*) 634

4. दिए गए विकल्पों में से लुप्त संख्या ज्ञात कीजिए।

25	49	16
36	81	64
11	16	?

(*a*) 12 (*b*) 20

(*c*) 18 (*d*) 13

5. निम्न विकल्पों में से कौन-सा विकल्प नीचे दिए हुए शब्दों का सार्थक क्रम दर्शाता है?

1. बुनाई 2. रुई

3. कपड़ा 4. धागा

(*a*) 2, 4, 1, 3 (*b*) 2, 4, 3, 1

(*c*) 4, 2, 1, 3 (*d*) 3, 1, 4, 2

निर्देश (प्र.सं. 6-7): नीचे एक अनुक्रम दिया गया है, जिसमें एक पद लुप्त है। दिए गए विकल्पों में से वह सही विकल्प चुनिए जो अनुक्रम को पूरा करे।

6. 0, 3, 8, 15, 24, ___?___, 48

(*a*) 41 (*b*) 29

(*c*) 37 (*d*) 35

7. AC, FH, KM, PR, ___?___

(*a*) UX (*b*) TV

(*c*) UW (*d*) VW

8. निम्नलिखित विकल्पों में से वह शब्द चुनिए जो दिए गए शब्द के अक्षरों का प्रयोग करके ***नहीं*** बनाया जा सकता।

PORTFOLIO

(*a*) RIFT (*b*) ROOF

(*c*) FORT (*d*) PORTICO

9. एक कूट भाषा में BRINJAL को LAJNIRB. लिखा जाता है। उसी कूट भाषा में LADYFINGER को किस प्रकार लिखा जाएगा।

(*a*) RNEGIFYDAL (*b*) RINEGIFYDAL

(*c*) REGNIFYDAL (*d*) RGENIFYDAL

10. अतिथियों को आशा का परिचय कराते हुए, भास्कर ने कहा, "उसके पिता मेरे पिता के इकलौते पुत्र हैं।" आशा भास्कर से किस प्रकार सम्बन्धित है?

(*a*) भतीजी (*b*) पौत्री

(*c*) माता (*d*) पुत्री

निर्देश (प्र.सं. 11-14) : दिए गए विकल्पों में से सम्बन्धित शब्द / अक्षरों / संख्या को चुनिए।

11. पौधा : बीज : : ___?___ : कली

(*a*) पत्ता (*b*) टहनी

(*c*) फूल (*d*) फल

12. BFG : EIJ : : RVW : ___?___

(*a*) UWY (*b*) UYZ

(*c*) SWX (*d*) QUV

13. 8 : 56 : : 9 : ___?___

(*a*) 10 (*b*) 63

(*c*) 7 (*d*) 9

14. मैगजीन : सम्पादक : : नाटक : ___?___

(*a*) निर्देशक (*b*) खिलाड़ी

(*c*) मैनेजर (*d*) अभिनेता

निर्देश (प्र.सं. 15-17) : निम्न में उसे चुनिए जो अन्य तीन विकल्पों से भिन्न है।

15. (*a*) FIJL (*b*) RUVX

(*c*) DGHJ (*d*) NPQS

16. (*a*) 8 – 11 (*b*) 1 – 4

(*c*) 7 – 10 (*d*) 3 – 5

17. (*a*) कुरान (*b*) गीता

(*c*) पंचशील (*d*) बाइबिल

18. पाँच मित्र 'P', 'Q', 'R', 'S' और 'T' एक पंक्ति में उत्तर दिशा की ओर मुख करके बैठे हैं। 'S' बैठा है 'T' और 'Q' के बीच में और 'Q' है 'R' के निकटतम बायीं ओर। 'P' है 'T' के निकटतम बायीं ओर। बीच में कौन बैठा है?

(*a*) S (*b*) T

(*c*) Q (*d*) R

19. नीचे दो कथन दिए गए हैं, जिसके आगे दो निष्कर्ष I और II निकाले गए हैं। आपको विचार करना है कि कथन सत्य हैं, चाहे वह सामान्यत: ज्ञात तथ्यों से भिन्न प्रतीत होते हों। आपको निर्णय करना है कि दिए गए कथनों में से कौन-सा निष्कर्ष निश्चित रूप से निकलता है। अपने उत्तर को निर्दिष्ट कीजिए।

कथन

सभी कौवे पक्षी हैं।

सभी मोर कौवे हैं।

निष्कर्ष

I. सभी मोर पक्षी हैं।

II. सभी पक्षी मोर हैं।

(*a*) निष्कर्ष I और II दोनों निकलते हैं

(*b*) न निष्कर्ष I, न ही II निकलता है

(*c*) केवल निष्कर्ष I निकलता है

(*d*) केवल निष्कर्ष II निकलता है

20. वह आरेख चुनिए जो नीचे दिए गए वर्गों के बीच संबंध का सही निरूपण करता है

पुलिस, चोर, अपराधी

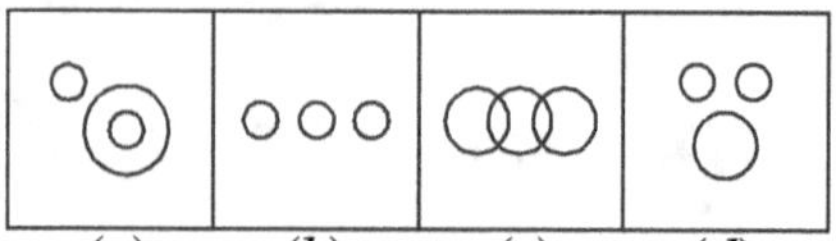

(*a*) (*b*) (*c*) (*d*)

21. नीचे प्रश्न आकृतियों में दिखाए अनुसार कागज को मोड़कर काटने तथा खोलने के बाद वह किस उत्तर आकृति जैसा दिखाई देगा?

प्रश्नआकृतियाँ

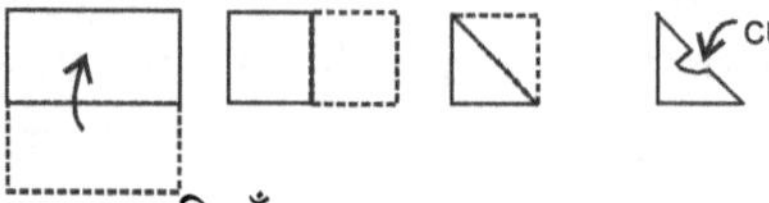

उत्तरआकृतियाँ

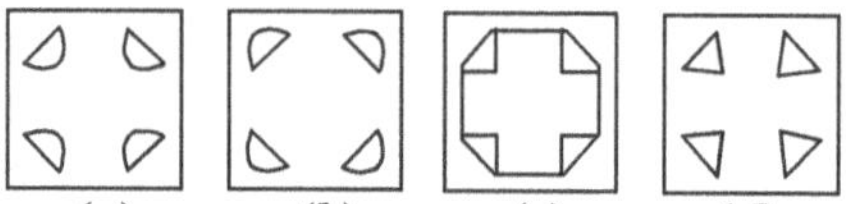

(*a*) (*b*) (*c*) (*d*)

22. कौन-सी उत्तर आकृति प्रश्न आकृति के प्रतिरूप को पूरा करेगी?

प्रश्नआकृति

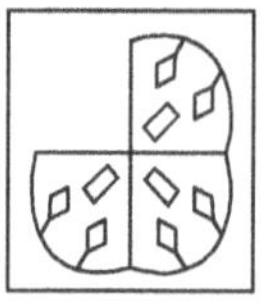

उत्तरआकृतियाँ

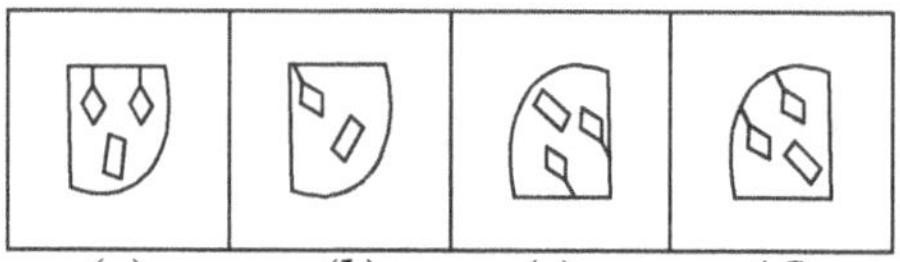

(*a*) (*b*) (*c*) (*d*)

23. दी गई उत्तर आकृतियों में से उस उत्तर आकृति को चुनिए जिसमें प्रश्न आकृति निहित है।

प्रश्नआकृति

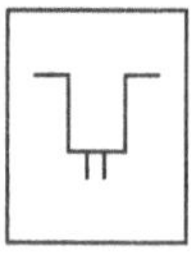

उत्तरआकृतियाँ

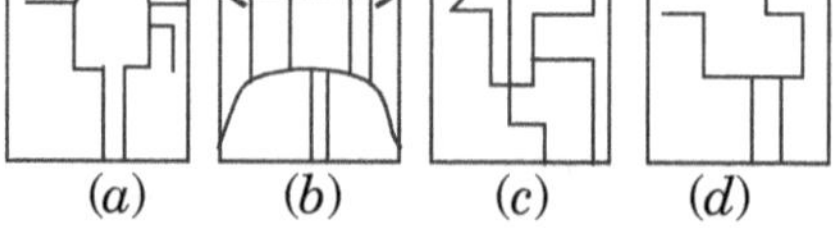

(*a*) (*b*) (*c*) (*d*)

24. एक शब्द केवल एक संख्या-समूह द्वारा दर्शाया गया है जैसा कि विकल्पों में से किसी एक में दिया गया है। विकल्पों में दिए गए संख्या-समूह अक्षरों के दो वर्गों द्वारा दर्शाए गए हैं, जैसा कि नीचे दिए गए दो आव्यूहों में है। आव्यूह I के स्तम्भ और पंक्ति की संख्या 0 से 4 में दी गई है और आव्यूह II की 5 से 9। इन आव्यूहों से एक अक्षर को पहले उसकी पंक्ति और बाद में स्तम्भ संख्या द्वारा दर्शाया जा सकता है। उदाहरण के लिए 'E' को 00, 13, 32, आदि द्वारा दर्शाया जा सकता है तथा 'S' को 55, 76, 87, आदि द्वारा दर्शाया जा सकता है। इसी तरह से आपको नीचे दिए गए शब्द के लिए समूह को पहचानना है

CART

आव्यूह I

	0	1	2	3	4
0	E	A	R	W	P
1	W	P	A	E	R
2	A	W	P	R	E
3	P	R	E	A	W
4	R	E	W	P	A

आव्यूह II

	5	6	7	8	9
5	S	B	K	T	C
6	B	C	T	K	S
7	T	S	C	B	K
8	K	T	S	C	B
9	C	K	B	S	T

(*a*) 65, 33, 40, 86
(*b*) 66, 12, 40, 58
(*c*) 88, 44, 31, 89
(*d*) 59, 20, 32, 89

25. यदि एक दर्पण को MN रेखा पर रखा जाए, तो दी गई उत्तर आकृतियों में से कौन-सी आकृति प्रश्न आकृति की सही प्रतिबिम्ब होगी?

प्रश्नआकृति

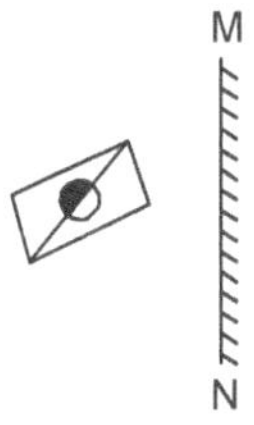

उत्तरआकृतियाँ

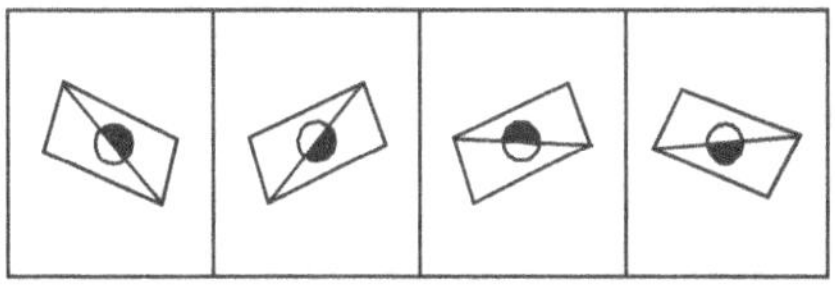

(*a*) (*b*) (*c*) (*d*)

भाग-ख : संख्यात्मक अभिरुचि

26. यदि किसी वस्तु पर हानि 5% है और उसकी लागत कीमत ₹ 90 है, तो बिक्री कीमत ज्ञात कीजिए।
(*a*) ₹ 95.50 (*b*) ₹ 85.50
(*c*) ₹ 85 (*d*) ₹ 95

27. ₹ 5,000 कीमत वाला एक खराब टी.वी. 50% हानि पर बेचा जाता है। यदि कीमत को आगे 50% और घटा दिया जाए, तो बिक्री कीमत है
(*a*) ₹ 1,225 (*b*) ₹ 1,250
(*c*) ₹ 1,025 (*d*) ₹ 1,200

28. एक पंसारी ₹ 18 प्रति दर्जन पर 10 दर्जन अंडे थोक बाजार से खरीदता है। इनमें 10 अंडे टूटे पाए जाते हैं और उन्हें फेंकना पड़ता है। यदि वह परिवहन पर ₹ 24 खर्च करता है, तो उसे प्रति अंडा किस कीमत पर बेचना चाहिए जिससे उसे 10% का लाभ हो?
(*a*) ₹ 2.00 (*b*) ₹ 2.25
(*c*) ₹ 2.40 (*d*) ₹ 2.50

29. एक आयत की लम्बाई 40% बढ़ा दी जाती है और उसकी चौड़ाई 30% घटा दी जाती है। आयत के क्षेत्रफल में क्या परिवर्तन होगा?
(*a*) 2% वृद्धि (*b*) 2% कमी
(*c*) 10% वृद्धि (*d*) 10% कमी

30. एक व्यापारी अपने माल की कीमत ऐसे अंकित करता है कि 15% छूट देने के बाद उसे 20% का लाभ हो। ₹ 170 लागत कीमत वाली वस्तु का अंकित मूल्य (₹ में) है
(*a*) 236 (*b*) 220
(*c*) 240 (*d*) 204

31. 10 : 18, 7 : 21, 12 : 16, 8 : 20 का न्यूनतम अनुपात है
(*a*) 12 : 16 (*b*) 8 : 20
(*c*) 10 : 18 (*d*) 7 : 21

32. यदि $(x-2)$ और $(x-3)$ के बीच मध्यानुपात x है, तो x का मान है

(*a*) 6 (*b*) 5
(*c*) 6/5 (*d*) 5/6

33. एक सरकारी सहायता प्राप्त विद्यालय में लड़कों और लड़कियों की संख्या का अनुपात 3 : 2 है। 20% लड़कों और 25% लड़कियों को छात्रवृत्ति नहीं मिलती। छात्रवृत्ति पाने वाले विद्यार्थियों की प्रतिशतता कितनी है?

(*a*) 70% (*b*) 48%
(*c*) 60% (*d*) 78%

34. 10, 12, 16, 20, p और 26 का औसत 17 है। p का मान ज्ञात कीजिए।

(*a*) 17 (*b*) 18
(*c*) 15 (*d*) 16

35. एक मोटर-साइकिल 20 किमी प्रति घंटा की गति से 40 किमी की दूरी तय करती है। अगले 40 किमी किस गति से मोटर-साइकिल चलने पर पूरी यात्रा की औसत गति 30 किमी प्रति घंटा होगी?

(*a*) 70 किमी प्रति घंटा
(*b*) 52.5 किमी प्रति घंटा
(*c*) 60 किमी प्रति घंटा
(*d*) 60.5 किमी प्रति घंटा

36. यदि दो वर्गों के क्षेत्रफलों का अनुपात 1 : 4 है, तो उनके परिमापों का अनुपात है

(*a*) 1 : 6 (*b*) 1 : 8
(*c*) 1 : 2 (*d*) 1 : 4

37. एक त्रिभुज का परिमाप 24 मीटर और उसके आन्तरिक वृत्त की परिधि 44 मीटर है। त्रिभुज का क्षेत्रफल ज्ञात कीजिए।

(*a*) 42 मीटर^2
(*b*) 24 मीटर^2
(*c*) 48 मीटर^2
(*d*) 84 मीटर^2

38. यदि अंकित मूल्य ₹ 250 है और विक्रय मूल्य ₹ 235 है, तो छूट की दर ज्ञात कीजिए।

(*a*) 6.0% (*b*) 7.0%
(*c*) 6.5% (*d*) 5.0%

39. एक घड़ी की सूचीगत कीमत ₹ 160 है। दो उत्तरोत्तर छूट के बाद, इसे ₹ 122.40 में बेचा जाता है। यदि पहली छूट 10% है, तो दूसरी छूट की दर क्या होगी?

(*a*) 13% (*b*) 18%
(*c*) 16% (*d*) 15%

40. भिन्न $\frac{3}{4}, \frac{9}{10}$ और $\frac{15}{16}$ के व्युत्क्रमों का महत्तम समापवर्तक (H.C.F.) कितना है?

(*a*) $\frac{3}{15}$

(*b*) $\frac{3}{80}$

(*c*) $\frac{1}{15}$

(*d*) $\frac{2}{45}$

41. निम्नलिखित प्रश्न में प्रश्न-चिह्न (?) के स्थान पर क्या आना चाहिए?

$$31^{7.5} \div 31^{3/2} \times 31^{-3} = (\sqrt{31})^?$$

(*a*) 9/2 (*b*) 6
(*c*) 7/2 (*d*) 4

42. 30 व्यक्ति प्रतिदिन 6 घंटे काम करते हुए 24 दिन में 1500 यूनिटों का उत्पादन कर सकते हैं। 18 व्यक्ति 8 घंटे प्रतिदिन काम करते हुए 1800 यूनिटों का उत्पादन कितने दिन में कर सकते हैं?

(*a*) 18 दिन (*b*) 32 दिन
(*c*) 36 दिन (*d*) 45 दिन

43. 4 पुरुष और 6 बच्चे किसी कार्य को 8 दिन में पूरा कर सकते हैं जबकि 3 पुरुष और 7 बच्चे उसी कार्य को 10 दिन में पूरा कर सकते हैं। यदि केवल 20 बच्चे कार्य करें, तो कार्य कितने दिन में पूरा होगा?

(*a*) 20 दिन (*b*) 22 दिन
(*c*) 15 दिन (*d*) 18 दिन

44. यदि कोई धनराशि साधारण ब्याज पर 5 वर्ष में दुगुनी हो जाती है, तो वह चौगुनी कितने वर्षों में होगी?

(*a*) 18 (*b*) 16
(*c*) 15 (*d*) 20

45. यदि छूट के साथ बिक्री $3\frac{1}{2}\%$ से घटाकर $3\frac{1}{3}\%$ कर दी जाती है, तो ₹ 12,102 की खरीद पर कितना अन्तर आएगा?

(*a*) ₹ 20.17

(*b*) ₹ 16.35

(*c*) ₹ 15.35

(*d*) ₹ 17.35

46. एक बस किसी यात्रा को 12 घंटे में पूरा कर सकती है। आरंभ की आधाी यात्रा 22 किमी प्रति घंटा की गति से पूरी की जाती है और बाद की आधी यात्रा 26 किमी प्रति घंटा की गति से की जाती है। दूरी ज्ञात कीजिए।

(*a*) 280 किमी

(*b*) 284 किमी

(*c*) 286 किमी

(*d*) 288 किमी

47. एक व्यक्ति को किसी स्थान पर पैदल जाने और सवारी से वापस आने में 6 घंटे 30 मिनट लगते हैं। यदि वह दोनों तरफ सवारी से जाता, तो उसके 2 घंटे 10 मिनट बच जाते। वह दोनों तरफ पैदल जाता है, तो उसे कितना समय लगेगा?

(*a*) 8 घंटे 20 मिनट

(*b*) 4 घंटे 10 मिनट

(*c*) 8 घंटे 40 मिनट

(*d*) 4 घंटे 20 मिनट

48. कोई धनराशि 2 वर्ष के अंत में ₹ 2,250 और 5 वर्ष के अंत में ₹ 2,625 हो जाती है। यदि व्यक्ति को केवल साधारण ब्याज मिलता है, तो ब्याज की दर कितनी है?

(*a*) 6.25%

(*b*) 5%

(*c*) 8%

(*d*) 6.5%

49. नीचे दिए गए रेखा ग्राफ में एक स्थावर संपदा एजेंट द्वारा वर्ष के पहले छः महीनों में प्रति माह बेचे गए मकानों की संख्या दर्शाई गई है। किन दो महीनों के बीच बिक्री सबसे अधिक बढ़ी है?

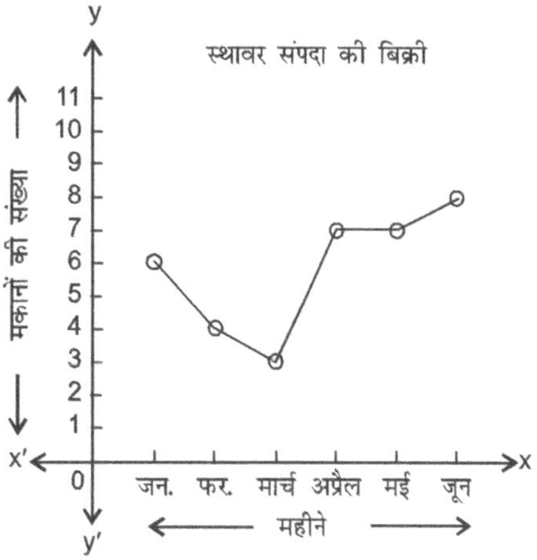

(*a*) अप्रैल मई

(*b*) मई जून

(*c*) जनवरी फरवरी

(*d*) मार्च अप्रैल

50. इस वृत्त-चित्र में एक प्रकाशक द्वारा एक पुस्तक तैयार करने के लिए विभिन्न शीर्षों के अधीन किए गए खर्च को दर्शाया गया है।

A. कागज 20%

B. मुद्रण 25%

C. जिल्दबंदी आदि 30%

D. विविध 10%

E. रॉयल्टी 15%

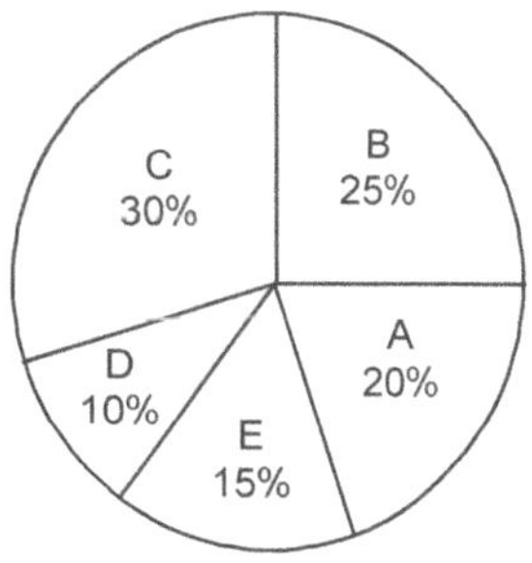

कौन-से दो खर्च मिलकर चित्र के केन्द्र पर 108° का कोण बनाएँगे?

(*a*) A व D

(*b*) D व E

(*c*) A व E

(*d*) B व E

PART - C : GENERAL ENGLISH

Directions (Q. 51 - 60) : *Sentences are given with blanks to be filled in with an appropriate word(s). Four alternatives are suggested for each question. Choose the correct alternative out of the four and indicate it by blackening the appropriate oval (●) in the Answer Sheet.*

51. He does not ______ any fixed principle.
(*a*) go through
(*b*) go about
(*c*) go with
(*d*) go upon

52. My finger is still _______ where I caught it in the door yesterday.
(*a*) broken (*b*) wounded
(*c*) bruised (*d*) injured

53. A trader was ______ at the city airport early on Thursday for carrying gold jewellery worth over ` 1 crore.
(*a*) hindered (*b*) detained
(*c*) retained (*d*) blocked

54. A book's a book _______ there is nothing in it.
(*a*) because (*b*) unless
(*c*) till (*d*) although

55. __________ knocking at the gate, he demanded admission.
(*a*) Cruelly (*b*) Kindly
(*c*) Speedily (*d*) Loudly

56. I ______ the job if you had paid me enough.
(*a*) would have done
(*b*) had done
(*c*) will do
(*d*) would do

57. As soon as he got the telegram, he _______ in a taxi.
(*a*) would have left
(*b*) left
(*c*) had left
(*d*) has left

58. We had difficulty _______ finding a parking place.
(*a*) at (*b*) about
(*c*) in (*d*) for

59. The peasant rebellion was _______ with a high hand by the Emperor.
(*a*) put off (*b*) put away
(*c*) put back (*d*) put down

60. That car is throwing _______ a lot of smoke.
(*a*) out (*b*) up
(*c*) away (*d*) in

Directions (Q. 61 - 63) : *Out of the four alternatives, choose the one which best expresses the meaning of the given word and mark it in the Answer Sheet.*

61. Flung
(*a*) Threw (*b*) Caught
(*c*) Cast (*d*) Spat

62. Encountered
(*a*) Faced (*b*) Solved
(*c*) Entered (*d*) Entertained

63. Redeem
(*a*) Punish (*b*) Save
(*c*) Forget (*d*) Forgive

Directions (Q. 64 - 66) : *Choose the word opposite in meaning to the given word and mark it in the Answer Sheet.*

64. Encouraged
(*a*) Opposed (*b*) Mugged
(*c*) Supported (*d*) Dispirited

65. Revoke
(*a*) Negate (*b*) Annul
(*c*) Invalidate (*d*) Implement

66. Calculative
(*a*) Naive
(*b*) Gentle
(*c*) Docile
(*d*) Careful

Directions (Q. 67 - 69) : *Four alternatives are given for the Idiom / Phrase underlined in the sentence. Choose the alternative that best expresses the meaning of the Idiom / Phrase and mark it in the Answer Sheet.*

67. I have recently changed my job and I am going to have teething problems.

(*a*) difficulties at the start
(*b*) difficulties at the end
(*c*) difficulties all the time
(*d*) problem with my teeth

68. The soldiers fought tooth and nail to save their country.

(*a*) using unfair means
(*b*) with strength and fury
(*c*) with weapons
(*d*) as best as they could

69. Chetan is very upset because the new manager always picks on him.

(*a*) advises
(*b*) warns severely
(*c*) selects
(*d*) treats badly

Directions (Q. 70 - 74) : *A part of the sentence is underlined. Below are given alternatives to the underlined part at (a), (b) and (c) which may improve the sentence. Choose the correct alternative. In case no improvement is needed your answer is (d). Mark your answer in the Answer Sheet.*

70. The carpenter has been given a routine to finish his job.

(*a*) framework
(*b*) deadline
(*c*) limitation
(*d*) No improvement

71. The labourers are bent at getting what is due to them.

(*a*) bent for
(*b*) bent upon
(*c*) bent in
(*d*) No improvement

72. Although the goal-keeper was responsible for the defeat in the important football match, nobody blamed him.

(*a*) still nobody blamed him
(*b*) nevertheless nobody blamed him
(*c*) yet nobody blamed him
(*d*) No improvement

73. The children found the story funny.

(*a*) humorous
(*b*) bad
(*c*) ridiculous
(*d*) No improvement

74. The cattle are fed on barley and grass.

(*a*) cattles are fed
(*b*) cattles are feeding
(*c*) cattle is fed
(*d*) No improvement

Directions (Q. 75 - 79) : *Out of the four alternatives, choose the one which can be substituted for the given words / sentence and indicate it by blackening the appropriate oval (⬬) in the Answer Sheet.*

75. Liable to be easily broken.

(*a*) Translucent
(*b*) Brittle
(*c*) Unhealthy
(*d*) Opaque

76. A room or building for the preservation of plants.

(*a*) Plantation
(*b*) Farmyard
(*c*) Greenhouse
(*d*) Plantain

77. A large number of fish swimming together.

(*a*) Troupe (*b*) Swarm
(*c*) Litter (*d*) Shoal

78. A list of things to be discussed at a meeting.

(*a*) Minutes (*b*) Issues
(*c*) Agenda (*d*) Data

79. A figure with many angles or sides.

(*a*) Hexagon (*b*) Octagon
(*c*) Polygon (*d*) Pentagon

Directions (Q. 80 - 85) : *Four words are given in each question, out of which only one word is correctly spelt. Find the correctly spelt word and mark your answer in the Answer Sheet.*

80. (*a*) Embarassment
(*b*) Embarasment
(*c*) Emmbarrassment
(*d*) Embarrassment

81. (*a*) Perseverence
(*b*) Perseverance
(*c*) Parseverance
(*d*) Persiverance

82. (*a*) Inntelligence (*b*) Intelegence
(*c*) Intelligence (*d*) Intellegence

83. (*a*) Afilliate (*b*) Affilliate
(*c*) Afilaite (*d*) Affiliate

84. (*a*) Accommodation
(*b*) Accommdation
(*c*) Acommodation
(*d*) Accomodation

85. (*a*) Consentious
(*b*) Conscientious
(*c*) Concientious
(*d*) Conscentious

Directions (Q. 86 - 90) : *You have a brief passage with 5 questions. Read the passage carefully and choose the best answer to each question out of the four alternatives and mark it by blackening the appropriate oval (⬬) in the Answer Sheet.*

Once upon a time, a businessman named Ray Kroc discovered a restaurant owned by two brothers. The restaurant served just four things: hamburgers, French fries, milk shakes and coca cola. But it was clean and inexpensive, and the service was quick. Mr. Kroc liked it so much that he paid the brothers so that he could use their idea and their name: McDonald's.

Beef, big business and fast service were the ingredients when Mr. Kroc opened his first McDonald's in 1955. Four years later, there were 100 of them. Kroc knew Americans liked success. So he put signs saying how many millions of McDonald's hamburgers people had bought. In just four years, the number was one hundred million. Now, there are more than 13,000 McDonald's restaurants from Dellas to Paris and from Moscow to Beijing.

Anyone who wants to open a McDonald's must first work in one for a week. Then, they do a nine-month training programme, in the restaurants and at "McDonald's University" in Chicago. There they learnt the McDonald's philosophy: quality, control, service, cleanliness and cheap prices. Mc.Donald's has strict rules, Hamburgers must be served before they are ten minutes old, and French fries, seven.

McDonald's has never stopped looking for new methods to attract customers, from drive-in windows to birthday parties. Chicken, fish, salad and in some places, pizzas are now on the menu. McDonald's in Holland even sells a vegetarian burger. Their international popularity shows they have found the recipe for success.

86. How did putting up signs of his success in America help Mr. Kroc?

(*a*) People could work in the outlets for a week
(*b*) People could apply for jobs
(*c*) Children would visit the outlets more
(*d*) Americans would encourage him and buy more hamburgers

87. What made the restaurant popular?

(*a*) The servers were kind
(*b*) The ingredients used were genuine
(*c*) It was owned by two brothers
(*d*) It was clean and inexpensive

88. What is McDonald's philosophy?

(*a*) Quality control, service, cleanliness and high prices

(*b*) Quality control, cleanliness and cheap prices

(*c*) Quality control, service and cheap prices

(*d*) Quality control, service, cleanliness and cheap prices

89. Who is McDonald's named after?

(*a*) Two brothers unrelated to Mr. Kroc

(*b*) Two brothers related to Mr. Kroc

(*c*) Mr. Kroc's two sons

(*d*) Mr. Kroc's two brothers

90. Which statement is false?

(*a*) McDonald's is not innovative in their methods.

(*b*) McDonald's is both a domestic and international food chain.

(*c*) McDonald's is a rapidly growing food chain.

(*d*) McDonald's is not a multi-cuisine restaurant.

Directions (Q. 91 - 100) : *Some parts of the sentences have errors and some are correct. Find out which part of a sentence has an error and blacken the oval (⬬) corresponding to the appropriate letter (a, b, c). If a sentence is free from error, blacken the oval corresponding to (d) in the Answer Sheet.*

91. There is no agreement / between you and I / so we are free to go our way. / No error.
(*a*) (*b*) (*c*) (*d*)

92. His father would / rather die than / to beg from door to door. / No error.
(*a*) (*b*) (*c*) (*d*)

93. He is guilty / for killing / an innocent bird. / No error.
(*a*) (*b*) (*c*) (*d*)

94. I have just come / to know that Mr. Ray, one of my favourite /
(*a*) (*b*)
teachers, died with cancer recently. / No error.
(*c*) (*d*)

95. Many persons must have read / 'The Arabian Nights' / which is very interesting /
(*a*) (*b*) (*c*)
No error.
(*d*)

96. We should make green vegetables / an essential part of our daily diet, / shouldn't we? /
(*a*) (*b*) (*c*)
No error.
(*d*)

97. He has promised / to pay me the whole amount / in cheque with the stipulated time. /
(*a*) (*b*) (*c*)
No error.
(*d*)

98. We must have / sympathy for / needy and the poor. / No error.
(*a*) (*b*) (*c*) (*d*)

99. When I left / the house at 9 o'clock / my son was still at home / No error.
(*a*) (*b*) (*c*) (*d*)

100. I did not receive / any letter from my parents / for the last two months / No error.
(*a*) (*b*) (*c*) (*d*)

भाग-घ : सामान्य जानकारी

101. स्विट्ज़रलैंड में लोकार्नो फिल्म महोत्सव में दर्शक (ऑडिएंस) पुरस्कार किस फिल्म को मिला?
(*a*) *नायक*
(*b*) *लगान*
(*c*) *यादें*
(*d*) *दिलचाहताहै*

102. चेतन (सजीव) जीव का मूल अभिलक्षण निम्नलिखित में से क्या है?
(*a*) श्वास लेने की क्षमता
(*b*) प्रजनन की क्षमता
(*c*) संचलन की क्षमता
(*d*) खाने की क्षमता

103. रेडियोधर्मिता की खोज किसने की थी?
(*a*) रदरफोर्ड
(*b*) हेनरी बेक्वेरेल
(*c*) रोएंटजेन
(*d*) आइंस्टाइन

104. निकटदृष्टि (मायोपिया) रोग का संबंध किससे है?
(*a*) फेफड़े (*b*) मस्तिष्क
(*c*) कान (*d*) आँख

105. लोक सभा और राज्य सभा में लोकपाल बिल और अधिक सख्त संशोधनों के साथ कब पारित हुआ?
(*a*) 2012
(*b*) 2013
(*c*) 2009
(*d*) 2011

106. दिल्ली में विधान सभा चुनाव 2013 के अनुसार कितने विधान सभा क्षेत्र हैं?
(*a*) 70 (*b*) 72
(*c*) 66 (*d*) 68

107. जिम कॉर्बेट नेशनल पार्क कहाँ स्थित है?
(*a*) उत्तराखण्ड
(*b*) आंध्र प्रदेश
(*c*) मध्य प्रदेश
(*d*) हिमाचल प्रदेश

108. 'गदर पार्टी' का संस्थापक कौन था?
(*a*) सचिंद्रनाथ सान्याल
(*b*) चंद्रशेखर आजाद
(*c*) लाला हर दयाल
(*d*) बटुकेश्वर दत्त

109. समाजवाद मूलत: किसका आन्दोलन है?
(*a*) बुद्धिजीवी (*b*) गरीब लोग
(*c*) मध्य वर्ग (*d*) कामगार

110. खुली सिगड़ियों अथवा कोयले की अंगीठियों को जलाए रखने के लिए प्राय: पंखा करने की आवश्यकता क्यों होती है?
(*a*) कार्बन डाइऑक्साइड की चूरे के धुएँ के साथ परत बनाने की प्रवृत्ति के कारण
(*b*) सिगड़ियों के आस-पास ऑक्सीजन की कमी के कारण
(*c*) सिगड़ियों पर धुआँ और चूरा जम जाने के कारण
(*d*) सामग्री से निर्बाध नमी निकलने के कारण

111. ग्रीन हाउस प्रभाव पृथ्वी के वायुमंडल का गर्म होना है। इसका क्या कारण है?

(*a*) पराबैंगनी किरणें

(*b*) γ-किरणें

(*c*) अवरक्त किरणें

(*d*) X-किरणें

112. पुरानी किताबों का कागज भूरा किस कारण होता है?

(*a*) लगातार उपयोग से

(*b*) संवातन की कमी से

(*c*) धूल जम जाने से

(*d*) सेलुलोस के ऑक्सीकरण से

113. अफ्रीका के गाँधी के नाम से कौन मशहूर था?

(*a*) मीर करज़ई

(*b*) नेल्सन मंडेला

(*c*) फिरोज गाँधी

(*d*) एम.के. गाँधी

114. ऐक्वारेजिया आयतन में 1 : 3 के अनुपात में निम्नलिखित में से किसका मिश्रण है?

(*a*) सांद्र HNO_3 और सांद्र HCl

(*b*) सांद्र HNO_3 और सांद्र H_2SO_4

(*c*) तनु HCl और तनु HNO_3

(*d*) सांद्र HCl और सांद्र HNO_3

115. गहरे समुद्र में गोताखोरी के समय, गोताखोर ऑक्सीजन और कौन-सी गैस के मिश्रण का उपयोग करते हैं?

(*a*) हाइड्रोजन

(*b*) नाइट्रोजन

(*c*) आर्गन

(*d*) हीलियम

116. निम्नलिखित में से कौन-सा शब्द न केवल जीव द्वारा अधिकृत भौतिक स्थान को, बल्कि जीव-समुदाय में उसकी प्रकार्यात्मक भूमिका को भी वर्णित करता है?

(*a*) इकोनिच

(*b*) इकोसिस्टम

(*c*) इकोज़ोन

(*d*) आवास-क्षेत्र

117. संयुक्त राष्ट्र मानवाधिकार आयोग के स्थान पर बने निकाय का नाम बताइए।

(*a*) सचिवालय

(*b*) मानवाधिकार परिषद्

(*c*) न्यासिता परिषद्

(*d*) आर्थिक एवं सामाजिक परिषद्

118. प्रथम केंद्रीय विधान सभा का गठन कब किया गया था?

(*a*) 1922 (*b*) 1923

(*c*) 1921 (*d*) 1920

119. भारतीय विश्वविद्यालय अधिनियम किसने पारित किया था?

(*a*) लॉर्ड लिटन (*b*) लॉर्ड कर्ज़न

(*c*) लॉर्ड मिंटो (*d*) लॉर्ड रिपन

120. पुर्तगाली यात्री वास्को डि गामा का कालीकट आने पर भव्य स्वागत करने वाले भारतीय राजा का नाम बताइए।

(*a*) असफ जाह इस्माइल मुल्क

(*b*) देवराय

(*c*) ज़ैमोरिन

(*d*) कृष्णदेवराय

121. चीन की ग्रेट वॉल (महान दीवार) का निर्माण किसने कराया था?

(*a*) ली-ताई-पु

(*b*) शिह हुआंग-ती

(*c*) लाओ-त्जे

(*d*) कन्फ्यूशियस

122. दिल्ली सल्तनत का उद्धारक कौन था?

(*a*) कुतुब-उद्-दीन ऐबक

(*b*) मिनास-उस-सिराज

(*c*) इल्तुतमिश

(*d*) गियास-उद्-दीन बलबन

123. श्रीपेरम्बदूर किसका जन्म-स्थल है?

(*a*) श्री माधवाचार्य

(*b*) श्री बासवन्ना

(*c*) श्री शंकराचार्य

(*d*) श्री रामानुजाचार्य

124. हिमालय की सबसे पूर्वी चोटी कौन-सी है?

(*a*) नमचा बरवा

(*b*) अन्नपूर्णा

(*c*) कंचनजंगा

(*d*) माउंट एवरेस्ट

125. निम्नलिखित में से कौन-सा शहर उल्लेखनीय औद्योगिक शहर ***नहीं*** है?

(*a*) कानपुर (*b*) मुंबई

(*c*) जमशेदपुर (*d*) इलाहाबाद

126. ऐसी अर्थव्यवस्था को क्या कहते हैं जिसका शेष विश्व से कोई संबंध ***नहीं*** होता?

(*a*) समाजवादी अर्थव्यवस्था

(*b*) संवृत/बंद अर्थव्यवस्था

(*c*) मुक्त अर्थव्यवस्था

(*d*) मिश्रित अर्थव्यवस्था

127. किस राज्य में महिला साक्षरता दर सबसे अधिक है?

(*a*) केरल

(*b*) महाराष्ट्र

(*c*) तमिलनाडु

(*d*) पश्चिम बंगाल

128. निम्नलिखित में से किस अर्थशास्त्री को 'अर्थशास्त्र का जनक' माना जाता है?

(*a*) माल्थस (*b*) रॉबिन्सन

(*c*) रिकार्डो (*d*) ऐडम स्मिथ

129. पैमाने का प्रतिफल क्या है?

(*a*) शाश्वत/कालातीत परिघटना

(*b*) दिशारहित परिघटना

(*c*) अल्पकालिक परिघटना

(*d*) दीर्घकालिक परिघटना

130. लगान किसके लिए किया गया उपादान (कारक) भुगतान है?

(*a*) भूमि (*b*) रेस्तराँ

(*c*) भवन (*d*) फैक्टरी

131. भारत में संसदीय ढांचे में दो अस्थायी सदनों का नाम बताइए।

(*a*) राज्य सभा और विधान सभा

(*b*) लोक सभा और विधान परिषद्

(*c*) राज्य सभा और विधान परिषद्

(*d*) लोक सभा और विधान सभा

132. मंडल आयोग रिपोर्ट किससे संबंधित है?

(*a*) अन्य पिछड़े वर्गों से

(*b*) अनुसूचित जनजातियों से

(*c*) अल्पसंख्यकों से

(*d*) अनुसूचित जातियों से

133. प्रारंभ में कितने मौलिक अधिकार दिए गए थे?

(*a*) छः (*b*) सात

(*c*) चार (*d*) पाँच

134. पदार्थ का 'परमाणु सिद्धांत' किसने प्रतिपादित किया था?

(*a*) ऐवोगेद्रो (*b*) डाल्टन

(*c*) न्यूटन (*d*) पास्कल

135. किसी पिंड का वजन किसके केंद्र से प्रतिक्रिया करता है?

(*a*) गुरुत्वाकर्षण

(*b*) द्रव्यमान

(*c*) (*a*) और (*b*) दोनों

(*d*) उत्प्लावकता

136. एकपहिया ठेला किसका उदाहरण है?

(*a*) श्रेणी III लीवर

(*b*) घिरनी प्रणाली

(*c*) श्रेणी I लीवर

(*d*) श्रेणी II लीवर

137. सॉफ्टवेयर ऐप्लीकेशन के संदर्भ में सी.आर.एम (CRM) का क्या अर्थ है?

(*a*) कस्टमर रिलेटिव्स मीट

(*b*) चैनल रूट मार्केट

(*c*) कस्टमर रिलेशनशिप मैनेजमेंट

(*d*) कस्टमर रिटेंशन मैनेजर

138. सुपरकम्प्यूटर का प्रयोग निम्नलिखित में से किस अनुप्रयोग के लिए किया जाएगा?

(*a*) बिजनेस कम्प्यूटिंग

(*b*) डेस्कटॉप पब्लिशिंग

(*c*) मौसम पूर्वानुमान

(*d*) कम्प्यूटर साधित डिजाइनिंग

139. ई-मेल सिस्टम में कितने प्रकार के अभिग्राहक (रिसीपेंट) होते हैं?

(*a*) तीन (*b*) चार

(*c*) एक (*d*) दो

140. मोमबत्ती का जलना (दहन) __________ है।

(*a*) प्रकाश-रासायनिक अभिक्रिया

(*b*) भौतिक परिवर्तन

(*c*) ऊष्माशोषी अभिक्रिया

(*d*) ऊष्माक्षेपी अभिक्रिया

141. निम्नलिखित में से कौन-सा सहसंयोजक यौगिक है?

(*a*) कैल्सियम क्लोराइड

(*b*) मैग्नीशियम फ्लुओराइड

(*c*) सोडियम क्लोराइड

(*d*) कार्बन टेट्राक्लोराइड

142. मुर्गीपालन यूनिट में, लागत को सर्वाधिक प्रभावित करने वाला कारक किसकी लागत है?

(*a*) मुर्गीदाना

(*b*) परिवहन

(*c*) चूजे

(*d*) दवाइयाँ

143. निम्नलिखित में से कौन-सी नदी विंध्य-सतपुड़ा पर्वत श्रेणियों के बीच बहती है?

(*a*) चम्बल

(*b*) केन

(*c*) गोदावरी

(*d*) नर्मदा

144. निम्नतर वायुमंडल में गैसों की सर्वाधिक मात्रा किससे मिलकर बनती है?

(*a*) हाइड्रोजन

(*b*) कार्बन डाइऑक्साइड

(*c*) ऑक्सीजन

(*d*) नाइट्रोजन

145. डी व्रीज ने किस सिद्धांत का प्रतिपादन किया?

(*a*) जाति-उद्भवन का सिद्धांत

(*b*) विनिमय का सिद्धांत

(*c*) प्राकृतिक चयन का सिद्धांत

(*d*) उत्परिवर्तन का सिद्धांत

146. रक्त में हीमोग्लोबिन एक सम्मिश्र प्रोटीन है जिसमें भरपूर मात्रा में पाया जाता है

(*a*) लौह (*b*) रजत

(*c*) ताँबा (*d*) स्वर्ण

147. विटामिन सी को और किस नाम से जाना जाता है?

(*a*) ऐमीनो ऐसिड

(*b*) ऐस्कॉर्बिक एसिड

(*c*) ऐसीटिक एसिड

(*d*) ऐजेलेइक एसिड

148. निम्नलिखित में से क्या तने का रूपांतरण ***नहीं*** है?

(*a*) प्याज का बल्ब

(*b*) अरबी का घनकंद

(*c*) शकरकंद का कंद

(*d*) आलू का कंद

149. पर्याणिका (क्लाइटेलम) किसमें पाया जाता है?

(*a*) जोंक (*b*) घोंघा

(*c*) नेरीस (*d*) केंचुआ

150. बादल किस कारण वायुमंडल में तैरते हैं?

(*a*) निम्न दाब (*b*) निम्न घनत्व

(*c*) निम्न श्यानता (*d*) निम्न तापमान

उत्तरमाला

1. (*c*)	**2.** (*c*)	**3.** (*d*)	**4.** (*a*)	**5.** (*a*)	**6.** (*d*)	**7.** (*c*)	**8.** (*d*)	**9.** (*c*)	**10.** (*d*)
11. (*c*)	**12.** (*b*)	**13.** (*b*)	**14.** (*a*)	**15.** (*d*)	**16.** (*d*)	**17.** (*c*)	**18.** (*a*)	**19.** (*c*)	**20.** (*a*)
21. (*a*)	**22.** (*d*)	**23.** (*b*)	**24.** (*b*)	**25.** (*a*)	**26.** (*b*)	**27.** (*b*)	**28.** (*c*)	**29.** (*b*)	**30.** (*c*)
31. (*d*)	**32.** (*c*)	**33.** (*d*)	**34.** (*b*)	**35.** (*c*)	**36.** (*c*)	**37.** (*d*)	**38.** (*a*)	**39.** (*d*)	**40.** (*d*)
41. (*b*)	**42.** (*c*)	**43.** (*a*)	**44.** (*c*)	**45.** (*a*)	**46.** (*c*)	**47.** (*c*)	**48.** (*a*)	**49.** (*d*)	**50.** (*a*)
51. (*d*)	**52.** (*c*)	**53.** (*b*)	**54.** (*d*)	**55.** (*d*)	**56.** (*a*)	**57.** (*b*)	**58.** (*c*)	**59.** (*d*)	**60.** (*a*)
61. (*a*)	**62.** (*a*)	**63.** (*b*)	**64.** (*d*)	**65.** (*d*)	**66.** (*a*)	**67.** (*a*)	**68.** (*b*)	**69.** (*d*)	**70.** (*b*)
71. (*b*)	**72.** (*d*)	**73.** (*d*)	**74.** (*d*)	**75.** (*b*)	**76.** (*c*)	**77.** (*d*)	**78.** (*c*)	**79.** (*c*)	**80.** (*d*)
81. (*b*)	**82.** (*c*)	**83.** (*d*)	**84.** (*a*)	**85.** (*b*)	**86.** (*d*)	**87.** (*d*)	**88.** (*d*)	**89.** (*a*)	**90.** (*a*)
91. (*b*)	**92.** (*c*)	**93.** (*b*)	**94.** (*c*)	**95.** (*d*)	**96.** (*d*)	**97.** (*c*)	**98.** (*c*)	**99.** (*d*)	**100.** (*a*)
101. (*b*)	**102.** (*c*)	**103.** (*b*)	**104.** (*d*)	**105.** (*b*)	**106.** (*a*)	**107.** (*a*)	**108.** (*c*)	**109.** (*d*)	**110.** (*a*)
111. (*c*)	**112.** (*d*)	**113.** (*b*)	**114.** (*a*)	**115.** (*d*)	**116.** (*a*)	**117.** (*b*)	**118.** (*c*)	**119.** (*b*)	**120.** (*c*)
121. (*b*)	**122.** (*d*)	**123.** (*d*)	**124.** (*a*)	**125.** (*d*)	**126.** (*b*)	**127.** (*a*)	**128.** (*d*)	**129.** (*d*)	**130.** (*a*)
131. (*d*)	**132.** (*a*)	**133.** (*b*)	**134.** (*b*)	**135.** (*a*)	**136.** (*d*)	**137.** (*c*)	**138.** (*c*)	**139.** (*a*)	**140.** (*d*)
141. (*d*)	**142.** (*a*)	**143.** (*d*)	**144.** (*d*)	**145.** (*d*)	**146.** (*a*)	**147.** (*b*)	**148.** (*c*)	**149.** (*d*)	**150.** (*b*)

व्याख्या

1.

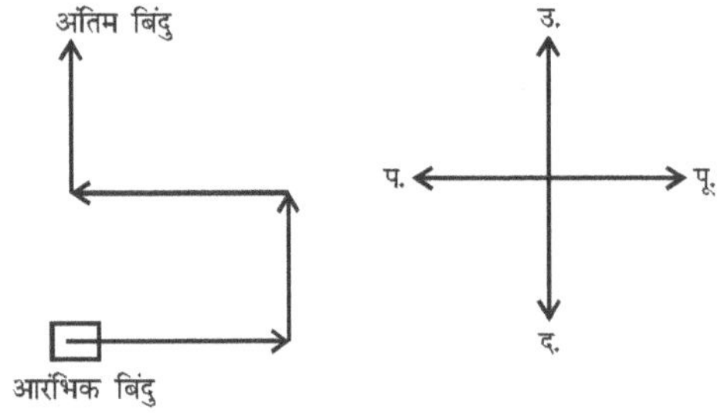

रीता अब उत्तर दिशा की ओर है।

2. $8 * 8 * 1 * 7 = 8$

विकल्पों से,

विकल्प (*a*) से,

$8 \times 8 \div 1 + 7 = 71 \neq 8$

$\therefore$ विकल्प (*a*) गलत है।

विकल्प (*b*) से,

$8 + 8 \div 1 \times 7 = 64 \neq 8$

$\therefore$ विकल्प (*b*) गलत है।

विकल्प (*c*) से,

$8 \div 8 \times 1 + 7 = 1 + 7 = 8$

$\therefore$ विकल्प (*c*) सही है।

3.

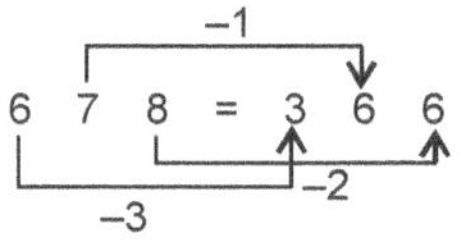

इसी प्रकार,

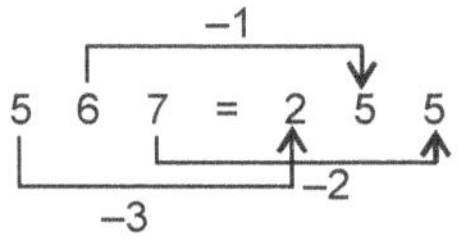

अत:

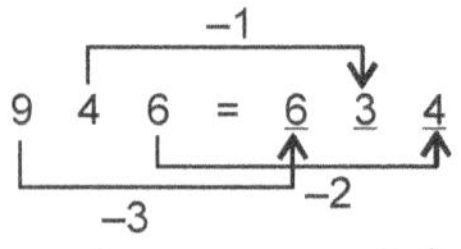

$\therefore$ विकल्प (*d*) सही है।

4. पहला कॉलम

$\sqrt{25} + \sqrt{36} = 11$

दूसरा कॉलम

$\sqrt{49} + \sqrt{81} = 7 + 9 = 16$

तीसरा कॉलम

$\sqrt{16} + \sqrt{64} = 4 + 8 = 12$

5. शब्दों का सार्थक क्रम

2. रुई
↓
4. धागा
↓
1. बुनाई
↓
3. कपड़ा

6. 0 $\xrightarrow{+3}$ 3 $\xrightarrow{+5}$ 8 $\xrightarrow{+7}$ 15 $\xrightarrow{+9}$ 24 $\xrightarrow{+11}$ $\boxed{35}$ $\xrightarrow{+13}$ 48

7. A $\xrightarrow{+2}$ C $\xrightarrow{+3}$ F $\xrightarrow{+2}$ H $\xrightarrow{+3}$ K $\xrightarrow{+2}$ M $\xrightarrow{+3}$ P $\xrightarrow{+2}$ R $\xrightarrow{+3}$ U $\xrightarrow{+2}$ W

8. दिए गए शब्द में 'C' वर्ण नहीं है। अत: शब्द 'PORTICO' नहीं बनाया जा सकता है।

9. अक्षरों को विपरीत क्रम में लिखा गया है।

BRINJAL → LAJNIRB

उसी प्रकार

LADYFINGER → REGNIFYDAL

10. आशा, भास्कर की पुत्री है।

11. बीज से पौधा बनता है, उसी प्रकार कली से फूल बनता है।

12. B $\xrightarrow{+3}$ E इसी प्रकार R $\xrightarrow{+3}$ U

F $\xrightarrow{+3}$ I V $\xrightarrow{+3}$ Y

G $\xrightarrow{+3}$ J W $\xrightarrow{+3}$ Z

13. 8 × 7 = 56

इसी प्रकार

9 × 7 = $\boxed{63}$

14. जिस प्रकार सम्पादक मैग़जीन बनाता है उसी प्रकार निर्देशक नाटक बनाता है।

15. F $\xrightarrow{+3}$ I $\xrightarrow{+1}$ J $\xrightarrow{+2}$ L

R $\xrightarrow{+3}$ U $\xrightarrow{+1}$ V $\xrightarrow{+2}$ X

D $\xrightarrow{+3}$ G $\xrightarrow{+1}$ H $\xrightarrow{+2}$ J

N $\xrightarrow{+2}$ P $\xrightarrow{+1}$ Q $\xrightarrow{+2}$ S

अत: 'NPQS' दिए गए तीनों विकल्प से भिन्न है।

16. 8 + $\boxed{3}$ = 11

1 + $\boxed{3}$ = 4

7 + $\boxed{3}$ = 10

3 + ② = 5

अत: '3 – 5' दिए गए तीनों विकल्पों से भिन्न है।

17. कुरान, गीता तथा बाइबिल सभी धार्मिक ग्रंथ हैं जबकि पंचशील धार्मिक ग्रंथ नहीं है।

18.

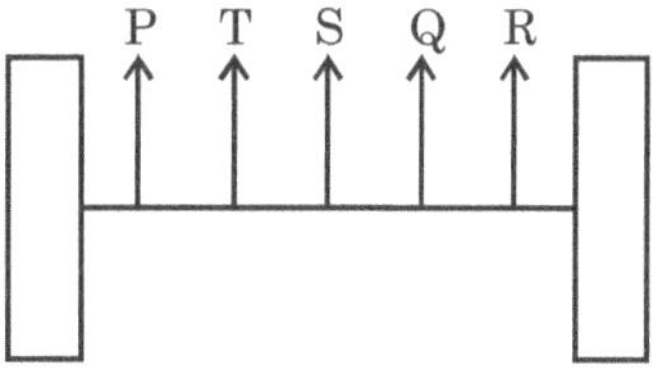

19.

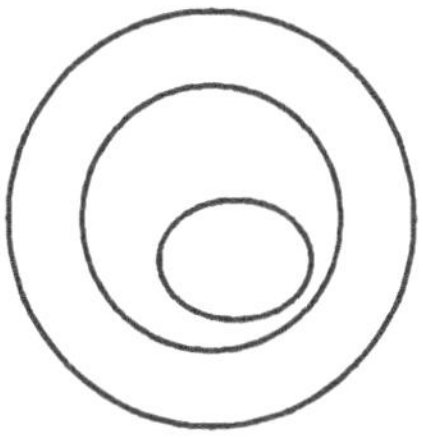

केवल निष्कर्ष I निकलता है।

20.

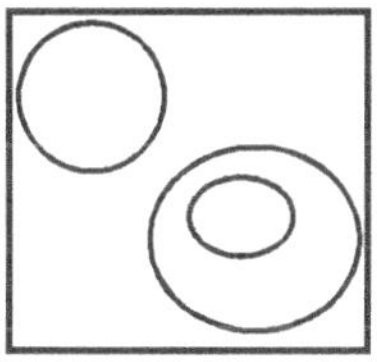

21.

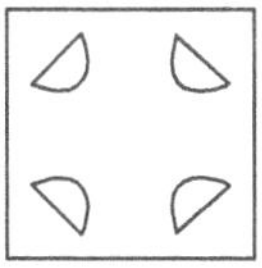

22.

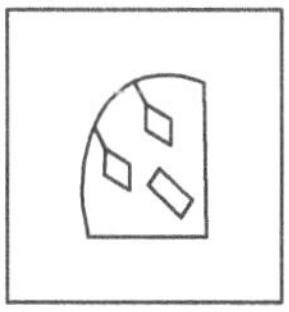

23.

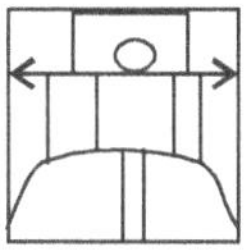

24. C ⇒ 95, 66, 77, 88, 59

A ⇒ 20, 01, 12, 33, 44

R ⇒ 40, 31, 02, 23, 14

T ⇒ 75, 86, 67, 58, 99

विकल्प	C	A	R	T
a	65	33	40	86
b	66	12	40	58
c	88	44	31	89
d	59	20	32	89

25. 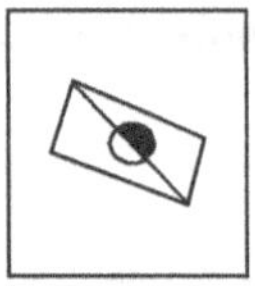

26. वस्तु की बिक्री कीमत

$$= ₹\left[90 \times \frac{95}{100}\right] = ₹\ 85.50$$

27. खराब टी. वी. की कीमत = ₹ 5000

घटा मूल्य = $₹\left[5000 \times \frac{50}{100}\right] = ₹\ 2500$

बिक्री कीमत = $₹\left[2500 \times \frac{50}{100}\right] = ₹\ 1250$

28. 10 दर्जन अंडों की कुल कीमत

$= ₹\ (18 \times 10)$

$= ₹\ 180$

परिवहन पर खर्च = ₹ 24

∴ कुल खर्च = ₹ (180 + 24) = ₹ 204

कुल अंडों का विक्रय मूल्य = $₹\left[204 \times \frac{110}{100}\right]$

$= ₹224.4$

अब, 10 अंडे टूटे हुए हैं

∴ बचे हुए अंडे = (120 – 10) = 110

प्रति अंडे की कीमत = $₹\left[\frac{224.4}{110}\right] \approx ₹\ 2$

29. आयत के क्षेत्रफल में प्रतिशत परिवर्तन

$$= \left[40 - 30 - \frac{40 \times 30}{100}\right]\%$$

$= [10 - 12]\% = -2\%$

यहाँ '–' क्षेत्रफल में प्रतिशत कमी को दर्शाता है।

30. वस्तु का अंकित मूल्य $= \left[170 \times \frac{100}{85} \times \frac{120}{100}\right]$

$= ₹\ 240$

31.

$$\frac{10}{18} = \frac{5}{9}$$

$$\frac{7}{21} = \frac{1}{3}$$

$$\frac{12}{16} = \frac{3}{4}$$

तथा $\frac{8}{20} = \frac{2}{5}$

दिए गए सभी अनुपात में न्यूनतम अनुपात 7 : 21 का है।

32. $\sqrt{(x-2)(x-3)} = x$

दोनों तरफ वर्ग करने पर

$(x - 2)(x - 3) = x^2$

$\therefore\ x^2 - 2x - 3x + 6 = x^2$

$\therefore\ -5x + 6 = 0$

$\therefore\ -5x = -6$

$\therefore\ x = \frac{6}{5}$

33. माना लड़कों तथा लड़कियों की संख्या $3x$ तथा $2x$ हैं

कुल लड़कों की संख्या जिनको छात्रवृत्ति प्राप्त हुई

$$= 3x \times \frac{80}{100} = 2.4x$$

कुल लड़कियों की संख्या जिनको छात्रवृत्ति प्राप्त हुई

$$= 2x \times \frac{75}{100} = 1.5x$$

छात्रवृत्ति प्राप्त करने वाले विद्यार्थियों का प्रतिशत

$$= \left[\frac{3.9}{5} \times 100\right]\%$$

$= 78\%$

34. $17 = \frac{10 + 12 + 16 + 20 + p + 26}{6}$

$17 \times 6 = 84 + p$

$\therefore\ p = 102 - 84$

$\therefore\ p = 18$

35. औसत गति $= \frac{2ab}{a + b}$

$\therefore\ 30 = \frac{2 \times 20 \times b}{20 + b}$

$\therefore \quad 600 + 30b = 40b$

$\therefore \quad 10b = 600$

$\therefore \quad b = \frac{600}{10}$

$= 60$ किमी/घण्टा

36. $\frac{\text{पहले वर्ग का क्षेत्रफल}}{\text{दूसरे वर्ग का क्षेत्रफल}} = \frac{1}{4}$

$\Rightarrow \frac{\text{पहले वर्ग की भुजा}}{\text{दूसरे वर्ग की भुजा}} = \frac{1}{2}$

$\Rightarrow \frac{\text{पहले वर्ग का परिमाप}}{\text{दूसरे वर्ग का परिमाप}} = \frac{4}{8} = \frac{1}{2}$

37. वृत्त की त्रिज्या $= \frac{\text{त्रिभुज का क्षेत्रफल}}{S}$

वृत्त का परिमाप $= 44$

$\therefore \quad 2\pi r = 44$

$\therefore \quad r = 7$ मी.

और $\quad S = \frac{24}{2} = 12.$

$7 = \frac{\text{त्रिभुज का क्षेत्रफल}}{S}$

$\therefore$ त्रिभुज का क्षेत्रफल $= (7 \times 12)$ वर्ग मीटर

$= 84$ वर्ग मीटर

38. छूट $= \left[\left(\frac{250-235}{250}\right) \times 100\right]\%$

$= \left[\frac{15}{250} \times 100\right]\% = 6\%$

39. कुल छूट $= \left[\frac{37.6}{160} \times 100\right]\% = 23.5\%$

माना दूसरी छूट $= x\%$

उत्तरोत्तर छूट $= 10 + x - \frac{10 \times x}{100}$

$23.5 = 10 + x - \frac{10x}{100}$

$\therefore \quad 23.5 = 10 + x - \frac{x}{10}$

$\therefore \quad 235 = 100 + 9x$

$\therefore \quad x = \frac{135}{9} = 15\%$

40. $\frac{3}{4}, \frac{9}{10}, \frac{15}{16}.$

भिन्न का व्युत्क्रम

$\frac{4}{3}, \frac{10}{9}, \frac{16}{15}$

अब, म. स. $\frac{4}{3}, \frac{10}{9}, \frac{16}{15}$

$= \frac{\text{4, 10, 16 का म.स.}}{\text{3,9,15 का ल.स.}} = \frac{2}{45}.$

41. $31^{7.5} \div 31^{3/2} \times 31^{-3} = (\sqrt{31})^?$

$\therefore \quad \frac{31^{7.5}}{31^{1.5}} \times 31^{-3} = (\sqrt{31})^?$

$\therefore \quad 31^{7.5-1.5} \times 31^{-3} = (\sqrt{31})^?$

$\therefore \quad 31^{6} \times 31^{-3} = (\sqrt{31})^?$

$\therefore \quad 31^{6-3} = (\sqrt{31})^?$

$\therefore \quad 31^{3} = (\sqrt{31})^?$

$(\sqrt{31})^6 = (\sqrt{31})^?$

$? = 6$

42. $\frac{M_1D_1T_1}{W_1} = \frac{M_2D_2T_2}{W_2}$

$\frac{30 \times 24 \times 6}{1500} = \frac{18 \times 8 \times D_2}{1800}$

$D_2 = 36$ दिन

43. प्रश्नानुसार,

$(4M + 6C) \times 8 = (3M + 7C) \times 10$

$\therefore \quad 32M + 48C = 30M + 70C$

$\therefore \quad 2M = 22C$

$\therefore \quad M = 11C$

अब, आदमी-दिन-कार्य के नियमानुसार,

$\frac{50 \times 8}{1} = \frac{20 \times x}{1}$

$\therefore \quad x = 20$ दिन

44. दर $= \left[\frac{100(2-1)}{5}\right]\% = 20\%$

$\therefore$ समय $= \frac{100(4-1)}{20} = 15$ वर्ष

45. खरीद में अन्तर= ₹ $\left[\frac{12102}{100} \times \left(\frac{7}{2} - \frac{10}{3}\right)\right]$

$=$ ₹ $\left[\frac{12102}{100} \times \frac{1}{6}\right]$

$=$ ₹ 20.17

46. औसत चाल $= \frac{2 \times 26 \times 22}{22 + 26}$

$= \frac{1144}{48}$

$= \frac{143}{6}$ किमी०/घंटा

$\therefore$ $d =$ औसत चाल $\times$ समय

$= \left(\frac{143}{6} \times 12\right)$ किमी०

= 288 किमी.

47. पैदल + सवारी = 6 घण्टे 30 मिनट ...(i)

प्रश्नानुसार, दोनों तरफ सवारी से जाने पर

सवारी + सवारी = 4 घण्टे 20 मिनट ...(ii)

समीकरण (i) तथा (ii) से,

सवारी = 2 घण्टे 10 मिनट

$\therefore$ पैदल = 6 घण्टे 30 मिनट – 2 घण्टे 10 मिनट

= 4 घण्टे 20 मिनट

दोनों तरफ पैदल चलने पर

= 2 × (4 घण्टे 20 मिनट)

= 8 घण्टे 40 मिनट

48. 2 वर्ष के अंत में राशि = ₹ 2250

5 वर्ष के अंत में राशि = ₹ 2625

$\therefore$ 3 वर्ष का ब्याज = 2625 – 2250

= ₹ 375

1 वर्ष का ब्याज $= \frac{375}{3} =$ ₹ 125

$\therefore$ 2 वर्ष का ब्याज = 2 × 125 = ₹ 250

$$250 = \frac{2000 \times R \times 2}{100}$$

$$R = 6.25\%$$

49. महीनों के बीच मकानों की बिक्री

जनवरी – फरवरी = 4 – 6 = – 2

फरवरी – मार्च = 3 – 4 = – 1

मार्च – अप्रैल = 7 – 3 = 4

अप्रैल – मई = 7 – 7 = 0

मई – जून = 8 – 7 = 1

ऊपर निकाले गए आँकड़ों से स्पष्ट है कि मार्च-अप्रैल महीने के बीच बिक्री सबसे अधिक हुई है।

50. A व D द्वारा बनाया गया कोण $= \left[\frac{30}{100} \times 360°\right]$

$= 108°$

■■

एस. एस. सी. – 2013
मल्टी-टास्किंग (गैर तकनीकी)
दिनांक : 10-03-2013 (प्रथम पाली)

समय : 2 घंट **प्रश्न संख्या : 150**

भाग-I सामान्य बुद्धि एवं तर्क

निर्देश (प्र. सं. 1-4) : निम्नलिखित प्रत्येक प्रश्न में दिए गए विकल्पों में से संबंधित शब्द/संख्या को चुनिए।

1. विषाणु : चेचक : : जीवाणु : ?

(*a*) छोटी माता (*b*) टॉयफॉयड

(*c*) मलेरिया (*d*) निद्रा रोग

2. घर : रसोई : : पौधा : ?

(*a*) जड़ (*b*) मिट्टी

(*c*) पत्ती (*d*) तना

3. पुस्तक : शेल्फ : : कपड़े : ?

(*a*) हैंगर (*b*) कॅबर्ड

(*c*) वॉर्डरोब (*d*) ब्यूरो

4. 125 : 5 : : 64 : ?

(*a*) 8 (*b*) 4

(*c*) 2 (*d*) 32

5. निम्नलिखित सिद्धांत के अनुसार कौन-सा अंक सही नहीं बैठता?

22, 37, 52, 67, 84, 97

(*a*) 52 (*b*) 84

(*c*) 97 (*d*) 67

निर्देश (प्र. सं. 6-7): निम्नलिखित प्रत्येक प्रश्न में दिए गए विकल्पों में से विषम शब्द चुनिए।

6. (*a*) Chop (*b*) Slit

(*c*) Chirp (*d*) Slice

7. (*a*) Giddy (*b*) Defeat

(*c*) Mother (*d*) Father

8. निम्नलिखित शब्दों को शब्दकोश में दिए गए क्रम के अनुसार लिखें।

1. Billion 2. Bifurcate

3. Bilateral 4. Bilirubin

(*a*) 2, 1, 3, 4 (*b*) 4, 3, 2, 1

(*c*) 2, 3, 4, 1 (*d*) 2, 3, 1, 4

निर्देश (प्र. सं. 9-12): निम्नलिखित प्रश्नों में एक अनुक्रम दिया है, जिसमें एक पद/संख्या लुप्त है। दिए गए विकल्पों में से वह सही विकल्प चुनिए जो अनुक्रम को पूरा करे।

9. NZ, OY, PX, QW, RV, ?

(*a*) FS (*b*) SU

(*c*) UF (*d*) TU

10. 3, 5, 7, 10.5, 14, ?

(*a*) 15.5 (*b*) 16.5

(*c*) 18.5 (*d*) 17.5

11. 7, 12, 19, 28, 39, ?

(*a*) 52 (*b*) 50

(*c*) 51 (*d*) 48

12. 1, 3, 7, 13, 21, 31, 43, ?

(*a*) 55 (*b*) 57

(*c*) 59 (*d*) 61

13. यदि $2+3+5=30, 3+4+6=72, 5+6+2=60$, तो $5+4+0=?$

(*a*) 40 (*b*) 30

(*c*) 0 (*d*) इनमें से कोई नहीं

14. यदि 150 मी. लंबी एक रेलगाड़ी 12 सेकंड में एक पोल से गुजरती है तो रेलगाड़ी की प्रति घंटा प्रति किमी. (किमी/घंटा) गति क्या होगी?

(*a*) 45 (*b*) 60

(*c*) 50 (*d*) 75

15. निम्नलिखित विकल्पों में से वह शब्द चुनिए जो दिए गए शब्द के अक्षरों का प्रयोग करके नहीं बनाया जा सकता

IMPOSSIONABLE

(*a*) IMPOSSIBLE (*b*) POSSIBLE

(*c*) IMPOSE (*d*) IMPASSIVE

16. कितने '8' ऐसे हैं जिनके पहले एक विषम संख्या तथा बाद में एक सम संख्या है

1 8 4 3 8 1 4 8 3 2 8 7 8 4 8 5 6 8 7 8 4 1 8 6

(*a*) 3 (*b*) 4

(*c*) 9 (*d*) 5

17. कौन-सी उत्तर आकृति प्रश्न आकृति के प्रतिरूप को पूरा करेगी?

प्रश्न-आकृति

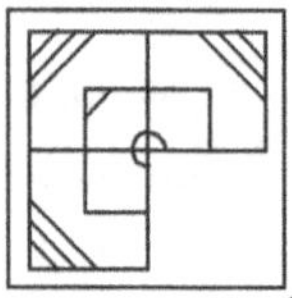

उत्तर आकृतियाँ

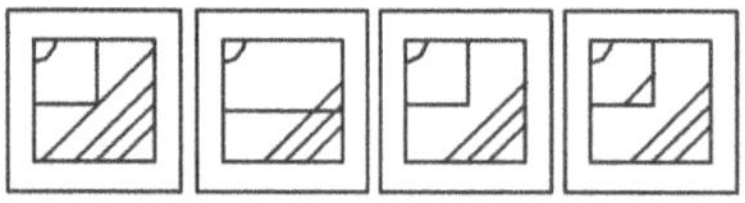

(*a*) (*b*) (*c*) (*d*)

18. दिए गए प्रतिरूप में वर्गों की संख्या ज्ञात कीजिए।

प्रश्न आकृति

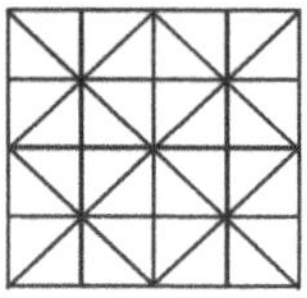

(*a*) 26 (*b*) 30

(*c*) 35 (*d*) 38

19. निम्नलिखित आकृति में प्रदर्शित है

पुलिस अधिकारी	: वृत्त
भ्रष्ट	: त्रिभुज
कवि	: वर्ग
विवाहित	: आयत

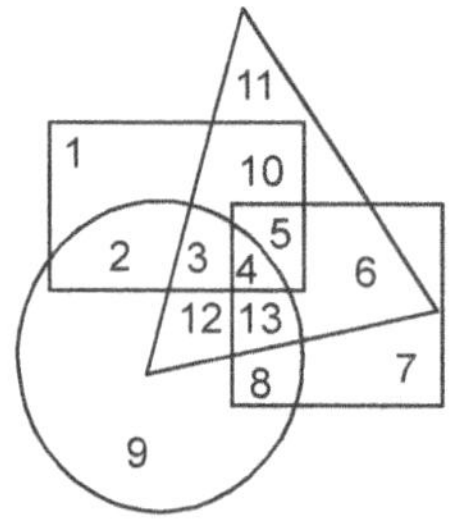

ऐसे अविवाहित पुलिस अधिकारियों का क्षेत्र बताइए जो भ्रष्ट नहीं हैं किन्तु कवि हैं।

(*a*) 8 (*b*) 9

(*c*) 2 (*d*) 4

निर्देश (प्र. सं. 20-21): निम्नलिखित प्रत्येक प्रश्न में दिए गए विकल्पों में से लुप्त अंक/आकृति ज्ञात कीजिए

20.

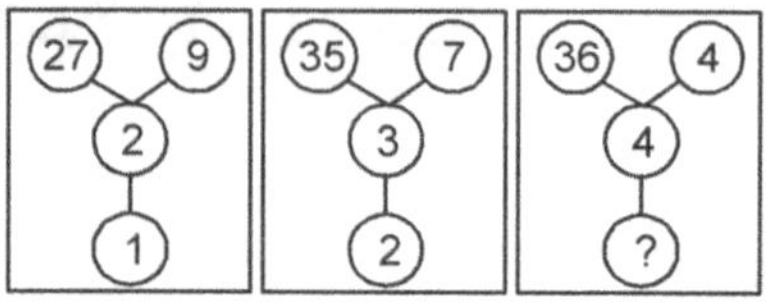

(*a*) 3 (*b*) 4

(*c*) 5 (*d*) 6

21.

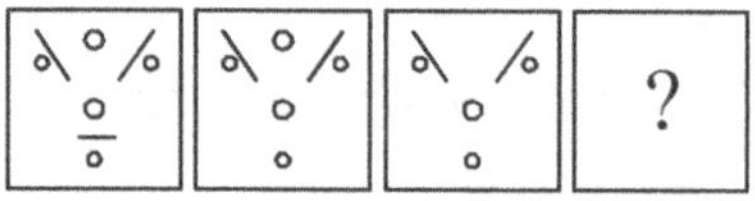

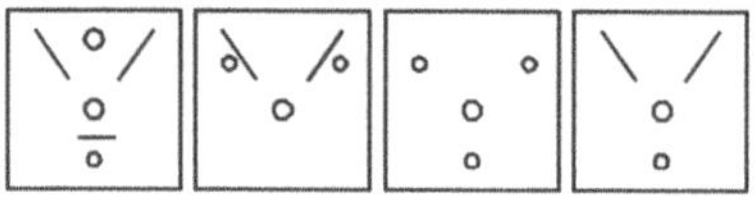

(*a*) (*b*) (*c*) (*d*)

22. दी गई उत्तर आकृतियों में से कौन-सी प्रश्न आकृति में निहित है?

प्रश्न आकृतिः

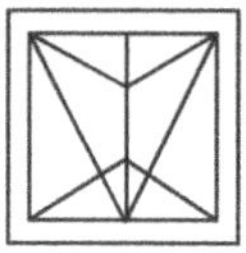

उत्तर आकृतियाँ

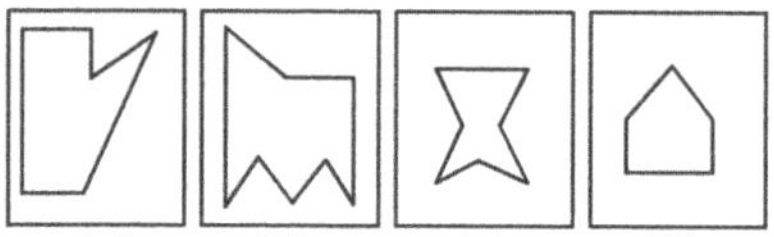

(*a*) (*b*) (*c*) (*d*)

23. नीचे दिखाए अनुसार कोरों पर कटे हुए कागज के वर्गाकार टुकड़े को लेकर मोड़ा जाता है। मुड़ा हुआ पैटर्न कैसा दिखाई देगा?

प्रश्न आकृतिः

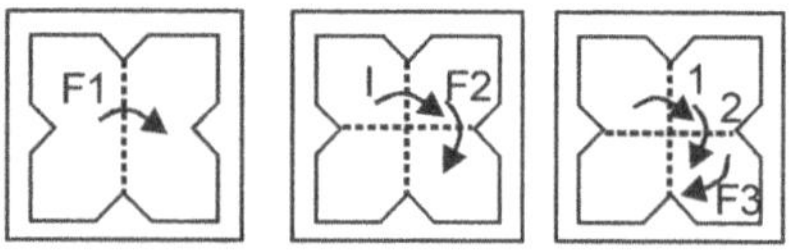

उत्तर आकृतियाँ

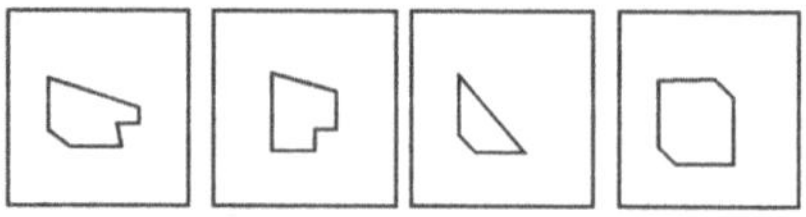

(*a*) (*b*) (*c*) (*d*)

24. यदि एक दर्पण को x रेखा पर रखा जाये, तो दी गई उत्तर आकृतियों में से कौन-सी आकृति प्रश्न आकृति की सही प्रतिबिम्ब होगी?

प्रश्न आकृतिः

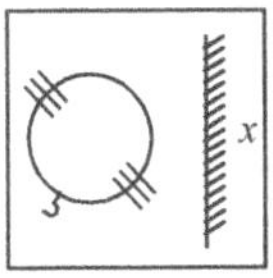

उत्तर आकृतियाँ

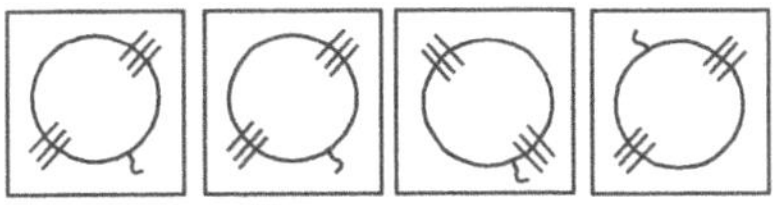

(a) (b) (c) (d)

25. एक शब्द केवल एक संख्या-समूह द्वारा दर्शाया गया है, जैसा कि विकल्पों में से किसी एक में दिया गया है। विकल्पों में दिए गए संख्या-समूह अक्षरों के दो वर्गों द्वारा दर्शाए गए हैं, जैसा कि नीचे दिए गए दो आव्यूहों में है। आव्यूह I के स्तंभ और पंक्ति की संख्या 0 से 4 दी गई है और आव्यूह II की 5 से 9। इन आव्यूहों से एक अक्षर को पहले उसकी पंक्ति और बाद में स्तंभ संख्या द्वारा दर्शाया जा सकता है। उदाहरण के लिए, 'U' को 10, 42, आदि द्वारा दर्शाया जा सकता है तथा 'R' को 55, 69, आदि द्वारा दर्शाया जा सकता है। इसी तरह से, आपको शब्द 'SLEEP' के लिए समूह पहचानना है।

आव्यूह-I

	0	1	2	3	4
0	P	U	L	S	E
1	U	L	S	E	P
2	L	S	E	P	U
3	S	E	P	U	L
4	E	P	U	L	S

आव्यूह-II

	5	6	7	8	9
5	R	A	D	I	O
6	A	D	I	O	R
7	D	I	O	R	A
8	I	O	R	A	D
9	O	R	A	D	I

(a) 44, 11, 40, 31, 41
(b) 30, 20, 31, 40, 41
(c) 30, 34, 40, 22, 44
(d) 44, 43, 31, 22, 95

भाग-II सांख्यिकीय अभिक्षमता

26. $2+\frac{6}{\sqrt{3}}+\frac{1}{2+\sqrt{3}}+\frac{1}{\sqrt{3}-2}$ किसके बराबर है?

(a) $+(2\sqrt{3})$ (b) $-(2+\sqrt{3})$
(c) 1 (d) 2

27. $\sqrt{\sqrt[3]{0.000729}}$ का मान कितना है?

(a) 0.9 (b) 0.3
(c) 0.03 (d) 0.09

28. दो नलियाँ P तथा Q एक टंकी को 20 मिनटों में भर सकती हैं। उसी को P अकेली 30 मिनटों में भर सकती है। तद्नुसार Q अकेली उसे कितने समय में भर सकती है?

(a) 62 मिनट (b) 60 मिनट
(c) 61 मिनट (d) 51 मिनट

29. A एक कार्य 8 दिनों में पूरा कर सकता है, जिसे B, 3 दिनों में नष्ट कर देता है। A ने वह कार्य जब 6 दिनों तक कर लिया, तो अंतिम 2 दिनों में B ने उसे नष्ट भी किया। तद्नुसार A को शेष कार्य पूरा करने में कितने दिन लगेंगे?

(a) 7 दिन (b) $7\frac{1}{3}$ दिन
(c) $7\frac{2}{3}$ दिन (d) 8 दिन

30. दो सम बहुभुजों की भुजाओं की संख्या $(n-1)$ तथा $(n+2)$ है। उनके बाह्य कोणों का अन्तर 6° है। तद्नुसार n का मान ज्ञात कीजिए।

(a) 14 (b) 12
(c) 13 (d) 11

31. यदि एक घन के प्रत्येक सिरे में 40% की वृद्धि कर दी जाए, तो उसके पृष्ठतल के क्षेत्रफल में कितने प्रतिशत वृद्धि हो जाएगी?

(a) 40 (b) 60
(c) 80 (d) 96

32. एक दुकानदार अपनी चीजों का अंकित मूल्य, उनके लागत मूल्य से 15% अधिक रखता है, लेकिन उन पर 20% छूट भी देता है। तद्नुसार उसकी शुद्ध हानि कितनी है?

(a) 3% (b) 5%
(c) 8% (d) 10%

33. एक दुकानदार एक वस्तु के अंकित मूल्य पर 12% की छूट देकर भी 21% लाभ प्राप्त कर लेता है। तदनुसार उसका अंकित मूल्य, उसके लागत मूल्य से कितना ज्यादा है?

(*a*) 25% (*b*) 30%
(*c*) 37.5% (*d*) 42.5%

34. ₹ 10000 लागत की एक वस्तु पर 50% की एकमात्र छूट, उस पर 40% तथा 10% की दो क्रमिक छूटों से कितनी बेहतर है?

(*a*) ₹ 400 (*b*) ₹ 1000
(*c*) ₹ 500 (*d*) ₹ 600

35. तीन धनात्मक संख्याओं में, पहली तथा दूसरी का अनुपात 8 : 9 है, तथा दूसरी एवं तीसरी का 3 : 4 है। इनमें पहली तथा तीसरी का गुणनफल 2400 है। तद्नुसार, उन तीनों संख्याओं का योग कितना है?

(*a*) 145 (*b*) 185
(*c*) 295 (*d*) 155

36. दो अंकों वाली एक संख्या और उन अंकों के योग से प्राप्त संख्या का अनुपात 4 : 1 है। तद्नुसार, यदि उस संख्या में इकाई वाला अंक दहाई वाले अंक से 3 ज्यादा हो, तो संख्या कितनी है?

(*a*) 47 (*b*) 69
(*c*) 36 (*d*) 25

37. ₹ 738 को A, B, C में इस प्रकार वितरित किया गया है कि उनका अनुपात 2 : 3 : 4 है। तद्नुसार उनमें B का हिस्सा कितना है।

(*a*) ₹ 328 (*b*) ₹ 246
(*c*) ₹ 264 (*d*) ₹ 164

38. 1.11, 0.01, 0.101, 0.001, 0.11 का औसत ज्ञात कीजिए

(*a*) 0.2664 (*b*) 0.2554
(*c*) 0.1264 (*d*) 0.1164

39. 4 लड़कों तथा 3 लड़कियों ने औसतन ₹ 120 खर्च किए। उनमें लड़कों ने यदि औसतन ₹ 150 खर्च किए हों, तो लड़कियों का औसत खर्च कितना था?

(*a*) ₹ 80
(*b*) ₹ 60
(*c*) ₹ 90
(*d*) ₹ 100

40. एक दुकानदार ने एक वस्तु का $\frac{3}{4}$ भाग 20% लाभ पर बेचा और शेष भाग उसके लागत मूल्य पर बेच दिया। तद्नुसार इस पूरे सौदे में उसका वास्तविक लाभ कितना रहा?

(*a*) 10% (*b*) 15%
(*c*) 20% (*d*) 25%

41. 21 चीजों के बेचने पर हुई हानि उनमें 3 चीजों के विक्रय मूल्य के बराबर है। तद्नुसार, वह हानि कितने प्रतिशत है?

(*a*) $9\frac{1}{11}\%$ (*b*) 10%
(*c*) $12\frac{1}{2}\%$ (*d*) $11\frac{1}{9}\%$

42. एक आदमी ने एक वस्तु 15% लाभ पर बेची। यदि उसने वही 10% कम कीमत पर खरीदी होती और 4 रुपए कम में बेची होती, तो उसे 25% लाभ होता। तद्नुसार उस वस्तु का लागत मूल्य कितना है?

(*a*) ₹ 140 (*b*) ₹ 150
(*c*) ₹ 160 (*d*) ₹ 185

43. चीनी की कीमत में 25% वृद्धि हो गई है। तद्नुसार, यदि एक गृहस्वामी, चीनी पर अपना खर्च बढ़ाना न चाहे, तो उसे उसकी खपत में कितनी कमी करनी होगी?

(*a*) 10% (*b*) 20%
(*c*) 25% (*d*) 15%

44. 498, किस संख्या से 17% कम है?

(*a*) 610 (*b*) 580
(*c*) 600 (*d*) 620

45. एक बैलगाड़ी को 120 किमी की दूरी 15 घंटों में तय करनी है। यदि वह आधी यात्रा $\frac{3}{5}$ समय में पूरी कर ले, तो शेष यात्रा शेष समय में पूरी करने के लिए बैलगाड़ी को किस गति से चलाना होगा?

(*a*) 6.4 किमी/घंटा (*b*) 6.67 किमी/घंटा
(*c*) 10 किमी/घंटा (*d*) 15 किमी/घंटा

46. 150 मीटर तथा 120 मीटर लंबी दो रेलगाड़ियाँ विपरीत दिशा में चलकर एक-दूसरी को 10 सेकंड में पार कर लेती हैं। तद्नुसार, यदि दूसरी रेलगाड़ी की गति 43.2 किमी/घंटा हो, तो पहली की गति कितनी है?

(*a*) 54 किमी/घंटा (*b*) 50 किमी/घंटा
(*c*) 52 किमी/घंटा (*d*) 51 किमी/घंटा

47. एक समान साधारण ब्याज की दर पर ₹ 300 का 4 वर्षों के ब्याज और ₹ 400 का 3 वर्षों के ब्याज का योगफल ₹ 120 है। तद्नुसार, ब्याज की दर कितनी है?

(*a*) 5% (*b*) 4%

(*c*) 6% (*d*) 10%

48. किसी धनराशि पर 5% वार्षिक दर पर, 2 वर्षों के चक्रवृद्धि ब्याज और साधारण ब्याज का अंतर ₹ 1.50 है। तद्नुसार वह धनराशि कितनी है?

(*a*) ₹ 600 (*b*) ₹ 500

(*c*) ₹ 400 (*d*) ₹ 300

***निर्देश* (प्र. सं. 49-50):** इस आयत चित्र में 50 छात्रों के एक परीक्षा में प्राप्तांकों को दर्शाया गया है। इसका अध्ययन करके प्रश्न संख्या 49 तथा 50 के उत्तर दीजिए। (यहाँ प्राप्तांक, केवल पूर्णांकों में दिए गए हैं।)

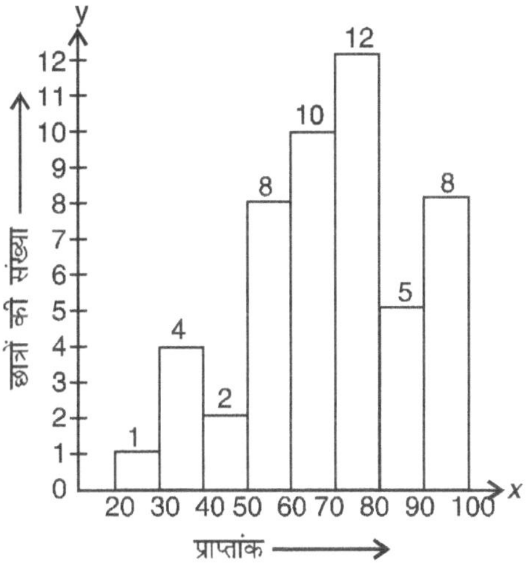

49. कितने छात्रों ने 39 से अधिक लेकिन 60 से कम अंक प्राप्त किए हैं?

(*a*) 8

(*b*) 6

(*c*) 10

(*d*) 12

50. कितने प्रतिशत छात्रों ने 60 से अधिक अंक प्राप्त किए हैं?

(*a*) 60%

(*b*) 80%

(*c*) 70%

(*d*) 75%

भाग-III अंग्रेजी भाषा

Directions (Q. 51-60): *In the following questions, some parts of the sentences have errors and some have none. Find out which part of a sentence has an error. The number of the part is your answer. If a sentence is free from error, then your answer is (d), i.e. No Error.*

51. 'Gulliver's Travels' (*a*) / are indeed (*b*) / an interesting book. (*c*) / No Error (*d*)

52. Either Parmeet (*a*) / or Jyoti (*b*) / have done the crime. (*c*) / No Error (*d*)

53. The streets (*a*) / are so wet (*b*) / it should have rained last night. (*c*) / No Error (*d*)

54. Our vacation is (*a*) / between 12 May (*b*) / to 12 June. (*c*) / No Error (*d*)

55. He is very angry on me (*a*) / because I failed (*b*) / to return has book. (*c*) / No Error (*d*)

56. The social activist (*a*) / was murder (*b*) / in cold blood. (*c*) / No Error (*d*)

57. The train will not start (*a*) / until the guard (*b*) / will blow the whistle. (*c*) / No Error (*d*)

58. I read (*a*) / a great deal of (*b*) / books.. (*c*) / No Error (*d*)

59. The Indians are genetically (*a*) / incapable of (*b*) / being good or outstand-ing sportsmen (*c*) / No Error (*d*)

60. Equator (*a*) / divides the earth (*b*) / into two hemispheres. (*c*) / No Error (*d*)

Directions (Q. 61-70): *In the following questions, sentences are given with blanks to be filled in with an appropriate word(s). Four alternatives are suggested for each question. Choose the correct alternative out of the four as your answer.*

61. The teacher let us __________.

(*a*) to go early (*b*) to leave early

(*c*) go early (*d*) early to go

62. Jane is annoyed __________.

(*a*) on me (*b*) with me

(*c*) against me (*d*) over me

63. I am not angry _______ you, Paul.

(*a*) at (*b*) on

(*c*) with (*d*) against

64. _____ Australian and _______ European are there among the tourists.

(*a*) An, an (*b*) The, the

(*c*) An, a (*d*) A, an

65. I have been looking for an apartment and I finally found the ________ one.

(*a*) good (*b*) airy

(*c*) cheap (*d*) perfect

66. The youth should believe _______ God.

(*a*) upon (*b*) in

(*c*) on (*d*) of

67. He was born _______ India.

(*a*) off (*b*) in

(*c*) of (*d*) through

68. The convict tried his level best to justify himself but the judge looked ________ him and found him guilty.

(*a*) around (*b*) at

(*c*) through (*d*) to

69. His opponents launched a political _____ against him.

(*a*) regimen (*b*) remission

(*c*) regale (*d*) tirade

70. What an _____ story! I am not ________ enough yet to believe it.

(*a*) incredible/credulous

(*b*) incredulous/credible

(*c*) increditable/believable

(*d*) unbelievable/creditable

Directions (Q. 71-73): *In the following questions, choose the word opposite in meaning to the given word as your answer.*

71. Barren

(*a*) frigid

(*b*) fertile

(*c*) fallow

(*d*) ferrous

72. Hostile

(*a*) host (*b*) proud

(*c*) systematic (*d*) sympathetic

73. Peril

(*a*) fatal (*b*) mortal

(*c*) uncertainty (*d*) safety

Directions (Q. 74-76): *In the following questions, out of the four alternatives, choose the one which best expresses the meaning of the given word as your answer.*

74. Absurd

(*a*) diligent (*b*) ridiculous

(*c*) brisk (*d*) complex

75. Solitary

(*a*) sad (*b*) voluntary

(*c*) subtle (*d*) lonely

76. Pacific

(*a*) extensive (*b*) peaceful

(*c*) deep (*d*) white

Directions (Q. 77-79): *In the following questions, four alternatives are given the idiom/Phrase printed* **bold** *in the sentence. Choose the alternatives which best expresses the meaning of the Idiom/Phrase as your answer.*

77. Her mother **saw through** the excuse she gave.

(*a*) revealed (*b*) detected

(*c*) viewed (*d*) hacked

78. She **has a bee in her bonnet** and can say anything.

(*a*) is a crazy person

(*b*) is a frank person

(*c*) is a foolish person

(*d*) is a proud person

79. Some people have the habit of working **by fits and starts**.

(*a*) very seriously

(*b*) excitedly

(*c*) consistently

(*d*) irregularly

Directions (Q. 80-84): *In the following questions, a part of the sentence is printed in* ***bold***. *Below are given alternatives to the* ***bold*** *part at (a), (b), (c) which may improve the sentence. Choose the correct alternative. In case no improvement is needed, your answer is (d).*

80. He **makes** excellent portraits.

(*a*) paints (*b*) portrays
(*c*) illustrates (*d*) No improvement

81. The dog **bite him**.

(*a*) beat him (*b*) bit him
(*c*) bitten him (*d*) No improvement

82. Students will have to **take the test** agin tommorrow.

(*a*) apply the test (*b*) avoid the test
(*c*) retain the test (*d*) No improvement

83. The innocence of the child was **obliterated** due to hard labour.

(*a*) maintained (*b*) increased
(*c*) destroyed (*d*) No improvement

84. He was **given a lot of pressure** to sign the deed.

(*a*) told (*b*) forced
(*c*) asked (*d*) No improvement

Directions (Q. 85-89): *In the following questions, out of the four alternatives choose the one which can substituted for the given words / sentence.*

85. A hater of women

(*a*) androgynist (*b*) misogynist
(*c*) misanthropist (*d*) eve-teaser

86. Easy to shape in any desired form

(*a*) ductile (*b*) malleable
(*c*) flexible (*d*) plasticine

87. Amount of money demanded by kidnappers

(*a*) donation (*b*) honorarium
(*c*) ransom (*d*) salary

88. Property inherited from one's father or ancestors

(*a*) alimony (*b*) patrimony
(*c*) voluntary (*d*) armistice

89. That which may be easily broken

(*a*) indestructible (*b*) revocable
(*c*) divisible (*d*) brittle

Directions (Q. 90-95): *In the following questions, there are four different words out of which one is correctly spelt. Find the correctly spelt word as your answer.*

90. (*a*) Mischievous (*b*) Mischievious
(*c*) mischeivous (*d*) Mischeivious

91. (*a*) Incidantally (*b*) Incidantelly
(*c*) Incidentally (*d*) Incidentelly

92. (*a*) Proffession (*b*) Profetion
(*c*) Profesion (*d*) Profession

93. (*a*) Ordinannce (*b*) Ordinence
(*c*) Ordinance (*d*) Ordinnance

94. (*a*) Sparro (*b*) Sparrow
(*c*) Sperrow (*d*) Sparow

95. (*a*) inergy (*b*) energy
(*c*) enerzy (*d*) enerzi

Directions (Q. 96-100): *In the following questions, you have a passage with 5 questions. Read the passage carefully and choose the best answer to each question out of the four altnernatives.*

Passage

Many years ago there lived in India a great king called Jehangir. He ruled over a very big kingdom or empire. So he was called an emperor.

The emperor wanted to be just to all his subjects. He ordered his soldiers to tie a big bell in front of the palace. Then he sent the soldiers to every part of the empire. They announced that if the people had any complaint they could come to the palace and ring the bell. The emperor himself would listen to their complaints. He would given them justice.

96. Jehangir was called an emperor because

(*a*) he was a great king
(*b*) he ruled over a very big kingdom
(*c*) he lived in India
(*d*) he lived in a big empire many years ago

97. What was the desire of jehangir?
(*a*) To order his soldiers
(*b*) To make many conquests
(*c*) To be just to his subjects
(*d*) To rule over a very big kingdom.

98. The soldiers
(*a*) called all the people
(*b*) arrested all the criminals
(*c*) rode away to a distant land
(*d*) tied a big bell in front of the palace

99. Complaint means
(*a*) complete (*b*) complexity
(*c*) objections (*d*) disaster

100. The people would ring the Bell if
(*a*) they were arrested
(*b*) they went to the palace
(*c*) they had any wealth
(*d*) they wanted justice

भाग-IV सामान्य जानकारी

101. निम्नलिखित में से कौन-सा कर प्रत्यक्ष कर है?
(*a*) विक्रय कर (*b*) उत्पाद कर
(*c*) धर कर (*d*) मनोरंजन कर

102. देश की आर्थिक प्रगति का निर्धारण किसके आधार पर किया जाता है?
(*a*) देश की प्रतिव्यक्ति आय में वृद्धि
(*b*) वर्ष के दौरान उत्पादित पूंजीगत माल की कीमत में वृद्धि
(*c*) ट्रेड यूनियनों की संख्या में वृद्धि
(*d*) देश के सामान्य कीमत स्तर में गिरावट

103. जुलाई 1950 में "अधिक पेड़ लगाओं" अभियान की शुरुआत किसने की थी?
(*a*) विनोबा भावे (*b*) के.एम. मुंशी
(*c*) जवाहर लाल नेहरू (*d*) सरदार पटेल

104. सीमा शुल्क किसका साधन है?
(*a*) मौद्रिक नीति (*b*) विदेश व्यापार नीति
(*c*) औद्योगिक नीति (*d*) राजकोषीय नीति

105. अत्यधिक (महा) मंदी किस काल में आई?
(*a*) 1914-18 (*b*) 1929-32
(*c*) 1939-45 (*d*) 1922-26

106. भारत में प्रत्येक लोकतंत्र का उदाहरण क्या है?
(*a*) जिला पंचायत (*b*) नगर पंचायत
(*c*) ग्राम सभा (*d*) क्षेत्र पंचायत

107. किस संयुक्त राष्ट्र सम्मेलन को 'पृथ्वी शिखर' नाम दिया गया है?
(*a*) 2005 में संयुक्त राष्ट्र साधारण सभा बैठक
(*b*) पर्यावरण एवं विकास पर 1992 में संयुक्त राष्ट्र सम्मेलन
(*c*) व्यापार एवं विकास पर 1994 में संयुक्त राष्ट्र सम्मेलन
(*d*) मानव पर्यावरण पर 1972 में संयुक्त राष्ट्र सम्मेलन

108. महात्मा गांधी 'अर्धनग्न फकीर' है यह उक्ति किसने कही थी?
(*a*) विंस्टन चर्चिल (*b*) लॉर्ड माउंटबेटन
(*c*) लॉर्ड वेवेल (*d*) लॉर्ड लिंलिथगो

109. भारतीय संविधान में मूलभूत अधिकार किस संविधान से लिए गए थे?
(*a*) अमेरिकी (*b*) यू के
(*c*) सोवियत संघ (*d*) इनमें से कोई नहीं

110. राज्य विधान मंडल के अनुमोदन के बिना राज्यपाल द्वारा जारी अध्यादेश कितनी अवधि के लिए लागू रहेगा?
(*a*) छह माह (*b*) छह सप्ताह
(*c*) एक वर्ष (*d*) एक माह

111. "इच्छा सब कष्टों का कारण है", इसका प्रचार करने वाला धर्म कौन-सा है?
(*a*) बुध धर्म (*b*) जैन धर्म
(*c*) सिख धर्म (*d*) हिंदू धर्म

112. रूसी क्रांति का प्रारंभ किस शहर से हुआ?
(*a*) सेंट पीटर्सबर्ग (*b*) मॉस्को
(*c*) कजान (*d*) ओडेसा

113. जैन साहित्य को क्या कहते हैं?
(*a*) त्रिपिटक (*b*) वेद
(*c*) आर्यसूत्र (*d*) अंग

114. 19वीं शताब्दी के अंत में कौन-सा देश सबसे बड़ी औपनिवेशिक शक्ति के रूप में उभरा?
(*a*) फ्रांस (*b*) स्पेन
(*c*) ब्रिटेन (*d*) जर्मनी

115. संगम काल में रोमन व्यापार का केन्द्र बताइए
(*a*) मदुरै (*b*) अरिकमेदु
(*c*) पुम्पुहर (*d*) मुसिरि

116. "ग्रीन हाउस इफेक्ट" का क्या अभिप्राय है?
(*a*) उष्मा के संरक्षण के लिए फसलों की ग्रीन हाउस में खेती
(*b*) कार्बन डाई-ऑक्साइड गैसों के कारण सौर ऊर्जा का संग्रह
(*c*) पृथ्वी की ऊपरी सतह पर सौर ऊर्जा का संग्रह
(*d*) वातावरणीय प्रदूषण के कारण ताप में वृद्धि

117. कन्याकुमारी से कोलम्बो जाने के लिए क्या पार करना पड़ता है?
(*a*) पाक जलडमरुमध्य (*b*) पाक खाड़ी
(*c*) मन्नार की खाड़ी (*d*) कूक जलमडरुमध्य

118. मृदा में मौजूद कार्बनिक पदार्थ को सामूहिक रूप से क्या कहा जाता है?
(*a*) हाइड्रोकार्बन (*b*) राखमिट्टी
(*c*) खाद मिट्टी (*d*) कोलाइड

119. भारत में निम्नलिखित में से किस राज्य में सबसे लंबीतट रेखा है?
(*a*) तमिलनाडु (*b*) कर्नाटक
(*c*) गुजरात (*d*) आंध्र प्रदेश

120. जल प्रवाह को मापने की यूनिट क्या है?
(*a*) माइक्रो मो (*b*) ओम मीटर
(*c*) मिली क्यूरि (*d*) क्यूसेक

121. कीट एक प्राणी है जिसमें होता है
(*a*) तीन जोड़ी टांगें (*b*) चार जोड़ी टांगें
(*c*) सिर, वक्ष और पेट (*d*) पंखों का जोड़ा एवं एंटीना

122. भूजल पेयजल का बेहतर स्रोत है क्योंकि इसमें क्या कम होता है?
(*a*) मिट्टी (*b*) बैक्टीरिया
(*c*) आर्सेनिक (*d*) शैवाल

123. शाक-सब्जी और फल हमारे आहार का हिस्सा होना चाहिए क्योंकि ये किसे बढ़ाते हैं?
(*a*) क्रमाकुंचन (*b*) लाला स्रवण/लार स्रवण
(*c*) मलोत्सर्जन (*d*) श्वसन

124. कीटभक्षी पादप ऐसी मिट्टी में उगते हैं जिसमें किस की कमी होती है?
(*a*) कैल्शियम (*b*) नाइट्रोजन
(*c*) मैग्नीशियम (*d*) जल

125. "आनुवंशिकता" (जेनेटिक्स) शब्द किसने गढ़ा था?
(*a*) मोर्गन (*b*) मेंडेल
(*c*) बेटसन (*d*) जोहान्सन

126. अधिक जैविक क्षति किससे होती है?
(*a*) एक्स किरणें/एक्सरे (*b*) गामा किरणें
(*c*) बीटा किरणें (*d*) अल्फा किरणें

127. परमाणु बम के विस्फोट में भारी मात्रा में ऊर्जा किसके कारण निकलती है?
(*a*) द्रव्य का ऊर्जा में परिवर्तन
(*b*) रासायनिक ऊर्जा का ताप ऊर्जा में परिवर्तन
(*c*) यांत्रिक ऊर्जा का नाभिकीय ऊर्जा में परिवर्तन
(*d*) न्यूट्रॉन का प्रोटोन में परिवर्तन

128. किसी सिग्नल के तरंग रूप का अध्ययन किसके द्वारा किया जा सकता है?
(*a*) स्पेक्ट्रम मापी
(*b*) कैथोड किरण दोलनदर्शी (ऑसिलोस्कोप)
(*c*) $p-n$ जंक्शन डायोड
(*d*) स्वरमापी/सोनोमीटर

129. धारावाहक तार कैसा होता है?
(*a*) धनात्मक आवेशित
(*b*) ऋणात्मक आवेशित
(*c*) न्यूट्रल
(*d*) धारा की शक्ति के आधार पर आवेशित

130. निम्नलिखित में से क्या द्वितीयक संचय यूनिट नहीं है?
(*a*) रैम (*b*) डीवीडी
(*c*) फ्लॉपी (*d*) चुम्बकीय टेप

131. सिस्टम को बूट करने का क्या अभिप्राय है?
(*a*) ऑपरेटिंग सिस्टम को लोड करना
(*b*) कम्प्यूटर को डिसमिस करना
(*c*) 'बूटिंग' नामक एप्लिकेशन प्रोग्राम चलाना
(*d*) कम्प्यूटर को भौतिक रूप से किक करना

132. टेबुल की पंक्तियों को अद्भूत ढंग से पहचानने वाले गुण को कौन-सी कुंजी कहा जाता है?
(*a*) प्राथमिक (*b*) प्रत्याशी
(*c*) मिश्रित (*d*) विदेशी

133. $K_4[Ni(CN)_4]$ में निकल का ऑक्सीकरण संख्या क्या है?

(*a*) शून्य (*b*) +4

(*c*) –4 (*d*) +8

134. लोहे में जंग लगना क्या है?

(*a*) भौतिक परिवर्तन (*b*) विद्युत-रयायन परिवर्तन

(*c*) वैद्युत परिवर्तन (*d*) इनमें से कोई नहीं

135. वातावरण में सल्फर डाइ-ऑक्साइड की मात्रा को किसके प्रयोग से कम किया जा सकता है?

(*a*) अधिक कार्यदक्ष कार इंजन

(*b*) उद्योग में उत्प्रेरक परिवर्तक

(*c*) फैक्टरी की चिमनियों में इसे आकर्षित करने वाली स्थैतिक विद्युत

(*d*) कम सल्फर वाले ईंधन

136. सीसा (लेड) संचायक बैटरी के अनावेशित होने पर क्या होता है?

(*a*) SO_2 बनता है

(*b*) लेड सल्फेट की खपत होती है

(*c*) लेड बनता है

(*d*) सल्फ्यूरिक एसिड की खपत होती है

137. पर्यावरण संरक्षण के लिए कौन-सी अंतर्राष्ट्रीय एजेंसी कार्य कर रही है?

(*a*) नासा (*b*) यूएनओ

(*c*) ग्रीनपीस (*d*) चिपको

138. भारत में कौन-सी नदी को खुला नाला कहा जाता है?

(*a*) गंगा (*b*) यमुना

(*c*) नर्मादा (*d*) गोदावरी

139. छत पर सौर जल तापक सबसे ज्यादा लगाने के लिए किस भारतीय शहर का नाम लिया जा सकता है?

(*a*) अहमदाबाद (*b*) बेंगलुरू

(*c*) मुंबई (*d*) पुणे

140. दूध में कौन-सा प्रोटीन-शर्करा युग्म होता है?

(*a*) केसीन, सुक्रोस (*b*) केसीन, लैक्टोस

(*c*) फेरीटीन, माल्टोस (*d*) एल्बूमिन, ग्लूकोस

141. 11 सितम्बर को विध्वंस क्रम में न्यूयॉर्क वर्ल्ड ट्रेड सेंटर में आतंकवादियों ने किस वर्ष दो विमानों को टकरा दिया था?

(*a*) 2000 (*b*) 2001

(*c*) 2002 (*d*) 2003

142. पंचशील के सिद्धांतों का प्रतिपादन किसने किया?

(*a*) महात्मा गाँधी

(*b*) भगवान बुद्ध

(*c*) पंडित जवाहरलाल नेहरू

(*d*) स्वामी दयानन्द सरस्वती

143. 'एक अज्ञात भारतीय की आत्मकथा' (Auto-biography of an Unknown Indian) किसने लिखी थी?

(*a*) आर.के. नारायण (*b*) नीरद सी. चौधरी

(*c*) आर.के. लक्ष्मण (*d*) राजमोहन गांधी

144. भीलों के प्रसिद्ध लोक नाटक का नाम क्या है?

(*a*) गवरी (*b*) स्वांग

(*c*) तमाशा (*d*) रम्मत

145. केरल के राजा रवि वर्मा प्रसिद्ध ________ थे।

(*a*) नर्तक (*b*) चित्रकार

(*c*) कवि (*d*) गायक

146. लंकद ओलंपिक 2012 में किस देश ने सबसे ज्यादा पदक जीते?

(*a*) अमेरिका (*b*) फ्रांस

(*c*) भारत (*d*) जापान

147. भारत की अंडर-19 टीम के उस कैप्टन का नाम बताइए जिसके नेतृत्व में भारत ने अंडर-19 वर्ल्ड कप फाइनल 2012 जीता?

(*a*) प्रशांत चोपड़ा (*b*) अक्षदीप नाथ

(*c*) संदीपन दास (*d*) उन्मुक्त चंद

148. प्रथम भारत रत्न किसे मिला

(*a*) जवाहर लाल नेहरू (*b*) गोविंद वल्लभ पंत

(*c*) बी.सी. रॉय (*d*) सी.वी. रमन

149. मार्कोपोलो किस लिए विख्यात है?

(*a*) ग्रीनलैंड की खोज करने

(*b*) चीन, भारत और एशिया की यात्रा करने

(*c*) गुड होप केप का चक्कर लगाने

(*d*) कनाडा की खोज करने

150. "लेडी विथ द लैंप" के नाम से कौन विख्यात है?

(*a*) सरोजिनी नायडू (*b*) फ्लोरेंस नाइटिंगल

(*c*) इंदिरा गांधी (*d*) मायावती

उत्तरमाला

1. (*b*)	**2.** (*c*)	**3.** (*c*)	**4.** (*b*)	**5.** (*b*)	**6.** (*c*)	**7.** (*a*)	**8.** (*c*)	**9.** (*b*)	**10.** (*d*)
11. (*a*)	**12.** (*b*)	**13.** (*c*)	**14.** (*a*)	**15.** (*d*)	**16.** (*b*)	**17.** (*d*)	**18.** (*c*)	**19.** (*a*)	**20.** (*c*)
21. (*b*)	**22.** (*a*)	**23.** (*d*)	**24.** (*a*)	**25.** (*a*)	**26.** (*d*)	**27.** (*b*)	**28.** (*b*)	**29.** (*b*)	**30.** (*c*)
31. (*d*)	**32.** (*c*)	**33.** (*c*)	**34.** (*a*)	**35.** (*a*)	**36.** (*c*)	**37.** (*b*)	**38.** (*a*)	**39.** (*a*)	**40.** (*b*)
41. (*c*)	**42.** (*c*)	**43.** (*b*)	**44.** (*c*)	**45.** (*c*)	**46.** (*a*)	**47.** (*a*)	**48.** (*a*)	**49.** (*c*)	**50.** (*c*)
51. (*b*)	**52.** (*c*)	**53.** (*c*)	**54.** (*b*)	**55.** (*a*)	**56.** (*b*)	**57.** (*c*)	**58.** (*b*)	**59.** (*d*)	**60.** (*a*)
61. (*c*)	**62.** (*b*)	**63.** (*c*)	**64.** (*c*)	**65.** (*a*)	**66.** (*b*)	**67.** (*b*)	**68.** (*b*)	**69.** (*d*)	**70.** (*a*)
71. (*a*)	**72.** (*d*)	**73.** (*d*)	**74.** (*b*)	**75.** (*d*)	**76.** (*b*)	**77.** (*b*)	**78.** (*a*)	**79.** (*d*)	**80.** (*a*)
81. (*b*)	**82.** (*d*)	**83.** (*d*)	**84.** (*b*)	**85.** (*b*)	**86.** (*b*)	**87.** (*c*)	**88.** (*b*)	**89.** (*d*)	**90.** (*a*)
91. (*c*)	**92.** (*d*)	**93.** (*c*)	**94.** (*b*)	**95.** (*b*)	**96.** (*b*)	**97.** (*c*)	**98.** (*d*)	**99.** (*c*)	**100.** (*d*)
101. (*c*)	**102.** (*a*)	**103.** (*b*)	**104.** (*b*)	**105.** (*b*)	**106.** (*c*)	**107.** (*b*)	**108.** (*a*)	**109.** (*a*)	**110.** (*b*)
111. (*a*)	**112.** (*a*)	**113.** (*d*)	**114.** (*c*)	**115.** (*d*)	**116.** (*b*)	**117.** (*c*)	**118.** (*c*)	**119.** (*c*)	**120.** (*d*)
121. (*a*)	**122.** (*c*)	**123.** (*a*)	**124.** (*b*)	**125.** (*c*)	**126.** (*b*)	**127.** (*d*)	**128.** (*d*)	**129.** (*c*)	**130.** (*a*)
131. (*a*)	**132.** (*a*)	**133.** (*a*)	**134.** (*b*)	**135.** (*d*)	**136.** (*d*)	**137.** (*c*)	**138.** (*)	**139.** (*b*)	**140.** (*b*)
141. (*b*)	**142.** (*c*)	**143.** (*b*)	**144.** (*a*)	**145.** (*b*)	**146.** (*a*)	**147.** (*d*)	**148.** (*d*)	**149.** (*b*)	**150.** (*b*)

व्याख्या

1. चेचक रोग विषाणु से फैलता है। उसी प्रकार, टॉयफॉयड जीवाणु से फैलता है।

2. घर में रसोई वह स्थान जहाँ भोजन बनाया जाता है। उसी प्रकार, पौधों में पत्तियाँ प्रकाश संश्लेषण द्वारा भोजन का निर्माण करती हैं।

3. पुस्तकें शेल्फ पर व्यवस्थित रूप से रखी जाती हैं। उसी प्रकार, कपड़े वॉर्डरोब में रखे जाते हैं।

4. $125 = (5)^3$

उसी प्रकार, $64 = (4)^3$

5. $22 + 15 = 37$

$37 + 15 = 52$

$52 + 15 = 67$

$67 + 15 = \boxed{82}$

$82 + 15 = 97$

6. **Chop** means 'to cut something into pieces with an axe'.

Slit means 'a long narrow cut, tear or opening'.

Chrip means 'a short sharp sound made by small birds or certain insects.'

Slice means 'a thin wide flat piece cut off an item of food'.

7. **Giddy** means 'having the feeling that everything is turning round and that one is going to fall'.

Defeat means 'to win a victory over somebody'.

शब्द GIDDY को छोड़कर अन्य सभी शब्दों में छह अक्षर हैं।

Giddy एक विशेषण है जबकि अन्य सभी शब्द संज्ञा हैं।

8. शब्दकोश के अनुसार शब्दों का क्रम

2. Bifurcate
↓
3. Bilateral
↓
4. Bilirubin
↓
1. Billian

9. N $\xrightarrow{+1}$ O $\xrightarrow{+1}$ P $\xrightarrow{+1}$ Q $\xrightarrow{+1}$ R $\xrightarrow{+1}$ $\boxed{S}$

Z $\xrightarrow{-1}$ Y $\xrightarrow{-1}$ X $\xrightarrow{-1}$ W $\xrightarrow{-1}$ V $\xrightarrow{-1}$ $\boxed{U}$

11. $7 + 5 = 12$

$12 + 7 = 19$

$19 + 9 = 28$

$28 + 11 = 39$

$39 + 13 = \boxed{52}$

12.
$$1 + 2 \times 1 = 3$$
$$3 + 2 \times 2 = 7$$
$$7 + 2 \times 3 = 13$$
$$13 + 2 \times 4 = 21$$
$$21 + 2 \times 5 = 31$$
$$31 + 2 \times 6 = 43$$
$$43 + 2 \times 7 = \boxed{57}$$

13.
$$2 + 3 + 5 = 30$$
$$\Rightarrow \quad 2 \times 3 \times 5 = 30$$
$$3 + 4 + 6 = 72$$
$$\Rightarrow \quad 3 \times 4 \times 6 = 72$$
$$5 + 6 + 2 = 60$$
$$\Rightarrow \quad 5 \times 6 \times 2 = 60$$
$$5 + 4 + 0 = 0$$
$$\Rightarrow \quad 5 \times 4 \times 0 = 0$$

14.
$$\text{चाल} = \frac{\text{दूरी}}{\text{समय}} = \frac{150 \text{ मी.}}{12 \text{ से.}}$$
$$= \frac{150}{12} \times \frac{18}{5} \text{ किमी प्रति घंटा}$$
$$= 45 \text{ किमी प्रति घंटा}$$

15. दिए गए शब्द में 'V' वर्ण नहीं है। अतः, दिए गए शब्दों में IMPASSIVE शब्द नहीं बनाया जा सकता है।

16. $\boxed{1\,8\,4}$ 3 8 1 4 8 3 2 8 $\boxed{7\,8\,4}$ 8 5 6 8 $\boxed{7\,8\,4}$ $\boxed{1\,8\,6}$

19. अभीष्ट क्षेत्र वृत्त तथा वर्ग में विद्यमान होना चाहिए तथा त्रिभुज एवं आयत के बाहर होना चाहिए। ऐसा क्षेत्र '8' द्वारा अंकित है।

20.
$$27 = 9 \times (2 + 1)$$
$$35 = 7 \times (3 + 2)$$
$$36 = 4 \times (4 + n)$$
$$36 - 16 = 4n$$
$$4n = 20$$
$$n = 5$$

22.

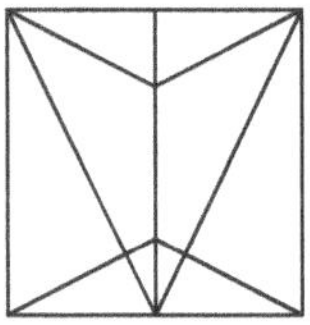

25.
$S \Rightarrow 03, 12, 21, 30, 44$
$L \Rightarrow 02, 11, 20, 34, 43$
$E \Rightarrow 04, 13, 22, 31, 40$
$P \Rightarrow 00, 14, 23, 32, 41$

विकल्प	S	L	E	E	P
(1)	44	11	40	31	41
(2)	30	20	31	30	41
(3)	30	34	40	22	44
(4)	44	43	31	22	95

26. व्यंजक
$$= 2 + \frac{6}{\sqrt{3}} + \frac{1}{2+\sqrt{3}} + \frac{1}{\sqrt{3}-2}$$
$$= 2 + \frac{6}{\sqrt{3}} + \frac{1}{2+\sqrt{3}} - \frac{1}{2-\sqrt{3}}$$
$$= 2 + 2\sqrt{3} + \left(\frac{2-\sqrt{3}-2-\sqrt{3}}{(2+\sqrt{3})(2-\sqrt{3})}\right)$$
$$= 2 + 2\sqrt{3} - 2\sqrt{3} = 2$$

27. व्यंजक
$$= \sqrt{\sqrt[3]{\sqrt{0.000729}}}$$
$$= \sqrt{0.09} = \sqrt{0.3 \times 0.3} = 0.3$$

28. नल Q द्वारा 1 मिनट में टंकी का भरा गया भाग
$$= \frac{1}{20} - \frac{1}{30} = \frac{3-2}{60} = \frac{1}{60}$$
$$\therefore \quad \text{अभीष्ट समय} = 60 \text{ मिनट}$$

29. A द्वारा 6 दिन में किया गया काम $= \frac{6}{8} = \frac{3}{4}$ भाग

B द्वारा 2 दिन में नष्ट किया गया काम $= \frac{2}{3}$ भाग

$$\text{शेष काम} = \frac{3}{4} - \frac{2}{3} = \frac{9-8}{12} = \frac{1}{12}$$

अब $\frac{11}{12}$ भाग करने में A द्वारा लिया गया समय
$$= \frac{11}{12} \times 8 = \frac{22}{3} = 7\frac{1}{3} \text{ दिन}$$

30. $\frac{360}{n-1} - \frac{360}{n+2} = 6$

$\Rightarrow \quad 360\frac{(n+2-n+1)}{(n-1)(n+2)} = 6$

$\Rightarrow \quad (n-1)(n+2) = 180$

$\Rightarrow \quad (n-1)(n+2) = 12 \times 15$

$\Rightarrow \quad n - 1 = 12$

$\Rightarrow \quad n = 13$

31. अभीष्ट प्रतिशत वृद्धि

$= \left(40 + 40 + \frac{40 \times 40}{100}\right)\% = 96\%$

32. वस्तु का क्रय मूल्य = ₹ 100

अंकित मूल्य = ₹ 115

विक्रय मूल्य = $\frac{115 \times 80}{100}$ = ₹ 92

$\therefore$ हानि प्रतिशत = 8%

33. वस्तु का क्रय मूल्य = ₹ 100

अंकित मूल्य = ₹ x

$\therefore \quad \frac{x \times 88}{100} = 121$

$\Rightarrow \quad x = \frac{121 \times 100}{88}$ = ₹ 137.5

$\therefore$ अभीष्ट उत्तर = क्रय मूल्य में 37.5% अधिक

34. 40% एवं 10% का एकल समतुल्य बट्टा

$= \left(40 + 10 - \frac{40 \times 10}{100}\right)\% = 46\%$

प्रतिशत अंतर = 4%

$\therefore$ बचत = 10000 का 4%

$= \frac{10000 \times 4}{100}$ = ₹ 400

35. A : B = 8 : 9

B : C = 3 : 4 = 9 : 12

$\therefore$ A : B : C = 8 : 9 : 12

$\therefore$ संख्याएँ = $8x$, $9x$ एवं $12x$

$\therefore \quad 8x \times 12x = 2400$

$\Rightarrow \quad x^2 = \frac{2400}{8 \times 12} = 25$

$\therefore \quad x = \sqrt{25} = 5$

$\therefore \quad A + B + C = 8x + 9x + 12x$

$= 29x = 29 \times 5 = 145$

36. दिए गए विकल्प से,

संख्या = 36

3 + 6 = 9; 6 − 3 = 3

एवं 36 : 9 = 4 : 1

37. B का हिस्सा = $\frac{3}{(2+3+4)} \times 738$

$= \frac{3}{9} \times 738$ = ₹ 246

38. अभीष्ट औसत

$= \frac{1.11 + 0.01 + 0.101 + 0.001 + 0.11}{5}$

$= \frac{1.332}{5} = 0.2664$

39. कुल खर्च = 120 × 7 = ₹ 840

चार लड़कों का कुल खर्च = 150 × 4

= ₹ 600

तीन लड़कियों का कुल खर्च

= 840 − 600 = ₹ 240

$\therefore$ इनका औसत खर्च = $\frac{240}{3}$ = ₹ 80

40. वस्तु का क्रय मूल्य = ₹ 1000

कुल विक्रय मूल्य = $\frac{75 \times 120}{100} + 25$

= 90 + 25

= ₹ 115

$\therefore$ वास्तविक लाभ = ₹ 15 यानी 15%

41. 3 वस्तुओं का वि. मू.

= 21 वस्तुओं का क्र. मू. − 21 वस्तुओं का वि. मू.

$\Rightarrow$ 24 वस्तुओं का वि. मू.

= 21 वस्तुओं का क्र. मू.

$\therefore$ हानि प्रतिशत = $\frac{24-21}{24} \times 100$

$= 12\frac{1}{2}\%$

42. वस्तु का क्रय मूल्य = ₹ x

15% लाभ पर विक्रय मूल्य = $\frac{115x}{100} = \frac{23x}{20}$

नया क्रय मूल्य = ₹ $\frac{90x}{100}$

नया विक्रय मूल्य = $\frac{90x}{100} \times \frac{125}{100}$ = ₹ $\frac{9x}{8}$

नया विक्रय मूल्य = $\frac{90x}{100} \times \frac{125}{100}$ = ₹ $\frac{9x}{8}$

$\therefore \quad \frac{23x}{20} - \frac{9x}{8} = 4$

$\Rightarrow \quad \frac{46x - 45x}{40} = 4$

$\Rightarrow x = 40 \times 4 =$ ₹ 160

43. खर्च में प्रतिशत कमी = $\frac{25}{125} \times 100 = 20\%$

44. $x \times \frac{83}{100} = 498$

$\Rightarrow x = \frac{498 \times 100}{83} = 600$

45. शेष समय = $\frac{2}{5} \times 15 = 6$ घंटे

$\therefore$ अभीष्ट चाल = $\frac{60}{6} = 10$ किमी/घंटा

46. दूसरी रेलगाड़ी की चाल = 43.2 किमी/घंटा

= $\frac{43.2 \times 5}{18}$ मीटर/सेकण्ड

= 12 मीटर/सेकण्ड

यदि पहली रेलगाड़ी की चाल = x मीटर/सेकण्ड हो, तो

$\frac{150 + 120}{x + 12} = 10$

$\Rightarrow \quad 27 = x + 12$

$\Rightarrow \quad x = 15$ मीटर/सेकण्ड

= $15 \times \frac{18}{5}$ किमी/घंटा

= 54 किमी/घंटा

47. $120 = \frac{300 \times 4 \times r}{100} + \frac{400 \times 3 \times r}{100}$

$\Rightarrow \quad 24r = 120$

$\Rightarrow \quad r = \frac{120}{24} = 5\%$ प्रति वर्ष

48. अंतर = $\frac{PR^2}{(100)^2}$

$\Rightarrow \quad 1.50 = \frac{P \times 5 \times 5}{(100)^2}$

$\Rightarrow \quad P = 400 \times 1.5$

= ₹ 600

49. छात्रों की संख्या = 2 + 8 = 10

50. 60 से अधिक प्राप्तांक वाले छात्र = 35

अभीष्ट प्रतिशत = $\frac{35}{50} \times 100 = 70\%$

एस. एस. सी.–2013
मल्टी-टास्किंग (गैर तकनीकी)
दिनांक : 10-03-2013 (द्वितीय पाली)

समय : 2 घंटे **प्रश्न संख्या : 150**

भाग-I सामान्य बुद्धि एवं तर्क

निर्देश (प्र. सं. 1-3): निम्नलिखित प्रत्येक प्रश्न में दिए गए विकल्पों में से संबंधित शब्द/संख्या को चुनिए।

1. ग्रामोफोन : रिकॉर्ड : : वीडियो : __?

(*a*) टी.वी. (*b*) रिकॉर्डिंग
(*c*) कैसेट (*d*) कैमरा

2. कुल्हाड़ी : चीरना : : सलाई : __?

(*a*) कतरना (*b*) खींचना
(*c*) हल जोतना (*d*) बुनना

3. 6 : 8 :: 3 : __?

(*a*) 2 (*b*) 4
(*c*) 6 (*d*) 8

निर्देश (प्र. सं. 4-7): निम्नलिखित प्रत्येक प्रश्न में दिए गए विकल्पों में से विषम संख्या/शब्द चुनिए।

4. (*a*) एल्युमिनियम (*b*) लोहा
(*c*) ताँबा (*d*) पीतल

5. (*a*) नेपाल (*b*) म्यांमार
(*c*) बंगलादेश (*d*) श्रीलंका

6. (*a*) Flatter (*b*) Compliment
(*c*) Praise (*d*) Appraise

7. (*a*) 1 (*b*) 11
(*c*) 21 (*d*) 51

8. निम्नलिखित विकल्पों में से कौन-सा विकल्प नीचे दिए हुए शब्दों का सार्थक क्रम दर्शाता है?

(*i*) शिशु (*ii*) वृद्ध
(*iii*) वयस्क (*iv*) किशोर
(*v*) बालक

(*a*) (*v*), (*iv*), (*iii*), (*ii*), (*i*)
(*b*) (*iii*), (*iv*), (*ii*), (*i*), (*v*)
(*c*) (*ii*), (*iii*), (*iv*), (*v*), (*i*)
(*d*) (*i*), (*v*), (*iv*), (*iii*), (*ii*)

निर्देश (प्र. सं. 9-11): निम्नलिखित प्रत्येक प्रश्न में एक अनुक्रम दिया है, जिसमें एक पद लुप्त है। दिए गए विकल्पों में से वह सही विकल्प चुनिए जो अनुक्रम को पूरा करे।

9. F, L, Q, U, X, __?__.

(*a*) B (*b*) Z
(*c*) Y (*d*) A

10. 0.5, 2, 4.5, 8, 12.5, __?__.

(*a*) 17 (*b*) 16
(*c*) 16.5 (*d*) 18

11. 3, 6, 18, 21, 63, 66, __?__.

(*a*) 181 (*b*) 160
(*c*) 147 (*d*) 198

12. एक लड़के ने एक लड़की का परिचय अपनी चाची की माँ के पुत्र की पुत्री के रूप में दिया। लड़की लड़के की क्या हुई?

(*a*) बहिन (*b*) कजिन बहिन
(*c*) साली (*d*) चाची

13. निम्नलिखित विकल्पों में से वह शब्द चुनिए जो दिए गए शब्द के अक्षरों का प्रयोग करके नहीं बनाया जा सकता

KOLMOGROV - SMIRNOV

(*a*) MOORINGS (*b*) ROOMKING
(*c*) GOVINDA (*d*) SLIMGROOM

14. पहली पंक्ति में दिए गए वर्णों के दूसरी पंक्ति में कोड दिए गए हैं।

X	C	Y	O	M	G	I	R	Q	V
8	4	1	6	2	0	9	3	5	7

VGIXRM वर्णों के कोड क्या होंगे?

(*a*) 709823 (*b*) 709835
(*c*) 709832 (*d*) 708635

15. यदि $20 \times 5 = 4$ और $48 \times 12 = 4$, तो $77 \times 11 = ?$

(*a*) 7 (*b*) 4
(*c*) 847 (*d*) 10

16. यदि आयत = 12, त्रिभुज = 15, वर्ग = 6, समांतर चतुर्भुज = 4 तथा वृत्त = 3, तो आकृति में दिए गए उपर्युक्त मान का प्रयोग करते हुए समीकरण निकालिए।

$$\frac{\text{आयत + वर्ग}}{\text{त्रिभुज}} = ?$$

(*a*) $\frac{4}{5}$ (*b*) $\frac{3}{5}$

(*c*) $\frac{6}{5}$ (*d*) $\frac{2}{3}$

17. कौन-सी उत्तर आकृति प्रश्न आकृति के प्रतिरूप को पूरा करेगी?

प्रश्न आकृतिः

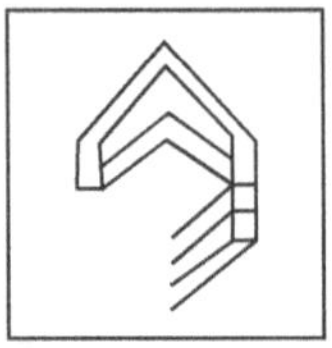

उत्तर आकृतियाँ:

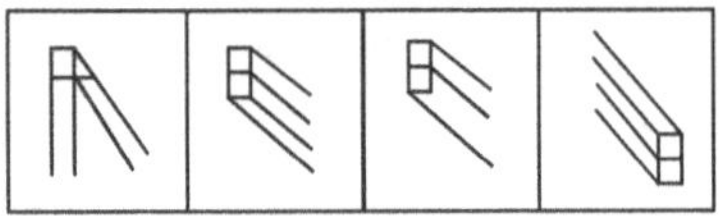

(*a*) (*b*) (*c*) (*d*)

18. शृंखला में दिए गए विकल्पों में से अगली आकृति कौन-सी होगी?

प्रश्न आकृतिः

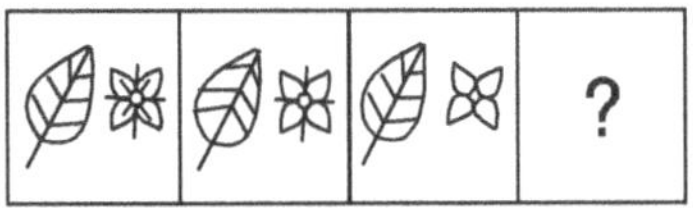

उत्तर आकृतियाँ:

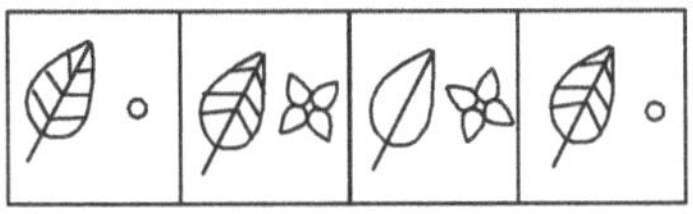

(*a*) (*b*) (*c*) (*d*)

19. दी गई आकृति में वर्गों की संख्या ज्ञात कीजिए।

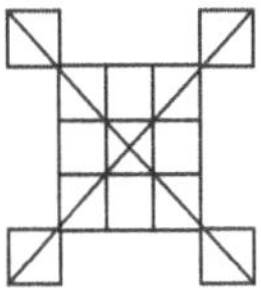

(*a*) 13 (*b*) 14

(*c*) 17 (*d*) 18

20. त्रिभुज, वर्ग और वृत्त में कौन-सी संख्या है?

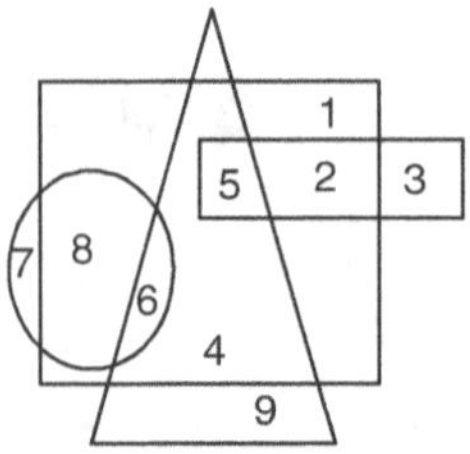

(*a*) 4 (*b*) 5

(*c*) 6 (*d*) 8

21. दिए गए विकल्पों में से लुप्त अंक ज्ञात कीजिए।

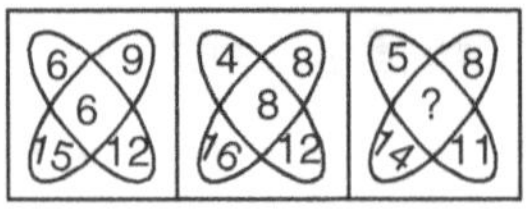

(*a*) 12 (*b*) 10

(*c*) 8 (*d*) 6

22. दी गई उत्तर आकृतियों में से उस उत्तर आकृति को चुनिए जिसमें प्रश्न आकृति निहित है।

प्रश्न आकृतिः

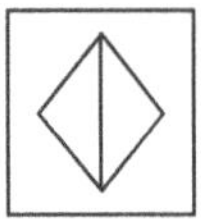

उत्तर आकृतियाँ:

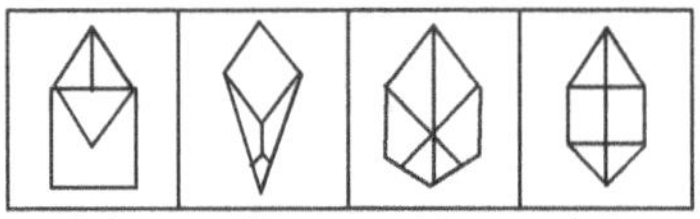

(*a*) (*b*) (*c*) (*d*)

23. कागज के किसी तिकोने टुकड़े को यदि प्रश्न आकृति में दिखाए अनुसार मोड़कर छिद्र किए जाए तो वह खोलने पर कैसा दिखाई देगा? उत्तर आकृतियों में से अपने उत्तर का चयन कीजिए।

प्रश्न आकृतियाँ:

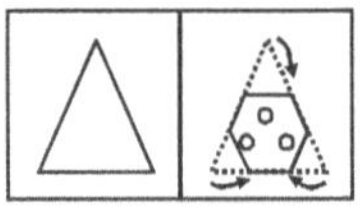

उत्तर आकृतियाँ:

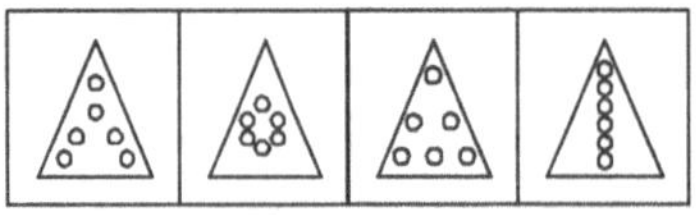

(*a*) (*b*) (*c*) (*d*)

24. निम्नलिखित में से कौन प्रश्न आकृति का दर्पण प्रतिबिम्ब है जब दर्पण X पर रखा हो?

प्रश्न आकृतिः

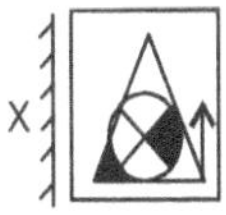

उत्तर आकृतियाँः

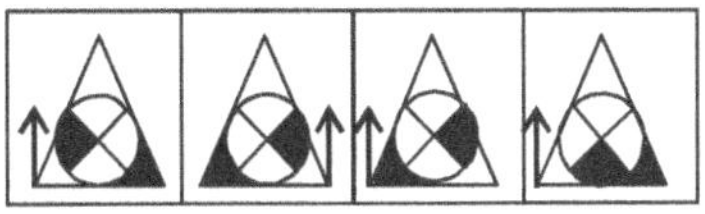

(*a*) (*b*) (*c*) (*d*)

25. एक शब्द केवल एक संख्या-समूह द्वारा दर्शाया गया है, जैसा कि विकल्पों में से किसी एक में दिया गया है। विकल्पों में दिए गए संख्या-समूह अक्षरों के दो वर्गों द्वारा दर्शाए गए हैं, जैसा कि नीचे दिए गए दो आव्यूहों में है। आव्यूह I के स्तम्भ और पंक्ति की संख्या 0 से 4 दी गई है और आव्यूह II की 5 से 9, इन आव्यूहों से एक अक्षर को पहले उसकी पंक्ति और बाद में स्तम्भ संख्या द्वारा दर्शाया जा सकता हैं उदाहरण के लिए 'P' को 00, 14 आदि द्वारा दर्शाया जा सकता हैं तथा 'A' को 56, 79 आदि द्वारा दर्शाया जा सकता है। इसी तरह से आपको शब्द 'ROSE' के लिए समूह को पहचानना है।

MATRIX I

	0	1	2	3	4
0	P	U	L	S	E
1	U	L	S	E	P
2	L	S	E	P	U
3	S	E	P	U	L
4	E	P	U	L	S

MATRIX II

	5	6	7	8	9
5	R	A	D	I	O
6	A	D	I	O	R
7	D	I	O	R	A
8	I	O	R	A	D
9	O	R	A	D	I

(*a*) 55, 95, 44, 42
(*b*) 96, 95, 44, 40
(*c*) 69, 86, 21, 43
(*d*) 87, 95, 44, 43

भाग-II सांख्यिकीय अभिक्षमता

26. $\frac{\sqrt{24}+\sqrt{216}}{\sqrt{96}}$ का मान क्या है?

(*a*) $2\sqrt{6}$ (*b*) $4\sqrt{6}$
(*c*) 2 (*d*) 4

27. $\left(\sqrt{4^3+15^2}\right)^3$ का मान है

(*a*) 4913 (*b*) 4313
(*c*) 4193 (*d*) 3943

28. एक टंकी को पानी से भरने के लिए दो पम्प हैं। पहला पम्प खाली टंकी को 8 घंटे में भर सकता है और दूसरा पम्प 10 घंटे में। यदि दोनों पम्पों को एक साथ खोल कर 4 घंटे तक चलाया जाए, तो टंकी का कितना भाग पानी से भर जाएगा?

(*a*) $\frac{9}{10}$ (*b*) $\frac{1}{10}$
(*c*) $\frac{2}{5}$ (*d*) $\frac{1}{5}$

29. एक ठेकेदार ने एक काम को 92 दिनों में पूरा करने का ठेका लिया और 110 आदमी नियुक्त किए। 48 दिन के बाद उसने देखा कि $\frac{3}{5}$ काम हो चुका है। वह कितने आदमियों को हटा सकता है कि काम समय से पूरा हो जाए?

(*a*) 45 (*b*) 40
(*c*) 35 (*d*) 30

30. एक घनाकार कमरे में रखी जा सकने वाली सबसे बड़ी छड़ की लम्बाई $35\sqrt{3}$ मीटर है। घनाकार कमरे के भीतर समा सकने वाले सबसे बड़े गोलक का पृष्ठ क्षेत्रफल, वर्ग मीटर में है

$\left(\text{मान लें, } \pi = \frac{22}{7}\right)$

(*a*) 3,500 (*b*) 3,850
(*c*) 2,450 (*d*) 4,250

31. यदि किसी वृत्त का व्यास 8% बढ़ा दिया जाए, तो क्षेत्रफल में कितनी वृद्धि होगी?

(*a*) 16.64% (*b*) 6.64%
(*c*) 16% (*d*) 16.46%

32. खुदरा व्यापारी को माल बेचते समय, एक कंपनी अपने उत्पादों के अंकित मूल्य पर 30% छूट देती है। यदि खुदरा व्यापारी उन उत्पादों को अंकित मूल्य पर बेचे, तो उसका लाभ होगा

(*a*) 30% (*b*) $42\frac{1}{7}\%$

(*c*) 40% (*d*) $42\frac{6}{7}\%$

33. एक व्यापारी एक वस्तु को बेचने के लिए 30% और 15% की क्रमिक छूट देता है। यदि उसे वस्तु पर ₹ 476 मिले, तो उसका अंकित मूल्य है:

(*a*) 800 (*b*) 750

(*c*) 600 (*d*) 900

34. एक टीवी पर 5% छूट देने के बाद 10% का लाभ होता है। यदि टीवी का अंकित मूल्य ₹ 2640.00 है, तो टीवी का क्रय मूल्य था

(*a*) ₹ 2280 (*b*) ₹ 2296

(*c*) ₹ 2380 (*d*) ₹ 2396

35. दो संख्याओं का अनुपात 3 : 4 है और उनका महत्तम समापवर्तक 4 है तो उनका लघुत्तम समापवर्त्य है

(*a*) 12 (*b*) 24

(*c*) 36 (*d*) 48

36. एक साइकल सवार दूसरे दिन 70 किमी. साईकिल चलाने के बाद देखता है कि पहले दो दिनों में उसके द्वारा चली गई दूरी का अनुपात 4 : 5 है। यदि वह तीसरे दिन 42 किमी. की दूरी तय करे तो तीसरे दिन और पहले दिन चली गई दूरियों का अनुपात है:

(*a*) 4 : 3 (*b*) 3 : 2

(*c*) 3 : 4 (*d*) 2 : 3

37. यदि a का 5.5 = b का 0.65 हो, तो $a : b = ?$

(*a*) 13 : 11 (*b*) 11 : 13

(*c*) 13 : 110 (*d*) 110 : 13

38. 42 लड़कों की एक कक्षा से 10 वर्ष की आयु का एक लड़का चला जाता हैं और उसके स्थान पर एक नए लड़के को प्रवेश दिया जाता है। यदि इस परिवर्तन के कारण उस कक्षा में लड़कों की औसत आयु 2 महीनें बढ़ जाए, तो नए लड़के की आयु है

(*a*) 19 वर्ष (*b*) 17 वर्ष

(*c*) 10 वर्ष 6 महीने (*d*) 12 वर्ष 2 महीने

39. 10 मदों का औसत 80 है, जब एक मद को 50 की जगह 60 गिन लिया गया। तो सही औसत होता

(*a*) 69 (*b*) 79.25

(*c*) 79 (*d*) 79.5

40. एक आदमी ने एक घोड़ा और एक वाहन ₹ 40,000 में खरीदे। उसने घोड़ा 10% के लाभ पर बेच दिया और वाहन 5% की हानि पर। कुल सौदे पर उसे 1% का लाभ हुआ। घोड़े का क्रय मूल्य था

(*a*) ₹ 15000 (*b*) ₹ 16000

(*c*) ₹ 18000 (*d*) ₹ 20000

41. ₹ 1 में 4 वस्तुएं बेच कर एक आदमी को 4% हानि होती है। यदि उसने एक रुपए में तीन वस्तुएं बेची होती; तो उसे लाभ होता

(*a*) 30% (*b*) 28%

(*c*) 16% (*d*) 12%

42. एक वस्तु 10% की हानि पर बेची गई। यदि उसे ₹ 90 अधिक पर बेचा जाता तो 5% का लाभ होता। वस्तु का मूल विक्रय मूल्य (₹ में) है

(*a*) 540 (*b*) 600

(*c*) 628 (*d*) 650

43. दूध की कीमत 20% बढ़ गई है। व्यय को उतना ही रखने के लिए वर्तमान उपभोग में कितनी कमी करनी होगी?

(*a*) 20% (*b*) 18%

(*c*) 10% (*d*) $16\frac{2}{3}\%$

44. 160 के 15% में कितना जोड़ना होगा कि योगफल 240 के 25% के बराबर हो जाए?

(*a*) 24 (*b*) 84

(*c*) 60 (*d*) 36

45. एक गाड़ी 60 किमी./घंटा की गति से विशिष्ट दूरी 210 मिनट में तय करती हैं 80 किमी./घंटा की गति से वही दूरी तय करने में गाड़ी को लगने वाला समय है

(*a*) $3\frac{5}{8}$ घंटे (*b*) $2\frac{5}{8}$ घंटे

(*c*) $4\frac{5}{8}$ घंटे (*d*) 3 घंटे

46. दो गाड़ियाँ स्टेशन A तथा B से एक-दूसरे की ओर क्रमश: 16 मील प्रति घंटा और 21 मील प्रति घंटा की गति से चलती है। उनके मिलने के समय, दूसरी गाड़ी पहली गाड़ी से 60 मील अधिक चल चुकी है। A और B के बीच दूरी (मीलों में) है।

(*a*) 444 (*b*) 496

(*c*) 333 (*d*) 540

47. एक राशि किसी दर पर साधारण ब्याज पर 2 वर्ष के लिए उधार दी गई थी। यदि उसे 3% अधिक दर पर उधार दिया गया होता तो उससे ₹ 300 अधिक मिलते। मूल राशि कितनी थी।

(*a*) ₹ 5000 (*b*) ₹ 6000

(*c*) ₹ 7000 (*d*) ₹ 4000

48. एक आदमी हर वर्ष के अंत में ₹ 2000 बचाता है और उसे 5% चक्रवृद्धि ब्याज पर निवेश कर देता हैं 3 वर्ष के अंत में उसके पास होंगे

(*a*) ₹ 4305 (*b*) ₹ 6305

(*c*) ₹ 4205 (*d*) ₹ 2205

निर्देश (प्र. सं. 49-50): *निम्नदंडआरेखवर्ष2000 से 2006 तकआलूकाउत्पादन (क्विंटलमें) दर्शाताहै।आरेखकाअध्ययन करेंऔरप्रश्नोंकाउत्तरदें*

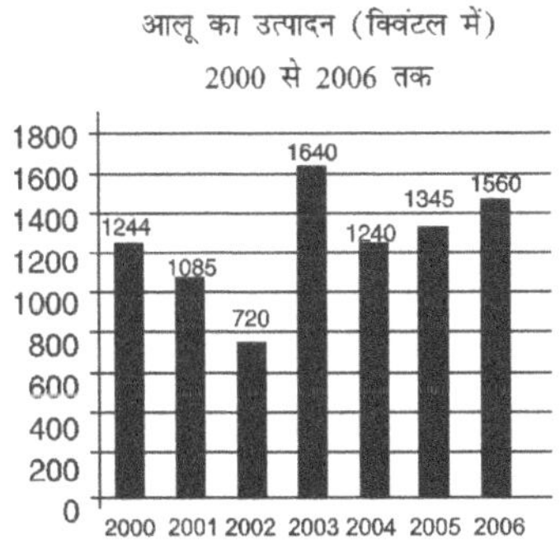

49. इस अवधि के दौरान औसत उत्पादन को देख कर, उन वर्षों की संख्या क्या है जिनमें उत्पादन औसत से अधिक हुआ?

(*a*) 1 (*b*) 2

(*c*) 3 (*d*) 4

50. इस अवधि के दौरान उत्पादन में अधिकतम ह्रास की दर है

(*a*) 24.4% (*b*) 28.22%

(*c*) 33.64% (*d*) 35.32%

भाग-III अंग्रेजी भाषा

Directions (Q. 51-60): *In the following questions, some parts of the sentences have errors and some are corrent. Find out which part of a sentence has an error. The answer of thet part is the answer. If a sentence is free from error, your answer is (d), i.e. No Error.*

51. Subha (*a*) / is living (*b*) / in Chennai since 1987. (*c*) / No Error (*d*)

52. This errors (*a*) / are made (*b*) / by foreigners (*c*) / No Error (*d*)

53. On entering the crowding room (*a*) / I could not see one person (*b*) / whom I knew. (*c*) / No Error (*d*)

54. Sundar (*a*) / is getting married (*b*) / with Sita (*c*) / No Error (*d*)

55. He studied (*a*) / so hardly (*b*) / he was sure of passing. (*c*) / No Error (*d*)

56. If your coming home tomorrow (*a*) / let me know at what time (*b*) / I can expect you. (*c*) / No Error (*d*)

57. Though we both are of the same height (*a*) / you are more heavier (*b*) / than I. (*c*) / No Error (*d*)

58. After rising the flag to (*a*) / inaugurate the sports meet, the Chairman (*b*) / gave a long speech. (*c*) / No Error (*d*)

59. He is (*a*) / fatter (*b*) / than me (*c*) / No Error (*d*)

60. Every child in the class (*a*) / are wearing (*b*) / sandals today. (*c*) / No Error (*d*)

Directions (Q. 61-70): *In the following questions, sentences are given with blanks to be filled in with an appropriate word(s). Four alternatives are suggested for each question. Choose the correct alternative out of the four as your answer.*

61. My father is very _________ to me, we play football every evening.

(*a*) friendly

(*b*) friends

(*c*) friend-like

(*d*) friendship

62. A technology - starved customer would only be _________ to be presented with a new product.

(*a*) thriving (*b*) declarative

(*c*) irritable (*d*) thrilled

63. Neither Shyam _________ Rohit came to the school today.

(*a*) but (*b*) or

(*c*) nore (*d*) and

64. He is getting married ________ Maya.

(*a*) only (*b*) by

(*c*) with (*d*) to

65. Medical doctors should try to _________ as many patients as possible.

(*a*) heel (*b*) heal

(*c*) kill (*d*) hale

66. Can you tell the difference _______ butter and Margarine.

(*a*) over (*b*) with

(*c*) between (*d*) among

67. I'm not very good ______ repairing things.

(*a*) at (*b*) for

(*c*) in (*d*) about

68. Will all of you _________ up for prayer?

(*a*) raise (*b*) rise

(*c*) raze (*d*) race

69. The art of cooking _________ in ancient India.

(*a*) is perfected (*b*) will perfect

(*c*) perfected (*d*) was perfected

70. A number of refugees _________ been turned back at the border.

(*a*) are (*b*) has

(*c*) is (*d*) have

Directions (Q. 71-73): *In the following questions, out of the four alternatives, choose the one which best expresses the meaning of the given word as your answer.*

71. FETCH

(*a*) Order (*b*) Bring

(*c*) Scoop (*d*) Take

72. Ecstasy

(*a*) Economy (*b*) Eclipse

(*c*) Joy (*d*) Extremism

73. Clandestine

(*a*) Family (*b*) Useful

(*c*) Dangerous (*d*) Secret

Directions (Q. 74-76): *In the following questions, choose the word opposite in meaning to the given word as your answer.*

74. Stationary

(*a*) Slowing (*b*) Standing

(*c*) Moving (*d*) Writing

75. Aggressive

(*a*) Dull (*b*) Peaceful

(*c*) Doleful (*d*) Inactive

76. Doleful

(*a*) Mournful (*b*) Cheerful

(*c*) Deceitful (*d*) Beautiful

Directions (Q. 77-79): *In the following questions, four alternatives are given for the Idiom/Phrase underlined in the sentence. Choose the alternative which best expresses the meaning of the Idiom/Phrase.*

77. I expect my friends to <u>stand by</u> me.

(*a*) Energise

(*b*) Support

(*c*) Accompany

(*d*) Release

78. The music group <u>broke up</u> unceremoniously.

(*a*) went bankrupt

(*b*) broke each other's instruments

(*c*) disturbed the neighbourhood

(*d*) disbanded itself

79. She vaguely <u>takes after</u> her grand-mother.

(*a*) constitutes

(*b*) follows

(*c*) resembles

(*d*) accepts

Directions (Q. 80-84): *In the following questions, a part of the sentence is underlined. Below are given alternatives to the underlined part at (a), (b), (c) which may improve the sentence. Choose the correct alternative. In case no improvement is needed, your answer is (d).*

80. Presently, she is busy composing the music for her next play.

(*a*) At the present (*b*) In the present

(*c*) At present (*d*) No improvement

81. Modern medicine promotes good health.

(*a*) means (*b*) preaches about

(*c*) praises (*d*) No improvement

82. Despite having many other opportu-nites, he went for Police Service.

(*a*) liked (*b*) opted

(*c*) selected (*d*) No improvement

83. I love him because he is a good man by heart.

(*a*) at heart (*b*) of heart

(*c*) in heart (*d*) No improvement

84. The editor gave me a time-line to finish the article.

(*a*) guideline (*b*) deadline

(*c*) decline (*d*) No improvement

Directions (Q. 85-89): *In the following questions, out of the four alternatives choose the one which can be substituted for the given words / sentence.*

85. One whose motive is merely to get money

(*a*) businesslike (*b*) mercenary

(*c*) polyglot (*d*) fastidious

86. A man who is quite like a woman

(*a*) Feminine (*b*) Feminist

(*c*) Effeminate (*d*) Womanly

87. A co-worker in an office or institution

(*a*) companion (*b*) ally

(*c*) accomplice (*d*) colleague

88. To supply land with water by artificial means

(*a*) Irrigate (*b*) Mitigate

(*c*) Watergate (*d*) Postulate

89. A large burial ground

(*a*) mercenary (*b*) emissary

(*c*) symmetry (*d*) cemetery

Directions (Q. 90-95): *In the following questions, there are four different words out of which one is* ***correctly*** *spelt. Find the correctly spelt word.*

90. (*a*) Acknowlege (*b*) Acknoledge

(*c*) Aknowledge (*d*) Acknowledge

91. (*a*) installation (*b*) instalation

(*c*) insttalation (*d*) installasion

92. (*a*) cirtificate (*b*) certificate

(*c*) cartifikate (*d*) certefecate

93. (*a*) addimittion (*b*) admission

(*c*) admition (*d*) admision

94. (*a*) occassionally (*b*) ocassionally

(*c*) occasionaly (*d*) occasionally

95. (*a*) successful (*b*) sucessful

(*c*) succesful (*d*) successfull

Directions (Q. 96-100): *In the following questions, you have a passage with 5 questions. Read the passage carefully and choose the best answer to each question out of the four altnernatives.*

PASSAGE

Developed in New Zealand in the 1990s, originally as a means of crossing water, zorbing involves rolling downhill in a large, PVC ball, and an activity which requires no more skill than that of a hamster running inside its wheel. The three-metre zorb has two skins, with the area between them inflated to provide effective cushioning and so prevent zorbonauts from hurting themselves as they hurtle along at speeds of up to 50 kilometres per hour. Zorbers are also harnessed inside the ball to stop them moving around. In 'Hydrozorbing' however, you have to do away with the straps and slide around in a bucket or two of water. This version can be enjoyed alone, or you can share the experience with up to two other people inside the same zorb. But don't be surprised if you get the odd bump or bruise!

96. Zorbing is:

(*a*) a form of transport

(*b*) a form of sport

(*c*) a stunt act in a circus

(*d*) an indoor game

97. The people who actively take up zorbing are called:

(*a*) zorboes (*b*) zorbs

(*c*) zorbingers (*d*) zorbers

98. The author implies that zorbing:

(*a*) involves a lot of skills and a fair amount of risks.

(*b*) requires a hamster to run inside the wheels.

(*c*) was not at first intended as a land-based sport.

(*d*) builds up team spirit.

99. Zorbing is fairly safe because:

(*a*) there is adequate cushioing in the zorbs.

(*b*) it does not require much skill.

(*c*) the PVC balls are airtight.

(*d*) it does not demand any speed.

100. Hydrozorbing is:

(*a*) a form of zorbing in air

(*b*) a very violent form of zorbing.

(*c*) a form of zorbing in or with water.

(*d*) zorbing with a two-member team.

भाग-IV सामान्य जानकारी

101. कोयला खानों का राष्ट्रीयकरण किस वर्ष में किया गया?

(*a*) 1970 (*b*) 1971

(*c*) 1972 (*d*) 1976

102. "एन इंक्वायरी इन्टू द नेचर एंड कौजेज ऑफ वेल्थ ऑफ नेशंस" पुस्तक के लेखक कौन हैं?

(*a*) डेविड रिकार्डो (*b*) श्रीमती जॉन रॉबिन्सन

(*c*) एडम स्मिथ (*d*) रॉबिन्स

103. सूक्ष्म अर्थशास्त्र को और क्या कहते हैं?

(*a*) आय का सिद्धांत (*b*) निवेश का सिद्धांत

(*c*) कीमत का सिद्धांत (*d*) व्यय का सिद्धांत

104. अर्थशास्त्र में मांग का क्या अर्थ है?

(*a*) समष्टि/कुल मांग

(*b*) बाजार मांग

(*c*) व्यष्टि/व्यक्ति मांग

(*d*) क्रय शक्ति पर आधारित मांग

105. गृहिणी के हाथ का औजार क्या है?

(*a*) उपभोक्ता (*b*) पूंजी

(*c*) मुक्त (*d*) मध्यस्थ/(इंटरमीडियरी)

106. 'इंडिया ऑफ माई ड्रीम्स' के लेखक कौन थे?

(*a*) जे.बी. कृपलानी (*b*) एम. के. गांधी

(*c*) गोपाल कृष्ण गोखले (*d*) जवाहरलाल नेहरू

107. भारतीय संविधान कैसा है?

(*a*) संघीय (*b*) अर्ध संघीय/संघीयवत्

(*c*) एकात्मक (*d*) राष्ट्रपति शासन प्रणाली

108. गांधी के 'दांडी मार्च' का संबंध किससे है?

(*a*) खिलाफत आंदोलन (*b*) सविनय अवज्ञा आंदोलन

(*c*) असहयोग आंदोलन (*d*) भारत छोड़ो आंदोलन

109. लोक लेखा समिति के बेसिक/मूल आधार क्या है?

(*a*) सांविधिक निकायों, ट्रेडिंग और विनर्माण स्कीमों एवं परियोजनाओं के आय-व्यय को दर्शाने वाले लेखा विवरणों की जाँच करना।

(*b*) स्टोर और स्टॉक के लेखा की जाँच करना।

(*c*) स्वायत्त निकायों के लेखा विवरण की जाँच करना।

(*d*) उपर्युक्त सभी

110. निम्नलिखित में से कौन मध्यम मार्गी नहीं है?

(*a*) फिरोजशाह मेहता (*b*) सुरेन्द्रनाथ बनर्जी

(*c*) वोमेश चंद्र बनर्जी (*d*) बाल गंगाधर तिलक

111. 'अर्थशास्त्र' पुस्तक के लेखक कौन थे?

(*a*) चन्द्रगुप्त (*b*) मेगास्थनीज

(*c*) चाणक्य (*d*) सेल्युकस निकेटर

112. बंगाल का स्थायी बंदोबस्त किस ब्रिटिश गवर्नर जनरल ने किया?

(*a*) लॉर्ड कॉर्नवालिस (*b*) लॉर्ड मिंटो

(*c*) लॉर्ड वेलेस्ले (*d*) लॉर्ड वॉरेन हेस्टिंग्स

113. चोलवंश में ग्राम प्रशासन के बारे में किस शिलालेख में उल्लेख मिलता है?

(*a*) जूनागढ़ (*b*) उत्तरामेरुर

(*c*) ऐहोल (*d*) नासिक

114. नई आर्थिक नीति किसने शुरू की थी?

(*a*) लेनिन (*b*) स्टालिन

(*c*) केरेंस्की (*d*) ख्रुश्चेव

115. वल्लभ भाई पटेल को 'सरदार' की पदवी किसने दी थी।

(*a*) राजाजी (*b*) गांधी जी

(*c*) नेहरु (*d*) एम. ए. जिन्ना

116. जापान का प्रसिद्ध जहाज निर्माण उद्योग कहां स्थित है?

(*a*) डेट्रोइट (*b*) पिट्सबर्ग

(*c*) कोबे (*d*) लॉस वेगास

117. इंदिरा प्वाइंट किसका दक्षिणी छोर है?

(*a*) मालदीव

(*b*) लक्षद्वीप

(*c*) अंडमान एवं निकोबार द्वीप समूह

(*d*) धनुषकोडी

118. चिल्का झील कहाँ स्थित है?

(*a*) उड़ीसा (*b*) बिहार

(*c*) राजस्थान (*d*) महाराष्ट्र

119. ब्रह्मपुत्र नदी का उद्गम स्थल क्या है?

(*a*) मिलाम (*b*) गंगोत्री

(*c*) यमुनोत्री (*d*) कोमांगडुंग

120. भूकंप का संबंध सामान्यतय किससे होता है?

(*a*) पर्वत संधि (*b*) फॉल्ट

(*c*) परत (*d*) परतदार चट्टान

121. मलेरिया मादा एनाफिलीज से फैलता है, इसकी खोज किसने की थी?

(*a*) एडवर्ड जेनर (*b*) लुई पाश्चर

(*c*) रॉबर्ट कोच (*d*) रोनॉल्ड रॉस

122. कान का परदा किस जीव में नहीं होता?

(*a*) साँप (*b*) कछुआ

(*c*) टुएेटा (*d*) भेक (टोड)

123. हवा से पनपने वाले प्राणियों को क्या कहते हैं?

(*a*) खनिक/खननशील (*b*) वनस्पतिक

(*c*) धावी/धावनशील (*d*) उड़नशील

124. ब्रायोफाइट को प्राय: उभयचर पादप क्यों कहा जाता है?

(*a*) वे मेंढ़क जैसे लगते हैं।

(*b*) वे जल और थल दोनों में पाए जाते हैं।

(*c*) उनमें आवासीय अभिरुचि नहीं होती।

(*d*) वे कीटों का भक्षण कर सकते हैं।

125. नग्न आंखों से देखे जा सकने वाले कोशाणु का सबसे छोटा आकार क्या होता है?

(*a*) 1 माइक्रोन (*b*) 10 माइक्रोन

(*c*) 100 माइक्रोन (*d*) 1000 माइक्रोन

126. संबंधित माध्य युग्म के क्रांतिक कोण से अधिक आपत कोण का सघन से विरल माध्यम की ओर जाने वाली प्रकाश किरण क्या करती है?

(*a*) परावर्तन (*b*) अपवर्तन

(*c*) विवर्तन (*d*) समग्र आंतरिक परावर्तन

127. ऊष्मा विकिरण का अमान्य लक्षण यह है कि यह यात्रा करती है

(*a*) सरल रेखा में

(*b*) सभी दिशाओं में

(*c*) प्रकाश की गति के साथ

(*d*) जिस माध्यम से गुजरता है उसे गर्म कर देता है।

128. चुम्बकन की विधि क्या है?

(*a*) चुम्बक पर प्रहार करना

(*b*) चुम्बक को गर्म करना

(*c*) इसके बीच से दिष्ट धारा को गुजारना

(*d*) इसके बीच से प्रत्यावर्ती धारा को गुजारना

129. जल कैलोरीमितिक पदार्थ के रूप में उपयुक्त क्यों नहीं है?

(*a*) इसमें उच्च विशिष्ट ऊष्मा होती है।

(*b*) यह सुचालक होता है।

(*c*) इसमें उच्च क्वथनांक होता है।

(*d*) इसमें वाष्पीकरण की गुप्त ऊष्मा कम होती है।

130. विंडोज में एड/रिमूव प्रोग्राम्स, एड न्यू हार्डवेयर, मोडम आदि जैसे आइकॉन जिसमें रहते हैं?

(*a*) टास्क बार (*b*) कंट्रोल पैनल

(*c*) नेटवर्क नेबरहुड (*d*) माई कम्प्यूटर

131. डीवीडी (DVD) क्या है?

(*a*) डाइनेमिक वीडियो डिस्क

(*b*) डिजिटल वीडियो डिस्क

(*c*) डाइनेमिक वर्सेटाइल डिस्क

(*d*) डिजिटल वर्सेटाइल डिस्क

132. विषम शब्द पहचानिए।

(*a*) इंटरनेट एक्सप्लोरर (*b*) नेटस्केप

(*c*) मोजिला (*d*) एक्सेल

133. बेन्जीन का क्या नहीं हो सकता?

(*a*) प्रतिस्थापन (*b*) परिवर्धन

(*c*) निराकरण (*d*) ऑक्सीकरण

134. क्लोरोफिल में क्या पाया जाता है?

(*a*) Ca^{2+} (*b*) Mg^{2+}

(*c*) Fe^{2+} (*d*) Al^{3+}

135. हेक्सामिथाइलीन डायामाइन और एडिपिक एसिड के संघनन से प्राप्त पॉलीमर क्या होता है?

(*a*) नायलोन 66 (*b*) टेरीलिन

(*c*) टॉलेन्स (*d*) बेकलाइट

136. रेडियोधर्मी तत्व किसका उत्सर्जन करते हैं?

(*a*) रेडियो तरंगें (*b*) अवरक्त तरंगें

(*c*) पराबैंगनी तरंगें (*d*) α, β तथा γ का विकिरण

137. गंगा कार्य योजना का निर्देश किसने दिया था?

(*a*) राजीव गांधी (*b*) अटल बिहारी वाजपेयी

(*c*) मनमोहन सिंह (*d*) इंदिरा गांधी

138. निम्नलिखित में से कौन-सा विटामिन प्रति ऑक्सीकारक है?

(*a*) विटामिन-सी (*b*) विटामिन-के

(*c*) विटामिन-बी (*d*) विटामिन-डी

139. पत्तियों का लाल, नारंगी और पीला रंग किसके कारण होता है?

(*a*) एल्डेहाइड (*b*) टैनिन

(*c*) लिग्निन (*d*) केरोटिनॉइड

140. क्रूड ऑयल को कभी-कभी मधुर क्यों कहा जाता है?

(*a*) यह शर्करा के घुलने से स्वाद में मधुर होता है।

(*b*) यह सल्फर का अंश कम होने से कुछ मधुर होता है।

(*c*) यह कम अम्ली होता है।

(*d*) यह कम क्षारीय होता है।

141. भारत सरकार के निम्नलिखित किस कार्यक्रम का उद्देश्य गरीबी रेखा से नीचे रहने वाले ग्रामीण परिवारों के लिए निवास गृहों का निर्माण अथवा उन्नत करना है?

(*a*) राष्ट्रीय सामाजिक सहायता कार्यक्रम

(*b*) जवाहर रोजगार योजना

(*c*) इंदिरा आवास योजना

(*d*) जवाहर लाल नेहरु राष्ट्रीय शहरी नवीकरण मिशन

142. 'ए सोल्जर्स जनरल' पुस्तक के लेखक कौन हैं?

(*a*) जनरल वी. के. सिंह

(*b*) जनरल जे. जे. सिंह

(*c*) एडमिरल निर्मल कुमार वर्मा

(*d*) एयर चीफ मार्शल ए. के. ब्राउन

143. एक जुलाई, 2012 को यूनेस्को द्वारा भारत के किस भाग को विश्व धरोहर में शामिल किया गया था?

(*a*) पश्चिमी घाट (*b*) पूर्वी घाट

(*c*) कोंकण रेलवे (*d*) मानस वन्य जीव क्षेत्र

144. शिव कुमार शर्मा किस वादन के लिए प्रसिद्ध है?

(*a*) संतुर (*b*) सितार

(*c*) सरोद (*d*) बांसुरी

145. एक दिवसीय (वन डे) क्रिकेट में हाल में 3000 अंतर्राष्ट्रीय रनों के रिकॉर्ड बनाने वाले सबसे तेज खिलाड़ी का नाम बताइए।

(*a*) हाशिम आमला (*b*) विराट कोहली

(*c*) रिकी पोंटिंग (*d*) विरेन्द्र सहवाग

146. 22 मई, 2012 को माउंट एवरेस्ट के सफल पर्वतारोही सबसे युवा भारतीय 16 वर्षीय स्कूली छात्र अर्जुन बाजपेयी किस राज्य से हैं?

(*a*) उत्तर प्रदेश

(*b*) मध्य प्रदेश

(*c*) राष्ट्रीय राजधानी क्षेत्र दिल्ली

(*d*) उत्तराखंड

147. वर्ष 2010 का दादा साहेब फाल्के पुरस्कार किसे दिया गया?

(*a*) ए. आर. रहमान (*b*) जावेद अख्तर

(*c*) के. बालचंदर (*d*) वी. के. मूर्ति

148. शून्य के सिद्धांत का प्रतिपादन किसने किया?

(*a*) चरक (*b*) चाणक्य

(*c*) आर्यभट्ट (*d*) वराहमिहिर

149. हाल में गिरफ्तार किया जाने वाला हसन अली कौन है?

(*a*) स्टड फार्म ओनर (*b*) राजनीतिज्ञ

(*c*) पक्का अपराधी (*d*) फिल्म निर्माता

150. भारत में निर्वाचन सूची तैयार करने की जिम्मेदारी किसकी है?

(*a*) संसद (*b*) स्थानीय प्रशासन

(*c*) निर्वाचन आयोग (*d*) निर्वाचन अधिकारी

उत्तरमाला

1. (c)	**2.** (d)	**3.** (b)	**4.** (d)	**5.** (d)	**6.** (d)	**7.** (b)	**8.** (d)	**9.** (b)	**10.** (d)
11. (d)	**12.** (b)	**13.** (c)	**14.** (c)	**15.** (a)	**16.** (c)	**17.** (b)	**18.** (d)	**19.** (d)	**20.** (c)
21. (d)	**22.** (c)	**23.** (a)	**24.** (a)	**25.** (b)	**26.** (c)	**27.** (a)	**28.** (a)	**29.** (d)	**30.** (b)
31. (a)	**32.** (d)	**33.** (a)	**34.** (a)	**35.** (d)	**36.** (c)	**37.** (c)	**38.** (b)	**39.** (c)	**40.** (b)
41. (b)	**42.** (a)	**43.** (d)	**44.** (d)	**45.** (b)	**46.** (a)	**47.** (a)	**48.** (b)	**49.** (c)	**50.** (c)
51. (b)	**52.** (a)	**53.** (a)	**54.** (c)	**55.** (b)	**56.** (a)	**57.** (b)	**58.** (a)	**59.** (c)	**60.** (b)
61. (a)	**62.** (d)	**63.** (c)	**64.** (d)	**65.** (b)	**66.** (c)	**67.** (a)	**68.** (b)	**69.** (d)	**70.** (d)
71. (b)	**72.** (c)	**73.** (d)	**74.** (c)	**75.** (b)	**76.** (b)	**77.** (b)	**78.** (d)	**79.** (b)	**80.** (c)
81. (d)	**82.** (b)	**83.** (a)	**84.** (b)	**85.** (b)	**86.** (c)	**87.** (d)	**88.** (a)	**89.** (d)	**90.** (d)
91. (a)	**92.** (b)	**93.** (b)	**94.** (d)	**95.** (a)	**96.** (b)	**97.** (d)	**98.** (c)	**99.** (a)	**100.** (c)
101. (c)	**102.** (c)	**103.** (c)	**104.** (d)	**105.** (d)	**106.** (b)	**107.** (b)	**108.** (b)	**109.** (a)	**110.** (d)
111. (c)	**112.** (a)	**113.** (b)	**114.** (a)	**115.** (b)	**116.** (c)	**117.** (c)	**118.** (a)	**119.** (d)	**120.** (b)
121. (d)	**122.** (a)	**123.** (b)	**124.** (b)	**125.** (c)	**126.** (d)	**127.** (c)	**128.** (a)	**129.** (a)	**130.** (b)
131. (d)	**132.** (d)	**133.** (c)	**134.** (b)	**135.** (a)	**136.** (d)	**137.** (a)	**138.** (a)	**139.** (d)	**140.** (b)
141. (c)	**142.** (b)	**143.** (a)	**144.** (a)	**145.** (a)	**146.** (a)	**147.** (c)	**148.** (c)	**149.** (a)	**150.** (c)

व्याख्या

1. ग्रामोफोन (रिकॉर्ड) प्लास्टिक की पतली गोलाकार वस्तु है जिस पर आवाज, विशेषत: संगीत रिकॉर्ड किया जाता है।

वीडियो को कैसेट या मैग्नेटिक टेप पर रिकॉर्ड किया जाता है।

2. कुल्हाड़ी लकड़ी चीरने के काम में आता है। उसी प्रकार सलाई से कुछ बुना जाता है।

3. $6+\left(\frac{6}{3}\right) = 6+2=8$

उसी प्रकार, $3+\left(\frac{3}{3}\right)=3+1=4$

4. पीतल को छोड़कर अन्य सभी धातुएँ हैं। पीतल एक मिश्रधातु है।

5. श्रीलंका एक प्रायद्वीपीय देश है। पाक जलडमरुमध्य भारत एवं श्रीलंका को अलग करता है। भारत के उत्तर में चीन, नेपाल एवं भूटान हैं। भारत के पूर्व में बांग्लादेश एवं म्यांमार हैं।

6. **Flatter** means to praise somebody too much.

Compliment means admiration, an expression of praise.

Appraise means to assess the value, quality or nature of some-body.

7. 11 एक अभाज्य संख्या है।

8. शब्दों का सार्थक क्रम

(i) शिशु
↓
(v) बालक
↓
(iv) किशोर
↓
(iii) व्यस्क
↓
(ii) वृद्ध

9. $F \xrightarrow{+6} L \xrightarrow{+5} Q \xrightarrow{+4} U \xrightarrow{+3} X \xrightarrow{+2} \boxed{Z}$

10. $0.5 + 1.5 = 2$
$2.0 + 2.5 = 4.5$
$4.5 + 3.5 = 8$
$8.0 + 4.5 = 12.5$
$12.5 + 5.5 = 18$

11. $3 + 3 = 6; 6 \times 3 = 18$
$18 + 3 = 21; 21 \times 3 = 63$
$63 + 3 = 66;$
अत:, $? = 66 \times 3 = 198$

12. लड़के की चाची की माँ का अर्थ हुआ लड़के की नानी। नानी का पुत्र लड़के का मामा हुआ। मामा की पुत्री लड़के की ममेरी बहन (कजिन बहन) हुई।

13. दिए गए शब्द में 'D' वर्ण नहीं है अत: शब्द GOVINDA नहीं बनाया जा सकता है।

14.

V	G	I	X	R	M
↓	↓	↓	↓	↓	↓
7	0	9	8	3	2

15. $20 \times 5 = 4 \Rightarrow 20 \div 5 = 4$
$48 \times 12 = 4 \Rightarrow 48 \div 12 = 4$
अत:, $77 \times 11 \Rightarrow 77 \div 11 = 7$

16. $\frac{\text{आयत + वर्ग}}{\text{त्रिभुज}} = \frac{12+6}{15} = \frac{18}{15} = \frac{6}{5}$

18. प्रत्येक अगली आकृति में पत्ती का रिब पलट जाता है तथा फूल का कुछ भाग विलुप्त हो जाता है।

20. संख्या '6' त्रिभुज, वर्ग एवं वृत्त में विद्यमान है।

21. पहली आकृति $12 - 6 = 6;$
$15 - 9 = 6$
दूसरी आकृति $12 - 4 = 8;$
$16 - 8 = 8$
तीसरी आकृति $11 - 5 = 6;$
$14 - 8 = 6$

25. R ⇒ 55, 69, 78, 87, 96
O ⇒ 59, 68, 77, 86, 95
S ⇒ 03, 12, 21, 30, 44
E ⇒ 04, 13, 22, 31, 40

विकल्प	R	O	S	E
(1)	55	95	44	~~42~~
(2)	96	95	44	40
(3)	69	86	21	~~48~~
(4)	87	95	44	~~43~~

26. व्यंजक $= \frac{\sqrt{24}+\sqrt{216}}{\sqrt{96}}$
$= \frac{2\sqrt{6}+6\sqrt{6}}{4\sqrt{6}} = \frac{8\sqrt{6}}{4\sqrt{6}} = 2$

27. व्यंजक $= \left(\sqrt{4^3+15^2}\right)^3$
$= \left(\sqrt{64+225}\right)^3 = \left(\sqrt{289}\right)^3$
$= (17)^3 = 4913$

28. दोनों पम्पों द्वारा 1 घंटे में टंकी का भरा गया भाग
$= \frac{1}{8} + \frac{1}{10} = \frac{5+4}{40} = \frac{9}{40}$
∴ 4 घंटे में भरा गया भाग
$= \frac{4 \times 9}{40} = \frac{9}{10}$

29. $\frac{M_1D_1}{W_1} = \frac{M_2D_2}{W_2}$
$\Rightarrow \frac{110 \times 48}{\frac{3}{5}} = \frac{M_2 \times 44}{\frac{2}{5}}$
$\Rightarrow M_2 \times 44 \times 3 = 110 \times 48 \times 2$
$\Rightarrow M_2 = \frac{110 \times 48 \times 2}{44 \times 3} = 80$
∴ हटाए गए व्यक्ति $= 110 - 80 = 30$

30. घनाकार कमरे का विकर्ण $= 35\sqrt{3}$ मीटर
∴ $\sqrt{3} \times$ भुजा $= 35\sqrt{3}$
⇒ भुजा = 35 मीटर
⇒ गोलक का व्यास = 35 मीटर
⇒ गोलक का पृष्ठ क्षेत्रफल $= 4\pi r^2$
$= 4 \times \frac{22}{7} \times \frac{35 \times 35}{4}$
= 3850 वर्ग मीटर

31. वृत्त के क्षेत्रफल में प्रतिशत वृद्धि

$$= \left(8 + 8 + \frac{8 \times 8}{100}\right)\% = 16.64\%$$

32. यदि माल का अंकित मूल्य = ₹ 100 हो, तो

क्रय मूल्य = ₹ 70

विक्रय मूल्य = ₹ 100

$\therefore$ लाभ प्रतिशत $= \frac{30}{70} \times 100 = \frac{300}{7}$

$$= 42\frac{6}{7}\%$$

33. यदि अंकित मूल्य = ₹ x हो, तो

$$x \times \frac{70}{100} \times \frac{85}{100} = 476$$

$$\Rightarrow x = \frac{476 \times 100 \times 100}{70 \times 85}$$

= ₹ 800

34. यदि टीवी का क्रय मूल्य ₹ x हो, तो

$$\frac{x \times 110}{100} = 2640 \times \frac{95}{100}$$

$\Rightarrow x = \frac{2640 \times 95}{110}$ = ₹ 2280

35. संख्याएँ = 3 × 4 = 12 एवं 4 × 4 = 16

$\therefore$ 12 एवं 16 का ल.स. = 48

36. पहले दिन तय की गई दूरी $= \frac{4}{5} \times 70 = 56$ किमी.

$\therefore$ अभीष्ट अनुपात = 42 : 56 = 3 : 4

37. $a \times 5.5 = b \times 0.65$

$$\Rightarrow \frac{a}{b} = \frac{0.65}{5.5} = \frac{65}{550} = \frac{13}{110}$$

38. नए लड़के की आयु $= \left(10 + \frac{2 \times 42}{12}\right) = 17$ वर्ष

39. सही औसत $= \frac{80 \times 10 - 60 + 50}{10}$

$$\frac{800 - 10}{10} = \frac{790}{10} = 79$$

40. यदि घोड़ा का क्रय मूल्य = ₹ x हो, तो

वाहन का क्रय मूल्य = ₹ $(40000 - x)$

$$\therefore \frac{110 \times x}{100} + \frac{(40000 - x) \times 95}{100} = \frac{40000 \times 101}{100}$$

$$\Rightarrow 110x + 3800000 - 95x = 4040000$$

$$\Rightarrow 15x = 240000$$

$$\Rightarrow x = \frac{240000}{15}$$

= ₹ 16000

41. 1 वस्तु का क्रय मूल्य $= \frac{1}{4} \times \frac{100}{96}$ = ₹ $\frac{25}{96}$

$\therefore$ 3 वस्तुओं का क्रय मूल्य = ₹ $\frac{75}{96}$

$\therefore$ लाभ $= 1 - \frac{75}{96} = \frac{96 - 75}{96} = \frac{21}{96} = \frac{7}{32}$

$\therefore$ लाभ प्रतिशत $= \frac{\frac{7}{32}}{\frac{75}{96}} \times 100$

$$= \frac{7}{32} \times \frac{96}{75} \times 100 = 28\%$$

42. वस्तु का क्रय मूल्य = ₹ x

$$\frac{105x}{100} - \frac{90x}{100} = 90$$

$$\Rightarrow \frac{15x}{100} = 90$$

$\Rightarrow x = \frac{90 \times 100}{15}$ = ₹ 600

$\therefore$ मूल विक्रय मूल्य $= \frac{600 \times 90}{100}$ = ₹ 540

43. अभीष्ट प्रतिशत कमी $= \frac{20}{100 + 20} \times 100$

$$= \frac{50}{3} = 16\frac{2}{3}\%$$

44. अभीष्ट संख्या $= \frac{240 \times 25}{100} - \frac{160 \times 15}{100}$

= 60 – 24 = 36

45. गाड़ी की चाल = 60 किमी./घंटा

$$\text{समय} = 210 \text{ मिनट} = \frac{210}{60} \text{ घंटे} = \frac{7}{2} \text{ घंटे}$$

$$\text{तय की गई दूरी} = 60 \times \frac{7}{2} = 210 \text{ किमी}$$

80 किमी/घंटा की गति से व्यतीत समय

$$= \frac{210}{80} = \frac{21}{8} \text{ घंटे} = 2\frac{5}{8} \text{ घंटे}$$

46. माना कि गाड़ियां t घंटे बाद मिलती हैं।

$\because \quad 21t - 16t = 60$

$\Rightarrow \quad 5t = 60 \Rightarrow t = 12$ घंटे

$\therefore$ A एवं B के बीच दूरी

$$= (16 + 21) \times 12$$

$$= 37 \times 12 = 444 \text{ मील}$$

47. यदि मूलधन = ₹ x हो, तो

$$\frac{x \times 3 \times 2}{100} = 300$$

$$\Rightarrow \quad x = \frac{300 \times 100}{3 \times 2} = ₹\ 5000$$

48. मिश्रधन

$$= 2000\left(1 + \frac{5}{100}\right)^2 + 2000\left(1 + \frac{5}{100}\right)$$

$$= 2000 \times \left(\frac{21}{20}\right)^2 + 2000\left(\frac{21}{20}\right)$$

$$= 2000 \times \frac{21}{20} \times \frac{41}{20} = ₹\ 4305$$

$\therefore$ अभीष्ट राशि = 4305 + 2000 = ₹ 6305

49. $\text{औसत उत्पादन} = \frac{8834}{7} = 1262$ क्विंटल

औसत उत्पादन से अधिक के वर्ष

= 2003, 2005 एवं 2006

50. ह्रास का प्रतिशत:

$$\text{वर्ष } 2004 \Rightarrow \frac{1640 - 1240}{1640} \times 100\%$$

$$= \frac{400}{1640} \times 100\% = 24.4\%$$

$$\text{वर्ष } 2002 \Rightarrow \frac{1085 - 720}{1085} \times 100$$

$$= \frac{365}{1085} \times 100\% = 33.64\%$$

एस. एस. सी.–2013

मल्टी-टास्किंग (गैर तकनीकी)

दिनांक : 17-03-2013 (प्रथम पाली)

समय : 2 घंटे **प्रश्न संख्या : 150**

भाग-I सामान्य बुद्धि एवं तर्क

निर्देश (प्र.1-4): निम्नलिखित प्रश्नों में दिए गए विकल्पों में से संबंधित शब्द/संख्या को चुनिए।

1. उदोलन : आवश्यकता : : प्रयास __?__

(*a*) व्यक्तित्व (*b*) अभिप्रेरणा

(*c*) सफलता (*d*) सम्भाव्यता

2. ABCD : EFGH : : LJKL : __?__

(*a*) OPQR (*b*) UVWX

(*c*) MNPQ (*d*) NOPQ

3. 33, 66, 99, ?

(*a*) 133 (*b*) 130

(*c*) 131 (*d*) 132

4. गेहूँ : धान्य : : पानी : ?

(*a*) पेट्रोल (*b*) द्रव

(*c*) डीजल (*d*) केरोसीन

निर्देश (प्र.5-7): निम्नलिखित प्रश्नों में, दिए गए विकल्पों में से विषम संख्या/शब्द चुनिए।

5. (*a*) जापानी (*b*) स्विस

(*c*) फ्रेंच (*d*) जर्मन

6. (*a*) 17 (*b*) 19

(*c*) 13 (*d*) 21

7. (*a*) सूर्य (*b*) चन्द्रमा

(*c*) आकाश (*d*) तारा

8. शृंखला में गलत संख्या क्या है?

25, 36, 49, 81, 121, 169, 225

(*a*) 36 (*b*) 121

(*c*) 49 (*d*) 81

9. मनी कॉलेज से चलकर 3 किमी पूर्व की ओर जाता है, फिर दाएँ मुड़कर 2 किमी चलता है, फिर से दाएँ मुड़कर चलता है। अब उसका मुख किस दिशा में होगा?

(*a*) दक्षिण (*b*) उत्तर

(*c*) पश्चिम (*d*) पूर्व

10. निम्नलिखित शब्दों को शब्दकोश में दिए गए क्रम के अनुसार लिखें

1. Continuation
2. Contention
3. Contain
4. Continuous
5. Count

(*a*) 32415 (*b*) 32451

(*c*) 31245 (*d*) 32145

11. निम्नलिखित विकल्पों में से वह शब्द चुनिए जो दिए गए शब्द के अक्षरों का प्रयोग करके नहीं बनाया जा सकता:

METEORITES

(*a*) RIOT (*b*) ROSE

(*c*) METER (*d*) REMOVE

12. यदि JACOB को QZXLY के रूप में लिखा जा सकता है, तो KENDY को कैसे लिखा जाएगा?

(*a*) PVWMA

(*b*) PVMWB

(*c*) PUMWB

(*d*) PVMWA

13. निम्नलिखित विकल्पों में से सार्थक बनाइए

AL_E_

(*a*) S T (*b*) L R

(*c*) T R (*d*) M R

निर्देश (प्र.14-15): निम्नलिखित प्रश्नों में, एक अनुक्रम दिया गया है जिसमें एक पद लुप्त है। दिए गए विकल्पों में से वह सही विकल्प चुनें जो अनुक्रम को पूरा करे।

14. 15, 14, 12, 9, 5, 0, ___?___

(*a*) – 11 (*b*) – 15
(*c*) – 6 (*d*) – 7

15. 26, 22, 20, 16, 14, ?

(*a*) 8 (*b*) 4
(*c*) 12 (*d*) 10

16. यदि '÷' का अर्थ '–', है '–' का अर्थ '×' है '×' का अर्थ '+' है और '+' का अर्थ '÷' है, तो

20 × 60 ÷ 40 – 20 + 10 = ?

(*a*) 80 (*b*) 60
(*c*) 40 (*d*) 0

17. दिए गए विकल्पों में से श्रृंखला की लुप्त आकृति ज्ञात कीजिए।

प्रश्न आकृति:

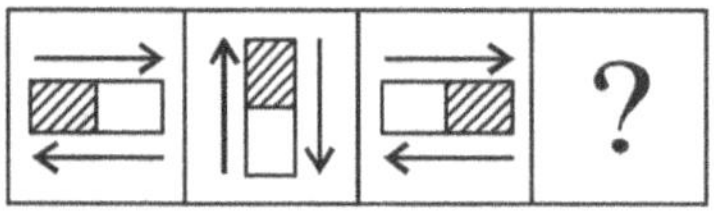

उत्तर आकृतियाँ:

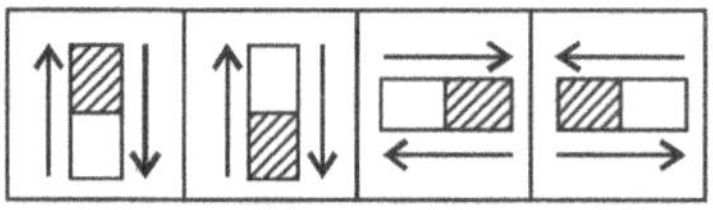

(*a*) (*b*) (*c*) (*d*)

18. दिए गए चित्र में वृत्त व्यवसायियों को दर्शाता है, वर्ग नर्तकों को दर्शाता है, त्रिभुज संगीतकारों को दर्शाता है और आयत यूरोपीयों को दर्शाता है। चित्र में 1 से 11 तक विभिन्न क्षेत्र अंकित हैं। चित्र के आधार पर बताइए कि कौन-सा ऐसे व्यवसायी नर्तकों को निरुपित करता है जो यूरोपीय नहीं हैं?

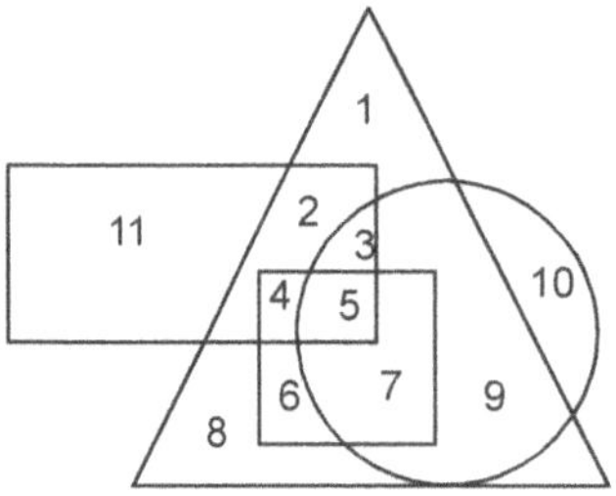

(*a*) 6 (*b*) 9
(*c*) 5 (*d*) 7

19. दिए गए विकल्पों में से लुप्त अंक ज्ञात कीजिए।

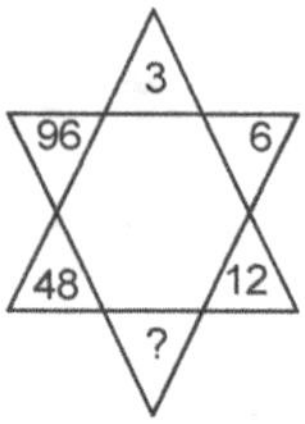

(*a*) 22 (*b*) 18
(*c*) 26 (*d*) 24

20. दिए गए चित्र में वर्गों की संख्या ज्ञात कीजिए।

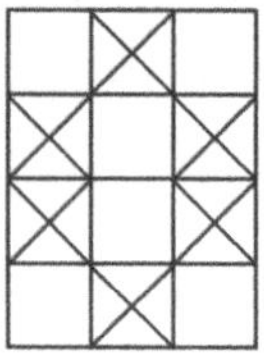

(*a*) 20 (*b*) 23
(*c*) 12 (*d*) 18

21. कौन-सी उत्तर आकृति प्रश्न आकृति के प्रतिरूप को पूरा करेगी?

प्रश्न आकृति:

उत्तर आकृतियाँ:

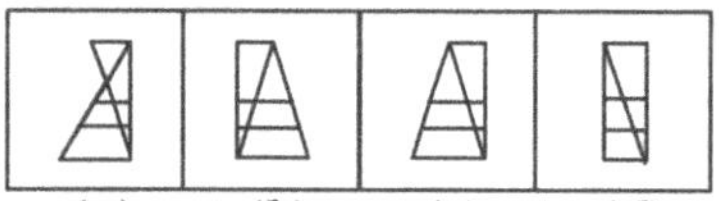

(*a*) (*b*) (*c*) (*d*)

22. चित्र में दिखाए अनुसार एक आयताकार छायांकित कागज के टुकड़े के चार कोने मोड़े जाते हैं। वैकल्पिक उत्तरों से ज्ञात कीजिए कि मोड़ी हुई आकृति कैसी दिखेगी।

प्रश्न आकृतियाँ:

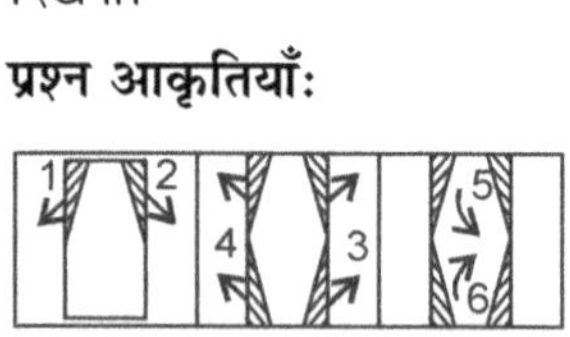

उत्तर आकृतियाँ:

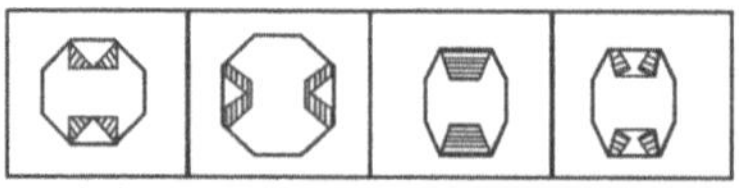

(*a*) (*b*) (*c*) (*d*)

23. दिए गए उत्तर आकृतियों में से कौन-सी आकृति प्रश्न आकृति प्रश्न आकृति की सही दर्पण प्रतिबिम्ब होगी?

प्रश्न आकृति

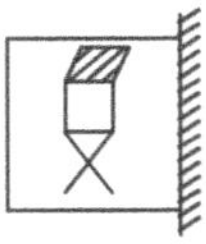

उत्तर आकृतियाँ:

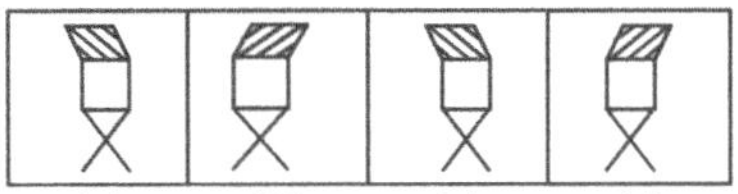

(a) (b) (c) (d)

24. ऐसी उत्तर आकृति बताइए जिसमें उस स्थिति को पूरा करने के लिए बिन्दु रखा जा सकता है, जिस स्थिति में बिन्दु प्रश्न आकृति में रखा गया है।

प्रश्न आकृति

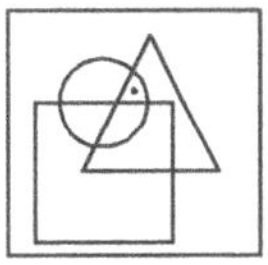

उत्तर आकृतियाँ:

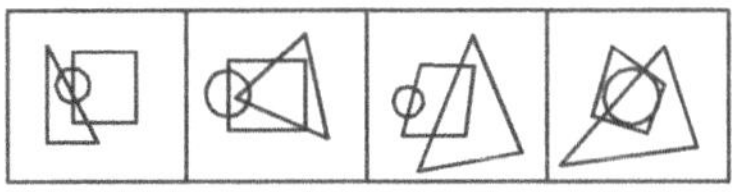

(*a*) (*b*) (*c*) (*d*)

25. एक शब्द केवल एक संख्या-समूह द्वारा दर्शाया गया है, जैसा कि विकल्पों में से किसी एक में दिया गया है। विकल्पों में दिए गए संख्या-समूह, अक्षरों के दो वर्गों द्वारा दर्शाए गए हैं, जैसा कि नीचे दिए गए दो आव्यूहों में है। आव्यूह I के स्तम्भ और पंक्ति की संख्या 0 से 4 दी गई है और आव्यूह II की 5 से 9 तक। इन आव्यूहों से एक अक्षर को पहले उसकी पंक्ति और बाद में स्तम्भ संख्या द्वारा दर्शाया जा सकता है। उदाहरण के लिए 'D' को 03, 22 आदि द्वारा दर्शाया जा सकता है तथा 'R' को 56, 68 आदि द्वारा दर्शाया जा सकता है। इसी तरह से आपको शब्द 'CAST' के लिए समूह को पहचानना है।

मैट्रिक्स I

	0	1	2	3	4
0	A	C	B	D	E
1	M	T	L	K	H
2	B	M	D	A	T
3	N	C	B	H	A
4	E	L	A	K	T

मैट्रिक्स II

	5	6	7	8	9
5	P	R	V	O	G
6	V	O	F	R	I
7	S	S	P	G	F
8	J	G	R	O	I
9	I	F	Y	P	P

(*a*) 31, 42, 31, 20 (*b*) 31, 00, 13, 20
(*c*) 31, 12, 24, 00 (*d*) 31, 00, 75, 44

भाग-II सांख्यिकीय अभिक्षमता

26. 7 सेमी. व्यास वाले एक लम्बे गैस जार में कुछ पानी है। यदि उस पानी में लोहे के 5 सेमी लम्बे और 5.6 सेमी व्यास वाले एक ठोस लम्बवृत्तीय बेलनाकार टुकड़े को पूरा डुबो दिया जाए, तो उस पानी का तल कितना ऊँचा हो जाएगा?

(*a*) 3.2 सेमी (*b*) 4.2 सेमी
(*c*) 1.2 सेमी (*d*) 2.2 सेमी

27. एक व्यापारी ने एक चीज का मूल्य इस तरह अंकित किया, ताकि उसे 25%, लाभ मिल सके। पर उसने उस मूल्य पर 16% छूट भी दी। तदनुसार, उसका वास्तविक लाभ कितना होगा?

(*a*) 16% (*b*) 25%
(*c*) 5% (*d*) 9%

28. अंकित मूल्य पर 10% छूट देकर भी 20% लाभ प्राप्त करने के लिए, उस वस्तु के लागत मूल्य में कितनी वृद्धि करनी होगी?

(*a*) $33\frac{1}{3}\%$ (*b*) $33\frac{2}{3}\%$
(*c*) 30% (*d*) 33%

29. एक खिलौने का अंकित मूल्य ₹ 60 है। उस पर कुछ छूट देकर उसे ₹ 45 में बेचा गया। तदनुसार उस छूट की दर कितनी थी?

(*a*) 30% (*b*) 35%
(*c*) 20% (*d*) 25%

30. एक व्यक्ति ने कुछ चावल और गेहूँ ₹ 380 में खरीदे। उनमें चावल तथा गेहूँ के भारों का अनुपात 4 : 3 था और एकसमान मात्रा के चावल और गेहूँ का मूल्य-अनुपात 5 : 6 था। तदनुसार वह चावल कितनी कीमत में खरीदा गया था?

(*a*) ₹ 380 (*b*) ₹ 300
(*c*) ₹ 200 (*d*) ₹ 180

31. $\sqrt[3]{4\frac{12}{125}}$ का सरलीकृत मान क्या होगा?

(*a*) $2\frac{2}{5}$ (*b*) $1\frac{4}{5}$

(*c*) $1\frac{3}{5}$ (*d*) $1\frac{2}{5}$

32. $\sqrt{3\frac{33}{64}} \div \sqrt{9\frac{1}{7}} \times 2\sqrt{3\frac{1}{9}}$ को सरलीकृत कीजिए।

(*a*) $\frac{45}{256}$ (*b*) $1\frac{17}{28}$

(*c*) $4\frac{3}{8}$ (*d*) $2\frac{3}{16}$

33. एक टंकी को दो नालियों A तथा B द्वारा क्रमश: 20 तथा 30 मिनटों में भरा जा सकता है। खाली टंकी भरने के लिए पहले दोनों नालियाँ खोल दी जाती हैं, फिर कुछ समय बाद A को बंद कर दिया जाता है। इस प्रकार वह टंकी कुल 18 मिनटों में भर जाती है। तदनुसार, A को कितने समय (मिनटों में) बाद बंद किया गया था?

(*a*) 9 (*b*) 12

(*c*) 6 (*d*) 8

34. B, जितना कार्य एक दिन में करता है, A उसकी तुलना में आधा ज्यादा कर सकता है। तदनुसार, यदि B अकेला कोई कार्य 18 दिनों में कर सकता हो, तो वे दोनों मिलकर उस कार्य को कितने दिनों में कर सकते हैं?

(*a*) $10\frac{1}{5}$ दिन (*b*) $11\frac{1}{5}$ दिन

(*c*) $5\frac{1}{5}$ दिन (*d*) $7\frac{1}{5}$ दिन

35. एक त्रिभुज, जिसकी भुजाएं 9 सेमी., 12 सेमी तथा 15 सेमी. लम्बी हैं, के अंतर्वृत्त की त्रिज्या कितनी होगी?

(*a*) 9 सेमी. (*b*) 13 सेमी.

(*c*) 3 सेमी. (*d*) 6 सेमी.

36. एक मेज 1,140 रुपए में बेचने पर एक व्यक्ति को 5% हानि होती है। तदनुसार उसे 5% लाभ के लिए, वह मेज कितने में बेचनी चाहिए?

(*a*) ₹ 1260 (*b*) ₹ 1320

(*c*) ₹ 1180 (*d*) ₹ 1250

37. किसी वस्तु के बिक्री मूल्य में ₹ 12 की कमी से उसका 5% संभावित लाभ $2\frac{1}{2}$% हानि में बदल जाएगा। तदनुसार, उस वस्तु का लागत मूल्य कितना है?

(*a*) ₹ 140 (*b*) ₹ 160

(*c*) ₹ 80 (*d*) ₹ 100

38. एक व्यक्ति को 20% वेतनवृद्धि प्राप्त होने पर उसका वेतन ₹ 24,000 हो गया है। तदनुसार उसका पूर्व वेतन कितना था?

(*a*) ₹ 20,000 (*b*) ₹ 21,000

(*c*) ₹ 16,000 (*d*) ₹ 18,000

39. यदि चावल के मूल्य में 25% की वृद्धि हो जाती है, तो किसी गृहस्वामी को उसकी खपत कितने प्रतिशत कम कर देनी चाहिए, ताकि उसके चावल खरीद के खर्च में वृद्धि न हो?

(*a*) 22.5 (*b*) 25.75

(*c*) 25 (*d*) 20

40. एक मालगाड़ी एक स्थान से 1 बजे अपराह्न 18 किमी/घं. की गति से चलना आरंभ करती है। एक दूसरी मालगाड़ी उसी स्थान से 3 बजे अपराह्न उसी दिशा में चलना आरंभ करती है और पहली गाड़ी को 9 बजे सायं पार कर लेती है। तदनुसार उस दूसरी गाड़ी की गति कितने किमी/घं. है?

(*a*) 24 (*b*) 30

(*c*) 15 (*d*) 18

41. 50 पैसे, 25 पैसे और 10 पैसे के कुल 480 सिक्के हैं। उनका मूल्य 5 : 3 : 1 के अनुपात में है। तदनुसार उन सिक्कों की संख्या है

(*a*) 100, 200, 180 (*b*) 50, 30, 400

(*c*) 150, 180, 150 (*d*) 300, 90, 90

42. ₹ 1740 को A, B तथा C में इस प्रकार वितरित किया गया है कि A का 0.5 = B का 0.6 = C का 0.75 है। तदनुसार C को कितने रुपए मिले हैं?

(*a*) ₹ 580 (*b*) ₹ 696

(*c*) ₹ 348 (*d*) ₹ 464

43. छह मेजें और बारह कुर्सियाँ ₹ 7,800 में खरीदी हैं। यदि एक मेज का औसत मूल्य ₹ 750 हो, तो एक कुर्सी का औसत मूल्य कितना है?

(*a*) ₹ 250 (*b*) ₹ 275

(*c*) ₹ 150 (*d*) ₹ 175

44. एक कक्षा में 25 छात्रों का औसत भार 50 किग्रा है। यदि उसमें कक्षा के अध्यापक का भार भी शामिल कर लिया जाए, तो औसत भार में एक किलो की वृद्धि हो जाती है। तद्नुसार उस अध्यापक का भार कितना है?

(*a*) 76 किग्रा (*b*) 77 किग्रा

(*c*) 74 किग्रा (*d*) 75 किग्रा

45. एक रेडियो विक्रेता ने एक रेडियो 2.5%. हानि पर बेचा। यदि उसने वही ₹ 100 अधिक कीमत पर बेचा होता, तो उसे $7\frac{1}{2}$%. लाभ होता। तद्नुसार, $12\frac{1}{2}$% लाभ के लिए उसे वह रेडियो कितने में बेचना चाहिए?

(*a*) ₹ 1080 (*b*) ₹ 1125

(*c*) ₹ 850 (*d*) ₹ 925

46. वह धनराशि कितनी है, जो 5% वार्षिक (365 दिन) साधारण ब्याज की दर पर देने पर ₹ 2.00 प्रतिदिन का ब्याज अर्जित कर ले?

(*a*) ₹ 1,400 (*b*) ₹ 14,700

(*c*) ₹ 14,500 (*d*) ₹ 7,300

47. एक धनराशि एक निश्चित चक्रवृद्धि ब्याज दर, हर वर्ष जोड़ने पर, 4 वर्षों में ₹ 7,000 और 8 वर्षों में ₹ 10,000 हो जाती है। तद्नुसार, वह मूल धनराशि कितनी है?

(*a*) ₹ 4,700 (*b*) ₹ 4,900

(*c*) ₹ 4,100 (*d*) ₹ 4,300

48. क्रमश: 100 मीटर और 95 मीटर लम्बी दो रेलगाड़ियाँ, जब एक ही दिशा में चलती हैं, तो 27 सेकण्ड में एक-दूसरे को पार कर लेती है और विपरीत दिशाओं में चलने पर, वे 9 सेकण्ड में एक-दूसरे को पार कर लेती है। तद्नुसार उन दोनों रेलगाड़ियों की गति कितनी है?

(*a*) 44 किमी/घं., 22 किमी/घं.

(*b*) 52 किमी/घं., 26 किमी/घं.

(*c*) 36 किमी/घं., 18 किमी/घं.

(*d*) 40 किमी/घं., 20 किमी/घं.

49. एक कक्षा को 3 समान वर्गों में बाँटा गया और उन पर गणित में 5 परीक्षण किए गए। उन वर्गों के परीक्षणों के औसत प्राप्तांकों को नीचे दर्शाया गया है। तद्नुसार परीक्षण 2 में पूरी कक्षा के औसत प्राप्तांक कितने हैं?

वर्गों के प्रथम पाँच मानसिक गणित परिक्षणों के औसत प्राप्तांक

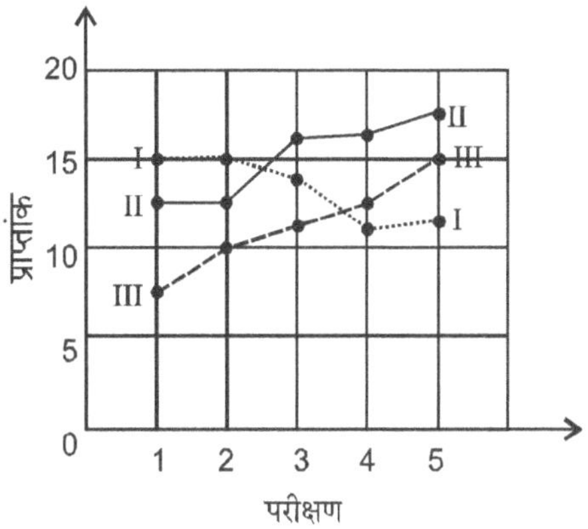

(*a*) 13 (*b*) 13.5

(*c*) 10 (*d*) 12.5

50. दिए गए आलेख में पुरुषों और महिलाओं के विभिन्न व्यवसायों को दर्शाया गया है। तदनुसार, वह व्यवसाय कौन-सा है जिसमें महिलाओं का अनुपात अन्य तीन व्यवसायों की तुलना में ज्यादा है?

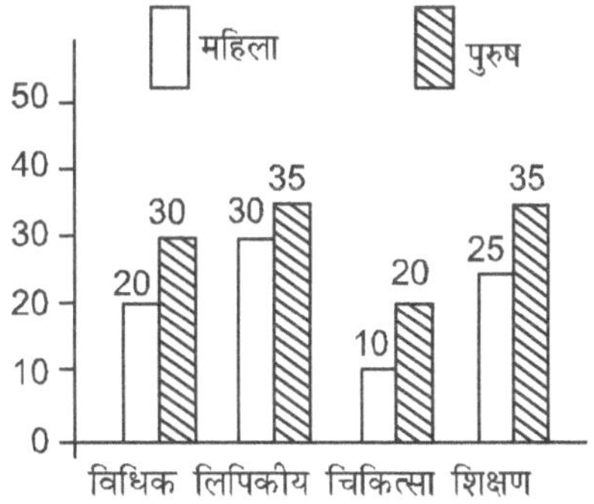

(*a*) लिपिकीय (*b*) शिक्षण

(*c*) चिकित्सा (*d*) विधिक

भाग-III अंग्रेजी भाषा

Directions (Q. 51-60): *In the following questions, some of the sentences have errors and some have none. Find out which part of a sentence has an error. The number of that part is your answer. If there is no error, your answer is (d)i.e., No error.*

51. I and him (*a*) / are (*b*) / very good friends. (*c*) / No Error (*d*)

52. One should (*a*) / look after (*b*) / their parents. (*c*) / No Error (*d*)

53. She placed (*a*) / the offering (*b*) / to God in the altar. (*c*) / No Error (*d*)

54. Teachers were instructed (*a*) / to follow an uniform method (*b*) / of evaluation. (*c*)/ No Error (*d*)

55. The newspapers they admit that (*a*) / advertising sometimes (*b*) / influences their editorial policy. (*c*) / No Error (*d*)

56. No sooner did I finish (*a*)/ my speech, I was subjected (*b*)/ to a barrage of questions. (*c*)/ No Error (*d*)

57. I saw him (*a*)/ coming out of the hotel (*b*)/ on 10 o'clock. (*c*)/ No Error (*d*)

58. One of my friend (*a*)/ is returning (*b*)/ to India from the U.S.A. (*c*)/ No Error (*d*)

59. He knows (*a*)/ that your muscles (*b*)/ are not same as his. (*c*)/ No Error (*d*)

60. We shall wait (*a*)/ till you (*b*)/ will finish your lunch. (*c*)/ No Error (*d*)

Directions (Q. 61-70): *In the following questions, sentences are given with blanks to be filled in with an appropriate word(s). Four alternatives are suggested for each question. Choose the correct alternative out of the four.*

61. The new government took _____ last year.

(*a*) after (*b*) over
(*c*) upon (*d*) out

62. Mohan's career has taken some _______ twists and turns.

(*a*) interesting (*b*) interactive
(*c*) intuitive (*d*) incentive

63. Sheela gained an advantage ______ me.

(*a*) from (*b*) on
(*c*) over (*d*) upon

64. She was remarkably ________ in singing and dancing.

(*a*) conducive (*b*) fluctuating
(*c*) cooperative (*d*) accomplished

65. It is raining _________. Do not go out

(*a*) fast (*b*) soundly
(*c*) strongly (*d*) heavily

66. When she retired, she handed _________ the charge to the Vice-President.

(*a*) out (*b*) across
(*c*) off (*d*) over

67. Statistics ______ always my worst subject.

(*a*) were (*b*) is
(*c*) have (*d*) are

68. The bus __________ fifty passengers fell __________ the river.

(*a*) for; upon (*b*) over; on
(*c*) of; at (*d*) with; into

69. Take this medicine regularly and you will get rid __________ this disease.

(*a*) from (*b*) of
(*c*) over (*d*) at

70. She tries to adjust _______ her relations.

(*a*) at (*b*) so
(*c*) with (*d*) for

Directions (Q. 71-73): *In the following questions, out of the four alternatives, choose the one which best expresses the meaning of the given word.*

71. Barbaric

(*a*) Uncivilized (*b*) Premeditated
(*c*) Barber's (*d*) Thorny

72. Hurdle

(*a*) Throw (*b*) Opposition
(*c*) Obstacle (*d*) Suspicion

73. Deter

(*a*) To neglect (*b*) To disapprove
(*c*) To differ (*d*) To hinder

Directions (Q. 74-76): *In the following questions, choose the word opposite in meaning to the given word.*

74. Indolent

(*a*) Diligent (*b*) Malevolent
(*c*) Brilliant (*d*) Solvent

75. Coherent

(*a*) Disorganized (*b*) Inept
(*c*) Carefree (*d*) Distorted

76. Brutal

(*a*) Humane (*b*) Fearless
(*c*) Criminal (*d*) Adamant

***Directions (Q. 77-79)**: In the following questions, four alternatives are given for the idiom / phrase printed in **bold** in the sentence. Choose the alternative which best expresses the meaning of the idiom / phrase.*

77. The mother always insists on keeping the house **spick and span**.

(*a*) locked (*b*) safe
(*c*) tidy (*d*) open

78. The man **changed colours** when I questioned him on the allocation of funds.

(*a*) got numbed (*b*) turned happy
(*c*) got motivated (*d*) turned pale

79. We cannot depend on him for this assignment as it needs careful handling and he is **like a bull in a china shop**.

(*a*) a clumsy person
(*b*) a tactful person
(*c*) a no-nonsense person
(*d*) a felicitous person

***Directions (Q. 80-84)**: In the following questions, a part of the sentence printed in **bold**. Below are given alternatives to the **bold** part at (a), (b), (c)which may improve the sentence. Choose the correct alternative. In case no improvement is needed, your answer is (d).*

80. Since she directing the play for quite some time, she knows the actors really well

(*a*) Since she has directed
(*b*) Since she has been directing
(*c*) Since she was directing
(*d*) No improvement

81. She is **scrutinising** hard for the final examination

(*a*) recollecting (*b*) recapitulating
(*c*) revising (*d*) No improvement

82. This is the **late** edition of the Shakespearean play which was originally published in 1603.

(*a*) later (*b*) latest
(*c*) latter (*d*) No improvement

83. You can borrow my laptop **as long** as you promise not to misuse it.

(*a*) only long as (*b*) too long as
(*c*) so long as (*d*) No improvement

84. On receiving his appointment letter, Ravi **treated us with** a sumptuous meal.

(*a*) treated us to (*b*) treated us for
(*c*) treated us by (*d*) No improvement

***Directions (Q. 85-89)**: In the following questions, out of the four alternatives choose the one which can substituted for the given words / sentence.*

85. Exclusive possession or control of anything

(*a*) Monotheism (*b*) Monopoly
(*c*) Monoism (*d*) Mono-mania

86. One who is unable to pay one's debt

(*a*) Bankrupt (*b*) Bankroll
(*c*) Extravagant (*d*) Borrower

87. Instrument that magnifies objects

(*a*) Periscope (*b*) Stethoscope
(*c*) Telescope (*d*) Microscope

88. Animals which live in water

(*a*) Wild (*b*) Domestic
(*c*) Aquatic (*d*) Barren

89. The study of plant life

(*a*) Zoology (*b*) Botany
(*c*) Geography (*d*) Geology

***Directions (Q. 90-95)**: In the following questions, there are four different words out of which one is correctly spelt. Find the correctly spelt word.*

90. (*a*) calandar (*b*) colendar
(*c*) calendar (*d*) calender

91. (*a*) objectioneble (*b*) objecktionable
(*c*) objectionablle (*d*) objectionable

92. (*a*) appology (*b*) apalogy
(*c*) apology (*d*) apollogy

93. (*a*) excellence (*b*) excellencce
(*c*) exillance (*d*) exellence

94. (*a*) grammer (*b*) gramer
(*c*) gramer (*d*) grammar

95. (*a*) ommitted (*b*) omitted
(*c*) omited (*d*) ommited

Directions (Q. 96-100): *In the following questions, you have a passage with 5 questions. Read the passage carefully and choose the best answer to each question out of the four altnernatives.*

Long ago in Mongolia there lived an emperor who feared growing old. One day, he saw an old man in the street. Upset at being reminded that someday, he too, would age, he ordered all the old people to leave his land.

One day, a violent storm swept the kingdom. Nothing was safe from its fury. It roared into the palace and blew away the emperor's belongings, including his priceless golden pitcher. When the storm ended, the emperor ordered that the pitcher be found and brought back to him.

People went in search of the pitcher. They saw it in a lake nearby. But no matter who tried, no one could get a grip on the pitcher. All they got was a handful of water. Yet it could be plainly seen, glittering and just below the water's surface?

96. The emperor was upset to see the old man because

(*a*) it reminded him that he might fall ill

(*b*) it reminded him that he would grow old too

(*c*) it reminded him that he had to colour his hair

(*d*) it reminded him of his grandfather

97. The people saw the golden pitcher

(*a*) in a lake nearby

(*b*) in a pit nearby

(*c*) inside the palace

(*d*) in a river nearby

98. The emperor's orders were that all the

(*a*) old men should leave his land

(*b*) old men should live in his land

(*c*) young men should stay in his land

(*d*) children should leave his land

99. What did the people who went to bring the pitcher get?

(*a*) A handful of water

(*b*) A handful of air

(*c*) The pitcher's handle

(*d*) Nothing at all

100. The emperor feared

(*a*) getting young (*b*) getting weak

(*c*) getting ill (*d*) getting old

भाग-IV सामान्य जानकारी

101. निम्नलिखित में से कौन-सी सेवा अखिल भारतीय सेवा नहीं है?

(*a*) भारतीय विदेश सेवा

(*b*) भारतीय वन सेवा

(*c*) भारतीय प्रशासनिक सेवा

(*d*) भारतीय पुलिस सेवा

102. भारतीय राष्ट्रीय कांग्रेस के किस सत्र में "पूर्ण स्वराज" प्रस्ताव स्वीकार किया गया?

(*a*) 1916 में लखनऊ सत्र (*b*) 1924 में बेलगांव सत्र

(*c*) 1929 में लाहौर सत्र (*d*) 1931 में कराची सत्र

103. कुषाण काल में भारतीय और ग्रीक शैली के मिश्रण से विकसित कला शैली को किस नाम से जाना जाता है?

(*a*) कुषाण कला (*b*) फारसी कला

(*c*) गांधार कला (*d*) मुगल कला

104. क्रिस्टोपर कोलंबस कहाँ का था?

(*a*) वेनिस (*b*) जिनेवा

(*c*) स्पेन (*d*) पुर्तगाल

105. सिंध पर विजय प्राप्त करने वाले अरब सेना के सेनापति का नाम बताइए।

(*a*) अल-हजाज (*b*) कुतुबुद्दीन ऐबक

(*c*) अलाउद्दीन खिलजी (*d*) मुहम्मद बिन कासिम

106. चीन की मुक्ति के समय चीनी कम्युनिस्ट पार्टी का अध्यक्ष कौन था?

(*a*) झाउ एनलाइ (*b*) डेंग जिआओपिंग

(*c*) माओ जिडोंग (*d*) लिउ शावकी

107. गाँधीजी किसे अपना राजनीतिक गुरु मानते थे?

(*a*) लाला लाजपत राय (*b*) बिपिन चन्द्र पाल

(*c*) बाल गंगाधर तिलक (*d*) गोपाल कृष्ण गोखले

108. भारत में हरित क्रांति के अंतर्गत विकसित बीज वाली फसलों की उच्च पैदावार वाली किस्मों का चयन कीजिए।
(*a*) चावल, गेहूँ, दलहन, तिलहन और गन्ना
(*b*) मक्का, चना, ज्वार, कहवा और चाय
(*c*) चावल, गेहूँ, ज्वार, बाजरा और मक्का
(*d*) गेहूँ, चावल, गन्न, दलहन और मक्का

109. अमर्त्य कुमार सेन को किस वर्ष में अर्थशास्त्र में नोबेल पुरस्कार मिला?
(*a*) 1998 (*b*) 1995
(*c*) 2000 (*d*) 1990

110. विश्वव्यापी महान मंदी किस वर्ष आई?
(*a*) 1936 (*b*) 1929
(*c*) 1928 (*d*) 1930

111. भारत किसका सबसे बड़ा उत्पादक और उपभोक्ता है?
(*a*) धान (*b*) चाय
(*c*) कहवा (*d*) चीनी

112. पेशेवर फोटोग्राफर के हाथ में कैमरा .... वस्तु है।
(*a*) मुक्त (*b*) मध्यवर्ती
(*c*) उपभोक्ता (*d*) पूंजीगत

113. निम्नलिखित में से किस आंदोलन का नेतृत्व महात्मा गाँधी ने नहीं किया था?
(*a*) भारत छोड़ो आंदोलन (*b*) स्वदेशी आंदोलन
(*c*) असहयोग आंदोलन (*d*) सविनय अवज्ञा आंदोलन

114. भारत का संविधान कब लागू हुआ?
(*a*) 1951 (*b*) 1956
(*c*) 1950 (*d*) 1949

115. शीत युद्ध का अभिप्राय क्या है?
(*a*) पूर्व और पश्चिम के बीच तनाव
(*b*) पूँजीवादी और साम्यवादी दुनिया के बीच वैचारिक दुश्मनी
(*c*) महा शक्तियों के बीच 0तनाव
(*d*) उपर्युक्त सभी

116. जब कोई पिंड वायुयान से गिराया जाता है तब इसकी . ... बढ़ जाती है।
(*a*) गतिज ऊर्जा (*b*) द्रव्यमान
(*c*) त्वरण (*d*) स्थितिज ऊर्जा

117. ओजोन परत क्या अवशोषित करता है?
(*a*) इन्फ्रारेड किरणें (*b*) पराबैंगनी किरणें
(*c*) X-किरणें (*d*) γ-किरणें

118. जल खींचने वाले विद्युत पम्प द्वारा हम बदलते हैं
(*a*) विद्युत ऊर्जा को स्थितिज ऊर्जा में
(*b*) गतिज ऊर्जा को विद्युत ऊर्जा में
(*c*) गतिज ऊर्जा को स्थितिज ऊर्जा में
(*d*) विद्युत ऊर्जा को गतिज ऊर्जा में

119. ऑटोमोबाइल में पीछे का ट्रैफिक देखने के लिए किस प्रकार का दर्पण प्रयुक्त किया जाता है?
(*a*) अवतल (*b*) समतल-उत्तल
(*c*) समतल (*d*) उत्तल

120. MS-Excel में वर्कशीट में मानों को दर्शाने के लिए किसका उपयोग किया जाता है?
(*a*) चार्ट (*b*) फॉर्म्यूला
(*c*) टेम्प्लेट (*d*) व्यूज

121. प्रोसेसर चिप की गति मापी जाती है।
(*a*) Mbps में (*b*) MHz
(*c*) बिट्स/सेकंड (*d*) बाइट्स/सेकंड

122. कम्प्यूटर को बंद करने के लिए किस कमांड का प्रयोग नहीं किया जाता है?
(*a*) टर्न ऑफ (*b*) लॉग ऑफ
(*c*) शट डाउन (*d*) हाइबरनेट

123. निम्नलिखित में से कौन जलने में सहायक है?
(*a*) ऑक्सीजन (*b*) कार्बन मोनोक्साइड
(*c*) नाइट्रोजन (*d*) कार्बन डाईऑक्साइड

124. कार्बनिक यौगिक में नाइट्रोजन की जाँच की जाती है
(*a*) केरियस विधि द्वारा (*b*) विक्टर-मेयर विधि द्वारा
(*c*) लिबिग विधि द्वारा (*d*) ड्यूमा विधि द्वारा

125. माल परिवहन के लिए सबसे व्यस्ततम रेल मार्ग है
(*a*) दिल्ली-कोलकाता खंड (*b*) कोलकाता-चेन्नई खंड
(*c*) दिल्ली-मुम्बई खंड (*d*) मुम्बई-चेन्नई खंड

126. कर्क रेखा किससे नहीं गुजरती है?
(*a*) म्यांमार (*b*) नेपाल
(*c*) बांग्लादेश (*d*) चीन

127. पूर्व एशियाई वह देश जहाँ वर्ष 1981 से जनसंख्या में कमी दर्ज की जा रही है।
(*a*) दक्षिण कोरिया (*b*) थाईलैंड
(*c*) चीन (*d*) जापान

128. सेतुसमुद्रम शिप कनाल परियोजना द्वारा चेन्नई एवं तूतीकोरीन के बीच कितनी दूरी कम हो जाएगी?

(*a*) 361 नॉटिकल मील (*b*) 434 नॉटिकल मील

(*c*) 243 नॉटिकल मील (*d*) 305 नॉटिकल मील

129. एक से पाँच मिलनियन जनसंख्या वाले शहर को कहते हैं

(*a*) Conurbation (*b*) मिलियन सिटी

(*c*) मेट्रोपॉलिटन (*d*) कॉस्मोपॉलिटन

130. आनुवंशिक सूचनाओं का मास्टर कॉपी कहा जाता है

(*a*) केंद्रक को (*b*) r-आरएनए को

(*c*) m-आरएनए को (*d*) डीएनए को

131. बाजार में उपलब्ध कंट्रासेप्टिव पिल्स में होता है

(*a*) अकार्बनिक यौगिक (*b*) हर्बीसाइड्स

(*c*) एंटीबॉयाटिक्स (*d*) स्टेरॉयड-हार्मोन

132. निमेटोसिस्ट पाया जाता है

(*a*) स्टारफिश में (*b*) एस्केरिस में

(*c*) सेंटीपेड में (*d*) सी एनीमोन में

133. निम्नलिखित में कौन-सा सूक्ष्म जीवी दूध से दही के निर्माण में सहायक होता है?

(*a*) एसिटोबैक्टर (*b*) ल्यूकोनॉस्टक

(*c*) बैसिलस (*d*) लैक्टोबैसिलस

134. निम्नलिखित में से क्या क्लोरोफिल अणु में पाया जाता है?

(*a*) Mn (*b*) Mg

(*c*) Fe (*d*) K

135. 'बियोन्ड द लाइन्स : एन ऑटोबायोग्राफी' पुस्तक के लेखक कौन हैं?

(*a*) खुशवंत सिंह (*b*) जनरल जे.जे. सिंह

(*c*) कुलदीप नैयर (*d*) रे ब्रैडबरी

136. निम्नलिखित में से किस भारतीय राज्य में अनुसूचित जनजातीय आबदी का संकेन्द्रण सबसे अधिक है?

(*a*) मध्य प्रदेश (*b*) असम

(*c*) बिहार (*d*) उड़ीसा

137. संयुक्ता पाणिग्राही किस नृत्य के लिए प्रसिद्ध हैं?

(*a*) भरतनाट्यम (*b*) कत्थक

(*c*) मणिपुरी (*d*) ओडिसी

138. 18 अगस्त, 2012 को किस भारतीय बल्लेबाज ने अंतर्राष्ट्रीय क्रिकेट से सन्यास लेने की घोषणा की?

(*a*) विराट कोहली (*b*) सौरभ गांगुली

(*c*) सचिन तेंदुलकर (*d*) वी.वी.एस. लक्ष्मण

139. हाल ही में किस खिलाड़ी ने यह घोषणा की कि वह अमेरिकी एन्टी-डोपिंग के विरुद्ध डोपिंग के आरोपों का विरोध नहीं करेगा?

(*a*) जॉर्ज हिनकेपी (*b*) ब्रैडले बिगिन्स

(*c*) कार्ल लेविस (*d*) लांस आर्मस्ट्रांग

140. राजीव गाँधी खेल रत्न पुरस्कार (2011) का विजेता कौन है?

(*a*) गगन नारंग (*b*) सायना नेहवाल

(*c*) सचिन तेंदुलकर (*d*) एम.एस. धोनी

141. 'श्वेत क्रांति' का संबंध किससे है?

(*a*) गेहूँ उत्पादन (*b*) दुग्ध उत्पादन

(*c*) बाढ़ नियंत्रण (*d*) मत्स्य उत्पादन

142. "जिसकी लाठी उसकी भैंस" (सरवाइकल ऑफ द फिटेस्ट) लोकोक्ति किसकी है?

(*a*) डार्विन (*b*) विलियम

(*c*) हक्स्ले (*d*) लेमार्क

143. गैस फ्लेम (ज्वाला) के सबसे गर्म भाग को क्या कहते हैं?

(*a*) ब्ल्यू जोन (*b*) नॉन-ल्यूमिनस जोन

(*c*) ल्यूमिनस जोन (*d*) डार्क जोन

144. निम्नलिखिल में से किस विकिरण में सबसे कम तरंगदैर्ध्य होता है?

(*a*) X-किरणें (*b*) α-किरणें

(*c*) γ-किरणें (*d*) β-किरणें

145. पृथ्वी निम्नलिखित में से क्या है?

(*a*) ऊष्मा का अच्छा परावर्तक

(*b*) ऊष्मा का गैर-अवशोषक

(*c*) ऊष्मा का अच्छा अवशोषक और अच्छा विकिरक

(*d*) ऊष्मा का खराब अवशोषक और खराब विकिरक

146. बी.सी.जी. टीका कितनी उम्र में लगाया जाता है?

(*a*) 2-3 वर्ष के भीतर (*b*) 10 वर्ष में

(*c*) नवजात (*d*) 15 दिन के भीतर

147. जैव-विविधता का अंतर्राष्ट्रीय वर्ष क्या था?

(*a*) 1996 (*b*) 1999

(*c*) 2006 (*d*) 2010

148. निम्नलिखित में से कौन-सी वातावरणीय गैसें ग्रीन हाउस गैसें होती हैं?

1. कार्बन डाइऑक्साइड 2. नाइट्रोजन

3. नाइट्रस ऑक्साइड 4. जल वाष्प

नीचे दिए गए कोड का प्रयोग करके सही उत्तर बताइए

(*a*) 1, 3 तथा 4 (*b*) 1 और 4

(*c*) 1 और 3 (*d*) 1, 2 और 4

149. विभिन्न देशों द्वारा हस्ताक्षरित करार 'क्योटो प्रोटोकॉल' का संबंध किससे है?

(*a*) स्वच्छ पर्यावरण और जलवायु परिवर्तन

(*b*) किसी भी प्राकृतिक आपदा से मानव जीवन की सुरक्षा के लिए साझा खाद्य भंडार निर्मित करना

(*c*) अंतर्राष्ट्रीय व्यापार

(*d*) गहरे समुद्र से तेल और खनिज का अन्वेषण

150. न्यायमूर्ति दलवीर भंडारी हाल में सुर्खियों में क्यों थे?

(*a*) वह विश्व व्यापार संगठन के महानिदेशक बने

(*b*) वह दक्षेस (SAARC) के महासचिव बने

(*c*) वह संयुक्त राष्ट्र मानवाधिकार आयोग के सदस्य बने

(*d*) वह इंटरनेशनल कोर्ट ऑफ जस्टिस के लिए चुने गए

उत्तरमाला

1. (*c*)	**2.** (*a*)	**3.** (*d*)	**4.** (*b*)	**5.** (*a*)	**6.** (*d*)	**7.** (*c*)	**8.** (*a*)	**9.** (*c*)	**10.** (*d*)
11. (*d*)	**12.** (*b*)	**13.** (*c*)	**14.** (*c*)	**15.** (*d*)	**16.** (*d*)	**17.** (*b*)	**18.** (*d*)	**19.** (*d*)	**20.** (*b*)
21. (*c*)	**22.** (*a*)	**23.** (*c*)	**24.** (*a*)	**25.** (*d*)	**26.** (*a*)	**27.** (*c*)	**28.** (*a*)	**29.** (*d*)	**30.** (*c*)
31. (*c*)	**32.** (*d*)	**33.** (*d*)	**34.** (*d*)	**35.** (*c*)	**36.** (*a*)	**37.** (*b*)	**38.** (*a*)	**39.** (*d*)	**40.** (*a*)
41. (*c*)	**42.** (*d*)	**43.** (*b*)	**44.** (*a*)	**45.** (*b*)	**46.** (*c*)	**47.** (*b*)	**48.** (*b*)	**49.** (*d*)	**50.** (*a*)
51. (*a*)	**52.** (*c*)	**53.** (*c*)	**54.** (*b*)	**55.** (*a*)	**56.** (*a*)	**57.** (*c*)	**58.** (*a*)	**59.** (*c*)	**60.** (*c*)
61. (*b*)	**62.** (*a*)	**63.** (*c*)	**64.** (*d*)	**65.** (*d*)	**66.** (*d*)	**67.** (*b*)	**68.** (*d*)	**69.** (*b*)	**70.** (*c*)
71. (*a*)	**72.** (*c*)	**73.** (*d*)	**74.** (*a*)	**75.** (*a*)	**76.** (*a*)	**77.** (*c*)	**78.** (*d*)	**79.** (*a*)	**80.** (*b*)
81. (*c*)	**82.** (*b*)	**83.** (*c*)	**84.** (*a*)	**85.** (*b*)	**86.** (*a*)	**87.** (*d*)	**88.** (*c*)	**89.** (*b*)	**90.** (*c*)
91. (*d*)	**92.** (*c*)	**93.** (*a*)	**94.** (*d*)	**95.** (*b*)	**96.** (*b*)	**97.** (*a*)	**98.** (*a*)	**99.** (*a*)	**100.** (*d*)
101. (*a*)	**102.** (*c*)	**103.** (*c*)	**104.** (*c*)	**105.** (*d*)	**106.** (*c*)	**107.** (*d*)	**108.** (*a*)	**109.** (*a*)	**110.** (*b*)
111. (*b*)	**112.** (*d*)	**113.** (*b*)	**114.** (*c*)	**115.** (*a*)	**116.** (*c*)	**117.** (*b*)	**118.** (*a*)	**119.** (*d*)	**120.** (*a*)
121. (*b*)	**122.** (*d*)	**123.** (*a*)	**124.** (*d*)	**125.** (*a*)	**126.** (*b*)	**127.** (*d*)	**128.** (*a*)	**129.** (*c*)	**130.** (*d*)
131. (*d*)	**132.** (*d*)	**133.** (*d*)	**134.** (*b*)	**135.** (*c*)	**136.** (*a*)	**137.** (*a*)	**138.** (*d*)	**139.** (*d*)	**140.** (*a*)
141. (*b*)	**142.** (*a*)	**143.** (*c*)	**144.** (*c*)	**145.** (*c*)	**146.** (*d*)	**147.** (*d*)	**148.** (*a*)	**149.** (*a*)	**150.** (*d*)

व्याख्या

1. आवश्यकता पड़ने पर व्यक्ति उदोल्लित होता है। उसी प्रकार सफलता प्राप्त करने के लिए प्रयास करना पड़ता है।

2.

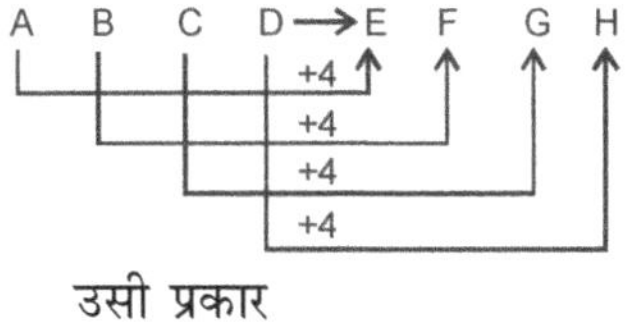

उसी प्रकार

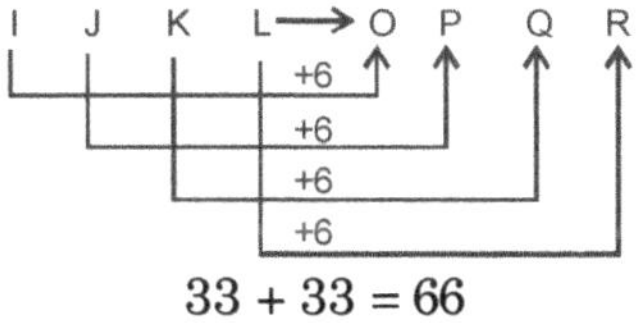

3.

$33 + 33 = 66$

$66 + 33 = 99$

$99 + 33 = 132$

4. जिस प्रकार गेहूँ एक धान्य है। उसी प्रकार पानी द्रव है।

5. जापानी एशियाई हैं जबकि अन्य यूरोपीय हैं।

6. संख्या 21 को छोड़कर अन्य सभी अभाज्य संख्याएँ हैं।

$21 = 3 \times 7$

7. सूर्य, चन्द्रमा एवं तारे आकाशीय पिंड हैं।

8. संख्या 36 को छोड़कर, अन्य सभी विषम संख्याओं के पूर्ण वर्ग हैं।

$25 = 5 \times 5; 49 = 7 \times 7$

$81 = 9 \times 9; 121 = 11 \times 11$

$169 = 13 \times 13;$

$225 = 15 \times 15$

परंतु, $36 = 6 \times 6$

9. 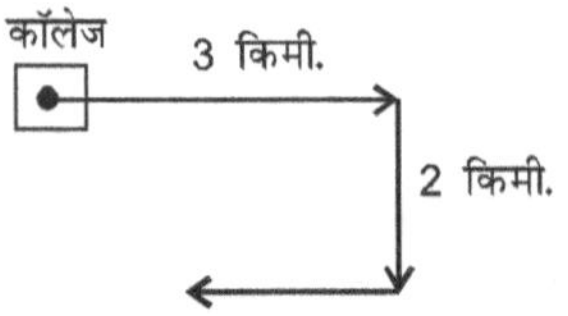

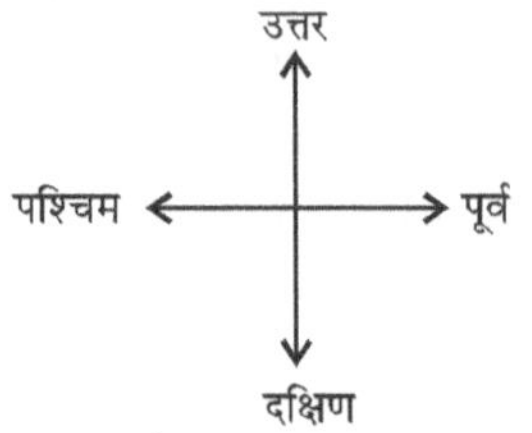

आरेख से स्पष्ट है कि उसका मुख पश्चिम दिशा की ओर है।

10. शब्दाकोश के अनुसार शब्दों के अनुसार शब्दों का क्रम:

3. contain
↓
2. contention
↓
1. continuation
↓
4. continuous
↓
5. count

11. दिए गए शब्द में 'V' वर्ण नहीं है। अत: शब्द REMOVE नहीं बनाया जा सकता है।

12. J A C O B
↓ ↓ ↓ ↓ ↓
Q Z X L Y

विपरीत अक्षरों के युग्म

अत: K E N D Y
↓ ↓ ↓ ↓ ↓
P V M W B

13. A L [T] E [R]

14.
$15 - 1 = 14$
$14 - 2 = 12$
$12 - 3 = 9$
$9 - 4 = 5$
$5 - 5 = 0$
$0 - 6 = \boxed{-6}$

15.
$26 - 4 = 22$
$22 - 2 = 20$
$20 - 4 = 16$
$16 - 2 = 14$
$14 - 4 = \boxed{10}$

16.

× ⇒ −	− ⇒ ×
× ⇒ +	+ ⇒ +

$20 \times 60 \div 40 - 20 + 10 = ?$
$\Rightarrow ? = 20 + 60 - 40 \times 20 \div 10$
$\Rightarrow ? = 20 + 60 - 40 \times 2$
$\Rightarrow ? = 80 - 80 = 0$

17. प्रत्येक अगली आकृति में डिजायन 90° दक्षिणावर्त्त घूमती है तथा तिर्यक रेखाएँ पुन: व्यवस्थित हो जाती हैं।

18. अभीष्ट क्षेत्र वृत्त एवं वर्ग में विद्यमान होना चाहिए परंतु आयत के बाहर होना चाहिए। यह क्षेत्र '7' द्वारा अंकित है।

19. $3 \times 2 = 6; 6 \times 2 = 12;$
$12 \times 2 = \boxed{24}; 24 \times 2 = 48$

24. प्रश्नाकृति में बिंदु वृत्त एवं त्रिभुज में विद्यमान है। ऐसा क्षेत्र उत्तर आकृति (a) में है।

25. C ⇒ 01, 31
A ⇒ 00, 23, 34, 42
S ⇒ 75, 76
T ⇒ 11, 24, 44

विकल्प	C	A	S	T
(1)	31	42	31	20
(2)	31	00	13	20
(3)	31	12	24	00
(4)	31	00	75	44

26. यदि पानी का तल h सेमी ऊँचा हो, तो ऊँचे उठे पानी के तल का आयतन = बेलनाकार टुकड़े का आयतन

$\Rightarrow \quad \pi r^2 h = \pi r_1^2 h_1$

$\Rightarrow \left(\frac{7}{2}\right)^2 \times h = (2.8)^2 \times 5$

$\Rightarrow \quad h = \frac{2.8 \times 2.8 \times 5 \times 4}{7 \times 7} = 3.2$ सेमी.

27. लाभ प्रतिशत $= \left(25 - 16 - \frac{25 \times 16}{100}\right)\% = 5\%$

28. वस्तु का क्रय मूल्य = ₹ 100
अंकित मूल्य = ₹ x

$\therefore \frac{x \times 90}{100} = 120$

$\Rightarrow x = \frac{120 \times 100}{90} =$ ₹ $133\frac{1}{3}$

$\therefore$ अभीष्ट प्रतिशत $= 33\frac{1}{3}\%$

29. यदि छूट की दर $x\%$ हो, तो

$$\frac{60 \times x}{100} = 60 - 45 = 15$$

$$\Rightarrow x = \frac{15 \times 100}{60} = 25\%$$

30. चावल : गेहूँ $= 4 \times 5 : 3 \times 6$

$$= 20 : 18 = 10 : 9$$

$\therefore$ कुल चावल की कीमत $= \frac{10}{19} \times 380 =$ ₹ 200

31. व्यंजक $= \sqrt[3]{4\frac{12}{125}}$

$$= \sqrt[3]{\frac{512}{125}} = \sqrt[3]{\frac{8 \times 8 \times 8}{5 \times 5 \times 5}} = \frac{8}{5} = 1\frac{3}{5}$$

32. व्यंजक

$$= \sqrt{3\frac{33}{64}} \div \sqrt{9\frac{1}{7}} \times 2\sqrt{3\frac{1}{4}}$$

$$= \sqrt{\frac{225}{64}} \div \sqrt{\frac{64}{7}} \times 2\sqrt{\frac{28}{9}}$$

$$= \sqrt{\frac{225}{64} \times \frac{7}{64} \times \frac{28}{9}} \times 2$$

$$= \frac{5 \times 7}{8 \times 4} \times 2 = \frac{35}{16} = 2\frac{3}{16}$$

33. माना कि नल (A) को x मिनट बाद बंद किया गया।

$$\therefore \frac{x}{20} + \frac{18}{30} = 1$$

$$\Rightarrow \frac{x}{20} = 1 - \frac{3}{5} = \frac{2}{5}$$

$\Rightarrow x = \frac{2 \times 20}{5} = 8$ मिनट

34. A और B की कार्यक्षमता का अनुपात $= 3 : 2$

समय का अनुपात $= 2 : 3$

$\therefore$ A द्वारा लिया गया समय $= \frac{2}{3} \times 18 = 12$ दिन

$\therefore$ (A + B) द्वारा 1 दिन में किया गया काम

$$= \frac{1}{12} + \frac{1}{18} = \frac{3+2}{36} = \frac{5}{36}$$

$\therefore$ अभीष्ट समय $= \frac{36}{5} = 7\frac{1}{5}$ दिन

35. $9^2 + 12^2 = 15^2$

अत: त्रिभुज समकोणीय है।

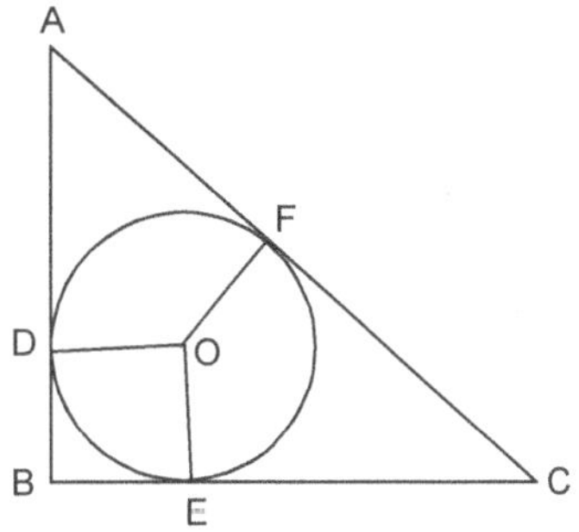

AB = 9, BC = 12 सेमी

OD = OE = OF = x

AD = AF = $9 - x$

EC = CF = $12 - x$

$\therefore$ AC = AF + FC = $9 - x + 12 - x = 15$

$\Rightarrow 21 - 2x = 15$

$\Rightarrow 2x - 21 - 15 = 6$

$\Rightarrow x = \frac{6}{2} = 3$ सेमी

36. मेज का क्रय मूल्य $= 1140 \times \frac{100}{95} =$ ₹ 1200

5% लाभ के लिए विक्रय मूल्य

$= 1200 \times \frac{105}{100} =$ ₹ 1260

37. यदि वस्तु का लागत मूल्य ₹ x हो, तो

$$x \times \left(105 - \frac{195}{2}\right)\% = 12$$

$\Rightarrow x \times \frac{15}{200} = 12 \Rightarrow x = \frac{12 \times 200}{15} =$ ₹ 160

38. व्यक्ति का पूर्व वेतन $= 24000 \times \frac{100}{120} =$ ₹ 20000

39. प्रतिशत कमी $= \frac{25}{125} \times 100 = 20\%$

40. पहली मालगाड़ी द्वारा 8 घंटे में तय की गयी दूरी = दूसरी मालगाड़ी द्वारा 6 घंटे में तय की गयी दूरी

$\Rightarrow 18 \times 8 = 6 \times x$

$\Rightarrow x = \frac{18 \times 8}{6} = 24$ किमी/घंटा

41. मूल्य का अनुपात $= 5 : 3 : 1$

संख्या का अनुपात $= 10 : 12 : 10 = 5 : 6 : 5$

$\therefore$ 50 पैसे के सिक्कों की संख्या

$$= \frac{5}{16} \times 480 = 150$$

25 पैसे के सिक्कों की संख्या $= \frac{6}{16} \times 480 = 180$

10 पैसे के सिक्कों की संख्या $= \frac{5}{16} \times 480 = 150$

42. $A \times 0.5 = B \times 0.6 = C \times 0.75$

$\Rightarrow \frac{A \times 5}{10} = \frac{B \times 6}{10} = C \times \frac{75}{100}$

$\Rightarrow \frac{A}{2} = \frac{B}{\frac{5}{3}} = \frac{C}{\frac{4}{3}}$

$\therefore A : B : C = 2 : \frac{5}{3} : \frac{4}{3} = 6 : 5 : 4$

$\therefore$ C का हिस्सा $= \frac{4}{15} \times 1740 =$ ₹ 464

43. एक कुर्सी का औसत मूल्य = ₹ x हो, तो

$x \times 12 + 6 \times 750 = 7800$

$\Rightarrow 12x = 7800 - 4500 = 3300$

$\Rightarrow x = \frac{3300}{12} =$ ₹ 275

44. अध्यापक का वजन = 50 + 26 × 1 = 76 किग्रा

45. यदि रेडियो का क्रय मूल्य = ₹ x हो तो

x का 10% = 100

$\Rightarrow x =$ ₹ 1000

$12\frac{1}{2}\%$ लाभ हेतु विक्रय मूल्य

$= 1000 \times \frac{\left(100 + \frac{25}{2}\right)}{100}$

$= \frac{1000 \times 225}{200} =$ ₹ 1125

46. वार्षिक ब्याज = 365 × 2 = ₹ 730

मूलधन $= \frac{\text{ब्याज} \times 100}{\text{समय} \times \text{दर}}$

$= \frac{730 \times 100}{1 \times 5} =$ ₹ 14600

47. चक्रवृद्धि ब्याज $=$ मू. $\left(1 + \frac{\text{दर}}{100}\right)^{\text{समय}}$

$\Rightarrow 7000 =$ मू. $\left(1 + \frac{\text{दर}}{100}\right)$ ...(*i*)

और $10000 =$ मू. $\left(1 + \frac{\text{दर}}{100}\right)$ ...(*ii*)

समीकरण (*ii*) ÷ (*i*) से,

$\frac{10000}{7000} = \left(1 + \frac{\text{दर}}{100}\right)^4$

$\Rightarrow \frac{10}{7} = \left(1 + \frac{\text{दर}}{100}\right)^4$

समीकरण (*i*) से

$7000 =$ मू. $\times \frac{10}{7} \Rightarrow$ मू. = ₹ 4900

48. यदि रेलगाड़ियों की गति क्रमशः x एवं y मीटर/से हो, तो

$\frac{100 + 95}{x - y} = 27$

$\Rightarrow x - y = \frac{195}{27} = \frac{65}{9}$ ...(*i*)

पुनः,

$\frac{195}{x + y} = 9$

$\Rightarrow x + y = \frac{195}{9}$ ...(*ii*)

समीकरण (*i*) + (*ii*) से,

$2x = \frac{65}{9} + \frac{195}{9} = \frac{260}{9}$

$\Rightarrow x = \frac{260}{2 \times 9} = \frac{130}{9}$ मीटर/सेकण्ड

$= \left(\frac{130}{9} \times \frac{18}{5}\right)$ किमी./घंटा

= 52 किमी./घंटा

समीकरण (*ii*) से,

$y = \frac{195}{9} - \frac{130}{9} = \frac{65}{9}$ मीटर/सेकण्ड

$= \frac{65}{9} \times \frac{18}{5} = 26$ किमी/घंटा

49. औसत प्राप्तांक $= \frac{10 + 12.5 + 15}{3}$

$= \frac{37.5}{3} = 12.5$

50. विधिक $= \frac{20}{30} = \frac{2}{3} = 0.67$

लिपिकीय $= \frac{30}{35} = 0.86$

चिकित्सा $= \frac{10}{20} = \frac{1}{2} = 0.5$

एस. एस. सी. – 2013
मल्टी-टास्किंग (गैर तकनीकी)
दिनांक : 17-03-2013 (द्वितीय पाली)

समय : 2 घंटे **प्रश्न संख्या : 150**

भाग-I सामान्य बुद्धि एवं तर्क

निर्देश (प्र.10-12): निम्नलिखित प्रत्येक प्रश्न में दिए गए विकल्पों में से सम्बन्धित शब्द चुनिए।

1. यदि $4 \times 2 \times 6 = 1626$, $3 \times 7 \times 4 = 974$, तो $5 \times 6 \times 8 = ?$

(*a*) 2568 (*b*) 5664
(*c*) 6456 (*d*) 3658

2. ऊपर : नीचे : : पीछे :?

(*a*) गहरे (*b*) सामने
(*c*) दायें (*d*) बायें

3. खगोलविज्ञान : तारे : : भूविज्ञान :?

(*a*) ज्यामिति (*b*) विज्ञान
(*c*) पृथ्वी (*d*) आकाश

निर्देश (प्र. 4-7): निम्नलिखित प्रत्येक प्रश्न में दिए गए विकल्पों में से विषम संख्या/शब्द चुनिए।

4. (*a*) Animal (*b*) Othello
(*c*) Noun (*d*) Madam

5. (*a*) 8 : 64 (*b*) 7 : 49
(*c*) 6 : 30 (*d*) 5 : 25

6. (*a*) 443 (*b*) 633
(*c*) 821 (*d*) 245

7. (*a*) बाजरा (*b*) जौ
(*c*) गेहूँ (*d*) मूँग

8. अक्षरों का कौन-सा समूह खाली स्थानों पर क्रमवार रखने से दी गई अक्षर श्रृंखला को पूरा करेगा?

a_b_c_a_bc_b_cb

(*a*) ccbcca (*b*) ccaccb
(*c*) cacabc (*d*) acbcab

9. निम्नलिखित शब्दों को शब्दकोश में दिए गए क्रम के अनुसार लिखें

1. Obscure
2. Objective
3. Objection
4. Obligation
5. Oblivion

(*a*) 3, 2, 5, 4, 1 (*b*) 3, 2, 5, 1, 4
(*c*) 5, 2, 1, 3, 4 (*d*) 3, 2, 3, 5, 1

निर्देश (प्र. 10-12): निम्नलिखित प्रश्नों में एक अनुक्रम दिया है, जिसमें एक पद लुप्त है। दिए गए विकल्पों में से वह सही विकल्प चुनिए जो अनुक्रम को पूरा करे।

10. 15, 23, 31, 39, _?_, 55, 61

(*a*) 47 (*b*) 46
(*c*) 44 (*d*) 45

11. 2, 3.5, 5, 6.5, 8, _?_

(*a*) 9.5 (*b*) 10.5
(*c*) 11.0 (*d*) 9.0

12. 32, 58, 92, 134, _?_

(*a*) 184 (*b*) 194
(*c*) 156 (*d*) 169

13. निम्नलिखित विकल्पों में से वह शब्द चुनिए जो दिए गए शब्द के अक्षरों का प्रयोग करके नहीं बनाया जा सकता

DISINTEGRATION

(*a*) SIGNATURE
(*b*) INTERN
(*c*) SINGER
(*d*) INTERROGATE

14. यदि PAINT को 74128 कोड में लिखा जाता है और EXCEL को 93596 कोड दिया जाता है, तो ACCEPT को किस कोड में लिखा जाएगा?

(*a*) 457958 (*b*) 459758

(*c*) 455978 (*d*) 459578

15. यदि '+', '÷' के लिए है, '×', '+', के लिए है, '–', '×' के लिए है, और '÷', '–' के लिए है, तो निम्नलिखित में से कौन-सा समीकरण सही होगा?

(*a*) $36 \times 6 + 3 - 2 < 20$

(*b*) $36 \times 6 + 3 \times 2 > 20$

(*c*) $36 + 6 \times 3 + 2 = 20$

(*d*) $36 + 6 - 3 \times 2 = 20$

16. एक पिता अपने पुत्र से 5 गुना बड़ा है। उसका पुत्र 6 वर्ष का है। कितने वर्ष बाद वह अपने पुत्र से 4 गुना बड़ा होगा?

(*a*) 5 वर्ष (*b*) 6 वर्ष

(*c*) 4 वर्ष (*d*) 2 वर्ष

निर्देश (प्र. 17-18): निम्नलिखित प्रत्येक प्रश्न में चार उत्तर आकृतियों में से कौन-सी आकृति नीचे प्रश्न आकृति में दिए गए टुकड़ों से बनाई जा सकती है?

17. प्रश्न आकृति:

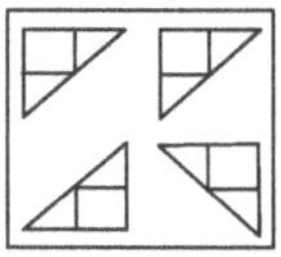

उत्तर आकृतियाँ:

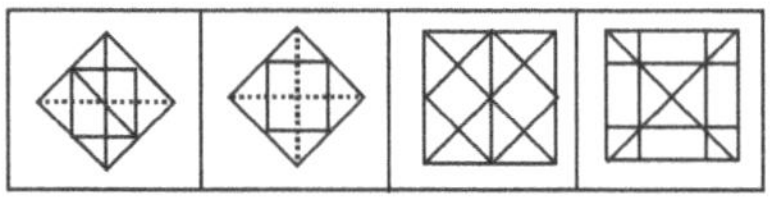

(*a*) (*b*) (*c*) (*d*)

18. प्रश्न आकृति:

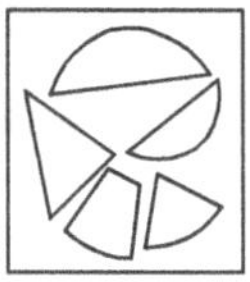

उत्तर आकृतियाँ:

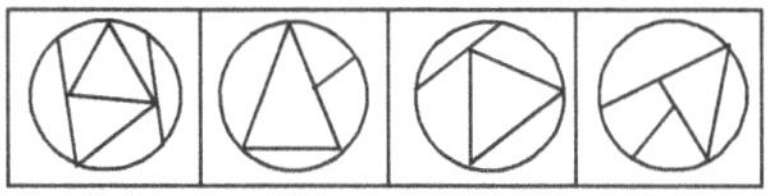

(*a*) (*b*) (*c*) (*d*)

निर्देश (प्र. 19-20): निम्नलिखित प्रत्येक प्रश्न में यदि एक दर्पण को MN रेखा पर रखा जाए, तो दी गई उत्तर आकृतियों में से कौन-सी आकृति प्रश्न आकृति का सही प्रतिबिम्ब होगी?

19. प्रश्न आकृति:

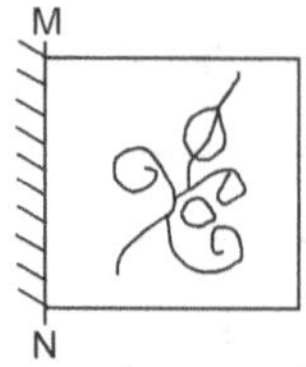

उत्तर आकृतियाँ:

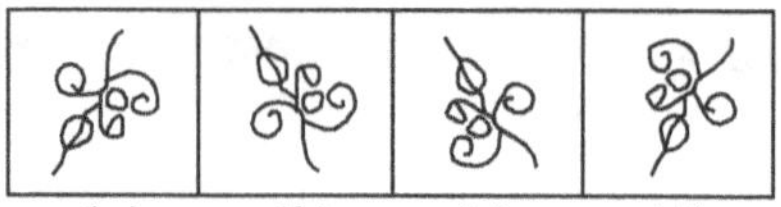

(*a*) (*b*) (*c*) (*d*)

20. प्रश्न आकृति:

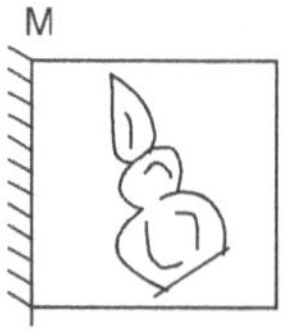

उत्तर आकृतियाँ:

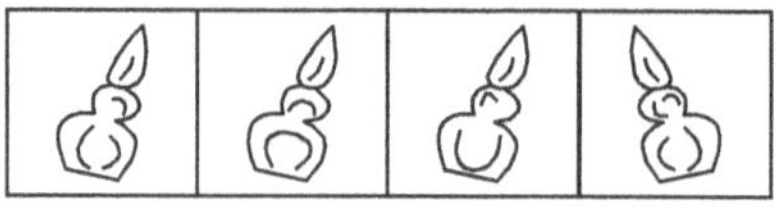

(*a*) (*b*) (*c*) (*d*)

21. दिए गए विकल्पों में से श्रृंखला की लुप्त आकृति ज्ञात कीजिए।

प्रश्न आकृति:

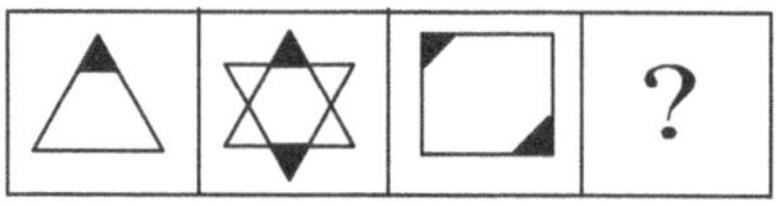

उत्तर आकृतियाँ:

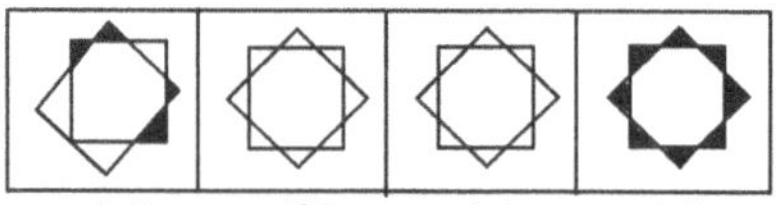

(*a*) (*b*) (*c*) (*d*)

22. दिए गए विकल्पों में से लुप्त अंक ज्ञात कीजिए।

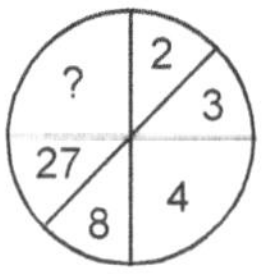

(*a*) 49 (*b*) 45

(*c*) 64 (*d*) 56

23. दिए गए आरेख में, वृत्त मजबूत आदमियों को दर्शाता है, वर्ग छोटे आदमियों को दर्शाता है, त्रिभुज सैनिक अधिकारियों को दर्शाता है। कौन-सा क्षेत्र सैनिक अधिकारियों को दर्शाता है जो छोटे हैं लेकिन मजबूत नहीं हैं?

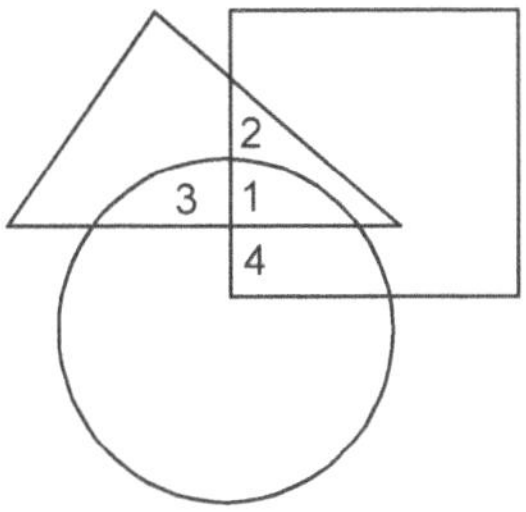

(*a*) 3 (*b*) 4

(*c*) 1 (*d*) 2

24. वह आकृति चुनिए जो अन्य आकृतियों से भिन्न है।

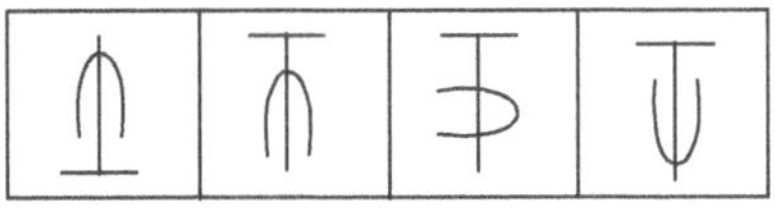

(*a*) (*b*) (*c*) (*d*)

25. कागज के त्रिभुजाकार टुकड़े को नीचे दिखाए अनुसार मोड़कर काटा जाता है। उत्तर आकृतियों से ज्ञात कीजिए कि खोलने पर यह कैसा दिखाई देगा?

प्रश्न आकृतियाँ

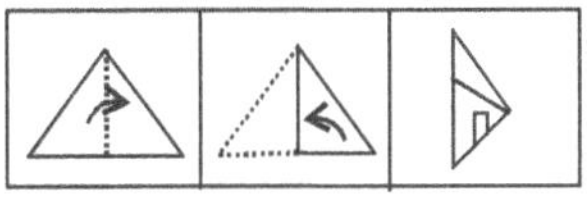

उत्तर आकृतियाँ:

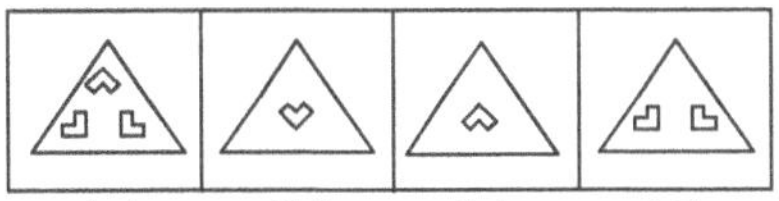

(*a*) (*b*) (*c*) (*d*)

भाग-II सांख्यिकीय अभिक्षमता

26. एक व्यक्ति को ₹ 10.20 प्रति किलो और ₹ 14.40 प्रति किलो के चावल किस अनुपात में मिलाने चाहिए ताकि मिश्रण का मूल्य ₹ 12.60 प्रति किलो हो जाए?

(*a*) 4 : 3 (*b*) 2 : 5

(*c*) 18 : 24 (*d*) 3 : 4

27. $\frac{\sqrt{32}+\sqrt{48}}{\sqrt{8}+\sqrt{12}}$ का सरलीकृत मान कितना है?

(*a*) 3 (*b*) 2

(*c*) 6 (*d*) 4

28. $\sqrt{\frac{9.5 \times 0.085}{0.0017 \times 0.19}}$ किसके बराबर है?

(*a*) 50 (*b*) 500

(*c*) 0.05 (*d*) 5

29. दो नलियाँ A तथा B, एक टंकी को क्रमश: 6 घंटों तथा 4 घंटों में भर सकती हैं। यदि उन्हें हर घंटे के बाद बारी-बारी से खोला जाए, और नली A को पहले खोला जाए, तो टंकी भरने में कितना समय लगेगा?

(*a*) 5 घंटे (*b*) $5\frac{1}{2}$ घंटे

(*c*) 6 घंटे (*d*) $4\frac{1}{2}$ घंटे

30. A, B तथा C एक कार्य क्रमश: 10, 12 और 15 दिनों में कर सकते हैं। A उस कार्य को पूरा होने से 5 दिन पहले छोड़ देता है, और B उसे A के 2 दिनों बाद छोड़ देता है। तदनुसार कार्य पूरा होने में कितना समय लगेगा?

(*a*) 6 दिन (*b*) 12 दिन

(*c*) 13 दिन (*d*) 7 दिन

31. एक समबाहु त्रिभुज के अंतर्गत एक वृत्त बनाया गया है और उस वृत्त के अंतर्गत एक वर्ग बनाया गया है। तदनुसार, उक्त त्रिभुज तथा वर्ग के क्षेत्रफलों का अनुपात कितना होगा?

(*a*) $\sqrt{3}:4$ (*b*) $\sqrt{3}:8$

(*c*) $3\sqrt{3}:2$ (*d*) $3\sqrt{3}:1$

32. यदि आयताकार समांतर षट्फलक की लम्बाई, चौड़ाई और ऊँचाई का योग 24 सेमी है उसके विकर्ण की लम्बाई 15 सेमी है। तदनुसार, उसका समय पृष्ठीय क्षेत्रफल कितना होगा?

(*a*) 256 सेमी^{2} (*b*) 265 सेमी^{2}

(*c*) 315 सेमी^{2} (*d*) 351 सेमी^{2}

33. 70% तथा 30% की दो क्रमिक छूटें, कितनी मात्रा की एकल छूट के बराबर है?

(*a*) 75% (*b*) 79%

(*c*) 100% (*d*) 89%

34. एक व्यापारी नगद भुगतान पर अंकित मूल्य पर 10% छूट देता है। तदनुसार उसे 17% लाभ प्राप्त करने हेतु अपनी चीजों के अंकित मूल्य, उनके लागत मूल्य से कितने ज्यादा रखने चाहिए?

(*a*) 33% (*b*) 40%

(*c*) 27% (*d*) 30%

35. एक व्यापारी एक कलाई-घड़ी ₹ 450 में खरीदता है। वह उसका सूचीबद्ध मूल्य इस प्रकार निश्चित करता है कि उसे उस पर 10%, छूट देकर भी 20% लाभ प्राप्त हो सके। तदनुसार, उस घड़ी का सूचीबद्ध मूल्य कितना होगा?

(*a*) ₹ 650 (*b*) ₹ 700
(*c*) ₹ 550 (*d*) ₹ 600

36. दो व्यक्ति संसद के लिए चुनाव लड़े। उसमें विजेता उम्मीदवार ने डाले गए कुल मतों के 57% मत प्राप्त किए और वह 42,000 मतों से विजयी हुआ। तदनुसार, डाले गए कुल मतों की संख्या कितनी थी?

(*a*) 5,00,000 (*b*) 6,00,000
(*c*) 3,00,000 (*d*) 4,00,000

37. एक संख्या में से 10% कम करने पर, वह 30 हो जाती है। तदनुसार वह संख्या क्या है?

(*a*) $33\frac{1}{2}$ (*b*) $33\frac{1}{3}$
(*c*) 40 (*d*) 35

38. 108 मी. तथा 112 मी. लम्बी दो रेलगाड़ियाँ समांतर पटरियों पर एक-दूसरे की ओर दौड़ रही हैं। उनमें एक की गती 45 किमी/घं. तथा दूसरी की 54 किमी/घं. है। तदनुसार, उन्हें एक-दूसरे को पार करने में कितना समय लगेगा?

(*a*) 12 सेकण्ड (*b*) 9 सेकण्ड
(*c*) 8 सेकण्ड (*d*) 10 सेकण्ड

39. 5 किमी/घं. की गति से चलने पर एक व्यक्ति अपने कार्यालय 6 मिनट देरी से पहुँचता है। यदि वह 6 किमी/घं. की गति से चले, तो वह 2 मिनट पहले पहुंच जाता है। तदनुसार, उसके कार्यालय की दूरी कितनी है?

(*a*) 3 किमी (*b*) 4 किमी
(*c*) 3.5 किमी (*d*) 2 किमी

40. x, y तथा z में कुछ धनराशि वितरित की गई है। तदनुसार, यदि x को y से 25% अधिक राशि मिली हो और y को z से 25% कम राशि मिली हो, तो $x : y : z$ का अनुपात क्या होगा?

(*a*) 14 : 12 : 13
(*b*) 15 : 12 : 16
(*c*) 10 : 9 : 12
(*d*) 12 : 10 : 11

41. दो व्यक्तियों की वर्तमान आयु क्रमश: 36 तथा 50 वर्ष है। तदनुसार, यदि n वर्षों बाद उनकी आयु का अनुपात 3 : 4 हो जाए, तो n का मान कितना होगा?

(*a*) 4 (*b*) 7
(*c*) 6 (*d*) 3

42. 20 लड़कों में, 6 में प्रत्येक की लम्बाई 1 मी. 15 सेमी है, 8 में प्रत्येक की 1 मी. 10 सेमी तथा शेष में प्रत्येक की 1 मी. 12 सेमी है। तदनुसार उन सबकी औसत लम्बाई कितनी है?

(*a*) 1 मी. 12.1 सेमी.
(*b*) 1 मी. 21.1 सेमी.
(*c*) 1 मी. 21 सेमी.
(*d*) 1 मी. 12 सेमी.

43. प्रथम पाँच अभाज्य संख्याओं का औसत कितना होता है?

(*a*) 5.3 (*b*) 5.6
(*c*) 5 (*d*) 3.6

44. एक बेईमान पंसारी चावल को 10% लाभ पर बेचता है और तौलने में जो वाट इस्तेमाल करता है, वे नियत भार से 20% कम होते हैं। तदनुसार वह पंसारी कुल कितना लाभ प्राप्त कर लेता है?

(*a*) 37.5% (*b*) 40%
(*c*) 30.5% (*d*) 35%

45. एक रेडियो का लागत मूल्य ₹ 600 है। इस लागत पर 5% परिवहन खर्च का भी लिया जाता है। इसे जोड़कर, यदि 15% लाभ प्राप्त करना हो, तो उस रेडियो का बिक्री मूल्य कितना होना चाहिए?

(*a*) ₹ 704.50 (*b*) ₹ 724.50
(*c*) ₹ 664.50 (*d*) ₹ 684.50

46. एक पंखे को ₹ 600 में बेचने पर 10% हानि होती है। तदनुसार, उसे कितने मूल्य पर बेचना चाहिए, ताकि उस पर 20% लाभ मिल सके?

(*a*) ₹ 900 (*b*) ₹ 1000
(*c*) ₹ 700 (*d*) ₹ 800

47. एक धनराशि 3 वर्षों के चक्रवृद्धि ब्याज पर 1.331 गुनी हो जाती है। तदनुसार, वह ब्याज दर कितनी है?

(*a*) 8% (*b*) 7.5%
(*c*) 10% (*d*) 50%

48. एक व्यक्ति ने एक बैंक में एकसमान साधारण ब्याज दर पर ₹ 500 4 वर्षों के लिए और ₹ 600 3 वर्षों के लिए जमा किए। उसे कुल ₹ 190 की राशि, ब्याज के रूप में मिली। तदनुसार, साधारण ब्याज की वार्षिक दर कितनी थी?

(*a*) 4% (*b*) 5%
(*c*) 2% (*d*) 3%

49. नीचे के लेखाचित्र में एक खास सप्ताह में प्रत्येक दिन मापे गए अधिकतम तथा न्यूनतम तापमान दर्शाए गए हैं। तदनुसार, वह दिन कौन-सा है, जिसमें अधिकतम और न्यूनतम तापमान का अंतर अधिकतम था?

अधिकतम तापमान

न्यूनतम तापमान

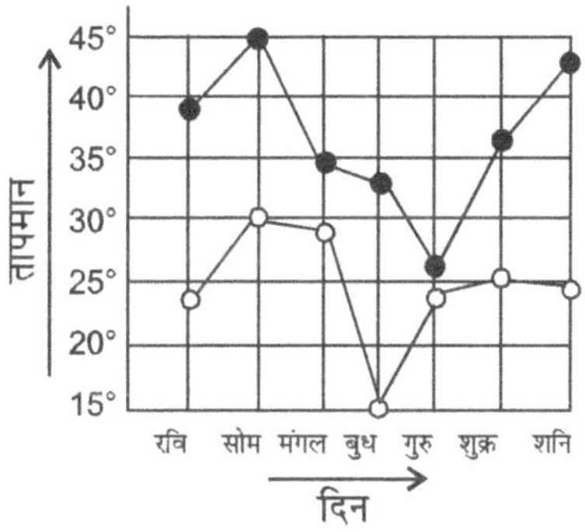

(*a*) बुधवार (*b*) शनिवार
(*c*) रविवार (*d*) सोमवार

50. 200 छात्रों के समूह द्वारा चुने गए विभिन्न वर्गों के प्रतिशत नीचे दिए गए हैं। तदनुसार, ऐसे छात्रों की संख्या कितनी है, जिन्होंने न विज्ञान चुना है न ही वाणिज्य?

विभिन्न वर्गों में छात्रों का प्रतिशत	
वर्ग का नाम	आगत अनुपात
विज्ञान	29%
कला	29%
वाणिज्य	31%
गृह विज्ञान	6%
अन्य	5%

(*a*) 80 (*b*) 120
(*c*) 60 (*d*) 40

भाग-III अंग्रेजी भाषा

Directions (Q. 51-60): *In the following questions, some parts of the sentences have errors and some have none. Find out which part of a sentence has an error. The number of that part is your answer. If a sentence is free from error, then your answer is (d), i.e. No Error.*

51. Flowers (*a*) / that are just picked (*b*) / begins to rot is 15 seconds. (*c*) / No Error (*d*)

52. You haven't responded (*a*) / to my invitation (*b*) / didn't you? (*c*) / No Error (*d*)

53. According to some estimates. (*a*) / there are (*b*) / seven thousand type of plants. (*c*) / No Error (*d*)

54. Every one (*a*) / must sign their full names (*b*) / before entering the hall. (*c*) / No Error (*d*)

55. The Great Wall of China (*a*) / is the one structure build by man (*b*) / visible from the moon. (*c*) / No Error (*d*)

56. In the fourth semester (*a*) / of the course, the (*b*) / in the train. (*c*) / No Error (*d*)

57. Some of his (*a*) / luggages were lost (*b*) / in the train. (*c*) / No Error (*d*)

58. No sooner the minister had heard (*a*) / about the accident (*b*) / than he rushed to the spot. (*c*) / No Error (*d*)

59. My nephew (*a*) / begun working for me (*b*) / about ten years ago. (*c*) / No Error (*d*)

60. Prohibition aims at reducing (*a*) / traffic accidents many of which (*b*) / is caused by drunkenness. (*c*) / No Error (*d*)

Directions (Q. 61-70): *In the following questions, sentences are given with blanks to be filled in with an appropriate word(s). Four alternatives are suggested for each question. Choose the correct alternative out of the four as your answer.*

61. My tennis player is a __________; she will not play mixed doubles in shorts or a tennis skirt; she is overly concerned about being proper or modest

(*a*) admonish (*b*) prude
(*c*) rude (*d*) loyal

62. Sometimes it is good to ________ your soul in front of your friends.

(*a*) bear (*b*) bare
(*c*) beer (*d*) bar

63. If you are worried about the problem, you should do something ________ it.

(*a*) against (*b*) with
(*c*) for (*d*) about

64. This is entirely ________ you and me.

(*a*) between (*b*) from
(*c*) among (*d*) amidst

65. The mother parted ________ her married daughter in sorrow.

(*a*) for (*b*) off
(*c*) away (*d*) from

66. This movie is directed by Steven Spielberg, ________ ?

(*a*) hasn't he (*b*) hasn't it
(*c*) isn't it (*d*) isn't he

67. ________ can be no excuses this time, students !

(*a*) They're (*b*) They
(*c*) Their (*d*) There

68. Tables are usually made ________ wood.

(*a*) from (*b*) of
(*c*) with (*d*) by

69. All of them are surprised ________ her rudeness.

(*a*) with (*b*) upon
(*c*) at (*d*) on

70. When Wilbur Wright tried to sell his flying machine to the U.S. Government, the officials in charge were ________.

(*a*) highly misunderstood
(*b*) grudding skeptical
(*c*) grudgingly unhappy
(*d*) highly skeptical

***Directions (Q. 71-73):** In the following questions, out of the four alternatives, choose the one which best expresses the meaning of the given word as your answer.*

71. Coarse

(*a*) Path (*b*) Difficult
(*c*) Rough (*d*) Definite

72. Vanish

(*a*) Disappear (*b*) Decrease
(*c*) Encircle (*d*) Reveal

73. Spurious

(*a*) Modest (*b*) Spntaneous
(*c*) Fake (*d*) Sincere

***Directions (Q. 74-76):** In the following questions, choose the word opposite in meaning to the given word as your answer.*

74. Malice

(*a*) Ecstasy (*b*) Happiness
(*c*) Honour (*d*) Goodwill

75. Genial

(*a*) Stupid (*b*) Intelligent
(*c*) Hostile (*d*) Affable

76. Eminent

(*a*) Renowned (*b*) Ordinary
(*c*) Special (*d*) Ignorant

***Directions (Q. 77-79):** In the following questions, four alternatives are given for the Idiom / Phrase **bold** in the sentence. Choose the alternative which best expresses the meaning of the Idiom / Phrase as your answer.*

77. He made a few statements, but all were **wide of f the mark**.

(*a*) irrelevant (*b*) crucial
(*c*) important (*d*) unreasonable

78. The prices are going up **by leaps and bounds**.

(*a*) gradually (*b*) irregularly
(*c*) rapidly (*d*) systematically

79. I did not **give in** to his request.

(*a*) approve (*b*) like
(*c*) permit (*d*) yield

***Directions (Q. 80-84):** In the following questions, a part of the sentence is printed in **bold**. Below are given alternatives to the **bold** part at (a), (b), (c) which may improve the sentence. Choose the correct alternative. In case no improvement is needed, your answer is (d).*

80. He proved himself unique for he refused to **go with the tide**.

(*a*) go in the tide (*b*) go against the tide
(*c*) go by the tide (*d*) No improvement

81. The building you are talking about **is not existing**.
(*a*) have not been existing
(*b*) does not exist
(*c*) has not been existing
(*d*) No improvement

82. His lecture was **banned** because of the bandh.
(*a*) called off
(*b*) disturbed
(*c*) interruupted
(*d*) No improvement

83. Some people garner new **experiences** after retirement
(*a*) episodes
(*b*) events
(*c*) happenings
(*d*) No improvement

84. The deaf man asked me to **speak up**.
(*a*) speak in
(*b*) speak into
(*c*) speak down
(*d*) No improvement

Directions (Q. 85-89): *In the following questions, out of the four alternatives choose the one which can substituted for the given words / sentence.*

85. One who eats too much
(*a*) Glutton (*b*) Obese
(*c*) Overweight (*d*) Greedy

86. Existing only in the mind
(*a*) Imaginary (*b*) Fallacy
(*c*) Gamble (*d*) Missionary

87. Likely to arouse envy
(*a*) Enviable (*b*) Economical
(*c*) Envious (*d*) Jealous

88. One who loves and supports his or her country and is willing to defend it.
(*a*) A patriot (*b*) A martyr
(*c*) An alien (*d*) An atheist

89. The study of birds
(*a*) Zoology (*b*) Ornithology
(*c*) Physiology (*d*) Anthropology

Directions (Q. 90-95): *In the following questions, there are four different words out of which one is correctly spelt. Find the correctly spelt word as your answer.*

90. (*a*) vagebond (*b*) vegabonde
(*c*) vegabond (*d*) vagabond

91. (*a*) manared (*b*) manerred
(*c*) mannared (*d*) mannered

92. (*a*) territory (*b*) territorry
(*c*) territery (*d*) teritory

93. (*a*) precausion (*b*) pricaution
(*c*) precotion (*d*) precaution

94. (*a*) determinasion (*b*) detirmination
(*c*) determination (*d*) detrmination

95. (*a*) sensasion (*b*) sansassion
(*c*) sansation (*d*) sensation

Directions (Q. 96-100): *In the following questions, you have a passage with 5 questions. Read the passage carefully and choose the best answer to each questions out of the four altnernatives.*

The Prime Minister recommends the names of the persons for appointment as the members of the Council of Ministers by the President. He can recommend the name of any person for appointment as Minister. Of course he has to see the interests of his Ministry so that it works in a homogeneous manner. Any Minister who does not see eye to eye with the Prime Minister has to quite the Council of Ministers.

The Prime Minister also advises the President on the allocation of portfolios to the members of his Council of Ministers. He can give any department to any Minister and thus keep a control over them.

The Prime Minister can make any changes in the formation of his Ministry. He can shuffle his Ministry like a pack of cards as he likes. He can change the portfolios of his colleagues or reallocate the portfolios according to their performance. The Prime Minister presides over the meetings of the Cabinet. The President does not participate in these meetings. In the Cabinet all the important decisions are taken which are binding on all the Ministers.

96. 'Homogeneous', in the passage means

(*a*) consisting of the same substance

(*b*) fragmented

(*c*) united

(*d*) working independently

97. The final control is in the hands of the

(*a*) individual Minister

(*b*) Council of Ministers

(*c*) President

(*d*) Prime Minister

98. 'Colleagues', in the passage refers to

(*a*) Ministers

(*b*) All the people working in the Prime Minister's office

(*c*) The Prime Minister's friends

(*d*) Co-workers

99. Who recommends the names of the persons for appointment as Ministers?

(*a*) Prime Minister

(*b*) Speaker

(*c*) President

(*d*) Cabinet Secretary

100. What happens if the Prime Minister and the Minister have a disagreement?

(*a*) The President dismisses the Government

(*b*) The Cabinet resigns

(*c*) The Prime Minister resigns

(*d*) The Minister quits

भाग-IV सामान्य जानकारी

101. निम्नलिखित में से किसे "भारतीय पुनर्जागरण का जनक" माना जाता है?

(*a*) राजा राम मोहन राय

(*b*) रवीन्द्र नाथ टैगोर

(*c*) स्वामी दयानंद सरस्वती

(*d*) स्वामी विवेकानंद

102. भारतीय संविधान के अनुसार निम्नलिखित में से क्या सांविधानिक निकाय/संस्था है?

(*a*) वित्त आयोग (*b*) राष्ट्रीय विकास परिषद्

(*c*) योजना आयोग (*d*) इनमें से कोई नहीं

103. 'डेमोक्रेसी' शब्द किस भाषा से लिया गया है?

(*a*) ग्रीक (*b*) हिब्रू

(*c*) अंग्रेजी (*d*) लैटिन

104. 'हर्षचरित' के लेखक कौन थे?

(*a*) बाणभट्ट (*b*) अमर सिंह

(*c*) कालिदास (*d*) हरिसेन

105. 'सारे जहां से अच्छा हिंदोस्ताँ हमारा' गीत किसने लिखा?

(*a*) अशफाक-उल्ला खाँ

(*b*) साहिर लुधियानवी

(*c*) मोहम्मद इकबाल

(*d*) राम प्रसाद बिस्मिल

106. प्रथम बौद्ध परिषद कहाँ आयोजित की गई?

(*a*) वैशाली (*b*) कश्मीर

(*c*) राजगृह (*d*) पाटलिपुत्र

107. द्वितीय विश्व युद्ध के दौरान जापान के किन शहरों में परमाणु बम गिराए गए?

(*a*) टोकियो एवं हिरोशिमा (*b*) नागासाकी एवं मियाजाकी

(*c*) सेन्दइ एवं हिरोशिमा (*d*) हिरोशिमा एवं नागासाकी

108. भारत में "स्थानीय स्वशासन का जनक" किसे कहा गया?

(*a*) लॉर्ड रिपन (*b*) लॉर्ड हार्डिंज

(*c*) लॉर्ड डलहौजी (*d*) लॉर्ड लिट्टन

109. बड़ी फर्मों की कम संख्या वाले बाजार को क्या कहते हैं?

(*a*) द्वि-अधिकार (*b*) प्रतिस्पर्धा

(*c*) अल्पाधिकार (*d*) एकाधिकार

110. "समझौता ज्ञापन" (एम ओ यू) की पद्धति कब शुरू की गई?

(*a*) 1989-90 (*b*) 1990-91

(*c*) 1987-88 (*d*) 1988-89

111. अंतर्राष्ट्रीय व्यापार का मुख्य प्रहरी कौन है?

(*a*) विश्व व्यापार संगठन (*b*) अंतर्राष्ट्रीय वित्त निगम

(*c*) अंतर्राष्ट्रीय मुद्रा कोष (*d*) विश्व बैंक

112. इंटरनेट का पर्याय क्या है?

(*a*) गोफर

(*b*) इंट्रानेट

(*c*) साइबर स्पेस

(*d*) वर्ल्ड वाइड वेब (WWW)

113. एकाधिकार बाजार संरचना में विक्रेताओं की संख्या कितनी होती है?

(*a*) बहुत कम (*b*) बहुत अधिक

(*c*) एक (*d*) दो

114. निम्नलिखित में से किसके बीच सही मेल है?

(*a*) असहयोग आंदोलन – सुरेन्द्र नाथ बनर्जी

(*b*) स्वदेशी आंदोलन – रवीन्द्र नाथ टैगोर

(*c*) भारतीय राष्ट्रीय सेना – सुभाष चंद्र बोस

(*d*) स्वराज पार्टी – महात्मा गाँधी

115. भारतीय संविधान के निम्नलिखित में से किस भाग में सामाजिक एवं आर्थिक लोकतंत्र को सुनिश्चित किया गया है?

(*a*) आपात स्थिति के प्रावधान

(*b*) केन्द्र-राज्य संबंध

(*c*) राज्य नीति के निदेशक सिद्धांत

(*d*) इनमें से कोई नहीं

116. आबादी में जीनों के संग्रह को क्या कहते हैं?

(*a*) फीनोटाइप (*b*) कैयोंटाइप

(*c*) जीनोटाइप (*d*) जीन पूल

117. चुंबक रक्षक किसके टुकड़े होते हैं?

(*a*) निकेल (*b*) कोबाल्ट

(*c*) इस्ताप (*d*) नर्म लोहा

118. जब किसी पाषाण खंड को पानी में डुबोया जाता है तो वह समान .... में पानी को विस्थापित कर देता है।

(*a*) घनत्व (*b*) विशिष्ट गुरूत्व

(*c*) द्रव्यमान (*d*) आयतन

119. किसी पिंड की उस गति को क्या कहते हैं जिकसी कुछ समय के अंतराल के बाद पुनरावृत्ति होती रहती है?

(*a*) आवधिक गति (*b*) सरल हार्मोनिक गति

(*c*) अनावर्ती गति (*d*) दोलन गति

120. रेडियोधर्मी पदार्थ में किस दौरान कोई परिवर्तन (द्रव्यमान या आवेश में) नहीं होता?

(*a*) गामा-उत्सर्जन (*b*) ऑक्सीकरण

(*c*) अल्फा-उत्सर्जन (*d*) बीटा-उत्सर्जन

121. किसी कम्प्यूटर का सबसे महत्त्वपूर्ण हिस्सा कौन-सा होता है?

(*a*) आई/ओ यूनिट (*b*) हार्ड डिस्क

(*c*) सी.पी.यू. (*d*) मेमोरी

122. एम एस-वर्ड में बहुविधि शब्दों, लाइनों या पैराग्राफों का चयन कौन-सी कुँजी (की) प्रयोग करके किया जा सकता है?

(*a*) शिफ्ट (*b*) फंक्शन F_5

(*c*) ऑल्ट (*d*) कंट्रोल

123. विषम का चयन कीजिए।

(*a*) फ्लॉपी डिस्क (*b*) रोम (ROM)

(*c*) डी.वी.डी. (*d*) हार्ड डिस्क

124. सिलिकॉन क्या है?

(*a*) अर्धचालक (*b*) विद्युत रोधक

(*c*) कुचालक (*d*) चालक

125. आण्विक कक्षा का अभिन्यास किससे नियंत्रित होता है?

(*a*) मुख्य क्वांटम संख्या

(*b*) चुम्बकीय क्वांटम संख्या

(*c*) प्रचक्रण क्वांटम संख्या

(*d*) दिगंशी क्वांटम संख्या

126. भारत में सबसे ऊँची चोटी कौन-सी है?

(*a*) कामेट (*b*) नंदाकोट

(*c*) नंदा देवी (*d*) के2 (गॉडविन ऑस्टिन)

127. हवा के तेज वेग से बने रेतीले टीलों को क्या कहते हैं?

(*a*) भृग (क्लिफ) (*b*) गह्वर (सर्क)

(*c*) मरूटिब्बा (ड्यून) (*d*) हमादा

128. विश्व के सभी भागों में 23 सितम्बर को दिन और रात की समान लम्बाई को क्या कहते हैं?

(*a*) शरत्कालीन विषुव (*b*) खगोलीय विषुव

(*c*) शीतकालीन विषुव (*d*) वसंतकालीन विषुव

129. विश्व का सबसे बड़ा द्वीप कौन-सा है?

(*a*) न्यू गिनी (*b*) मतेडागास्कर

(*c*) ग्रीनलैंड (*d*) आइसलैंड

130. ईंटों के निर्माण के लिए निम्नलिखित में कौन-सी मिट्टी का प्रयोग किया जाता है?

(*a*) पीटमय और कार्बनिक

(*b*) लवणीय

(*c*) लैटेराइट

(*d*) लाल-पीली

131. प्लेग किससे फैलता है?

(*a*) जीवाणु (*b*) प्रोटाजोआ

(*c*) विषाणु (*d*) उपर्युक्त सभी

132. जैव-आवर्धन का अर्थ किसमतें निहित है?

(*a*) विषाक्त पदार्थ आवर्धित होते हैं

(*b*) सजीव प्राणी आवर्धित होते हैं

(*c*) प्रकाश आवर्धित होते हैं

(*d*) भोजन आवर्धित होते हैं

133. मच्छरों के जैविक नियंत्रण के लिए निम्नलिखित में से किसका प्रयोग किया जाता है?

(*a*) डी.डी.टी. (*b*) गमबुसिया

(*c*) तेल (*d*) विलेप

134. निम्नलिखित में से कौन-सा पादप कीटभक्षी नहीं है?

(*a*) नेपेन्थीज़ (घटपर्णी) (*b*) यूट्रीक्युलेरिया

(*c*) ड्रासेरा (*d*) कस्कुटा

135. भारत में किस राज्य को 'धान का कटोरा' कहते हैं?

(*a*) केरल (*b*) कर्नाटक

(*c*) आंध्र प्रदेश (*d*) तमिलनाडु

136. 'इंडिका' किसने लिखी?

(*a*) आई-त्सिंग (*b*) मैगसथनीज

(*c*) फाह्यान (*d*) ह्वेन सांग

137. पेकिंग किसका धर्म स्थल है?

(*a*) ताओवाद (*b*) शिंतोवाद

(*c*) कंफ्यूशियनवाद (*d*) यहूदीवाद

138. कथकली शास्त्रीय नृत्य का उद्‌भव कहाँ हुआ?

(*a*) राजस्थान (*b*) तमिलनाडु

(*c*) केरल (*d*) कर्नाटक

139. ब्राजील ने विश्व कप फुटबॉल चैम्पियनशिप कितनी बार जीती?

(*a*) पाँच (*b*) एक

(*c*) चार (*d*) दो

140. बास्केटबॉल के खेल में दोनों ओर कितने खिलाड़ी होते हैं?

(*a*) 6 (*b*) 7

(*c*) 4 (*d*) 5

141. दादा साहब फाल्के पुरस्कार सर्वप्रथम किसे मिला?

(*a*) श्रीमती देविका रानी (*b*) श्रीमती काणन देवी

(*c*) बी.एन सरकार (*d*) पृथ्वी राज कपूर

142. भारत में हरित क्रांति के जनक माने जाने वाले नॉर्मन बोरलॉग कहाँ के हैं?

(*a*) ऑस्ट्रेलिया (*b*) न्यूजीलैण्ड

(*c*) यू.एस.ए. (*d*) मेक्सिको

143. अंतरिक्ष में चलाने वाला प्रथम व्यक्ति कौन था?

(*a*) लोवेल (*b*) एंडर्स

(*c*) लियोनोव (*d*) आर्मस्ट्रांग

144. वायु में ऑक्सीजन का प्रतिशत लगभग कितना होता है?

(*a*) 100% (*b*) 1%

(*c*) 78% (*d*) 21%

145. दूध में दूसरा सबसे बड़ा तत्व क्या होता है?

(*a*) वसा (*b*) खनिज

(*c*) जल (*d*) शर्करा

146. 'हरित क्रांति' शब्द किसने गढ़ा था?

(*a*) विलियम गौड (*b*) चार्ल्स एल्टन

(*c*) यूजीन ओडम (*d*) एम.एस. स्वामीनाथन

147. वन कटाई की दर किसमें सबसे अधिक होती है?

(*a*) उष्णकटिबंधीय अंचल

(*b*) मरूक्षेत्र

(*c*) शीतोष्ण कटिबंधीय अंचल

(*d*) उत्तरी वन

148. फलों का मधुर/मीठा स्वाद किसके कारण होता है?

(*a*) लैक्टोस (*b*) फ्रक्टोस

(*c*) माल्टोस (*d*) रिबोस

149. जैव-मंडल पृथ्वी का ऐसा क्षेत्र जहाँ जीवन पाया जाता है। इसमें

(1) जल-मंडल (2) स्थल-मंडल

(3) समताप-मंडल (4) क्षोभ-मंडल शामिल हैं

निम्नलिखित में से सही उत्तर का चयन कीजिए

(*a*) 1 और 3 (*b*) 1, 2 और 4

(*c*) 1 और 4 (*d*) 2, 3 और 4

150. भारत के प्रथम मुख्य निर्वाचन आयुक्त कौन थे?

(*a*) के.वी.के. सुंदरम

(*b*) सुकुमार सेन

(*c*) जी.वी. मावलंकर

(*d*) टी. स्वामीनाथन

उत्तरमाला

1. (*a*)	**2.** (*b*)	**3.** (*c*)	**4.** (*c*)	**5.** (*c*)	**6.** (*b*)	**7.** (*a*)	**8.** (*a*)	**9.** (*d*)	**10.** (*a*)
11. (*a*)	**12.** (*a*)	**13.** (*a*)	**14.** (*c*)	**15.** (*)	**16.** (*d*)	**17.** (*b*)	**18.** (*d*)	**19.** (*c*)	**20.** (*c*)
21. (*b*)	**22.** (*c*)	**23.** (*d*)	**24.** (*d*)	**25.** (*d*)	**26.** (*d*)	**27.** (*b*)	**28.** (*a*)	**29.** (*a*)	**30.** (*d*)
31. (*c*)	**32.** (*d*)	**33.** (*b*)	**34.** (*d*)	**35.** (*d*)	**36.** (*c*)	**37.** (*b*)	**38.** (*c*)	**39.** (*b*)	**40.** (*b*)
41. (*c*)	**42.** (*a*)	**43.** (*b*)	**44.** (*a*)	**45.** (*b*)	**46.** (*d*)	**47.** (*c*)	**48.** (*b*)	**49.** (*b*)	**50.** (*a*)
51. (*c*)	**52.** (*c*)	**53.** (*c*)	**54.** (*d*)	**55.** (*b*)	**56.** (*c*)	**57.** (*b*)	**58.** (*a*)	**59.** (*b*)	**60.** (*c*)
61. (*b*)	**62.** (*b*)	**63.** (*c*)	**64.** (*a*)	**65.** (*d*)	**66.** (*c*)	**67.** (*d*)	**68.** (*b*)	**69.** (*c*)	**70.** (*d*)
71. (*c*)	**72.** (*a*)	**73.** (*c*)	**74.** (*d*)	**75.** (*c*)	**76.** (*b*)	**77.** (*a*)	**78.** (*c*)	**79.** (*d*)	**80.** (*d*)
81. (*b*)	**82.** (*a*)	**83.** (*d*)	**84.** (*d*)	**85.** (*a*)	**86.** (*a*)	**87.** (*a*)	**88.** (*a*)	**89.** (*b*)	**90.** (*d*)
91. (*d*)	**92.** (*a*)	**93.** (*d*)	**94.** (*c*)	**95.** (*d*)	**96.** (*c*)	**97.** (*c*)	**98.** (*a*)	**99.** (*a*)	**100.** (*d*)
101. (*a*)	**102.** (*a*)	**103.** (*a*)	**104.** (*a*)	**105.** (*c*)	**106.** (*c*)	**107.** (*d*)	**108.** (*a*)	**109.** (*c*)	**110.** (*c*)
111. (*a*)	**112.** (*c*)	**113.** (*c*)	**114.** (*c*)	**115.** (*c*)	**116.** (*d*)	**117.** (*d*)	**118.** (*c*)	**119.** (*a*)	**120.** (*a*)
121. (*c*)	**122.** (*d*)	**123.** (*b*)	**124.** (*a*)	**125.** (*b*)	**126.** (*d*)	**127.** (*c*)	**128.** (*a*)	**129.** (*c*)	**130.** (*d*)
131. (*a*)	**132.** (*a*)	**133.** (*b*)	**134.** (*d*)	**135.** (*c*)	**136.** (*b*)	**137.** (*c*)	**138.** (*c*)	**139.** (*a*)	**140.** (*d*)
141. (*a*)	**142.** (*c*)	**143.** (*)	**144.** (*d*)	**145.** (*a*)	**146.** (*a*)	**147.** (*c*)	**148.** (*b*)	**149.** (*b*)	**150.** (*b*)

व्याख्या

1.

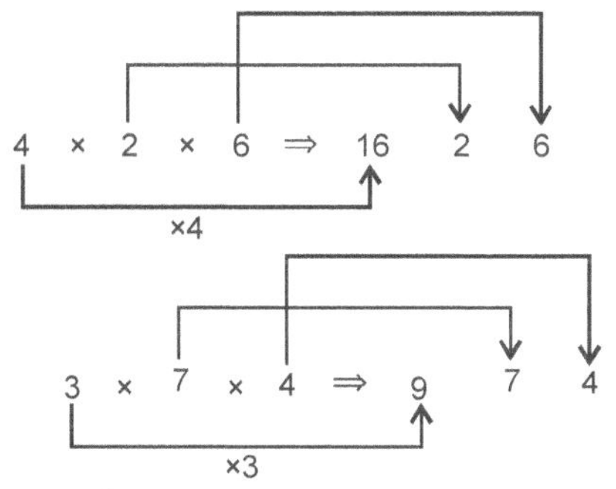

उसी प्रकार,

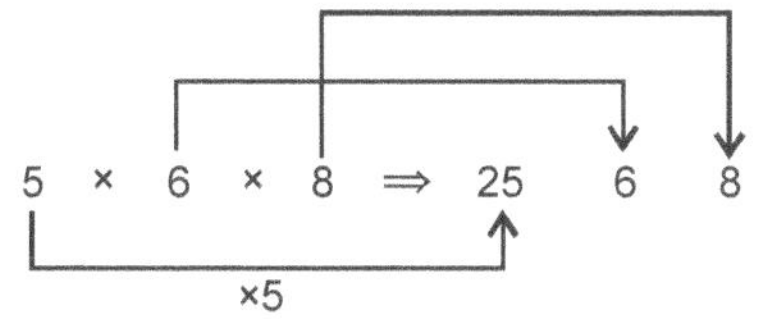

2. ऊपर का विपरीतार्थक शब्द नीचे है। उसी प्रकार, पीछे का विपरीतार्थक शब्द सामने हैं।

3. तारे एवं अन्य खगोलीय पिंडों के अध्ययन को खगोलविज्ञान कहते हैं। उसी प्रकार, पृथ्वी एवं आंतरिक संरचना के अध्ययन को भूविज्ञान कहते हैं।

4. Animal, othello and Madam संज्ञा (Noun) हैं।

5. संख्या 6 का पूर्ण वर्ग 36 है।

$8 \times 8 = 64; 7 \times 7 = 49;$

$5 \times 5 = 25$

6. $443 \Rightarrow 4 + 4 + 3 = 11$

$633 \Rightarrow 6 + 3 + 3 = 12$

$821 \Rightarrow 8 + 2 + 1 = 11$

$245 \Rightarrow 2 + 4 + 5 = 11$

7. बाजरा को छोड़कर अन्य रबी फसलें हैं। बाजरा खरीफ की फसल है।

8. a [c] b [c] c [b] / a [c] b c [c] b / [a] c b

9. शब्दकोश के अनुसार शब्दों का क्रम

3. Objection
↓
2. Objective
↓
4. Obligation
↓
5. Oblivion
↓
1. Obscure

10. $15 + 8 = 23$

$23 + 8 = 31$

$31 + 8 = 39$

$$39 + 8 = \boxed{47}$$
$$47 + 7 = 54$$
$$54 + 7 = 61$$

11.
$$2 + 1.5 = 3.5$$
$$3.5 + 1.5 = 5$$
$$5 + 1.5 = 6.5$$
$$6.5 + 1.5 = 8$$
$$8 + 1.5 = \boxed{9.5}$$

12.

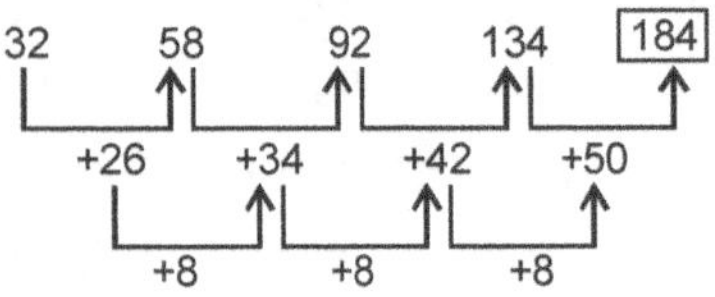

13. दिए गए शब्द में 'U' वर्ण नहीं है। अतः, शब्द SIGNATURE नहीं बनाया जा सकता है।

14.

P	A	I	N	T
↓	↓	↓	↓	↓
7	4	1	2	8

E	X	C	E	L
↓	↓	↓	↓	↓
9	3	5	9	6

अतः

A	C	C	E	P	T
↓	↓	↓	↓	↓	↓
4	5	5	9	7	8

15.

$+ \Rightarrow \div$	$\times \Rightarrow +$
$- \Rightarrow \times$	$\div \Rightarrow -$

विकल्प (1)

$$36 \times 6 + 3 - 2 < 20$$
$$\Rightarrow 36 + 6 \div 3 \times 2 < 20$$
$$\Rightarrow 36 + 2 \times 2 \not< 20$$

विकल्प (2)

$$36 \times 6 + 3 \times 2 > 20$$
$$\Rightarrow 36 + 6 \div 3 + 2 > 20$$
$$\Rightarrow 36 + 2 + 2 > 20$$

विकल्प (3)

$$36 + 6 \times 3 + 2 = 20$$
$$\Rightarrow 36 \div 6 + 3 \div 2 = 20$$
$$\Rightarrow 6 + \frac{3}{2} \neq 20$$

विकल्प (4)

$$36 + 6 - 3 \times 2 = 20$$
$$\Rightarrow 36 \div 6 + 3 + 2 = 20$$
$$\Rightarrow 6 \times 3 + 2 = 20$$
$$\Rightarrow 18 + 2 = 20$$

विकल्प (2) एवं (4) दोनों सही हैं।

16. पुत्र की आयु = 6 वर्ष

पिता की आयु = 6 × 5 = 30 वर्ष

दो वर्ष बाद

पुत्र की आयु = 6 + 2 = 8 वर्ष

पिता की आयु = 30 + 2 = 32 वर्ष

$$\frac{32}{4} = 8$$

21. प्रश्नाकृति (a) से (b) में एक उल्टी आकृति जुड़ जाती है। दिए गए विकल्पों पर गौर करने से सबसे उपयुक्त उत्तर विकल्प (b) प्रतीत होता है।

22.
$$(3)^3 = 27$$
$$(2)^2 = 8$$
$$(4)^3 = 64$$

23. अभीष्ट क्षेत्र वर्ग एवं त्रिभुज में विद्यमान होना चाहिए तथा वृत्त से बाहर होना चाहिए। ऐसे क्षेत्र को '2' द्वारा दर्शाया गया है।

24. आकृति (d) में डिजाइन (T) छोटी है तथा यह दूसरे डिजाइन को प्रतिच्छेद भी नहीं करती है।

26.

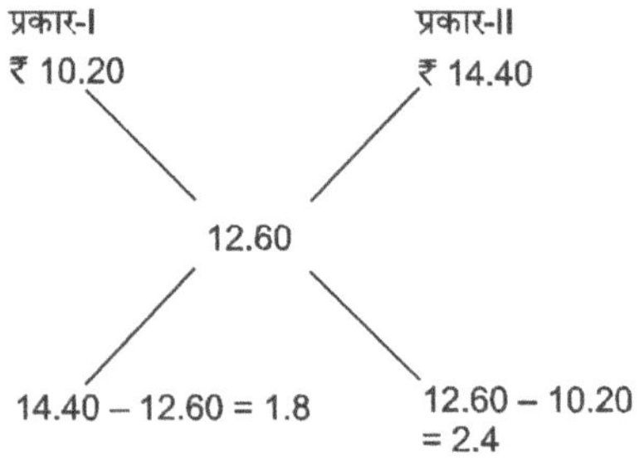

∴ अभीष्ट अनुपात = 1.8 : 2.4 = 18 : 24

27. व्यंजक $= \dfrac{\sqrt{32} + \sqrt{48}}{\sqrt{8} + \sqrt{12}}$

$$= \frac{4\sqrt{2} + 4\sqrt{3}}{2\sqrt{2} + 2\sqrt{3}} = \frac{4\left(\sqrt{2} + \sqrt{3}\right)}{2\left(\sqrt{2} + \sqrt{3}\right)} = 2$$

28. व्यंजक $= \sqrt{\dfrac{9.5 \times 0.085}{0.0017 \times 0.19}}$

$$= \sqrt{\frac{95 \times 85 \times 100}{17 \times 19}} = 5 \times 10 = 50$$

29. पहले दो घंटे में टंकी का भरा गया भाग

$$= \frac{1}{6}+\frac{1}{4}=\frac{2+3}{12}=\frac{5}{12}$$

पहले 4 घंटे में टंकी का भरा गया भाग $= \frac{10}{12}=\frac{5}{6}$

शेष भाग $= 1-\frac{5}{6}=\frac{1}{6}$

नल A द्वारा $\frac{1}{6}$ भाग भरने में लगा समय

$$= \frac{1}{6}\times 6 = 1 \text{ घंटा}$$

$\therefore$ कुल समय = 4 + 1 = 5 घंटे

30. माना अभीष्ट समय $= x$ दिन

$\therefore \frac{x-5}{10}+\frac{x-7}{12}+\frac{x}{15}=1$

$\Rightarrow \frac{6x-30+5x-35+4x}{60}=1$

$\Rightarrow 15x-45=60$

$\Rightarrow 15x=105$

$\Rightarrow x=7$ दिन

31.

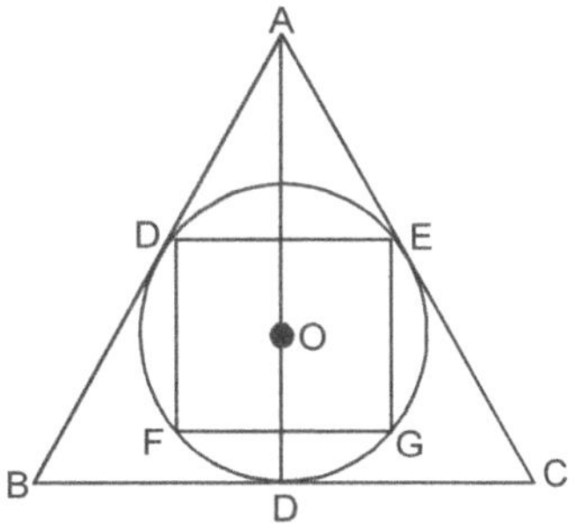

यदि AB = BC = CA = x इकाई हो, तो

$$AD = \sqrt{x^2-\frac{x^2}{4}}=\frac{\sqrt{3}x}{2}$$

$OD = \frac{1}{3}AD = \frac{x}{2\sqrt{3}}$ = वृत्त की त्रिज्या

वर्ग का विकर्ण $= 2\times\frac{x}{2\sqrt{3}}=\frac{x}{\sqrt{3}}$

$\therefore$ त्रिभुज : वर्ग $= \frac{\sqrt{3}}{4}x^2 : \frac{x^2}{2\times 3}$

$$= \frac{\sqrt{3}}{2}:\frac{1}{3}=3\sqrt{3}:2$$

32. $l+b+h=24$

$l^2+b^2+h^2=225$

$\therefore (l+b+h)^2=l^2+b^2+h^2+2(lb+bh+hl)$

$\Rightarrow (24)^2=225+2(lb+bh+hl)$

$\therefore 2(lb+bh+hl)=576-225=351$ वर्ग सेमी

33. एक समतुल्य बट्टा $= \left(70+30-\frac{70\times 30}{100}\right)\%$

$= (100-21)\% = 79\%$

34. वस्तु का क्रय मूल्य = ₹ 100

वस्तु का अंकित मूल्य = ₹ x

$\therefore x\times\frac{90}{100}=117$

$\Rightarrow x=\frac{117\times 100}{90}=$ ₹ 130 यानी

क्रय मूल्य से 30% अधिक

35. यदि घड़ी का सूचीबद्ध मूल्य = ₹ x हो, तो

$$x\times\frac{90}{100}=\frac{450\times 120}{100}$$

$\Rightarrow x=\frac{450\times 120}{90}=$ ₹ 600

36. डाले गए कुल मत $= x$

$\therefore x$ का $(57-43)\% = 42000$

$\Rightarrow x\times\frac{14}{100}=42000$

$\Rightarrow x=\frac{42000\times 100}{14}=300000$

37. यदि संख्या $= x$ हो, तो

$$x\times\frac{90}{100}=30$$

$\Rightarrow x=\frac{3000}{90}=\frac{100}{3}=33\frac{1}{3}$

38. सापेक्ष चाल = 45 + 54 = 99 किमी/घंटा

$= \left(99\times\frac{5}{18}\right)$ मीटर/सेकण्ड

$= \frac{55}{2}$ मीटर/सेकण्ड

$\therefore$ अभीष्ट समय $= \frac{108+112}{\frac{55}{2}}$

$= \frac{220\times 2}{55} = 8$ सेकण्ड

39. यदि कार्यालय की दूरी $= x$ किमी हो, तो

$$\frac{x}{5} - \frac{x}{6} = \frac{8}{60} = \frac{2}{15}$$

$$\Rightarrow \frac{6x - 5x}{30} = \frac{2}{15}$$

$\Rightarrow x = 2 \times 2 = 4$ किमी.

40. y को प्राप्त राशि = ₹ 100

x को प्राप्त राशि = ₹ 125

z को प्राप्त राशि $= \frac{100 \times 100}{75} =$ ₹ $\frac{400}{3}$

$\therefore$ अभीष्ट अनुपात $= 125 : 100 : \frac{400}{3}$

$$= 5 : 4 : \frac{16}{3} = 15 : 12 : 16$$

41. $\frac{36 + n}{50 + n} = \frac{3}{4}$

$\Rightarrow 144 + 4n = 150 + 3n$

$\Rightarrow 4n - 3n = 150 - 144$

$\Rightarrow n = 6$

42. औसत लम्बाई

$$= \frac{6 \times 1.15 + 8 \times 1.1 + 6 \times 1.12}{20}$$

$$= \frac{6.9 + 8.8 + 6.72}{20} = \frac{22.42}{20}$$

= 1 मीटर 12.1 सेमी

43. अभीष्ट औसत $= \frac{2 + 3 + 5 + 7 + 11}{5} = \frac{28}{5} = 5.6$

44. त्रुटिपूर्ण तौल से लाभ $= \frac{200}{800} \times 100 = 25\%$

$\therefore$ अभीष्ट लाभ $= \left(25 + 10 + \frac{25 \times 10}{100}\right)\%$

$$= 37.5\%$$

45. रेडियो की वास्तविक लागत $= 600 + \frac{600 \times 5}{100} =$ ₹ 630

$\therefore$ अभीष्ट विक्रय मूल्य

$$\therefore \frac{630 \times 115}{100} = ₹\ 724.50$$

46. पंखे का क्रय मूल्य = ₹ $\left(\frac{600 \times 100}{90}\right)$

$\therefore$ अभीष्ट विक्रय मूल्य

$$= \frac{600 \times 100}{90} \times \frac{120}{100} = ₹\ 800$$

47. यदि मूलधन = ₹ 1000 हो, तो

मिश्रधन = ₹ 1331

$\therefore$ चक्रवृद्धि ब्याज = मू. $\left(1 + \frac{\text{दर}}{100}\right)^{\text{समय}}$

$$\Rightarrow \frac{1331}{1000} = \left(1 + \frac{\text{दर}}{100}\right)^{\text{समय}}$$

$$\Rightarrow \left(\frac{11}{10}\right)^3 = \left(1 + \frac{\text{दर}}{100}\right)^{\text{समय}}$$

$$\Rightarrow 1 + \frac{\text{दर}}{100} = \frac{11}{10}$$

$$\Rightarrow \frac{\text{दर}}{100} = \frac{11}{10} - 1 = \frac{1}{10}$$

$$\Rightarrow \text{दर} = \frac{1}{10} \times 100 = 10\%$$

48. $190 = \frac{500 \times 4 \times r}{100} + \frac{600 \times 3 \times r}{100}$

$\Rightarrow 20r + 18r = 190$

$\Rightarrow 38r = 190$

$\Rightarrow r = \frac{190}{38} = 5\%$

49. तापांतर:

रविवार $\Rightarrow 39 - 23 = 16^\circ$

शनिवार $\Rightarrow 42.5 - 24 = 18.5^\circ$

बुधवार $\Rightarrow 32.5 - 15 = 17.5^\circ$

50. अभीष्ट उत्तर $= 200 \times \frac{40}{100} = 80$

एस. एस. सी. -2013

मल्टी - टास्किंग (गैर तकनीकी)

दिनांक : 24-03-2013 (प्रथम पाली)

समय : 2 घंटे **प्रश्न संख्या : 150**

भाग-I सामान्य बुद्धि एवं तर्क

निर्देश(प्र.1-3): निम्नलिखित प्रत्येक प्रश्न में दिये गये विकल्पों में से संबंधित शब्द को चुनिए

1. थकान : विश्राम : निर्जल : ?
(*a*) भार (*b*) गर्मी
(*c*) जल (*d*) प्रकाश

2. लेखक : पुस्तक :: दर्जी : ?
(*a*) कपड़ा (*b*) कमीज
(*c*) व्यापारी (*d*) सिलाई

3. दूर करना : आकर्षित करना :: लचीला : ?
(*a*) खींचना (*b*) कड़ा
(*c*) फैलाना (*d*) चौड़ा करना

4. संख्या 85432578 के द्विअभारी तुल्य के अंतिम तीन अंक हैं
(*a*) 001 (*b*) 100
(*c*) 110 (*d*) 010

निर्देश(प्र.5-6): निम्नलिखित प्रत्येक प्रश्न में दिए गए विकल्पों में से विषम शब्द/संख्या युग्म को चुनिए

5. (*a*) बिलौटा (*b*) शावक
(*c*) टट्टू (*d*) हरिणी

6. (*a*) 3 – 9 (*b*) 4 – 8
(*c*) 9 – 3 (*d*) 7 – 6

7. शृंखला का लुप्त पद चुनिए।
AAT, BBE, CCP, ?
(*a*) DDA (*b*) DDB
(*c*) DDC (*d*) DDD

8. निम्नलिखित शृंखला में अगला अक्षर पहचानिए
a d c e b e d f c f e ?
(*a*) *h* (*b*) *g*
(*c*) *f* (*d*) *d*

9. शृंखलाओं में आसन्न अक्षरों के बीच छोड़े गए अक्षरों की संख्या एक से बढ़ती है। नीचे दी गई कौन-सीशृंखला इस नियम का पालन करती है?
(*a*) ACFJOU (*b*) JLNPOQ
(*c*) ZXMKJL (*d*) KCAOPQ

10. दी गई शृंखला में विषम/गलत संख्या ज्ञात कीजिए।
62, 46, 34, 24, 16, 10
(*a*) 62 (*b*) 46
(*c*) 34 (*d*) 24

11. निम्नलिखित में किस वर्ष में फरवरी के महीने में 29 दिन नहीं थे?
(*a*) 2000 (*b*) 2004
(*c*) 1996 (*d*) 1966

12. निम्नलिखित विकल्पों में से वह शब्द चुनिए जो दिए गए शब्द के अक्षरों का प्रयोग करके नहीं बनाया जा सकता
"COMPETITION"
(*a*) TOTEM (*b*) POETIC
(*c*) COMPOSE (*d*) OPINE

13. यदि NASCENT को 2734526 लिखा जाए, तो उसी कोड में SENTENCE को कैसे लिखा जाएगा?
(*a*) 35265235 (*b*) 35256245
(*c*) 35265245 (*d*) 35256275

निर्देश(प्र.14-15): निम्नलिखित प्रत्येक प्रश्न में कुछ प्रश्नों को किसी विशिष्ट प्रणाली से हल किया गया है। उसी आधार पर हल न किए गए प्रश्न का सही उत्तर ज्ञात कीजिए।

14. 72 + 37 = 6328; 54 + 13 = 4504; 61 + 53 = ?
(*a*) 4524 (*b*) 5244
(*c*) 5424 (*d*) 5214

15. 1 × 2 × 4 = 212, 5 × 6 × 8 = 654, 3 × 7 × 2 = ?
(*a*) 173 (*b*) 713
(*c*) 731 (*d*) 317

16. एक विभाग में 24 कर्मचारी टंकन जानते हैं और 11 आशुलिपि जानते हैं। 25 कम्प्यूटर का प्रयोग करना जानते हैं। 7 टंकन तथा आशुलिपि दोनों जानते हैं, 4 आशुलिपि तथा कम्प्यूटर जानते हैं। 12 टंकन तथा कम्प्यूटर जानते हैं और 3 तीनों जानते हैं। यदि उस विभाग में 50 कर्मचारी हों, तो उन कर्मचारियों की संख्या ज्ञात कीजिए जो तीनों कार्य में से कोई भी नहीं जानते।

(*a*) 40 (*b*) 10
(*c*) 47 (*d*) 33

17. कौन-सी उत्तर आकृति प्रश्न के प्रतिरूप को पूरा करेगी?

प्रश्न आकृति:

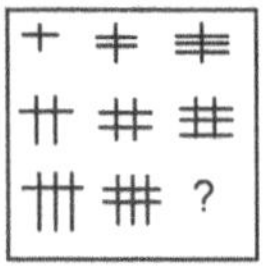

उत्तर आकृतियाँ

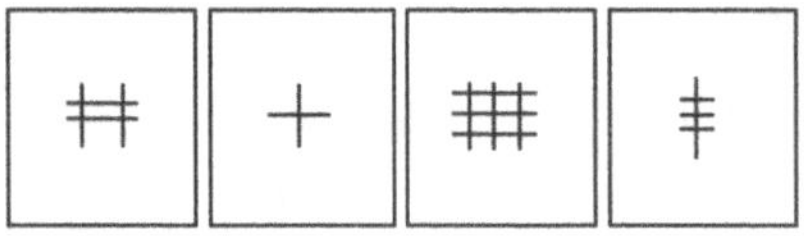

(*a*) (*b*) (*c*) (*d*)

निर्देश(प्र.18-19): निम्नलिखित प्रत्येक प्रश्न में यदि एक दर्पण को MN रेखा पर रखा जाये तो दी गई उत्तर आकृतियों में से कौन-सी आकृति प्रश्न आकृति का सही प्रतिबिम्ब होगी?

18. प्रश्न आकृति:

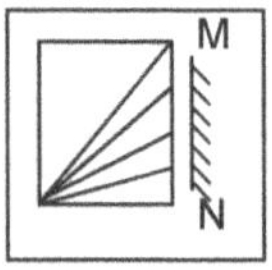

उत्तर आकृतियाँ:

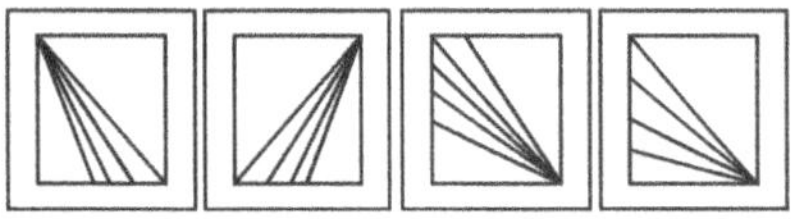

(*a*) (*b*) (*c*) (*d*)

19. प्रश्न आकृति:

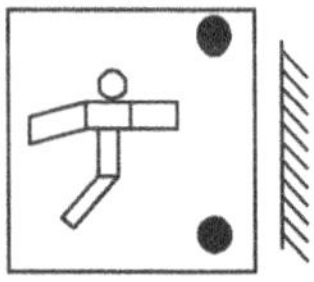

उत्तर आकृतियाँ:

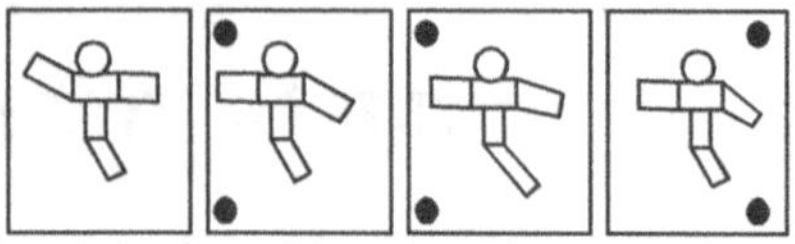

(*a*) (*b*) (*c*) (*d*)

20. दिए गए विकल्पों में से श्रृंखला की लुप्त आकृति ज्ञात कीजिए।

प्रश्न आकृतियाँ:

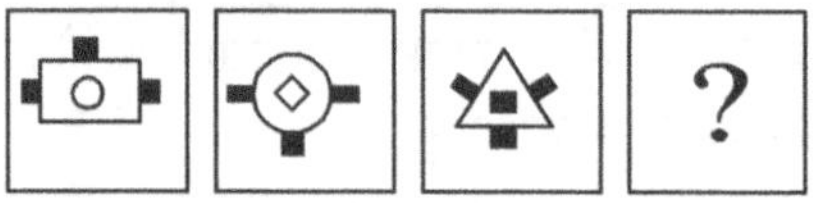

उत्तर आकृतियाँ

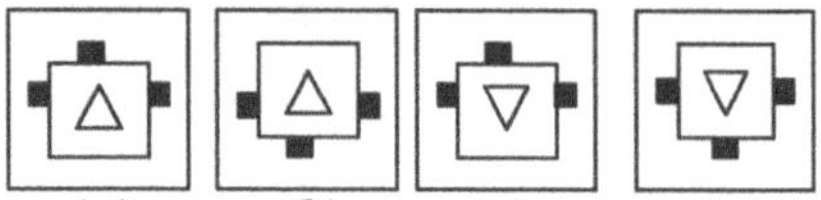

(*a*) (*b*) (*c*) (*d*)

21. एक वृत्ताकार कागज को मोड़ पर छिद्रित किया गया है जैसा कि नीचे दिखाया गया है। दिए गए विकल्पों में ज्ञात कीजिए कि खोलने पर वह कैसा दिखाई देगा?

प्रश्न आकृतियाँ:

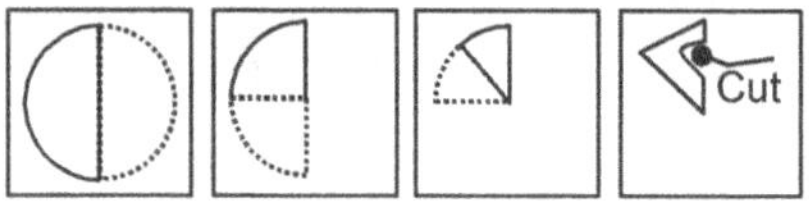

उत्तर आकृतियाँ

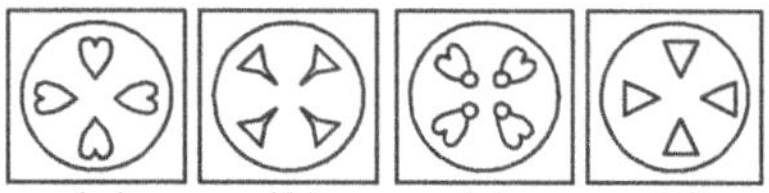

(*a*) (*b*) (*c*) (*d*)

22. जब कागज के एक वृत्ताकार शीट को विशिष्ट विधि से मोड़ कर एक छिद्र किया गया तो खोलने पर वह वैसा दिखाई दिया जैसा प्रश्न आकृति में है। दिए गए उत्तरों से ज्ञात कीजिए कि कागज किस प्रकार मोड़ा और छिद्रित किया गया था?

प्रश्न आकृति:

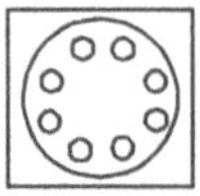

उत्तर आकृति

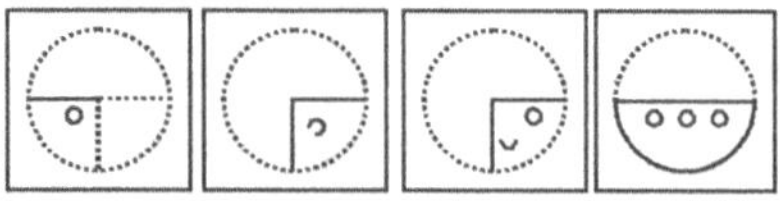

(*a*) (*b*) (*c*) (*d*)

23. दी गई उत्तर आकृतियों में से कौन-सी प्रश्न आकृति में निहित है?

प्रश्न आकृतियाँ

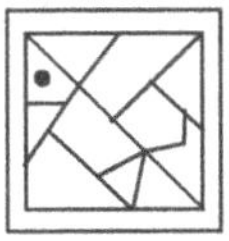

उत्तर आकृतियाँ

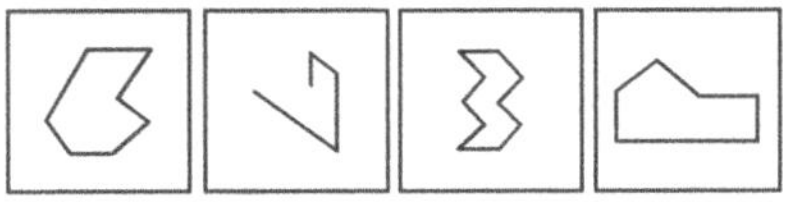

(*a*) (*b*) (*c*) (*d*)

24. A डॉक्टरो को दिखाता है, B पियानो वादकों को दिखाता है, C लेखकों को दर्शाता है और D गायकों को दर्शाता है। कौन-सा कथन अत्यंत उपयुक्त है?

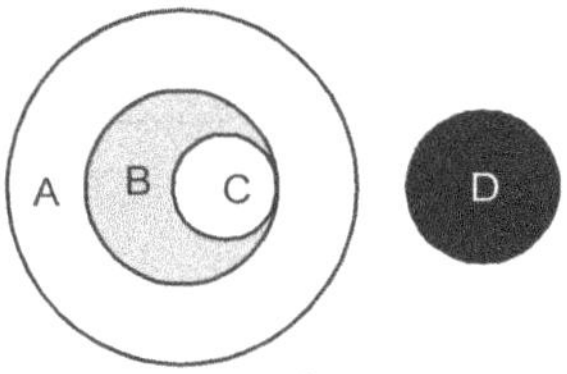

(*a*) सभी गायक डॉक्टर है।

(*b*) सभी लेखक और पियानोवादक डॉक्टर है।

(*c*) सभी पियानोवादक गायक है।

(*d*) इनमें से कोई नहीं

25. निम्नलिखित प्रश्न में ज्ञात कीजिए कि प्रश्न आकृति 180° घुमाने (घूर्णन)के बाद कैसी दिखाई देगी?

प्रश्न आकृति:

उत्तर आकृतियाँ:

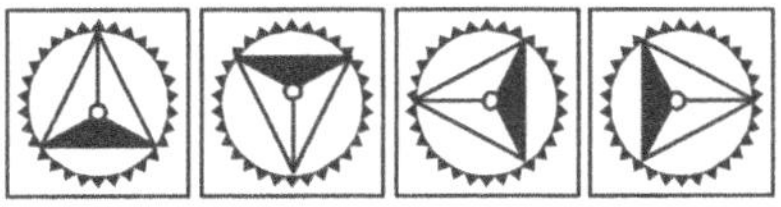

(*a*) (*b*) (*c*) (*d*)

भाग-II सांख्यिकीय अभिक्षमता

26. ऐसी तीन क्रमिक संख्याएँ ज्ञात कीजिए, जिनमें पहली का दुगुना, दूसरी का तीन गुना और तीसरी का चार गुना, जोड़ने पर 191 हो जाता है।

(*a*) 19, 20, 21 (*b*) 21, 22, 23

(*c*) 20, 21, 22 (*d*) 22, 23, 24

27. एक कार्यालय में 108 मेजें और 132 कुर्सियाँ हैं। उनमें यदि $\frac{1}{6}$ मेंजें और $\frac{1}{4}$ कुर्सियाँ टूट जाएँ, तो उस कार्यालय में प्रत्येक को मेज और एक कुर्सी की आवश्यकतानुसार, कितने लोग कार्य कर सकते हैं?

(*a*) 86 (*b*) 90

(*c*) 92 (*d*) 99

28. A तथा B को एक कार्य ₹ 1,200 की राशि पर पूरा करने को दिया गया। A अकेला उसे 15 दिनों में और B उसे 12 दिनों में कर सकता है। साथ में C की मदद से वे उसे 5 दिनों में कर सकते हैं। तदनुसार C का हिस्सा कितना होगा?

(*a*) ₹ 300 (*b*) ₹ 400

(*c*) ₹ 500 (*d*) ₹ 600

29. निम्न में कौन-सी नलियाँ एक पोखर को सबसे जल्दी खाली कर सकती है?

(*i*) 60 सेमी व्यास वाली एक नली

(*ii*) प्रत्येक 30 सेमी व्यास वाली दो नलियाँ

(*iii*) प्रत्येक 20 सेमी व्यास वाली तीन नलियाँ

(*a*) 1 (*b*) 2

(*c*) 3 (*d*) इनमें से कोई नहीं

30. एक समबाहु त्रिभुज और उसके परिवृत्त के क्षेत्रफलों का अनुपात कितना होगा?

(*a*) $2\sqrt{3} : 2\pi$ (*b*) $4 : \pi$

(*c*) $3\sqrt{3} : 4\pi$ (*d*) $7\sqrt{2} : 2\pi$

31. एक आयताकार समांतर षट्फलक के माप 2 : 2 : 1 के अनुपात में हैं और उसके संपूर्ण पृष्ठ का क्षेत्रफल 144 वर्ग सेमी है। तदनुसार उसका आयतन कितना होगा?

(*a*) 72 घन सेमी (*b*) 108 घन सेमी

(*c*) 288 घन सेमी (*d*) 144 घन सेमी

32. एक मशीन का अंकित मूल्य ₹ 6,800 है और उस पर 10% छूट उपलब्ध है। उसका दुकानदार उस पर मौसम न रहने पर खरीदार को अतिरिक्त छूट देता है। और उसे ₹ 5,202 में बेच देता है। तदनुसार यह मौसमी छूट कितनी थी?

(*a*) 10% (*b*) 12%

(*c*) 15% (*d*) 18%

33. A ने एक भोजन-मेज, जिसका अंकित मूल्य ₹ 3,000 था, क्रमश: 10% तथा 15% की क्रमिक छूटों पर खरीदी। उसने उसके ₹ 105 परिवहन खर्च के लिए दिए और ₹ 3,200 में बेच दी। तदनानुसार, उसके लाभ का प्रतिशत कितना है?

(*a*) $22\frac{1}{3}\%$ (*b*) 25%

(*c*) $33\frac{1}{3}\%$ (*d*) $37\frac{17}{24}\%$

34. एक दुकान में प्रत्येक वस्तु का 10% की छूट दी जाती है। यदि मूल्य का भुगतान नकद राशि में किया जाए, तो 12% की अतिरिक्त छूट भी दी जाती है। तदनानुसार यदि किसी वस्तु का आद्य मूल्य ₹ 250 हो, तो उसके लिए खरीदार को नकद भुगतान करने पर कितनी राशि देनी होगी?

(*a*) ₹ 180 (*b*) ₹ 192

(*c*) ₹ 198 (*d*) ₹ 195

35. ₹ 32 प्रति किग्रा की दार्जलिंग की चाय और ₹ 25 प्रति किग्रा की असम की चाय, परस्पर किस अनुपात में मिलाई जाएँ, ताकि उस मिश्रण को ₹ 32.40 प्रति किग्रा में बेचेन पर 20% का लाभ प्राप्त हो सके?

(*a*) 4 : 3 (*b*) 3 : 4

(*c*) 5 : 2 (*d*) 2 : 5

36. एक बक्से में एक रुपया, 50 पैसे और 20 पैसे वाले कुल 420 सिक्के हैं, उनकी कीमत का अनुपात 13 : 11 : 7 है। तदनुसार, उनमें 50 पैसे वाले सिक्कों की संख्या कितनी है?

(*a*) 42 (*b*) 78

(*c*) 66 (*d*) 132

37. संख्या 37 को दो ऐसे भागों में विभाजित कीजिए कि एक भाग के 5 गुने और दूसरे भाग के 11 गुने का योग 227 हो।

(*a*) 15, 22 (*b*) 20, 17

(*c*) 25, 12 (*d*) 30, 7

38. चार लड़कों A, B, C तथा D की औसत आयु 5 वर्ष है और A, B, D तथा E की औसत आयु 6 वर्ष है। उनमें C 8 वर्ष का है, तो E की आयु (वर्षों में) कितनी है?

(*a*) 12 (*b*) 13

(*c*) 14 (*d*) 15

39. उन प्रथम छह (धनात्मक) विषम संख्याओं का औसत कितना है, जिनमें प्रत्येक 7 द्वारा विभाज्य हो?

(*a*) 42 (*b*) 43

(*c*) 47 (*d*) 49

40. एक व्यापारी ने एक वस्तु खरीदी और 5% हानि पर बेच दी। यदि उसने वही वस्तु 10% कम कीमत पर खरीदी होती और ₹ 33 अधिक कीमत पर बेची होती, तो उसे 30% लाभ प्राप्त हो जाता तदनुसार उस वस्तु का लागत-मूल्य कितना है?

(*a*) ₹ 330 (*b*) ₹ 155

(*c*) ₹ 150 (*d*) ₹ 300

41. एक व्यापारी दो बैल, प्रत्येक ₹ 8,400 पर बेचता है और उन पर न लाभ कमाता है, न हानि सहता है। तदनुसार, यदि उसने उनमें से एक को 20% लाभ पर बेचा है, तो दूसरे को कितनी हानि पर बेचा होगा?

(*a*) 20% (*b*) $18\frac{2}{9}\%$

(*c*) $14\frac{2}{7}\%$ (*d*) 21%

42. एक व्यक्ति अपने मित्र को एक कार 10% हानि पर बेचता है। तदनुसार, यदि वह मित्र उसे ₹ 54,000 में बेचे और 20% लाभ प्राप्त कर ले, तो कार का आरंभिक लागत-मूल्य कितना था?

(*a*) ₹ 25,000 (*b*) ₹ 35,000

(*c*) ₹ 45,000 (*d*) ₹ 50,000

43. एक मशीन की कीमत ₹ 6,250 है। उस कीमत में पहले वर्ष में 10% दूसरे वर्ष में 20% और तीसरे वर्ष में 30% की कमी आ जाती है। तदनुसार, 3 वर्षों बाद उस मशीन की कीमत कितनी रह जाएगी?

(*a*) ₹ 2,650 (*b*) ₹ 3,050

(*c*) ₹ 3,150 (*d*) ₹ 3,510

44. एक गाँव की जनसंख्या 25,000 है। उसमें $\frac{1}{5}$ स्त्रियाँ हैं और शेष पुरुष हैं। उनमें 5% पुरुष तथा 40% स्त्रियाँ अशिक्षित हैं। तदनुसार, कुल शिक्षित लोगों का प्रतिशत कितना है?

(*a*) 75% (*b*) 88%

(*c*) 55% (*d*) 85%

45. एक रेलगाड़ी एक प्लेटफॉर्म पर लगे बिजली के खंभे को 7 सेकंड में पार कर लेती है और पूरे प्लेटफॉर्म को 28 सेकंड में पार पर लेती है। तदनुसार, यदि उस प्लेटफॉर्म की लम्बाई 390 मीटर हो, तो रेलगाड़ी की लम्बाई (मीटर में) कितनी होगी?

(*a*) 120 (*b*) 130

(*c*) 140 (*d*) 150

46. एक समुद्री जहाज के ऊपर से एक बंदूक चलाई जाती है। उसकी आवाज की अनुगूँज एक चट्टान से 9.6 सेकंड बाद सुनी जाती हैं। उस ध्वनि की गति 1100 फीट/सेकंड है। तदनुसार उस चट्टान की जहाज से दूरी कितनी है।

(*a*) 1056 फीट (*b*) 5280 फीट
(*c*) 10560 फीट (*d*) 21120 फीट

47. ₹ 2,400 की धनराशि, साधारण ब्याज दर पर 4 वर्षों में ₹ 3,264 हो जाती हैं तदनुसार, यदि ब्याज दर में 1% की वृद्धि कर दी जाए, तो वही धनराशि उतने ही समय में कितनी हो जाएगी?

(*a*) ₹ 3,288 (*b*) ₹ 3,312
(*c*) ₹ 3,340 (*d*) ₹ 3,360

48. ₹ 1,000 की धनराशि, 10% वार्षिक दर पर, प्रति वर्ष चक्रवृद्धि जोड़ने पर, कितने समय में ₹ 1,331 हो जाएगी?

(*a*) 2 वर्ष (*b*) 2 वर्ष, 6 महीने
(*c*) 3 वर्ष (*d*) 3 वर्ष, 6 महीने

निर्देश(प्र.49-50): निम्न स्तंभ आरेख में कुछ कृषि आयतों को जनवरी से मई 2008 तक की अवधि में दर्शाया गया है। इसमें दिए गए आंकड़ों के आधार पर, प्रश्नों के (यथासंभव निकटतम) उत्तर दीजिए।

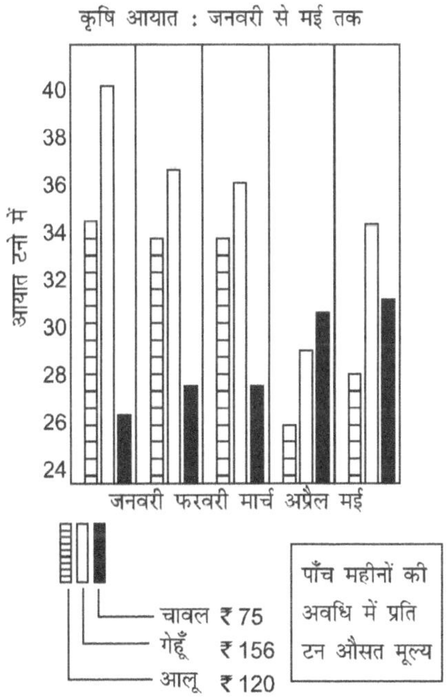

49. फरवरी तथा मार्च में आयातीत आलुओं का औसत मूल्य कितना है?

(*a*) ₹ 3,960 (*b*) ₹ 5,960
(*c*) ₹ 1,280 (*d*) ₹ 4,440

50. मार्च में गेहूँ के आयात का कुल मूल्य (रुपयों में) कितना था?

(*a*) ₹ 3,212 (*b*) ₹ 5,616
(*c*) ₹ 7,042 (*d*) ₹ 2,224

भाग-III अंग्रेजी भाषा

Directions (Q. 51-60): *In the following questions, some parts of the sentences have errors and some are correct. Find out which part of a sentence has an error. The number of the part is answer. If a sentence is free from error, then your answer is (d), i.e. No error.*

51. Books fair (*a*)/ encourage (*b*)/ reading habit. (*c*)/ No error (*d*)

52. Each of the girls (*a*)/ are (*b*)/ clever. (*c*) / No error (*d*)

53. We need to surround ourselves with (*a*)/ caring people particular loved ones who (*b*) / bring hope and support to our hearts and minds and with whom we can communicate. (*c*)/ No error (*d*)

54. UNICEF (*a*)/ is (*b*) / an international organisation. (*c*) / No error (*d*)

55. The boy who studies hard (*a*)/ he will pass (*b*) / with flying colours. (*c*) / No error (*d*)

56. As a person who beleves (*a*) / that honesty is the best policy (*b*) / I feel that politics are not my cup of tea. (*c*) / No error (*d*)

57. A Tale of Two Cities (*a*) / are written (*b*) / by Charles Dickens. (*c*) / No error (*d*)

58. Though the police tried all sorts of methods to illicit (*a*) / information from the public (*b*) / they remained silent. (*c*) / No error (*d*)

59. He asked me (*a*) / What you are doing (*b*) / out in the street at this hour (*c*) / No error (*d*).

60. No sooner did the peon (*a*) / ring the bell (*b*) / the boys left the class. (*c*) / No error (*d*)

***Directions (Q. 61-70):** In the following questions, sentences are given with blanks to be filled in with an appropriate word(s). Four alternatives are suggested for each question. Choose the correct alternative out of the four as your answer.*

61. Go home immediately __________ your mother is looking for you.

(*a*) after (*b*) so that

(*c*) because (*d*) but

62. He was slow as usual. Even a snail would have seemed __________.

(*a*) fastest (*b*) faster

(*c*) too fast (*d*) not fast

63. The father seems relieved as he has married ________ both of his daughters.

(*a*) of (*b*) off

(*c*) to (*d*) away

64. Mohan : Have you ever ________ before? It's my first time in a plane and I am a little nervous.

(*a*) fled (*b*) flowed

(*c*) flown (*d*) flying

65. They have already completed the job, ____ ?

(*a*) isn't it (*b*) has they

(*c*) haven't they (*d*) won't they

66. The whole class sympathised ____the peon.

(*a*) at (*b*) for

(*c*) with (*d*) towards

67. Your tie does not go well _____ your shirt.

(*a*) above (*b*) with

(*c*) for (*d*) to

68. I am grateful ___________ him.

(*a*) with (*b*) in

(*c*) for (*d*) to

69. The subordinate made a remark against his boss that cost his job.

(*a*) derogatory (*b*) complimentary

(*c*) oblique (*d*) conscientious

70. He _________ before the court that he was innocent of the crime.

(*a*) denied (*b*) denounced

(*c*) demanded (*d*) declared

***Directions (71-73):** In the following questions, out of the four alternatives, choose the one which best expresses the meaning of the given word as your answer.*

71. Antagonist

(*a*) non-believer (*b*) troublemaker

(*c*) troubleshooter (*d*) opponent

72. Solitary

(*a*) solid (*b*) solicitous

(*c*) lonely (*d*) voluntary

73. Engross

(*a*) dismiss (*b*) oppress

(*c*) absorb (*d*) endanger

***Directions (Qs. 74-76):** In the following questions, choose the word opposite in meaning to the, given word as your answer.*

74. Callous

(*a*) careless (*b*) concerned

(*c*) caress (*d*) carefree

75. Comrade

(*a*) friend (*b*) associate

(*c*) follower (*d*) enemy

76. Stingy

(*a*) generous (*b*) prudent

(*c*) thrifty (*d*) economical

***Directions (Q. 77-79):** In the following questions, four alternatives are given for the idiom / Phrase printed bold in the sentence. Choose the alternatives which best expresses the meaning of the Idiom / Phrase as your answer.*

77. I **take my hat off** to all those who donate blood regularly.

(*a*) Congratulate (*b*) Welcome

(*c*) Admire (*d*) Encourage

78. You must admire the way shere **sticks to her guns**.

(*a*) Maintains her opinion

(*b*) Holds on to the pistol

(*c*) Does not let her weapon go

(*d*) Refuses to shoot

79. You better learn **to toe the line** to avoid consequences.

(*a*) To be indifferent to rules

(*b*) To disobey rule

(*c*) To follow the lead

(*d*) To make your own rules

Directions (80-84): *In the following questions, a sentene/ part of the sentence is printed in bold. Below are given alternatives to the bold part at (a), (b), (c)which may improve the sentence. Choose the correct alternative. In case no improvement is needed, your answer is (d).*

80. The workers were **bent at getting** their dues.

(*a*) bent for getting (*b*) bent upon getting

(*c*) bent in getting (*d*) No improvement

81. Jatin's case against Jagat was **trivial**.

(*a*) insignificant (*b*) harmful

(*c*) tolerable (*d*) No improvement

82. How can one adjust among **a passive** lot?

(*a*) People who are cold and without feeling

(*b*) A lot of crowd

(*c*) Indolent people

(*d*) No improvement

83. Her activities are limited **only to** cooking and washing clothes.

(*a*) limited by (*b*) limited to

(*c*) not limited to (*d*) No improvement

84. My sister doesn't have as much jewellery as my mother.

(*a*) My mother has jewellery but not more than my sister.

(*b*) My sister has too much jewellery.

(*c*) My mother has more jewellery than my sister.

(*d*) No improvement

Directions (Q. 85-89): *In the following questions, out of the four alternatives choose the one which can be substituted for the given words/sentence.*

85. Men living in the same age

(*a*) recent (*b*) modern

(*c*) contemporary (*d*) compatriot

86. Someone who is killed fighting for the cause of religion or faith.

(*a*) prophet (*b*) martyr

(*c*) seer (*d*) mystic

87. A list of books and writings of one author or one subject.

(*a*) biography (*b*) lithography

(*c*) bibliography (*d*) orthography

88. Yearly celebration of a date or an event.

(*a*) birthday (*b*) jubilee

(*c*) anniversary (*d*) centenary

89. A list of the names of books

(*a*) epilogue (*b*) dialogue

(*c*) catalogue (*d*) prologues

Directions (Q. 90-92): *In the following questions, there are four different words out of which one is correctly spelt. Find the correctly spelt word as your answer.*

90. (*a*) Retrospact (*b*) Prospect

(*c*) Inspecter (*d*) Presept

91. (*a*) Utterance (*b*) Uterance

(*c*) Uttarance (*d*) Utterence

92. (*a*) Conscience (*b*) Consience

(*c*) Consiense (*d*) Consciance

Direction (Q. 93-95): *In the following questions, groups of four words are given. In each group, one word is wrongly spelt. Find the wrongly spelt word as your answer.*

93. (*a*) Beginning (*b*) Ordinery

(*c*) Disguising (*d*) Dignitary

94. (*a*) Illiterate (*b*) Tolarate

(*c*) Co-operate (*d*) Irritate

95. (*a*) Continuance (*b*) Continuity

(*c*) Continutie (*d*) Continual

Directions (Q. 96-100): *In the following questions, you have a passage with 5 questions. Read the passage carefully and choose the best answer to each question out of the four alternatives.*

PASSAGE

Michelle Obama plans to go to Oak Creek. Milwaukee, to meet family members of those killed and injured in the gurdwara shooting this month.

The White House said the First Lady's visit on Thursday in part of the administrations outreach to the Sikh community after the August 5 shooting. A gunman killed six people attending Sunday services before killing himself. The gunman was associated with white supremacists and neo-Nazi groups. investigators say they may never know for certain what prompted his attack.

The Sikh community welcomed the White House announcement as a great gesture. It is great to hear that the First Lady will be comforting the families devastated by the violence in the gurdwara, the chairman of the Sikh Council. Rajwant Singh, said

96. The shootout on August 5 was at

(*a*) Milwaukee (*b*) The White House

(*c*) Washington (*d*) Canada

97. The shootout killed

(*a*) Americans (*b*) Michelle Obama

(*c*) Sikhs (*d*) A gunman

98. The gunman was a member of

(*a*) Oak Creek (*b*) a gurdwara

(*c*) neo-Nazi groups (*d*) Sikh community

99. What was the cause of the gunmans attack?

(*a*) Distaste for Sunday servicees

(*b*) His association with white supremacists ans neo-Nazi groups

(*c*) His hatred for Indians

(*d*) Particular reason may never be known

100. Rajwant Singh

(*a*) criticized Michelle Obama

(*b*) appreciated Michelle Obama

(*c*) attacked Michelle Obama

(*d*) grieved over Michelle Obama

भाग-IV सामान्य जानकारी

101. लघु उद्योग के लिए संयंत्र एवं मशीनरी में निवेश की ऊपरी/उच्चतम सीमा वर्तमान में कितनी निर्धारित की गई है?

(*a*) ₹ 35 लाख (*b*) ₹ 45 लाख

(*c*) ₹ 60 लाख (*d*) ₹ 1 करोड़

102. सकल घरेलू उत्पाद (जीडीपी) में वर्तमान वित्तीय घाटे का प्रतिशत क्या है?

(*a*) 7 (*b*) 4

(*c*) 8 (*d*) 1

103. मुद्रा (धन/पूँजी) किसका उदाहरण है?

(*a*) डूबी हुई पूँजी (*b*) चलायमान पूँजी

(*c*) ठोस पूँजी (*d*) सामाजिक पूँजी

104. फार्मूला $1 > e > 0$ द्वारा दर्शाई गई प्रत्यास्थता (इनास्टिसिटी) (e) क्या है?

(*a*) पूरी तरह प्रत्यास्थ (*b*) सापेक्षतया प्रत्यास्थ

(*c*) पूरी तरह अप्रत्यास्थ (*d*) सापेक्षतया अप्रत्यास्थ

105. लाभ का अभिनव सिद्धांत किसने विकसित किया?

(*a*) वॉकर (*b*) क्लार्क

(*c*) नाइट (*d*) शुम्पीटर

106. "जो व्यक्ति किसी स्टेट में नहीं रहता वह या तो संत होता है, या पशु" यह किसने कहा था?

(*a*) मोन्टेस्क्यू (*b*) एंजिल्स

(*c*) सॉफिस्ट्स (*d*) अरस्तू

107. भारत में आम चुनाव किस सिद्धांत पर आधारित हैं?

(*a*) आनुपातिक प्रतिनिधत्व

(*b*) प्रादेशिक प्रतिनिधत्व

(*c*) कार्यात्मक प्रतिनिधत्व

(*d*) सामान्य प्रतिनिधत्व

108. ब्रिटिश इंडिगो बागान मालिकों के अत्याचारों का वर्णन करने वाला प्रसिद्ध नाटक "नील दर्पण" किसने लिखा?

(*a*) प्रेमचंद (*b*) बंकिम चंद्र चटर्जी

(*c*) दीनबंधु मित्रा (*d*) सुब्रह्मण्यम भारती

109. "मुक्ति सामान्य इच्छा शक्ति का पालन करने में है" यह किसने कहा था?

(*a*) हॉब्स (*b*) रूसो

(*c*) ग्रीन (*d*) लास्की

110. सरकार को राष्ट्रपति प्रणाली के अधीन कार्यकारिणी के सदस्य

(*a*) विधानमंडल के दोनों सदनों से लिए जाते हैं।

(*b*) केवल लोक सभा के होते हैं।

(*c*) विधानमंडल के किसी भी सदन के सदस्य नहीं होते।

(*d*) नियुक्ति के बाद विधानमंडल के सदस्य बनते हैं।

111. गांधी-इर्विन समझौते पर हस्ताक्षर कब हुए थे?
(*a*) 10 मार्च, 1930 (*b*) 20 मार्च, 1931
(*c*) 12 मार्च, 1930 (*d*) 5 मार्च, 1931

112. तालिकोटा की प्रसिद्ध लड़ाई कब हुई थी?
(*a*) 1565 ई. (*b*) 1575 ई.
(*c*) 1585 ई. (*d*) 1570 ई.

113. निम्नलिखित में से कौन औरंगजेब का उत्तराधिकारी बना?
(*a*) अजाम (*b*) काम बक्श
(*c*) अकबर-II (*d*) मुअज्जम

114. भारतीय सिविल सेवा में अर्हता प्राप्त करने वाले प्रथम भारतीय कौन थे?
(*a*) सुरेन्द्र नाथ बनर्जी (*b*) सत्येंद्र नाथ टैगोर
(*c*) सुभाष चंद्र बोस (*d*) रवीन्द्र नाथ टैगोर

115. अलवार संतों का आविर्भाव निम्नलिखित में से किस आधुनिक राज्य से हुआ?
(*a*) तमिलनाडु (*b*) केरल
(*c*) कर्नाटक (*d*) महाराष्ट्र

116. पेशावर किसके निकट है?
(*a*) काराकोरम दर्रा (*b*) जोजिला दर्रा
(*c*) नामिका-ला दर्रा (*d*) खैबर दर्रा

117. खासी और गारो किस राज्य की भाषाएँ हैं?
(*a*) मणिपुर (*b*) मेघालय
(*c*) असम (*d*) त्रिपुरा

118. सबरीमाला निम्नलिखित में से किस राज्य में स्थित है?
(*a*) आन्ध्र प्रदेश (*b*) तमिलनाडु
(*c*) केरल (*d*) कर्नाटक

119. किस हिमालयी चोटी को सागरमाथा भी कहते हैं?
(*a*) नागा पर्वत (*b*) धौलागिरी
(*c*) माउंट एवरेस्ट (*d*) कंचनजंगा

120. बाड़ा (काल)शब्द किसके लिए प्रयुक्त किया जाता है?
(*a*) मसाई चरवाहे का घर
(*b*) मसाई चरवाहे का बाड़ से घिरा गाँव
(*c*) घास (किकुयु)की पशुशाला
(*d*) किरगिज का टेंट

121. निम्नलिखित में से किसका हृदय शिरायुक्त होता है?
(*a*) स्तनधारी (*b*) सरीसृप
(*c*) मत्स्य (*d*) उभयचर

122. निम्नलिखित में से कौन उत्सर्जक उत्पाद के रूप में यूरिक एसिड का उत्सर्जन करता है?
(*a*) अमीबा (*b*) तिलपिया
(*c*) गौरेया (*d*) ऊँट

123. गेहूँ का धब्बा किसके कारण होता है?
(*a*) आस्टिलैगो मेडिस (*b*) पक्सीनिया ग्रैमिनिस
(*c*) अस्टिलैगो ट्रिटिसि (*d*) कोलेटोट्रिकम फाल्कटम

124. आरएनए में थायमीन के स्थान पर कौन-सा बेस होता है?
(*a*) एडेनाइन (*b*) ग्वानाइन
(*c*) यूरेसिल (*d*) साइटोसाइन

125. एन्जाइम के प्रोटिन भाग को क्या कहते हैं?
(*a*) आइसोएन्जाइम (*b*) होलोएन्जाइम
(*c*) एपोएन्जाइम (*d*) उपर्युक्त सभी

126. हाइड्रोलिक प्रेस में किसका उपयोग होता है?
(*a*) पास्कल नियम (*b*) बर्नोली का सिद्धांत
(*c*) आर्किमिडीज सिद्धांत (*d*) बॉयल का नियम

127. विद्युत चालकता की यूनिट क्या है?
(*a*) ओम (Ohm) (*b*) ओम-क्यू (Ohm-cu)
(*c*) म्हो (mho) (*d*) म्हो-क्यू$^{-1}$ (mho-cu^{-1})

128. लैम्प की बत्ती में तेल किसके कारण ऊपर उठता है?
(*a*) दाब अंतर (*b*) केशिकीय घटना
(*c*) तेल की कम श्यानता (*d*) संसजन बल

129. ग्रह गति का केपलर नियम बताता है कि कालावधि का वर्ग ________ के बराबर है।
(*a*) अर्ध दीर्घ अक्ष
(*b*) अर्ध दीर्घ अक्ष के वर्ग
(*c*) अर्ध दीर्घ अक्ष के घन
(*d*) अर्ध दीर्घ अक्ष की चौथी शक्ति

130. अरिथ्मेटिक एंड लॉजिक यूनिट
I. गणितीय संक्रियाएँ पूरी करता है।
II. डाटा का संग्रह करता है।
III. तुलनाएँ करता है।
IV. निवेश युक्तियों के साथ संषप्रेषण करता है।
निम्नलिखित में से क्या सही है?
(*a*) केवल I (*b*) केवल III
(*c*) I और II (*d*) I और III

131. वर्ड प्रोसेसिंग में डॉक्यूमेंट के भीतर टेक्स्ट को एक स्थान से दूसरे स्थान पर ले जाने को क्या कहते है?

(*a*) क्लिप आर्ट (*b*) सर्च एवं रिप्लेस

(*c*) कट एवं पेस्ट (*d*) ब्लॉक ऑपरेशन

132. सबडाइरेक्टरी बनाने के लिए किस एमएस–डॉस कमांड का प्रयोग किया जाता है?

(*a*) डी आई आर/सम के (*b*) एम के डी आई आर

(*c*) सी एच डी आई आर (*d*) आर एक डी आई आर

133. निलंबन कण का आकार इनके बीच होता है

(*a*) 10^{-2} और 10^{-4} सेमी

(*b*) 10^{-5} और 10^{-7} सेमी

(*c*) 10^{-8} और 10^{-10} सेमी

(*d*) 10^{-1} और 10^{-2} सेमी

134. आयोडीन मान का प्रयोग किसका प्राक्कलन करने के लिए किया जाता है?

(*a*) तेल में हाइड्रोऑक्सील समूह

(*b*) तेल में क्षार तत्व

(*c*) तेल में असंतृप्ति

(*d*) तेल में कार्बोक्सिलिक समूह

135. 106 तत्व की खोज किसने की थी?

(*a*) रदरफोर्ड (*b*) सीबॉर्ग

(*c*) लॉरेस (*d*) कुर्शटोव

136. गैस स्थिरांक R का मान अर्ग डिग्री$^{-1}$ मोल$^{-1}$में क्या है?

(*a*) 8.314×10^7 (*b*) 8.341×10^7

(*c*) 8.413×10^7 (*d*) 4.183×10^7

137. जीव के लिए बॉडी के कुल भार का या रसायन के ऊतक सान्द्रण का 50% कम करने के लिए अपेक्षित समय को क्या कहते हैं?

(*a*) देहली सीमा काल (*b*) अर्धायु

(*c*) अवशिष्ट अवधि (*d*) अर्धायु अवधि

138. 24 घंटों के भीतर दवा की एक खुराक या कई खुराक देने के अल्पकाल के भीतर होने वाले प्रतिकूल प्रभाव को क्या कहते हैं?

(*a*) पुरानी विषाक्तता (*b*) घोर विषाक्तता

(*c*) LD_{50} (*d*) LC_{50}

139. जीवित कोशिका में रेडियोधर्मी तत्वों का पता किस तकनीक से लगाया जा सकता है?

(*a*) अपकेन्द्रण

(*b*) वर्णलेखिकी/क्रोमैटोग्राफी

(*c*) स्वविकिरणी–चित्रण/ऑटो रेडियोग्राफी

(*d*) उपर्युक्त सभी

140. औद्योगिक क्षेत्र में लेड के लिए परिवेशी वायु गुणता मानक का 24 घंटे का औसत क्या होता है?

(*a*) 0.65 $\mu g/m^3$ (*b*) 0.75 $\mu g/m^3$

(*c*) 1.0 $\mu g/m^3$ (*d*) 1.5 $\mu g/m^3$

141. संयुक्त राष्ट्र के प्रथम महासचिव कौन थे?

(*a*) ऊ थांट (*b*) डॉ. कुर्ट वाल्डीम

(*c*) त्रिग्वे ली (*d*) डैग हैमरस्कजोल्ड

142. भारत में सबसे बड़ा बाघ अभयारण्य (टाइगर रिजव) कौन–सा है?

(*a*) पेंच (*b*) मानस

(*c*) नागार्जुन (*d*) कॉर्बेट

143. सूर्य का निकटतम ग्रह कौन–सा है?

(*a*) शुक्र (*b*) बृहस्पति

(*c*) मंगल (*d*) बुध

144. हाल में नई रेल कोच फैक्टरी का शिलान्यास कहाँ किया गया?

(*a*) अमृतसर (*b*) सहरसा

(*c*) चेन्नई (*d*) राय बरेली

145. विश्व बैंक का नया अध्यक्ष किसे नियुक्त किया गया है?

(*a*) जिम यॉंग किम

(*b*) रॉबर्ट जोएलिक

(*c*) बान की मून

(*d*) ल्यूमन दराज

146. हाल में छोड़ा गया भारत का पहला सूक्ष्मतरंग दूरसंवेदी उपग्रह कौन–सा है?

(*a*) जी एस ए टी – 12 (GSAT-12)

(*b*) मेघ्रा ट्रॉपिकीज

(*c*) आर आई एस ए टी – 1 (RISAT-1)

(*d*) रोहिणी

147. समाचारों में वर्तमान में छाई एफडीआई (FDI) का पूरा नाम क्या है?

(*a*) फ्लेटिंग डिपोजिट इन्वेस्टमेंट

(*b*) फॉरेन डायरेक्ट इन्वेस्टमेंट

(*c*) फॉरेन डायवर्स इन्वेस्टमेंट

(*d*) फाइनेंशियल डेरिवेटिस इन इंडिया

148. फतेह सिंह राठौड़ जिसकी मृत्यु वर्ष 2011 में हुई, किसके लिए प्रसिद्ध था?

(*a*) वन्यजीव संरक्षणवादी (*b*) हॉकी खिलाड़ी

(*c*) चित्रकार (*d*) संगीतकार

149. भारत में बीबी-का-मक्बरा कहाँ स्थित है?

(*a*) फहतेपुर सीकरी (*b*) औरंगाबाद

(*c*) हैदराबाद (*d*) जौनपुर

150. निम्नलिखित का मिलान कीजिए

सूची-I (उपनाम)	सूची-II (नाम)
(*a*) सीमांत गांधी	1. मदन मोहन मालवीय
(*b*) भारत का सबसे वृद्ध व्यक्ति	2. वल्लभभाई पटेल
(*c*) महामना	3. दादाभाई नौरोजी
(*d*) भारत का लोह पुरुष	4. बाल गंगाधर तिलक
	5. अब्दुल गफ्फार खान

(*a*) a – 4, b – 2, c – 3, d – 5

(*b*) a – 5, b – 3, c – 1, d – 2

(*c*) a – 4, b – 2, c – 5, d – 1

(*d*) a – 5, b – 3, c – 2, d – 4

उत्तरमाला

1. (*c*)	**2.** (*b*)	**3.** (*b*)	**4.** (*d*)	**5.** (*d*)	**6.** (*d*)	**7.** (*a*)	**8.** (*b*)	**9.** (*a*)	**10.** (*a*)
11. (*d*)	**12.** (*c*)	**13.** (*c*)	**14.** (*b*)	**15.** (*c*)	**16.** (*b*)	**17.** (*c*)	**18.** (*d*)	**19.** (*c*)	**20.** (*c*)
21. (*a*)	**22.** (*a*)	**23.** (*b*)	**24.** (*b*)	**25.** (*b*)	**26.** (*c*)	**27.** (*b*)	**28.** (*a*)	**29.** (*a*)	**30.** (*c*)
31. (*b*)	**32.** (*c*)	**33.** (*c*)	**34.** (*c*)	**35.** (*d*)	**36.** (*d*)	**37.** (*d*)	**38.** (*a*)	**39.** (*a*)	**40.** (*c*)
41. (*c*)	**42.** (*d*)	**43.** (*c*)	**44.** (*b*)	**45.** (*b*)	**46.** (*b*)	**47.** (*d*)	**48.** (*c*)	**49.** (*a*)	**50.** (*b*)
51. (*a*)	**52.** (*b*)	**53.** (*b*)	**54.** (*a*)	**55.** (*b*)	**56.** (*d*)	**57.** (*b*)	**58.** (*b*)	**59.** (*b*)	**60.** (*c*)
61. (*c*)	**62.** (*b*)	**63.** (*b*)	**64.** (*c*)	**65.** (*c*)	**66.** (*c*)	**67.** (*b*)	**68.** (*d*)	**69.** (*a*)	**70.** (*d*)
71. (*d*)	**72.** (*c*)	**73.** (*c*)	**74.** (*b*)	**75.** (*d*)	**76.** (*a*)	**77.** (*c*)	**78.** (*a*)	**79.** (*c*)	**80.** (*b*)
81. (*a*)	**82.** (*a*)	**83.** (*b*)	**84.** (*c*)	**85.** (*c*)	**86.** (*b*)	**87.** (*c*)	**88.** (*c*)	**89.** (*c*)	**90.** (*b*)
91. (*a*)	**92.** (*b*)	**93.** (*b*)	**94.** (*b*)	**95.** (*c*)	**96.** (*a*)	**97.** (*c*)	**98.** (*c*)	**99.** (*d*)	**100.** (*b*)
101. (*d*)	**102.** (*b*)	**103.** (*b*)	**104.** (*d*)	**105.** (*d*)	**106.** (*d*)	**107.** (*b*)	**108.** (*c*)	**109.** (*b*)	**110.** (*c*)
111. (*d*)	**112.** (*a*)	**113.** (*d*)	**114.** (*b*)	**115.** (*a*)	**116.** (*d*)	**117.** (*b*)	**118.** (*c*)	**119.** (*c*)	**120.** (*b*)
121. (*c*)	**122.** (*c*)	**123.** (*c*)	**124.** (*c*)	**125.** (*c*)	**126.** (*a*)	**127.** (*c*)	**128.** (*b*)	**129.** (*c*)	**130.** (*d*)
131. (*c*)	**132.** (*b*)	**133.** (*a*)	**134.** (*c*)	**135.** (*b*)	**136.** (*a*)	**137.** (*d*)	**138.** (*b*)	**139.** (*c*)	**140.** (*d*)
141. (*c*)	**142.** (*c*)	**143.** (*d*)	**144.** (*d*)	**145.** (*a*)	**146.** (*c*)	**147.** (*b*)	**148.** (*a*)	**149.** (*b*)	**150.** (*b*)

व्याख्या

1. थकान महसूस होने पर हम विश्राम करते हैं। विश्राम करने से थकान दूर हो जाती है उसी प्रकार, जल की कमी होने पर हम जल अधिक मात्रा में पीते हैं।

2. लेखक पुस्तक लिखता है। उसी प्रकार, दर्जी कमीज सिलता है।

3. 'दूर करना' का विपरीत अर्थ है 'आकर्षित करना'। उसी प्रकार, 'लचीला' का विपरीत अर्थ 'कड़ा' है।

4. संख्या 85432578 को 2 से भाग देने पर अंत में 18 बचेगा।

2	18	
2	9	0
2	4	1
2	2	0
	1	

अब, $(1010)_2 = 18_{10}$

अंतिम तीन अंक = 010

5. हरिणी, हरिण की स्त्री जाति है। बिलौटा बिल्ली का नवजात शिशु है। शावक सिंह का नवजात शिशु है। टट्टू एक छोटे आकार का घोड़े जैसा जन्तु है।

6. संख्या युग्म 7-6 को छोड़कर अन्य सभी में एक संख्या दूसरी संख्या की गुणज है।

7. $A \xrightarrow{+1} B \xrightarrow{+1} C \xrightarrow{+1} \boxed{D}$

$A \xrightarrow{+1} B \xrightarrow{+1} C \xrightarrow{+1} \boxed{D}$

$T \xrightarrow{-15} E \xrightarrow{+11} P \xrightarrow{-15} \boxed{A}$

8. $a \xrightarrow{+1} b \xrightarrow{+1} c$

$d \xrightarrow{+1} e \xrightarrow{+1} f$

$c \xrightarrow{+1} d \xrightarrow{+1} e$

$e \xrightarrow{+1} f \xrightarrow{+1} \boxed{g}$

9. $A \xrightarrow{+2} C \xrightarrow{+3} F \xrightarrow{+4} J \xrightarrow{+5} O \xrightarrow{+6} U$

$J \xrightarrow{+2} L \xrightarrow{+2} N \xrightarrow{+2} P \xrightarrow{-1} O \xrightarrow{+2} Q$

$Z \xrightarrow{-2} X \xrightarrow{-11} M \xrightarrow{-2} K \xrightarrow{-1} J \xrightarrow{+2} L$

$K \xrightarrow{-8} C \xrightarrow{-2} A \xrightarrow{+14} O \xrightarrow{+1} P \xrightarrow{+1} Q$

10. $62 - 14 = 46$

$46 - 12 = 34$

$34 - 10 = 24$

$24 - 8 = 16$

$16 - 6 = 10$

इस प्रकार, संख्या 62 शृंखला में गलत है।

11. अधिवर्ष 4 से पूर्णत: विभाजित हो जाता है। शताब्दी वर्ष यदि अधिवर्ष है तो वह 400 से पूर्णत: विभाजित होना चाहिए।

$\frac{2000}{400} = 5; \frac{2004}{4} = 501;$

$\frac{1996}{4} = 499;$

परंतु, $\frac{1966}{4} = 491.5$

12. दिए गए शब्द में 'S' वर्ण नहीं है। अत: शब्द COMPOSE नहीं बनाया जा सकता है।

13.

N	A	S	C	E	N	T
↓	↓	↓	↓	↓	↓	↓
2	7	3	4	5	2	6

अत:,

S	E	N	T	E	N	C	E
↓	↓	↓	↓	↓	↓	↓	↓
3	5	2	6	5	2	4	5

14. $72 - 9 = 63$

$37 - 9 = 28$

$\Rightarrow 72 + 37 \Rightarrow 6328$

$54 - 9 = 45$

$13 - 9 = 04$

$\Rightarrow 54 + 13 \Rightarrow 4504$

उसी प्रकार, $61 - 9 = 52$

$53 - 9 = 44$

$\Rightarrow 61 + 53 = 5244$

15.

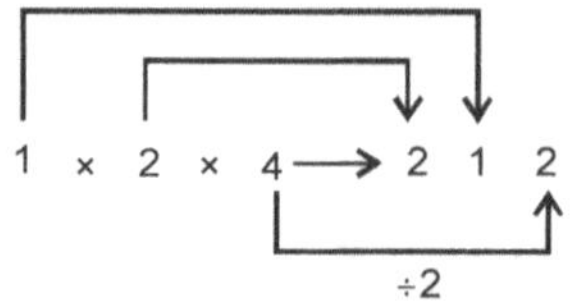

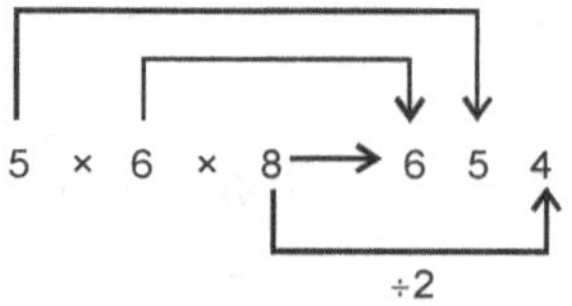

उसी प्रकार,

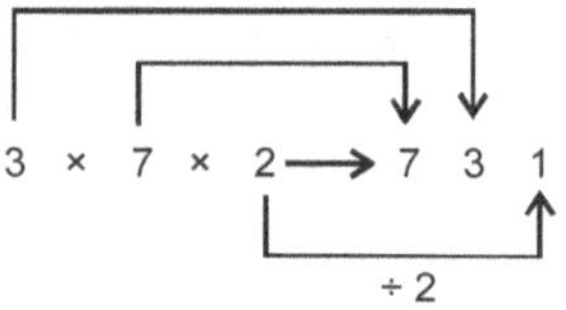

16.

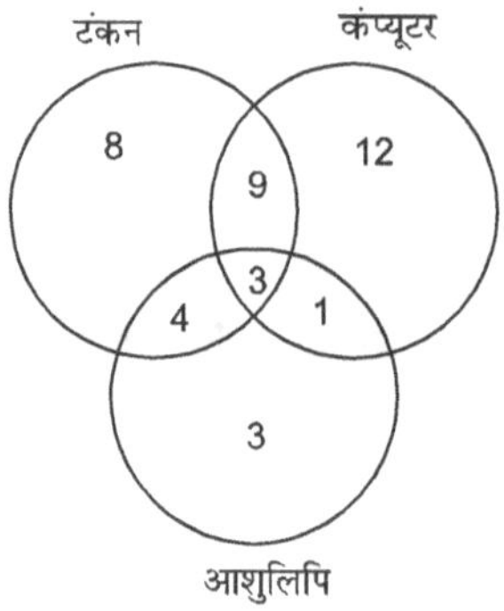

टंकन, कंप्यूटर या आशुलिपि या इनमें से कोई दो या सभी तीनों कार्य जानने वाले कर्मचारियों की संख्या

$= 8 + 9 + 12 + 4 + 3 + 1 + 3 = 40$

उन कर्मचारियों की संख्या जो तीनों कार्य में से कोई भी नहीं जानते $= 50 - 40 = 10$

20. पहली आकृति से दूसरी आकृति में वृत्त एवं आयत परस्पर स्थान परिवर्तित करते हैं तथा ऊपर वाला छायांकित भाग नीचे चला जाता है।

24. सभी लेखक (C) तथा पियानोवादक (B) डॉक्टर (A) हैं।

26. माना संख्याएँ $= x, x + 1$ एवं $x + 2$

$\therefore 2x + 3x + 3 + 4x + 8 = 191$

$\Rightarrow 9x = 191 - 11 = 180 \Rightarrow x = 20$

$\therefore$ संख्याएँ = 20, 21 एवं 22

27. सुरक्षित मेज $= \frac{5}{6} \times 108 = 90$

सुरक्षित कुर्सियाँ $= \frac{3}{4} \times 132 = 99$

सुरक्षित जोड़े $= 90$

28. प्रश्नानुसार,

$$\frac{1}{15}+\frac{1}{12}+\frac{1}{C}=\frac{1}{5}$$

$$\Rightarrow \frac{1}{C}=\frac{1}{5}-\frac{1}{15}-\frac{1}{12} = \frac{12-4-5}{60}=\frac{1}{20}$$

$$\therefore\ A:B:C = \frac{1}{15}:\frac{1}{12}:\frac{1}{20} = 4:5:3$$

$\therefore$ C का हिस्सा $= \frac{3}{12}\times 1200 =$ ₹ 300

29. यदि प्रति इकाई समय में पानी का प्रवाह x किमी हो तो

$$V = \pi r^2 h$$

अत: $V \alpha r^2$

30.

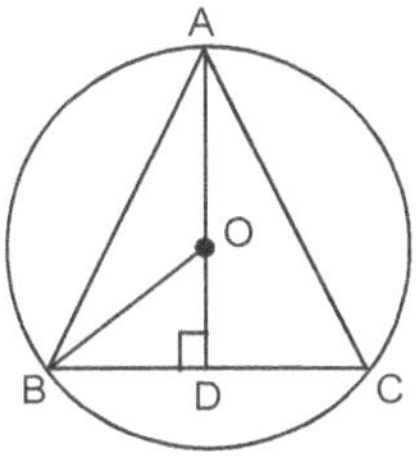

$AB = BC = AC = 2x$ इकाई

$$AD = \sqrt{4x^2 - x^2} = \sqrt{3}x$$

$$OD = \frac{1}{3}\times\sqrt{3}x = \frac{x}{\sqrt{3}}$$

$\therefore\ OB = \sqrt{x^2+\frac{x^2}{3}} = \frac{2x}{\sqrt{3}} =$ परित्रिज्या

$\therefore\ \Delta ABC$: परिवृत्त का क्षेत्रफल

$$= \frac{\sqrt{3}}{4}\times 4x^2 : \pi\times\frac{4x^2}{3} = 3\sqrt{3}:4\pi$$

31. प्रश्नानुसार संपूर्ण पृष्ठ

$$= 2(2x \times 2x + 2x \times x + x \times 2x) = 16x^2$$

$\therefore\ 16x^2 = 144$

$\therefore\ x^2 = 9 \Rightarrow x = 3$

$\Rightarrow$ समषट्फलक का आयतन $= 2x \times 2x \times x$

$= 4x^3 = 4 \times 27$

$= 108$ घन सेमी

32. 10% छूट के बाद मशीन का मूल्य

$= \frac{6800\times 90}{100} =$ ₹ 6120

यदि मौसमी छूट $= x\%$ हो, तो

$$\frac{6120\times x}{100} = 6120 - 5202 = 918$$

$$\Rightarrow x = \frac{918\times 100}{6120} = 15\%$$

33. A के लिए क्रय मूल्य

$= 3000\times\frac{90}{100}\times\frac{85}{100} =$ ₹ 2295

वास्तविक क्रय मूल्य = 2295 + 105 = ₹ 2400

$\therefore$ लाभ प्रतिशत $= \frac{800}{2400}\times 100 = \frac{100}{3} = 33\frac{1}{3}\%$

34. अभीष्ट विक्रय मूल्य $= 250\times\frac{90}{100}\times\frac{88}{100} =$ ₹ 198

35. यदि मिश्रण का क्रय मूल्य = ₹ x प्रति किग्रा. हो तो

$$x\times\frac{120}{100} = 32.40$$

$$\Rightarrow x = \frac{32.40\times 100}{120} = 27$$

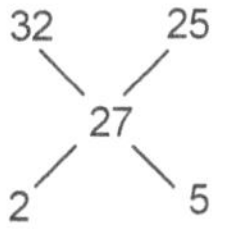

$\therefore$ अभीष्ट अनुपात = 2 : 5

36. कीमत का अनुपात = 13 : 11 : 7

संख्या का अनुपात = 13 : 22 : 35

$\therefore\ 13x + 22x + 35x = 420$

$\Rightarrow 70x = 420 \Rightarrow x = 6$

$\therefore$ 50 पैसे वाले सिक्के $= 22x = 22 \times 6 = 132$

37. यदि पहला भाग $= x$ हो तो दूसरा भाग $= 37 - x$

$\therefore\ x \times 5 + (37 - x)11 = 227$

$\Rightarrow 5x + 407 - 11x = 227$

$\Rightarrow 6x = 407 - 227 = 180$

$\Rightarrow x = 30$

$\therefore$ दूसरा भाग = 37 − 30 = 7

38. A + B + C + D = की कुल आयु

5 × 4 = 20 वर्ष

$\Rightarrow$ A + B + D = 20 − 8 = 12 वर्ष

पुन:, A + B + D + E की कुल औसत आयु = 24 वर्ष

$\therefore$ E की आयु = 24 − 12 = 12 वर्ष

39. अभीष्ट औसत

$$= \frac{7+21+35+49+63+77}{6}$$

$$= \frac{7(1+3+5+7+9+11)}{6}$$

$$= \frac{7\times 36}{6} = 42$$

40. वस्तु का क्रय मूल्य = ₹ x

$\therefore$ पहला विक्रय मूल्य = ₹ $\frac{19x}{20}$

दूसरी स्थिति

क्रय मूल्य ₹ $\frac{9x}{10}$

$\therefore \frac{19x}{20} + 33$

$\Rightarrow \frac{9x \times 130}{1000} = \frac{117}{100}x \Rightarrow \frac{117x}{100} - \frac{19x}{20} = 33$

$\Rightarrow \frac{117x - 95x}{100} = 33 \Rightarrow 22x = 33 \times 100$

$\Rightarrow x = \frac{33 \times 100}{22} =$ ₹ 150

41. पहले बैल का क्रय मूल्य = $\frac{100 \times 8400}{120}$ = ₹ 7000

$\therefore$ लाभ = ₹ 1400

$\therefore$ हानि = ₹ 1400

$\therefore$ दूसरे बैल का क्रय मूल्य

= 8400 + 1400 = ₹ 9800

यदि हानि = $x\%$ हो, तो

$\therefore 9800 \times \frac{x}{100} = 1400 \Rightarrow x = \frac{100}{7} = 14\frac{2}{7}\%$

42. यदि कार का आरंभिक लागत मूल्य = ₹ x हो, तो,

$\therefore$ पहला विक्रय मूल्य = ₹ $\frac{9x}{10}$

$\therefore \frac{9x}{10} \times \frac{120}{100} = 54000$

$\Rightarrow x = \frac{54000 \times 1000}{9 \times 120}$ = ₹ 50000

43. मशीन की अभीष्ट कीमत

$= 6250\left(1 - \frac{10}{100}\right)\left(1 - \frac{20}{100}\right)\left(1 - \frac{30}{100}\right)$

$= 6250 \times \frac{90}{100} \times \frac{80}{100} \times \frac{70}{100}$ = ₹ 3150

44. पुरुष $= 25000 \times \frac{4}{5} = 20000$

महिला = 5000

शिक्षित पुरुष $= 20000 \times \frac{95}{100} = 19000$

शिक्षित महिला $= \frac{5000 \times 60}{100} = 3000$

कुल शिक्षित लोग = 22000

$\therefore$ अभीष्ट प्रतिशत $= \frac{22000}{25000} \times 100 = 88\%$

45. यदि रेलगाड़ी की लम्बाई = x मीटर हो, तो

$\therefore$ रेलगाड़ी की चाल $= \frac{x}{7} = \frac{x + 390}{28}$

$\Rightarrow x = \frac{x + 390}{4}$

$\Rightarrow 4x - x = 390$

$\Rightarrow x = \frac{390}{3} = 130$ मीटर

46. यदि चट्टान की दूरी = d फीट हो, तो

$2d = 1100 \times 9.6$

$\Rightarrow d = \frac{1100 \times 9.6}{2} = 5280$ फीट

47. ब्याज = 3264 − 2400 = ₹ 864

दर $= \frac{\text{ब्याज} \times 100}{\text{मूलधन} \times \text{समय}}$

$= \frac{864 \times 100}{2400 \times 4} = 9\%$ प्रति वर्ष

नयी दर = 10% प्रति वर्ष

$\therefore$ ब्याज $= \frac{2400 \times 10 \times 4}{100}$ = ₹ 960

$\therefore$ धनराशि = 2400 + 960 = ₹ 3360

48. मिश्रधन = मूलधन$\left(1 + \frac{\text{दर}}{100}\right)^{\text{समय}}$

$\Rightarrow 1331 = 1000\left(1 + \frac{10}{100}\right)^{T}$

$\Rightarrow \frac{1331}{1000} = \left(\frac{11}{10}\right)^{T}$

$\Rightarrow \left(\frac{11}{10}\right)^{3} = \left(\frac{11}{10}\right)^{T}$

$\Rightarrow T = 3$ वर्ष

49. अभीष्ट औसत मूल्य $= \frac{1}{2}(33 \times 120 + 33 \times 120)$

$= \frac{1}{2} \times 120 \times 66 =$ ₹ 3960

50. गेहूँ का अभीष्ट मूल्य = 36 × 156 = ₹ 5616

अभ्यास पत्र

अभ्यास पत्र-1

समय : 2 घंटे **पूर्णांक : 150**

भागः I-सामान्य बुद्धिमत्ता

1. निम्नलिखित चार में से तीन किसी प्रकार समान हैं अत: उनका एक समूह बनता है। वह कौन-सा है जो इस समूह में नहीं आता है ?

(*a*) पहाड़ी (*b*) घाटी

(*c*) बाँध (*d*) पहाड़

2. ESRO अक्षरों में से प्रत्येक का केवल एक बार उपयोग करते हुए अंग्रेजी के कितने अर्थपूर्ण शब्द बन सकते हैं ?

(*a*) कोई नहीं (*b*) एक

(*c*) दो (*d*) तीन से अधिक

3. निम्नलिखित संख्या अनुक्रम में आगे क्या आना चाहिए ?

2 2 3 2 3 4 2 3 4 5 2 3 4 5 6 2 3 4 5 6 7 2 3 4

(*a*) 8 (*b*) 5

(*c*) 6 (*d*) 2

4. शब्द CONSTABLE में अक्षरों के ऐसे कितने जोड़े हैं जिनमें से प्रत्येक के बीच शब्द में उतने ही अक्षर हैं जितने कि उनके बीच अंग्रेजी वर्णमाला में है?

(*a*) कोई नहीं (*b*) एक

(*c*) दो (*d*) तीन

5. किसी खास कोड में BOARD को 54#12 और MORE को 941$ लिखा जाता है। इस कोड में DREAM कैसे लिखा जाएगा ?

(*a*) 21$#9 (*b*) 2$1#9

(*c*) 51$#9 (*d*) 25$#9

6. संख्या 5231698 में कितने अंक हैं जो संख्या के आरम्भ में उतने ही दूर है जितने कि वे आरोही क्रम में लगाने पर होंगे ?

(*a*) कोई नहीं (*b*) एक

(*c*) दो (*d*) तीन

निर्देश (7-8) : नीचे दिए गए प्रत्येक प्रश्न में तीन कथन और उसके बाद तीन निष्कर्ष I, II और III दिए गए हैं। आपको दिए गए कथनों को सत्य मानना है, भले ही वे सर्वज्ञात तथ्यों से भिन्न प्रतीत होते हों। सभी निष्कर्षों को पढ़िए फिर तय कीजिए कि दिए गए निष्कर्षों में से कौन-सा निष्कर्ष दिए गए कथनों का तर्कसंगत रूप से अनुसरण करता है, चाहे सर्वज्ञात तथ्य कुछ भी हों।

7. कथन : कुछ फूल बिन हैं।
कुछ बिन हैंडल हैं।
सभी हैंडल छड़ियाँ हैं।

निष्कर्ष: I. कुछ छड़ियाँ बिन हैं।
II. कुछ हैंडल फूल हैं।
III. कुछ छड़ियाँ फूल हैं।

(*a*) केवल II अनुसरण करता है

(*b*) केवल III अनुसरण करता है

(*c*) केवल I और II अनुसरण करता है

(*d*) केवल I अनुसरण करता है

8. कथन : कुछ दीवारें दरवाजे हैं।
कुछ दरवाजे खाट हैं।
कुछ खाट कुर्सियां हैं।

निष्कर्ष: I. कुछ कुर्सियां दरवाजे हैं।
II. कुछ खाट दीवारें हैं।
III. कोई कुर्सी दरवाजा नहीं है

(*a*) केवल II अनुसरण करता है

(*b*) केवल III अनुसरण करता है

(*c*) या तो केवल I या III अनुसरण करता है

(*d*) केवल I अनुसरण करता है

9. यदि शब्द FLOURISH के पहले स्वरों को वर्णक्रमानुसार रखा जाए, फिर सभी व्यंजनों को वर्णक्रमानुसार रखा जाए, फिर सभी स्वरों को अंग्रेजी वर्णमाला के पिछले अक्षर और सभी व्यंजनों को अगले अक्षर से बदल दिया जाए तो दाएं छोर से तीसरा अक्षर कौन-सा होगा ?

(*a*) I (*b*) S

(*c*) M (*d*) V

10. यदि 'A × B' का अर्थ है 'B, A का पिता है', 'A + B' का अर्थ है 'A, B की पत्नी है', 'A ÷ B' का अर्थ है 'A, B का भाई है', तो 'J + H ÷ R × L में J का L के साथ क्या रिश्ता है ?

(*a*) बेटी

(*b*) डॉटर-इन-लॉ

(*c*) सिस्टर-इन-लॉ

(*d*) निर्धारित नहीं किया जा सकता

11. उत्तराभिमुख बच्चों की एक पंक्ति में, रितेश बाएं छोर से बारहवां है। सुधीर जो दाएं छोर से बाइसवां है, रितेश से दाएं को चौथा है। पंक्ति में कुल कितने बच्चे हैं?

(*a*) 35 (*b*) 36

(*c*) 37 (*d*) 34

12. एक खास कोड में DUPLICATE को MRVFJFVBE लिखा जाता है। उस कोड में CARTOUCHE कैसे लिखा जाएगा ?

(*a*) UTBEPWDJF

(*b*) UTBFQFJDW

(*c*) UTBEQFJDW

(*d*) UTBEPFJDW

13. शब्द PHYSICAL में अक्षरों के ऐसे कितने जोड़े हैं, जिनमें से प्रत्येक के बीच शब्द में उतने ही अक्षर हैं जितने कि अंग्रेजी वर्णमाला में उनके बीच हैं ?

(*a*) कोई नहीं (*b*) एक

(*c*) दो (*d*) तीन

14. निम्नलिखित संख्याओं के सेट में यदि अंतिम अंक में '1' जोड़ा जाए और फिर अंकों के क्रम को उलट दिया जाए, तो संख्याओं को आरोही क्रम में लगाने पर चौथी संख्या कौन-सी होगी ?

567 284 696 865 738

(*a*) 567 (*b*) 284

(*c*) 696 (*d*) 865

15. निम्नलिखित चार में तीन किसी प्रकार समान हैं, अत: उनका एक समूह बनता है। वह एक कौन-सा है जो इस समूह में नहीं आता है ?

(*a*) गुलाब (*b*) चमेली

(*c*) गेंदा (*d*) कमल

16. एक पंक्ति में राम का क्रमांक दोनों ओर से पाँचवाँ है, तो पंक्ति में कुल कितने व्यक्ति हैं ?

(*a*) 6 (*b*) 7

(*c*) 8 (*d*) 9

17. यदि 'पीला' का अर्थ 'नीला' है, 'नीला' का अर्थ 'हरा' है, 'हरा' का अर्थ 'काला' है, 'काला' का अर्थ 'सफेद' है, 'सफेद' का अर्थ 'लाल' है, तो बताइए कि पेड़ की पत्ती का रंग क्या होगा ?

(*a*) पीला (*b*) नीला

(*c*) हरा (*d*) काला

18. सहेलियां एक वृत्ताकार पथ पर बैठकर केन्द्र की ओर मुँह करके बातें कर रही हैं। सुशीला, सुधा और पुष्पा के मध्य नहीं बैठी है। पूनम, पुष्पा की पड़ोसी है और रिंकी के ठीक बाएँ बैठी है। पिंकी, सुशीला के दाएँ दूसरे स्थान पर बैठी है। रिंकी के ठीक सामने पिंकी बैठी है। पुष्पा के ठीक सामने कौन बैठी है?

(*a*) पिंकी (*b*) पूनम

(*c*) सुधा (*d*) सुशीला

निर्देश (19-20) : निम्नलिखित प्रत्येक प्रश्न में एक कथन तथा उसके नीचे दो कार्यवाहियाँ दी गई हैं, जिन्हें I क्रमांक एवं II दिया गया है। कोई भी कार्यवाही कथन में दी गई जानकारी के आधार पर उठाई गई समस्या या नीति से सम्बन्धित ऐसा कदम या प्रशासनिक निर्णय होता है, जो कि समस्या से सम्बन्धित किसी सुधार, अनुवर्ती कार्यवाहियों अथवा किसी आगामी कार्यवाही करने के लिए लिया जाता है। आपको कथन में दी गई प्रत्येक बातें सत्य माननी हैं और फिर निर्णय करना है कि सुझायी गई दो कार्यवाहियों में से कौन-सी अनुगमन हेतु तर्कसंगत प्रतीत होती है ?

(*a*) यदि केवल कार्यवाही I तर्कसंगत है।

(*b*) यदि केवल कार्यवाही II तर्कसंगत है।

(*c*) यदि I एवं II दोनों कार्यवाहियाँ तर्कसंगत हैं।

(*d*) यदि न तो I और न ही II कार्यवाही तर्कसंगत हैं।

19. **कथन–** पूर्वोत्तर राज्यों की आर्थिक स्थिति लगातार दयनीय होती जा रही है, जिसकी वजह है उद्योगों का लगातार घाटे में चलना।

कार्यवाहियाँ–

I. सरकार को पूर्वोत्तर राज्यों में औद्योगीकरण को बढ़ावा देना चाहिए।

II. राज्य सरकार को अपने तमाम कर्मचारियों का वेतन भुगतान रोक देना चाहिए।

20. **कथन–** रेलवे विभाग के कर्मचारियों की लापरवाही से आए दिन रेलवे दुर्घटना हो रही हैं।

कार्यवाहियाँ–

I. सरकार को लापरवाही बरतने वाले कर्मचारी को कड़ी-से-कड़ी सजा देनी चाहिए साथ-ही-साथ नौकरी से निष्कासित कर देना चाहिए।

II. सरकार को रेलवे विभाग को पूर्णत: कम्प्यूटरीकृत कर देना चाहिए।

निर्देश (21-25) : नीचे दिये गए प्रत्येक प्रश्न में चिह्न : : के बाईं ओर अक्षरों/अंकों के दो वर्ग दिये गए हैं, जो एक-दूसरे से किसी प्रकार से सम्बन्धित हैं। चिह्न : : के दाईं ओर अक्षरों/अंकों का एक वर्ग तथा एक प्रश्न चिन्ह् दिया गया है। आप उत्तर विकल्पों से अक्षरों/अंकों का एक ऐसा वर्ग ज्ञात कीजिए, जिससे दाईं ओर के दोनों वर्गों में भी वैसा ही सम्बन्ध हो जाए, जैसा सम्बन्ध बाईं ओर के वर्गों में है।

21. ABCD : JKLM : : JKLM : ?

(*a*) STUV (*b*) RSTUV

(*c*) QRST (*d*) PQRS

22. MNOP : NMPO : : PQRS : ?

(*a*) QPRS (*b*) QPSR

(*c*) PQSR (*d*) SPQR

23. ACEG : BDFH : : JLNP : ?

(*a*) KOMQ (*b*) IKOM

(*c*) KMOQ (*d*) IKMO

24. 3 : 27 : : 6 : ?

(*a*) 45 (*b*) 108

(*c*) 36 (*d*) 216

25. 5 : 30 : : 10 ?

(*a*) 100 (*b*) 90

(*c*) 110 (*d*) 80

भाग: II-अंग्रेजी भाषा

Directions (26–35): *Read the following passage carefully and answer the questions given below it. Certain words/phrases have been printed in bold to help you locate them while answering some of the questions.*

There was a famous temple on a high hill in Assam. The priest of this temple was widely respected and was known to be a great scholar. When he grew old, he started searching for a younger priest who could take charge of the temple after his death. But, much to his dismay, he could not find any suitable person. As the priest lay .on his deathbed, he called the trustee of the temple and told him, "After my death, make sure that only a "human being" replaces me as the priest of this temple." As soon as he said these words, he died. Information travelled far and wide that the head priest of the famous temple had died and now there was an urgent need for a replacement. A day was set for the selection of the successor. That day, starting at dawn, aspirants started trekking the step and torturous climb to the temple. The route to the temple was indeed difficult; it was full of thorns, and stones. By the time most people managed to reach the temple, they had received minor cuts and bruises on their feet and hands.

After breakfast, the selection process started. The trustee asked all the aspirants to recite difficult shlokas, or verses from the sacred texts, and explain various procedures of priesthood. By afternoon, as the selection process was about to end, one young man walked slowly into the temple. The trustee noticed him and said, "Young man, you are very late. What took you so long ? And what happened to your clothes, why are they torn ? Your feet and hands are bleeding so badly." The man replied, "I know sir, I am late, so I will not participate in the competition. If I have your permission, I will just get my wounds treated, rest for a while and then go back to my village." But the trustee was curious to know about this man. He asked again, "But how did you manage to hurt yourself so badly, did you not follow the same route as the others ?" "Yes sir, I did," replied the man. "But I thought I must remove the thorns and other sharp stones from the path so that when people come to pray in this temple they must not get hurt. That is why I got late and that is how I hurt myself. I apologize for the delay, but as I said, I know I am late and hence I don't wish to participate in the competition.

It will not be fair to the others if I participated." Hearing this, the trustee smiled and said, "Congratulations, you have been chosen. I am sure that when our noble priest was dying and he said that he wanted a "human being" to be his successor, he meant that he wanted someone like you. "This statement infuriated the other participants. "What do you mean ?" they **demanded.** "Are we not humans ? This man just said that he did not wish to participate. How can you choose him as he has not gone through any of the tests ?" The trustee replied, "Our old priest used to say that even animals know how to watch for their self interest; they know how to avoid danger, search food and so on. Only a 'human being' knows how to watch for other people's interests and well being. All of you climbed the same torturous path. But only this man thought about the others and cleared the path so that no one would get hurt. By this definition, only he **qualifies** as a 'human being' and hence only he should be the successor of the great old priest."

26. What happened immediately after the old priest died ?

(*a*) The trustee shut the temple and started mourning for the old priest

(*b*) The trustee took the old priest's position and appointed a younger trustee

(*c*) Word spread that there was an urgent need for the old priest's successor

(*d*) Everyone started searching for younger priests

27. Why was the old priest looking for a younger priest ?

(*a*) So that the younger priest became his successor

(*b*) So that the old priest had a student

(*c*) So that the younger priest searched for a successor

(*d*) Because in those days younger priests were more educated than older priests

28. Why was the young man late for the competition ?

(*a*) He had forgotten his way and thus had taken a longer route to the temple

(*b*) He was removing all the stones and thorns from the path which led to the temple

(*c*) He was giving water to the other participants when they were on their way to the temple

(*d*) He had some household chores to complete

29. What was the trustee's decision when the young man gave his explanation for being late ?

(*a*) He immediately selected the young man as the successor to the old priest

(*b*) He scolded him and said that he should have been careful

(*c*) He asked the young man to go and get his wounds treated

(*d*) He asked the other participants to leave the temple premises

30. What was the old priest's definition of a 'human being' ?

(*a*) Those who succeed in life and earn a lot of money are human beings

(*b*) Those who watch for other people's interests and well being are human beings

(*c*) Those who put stones and thorns in other people's path are human beings

(*d*) Those who know how to make other people laugh are human beings

31. How did the other participants react to the trustee's decision ?

(*a*) they took it sportingly and learnt a lesson from the incident

(*b*) They congratulated the trustee for being so wise and fair

(*c*) They got angry and objected to the trustee's decision

(*d*) They decided to get even with the trusttee and the young man

32. What did the trustee ask during the selection process ?

(*a*) He asked the aspirants to crecite shlokas and verses from sacred texts

(*b*) He asked the aspirants to explain the various procedures of priesthood

(*c*) He asked the aspirants to give an introduction of themselves

(*d*) Both (*a*) and (*b*)

33. What would be an appropriate title for this passage ?

(*a*) The famous temple

(*b*) The old priest

(*c*) The torturous path

(*d*) The true successor

34. Why did the young man say that he did not with to participate in the competition?

(*a*) He was scared of losing the competition

(*b*) He was not sure about the duties of priesthood

(*c*) His parents forbade him from becoming a priest

(*d*) He was late and did not want to be unfair to others

35. When did the aspirants get cuts and bruises on their hands and feet ?

(*a*) While they were reciting difficult shlokas and verses

(*b*) While they were going through the selcction process

(*c*) While they were talking about the old priest

(*d*) While they were climbing the torturous path that led to the temple

Directions (36-38) : *Choose the word / group of words which is most similar in the meaning to the word / group of words printed in bold as used in the passage.*

36. Qualifies :

(*a*) Is trained in

(*b*) Meets the criteria

(*c*) Excels in

(*d*) Is impressive

37. Noticed :

(*a*) Recognised (*b*) Liked

(*c*) Saw (*d*) Informed

38. Demanded :

(*a*) Claimed (*b*) Questioned

(*c*) Stated (*d*) Requested

Directions (39-40): *Choose the word / group of words which is most opposite in meaning to the word / group of words pritned in bold as used in the passage.*

39. Minor :

(*a*) Chief (*b*) Main

(*c*) Complete (*d*) Severe

40. Torturous :

(*a*) Trouble-free (*b*) Liberating

(*c*) Exciting (*d*) Demanding

Directions (41-50) : *Read each sentence to find out whether there is any grammatical error or idiomatic error in it. The error, if any, will be in one part of the sentence. The number of that part is the answer. If there is no error the answer is* (*d*). (*Ignore errors of punctuation if any.*)

41. They did not follow the directions properly so (*a*)/ they had difficult (*b*)/ in reaching my house. (*c*)/ No Error (*d*)

42. The group members (*a*)/ had to suffer a lot of problems as (*b*)/ their leader were biased. (*c*)/ No Error (*d*)

43. He was supposed to pick them (*a*)/ up from the airport (*b*)/ but he reaches late. (*c*)/ No Error (*d*)

44. He gained admission (*a*)/ to one of the (*b*)/ best commerce colleges in the city. (*c*)/ No Error (*d*)

45. His friends tried (*a*)/ to convince him to (*b*)/ participate in the competition but he refused. (*c*)/ No Error (*d*)

46. The judges were so (*a*)/ impressed by her perform (*b*)/ that they gave her but he refused. (*c*)/ No Error (*d*)

47. They win the (*a*)/match but they (*b*)/did not play a fair game. (*c*)/ No Error (*d*)

48. The servant not only (*a*)/ robbed them house (*b*)/ but also betrayed their trust. (*c*)/ No Error (*d*)

49. He have to (*a*)/ leave on a very (*b*)/ short notice as it was an emergency. (*c*)/ No Error (*d*)

50. No one is allowed to go (*a*)/ out of the hostel after 9 p.m. (*b*)/ but still some students sneaks out last night. (*c*)/ No Error (*d*)

Directions (51-55) : *In each question below, four words printed in* **bold** *type are given. These are numbered (a), (b), and (c). One of these words printed in* **bold** *may either be* ***wrongly spelt or inappropriate*** *in the context of the sentence. Find out the word that is inappropriate or wrongly spelt, if any. The number of that word is your answer. If all the words printed in* **bold** *are correctly spelt and appropriate in the context of the sentence then mark (d) i.e., 'All Correct' as your answer.*

51. All the **officers** (*a*)/ were asked to **report**(*b*)/ to **duty** (*c*)/ at sharp 7 a.m. All Correct (*d*)

52. She fell ill **due** (*a*)/ to anxiety **just** (*b*)/ one **week** before the **ecsam.** (*c*)/ All Correct (*d*)

53. They **requested** (*a*)/ everyone to take **their seats** (*b*)/ and maintain **silence,** (*c*) All Correct (*d*)

54. They **spoke** (*a*)/ in such a **laud** (*b*)/ voice that even their **neighbours** could hear **them,** (*c*) All Correct (*d*)

55. Manish **accused** (*a*)/ his **rival** (*b*)/ of **steeling** (*c*)/ his designs. All Correct (*d*)

Directions (56-60) : *Rearrange the following six sentences (1), (2), (3), (4), (5) and (6) in proper sequence to form a meaningful paragraph then answer the questions given below them.*

1. "I can't bear it!" he screamed, "I'll pay the fine".
2. After he had received a few strokes he began to turn and twist to avoid the whip.
3. So he paid the fine and was let off, but he became the laughing-stock of the city for having taken three punishments for one crime.
4. A man was caught stealing a bag of onions and was taken to the court where the judge gave him a choice of three punishments: eat the stolen onions in one sitting; submit to a hundred lashes of the whip or pay a fine.
5. "I can't eat the onions so give me the lashes instead," he said.
6. The man said he would eat the onions and began confidently, but after eating a few, his eyes began to burn, his nose started running and his mouth felt as if it was one fire.

56. Which of the following should be the **FIFTH** sentence in the rearrangement ?

(*a*) 4 (*b*) 2
(*c*) 1 (*d*) 6

57. Which of the following should be the **FIRST** sentence in the rearrangement ?

(*a*) 4 (*b*) 2
(*c*) 3 (*d*) 1

58. Which of the following should be the **LAST (SIXTH)** sentence in the rearrangement ?

(*a*) 2 (*b*) 5
(*c*) 4 (*d*) 3

59. Which of the following should be the **FOURTH** sentence in the rearrangement?

(*a*) 1 (*b*) 3
(*c*) 2 (*d*) 6

60. Which of the following should be the **SECOND** sentence in the rearrangement ?

(*a*) 2 (*b*) 6
(*c*) 4 (*d*) 5

Directions (61-65) : *Each sentence below has a blank/s, each blank indicating that something has been omitted. Choose the word/s that best fit/s the meaning of the sentence as a whole.*

61. We .... decided .... buy a new car.

(*a*) have, to (*b*) has, is
(*c*) are, in (*d*) is, to

62. Rohan .... asleep while watching the film.

(*a*) is (*b*) found
(*c*) fall (*d*) fell

63. Priti passed her exams with .... colours.

(*a*) falling (*b*) seeing

(*c*) different (*d*) flying

64. She translated an English passage to Hindi without using as ....

(*a*) meaning (*b*) dictionary

(*c*) symbls (*d*) language

65. Tina finds it difficult to talk to people as she ....introvert.

(*a*) was a (*b*) can the

(*c*) is an (*d*) being a

Directions (66-75) : *In the following passage there are blanks, each of which has been numbered. These numbers are printed below the passage, against each, four words are suggested, one of which fits the blank appropriately. Find out the appropriate word in each case.*

Long ago, in a **(66)** forest there were many tall and beautiful trees. They were happy and proud of themselves. There was one tree **(67)** them whose branches were twisted and its roots had uneven curves. All the trees made fun of that tree. Everyone including the tree itself felt that it was ugly "How are you hunchback ?" the other trees always shouted and their laughter made the ugly tree feel sad. But, it never raised a voice against them. The ugly tree though, "I **(68)** was as beautiful as them. Why did God do this to me ? Neither can I provide shade to the travellers nor can the birds make their **(69)** on me. Nobody needs me." One day, a woodcutter came to the forest. He took a look at the trees and said, "These trees are lovely. I must cut them." As soon as he **(70)** up his axe the trees got frightened. "None of us are going to be spared," screamed one of the beautiful trees. Soon all the trees were brought to **(71)** by the woodcutter's axe.

By now, the woodcutter had come near the ugly tree. He had just raised his axe when suddenly he noticed how **(72)** the ugly tree was. "This crooked tree seems to be useless for me. I cannot make long straight logs out of this ugly tree," he thought. And he moved towards another beautiful tree. The ugly tree **(73)** a huge sign of relief. It realized that by making it ugly, God had actually given it a boon.

From that day the ugly tree never **(74)**. It was happy with its crooked branches. It never forgot how it was **(75)** from the woodcutter's axe, only because it was crooked and ugly.

66. (*a*) old (*b*) short

(*c*) dense (*d*) entertaining

67. (*a*) on (*b*) at

(*c*) below (*d*) among

68. (*a*) want (*b*) demand

(*c*) wish (*d*) rewquest

69. (*a*) house (*b*) palaces

(*c*) burrows (*d*) nests

70. (*a*) shows (*b*) picked

(*c*) summoned (*d*) threw

71. (*a*) ground (*b*) hell

(*c*) heaven (*d*) surface

72. (*a*) tall (*b*) sensible

(*c*) frightened (*d*) crooked

73. (*a*) thought (*b*) said

(*c*) commented (*d*) heaved

74. (*a*) prayed (*b*) laughed

(*c*) lived (*d*) complained

75. (*a*) given (*b*) spared

(*c*) stolen (*d*) killed

भाग: III-संख्यात्मक अभियोग्यता

76. $(0.04)^{-(1.5)}$ बराबर है

(*a*) 25 (*b*) 125

(*c*) 60 (*d*) 5

77. दिया है कि $\sqrt{13} = 3.6$ तथा $\sqrt{130} = 11.4$, तब $\sqrt{1.3} + \sqrt{1300} + \sqrt{0.013}$ का मान होगा

(*a*) 36.164 (*b*) 37.254

(*c*) 36.254 (*d*) 37.154

78. यदि $x = 3 + \sqrt{8}$ हो, तो $\left(x^2 + \frac{1}{x^2}\right)$ का मान होगा

(*a*) 34 (*b*) 24

(*c*) 38 (*d*) 36

79. दो संख्याओं का ल. स. उनके म. स. का 12 गुना है। म. स. तथा ल. स. का योग 403 है। यदि उनमें से एक संख्या 93 है, तो दूसरी संख्या होगी

(*a*) 124 (*b*) 128
(*c*) 134 (*d*) 138

80. अनुक्रम 6, 13, 20, 27, ... का कौन-सा पद इसके 24वें पद से 98 अधिक होगा ?

(*a*) 36वां (*b*) 38वां
(*c*) 35वां (*d*) 48वां

81. $\frac{1}{\sqrt{9}-\sqrt{8}}-\frac{1}{\sqrt{8}-\sqrt{7}}+\frac{1}{\sqrt{7}-\sqrt{6}}-\frac{1}{\sqrt{6}-\sqrt{5}}+\frac{1}{\sqrt{5}-\sqrt{4}}$ बराबर है

(*a*) 5 (*b*) 1
(*c*) 3 (*d*) 0

82. तीन संख्याओं में से दूसरी संख्या, पहली की दुगनी तथा तीसरी की तिगुनी है। यदि तीनों संख्याओं का औसत 44 हो, तो सबसे बड़ी संख्या होगी–

(*a*) 24 (*b*) 72
(*c*) 36 (*d*) 108

83. एक व्यक्ति ने किसी यात्रा को एक कार के द्वारा पूरा किया। यदि उसने 30% दूरी 20 किमी/घंटा की चाल से, 60% दूरी 40 किमी/घंटा की चाल से तथा शेष दूरी 10 किमी/घंटा की चाल से तय की हो, तो पूरी यात्रा के लिए उसकी औसत चाल थी–

(*a*) 25 किमी/घंटा (*b*) 28 किमी/घंटा
(*c*) 30 किमी/घंटा (*d*) 33 किमी/घंटा

84. किसी परीक्षा में 35% उम्मीदवार गणित में तथा 25% अंग्रेजी में फेल हुए। यदि 10% उम्मीदवार गणित तथा अंग्रेजी दोनों में फेल हुए हों, तो कितने प्रतिशत विद्यार्थी दोनों विषयों में पास हुए ?

(*a*) 50 (*b*) 55
(*c*) 57 (*d*) 60

85. यदि A का $\frac{2}{3} = B$ का $75\% = C$ का 0.6 हो, तो $A : B : C$ होगा

(*a*) 2 : 3 : 3 (*b*) 3 : 4 : 5
(*c*) 4 : 5 : 6 (*d*) 9 : 8 : 10

86. चीनी के भाव 25% की वृद्धि होती है। यदि कोई परिवार चीनी पर किये जाने वाले अपने व्यय को पहले जैसा ही रखना चाहे, तो परिवार द्वारा चीनी की खपत में कितनी कमी करनी होगी ?

(*a*) 25% (*b*) 20%
(*c*) 80% (*d*) 75%

87. सोने तथा ताबें के दो मिश्रणों A तथा B में इन धातुओं का अनुपात क्रमशः 7 : 2 तथा 7 : 11 है, यदि A तथा B की बराबर मात्रा लेकर मिश्रण C बनाया जाए तो इस नये मिश्रण में सोने और तांबे का अनुपात क्या होगा ?

(*a*) 7 : 5 (*b*) 5 : 7
(*c*) 2 : 11 (*d*) 1 : 1

88. अरुण द्वारा अंग्रेजी तथा गणित में प्राप्त किए गए कुल अंक 170 हैं। यदि इन दोनों विषयों में उसके प्राप्तांकों का अंतर 10 हो, तो इन विषयों में उसके प्राप्तांकों का अनुपात है–

(*a*) 7 : 8 (*b*) 8 : 7
(*c*) 9 : 8 (*d*) 9 : 7

89. किसी 75 लीटर मिश्रण में दूध का पानी से अनुपात 2 : 1 है। मिश्रण में कितना पानी और मिलाया जाए, ताकि दूध का पानी से अनुपात 1 : 2 हो जाए ?

(*a*) 45 लीटर (*b*) 60 लीटर
(*c*) 75 लीटर (*d*) 80 लीटर

90. किसी धनराशि का 5% वार्षिक ब्याज की दर से 2 वर्ष का चक्रवृद्धि ब्याज ₹ 246 है। उसी धनराशि का 6% वार्षिक ब्याज की दर से 3 वर्ष का साधारण ब्याज होगा–

(*a*) ₹ 435 (*b*) ₹ 450
(*c*) ₹ 430 (*d*) ₹ 432

91. किसी घड़ी का अंकित मूल्य ₹ 820 था। एक आदमी ने दो क्रमवार बट्टे, जिनमें से पहला 20% का था, प्राप्त करने के बाद उसे ₹ 570.72 में खरीदा। दूसरा बट्टा था–

(*a*) 18% (*b*) 15%
(*c*) 13% (*d*) 11%

92. यदि 28 आदमी किसी कार्य के $\frac{7}{8}$ भाग को एक सप्ताह में पूरा करें, तो शेष कार्य को एक अन्य सप्ताह में पूरा कराने के लिए कितने आदमी कार्य पर लगाने होंगे ?

(*a*) 5 (*b*) 6
(*c*) 4 (*d*) 3

93. कोई आदमी धारा के अनुकूल दिशा में 15 किमी/घंटा की चाल से तथा धारा के प्रतिकूल दिशा में 9 किमी/घंटा की चाल से नाव चला सकता है। शांत जल में नाव की चाल होगी–

(*a*) 8 किमी/घंटा (*b*) 10 किमी/घंटा

(*c*) 15 किमी/घंटा (*d*) 12 किमी/घंटा

94. A, B तथा C एक ही स्थान से 12 किमी लंबाई वाले वृत्ताकार पथ पर एक साथ रवाना होते है। A 4 किमी/घंटा, B 3 किमी/घंटा तथा C 3/2 किमी/घंटा की चाल से चलता हैं। वे प्रस्थान बिंदु पर एक साथ कितने समय बाद मिलेंगे ?

(*a*) 10 घंटे (*b*) 12 घंटे

(*c*) 15 घंटे (*d*) 24 घंटे

95. किसी शंक्वाकार तंबू के आधार का व्यास 19.2 मीटर है और इसकी ऊँचाई 2.8 मीटर है। इस प्रकार का तंबू लगाने के लिए वांछित कैनवस का क्षेत्रफल (वर्गमीटर में) लगभग होगा –($\pi = \frac{22}{7}$ लीजिए)

(*a*) 3017.10 (*b*) 3170

(*c*) 301.71 (*d*) 30.17

96. 3 डेसीमीटर अर्द्धव्यास वाले एक ठोस धातु के गोले को पिघलाकर 1 मिलीमीटर मोटाई की वृत्ताकार शीट बनायी गयी है। इस प्रकार बनायी गयी शीट का व्यास होगा–

(*a*) 26 मीटर (*b*) 24 मीटर

(*c*) 12 मीटर (*d*) 6 मीटर

97. यदि एक लाम्बिक वृत्ताकार बेलन की ऊँचाई 40 सेमी हो तथा आधार की परिधि 66 सेमी हो। बेलन का आयतन होगा

(*a*) 55440 सेमी^{3} (*b*) 3465 सेमी^{3}

(*c*) 7720 सेमी^{3} (*d*) 13860 सेमी^{3}

98. अनुक्रम 7, 10, 13, ... का कौन-सा पद 151 है?

(*a*) 29 वाँ (*b*) 19 वाँ

(*c*) 59 वाँ (*d*) 49 वाँ

99. उन सभी 3-अंकीय संख्याओं, जिनमें से प्रत्येक को 5 से भाग देने पर 3 शेष रहता है, का योग होगा

(*a*) 180 (*b*) 1550

(*c*) 6995 (*d*) 99090

100. श्रेणी $\frac{1}{5\times6}+\frac{1}{6\times7}+\frac{1}{7\times8}+\ldots$ के पहले 20 पदों का योग है

(*a*) 0.16 (*b*) 1.6

(*c*) 16 (*d*) 0.016

भाग : IV-सामान्य सचेतता

101. बलवंत राय मेहता समिति ने निम्नलिखित में से किस पंचायती राज ढाँचे की सिफारिश की थी ?

(*a*) केवल गाँव स्तर पर ग्राम पंचाचत तथा खंड स्तर पर पंचायत समिति

(*b*) केवल खंड स्तर पर पंचायत समिति तथा जिला स्तर पर जिला परिषद्

(*c*) गाँव स्तर पर ग्राम पंचायत, खंड स्तर पर पंचायत समिति तथा जिला स्तर पर जिला परिषद्

(*d*) केवल गाँव स्तर पर ग्राम पंचायत और जिला स्तर पर जिला परिषद्

102. संसदीय समितियों के विषय में निम्नलिखित कथनों पर विचार कीजिए–

1. राज्य सभा के सदस्य सार्वजनिक लेखा एवं सार्वजनिक उपक्रमों की समितियों से जुड़े नहीं होते हैं।
2. प्राक्कलन समिति के सदस्य लोक सभा एवं राज्य सभा दोनों से ही लिए जाते हैं।

उपर्युक्त कथनों में से कौन सा/से कथन सही है/हैं ?

(*a*) केवल 1 (*b*) केवल 2

(*c*) 1 और 2 दोनों (*d*) न तो 1 और न ही 2

103. निम्नलिखित में से कौन सा/से कथन सही है/हैं ?

भारत के संविधान का अनुच्छेद 26 यह बताता है कि सार्वजनिक व्यवस्था, नैतिकता एवं स्वास्थ्य के अधीन रहते हुए प्रत्येक धार्मिक संप्रदाय अथवा उसके किसी भी भाग को–

1. धार्मिक एवं पुण्यार्थ उद्‌देश्यों हेतु संस्थानों की स्थापना एवं उनके रख-रखाव का अधिकार है।
2. धार्मिक मामलों में, अपने स्वयं के कार्यों के प्रबंधन का अधिकार है।
3. चल एवं अचल संपत्ति के अधिग्रहण एवं स्वामित्व का अधिकार है।

(*a*) केवल 1 (*b*) केवल 2 और 3

(*c*) केवल 1 और 3 (*d*) 1, 2 और 3

104. बक्सर के युद्ध में ब्रिटिश साम्राज्य के विरुद्ध लड़ने वाले गठबंधन में निम्नलिखित में से कौन शामिल नहीं था ?

(*a*) मीर कासिम (*b*) मीर जाफर

(*c*) शुजाउद्दौला (*d*) शाह आलम द्वितीय

105. संयुक्त राज्य अमेरिका में निम्नलिखित में से किसने थियोसोफिकल सोसाइटी की स्थापना की थी ?

(*a*) स्वामी दयानंद सरस्वती (*b*) मदाम ब्लावत्स्की

(*c*) मदामा कामा (*d*) लाला हरदयाल

106. 1866 ई. में दादाभाई नौरोजी द्वारा निम्नलिखित में से किस एक शहर में ईस्ट इंडिया एसोसिएशन की स्थापना की गई थी ?

(*a*) पेरिस (*b*) लंदन

(*c*) न्यूयॉर्क (*d*) टोकियो

107. निम्नलिखित में से किस एक अधिवेशन में भारतीय राष्ट्रीय कांग्रेस का नरम दल एवं गरम दल में विभाजन हुआ था ?

(*a*) नागपुर (*b*) इलाहाबाद

(*c*) सूरत (*d*) कलकत्ता

108. निम्नलिखित में से कौन भारत का प्रथम गवर्नर जनरल था ?

(*a*) लॉर्ड ऐमहर्स्ट (*b*) लॉर्ड विलियम बैंटिक

(*c*) सर चार्ल्स मेटकाफ (*d*) रॉबर्ट क्लाइव

109. निम्नलिखित में से किसमें 0° अक्षांस और 0° देशांतर की भौगोलिक स्थिति है ?

(*a*) दक्षिणी अंध महासागर में

(*b*) भूमध्य सागर में

(*c*) पश्चिमी अफ्रीकी देश, घाना में

(*d*) इंग्लैंड में ग्रीनविच वेधशाला पर

110. निम्नलिखित को कालानुक्रम में लगाइए–

1. तीसरा कर्नाटक युद्ध
2. पहला बर्मा युद्ध
3. पहला मैसूर युद्ध
4. दूसरा अफगान युद्ध

(*a*) 1-4-3-2 (*b*) 1-3-2-4

(*c*) 2-4-1-3 (*d*) 3-1-2-4

111. 1857 के बाद निम्नलिखित में से किस एक ने, इलाहाबाद में एक दरबार में, ग्रेट ब्रिटेन संप्रभु द्वारा भारत सरकार के ग्रहण की घोषणा की थी ?

(*a*) लॉर्ड कैनिंग (*b*) सर जॉन लॉरेन्स

(*c*) लॉर्ड मेयो (*d*) लॉर्ड नॉर्थब्रुक

112. निम्नलिखित में से किस एक के साथ भारत में सविनय अवज्ञा आन्दोलन शुरू हुआ था ?

(*a*) डांडी मार्च

(*b*) सरदार पटेल द्वारा कर रोको अभियान

(*c*) नेहरू द्वारा राष्ट्रीय ध्वज का फहराया जाना

(*d*) महात्मा गाँधी का उपवास पर जाना

113. चक्रवर्ती राजगोपालाचारी से ठीक पहले निम्नलिखित में से कौन भारत का गवर्नर-जनरल था ?

(*a*) दी मार्क्विस ऑफ लिनलिथगो

(*b*) लॉर्ड माउंटबैटन

(*c*) लॉर्ड वैवेल

(*d*) लॉर्ड चेम्सफोर्ड

114. मेघनाद साहा निम्नलिखित में से किस एक क्षेत्र में अपने योगदान के लिए जाने जाते हैं ?

(*a*) भौतिकी (*b*) चिकित्सा विज्ञान

(*c*) पर्यावरण विज्ञान (*d*) इतिहास

115. निम्नलिखित में से कौन-सा दिन विश्व पर्यावरण दिवस के रूप में मनाया जाता है ?

(*a*) 28 फरवरी (*b*) 4 मार्च

(*c*) 5 जून (*d*) 16 सितंबर

116. निम्न में से कौन-सा एक कीटभक्षी पौधा है ?

(*a*) पैशन फ्लावर (*b*) घटपर्णी

(*c*) रात की रानी (*d*) फ्लेम ऑफ द फॉरेस्ट

117. सूची-I को सूची-II के साथ सुमेलित कीजिए और सूचियों के लिए नीचे दिए गए कूट का प्रयोग कर सही उत्तर चुनिए–

सूची-I

A. एम. एफ. हुसैन B. जाकिर हुसैन

C. उल्हास काशल्कर D. यामिनी कृष्णमूर्ति

सूची-II

1. तबला 2. शास्त्रीय नृत्य

3. चित्रकला 4. शास्त्रीय गायन

	A	B	C	D
(*a*)	3	1	2	4
(*b*)	2	4	3	1
(*c*)	2	3	4	1
(*d*)	3	4	1	2

118. निम्नलिखित में से किस एक स्थान पर इंदिरा गाँधी परमाणु अनुसंधान केंद्र स्थित है ?

(*a*) तिरुवनंतपुरम (*b*) श्रीहरिकोटा

(*c*) कलपक्कम (*d*) ट्रॉम्बे

119. सूची-I को सूची-II के साथ सुमेलित कीजिए–

सूची-I

A. जीव मिल्खा सिंह B. जयन्त तालुकदार

C. एन. कुंजारानी देवी D. झूलन गोस्वामी

सूची-II

1. तीरंदाजी 2. क्रिकेट

3. भारोत्तोलन 4. गोल्फ

	A	B	C	D
(*a*)	4	1	3	2
(*b*)	4	3	1	2
(*c*)	2	3	1	4
(*d*)	2	1	3	4

120. निम्नलिखित तेज गेंदबाजों में से किस एक खिलाड़ी ने टैस्ट क्रिकेट के एक मैच के पहले ही ओवर में लगातार तीन विकेट लिए थे ?

(*a*) ग्लेन मैकग्राथ (*b*) के. पीटरसन

(*c*) सी. वाल्श (*d*) इरफान पठान

121. निम्नलिखित में से किसने 'हैरी पॉटर' नामक पुस्तक लिखी है ?

(*a*) जे. के. रौलिंग (*b*) रॉबर्ट डैलेक

(*c*) पामेला माउंटबैटन (*d*) स्टीफेन हॉकिंग

122. निम्नलिखित व्यक्तियों में से किस एक की जयंती सद्भावना दिवस के रूप में तथा बरसी आतंकवाद-विरोधी दिवस के रूप में मनाई जाती है ?

(*a*) इंदिरा गाँधी (*b*) राजीव गाँधी

(*c*) महात्मा गाँधी (*d*) संजय गाँधी

123. निम्नलिखित में से कौन राष्ट्रकुल महासचिव हैं ?

(*a*) राजीव चंद्रन (*b*) कमलेश शर्मा

(*c*) शशि थरूर (*d*) शिव शंकर मुखर्जी

124. निम्नलिखित में से कौन-सा, स्थापित शक्ति जनन क्षमता के बढ़ते क्रम में भारत के नाभिकीय शक्ति संयंत्रों का सही क्रम है ?

(*a*) रावतभाटा-नरोरा-कैगा-तारापुर

(*b*) नरोरा-कैग-रावतभाटा-तारापुर

(*c*) कैगा-तारापुर-नरोरा-रावतभाटा

(*d*) तारापुर-नरोरा-कैगा-रावतभाटा

125. निम्नलिखित में से कौन-सा एक रासायनिक परिवर्तन नहीं है ?

(*a*) वायु में कोयले का जलना

(*b*) गन्ने के रस का किण्वन

(*c*) समुद्री जल से क्रिस्टलन द्वारा खाने के नमक का बनना

(*d*) पेट्रोलियम का भंजन

126. रोगाणुरोधी विलयन बनाने में निम्नलिखित में से किस एक का उपयोग होता है ?

(*a*) पोटैशियम नाइट्रेट

(*b*) आयोडीन

(*c*) आयोडीन क्लोराइड

(*d*) पौटैशियम क्लोराइड

127. निम्नलिखित में किस एक का घनत्व अधिकतम है ?

(*a*) क्लोरोफॉर्म (*b*) जल

(*c*) बेंजीन (*d*) बर्फ

128. सरकारिया आयोग किसके अध्ययन के लिए गठित किया गया था ?

(*a*) राष्ट्रपति एवं राज्यपाल का संबंध

(*b*) केंद्र-राज्य संबंध

(*c*) राज्य एवं पंचायत निकाय संबंध

(*d*) राष्ट्रपति एवं प्रधान मंत्री का संबंध

129. निम्नलिखित में से कौन-सा एक गुण संयोजकता के साथ-साथ बदलता है ?

(*a*) परमाणु भार (*b*) तुल्य भार

(*c*) अणु भार (*d*) घनत्व

130. निम्नलिखित में से कौन-सा एक सबसे अधिक मृदु है ?

(*a*) सोडियम (*b*) ऐल्युमीनियम

(*c*) आयरन (*d*) लीथियम

131. निम्नलिखित में से कौन-सा कथन सही है ?

मक्खन एक –

(*a*) अतिशीतित तेल है (*b*) पायस है

(*c*) आण्विक ठोस है (*d*) उपर्युक्त में से कोई नहीं

132. दियासलाई के निर्माण में निम्नलिखित में से किस एक पदार्थ का उपयोग होता है ?

(*a*) लाल फॉस्फोरस

(*b*) श्वेत फॉस्फोरस

(*c*) फॉस्फोरस ट्राइऑक्साइड P_2O_3

(*d*) कृष्ण फॉस्फोरस

133. निम्नलिखित में से कौन-सा एक तत्त्व है ?

(*a*) पुखराज (*b*) हीरा

(*c*) माणिक्य (*d*) नीलम

134. निम्नलिखित में से कौन-सा सही है ?

सूर्य से पृथ्वी की मध्य दूरी को–

(*a*) प्रकाश वर्ष कहते हैं

(*b*) लंबनिक सेकंड कहते हैं

(*c*) खगोलीय इकाई कहते हैं

(*d*) ऐंग्स्ट्रम कहते हैं

135. रॉकेट निम्नलिखित में से एक के संरक्षण नियम के आधार पर कार्य करता है ?

(*a*) द्रव्यमान (*b*) ऊर्जा

(*c*) रैखिक संवेग (*d*) कोणीय संवेग

136. DNA फिंगरप्रिंट, निम्नलिखित में से किस एक प्रविधि का उपयोग कर, किया जाता है ?

(*a*) ELISA (*b*) RIA

(*c*) नॉदर्न ब्लॉटिंग (*d*) सदर्न ब्लॉटिंग

137. जनगणना 2011 के आंकड़ों के अनुसार देश की साक्षरता दर कितने फीसदी है ?

(*a*) 70.23 फीसदी (*b*) 72.67 फीसदी

(*c*) 74.04 फीसदी (*d*) 76.15 फीसदी

138. जनगणना 2011 के आंकड़ों के अनुसार देश का सबसे अधिक आबादी वाला राज्य कौन-सा है ?

(*a*) उत्तर प्रदेश (*b*) महाराष्ट्र

(*c*) राजस्थान (*d*) बिहार

139. सार्वजनिक क्षेत्र की एनटीपीसी ने फरक्का तापीय बिजलीघर की 500 मेगावाट क्षमता वाली इकाई-छह का परीक्षण शुरू कर दिया है। फरक्का तापीय बिजलीघर कहां स्थित है ?

(*a*) पश्चिम बंगाल (*b*) ओड़िसा

(*c*) झारखंड (*d*) महाराष्ट्र

140. किस मुगल सम्राट के काल में इंग्लिश ईस्ट इण्डिया कम्पनी ने भारत में अपना सर्वप्रथम कारखाना स्थापित किया ?

(*a*) अकबर (*b*) जहाँगीर

(*c*) शाहजहाँ (*d*) औरंगजेब

141. जब रौलेट एक्ट पारित हुआ था, उस समय भारत का वायसराय कौन था ?

(*a*) लॉर्ड इर्विन (*b*) लॉर्ड रीडिंग

(*c*) लॉर्ड चेम्सफोर्ड (*d*) लॉर्ड वेवेल

142. दिसम्बर, 1885 में इण्डियन नेशनल कांग्रेस का सर्वप्रथम अधिवेशन कहाँ आयोजित किया गया था ?

(*a*) अहमदाबाद (*b*) बम्बई

(*c*) कलकत्ता (*d*) दिल्ली

143. भारत में कितने राज्य तटरेखा से लगे हैं ?

(*a*) 7 (*b*) 8

(*c*) 9 (*d*) 10

144. जनसंख्या के घटते हुए क्रम में चीन और भारत के बाद कौन-से दो देश आते हैं ?

(*a*) ब्राजील और संयुक्त राज्य अमेरिका

(*b*) संयुक्त राज्य अमेरिका और इंडोनेशिया

(*c*) कनाडा और मलेशिया

(*d*) रूस और नाइजीरिया

145. निम्नलिखित में से कौन-सा एक जलडमरूमध्य अंतर्राष्ट्रीय तिथि रेखा के सर्वाधिक निकट है ?

(*a*) मलक्क जलडमरूमध्य

(*b*) बेरिंग जलडमरूमध्य

(*c*) फ्लोरिडा का जलडमरूमध्य

(*d*) जिब्राल्टर का जलडमरूमध्य

146. निम्नलिखित संविधान संशोधन अधिनियमों में से किस एक के अन्तर्गत, भारत के संविधान की आठवीं अनुसूची में चार भाषाएँ जोड़ी गईं, जिससे उनकी संख्या बढ़कर 22 हो गईं ?

(*a*) संविधान (नब्बेवाँ संशोधन) अधिनियम

(*b*) संविधान (इक्यानवेवाँ संशोधन) अधिनियम

(*c*) संविधान (बानवेवाँ संशोधन) अधिनियम

(*d*) संविधान (तिरानवेवाँ संशोधन) अधिनियम

147. निम्नलिखित में से कौन-सा एक लोकसभा का सर्वाधिक बड़ा (क्षेत्रफल के अनुसार) निर्वाचन क्षेत्र है ?

(*a*) कांगड़ा (*b*) लद्दाख

(*c*) कच्छ (*d*) भीलवाड़ा

148. निम्नलिखित में से किस-किस ने भारत के उप-राष्ट्रपति का पद सम्भाला है ?

1. मोहम्मद हिदायतुल्ला
2. फखरुद्दीन अली अहमद
3. नीलम संजीव रेड्डी
4. शंकर दयाल शर्मा

(*a*) 1, 2, 3, व 4 (*b*) 1 व 4

(*c*) 2 व 3 (*d*) 3 व 4

149. भारत निम्नलिखित में से किनका सदस्य है ?

1. एशियाई विकास बैंक
2. एशिया-प्रशांत आर्थिक सहयोग
3. कोलम्बो योजना
4. आर्थिक सहयोग एवं विकास संगठन

कूट :

(*a*) 1 और 3 (*b*) 2 और 4

(*c*) 1, 2 और 3 (*d*) 1, 2, 3 और 4

150. सूची-I को सूची-II के साथ सुमेलित कीजिए–

सूची-I

A. गिरिजा देवी B. इंद्रा नूई

C. किरण देसाई D. चित्रा भरूचा

सूची-II

1. अग्रणी महिला अधिशासी
2. अग्रणी लेखिका
3. रक्तविज्ञानी जो बी. बी. सी. न्यास के अधिशासी बने
4. शराब-विरोधी सक्रियतावादी

	A	B	C	D
(*a*)	3	1	2	4
(*b*)	4	1	2	3
(*c*)	4	2	1	3
(*d*)	3	2	1	4

उत्तरमाला

1. (*c*)	**2.** (*d*)	**3.** (*b*)	**4.** (*d*)	**5.** (*a*)	**6.** (*d*)	**7.** (*d*)	**8.** (*c*)	**9.** (*c*)	**10.** (*b*)
11. (*c*)	**12.** (*d*)	**13.** (*c*)	**14.** (*a*)	**15.** (*d*)	**16.** (*d*)	**17.** (*d*)	**18.** (*d*)	**19.** (*d*)	**20.** (*a*)
21. (*a*)	**22.** (*b*)	**23.** (*c*)	**24.** (*d*)	**25.** (*c*)	**26.** (*c*)	**27.** (*a*)	**28.** (*b*)	**29.** (*a*)	**30.** (*d*)
31. (*c*)	**32.** (*d*)	**33.** (*d*)	**34.** (*d*)	**35.** (*d*)	**36.** (*b*)	**37.** (*c*)	**38.** (*b*)	**39.** (*d*)	**40.** (*a*)
41. (*b*)	**42.** (*c*)	**43.** (*c*)	**44.** (*a*)	**45.** (*d*)	**46.** (*b*)	**47.** (*a*)	**48.** (*b*)	**49.** (*a*)	**50.** (*c*)
51. (*c*)	**52.** (*c*)	**53.** (*b*)	**54.** (*b*)	**55.** (*c*)	**56.** (*c*)	**57.** (*a*)	**58.** (*d*)	**59.** (*c*)	**60.** (*b*)
61. (*a*)	**62.** (*d*)	**63.** (*d*)	**64.** (*b*)	**65.** (*c*)	**66.** (*c*)	**67.** (*d*)	**68.** (*c*)	**69.** (*d*)	**70.** (*b*)
71. (*a*)	**72.** (*d*)	**73.** (*d*)	**74.** (*d*)	**75.** (*b*)	**76.** (*b*)	**77.** (*b*)	**78.** (*a*)	**79.** (*a*)	**80.** (*b*)
81. (*b*)	**82.** (*a*)	**83.** (*a*)	**84.** (*a*)	**85.** (*d*)	**86.** (*b*)	**87.** (*a*)	**88.** (*a*)	**89.** (*c*)	**90.** (*d*)
91. (*c*)	**92.** (*c*)	**93.** (*d*)	**94.** (*d*)	**95.** (*c*)	**96.** (*d*)	**97.** (*d*)	**98.** (*d*)	**99.** (*d*)	**100.** (*a*)
101. (*c*)	**102.** (*c*)	**103.** (*d*)	**104.** (*b*)	**105.** (*b*)	**106.** (*b*)	**107.** (*c*)	**108.** (*b*)	**109.** (*a*)	**110.** (*d*)
111. (*a*)	**112.** (*a*)	**113.** (*b*)	**114.** (*a*)	**115.** (*c*)	**116.** (*b*)	**117.** (*a*)	**118.** (*c*)	**119.** (*a*)	**120.** (*d*)
121. (*a*)	**122.** (*b*)	**123.** (*b*)	**124.** (*d*)	**125.** (*c*)	**126.** (*d*)	**127.** (*b*)	**128.** (*b*)	**129.** (*b*)	**130.** (*a*)
131. (*b*)	**132.** (*a*)	**133.** (*b*)	**134.** (*c*)	**135.** (*d*)	**136.** (*d*)	**137.** (*c*)	**138.** (*a*)	**139.** (*a*)	**140.** (*b*)
141. (*c*)	**142.** (*b*)	**143.** (*c*)	**144.** (*b*)	**145.** (*b*)	**146.** (*c*)	**147.** (*b*)	**148.** (*b*)	**149.** (*a*)	**150.** (*b*)

व्याख्या

3. 2 23 234 2345 23456 234567 234 [5]

4. C O N S T A B L E

(O N → 1, S T → 1, A B → 1)

5. 5 4 # 1 2
B O A R D

9 4 1 $
M O R E

⇒ 2 1 $ # 9
D R E A M

6. 5 2 3 1 6 9 8
↕ ↕ ↕
1 2 3 5 6 8 9

7.

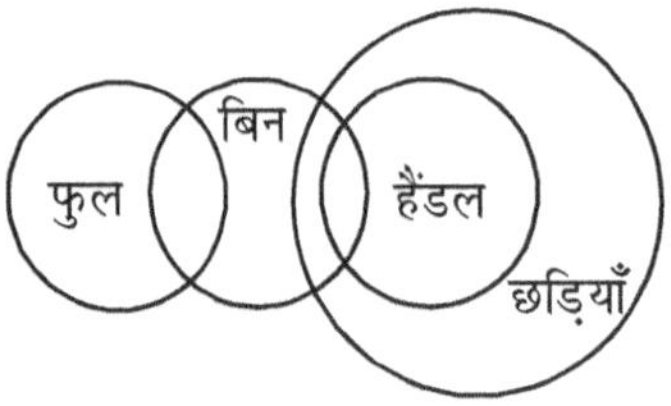

या

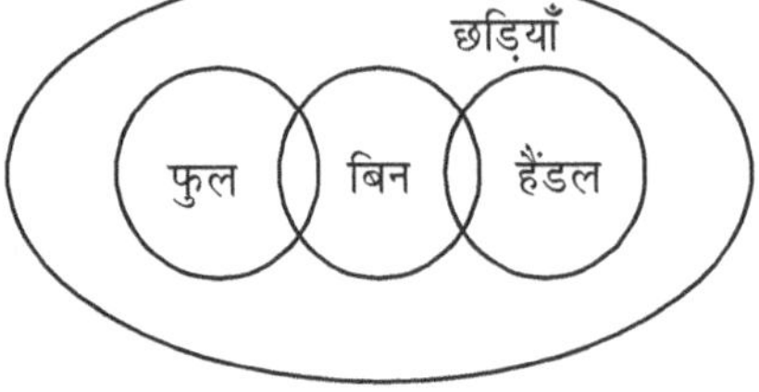

8.

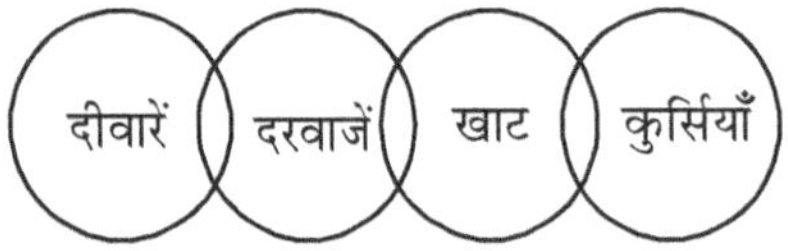

9. F L O U R I S H
⇒ I O U F H L R S
⇒ H N T G I **M** S T

11.

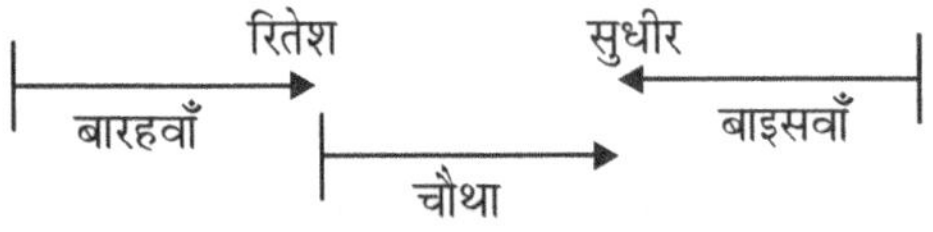

बारह + चार + बाइस – एक = सैंतीस

12.

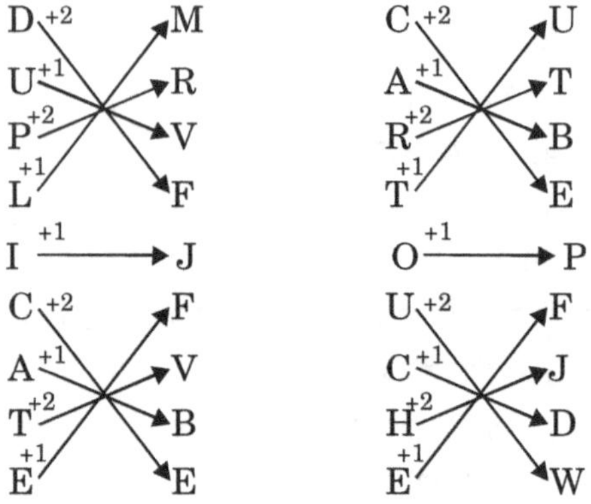

13. P H Y S I C A L

16.

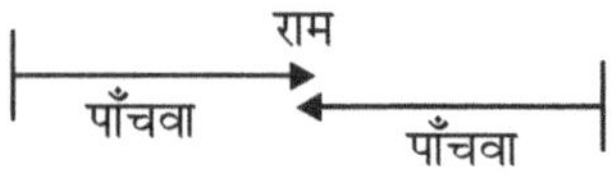

⇒ पाँच + पाँच – 1 ⇒ नौ

24. $3 \rightarrow 27$

$= (3)^1 \rightarrow (3)^3$

$\Rightarrow 6 \rightarrow ?$

$= (6)^1 \rightarrow (6)^3 = 216$

25. $5 : 30$

$5 : 5^2 + 5$

$\Rightarrow 10 : ?$

$= 10^2 + 10$

$= 110$

76. $(0.04)^{-1.5} = (0.2)^{2\times(-1.5)} = (0.2)^{-3}$

$$= \frac{1}{(0.2)^3} = (5)^3 = 125$$

77. $\sqrt{1.3} + \sqrt{1300} + \sqrt{0.013}$

$$= \sqrt{\frac{130}{100}} + \sqrt{13 \times 100} + \sqrt{\frac{130}{10000}}$$

$$= \frac{11.4}{10} + 3.6 \times 10 + \frac{11.4}{100}$$

$= 1.14 + 36 + 0.114$

$= 37.254$

78. $x^2 + \frac{1}{x^2}$

$\Rightarrow \left(x + \frac{1}{x}\right)^2 - 2$

$\Rightarrow \left(3 + \sqrt{8} + \frac{1}{3 + \sqrt{8}}\right)^2 - 2$

$\Rightarrow \left(3 + \sqrt{8} + \frac{1(3 - \sqrt{8})}{(3 + \sqrt{8})(3 - \sqrt{8})}\right)^2 - 2$

$= \left(3 + \sqrt{8} + 3 - \sqrt{8}\right)^2 - 2$

$= (6)^2 - 2$

$= 36 - 2 = 34$

81. $\frac{1}{\sqrt{9} - \sqrt{8}} - \frac{1}{\sqrt{8} - \sqrt{7}} + \frac{1}{\sqrt{7} - \sqrt{6}}$

$- \frac{1}{\sqrt{6} - \sqrt{5}} + \frac{1}{\sqrt{5} - \sqrt{4}}$

$\Rightarrow \frac{1(\sqrt{9} + \sqrt{8})}{(\sqrt{9} - \sqrt{8})(\sqrt{9} + \sqrt{8})} - \frac{1(\sqrt{8} + \sqrt{7})}{(\sqrt{8} - \sqrt{7})(\sqrt{8} + \sqrt{7})}$

$+ \frac{1}{(\sqrt{7} - \sqrt{6})} \frac{(\sqrt{7} + \sqrt{6})}{(\sqrt{7} + \sqrt{6})} - \frac{1}{(\sqrt{6} - \sqrt{5})} \frac{(\sqrt{6} + \sqrt{5})}{(\sqrt{6} + \sqrt{5})}$

$+ \frac{1}{(\sqrt{5} - \sqrt{4})} \frac{(\sqrt{5} + \sqrt{4})}{(\sqrt{5} + \sqrt{4})}$

$\Rightarrow \frac{\sqrt{9} + \sqrt{8}}{9 - 8} - \frac{\sqrt{8} + \sqrt{7}}{8 - 7} + \frac{\sqrt{7} + \sqrt{6}}{7 - 6}$

$- \frac{\sqrt{6} + \sqrt{5}}{6 - 5} + \frac{\sqrt{5} + \sqrt{4}}{5 - 4}$

$= \sqrt{9} + \sqrt{8} - \sqrt{8} - \sqrt{7} + \sqrt{7} + \sqrt{6} - \sqrt{6}$

$- \sqrt{5} + \sqrt{5} + \sqrt{4}$

$= \sqrt{9} + \sqrt{4}$

$= 3 + 2 = 5$

82. माना तीन संख्या x, y, z है

$\Rightarrow \quad y = 2x = 3z$

$\Rightarrow \quad x = y/2$

$\Rightarrow \quad z = y/3$

$\because \quad \frac{x + y + z}{3} = 44$

$\Rightarrow x + y + z = 132$

$\frac{y}{2} + y + \frac{y}{3} = 132$

$\Rightarrow \quad \frac{11y}{6} = 132$

$y = \frac{132 \times 6}{11}$

$\Rightarrow \quad y = 72$

$x = 36$

$z = 24$

83. माना कुल तय दूरी x है

लिया गया समय $= \frac{x \times 3}{10 \times 20} + \frac{x \times 6}{10 \times 40} + \frac{x \times 1}{10 \times 10}$

$= \frac{x}{100}\left(\frac{3}{2} + \frac{6}{4} + 1\right)$

$= \frac{x}{100} \times 4$

$= \frac{x}{25}\text{hour}$

औसत चाल $= \frac{x \text{ km}}{x/25 \text{ hour}} = 25 \text{ km/h}$

85. $A \times \frac{2}{3} = B \times \frac{75}{100} = C \times \frac{6}{10}$

$\Rightarrow \quad B = \frac{8}{9}A$

$\Rightarrow \quad C = \frac{10}{9}A$

$\therefore \quad A : B : C$

$= A : \frac{8}{9}A : \frac{10}{9}A$

$= 1 : \frac{8}{9} : \frac{10}{9}$

$= 9 : 8 : 10$

88. माना अरुण अंग्रेजी में x तथा गणित में y अंक प्राप्त किए।

$$x + y = 170$$

एवं

$$\begin{array}{rl} x - y &= 10 \\ \hline 2x &= 180 \\ x &= 90 \\ y &= 80 \end{array}$$

$\because \quad x : y = 90 : 80$

$= 9 : 8$

92. $\frac{7}{8}$ काम 7 दिन में 28 आदमी करते हैं,

$\therefore \frac{1}{8}$ काम 7 दिन में $\frac{28 \times 1/8}{7/8}$ आदमी करते हैं,

$= \frac{28}{7} = 4$ आदमी

95. $l = \sqrt{h^2 + r^2}$

$= \sqrt{(2.8)^2 + (9.6)^2}$

$= 10$ m

क्षेत्रफल $= \pi r l$

$= \frac{22}{7} \times 9.6 \times 10$

$= 301.71$ m^2

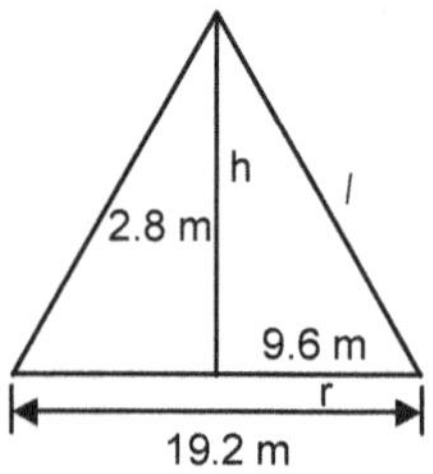

अभ्यास पत्र-2

समय : 2 घंटे **पूर्णांक : 150**

भागः I-सामान्य बुद्धिमत्ता

निर्देश (1-5) : दिए गए विकल्पों में से संबंधित शब्द/अक्षरों/संख्या/आकृति को चुनिए–

1. कैंची : कपड़ा :: ?

(*a*) पत्थर : ग्राइंडर (*b*) कुल्हाड़ी : लकड़ी

(*c*) छुरी : पत्थर (*d*) बंदूक : शिकार

2. DRIVE : EIDRV : : BEGUM : ?

(*a*) EUBGM (*b*) MGBEU

(*c*) BGMEU (*d*) UEBGM

3. 371 : 150 : : 468 : ?

(*a*) 247 (*b*) 357

(*c*) 246 (*d*) 345

4. प्रश्न आकृतियाँ

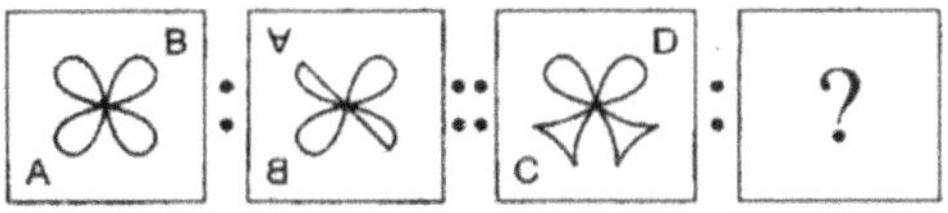

उत्तर आकृतियाँ

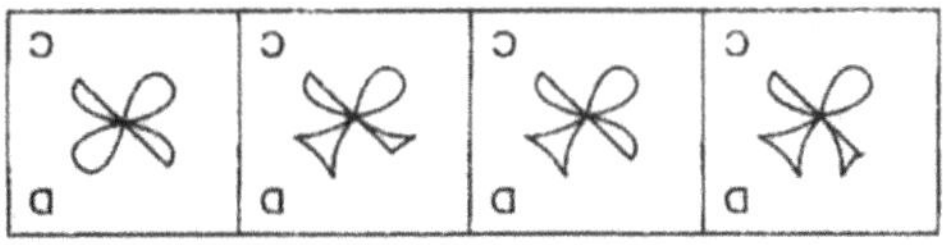

(*a*) (*b*) (*c*) (*d*)

5. ADHM : ZWSN : : CFJO : ?

(*a*) YVRM (*b*) WSPK

(*c*) XUQL (*d*) ZXVT

निर्देश (6-8): दिए गए विकल्पों में से विषम शब्द/अक्षरों/संख्या को चुनिए–

6. (*a*) परिश्रमी (*b*) गौरवपूर्ण

(*c*) असहमत (*d*) समर्पित

7. (*a*) ADGJ (*b*) NQTV

(*c*) PSVX (*d*) CFIK

8. (*a*) 81 – 45 (*b*) 72 – 91

(*c*) 117 – 99 (*d*) 135 – 126

9. दिए गए विकल्पों में से उस विकल्प का चयन कीजिए, जिसमें दी गई संख्याओं का समूह निम्नलिखित संख्याओं के समूह के समान हो

(17, 13, 20)

(*a*) (8, 12, 19) (*b*) (11, 9, 30)

(*c*) (8, 19, 11) (*d*) (5, 13, 11)

10. आसन्न अक्षरों के बीच छोड़े गए अक्षरों की संख्या 5 है। निम्नलिखित में से कौन-सी श्रृंखला इस नियम का पालन करती है?

(*a*) CIOUA (*b*) CINUA

(*c*) CIOTA (*d*) CIOUZ

निर्देश (11-12): निम्न श्रेणी में लुप्त संख्या/अक्षर दिए गए विकल्पों में से ज्ञात कीजिए–

11. $\frac{D}{5}, \frac{G}{9}, \frac{J}{14}, \frac{M}{20}, ?$

(*a*) $\frac{Q}{26}$ (*b*) $\frac{O}{26}$

(*c*) $\frac{Q}{27}$ (*d*) $\frac{P}{27}$

12. 2, 15, 4, 47, 7, 118, 11, ?, ?

(*a*) 260, 15 (*b*) 252, 16

(*c*) 250, 17 (*d*) 254, 16

13. दी गई अक्षर श्रृंखला के खाली स्थानों पर क्रम से रखने पर निम्नलिखित में से कौन-सा अक्षर समूह उसे पूरा करेगा?

a c b – c e – f –

(*a*) dde (*b*) cde

(*c*) dee (*d*) ddg

14. A का जन्म B से 5 वर्ष पहले हुआ था। B की आयु C से 4 वर्ष अधिक और D से 3 वर्ष कम है। यदि इस समय A की आयु 17 वर्ष है, तो D की आयु क्या है?

(*a*) 19 वर्ष (*b*) 15 वर्ष

(*c*) 12 वर्ष (*d*) 8 वर्ष

15. छः लड़कियाँ एक वृत्त में केंद्र की ओर मुँह करके खड़ी हैं। बिंदु, विजी की बाईं ओर है। रेखा, बिंदु और मुमताज के बीच में है। जेस्सा, विजी और निर्मला के बीच में है। मुमताज की बाईं ओर कौन है?

(*a*) रेखा (*b*) निर्मला
(*c*) विजी (*d*) बिंदु

16. बड़े अक्षरों में एक शब्द/अक्षर-समूह दिया गया है। इसके पश्चात् चार शब्द उत्तर के रूप में दिए गए हैं। दिए गए शब्द/अक्षर-समूह के अक्षरों को मिलाकर इनमें से केवल एक शब्द को नहीं बना सकते, उसको चुनिए–

EXAMINATION

(*a*) EXAMINE (*b*) NATION
(*c*) NOTE (*d*) TONE

17. यदि NATION को कूट भाषा में 467234 लिखा जाए और EARN को 1654 लिखा जाए, तो ATTENTION को लिखना चाहिए

(*a*) 432769561 (*b*) 956143654
(*c*) 766412743 (*d*) 677147234

18. निम्नलिखित में से कौन-सा सही है?

6 * 3 * 4 * 45

(*a*) ÷, +, > (*b*) ÷, >, +
(*c*) >, ÷, + (*d*) +, >, ÷

19. दिए गए विकल्पों में से लुप्त संख्या ज्ञात कीजिए–

4	9	15	22	30	?
?	120	88	60	36	16

(*a*) 35, 260 (*b*) 39, 186
(*c*) 40, 280 (*d*) 40, 160

20. A और B किसी स्थान से एक साथ चलते हैं। A अपने से पूर्व की ओर 2 किमी. जाता है और B अपने से दक्षिण की ओर 2 किमी. जाता है। A दक्षिणावर्त 90° दाएँ घूमता है और 2 किमी. चलता है। B वामावर्त 90° बाएँ घूमता है और 2 किमी. चलता है। वे प्रारंभिक स्थान से कहाँ होंगे?

(*a*) दोनों दक्षिण-पूर्व प्रदेश में
(*b*) दोनों पूर्व प्रदेश में
(*c*) A पूर्व प्रदेश में और B उत्तर प्रदेश में
(*d*) A दक्षिण प्रदेश में और B उत्तर प्रदेश में

21. एक ही घन की दो स्थितियों में अदृश्य संख्या कहाँ है?

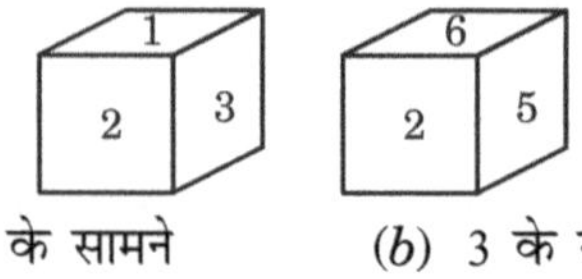

(*a*) 2 के सामने (*b*) 3 के सामने
(*c*) 5 के सामने (*d*) 6 के सामने

22. एक वक्तव्य दिया गया है, जिसके आगे दो निष्कर्ष, I व II दिए गए हैं। आपको विचार करना है कि वक्तव्य सत्य है चाहे वह सामान्यतः ज्ञात तथ्यों से भिन्न प्रतीत होता हो। आपको निर्णय करना है कि दिए गए वक्तव्य में से कौन-सा निश्चित रूप से सही निष्कर्ष निकाला जा सकता है। अपने उत्तर को निर्दिष्ट कीजिए–

वक्तव्य–शिशुपालन एक कला है; युवा माता-पिता को शिशुपालन की रीतियों में प्रशिक्षण की जरूरत होती है।

निष्कर्षः

I. आजकल युवा माता-पिता को शिशुपालन का कोई ज्ञान नहीं होता।

II. प्रशिक्षण से युवा-दंपत्ति बेहतर माता-पिता बन जाएँगे।

(*a*) केवल I निकलता है
(*b*) केवल II निकलता है
(*c*) न I निकलता है और न ही II
(*d*) I तथा II दोनों निकलते हैं

23. वह आरेख चुनिए, जो कॉलेज के छात्रों, गायकों और नर्तकों के बीच संबंध का सही निरूपण करता है।

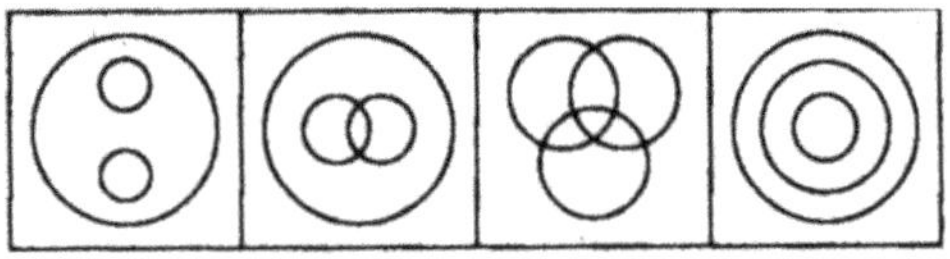

(*a*) (*b*) (*c*) (*d*)

24. दी गयी आकृति में वृत्त लड़कों का प्रतिनिधित्व करता है, त्रिभुज खिलाड़ियों का प्रतिनिधित्व करता है तथा वर्ग ग्रामीण का प्रतिनिधित्व करता है। कौन-सा भाग ग्रामीण खिलाड़ी लड़के का प्रतिनिधित्व करेगा?

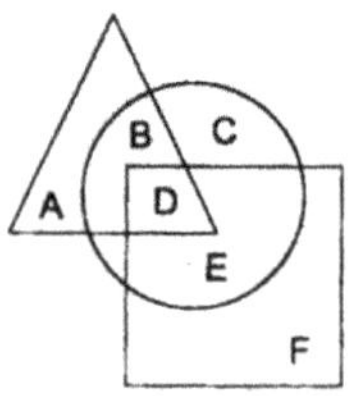

(*a*) E (*b*) F
(*c*) D (*d*) B

25. दी गई उत्तर आकृति में से उस एक को चुनिए, जिसमें प्रश्न आकृति निहित है।

प्रश्न आकृति

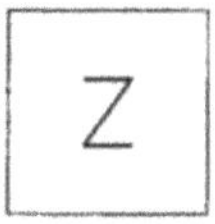

उत्तर आकृतियां

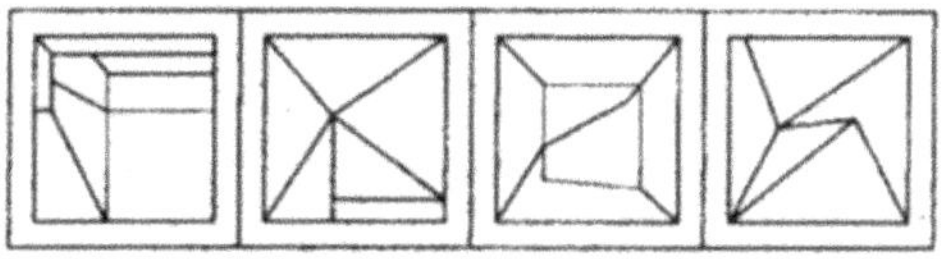

(a) (b) (c) (d)

भागः II-अंग्रेजी भाषा

Directions (26-40) : *Read the following passage carefully and answer the questions given below it. Certain words / expressions are given in bold in the passage to help you locate them while answering some of the questions.*

An old couple had worked very hard and saved every paisa they possibly could to go on a pilgrimage. Finally they had enough money to set out. On the way they passed through a small village and decided to **spend** the night in one of the inns there. Kamlesh, the owner told the couple to leave their belongings with him and freshen up for dinner. They had been warned that there would be many thieves on the way and were quite careful with their money pouch. So they refused and took turns to sit holding the bag containing their money while they had dinner.

To keep the pouch safe they decided to use it as a **pillow.** To their horror the next morning, they discovered it was **gone** ! Kamlesh and his wife had entered the room and removed the bag while they were asleep. The two were in despair. They would not be able to complete their pilgrimage and went to Kamlesh 'Where is our money?' they demanded. But Kamlesh **coolly** replied, 'I don't know anything about your bag. This is and honest person's lodge. Please leave'.

After arguing for awhile, the elderly couple walked out clutching their belongings. As they walked through the village, they told people their story. To see the old couple get justice, the villagers told them to go to Krishnakant, the king's counselor who was famous for his sense of fairness. Krishnakant heared their story and said, 'I have a drum in my house. If you tell the truth in front of the drum, it starts beating by itself, come to my house tomorrow morning and carry the drum to the court. On your way, tell the drum your story. I will send word to Kamlesh to carry the drum back in the afternoon. I will be ready with the verdict in the evening'. The next morning, the old couple started walking with the magic drum to the court. It was very heavy. The court was at a distance and the two were soon tired. So they stopped to rest under a big banyan tree.

The old man said, 'We will never get justice in a **strange** kingdom. I was so careful with the money, yet we lost it. May be the lord does not wish us to visit him'. As he uttered these words, the sound of drumbeats was heard. The old couple was very happy. 'We may have no witness, but God knows we are speaking the truth'. Then they stood up and, after drinking some water from a nearby stream, they picked up the drum which to their surprise, had become much lighter. 'God must have heard us and has made our load lighter'. They said happily. In the afternoon, Kamlesh and his wife carried the drum back from the court. They too found it very heavy and decided to sit under the big tree to rest. As soon as they sat down, the wife said. 'Why did you have to steal the money? Now see what a mess we are in.'

Kamlesh replied angrily, 'Don't blame me. Who unlocked the door and showed me where the pouch was kept? Do you really believe this is a magical drum? I am sure no one knows the truth, Now Krishnakant himself jumped out of the drum. I am the witness. I have heard every word you said, and also what the old couple said. You will return the stolen money and also pay three times as penalty.' The old couple was delighted when they heard the verdict. They went on to complete their pilgrimage **blessing** Krishnakant and his magic drum !

26. What was the villagers' reaction when they heard about the old couple's misfortune?

(*a*) They pooled money to ensure they could complete the pilgrimage.

(*b*) They were secretly pleased as they were jealous.

(*c*) They wanted to help the old couple and gave them advice.

(*d*) They devised a plan to get the money back from Kamlesh themselves.

27. Why did the old couple refuse Kamlesh's offer to keep their money ?

(*a*) They had been warned about his bad reputation.

(*b*) They did not trust anyone and wanted to keep their money safe.

(*c*) They did not want to pay him to keep it safe.

(*d*) They had no pillow and needed the money pouch to rest.

28. Why did the old couple bless the minister?

(*a*) He ensured that they travelled very comfortably for the rest of the pilgrimage.

(*b*) He confiscated the innkeeper, sold it and awarded the money them,

(*c*) He trusted their word without asking for witnesses.

(*d*) He had recovered their lost savings and they could complete the pilgrimage.

29. Why did the old couple panic when they awoke?

(*a*) All their pillows and belongings had been stolen.

(*b*) They had forgotten where they had hidden the bag.

(*c*) They had overslept and could not complete their pilgrimage that day.

(*d*) None of these

30. Which of the following is NOT true in the context of the passage?

1. The old couple were misers though they were very rich.
2. Both the King's minister and the drum had magical powers.
3. Kamlesh's wife was greedier than he was.

(*a*) Only 1 & 3 (*b*) Only 2 & 3

(*c*) Only 2 (*d*) All 1, 2 & 3

31. What did Kamlesh's wife do with the old couple's money?

(*a*) She did it at the innkeeper.

(*b*) She carried it with her on their way to the minister's house.

(*c*) She wanted to retire and not run the innkeeper anymore.

(*d*) Not clearly mentioned in the passage.

32. Why was Kamlesh confident about not being found guilty of stealing the old couple's money?

(*a*) He was planning to bride the minister

(*b*) The minister had told him that he doubted the old couple's story

(*c*) He considered the minister a fool

(*d*) He did not know of the minister's real plan to catch the thief

33. Why did the minister ask Kamlesh and the old couple to carry the drum?

(*a*) To discover who was telling the truth

(*b*) To punish them for quarrelling

(*c*) To decide who was worthy to go the pilgrimage

(*d*) To find out where the money was hidden and claim it for himself

34. What made Kamlesh ask the old couple to leave?

(*a*) They were unable to pay their bill

(*b*) It was a pretense of being upset for accusing him

(*c*) He was afraid that they would ask him for money to complete the pilgrimage

(*d*) Not clearly mentioned in the passage

35. Why was the old couple happy carrying the drum on the way to the court?

(*a*) They considered it part of their pilgrimage

(*b*) The minister had accompanied them and helped them carry it

(*c*) They were relieved that the minister had declared them innocent

(*d*) They were convinced along the way that God knew of their innocence.

Directions (36-38) : *Which of the following is **most similar** in meaning to the word given in **bold** as used in the passage?*

36. gone

(*a*) missing (*b*) left
(*c*) dead (*d*) completed

37. strange

(*a*) foreign (*b*) mysterious
(*c*) extraordinary (*d*) unknowing

38. spend

(*a*) buy (*b*) pass
(*c*) waste (*d*) Consume

Directions (39-40) : *Which of the following is **most opposite** in meaning to the world given in **bold** as used in the passage?*

39. coolly

(*a*) noisy (*b*) worryingly
(*c*) fearlessly (*d*) hastily

40. blessing

(*a*) disadvantage (*c*) unholy
(*b*) cursing (*d*) insulted

Directions (41-50) : *Read each sentence to find out weather there is any grammatical mistake/error in it. The error if any, will be in one part of the sentence. Mark the number of that part with error as your answer. It there is no error, mark (d).*

41. If the investor is not satisfied (*a*)/ with the terms of the insurance policy (*b*)/ there is plenty of other policies to choose from (*c*)/ No error. (*d*)

42. The company is prepared (*a*)/ to lend us the necessary amount (*b*)/ required for the developing of the region (*c*)/ No error. (*d*)

43. Nowadays a large number of (*a*)/ people are opting to pay their bills online as it (*b*)/ is convenient and free of cost (*c*)/ No error. (*d*)

44. During the discussion, the finance (*a*)/ minister praised public sector banks (*b*)/ because their efforts to ensure that people in rural areas get loans (*c*)/ No error. (*d*)

45. Based on the feedbook receipt (*a*)/ from customers the bank has decided (*b*)/ to lower the interest charged on home loans (*c*)/ No error. (*d*)

46. The NREGA is a scheme (*a*)/ under which the government (*b*)/ offers employment to whom living in rural areas (*c*)/No error. (*d*)

47. The income Tax Act was implementing (*a*)/ nearly fifty years ago but (*b*)/ there have been many changes made in it over the years (*c*)/ No error. (*d*)

48. A savings bank account can (*a*)/ be open in the name (*b*)/ of a minor who is over ten years of age (*c*)/ No error. (*d*)

49. Indian banks have adopted (*a*)/core banking solutions much later (*b*)/then Western banks but their systems are more than advanced (*c*)/ No error. (*d*)

50. By 2030 more than 40 percent of (a)/ India's population will be lived (b)/ in urban areas as compared to 28 percent at present (c)/ No error. (d)

Directions (51-55): *In each question below is given a set of 4 sentences S1, S2, S3 and S4 which from a meaningful paragraph. One of the sentences has been removed. Below each set are provided 4 options, one of which may be used to fill in the missing sentence. The number of the option which can be used in place of the missing sentence is your answer.*

Example: S1 : Some animals live in lakes.
S2 : ....
S3 : Its shell is useful.

(*a*) There are many lakes in India.
(*b*) Other animals live in the sea.
(*c*) They have all been killed.
(*d*) The turtle is one such animal.

51. S1 : The children found it difficult to go to school during the monsoon.
S2 : Their uniforms would not try.
S3 : ....
S4 : I presented these to the head of the village.

(*a*) I bought some umbrellas and clothes.
(*b*) I listened to their problems.
(*c*) Many rare flowers bloomed.
(*d*) There would be mud everywhere.

52. S1 : RBI has asked banks to make their branches accessible to Persons with Disabilities.

S2 : One third of the new ATM's should have Brailli keypads.

S3 : ....

S4 : Around 1,0000 of these will be ready for use next month.

(*a*) Banks should advertise about this in advance.

(*b*) All expenses will be borne by banks.

(*c*) We are planning to set up 7,000 ATM's for this purpose.

(*d*) Special debit cards have been issued to customers.

53. S1 : The new tax code is only at the proposal stage at present.

S2 : ....

S3 : There is a chance it may not be approved.

S3 : Don't make any investment decisions till this happens.

(*a*) It will be put before the Minister next month.

(*b*) Tax consultants will make profits.

(*c*) The minister may resign.

(*d*) There is no solution in sight

54. S1 : My father was a doctor.

S2 : He was also a professor.

S3 : ....

S4 : As a result his lectures were always lively and well attended.

(*a*) He would often bore his students with long lectures.

(*b*) He would narrate stories and real life incidents to his students.

(*c*) He forced his students to pay attention.

(*d*) It was difficult to understand his lectures.

55. S1 : the importance of financial inclusion has been discussed at many conferences.

S2 : The government has made efforts to achieve this.

S3 : For example, now no minimum balance is required to open an account.

S4 : ....

(*a*) We need to work on this challenge.

(*b*) It sometimes takes more than a month to open an account.

(*c*) We do not know if this measure has been successful.

(*d*) Many lack access to banking services.

Directions (56-60) : *In each question below a sentence with three words printed in* ***bold*** *type is given. These are numbered as (a), (b) and (c). One of these three boldly printed words may be either* ***wrongly spelt or inappropriate*** *in them context of the sentence. Find out the word which is wrongly spelt or inappropriate, if any. The number of that word is your answer. If all the boldly printed words are correctly spelt and also appropriate in the context of the sentence, mark (d) i.e., 'All Correct' as your answer.*

56. **Although** (*a*)/ he has a house in Italy he **continuously** (*b*)/ to **retain** (*c*)/ his house here in Udaipur. All correct. (*d*)

57. The Board has **raized** (*a*)/ **several issues** (*b*)/ after going **through** (*c*)/ the auditor's report. All correct. (*d*)

58. These honest **civil** (*a*)/ servants should be treated with the **dignity** (*b*)/ they **deserving** (*c*)/ All correct. (*d*)

59. The rise in **fraud** (*a*)/ cases has **promoted** (*b*)/ banks to spend more on **improving security** (*c*). All correct. (d)

60. Provident fund is **usually** (*a*), **deducted directedly** (*b*)/ from your salary by the employer and deposited in a **retirement** (*c*)/ account. All correct. (*d*)

Directions (61-65): *Which of the phrases (a), (b), (c) and (d) given below should replace* ***the phrase*** *given in* ***bold,*** *in the following sentence to make the sentence meaningful and grammatically correct?*

61. Banks will have **lend additional** ₹ 100 crores to meet this year's credit targets.

(*a*) additional lending

(*b*) lend additional

(*c*) lent additional of

(*d*) to additionally lend

(5) No correction required

62. **On account the fact that** the bank merger did not take place last year the Board appointed a consultant.

(*a*) Since the fact of

(*b*) With the fact that

(*c*) Due to the fact that

(*d*) Owing the fact to

63. The government's policy **asking banks offering** no frills accounts has encouraged many villagers to open bank accounts.

(*a*) asking banks which offer

(*b*) to ask banks offer

(*c*) asked banks which offer

(*d*) asking banks to offer

64. While countries like China have vasitly improved their rail network India is **very far behind.**

(*a*) much behind

(*b*) as far as behind

(*c*) too further behind

(*d*) No correction required

65. The government may close down public sector companies whose losses **are falling from** ₹ 15 to ₹ 20 crores.

(*a*) fallen below

(*b*) have fallen above

(*c*) fall between

(*d*) will be falling to

Directions (66-75) : *In the following passage there are blanks, each of which is numbered (a), (b), (c) and (d). These numbers are printed below the passage and against each four words/phrases are suggested, One of which fits the blanks appropriately, find out the appropriate word/phrases in each case.*

There was once a king who had three sons. Desiring to determine which of **(66)** was the fittest for the **(67)** of ruling the kingdom, he **(68)** upon a strange idea. He **(69)** his sons to accompany him (**70**) the forest. Pausing at a (**71**) he pointed out a vulture (**72**) high on a tree. 'I (**73**) you to shoot it but (**74**) me first what you see?' The first (**75**) the grass and sky, the second the horses and field nearby, then the king turned to his youngest son. 'I see only the eye of the vulture' he said and took aim. Pleased, the king commanded him to stop and appointed him heir to the throne.

66. (*a*) any (*b*) one
(*c*) them (*d*) whom

67. (*a*) job (*b*) problem
(*c*) decision (*d*) capacity

68. (*a*) discovered (*b*) fall
(*c*) thought (*d*) stumble

69. (*a*) made (*c*) requested
(*b*) force (*d*) tricked

70. (*a*) out (*c*) untill
(*b*) where (*d*) into

71. (*a*) spot (*c*) scene
(*b*) area (*d*) distant

72. (*a*) landed (*c*) nested
(*b*) flocking (*d*) sitting

73. (*a*) hope (*c*) challenging
(*b*) want (d) demand

74. (*a*) ask (*c*) show
(*b*) tell (*d*) let

75. (*a*) drawing (*c*) reported
(*b*) explained (*d*) described

भागः III-संख्यात्मक अभियोग्यता

76. A, B व C कंपनियों में कर्मचारियों की संख्या क्रमशः 4 : 5 : 6 के अनुपात में है। यदि तीनों कंपनियों में कर्मचारियों की संख्या में क्रमशः 25%, 30% और 50% की वृद्धि हो तो कंपनी A, B, C में, काम करने वाले कर्मचारियों का क्रमशः कितना अनुपात होगा?

(*a*) 13 : 10 : 18 (*b*) 10 : 13 : 17
(*c*) 13 : 15 : 18 (*d*) इनमें से कोई नहीं

77. शब्द 'ARISE' के अक्षरों को कितने भिन्न-भिन्न तरीकों से व्यवस्थित किया जा सकता है?

(*a*) 90 (*b*) 60
(*c*) 180 (*d*) 120

78. ₹ 9,650 की राशि पर 6 प्र. श. प्र. व. की दर से 3 वर्ष के अंत में चक्रवृद्धि ब्याज की लगभग कितनी राशि प्राप्त की जा सकती है?

(*a*) 1,737 (*b*) 1,920
(*c*) 1,720 (*d*) 1,843

79. एक दूधवाला 120 लीटर दूध ₹ 3,360 में और 240 लीटर दूध 6,120 में बेचता है। 240 लीटर दूध बेचते समय दूधवाला प्रति लीटर कितनी छूट देता है?

(*a*) 2 (*b*) 3.5
(*c*) 2.5 (*d*) 1.5

80. जब 3626 को एक संख्या के वर्ग से विभाजित किया जाता है और उससे उत्तर आता है उसे 32 से गुणा किया जाता है तो अंतिम उत्तर 2368 मिलता है। संख्या कितनी है?

(*a*) 7 (*b*) 36
(*c*) 49 (*d*) 6

81. जब कार की सर्विस न की गई हो तो यह 50 किमी. प्रति घंटा की गति से चलती है और जब सर्विस की गई हो, यह 60 किमी. प्रति घंटा की गति से चलती है। सर्विसिंग के बाद कार एक विशेष दूरी 6 घंटे में पूरा करती है। बिना सर्विस के इसी दूरी को कार कितने समय में तय करेगी?

(*a*) 8.2 घंटे (*b*) 6.5 घंटे
(*c*) 8 घंटे (*d*) 7.2 घंटे

82. एक अकेले व्यक्ति को एक पत्र लिखने में 3 मिनट लगते हैं। सुबह 10 बजे से दोपहर 12.00 बजे तक 1960 पत्र लिखे जाने हैं तो इस काम के लिए कितने व्यक्ति लगाए जाने चाहिए?

(*a*) 53 (*b*) 47
(*c*) 51 (*d*) 49

83. 10 कुर्सियों और 15 टेबलों की कीमत ₹ 15,525 है। 8 कुर्सियों और 12 टेबलों की कीमत क्या है?

(*a*) ₹ 13,560 (*b*) ₹ 12,420
(*c*) ₹ 14,840 (*d*) इनमें से कोई नहीं

84. एक गिफ्ट शॉप का मालिक अपने ग्राहक को लागत कीमत से 28% अधिक चार्ज करता है। एक ग्राहक ने कुछ सॉफ्ट टॉयज के लिए ₹ 1,408 अदा किए तो इनकी लागत कीमत क्या थी?

(*a*) ₹ 1,300 (*b*) ₹ 1,000
(*c*) ₹ 1,200 (*d*) इनमें से कोई नहीं

85. 715 वर्ग फुट का एक प्लॉट ₹ 3,850 प्रति वर्ग फुट की दर से मिल रहा है। प्लॉट बुक करने के लिए कुल कीमत का 40% अदा किया जाना है। बुकिंग राशि क्या होगी?

(*a*) ₹ 11,10,000 (*b*) ₹ 11,01,100
(*c*) ₹ 11,01,000 (*d*) ₹ 11,00,100

86. निम्नलिखित प्रश्न में प्रश्नचिन्ह (?) के स्थान पर लगभग क्या मूल्य आयेगा?

$59.786 \div 14.444 \times 8.321 = ?$

(*a*) 49 (*b*) 58
(*c*) 22 (*d*) 34

87. एक राशि A, B, C और D के बीच क्रमशः 4 : 5 : 7 : 11 के अनुपात में बांटी गई है। यदि C का हिस्सा ₹1,351 है, तो A और D की मिलकर कुल राशि कितनी होगी?

(*a*) ₹ 2,123 (*b*) ₹ 2,316
(*c*) ₹ 2,565 (*d*) ₹ 2,895

88. एक संख्या के 73% और 58% के बीच का अंतर 960 है। इस संख्या का 22% क्या है?

(*a*) 1408 (*b*) 1232
(*c*) 1324 (*d*) 1536

89. 55 विद्यार्थियों और 3 शिक्षकों वाली एक कक्षा में, प्रत्येक विद्यार्थी को कुल विद्यार्थियों की संख्या का 20% और प्रत्येक शिक्षक को विद्यार्थियों की कुल संख्या का 60% मिठाइयाँ मिली हैं। कितनी मिठाइयाँ थीं?

(*a*) 737 (*b*) 671
(*c*) 714 (*d*) इनमें से कोई नहीं

90. एक संख्या के वर्ग में $(108)^2$ जोड़ने पर उत्तर 13033 आता है। वह संख्या क्या है?

(*a*) 33 (*b*) 43
(*c*) 37 (*d*) 47

91. एक परीक्षा में पास होने के लिए कुल 350 अंक पाना जरूरी है। एक विद्यार्थी को 32% अंक मिलते हैं और उसे 70 अंक से फेल घोषित किया जाता है। किसी विद्यार्थी को अधिकतम कुल कितने अंक मिल सकते हैं?

(*a*) 885 (*b*) 865
(*c*) 875 (*d*) इनमें से कोई नहीं

92. निम्नलिखित समीकरण में दोनों प्रश्नचिन्ह के स्थान पर कौन-सी संख्या आयेगी?

$$\frac{?}{388} = \frac{97}{?}$$

(*a*) 222 (*b*) 194
(*c*) 206 (*d*) इनमें से कोई नहीं

93. 10 पुरुष और 8 महिलाएँ मिलकर एक काम 5 दिन में पूरा कर सकते हैं। एक महिला द्वारा एक दिन में किया गया काम एक पुरुष द्वारा एक दिन में किए गए काम के आधे के बराबर है। 4 पुरुष और 6 महिलाएँ उस काम को कितने दिन में पूरा करेंगे?

(*a*) 12 दिन (*b*) 10 दिन

(*c*) $8\frac{2}{3}$ दिन (*d*) $9\frac{3}{4}$ दिन

94. एक संख्या का आधा दूसरी संख्या के 65% के बराबर है। पहली और दूसरी संख्या में क्या अनुपात है?

(*a*) 10 : 13 (*b*) 8 : 13

(*c*) 13 : 8 (*d*) 13 : 10

95. यदि एक भिन्न के अंश को 8% बढ़ाया जाए और हर को 10% घटाया जाए, तो $\frac{2}{3}$ भिन्न आती है। मूल भिन्न कितनी थी?

(*a*) $\frac{3}{4}$ (*b*) $\frac{4}{9}$

(*c*) $\frac{5}{9}$ (*d*) $\frac{5}{8}$

96. श्री माने अपनी मासिक आय का 40% भोजन और परिवहन पर, 20% मेडिकल पर, 25% बच्चों की शिक्षा पर खर्च करते हैं और शेष ₹ 5,250 की बचत करते हैं। श्री माने की मासिक आय कितनी है?

(*a*) ₹ 34,530 (*b*) ₹ 35,000

(*c*) ₹ 32,000 (*d*) ₹ 32,500

97. चार क्रमिक विषम संख्याओं का औसत 106 है। आरोही क्रम में तीसरी संख्या कौन-सी है?

(*a*) 107

(*b*) 111

(*c*) 113

(*d*) निर्धारित नहीं किया जा सकता

98. महेश ने एक वस्तु के 25 नग खरीदने के लिए ₹16,000 अदा किए। 40% लाभ कमाने के लिए वह प्रत्येक वस्तु किस कीमत पर बेचे?

(*a*) ₹ 698 (*b*) ₹ 640

(*c*) ₹ 860 (*d*) ₹ 896

99. एक नगर में 80% जनसंख्या वयस्कों की है, जिनमें से पुरुष और महिला क्रमश: 9 : 7 के अनुपात में हैं। यदि वयस्क महिलाओं की संख्या 4.2 लाख है, तो गाँव की कुल कितनी जनसंख्या है?

(*a*) 12 लाख (*b*) 9.6 लाख

(*c*) 9.8 लाख (*d*) 11.6 लाख

100. 60 मीटर लंबे तथा 40 मीटर चौड़े एक आयताकार बाग के चारों तरफ 5 मीटर चौड़ी सड़क बनानी है। यदि एक वर्गमीटर सड़क बनाने का खर्च ₹ 500 आता हो तो पूरी सड़क बनाने पर क्या खर्च आएगा?

(*a*) ₹ 5,50,000 (*b*) ₹ 6,30,625

(*c*) ₹ 6,50,000 (*d*) ₹ 4,45,250

भाग : IV-सामान्य सचेतता

101. नर्मदा एवं ताप्ती नदियों के मध्य स्थित है–

(*a*) विंध्य पर्वत (*b*) सतपुड़ा श्रेणियां

(*c*) राजमहल पहाड़ियाँ (*d*) अरावली पहाड़ियां

102. बगलिहार पॉवर प्रोजेक्ट, जिसके विषय में पाकिस्तान द्वारा विश्व बैंक के समक्ष विवाद उठाया गया, भारत द्वारा जिस नदी पर बनाया जा रहा है वह है–

(*a*) झेलम नदी (*b*) सिंध नदी

(*c*) चेनाब नदी (*d*) सतलज नदी

103. विशेष आर्थिक क्षेत्र अधिनियम इस वर्ष पारित किया गया–

(*a*) मई 2005 (*b*) फरवरी 2005

(*c*) मई 2006 (*d*) फरवरी 2006

104. जादुगुडा निम्न में से किसके लिए प्रसिद्ध है–

(*a*) लौह अयस्क (*b*) मैंगनीज

(*c*) सोने (*d*) यूरेनियम

105. निम्नलिखित में से कौन-सा एक भारत का प्राकृतिक बंदरगाह नहीं है?

(*a*) कांडला (*b*) चेन्नई

(*c*) पारादीप (*d*) मुंबई

106. मुहम्मद यूनुस, जिन्हें 2006 में नोबेल शांति पुरस्कार प्रदान किया गया है, नागरिक हैं–

(*a*) बांग्लादेश के (*b*) ईरान के

(*c*) मलेशिया के (*d*) पाकिस्तान के

107. उत्तर प्रदेश शासन ने 'संगीत रत्न पुरस्कार' जिसकी स्मृति में प्रारंभ किया वे हैं–

(*a*) उस्ताद रशीद अहमद (*b*) उस्ताद निसार हुसैन खां
(*c*) उस्ताद बिस्मिल्ला खां (*d*) पंडित रविशंकर

108. रक्त दाब नापने के यंत्र का नाम है–

(*a*) टैकोमीटर (*b*) स्फिग्नोमैनोमीटर
(*c*) ऐक्टीमीटर (*d*) बैरोमीटर

109. रेफ्रीजरेटर में खाद्य पदार्थ ताजा रखने हेतु सुरक्षित तापमान है–

(*a*) 4°C (*b*) 8°C
(*c*) 0°C (*d*) 10°C

110. निम्न में से किसके जांचने के लिए ELISA टेस्ट किया जाता है?

(*a*) मधुमेह को (*b*) तपेदिक को
(*c*) AIDS को (*d*) सूजाक को

111. संगणकों के आई. सी. चिप्स प्राय: बने होते हैं–

(*a*) लेड के (*b*) क्रोमियम के
(*c*) सिलिकॉन के (*d*) सोने के

112. जार्विक-7 क्या है?

(*a*) इलेक्ट्रॉनिक्स पैर (*b*) पेस मेकर
(*c*) कृत्रिम हृदय (*d*) कृत्रिम आंख

113. उत्तर प्रदेश में परमाणु ऊर्जा केंद्र स्थापित है–

(*a*) मथुरा में (*b*) सिंगरौली में
(*c*) नरौरा में (*d*) अलीगढ़ में

114. तीन-पिन बिजली के प्लग में सबसे लंबी पिन को जोड़ना चाहिए–

(*a*) आधार सिरे से (*b*) सजीव सिरे से
(*c*) उदासीन सिरे से (*d*) किसी भी सिरे से

115. स्वचालित कलाई घड़ियों में ऊर्जा मिलती है–

(*a*) करचल ऐंठन से
(*b*) बैटरी से
(*c*) द्रव क्रिस्टल से
(*d*) हमारे हाथ के विभिन्न संचलन से

116. प्रेशर कूकर में खाना जल्दी पकता है क्योंकि–

(*a*) अधिक दाब पर पानी कम तापक्रम पर उबलने लगाता है
(*b*) अधिक दाब पर पानी अधिक तापक्रम पर उबलने लगाता है
(*c*) पानी 100°C पर ही उबलता है लेकिन अधिक दाब पर ऊष्मा की मात्रा अधिक होती है
(*d*) कूकर के अंदर संवाहन धाराएं उत्पन्न हो जाती हैं

117. गर्मियों में सफेद कपड़े पहनना ज्यादा आरामदेह है क्योंकि–

(*a*) वे अपने ऊपर पड़ने वाली सारी ऊष्मा को परावर्तित कर देते हैं
(*b*) वे शरीर से स्थानांतरित होने वाली सारी ऊष्मा को विकिरित कर देते हैं
(*c*) वे पसीना सोख लेते हैं
(*d*) वे आंखों को शीतलता प्रदान करते हैं

118. पहला कंप्यूटर किसने बनाया था?

(*a*) बिल गेट्स (*b*) बिल क्लिंटन
(*c*) चार्ल्स बैबेज (*d*) मार्कोनी

119. निम्नलिखित में कौन एक अणु-परमाणुक कण नहीं है?

(*a*) न्यूट्रॉन (*b*) प्रोटॉन
(*c*) ड्यूट्रान (*d*) इलेक्ट्रॉन

120. सामान्य मानव शरीर का तापक्रम होता है–

(*a*) 98.4°F (*b*) 98°F
(*c*) 98.8°F (*d*) इनमें से कोई नहीं

121. पॉलीथीन की थैलियों को नष्ट नहीं किया जा सकता, क्योंकि वे बनी होती हैं–

(*a*) न टूटने वाले अणुओं से
(*b*) अकार्बनिक यौगिकों से
(*c*) पॉलीमर से (*d*) प्रोटीन से

122. निम्न में से कौन-सा कथन सही नहीं है?

(*a*) एयर-कंडीशनर और एयर-कूलर दोनों तापक्रम नियंत्रित करते हैं
(*b*) एयर-कंडीशनर और एयर-कूलर दोनों आर्द्रता नियंत्रित करते हैं
(*c*) एयर-कंडीशनर आर्द्रता नियंत्रित करता है परंतु एयर-कूलर आर्द्रता नियंत्रित नहीं करता है
(*d*) दोनों वायु की गति नियंत्रित करते हैं

123. निम्नलिखित में विश्व में कौन सर्वाधिक पाया जाने वाला तत्व है?

(*a*) हाइड्रोजन (*b*) ऑक्सीजन
(*c*) नाइट्रोजन (*d*) कार्बन

124. मूत्रालयों के पास प्राय: नाक में चुभने वाली गंध का कारण है–

(*a*) सल्फर डाइ-ऑक्साइड (*b*) क्लोरीन

(*c*) अमोनिया (*d*) यूरिया

125. किस तत्व की कमी से घेंघा रोग हो जाता है?

(*a*) नाइट्रोजन (*b*) कैल्शियम

(*c*) आयोडीन (*d*) फास्फोरस

126. निम्नलिखित में से किसकी उपस्थिति के कारण दूध में मिठास आ जाती है?

(*a*) माइक्रोज (*b*) लैक्टोज

(*c*) सुक्रोज (*d*) कैरोटिन

127. **कथन** (A) : खतरे का सिगनल लाल रंग का बनाया जाता है।

कारण (R) : लाल रंग का प्रकीर्णन सबसे कम होता है।

(*a*) (A) तथा (R) दोनों सही हैं तथा (R), (A) की सही व्याख्या है

(*b*) (A) तथा (R) दोनों सही हैं परंतु (R), (A) की सही व्याख्या नहीं है

(*c*) (A) सही है, परंतु (R) गलत है

(*d*) (A) गलत है, परंतु (R) सही है

128. 'आर्य' शब्द का शाब्दिक अर्थ है–

(*a*) श्रेष्ठ (*b*) विद्वान

(*c*) पुरोहित (*d*) योद्धा

129. जब टी. वी. का स्विच ऑन किया जाता है तो–

(*a*) श्रव्य और दृश्य दोनों एक साथ शुरू होते हैं

(*b*) श्रव्य तुरंत सुनाई देता है लेकिन दृश्य बाद में दिखाई देता है, क्योंकि दृश्य को कुछ अभ्यास समय चाहिए

(*c*) दृश्य तुरंत प्रारंभ हो जाता है लेकिन श्रव्य बाद में सुनाई देता है, क्योंकि ध्वनि प्रकाश की अपेक्षा कम वेग से चलती है

(*d*) यह T. V. के ब्रांड पर निर्भर करता है

130. आधुनिक कंप्यूटरों का लघु-रूप-करण संभव हो सका है निम्न के प्रयोग से

(*a*) ट्रांजिस्टर

(*b*) समाकलित परिपथ चिप्स

(*c*) नैनो पदार्थ

(*d*) अति-संचालक

131. किसने कहा था, "मेरी पीठ पर किया जाने वाला प्रत्येक प्रहार ब्रिटिश साम्राज्य के कफन में एक कील सिद्ध होगा"?

(*a*) लाला लाजपत राय (*b*) भगत सिंह

(*c*) चंद्रशेखर आजाद (*d*) बालगंगाधर तिलक

132. मगध के किस प्रारंभिक शासक ने राज्यारोहण के लिए अपने पिता की हत्या की एवं स्वयं इसी कारणवश अपने पुत्र द्वारा मारा गया?

(*a*) बिंबिसार (*b*) अजातशत्रु

(*c*) उदयिन (*d*) नागदशक

133. 'मनु स्मृति' मुख्यतया संबंधित है–

(*a*) समाज-व्यवस्था से (*b*) कानून से

(*c*) अर्थशास्त्र से (*d*) राज्य-कार्य पद्धति से

134. हर्ष के दरबार में ह्वेनसांग को एक दूत के रूप में किसने भेजा था?

(*a*) ताई सुंग

(*b*) तुंग-कुआन

(*c*) कू येन-वू

(*d*) उपर्युक्त में से कोई नहीं

135. लॉर्ड मैकाले संबंधित है–

(*a*) सेना के सुधार से

(*b*) सती प्रथा की समाप्ति से

(*c*) अंग्रेजी शिक्षा से

(*d*) स्थायी बंदोबस्त से

136. 14 जून 1947 को कांग्रेस के दिल्ली अधिवेशन में भारत के विभाजन का प्रस्ताव स्वीकृत हुआ। इस अधिवेशन के अध्यक्ष थे–

(*a*) राजेंद्र प्रसाद

(*b*) सरदार वल्लभ भाई पटेल

(*c*) आचार्य जे. बी. कृपलानी

(*d*) जवाहर लाल नेहरू

137. 'अकबरनामा' किसने लिखा?

(*a*) अब्दुर्रहीम खानखाना (*b*) फैजी

(*c*) अब्दुल कादिर बदायूंनी (*d*) अबुल फजल

138. किसके प्रशासन काल में 'स्थायी बंदोबस्त' प्रारंभ किया गया था?

(*a*) वारेन हेस्टिंग्स (*b*) लॉर्ड कार्नवालिस

(*c*) सर जॉन शोर (*d*) लॉर्ड वेलजली

139. निम्नलिखित घटनाओं को कालक्रमानुसार व्यवस्थित कीजिए–

A - अमृतसर घटना

B - चौरी-चौरा घटना

C - चंपारन आंदोलन

D - मोपला विद्रोह

(*a*) A, B, C, D (*b*) B, A, C, D

(*c*) C, A, D, B (*d*) C, A, B, D

140. वर्ष 1932 के पूना समझौते के साथ किसका सीधा संबंध था?

(*a*) भारतीय महिलाएं (*b*) भारतीय मजदूर वर्ग

(*c*) भारतीय कृषक वर्ग (*d*) भारतीय दलित वर्ग

141. 'द इंडियन स्ट्रगल' नामक प्रसिद्ध पुस्तक किसने लिखी?

(*a*) मौलाना अबुल कलाम आजाद

(*b*) जवाहरलाल नेहरू

(*c*) लाजपत राय

(*d*) सुभाषचंद्र बोस

142. ''यहां (भारत में) एक क्रांति होने जा रही है और हमें जल्दी से चले जाना चाहिए।'' यह किसने कहा?

(*a*) सर स्टैफर्ड क्रिप्स (*b*) लॉर्ड पैथिक लारेंस

(*c*) लॉर्ड वेवल (*d*) ए. वी. एलेक्जैंडर

143. महात्मा गांधी द्वारा चलाया गया प्रथम जन-आंदोलन था–

(*a*) असहयोग आंदोलन (*b*) नमक आंदोलन

(*c*) भारत छोड़ो आंदोलन (*d*) नील आंदोलन

144. सुभाषचंद्र बोस के त्यागपत्र देने के बाद किसे भारतीय राष्ट्रीय कांग्रेस का अध्यक्ष चुना गया?

(*a*) अबुद कलाम आजाद (*b*) राजेंद्र प्रसाद

(*c*) पट्टाभि सीतारमैया (*d*) वल्लभ भाई पटेल

145. लोकसभा अध्यक्ष को उसके कार्यकाल की समाप्ति के पूर्व पद से हटाया जा सकता है–

(*a*) प्रधानमंत्री की संस्तुति पर राष्ट्रपति द्वारा

(*b*) यदि लोकसभा इस आशय का प्रस्ताव पारित कर दे

(*c*) यदि लोकसभा और प्रधानमंत्री इस प्रकार का निर्णय ले लें

(*d*) यदि संसद के दोनों सदन इस आशय का प्रस्ताव पारित करें

146. वर्तमान समय में भारतीय संविधान के अंतर्गत संपत्ति का अधिकार है एक–

(*a*) मौलिक अधिकार

(*b*) वैधानिक अधिकार

(*c*) नैतिक अधिकार

(*d*) उपर्युक्त में से कोई नहीं

147. अखिल भारतीय कांग्रेस की प्रथम महिला अध्यक्ष कौन थी?

(*a*) श्रीमती एनी बेसेंट

(*b*) श्रीमती सरोजिनी नायडु

(*c*) श्रीमती नेली सेनगुप्ता

(*d*) अरूणा आसफ अली

148. कोई विधेयक 'धन विधेयक' है या नहीं इसका निर्णय कौन करता है?

(*a*) राष्ट्रपति (*b*) लोकसभा अध्यक्ष

(*c*) वित्त सचिव (*d*) वित्त मंत्री

149. निम्नलिखित में से कौन-सा मूल अधिकार विदेशी नागरिकों को प्राप्त नहीं है?

(*a*) विधि के समक्ष समानता

(*b*) अभिव्यक्ति स्वतंत्रता का अधिकार

(*c*) प्राण व दैहिक स्वतंत्रता का अधिकार

(*d*) शोषण के विरूद्ध अधिकार

150. 'गरीबी उन्मूलन' का नारा किस पंचवर्षीय योजना में दिया गया था?

(*a*) द्वितीय पंचवर्षीय योजना

(*b*) चतुर्थ पंचवर्षीय योजना

(*c*) पंचम पंचवर्षीय योजना

(*d*) छठी पंचवर्षीय योजना

उत्तरमाला

1. (b)	**2.** (b)	**3.** (a)	**4.** (b)	**5.** (c)	**6.** (c)	**7.** (a)	**8.** (b)	**9.** (b)	**10.** (a)
11. (d)	**12.** (b)	**13.** (a)	**14.** (b)	**15.** (b)	**16.** (a)	**17.** (d)	**18.** (d)	**19.** (d)	**20.** (a)
21. (a)	**22.** (b)	**23.** (c)	**24.** (d)	**25.** (a)	**26.** (c)	**27.** (b)	**28.** (d)	**29.** (d)	**30.** (d)
31. (d)	**32.** (d)	**33.** (a)	**34.** (d)	**35.** (d)	**36.** (a)	**37.** (d)	**38.** (b)	**39.** (b)	**40.** (c)
41. (c)	**42.** (c)	**43.** (d)	**44.** (c)	**45.** (a)	**46.** (c)	**47.** (a)	**48.** (d)	**49.** (d)	**50.** (b)
51. (b)	**52.** (c)	**53.** (a)	**54.** (b)	**55.** (a)	**56.** (b)	**57.** (b)	**58.** (c)	**59.** (b)	**60.** (b)
61. (c)	**62.** (c)	**63.** (d)	**64.** (d)	**65.** (b)	**66.** (c)	**67.** (a)	**68.** (c)	**69.** (d)	**70.** (d)
71. (a)	**72.** (d)	**73.** (c)	**74.** (c)	**75.** (d)	**76.** (d)	**77.** (d)	**78.** (d)	**79.** (c)	**80.** (a)
81. (d)	**82.** (d)	**83.** (b)	**84.** (d)	**85.** (b)	**86.** (d)	**87.** (d)	**88.** (a)	**89.** (d)	**90.** (c)
91. (c)	**92.** (d)	**93.** (b)	**94.** (d)	**95.** (c)	**96.** (b)	**97.** (a)	**98.** (d)	**99.** (a)	**100.** (a)
101. (b)	**102.** (c)	**103.** (a)	**104.** (d)	**105.** (c)	**106.** (a)	**107.** (c)	**108.** (b)	**109.** (a)	**110.** (c)
111. (c)	**112.** (c)	**113.** (c)	**114.** (a)	**115.** (d)	**116.** (b)	**117.** (a)	**118.** (c)	**119.** (c)	**120.** (a)
121. (c)	**122.** (c)	**123.** (c)	**124.** (c)	**125.** (c)	**126.** (b)	**127.** (a)	**128.** (a)	**129.** (c)	**130.** (b)
131. (a)	**132.** (b)	**133.** (a)	**134.** (a)	**135.** (c)	**136.** (a)	**137.** (d)	**138.** (d)	**139.** (c)	**140.** (b)
141. (b)	**142.** (a)	**143.** (a)	**144.** (b)	**145.** (b)	**146.** (b)	**147.** (a)	**148.** (b)	**149.** (b)	**150.** (c)

व्याख्या

2. 1 2 3 4 5   5 3 1 2 4
DRIVE : EIDRV

1 2 3 4 5
⇒ BEGUM : MGBEU

10. 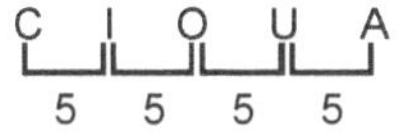

11. 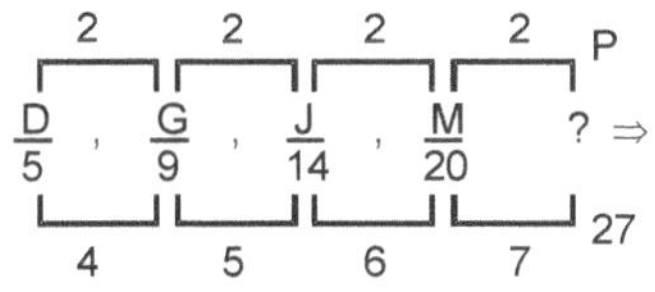

12. 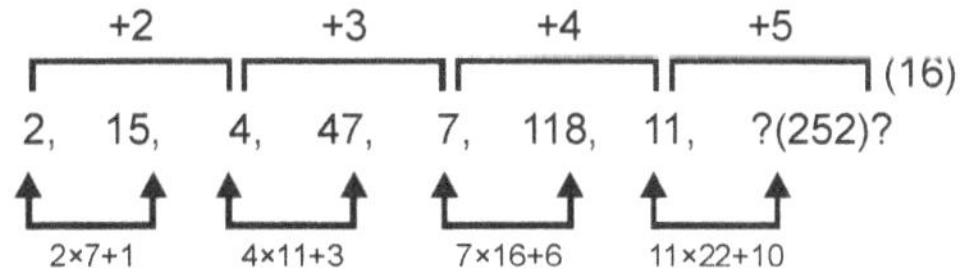

or

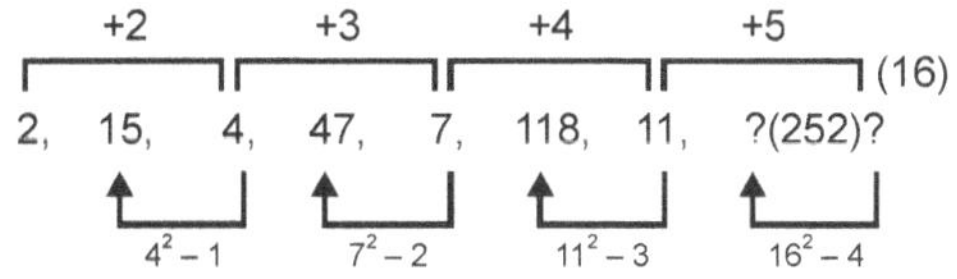

13. 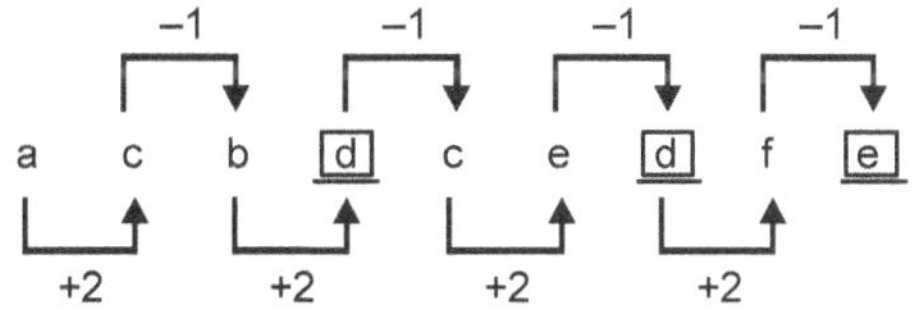

15. 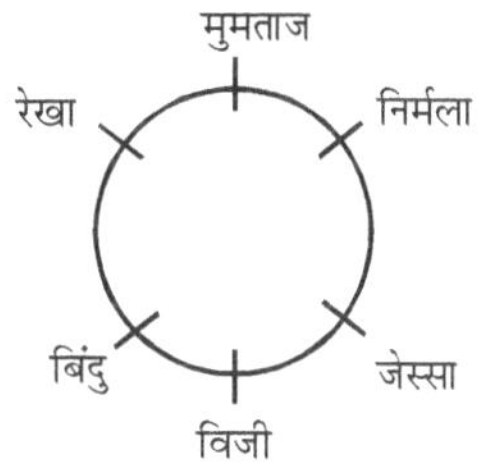

17. 4 6 7 2 3 4   1 6 5 4
N A T I O N   E A R N

⇒ 6 7 7 1 4 7 2 3 4
A T T E N T I O N

19. 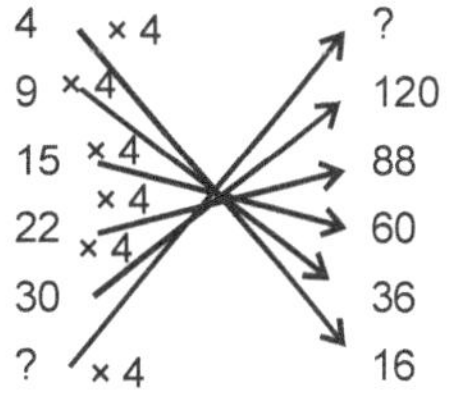

⇒ $40 \times 4 = 160$

76. A : B : C : : 4 : 5 : 6

वृद्धि के बाद

$4 \times 125\% : 5 \times 130\% : 6 \times 150\%$

⇒ 5 : 6.5 : 9

⇒ 10 : 13 : 18

77. कुल शब्द $= 5$

अत: भिन्न-भिन्न तरीका $= \underline{|5}$

$= 5 \times 4 \times 3 \times 2 \times 1$

$= 120$

78. चक्रवृद्धि ब्याज = मूलधन $\left(1 + \frac{\text{दर}}{100}\right)^{\text{वर्ष}}$ − मूलधन

$$= 9650\left[\left(1+\frac{6}{100}\right)^3 - 1\right]$$

$= 9650 \times 0.191$

$=$ ₹ 1843

80. $2368 \div 32 = 74$

$\Rightarrow\ 3626 \div 74 = 49 = (7)^2$

संख्या $= 7$

81. सर्विसिंग के बाद तय दूरी $= 6 \times 60 = 360$ किमी

सर्विसिंग से पहले इस दूरी को तय करने में लगा समय

$= \frac{360}{50} = 7.2$ घंटा

83. $\because$ 10 कुसियाँ और 15 टेबल की कीमत 15,525

$\therefore$ 2 कुर्सी और 3 टेबल की कीमत ₹ $\frac{15525}{5}$

$\therefore$ 8 कुर्सी और 12 टेबल की कीमत ₹ $\frac{15525}{5} \times 4$

$= 3105 \times 4$

$=$ ₹ 12420

88. माना वह संख्या x है

$x\,(73\% - 58\%) = 960$

$\therefore\quad x = \frac{\overset{64}{\cancel{960}} \times 100}{\cancel{15}}$

$x = 6400$

$\therefore\quad x$ का 22% $= 6400$ का 22%

$= \frac{6400 \times 22}{100}$

$= 1408$

92. $\frac{?}{388} = \frac{97}{?}$

माना $x = ?$

$\frac{x}{388} = \frac{97}{x}$

or $x^2 = 97 \times 388$

or $x^2 = 97 \times 97 \times 4$

or $x = 97 \times 2$

$= 194$

95. माना वह भिन्न $\frac{x}{y}$ है।

नई भिन्न $= \frac{x + x \text{ का } 8\%}{y - y \text{ का } 10\%} = \frac{2}{3}$

or $\frac{1.08x}{.90y} = \frac{2}{3}$

or $\frac{x}{y} = \frac{\overset{5}{\cancel{10}}\ \cancel{90} \times \cancel{2}}{\cancel{108} \times 3\ \ \cancel{12}\ \cancel{6}\ 3} = \frac{5}{9}$

100.

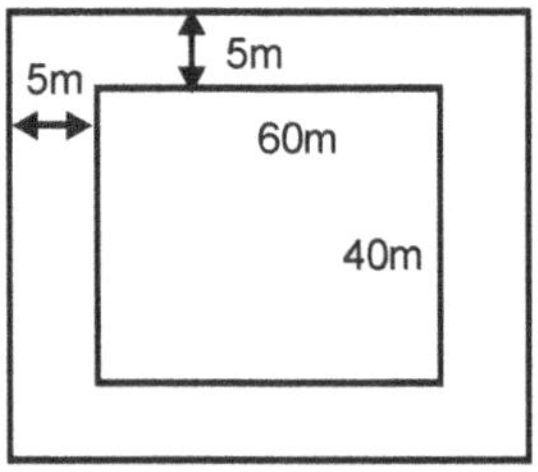

सड़क का क्षेत्रफल $= 70 \times 50 - 60 \times 40$

$= 3500 - 2400$

$= 1100$ वर्ग मीटर

सड़क बनाने की कीमत $= 1100 \times 500$ वर्ग मीटर

$=$ ₹ 5,50,000

अभ्यास पत्र-3

समय : 2 घंटे **पूर्णांक : 150**

भागः I-सामान्य बुद्धिमत्ता

1. यदि किसी सांकेतिक भाषा में '24685' को '33776' लिखा जाता है, तो '35791' को उसी भाषा में कैसे लिखा जाएगा ?

(*a*) 46682 (*b*) 44882
(*c*) 45872 (*d*) 44880

2. यदि 'जल' को 'भोजन' कहा जाए, 'भोजन' को 'वृक्ष' कहा जाए, 'वृक्ष' को 'आसमान' कहा जाए, 'आसमान' को 'कुआँ' कहा जाए और 'कुआँ' को 'तालाब' कहा जाए, तो 'फल' किस पर लगेंगे?

(*a*) भोजन (*b*) आसमान
(*c*) कुआँ (*d*) वृक्ष

3. किसी सांकेतिक भाषा में '526' का अर्थ 'Sky is blue', '24' का अर्थ 'Blue colour' और '436' का अर्थ 'Colour is fun' हो, तो 'Fun' के लिए कौन-सी संख्या प्रयुक्त की गई है?

(*a*) 2 (*b*) 3
(*c*) 6 (*d*) 5

4. 'सुई' जिस प्रकार संबंधित हैं 'धागे' से उसी प्रकार 'कलम' निम्नलिखित में से किससे संबंधित है?

(*a*) ढक्कन (*b*) कागज
(*c*) स्याही (*d*) लेखन

5. CEIS : DFJT :: QNLI : ?

(*a*) RNLI
(*b*) ROMJ
(*c*) IMN
(*d*) ILNQ

6. $\frac{E}{H} : \frac{22}{19} :: \frac{B}{I} : ?$

(*a*) $\frac{24}{17}$ (*b*) $\frac{25}{18}$
(*c*) $\frac{3}{7}$ (*d*) $\frac{17}{19}$

निर्देश (7-8)– निम्नलिखित प्रश्नों का उत्तर विकल्पों की सहायता से दें–

7. एक प्रभुत्वसम्पन्न देश में सदैव होता/होती है–

(*a*) स्वतन्त्रता (*b*) संसद
(*c*) राजा (*d*) प्रधानमंत्री

8. कौन वैसा ही है जैसा– वारसा, मास्को, बगदाद

(*a*) कम्बोडिया (*b*) जकार्ता
(*c*) नीदरलैंड्स (*d*) माल्टा

9. n _ tns _ _ s _ n stn _ tns

(*a*) tstsn (*b*) stnts
(*c*) sntns (*d*) tnstn

10. 52, 25, 36, 63, 74, 47, 58, 85, ?

(*a*) 74 (*b*) 47
(*c*) 56 (*d*) 85

11. 6, 26, 8, 37, 10, 48, 12, 59, ?

(*a*) 14 (*b*) 10
(*c*) 8 (*d*) 6

12. किसी बिन्दु P से सुमन ने दक्षिण की ओर चलना आरंभ किया और वह 40 मीटर चली। अब वह अपने बाईं ओर मुड़कर 30 चलती हे और बिन्दु Q पर पहुंचती है। बताइए वह अपने प्रारंभिक बिन्दु से कितनी दूरी पर और किस दिशा में है?

(*a*) 50 मीटर, दक्षिण-पश्चिम
(*b*) 45 मीटर, दक्षिण-पूर्व
(*c*) 50 मीटर, दक्षिण-पूर्व
(*d*) 35 मीटर, दक्षिण-पूर्व

13. नीचे दिए हुए चार में से कोई तीन किसी प्रकार समान हैं तथा एक समूह की रचना करते हैं। निम्न में से कौन-सा एक उस समूह के अंतर्गत नहीं आता है?

(*a*) 14 (*b*) 18
(*c*) 24 (*d*) 36

14. शब्द SDEU के अक्षरों से कितने अंग्रेजी के सार्थक शब्द बनाए जा सकते हैं, जबकि प्रत्येक शब्द में प्रत्येक अक्षर केवल एक बार प्रयोग किया जाए ?

(*a*) एक भी नहीं (*b*) एक

(*c*) दो (*d*) तीन

15. नीचे दिए हुए चार में से तीन किसी प्रकार समान हैं तथा एक समूह की रचना करते हैं। निम्न में से कौन-सा एक उस समूह के अंतर्गत नहीं आता है?

(*a*) हल्दी (*b*) पेठा

(*c*) आलू (*d*) गाजर

16. निम्नलिखित संख्या श्रेणी में अगला अंक क्या होगा?

9 7 5 3 1 8 6 4 2 9 7 5 3 1 8 6 4 9 7 5 8 6 4 9 7 5

(*a*) 8 (*b*) 3

(*c*) 6 (*d*) 4

17. यदि A, B, C, D और E में से प्रत्येक के प्राप्त पूर्णांक अलग-अलग हैं, B के प्राप्तांक केवल E से कम हैं और A के प्राप्तांक केवल C से अधिक हैं, तो सबसे अधिक तीसरे प्राप्तांक किसके हैं ?

(*a*) B (*b*) E

(*c*) A (*d*) D

18. 25 बच्चे एक पंक्ति में उत्तर की ओर मुँह करके बैठे हैं। Q दाएँ सिरे से 8वाँ है तथा Q और D के बीच 10 बच्चे हैं। D का बाएँ सिरे से कौन-सा स्थान है?

(*a*) 7 वां (*b*) 19 वां

(*c*) 8 वां (*d*) जानकारी अधूरी है

19. यदि DIVE का संबंध EIVD से है तथा SOUL का संबंध LOUS है, तो FEAR का संबंध किससे है?

(*a*) AERF (*b*) AFRE

(*c*) REAE (*d*) REAF

20. यदि किसी सांकेतिक भाषा में 'many red flowers' को 'ho na ti' तथा 'flowers are fresh' को 'ka pa na' लिखा जाता है, तो उसी भाषा में 'red' को किस प्रकार लिखा जाएगा?

(*a*) ho

(*b*) ti

(*c*) ho या ti

(*d*) जानकारी अधूरी है

21. संख्या 5234816 में अंकों के ऐसे कितने जोड़े हैं जिनमें से प्रत्येक के बीच संख्या में उतने ही अंक हैं जितने कि संख्या के भीतर अंकों को अवरोही क्रम में लगाने के बाद उनके बीच होंगे ?

(*a*) कोई नहीं (*b*) एक

(*c*) दो (*d*) तीन से अधिक

निर्देश (22-23) : दिए गए विकल्पों में से लुप्त संख्या ज्ञात कीजिए–

22.

7	21	15
49	441	225
98	882	450
140	1302	?

(*a*) 680 (*b*) 730

(*c*) 660 (*d*) 620

23.

C	H	O
E	K	S
H	O	?

(*a*) X (*b*) T

(*c*) W (*d*) Z

24. X और Y भाई-भाई हैं। R, Y का पिता है, S, T का भाई है और X का मामा है। T का R से क्या संबंध है?

(*a*) माता (*b*) पत्नी

(*c*) बहन (*d*) भाई

25. 39 विद्यार्थियों की एक कक्षा में सुरेश अशोक से 7 स्थान आगे हैं, यदि अशोक का स्थान अन्त से 17वां है, तो सुरेश की आरंभ से कौन-सा स्थान होगा ?

(*a*) 16 वां (*b*) 23 वां

(*c*) 24 वां (*d*) 15 वां

भागः II-अंग्रेजी भाषा

Directions (26-35) : *Read the following passage carefully and answer the questions given below it. Certain words/phrases have been printed in bold to help you locate them while answering some of the questions.*

Mihir and Mahadev lived in the same village. While Mahadev owned the largest shop in the village, Mihir was a poor farmer. Both had large families, with many sons, daughters-in-law and move to the city where they were sure to **make** enough to feed everyone. They said their goodbyes, packed their few belongings and set off. When night fell, they stopped under a large tree. There' was a stream running nearby, where they could refresh themselves. Mihir told his sons to clear the area below the tree. He told his wife to fetch water. He instructed his daughters-in-law to make up the fire and started cutting wood from the tree himself. Now, in the branches of that tree sat a thief. He watched as Mihir's tamily worked together. He also noticed they had nothing to cook. Mihir's wife too thought the same, for she said to her husband, "Everything is ready. But what shall we eat ?" Mihir raised his hands to heaven and said, "Don't worry. He is watching all this from above. He will help us."

The Thief was worried. He had seen that the family was large and worked well together. Surely they did not know he was hiding in the branches ? He decided to make a quick **getaway.** He climbed down swiftly when they were not looking and ran for his life. But, he left behind his bundle of stolen jewels and money, which dropped down into Mihir's lap. He opened it and jumped with joy when he saw the contents. The family promptly gathered its belongings and returned to the village. There was great excitement when they told everyone how they got rich.

Mahadev thought this was a nice quick way to earn some money ! He commanded his family to pack some clothes and they set off as if on a journey. They stopped under the same tree and Mahadev started commanding everyone as Mihir had done. But no one in his family was **willing** to obey orders. They were used to having servants wait on them - so the one who went to the river to fetch water had a nice bath. The ojie who went to gather wood for the fire went off to sleep beneath the tree. And Mahadev only ordered everyone about, not bothering to do anything himself. Meanwhile the thief had returned to the tree. He noticed the family members were greedy and selfish. They would never be able to put up a fight together. Then, Mahadev and his wife started the conversation that they had **rehearsed** carefully. Mahadev's wife said, "Everything is ready. But what shall we eat ?" Mahadev raised his hands upwards and said, "Don't worry. He is watching all this from above. He will help us".

At this, the thief jumped down from the tree, knife in hand. Seeing him, everyone setarted running helter skelter to save themselves. The thief stole everything. Mahadev and his family had to return to the village empty-handed, having **lost** all the jewellery and gold they had taken with them.

26. Which of the following cannot be said about Mihir's family ?

1. They repsected and obeyed Mihir
2. They were so poor that they somethimes had to starve
3. They had no friends in the village when they were poor.

(*a*) None

(*b*) Only 3

(*c*) Only 2 & 3

(*d*) Only 2

27. Why did Mihir and his family decide to camp under the 'thief s tree' ?

(*a*) Being a large family they knew they could capture the thief

(*b*) It was a convenient spot to camp for the night

(*c*) It was the only tree large enough to shelter the whole family

(*d*) There was a stream nearby and wood to build a house

28. Why did the thief leave the valuables he had stolen behind ?

(*a*) Seeing Mihir's faith in God the thief was filled with remorse

(*b*) Feeting sorry for Mihir's family he decided to donate the valuables to them

(*c*) He was afraid that God would punish him for stealing

(*d*) In his hurry to run away he forgot to take the valuables aong

29. Which of the following best describes Mahadev ?

(*a*) He was a rich businessman
(*b*) He bullied his wife so she obeyed him
(*c*) He paid his servants well to look after his family's needs
(*d*) He was greedy and had cheated Mihir

30. Why did Mihir's family return to the village ?

(*a*) To show off their newfound wealth
(*b*) To buy back their land and start a business
(*c*) They had no need to shift to the city
(*d*) To share their wealth with the other villagers

31. What made Mihir utter the phrase, "He is watching all this from above." ?

(*a*) He had spotted the thief and wanted to frighten him off
(*b*) He was telling his wife to trust. God to look after them
(*c*) It was a warning to his family members to stick together
(*d*) He was begging the thief for help to feed his family

32. Which of the following is TRUE in the context of the passage ?

(*a*) Mahadev planned to seek his fortune in the city as Mihir had
(*b*) Mihir's family preferred to live in the city
(*c*) Mahadev had no intention of moving to the city
(*d*) Mahadev lost his entire life savings to the thief

33. Why did the thief return to the tree ?

(*a*) To plot how to get his money back
(*b*) He thought no one would look for him there
(*c*) To keep a watch on Mahadev's family
(*d*) Not mentioned in the passage

34. Why was the thief not afraid of Mahadev's family ?

(*a*) They had not brought their servants along to protect them
(*b*) Seeing their wealth he suspected them of stealing his loot
(*c*) He had weapons to defend himself
(*d*) Mahadev's family was not as large as Mihir's

35. How did the villagers react to Mihir's newfound wealth ?

(*a*) They tried hard to coax him to reveal the secret of his wealth
(*b*) They followed his example and became more devout
(*c*) They pretended to be happy for him but were secretly jealous
(*d*) None of these

Directions (36-38) : *Which of the following is **most** similar in meaning to the word given in **bold** as.used in the passage.*

36. make

(*a*) earn (*b*) estimate
(*c*) prepare (*d*) build

37. lost

(*a*) defeated (*b*) failed
(*c*) forteited (*d*) wasted

38. getaway

(*a*) holiday (*b*) freedom
(*c*) fantasy (*d*) escape

Directions (39-40) : *Which of the following is **most opposite** in meaning of the word given in **bold** as used in the passage.*

39. rehearsed

(*a*) repeated (*b*) forced
(*c*) fake (*d*) unplanned

40. willing

(*a*) oblige (*b*) reluctant
(*c*) distracted (*d*) determined

Directions (41-50) : *Read each sentence to find out whether there is any grammatical error or idiomatic error in it. The error, if any, will be in one part of the sentence. The number of that part is the answer. If there is no error, the answer is (d) . (Ignore erros of punctuation, if any)*

41. The majority of the population believes (*a*)/ that the stock market is recovered (*b*) / and that it is the right time to buy shares, (*c*) / No Error (*d*)

42. Seema's new office is close (*a*)/ to her residence so (*b*) / she will not longer (*c*) / have to travel by train, (*d*) / No Error (*d*)

43. In the present guidelines, (*a*)/ the bank is required to obtain (*b*) / a photograph from any person who wishes to open a account, (*c*) / No Error (*d*)

44. Chetan puts in a lot (*a*)/ of effort to ensure (*b*) / that the scheme was launched in March, (*c*) / No Error (*d*)

45. As our economy is (*a*)/ experiencing a recession, banks (*b*) / have became very cautious about giving laons. (*c*) / No Error (*d*)

46. After retiring she spent (*a*)/ most of her time teaching young (*b*) / doctors and motivating themselves to work in rural areas, (*c*) / No Error (*d*)

47. Since this foreign bank has (*a*)/ not performed very good this year (*b*) / it will not be setting up any new branches, (*c*) / No Error (*d*)

48. Our Chairman is deeply concerned (*a*)/ about the environment and plans to take some steps to reduce the (*b*) pollution caused by our factories, (*c*) / No Error (*d*)

49. He was afraid that his parents (*a*)/ would not allow him to (*b*) / make the film so he did not tell them about it. (*c*) / No Error (*d*)

50. I was previously posted in Singapore and it (*a*)/took me a long time (*b*) / to accustm to the food, (*c*) / No Error (*d*)

Direections (51-55) : *In each question below a sentence with three words printed in* ***bold*** *type is given. These are numbered as* (a), (b), *and* (c) *. One of these four words printed in* ***bold*** *may be either* ***wrongly spelt or inappropriate*** *in the context of the sentence. Find out the word which is wrongly spelt or inappropriate if any. The number of that word is your answer. If all the words printed in* ***bold*** *are correctly spelt and also appropriate in the context of the sentene, mark* (d) *i.e., 'All correct' as your answer.*

51. He was a **member** (*a*) of the **original** (*b*) committee which drafted these **recommedations** (*c*) . All Correct (*d*)

52. Do not **procede** (*a*) with the **transfer** (*b*) of funds until you receive **further instructions** (*c*) . All Correct (*d*)

53. Our branch is **located** (*a*) in **a remote** (*b*) area where water is **scarcity available** (*c*) . All Correct (*d*)

54. **To gain** their **support** (*a*), you must **convenience** (*b*) them of the **benefits** of the proposal (*c*) . All Correct (*d*)

55. The deal we **negotiated** (*a*) has not been **approved** (*b*) by RBI and **needs** to be **revized** (*c*) . All Correct (*d*)

Directions (56-60) : *Rearrange the following six sentences (1), (2), (3), (4), (5) and (6) in the proper sequence to form a meaningful paragraph; then answer the questions given below them.*

1. A few minutes later he was hauled back on board the ship, on the captain's orders.
2. One of the crew began to complain and moan about the situation and no one could silence him.
3. Marvelling at the change, the passengers asked for an explanation, to which the captain replied, "We never appreciate how well off we are in a situation until we fall into a worse one".
4. During a voyage a great storm arose.
5. In exasperation the captain ordered him to be thrown overboard.
6. To everyone's surprise, the man immediately went back to his post and silently began to work.

56. Which of the following should be the **THIRD** sentence after rearrangement ?

(*a*) 1 (*b*) 2
(*c*) 3 (*d*) 4

57. Which of the following should be the **FIRST** sentence after rearrangement ?

(*a*) 1 (*b*) 2
(*c*) 3 (*d*) 4

58. Which of the following should be the **Last (SIXTH)** sentence after rearrangement ?

(*a*) 2 (*b*) 3
(*c*) 4 (*d*) 5

59. Which of the following should be the **SECOND** sentence after rearrangement ?

(*a*) 2 (*b*) 3

(*c*) 4 (*d*) 5

60. Which of the following should be the **FIFTH** sentence after rearrangement ?

(*a*) 1 (*b*) 2

(*c*) 3 (*d*) 4

Directions (61-65) : *Which of the phrases (a), (b), (c) and (d) given below should replace the phrase given in* **bold** *in the following sentence to make the sentence meaningful and grammatically correct. If the sentence is correct as it is and no correction is required, mark (5) as the answer.*

61. **Ensure we have** the necessary clearance is the responsibility of the legal department.

(*a*) Ensuring we have

(*b*) To ensure having

(*c*) We have been ensured

(*d*) Ensuring us having

62. They have decided to go ahead and implement **which was discussed** at last month's conference in Chennai.

(*a*) what we had discussed

(*b*) whatever discussion

(*c*) that being discussed

(*d*) for better efficiency

63. To reduce costs, we should replace our current system **by much efficient** one.

(*a*) through more efficient

(*b*) efficiently by

(*c*) with a more efficient

(*d*) for better efficiency

64. Staff in the district offices can **easily monitor whether** the payments are being made in time,

(*a*) easily be monitored

(*b*) monitor easier whether

(*c*) easy to monitor that

(*d*) monitor easily

65. Most of the managers **whom involved in** the deal had previously worked for multinational banks,

(*a*) whose involved

(*b*) involvement with

(*c*) involving whom

(*d*) involved in

Directions (66-75). *In the following passage there are blanks, each of which has been numbered. These numbers are printed below the passage and against each, four words are suggested, one of the which fits the blnak appropriately. Find out he appropriate word in each case.*

One rainy day while driving me home from school my father stopped to offer a frail old man a lift. Though he was headed in the opposite **(66)**.my father insisted. By the time we **(67)** home it was late and I was tired and **(68)** with my father.

That night, my father **(69)** me a bedtime story as usual—A **(70)** Emperor was once asked "Sire, while you **(71)** rich and powerful, your teacher doesn't even **(72)** a piece of land yet you visit him, **(73)** don't you summon him to court ?" The Emperor **(74)** and said, "You are mistaken, my teacher is **(75)** than I am. My land can be lost in a war but he possesses knowledge which can never be stolen." "The old man was my teacher." my father concluded.

I have never forgotten the lesson my father, 'taught' me that day.

66. (*a*) route (*b*) manner

(*c*) direction (*d*) side

67. (*a*) left (*b*) arrived

(*c*) return (*d*) gone

68. (*a*) complained (*b*) annoying

(*c*) hungry (*d*) upsel

69. (*a*) taught (*b*) described

(*c*) told (*d*) reads

70. (*a*) greedy (*b*) honest

(*c*) foolish (*d*) mighty

71. (*a*) are (*b*) being

(*c*) were (*d*) so

72. (*a*) own (*b*) earn
(*c*) acquire (*d*) has

73. (*a*) however (*b*) but
(*c*) instead (*d*) why

74. (*a*) shouted (*b*) silent
(*c*) thinks (*d*) smiled

75. (*a*) powerful (*b*) wise
(*c*) wealthy (*d*) richer

भाग: III-संख्यात्मक अभियोग्यता

76. निम्नलिखित संख्या शृंखला में प्रश्नचिह्न (?) के स्थान पर क्या आएगा ?

1 5 17 53 161 485 ?

(*a*) 1168 (*b*) 1254
(*c*) 1457 (*d*) 1372

77. 575 वर्ग फुट का एक प्लॉट ₹ 5,500 प्रति वर्ग फुट की दर से उपलब्ध है। यदि प्लॉट बुक करने के लिए कुल लागत का 25% अदा करना हो, तो बुकिंग की रकम कितनी होगी?

(*a*) ₹ 8,25,750 (*b*) ₹ 7,90,625
(*c*) ₹ 8,75,250 (*d*) ₹ 7,35,500

78. अनीषा ने 15 प्र.श.प्र.व. की दर से साधारण ब्याज कमाने के लिए ₹ 35,000 की रकम 4 वर्ष के लिए जमा की 4 वर्ष के अन्त में अनीषा को कुल कितनी रकम मिलेगी?

(*a*) ₹ 56,000 (*b*) ₹ 60,500
(*c*) ₹ 52,000 (*d*) ₹ 48,500

79. ₹ 12,000 की रकम पर 9 प्र.श.प्र.व. की दर से 2 वर्ष के अंत में कितना चक्रवृद्धि ब्याज उपचित होगा ?

(*a*) ₹ 2,545 (*b*) ₹ 2,257.2
(*c*) ₹ 2,986 (*d*) ₹ 2,775.4

80. पहली संख्या का 48 प्रतिशत दूसरी संख्या का 60 प्रतिशत है। पहली संख्या का दूसरी संख्या से क्रमश: क्या अनुपात है ?

(*a*) 4 : 7
(*b*) 3 : 4
(*c*) 5 : 4
(*d*) निर्धारित नहीं किया जा सकता

81. निम्नलिखित प्रश्न में प्रश्नचिह्न (?) के स्थान पर लगभग मान कितना आएगा ?

$45.709 \div 11.342 \times 6.667 = ?$

(*a*) 88 (*b*) 46
(*c*) 112 (*d*) 27

82. 20 फोल्डरों और 15 पेनों की लागत ₹ 995 है। 12 फोल्डरों और 9 पेनों की लागत कितनी होगी ?

(*a*) ₹ 652 (*b*) ₹ 597
(*c*) ₹ 477 (*d*) इनमें से कोई नहीं

83. 30 छात्रों और 2 शिक्षकों की एक कक्षा में प्रत्येक छात्र व छात्रों की कुल संख्या की 20% स्वीट्स मिली और प्रत्येक शिक्षक को छात्रों की कुल संख्या की 30% स्वीट्स मिली। कुल कितनी स्वीट्स थी ?

(*a*) 188 (*b*) 180
(*c*) 208 (*d*) इनमें से कोई नहीं

84. यदि ₹ 97,836 की रकम को 31 बच्चों में बराबर-बराबर बाँटा जाए, तो प्रत्येक बच्चें को कितनी रकम मिलेगी ?

(*a*) ₹ 3,756 (*b*) ₹ 3,556
(*c*) ₹ 3,356 (*d*) ₹ 3,156

85. एक परीक्षा में पास होने के कुल 380 अंक लेने जरूरी होते हैं। एक छात्र को 32% अंक मिलते हैं तो वह 76 अंकों से फेल हो जाता है। छात्र अधिकतम कुल कितने अंक पा सकता है ?

(*a*) 945
(*b*) 975
(*c*) 950
(*d*) निर्धारित नहीं किया जा सकता

86. निम्नलिखित समीकरण में दोनों प्रश्नचिह्नों (?) के स्थान पर कौन-सी संख्या आनी चाहिए ?

$$\frac{?}{188} = \frac{47}{?}$$

(*a*) 88 (*b*) 124
(*c*) 66 (*d*) 94

87. एक धनराशि को A, B, C और D के बीच क्रमश: 4 : 6 : 11 : 13 के अनुपात में बाँटा जाता है। यदि C का हिस्सा ₹ 7,854 है, तो B और D की मिलाकर कितनी धनराशि होगी?

(*a*) ₹ 13,566 (*b*) ₹ 16,928
(*c*) ₹ 12,784 (*d*) ₹ 15,676

88. दो उत्तरोत्तर सम संख्याओं का गुणनफल 11448 हैं। दोनों में से बड़ी संख्या कौन-सी है ?

(*a*) 110 (*b*) 108
(*c*) 106 (*d*) 104

89. यदि ₹ 4,51,000/- की राशि को 88 व्यक्तियों में एक समान बांटा जाए, तो प्रत्येक व्यक्ति को कितनी राशि मिलेगी ?

(*a*) ₹ 5,123/- (*b*) ₹ 5,251/-
(*c*) ₹ 5,213/- (*d*) इनमें से कोई नहीं

90. 16 व्यक्ति एक काम 14 दिन में पूरा करते हैं। 8 व्यक्तियों को इसी काम को पूरा करने में कितने दिन लगेंगे ?

(*a*) 28 (*b*) 18
(*c*) 7 (*d*) 21

91. 5 प्र.श.प्र.व. की दर से 2 वर्ष के बाद ₹ 5,500 की राशि पर कितना चक्रवृद्धि ब्याज मिलेगा ?

(*a*) 588 (*b*) 645
(*c*) 563.75 (*d*) 545.5

92. एक संख्या के वर्ग से $(18)^3$ घटाने पर उत्तर 3577 आता है। वह संख्या क्या है?

(*a*) 89 (*b*) 94
(*c*) 101 (*d*) इनमें से कोई नहीं

93. एक कार 28 घंटे में 1,204 किमी की दूरी तय करती है। कार की गति क्या है ?

(*a*) 61 किमी/घंटा
(*b*) 43 किमी/घंटा
(*c*) 56 किमी/घंटा
(*d*) निर्धारित नहीं किया जा सकता

94. एक महिला और उसकी पुत्री की औसत आयु 24 वर्ष है। उनकी आयु का क्रमशः अनुपात 3 : 1 है। पुत्री की आयु कितनी है ?

(*a*) 12 वर्ष (*b*) 24 वर्ष
(*c*) 36 वर्ष (*d*) 48 वर्ष

95. एक कैंटीन को एक सप्ताह में 42 दर्जन सेब की आवश्यकता पड़ती है। इसे 39 दिनों के लिए कितने सेब की आवश्यकता होगी ?

(*a*) 294 (*b*) 273
(*c*) 504 (*d*) 234

96. A, B, C, D और E इन 5 सतत विषम संख्याओं का औसत 95 है। C और E का गुणनफल क्या है ?

(*a*) 9215 (*b*) 9405
(*c*) 9120 (*d*) 9603

97. 96,216 की राशि 38 लोगों में समानतः बांटी जाए तो प्रत्येक को कितनी राशि मिलेगी ?

(*a*) 2,253 (*b*) 2,523
(*c*) 2,352 (*d*) 2,532

98. 12 प्र.श.प्र.व. की दर से साधारण ब्याज पाने हेतु सुश्री संजना 41,700 की राशि 6 वर्ष के लिए जमा करती है। 6 वर्ष के बाद उसे कुल कितनी राशि मिलेगी ?

(*a*) 71,724 (*b*) 30,024
(*c*) 56,894 (*d*) 43,472

99. निम्नलिखित प्रश्न में प्रश्नचिह्न (?) के स्थान पर लगभग क्या मूल्य आयेगा ?

$5811 \div 309 \times (19)^2 = ?$

(*a*) 9990 (*b*) 8650
(*c*) 5430 (*d*) 6790

100. एक वृत्ताकार मैदान की त्रिज्या 12 मीटर है। उस मैदान के अंदर की ओर 2 मीटर चौड़ा रास्ता है तो रास्ते का क्षेत्रफल कितना होगा ?

(*a*) 130.85 वर्ग मी (*b*) 385.79 वर्ग मी
(*c*) 138.29 वर्ग मी (*d*) 326.27 वर्ग मी

भाग : IV-सामान्य सचेतता

101. सौर प्रकाश में सर्वाधिक सामान्य प्रकार की विकिरण ऊर्जा, जो मनुष्यों में त्वचा की धूप-ताम्रता का कारण होती है, क्या कहलाती है ?

(*a*) पराबैंगनी विकिरण (*b*) दृश्य विकिरण
(*c*) अवरक्त विकिरण (*d*) सूक्ष्मतरंग विकिरण

102. ऊन के बदले में प्रयुक्त होने वाला बहुलक तंतु, जो सिंथेटिक कंबल, स्वेटर आदि बनाने में काम आता है, क्या है ?

(*a*) नायलॉन (*b*) टेफ्लॉन
(*c*) ऑरलान (*d*) बैकेलाइट

103. निम्नलिखित में से कौन-सा एक पौधा भारत में ही खाद बनाने के लिए प्रयुक्त होता है ?

(*a*) गेहूँ (*b*) सनई
(*c*) कपास (*d*) धान

104. योजनाबद्ध वनीकरण प्रक्रम में यूकेलिप्टस वृक्ष को अधिमान देने के पीछे निम्नलिखित में से कौन-से प्रमुख कारण हैं ?

1. रोपण बहुत तेजी से बढ़ता है।
2. रोपण मृदा को अपेक्षाकृत अधिक उपजाऊ बनाता है।
3. यूकेलिप्टस वृक्ष की लकड़ी कागज उद्योग के लिए आसानी से गूदे में परिवर्तित हो जाती है।

नीचे दिए गए कूट का प्रयोग कर सही उत्तर चुनिए–

(*a*) केवल 1 और 2 (*b*) केवल 1 और 3
(*c*) केवल 2 और 3 (*d*) 1, 2 और 3

105. सुमेलित कीजिए–

मिश्र धातु	**घटक**
A. सोल्डर	1. लौह और कार्बन
B. पीतल	2. ताम्र और जस्ता
C. काँसा	3. ताम्र और टिन
D. इस्पात	4. सीसा और टिन

कूट

	A	**B**	**C**	**D**
(*a*)	1	2	3	4
(*b*)	4	2	3	1
(*c*)	1	3	2	4
(*d*)	4	3	2	1

106. निम्नलिखित कथनों पर विचार कीजिए–

1. थाइरॉइड ग्रंथि को एड्रिनैलीन बनाने के लिए आयोडीन की आवश्यकता होती है।
2. आयोडीन-हीनता के परिणामस्वरूप मनुष्यों में गलगंड (ग्वाइटर) होता है।
3. आयोडीन अग्न्याशय द्वारा स्रावित होती है और कोलेस्ट्रॉल स्तर के नियंत्रण में सहायता करती है।

उपर्युक्त कथनों में से कौन-सा/से सही है/हैं ?

(*a*) 1, 2 और 3
(*b*) केवल 1 और 2
(*c*) केवल 1 और 3
(*d*) केवल 2

107. निम्नलिखित में से कौन-सा एक, फुटबॉल टूर्नामेंट नहीं है ?

(*a*) आइ-लीग (*b*) ईरानी ट्रॉफी
(*c*) बरदोलोइ ट्रॉफी (*d*) डूरंड कप

108. निम्नलिखित अनुच्छेद पर विचार कीजिए और नीचे दिए गए कूट की सहायता से उसमें निर्दिष्ट एक व्यक्ति को पहचानिए–

पटियाला घराने के उस्ताद अब्दुल रहमान खान अधीन प्रशिक्षित होने के पश्चात् वे उस्ताद गुलाम मुस्तफा खान से जुड़े। 'मेमॅरीज कम एलाइव' उनकी आत्मकथा है। उन्हें दादा साहेब फाल्के अवार्ड प्रदान किया गया।

(*a*) एस. डी. बर्मन (*b*) भूपेन हजारिका
(*c*) मन्नाडे (*d*) भीमसेन जोशी

109. 1973 में सुन्दरलाल बहुगुणा द्वारा आरंभ किए गए चिपको आंदोलन की मुख्य विषयवस्तु निम्नलिखित में से कौन-सी एक है?

(*a*) नदी-जल का संरक्षण
(*b*) पक्षियों का संरक्षण
(*c*) चीतों का संरक्षण
(*d*) वनों का संरक्षण

110. निम्नलिखित युग्मों में से कौन-सा एक कम्प्यूटर के संदर्भ में सही सुमेलित नहीं है ?

(*a*) 1 मेगाबाइट : (1024)×(1024) बाइट
(*b*) कंपाइलर : एक प्रोग्राम जो उच्च स्तर भाषा प्रोग्राम को मशीन भाषा में अनुवाद करता है
(*c*) लाइवयर : सिस्टम पर काम करने वाले प्रयोक्ता
(*d*) प्लॉटर : एक इलेक्ट्रॉनिक युक्ति जो डिजिटल इलेक्ट्रॉनिक सिग्नलों को संचार चैनल इलेक्ट्रानिक सिग्नलों में, और विलोमत:, परिवर्तित करने के लिए प्रयुक्त होती है

111. राजीव गांधी राष्ट्रीय पेयजल मिशन के बारे में निम्नलिखित में से कौन-सा सत्य है ?

(A) शहरी झोंपड़ियों में सुरक्षित पेयजल उपलब्ध कराना
(B) ग्रामीण क्षेत्रों में निरंतर सुरक्षित पेयजल उपलब्ध कराना
(C) देश के ऐसे क्षेत्रों में निरंतर सुरक्षित पेयजल उपलब्ध कराना जहां पर्याप्त जल उपलब्ध नहीं है जैसे तटीय क्षेत्र और मरुस्थल

(*a*) केवल A (*b*) केवल B
(*c*) केवल C (*d*) इनमें से कोई नहीं

112. यदि पृथ्वी पर वायुमंडल नहीं होता, तो दिन और रात के बीच तापमान चरम –

(*a*) बढ़ जाते (*b*) कम हो जाते
(*c*) वैसे ही रहते (*d*) तेजी से घटते-बढ़ते

113. निम्नलिखित कथनों में से कौन-सा एक WADA (वर्ल्ड एंटी-डोपिंग एजेंसी) कोड के विषय में सही नहीं है ?

(*a*) कोड वह मूल प्रलेख है, जो खेल संगठनों के अंदर और लोक प्राधिकरणों के बीच समरसतापूर्ण डोपिंग-विरोधी नीतियों, नियमों और विनियमों के ढाँचे का उपबंध करता है

(*b*) कोड जनवरी 1, 2004 में प्रवृत्त हुआ

(*c*) कोड के अधीन किसी निषिद्ध पदार्थ का धावक द्वारा चिकित्सा कारणों से प्रयोग संभव नहीं है

(*d*) कोड के अधीन उन मामलों में अनुशास्ति का प्रयोग किया जा सकता है, जहाँ इसका प्रमाण है कि डोपिंग-विरोधी नियम का उल्लंघन हुआ है परंतु जहाँ कोई पॉजिटिव डोपिंग-नियंत्रण परीक्षण नहीं है

114. लॉन टेनिस कोर्ट के बारे में निम्नलिखित कथनों पर विचार कीजिए–

1. हार्ड कोर्ट, मृत्तिका कोर्ट की अपेक्षा तेज होते हैं, किंतु उतने तेज नहीं जितने घास कोट।
2. फ्रेंच ओपन हार्ड कोर्ट पर खेला जाता है, किंतु यू. एस. ओपन मृत्तिका कोर्ट पर खेला जाता है।
3. शाम के खेल के दौरान कोर्ट का सन्निकट उत्तर/दक्षिण अभिविन्यास वांछनीय होता है।

उपर्युक्त कथनों में से कौन-सा/से सही है/हैं ?

(*a*) केवल 1 और 2 (*b*) केवल 3

(*c*) केवल 1 और 3 (*d*) 1, 2 और 3

115. यदि चूनापत्थर के टुकड़े को पानी में डुबाया जाए, तो बुदबुद उत्पन्न होता है। यह बुदबुद किसके कारण बनता है?

(*a*) हाइड्रोजन (*b*) ऑक्सीजन

(*c*) जलवाष्प (*d*) कार्बन डाइ-ऑक्साइड

116. RTI अधिनियम, 2005 के अधीन निम्नलिखित में से क्या एक प्रदान किया जा सकता है ?

(*a*) किसी अपराध को उद्दीप्त करने वाली सूचना

(*b*) ऐसी सूचना जिसके प्रकटीकरण से न्यायालय की अवमानना बनती हो

(*c*) बौद्धिक संपदा विषयक सूचना से संबंधित सशर्त प्रकटीकरण

(*d*) मंत्रि-परिषद् के विचार-विमर्श को अभिलिखित करने वाले कैबिनेट कागजपत्रों से संबंधित सूचना

117. भारतीय सेना का हाई ऑल्टीट्यूड वॉरफेयर स्कूल कहाँ अवस्थित है ?

(*a*) गुलमर्ग (*b*) सियाचिन

(*c*) लेह (*d*) मनाली

118. सांविधिक तरलता अनुपता (SLR) के संबंध में निम्नलिखित कथनों पर विचार कीजिए–

1. SLR पूरा करने हेतु वाणिज्यिक बैंक केवल नकदी का उपयोग कर सकते हैं।
2. SLR बैंकों द्वारा अपने पास रखा जाता है।
3. SLR, बैंकों के लेवरेज को अर्थव्यवस्था में अपेक्षाकृत अधिक मुद्रा भर देने से प्रतिबंधित करता है।

उपर्युक्त कथनों में से कौन-सा/से सही है/हैं ?

(*a*) 1, 2 और 3 (*b*) केवल 1 और 3

(*c*) केवल 2 और 3 (*d*) केवल 2

119. भारत के संविधान में अंतर्विष्ट मूल कर्त्तव्यों के बारे में निम्नलिखित में से कौन-से कथन सही हैं ?

1. मूल कर्त्तव्य रिट अधिकारिता के माध्यम से प्रवर्तित किए जा सकते हैं।
2. मूल कर्त्तव्य संविधान के अंगीकरण के समय से इसका एक भाग हैं।
3. मूल कर्त्तव्य स्वर्ण सिंह समिति की संस्तुतियों के अनुसार संविधान का एक भाग बने।
4. मूल कर्त्तव्य केवल भारत के नागरिक पर ही लागू होते हैं।

नीचे दिए गए कूट का प्रयोग कर सही उत्तर चुनिए–

(*a*) 1 और 2 (*b*) 2 और 4

(*c*) 2 और 3 (*d*) 3 केवल 4

120. जब लॉर्ड माउंटबैटन भारत के प्रथम गवर्नर-जनरल बने, उस समय निम्नलिखित में से कौन पाकिस्तान के गवर्नर-जनरल बने ?

(*a*) लॉर्ड माउंटबैटन (*b*) एम. ए. जिन्ना

(*c*) लियाकत अली खान (*d*) शौकत अली

121. भारत में 'द्वैधशासन' सर्वप्रथम निम्नलिखित में से किसके अधीन आरंभ किया गया?

(*a*) मॉर्ले-मिंटो सुधार

(*b*) मांटफोर्ड सुधार

(*c*) साइमन आयोग योजना

(*d*) भारत सरकार अधिनियम, 1935

122. जवाहर रोजगार योजना (JRY) का मुख्य बल निम्नलिखित में से किस पर है?

(*a*) ग्रामीण क्षेत्रों में अनुसूचित जातियों के बीच निर्धनता-उन्मूलन

(*b*) ग्रामीण क्षेत्रों में अतिरिक्त मजदूरी रोजगार की संभावनाओं का सर्जन

(*c*) शहरी क्षेत्रों में रोजगार की संभावनाओं का सर्जन

(*d*) ग्रामीण युवा को स्व-रोजगार हेतु प्रशिक्षण प्रदान करना

123. निम्नलिखित में से कौन-सी भारत सरकार अधिनियम, 1919 की मुख्य विशेषता (एं) थी/थीं ?

1. मुसलमानों के लिए पृथक् निर्वाचक-मंडल का प्रारंभ
2. केंद्र बना प्रान्तों को विधायी प्राधिकार का अवक्रमण
3. केंद्रीय और प्रांतीय विधानमंडलों का विस्तार तथा पुनर्गठन

नीचे दिए गए कूट का प्रयोग कर सही उत्तर चुनिए–

(*a*) केवल 2 (*b*) 1 और 3

(*c*) केवल 3 (*d*) 2 और 3

124. भारत के उच्चतम न्यायालय के निम्नलिखित में से किस एक निर्णय के लिए केशवानंद भारती *बनाम* भारत राज्य वाद को एक ऐतिहासिक घटना माना जाता है?

(*a*) धर्म को राजनीतिक उद्देश्य के लिए साधन-योजित नहीं किया जा सकता

(*b*) देश से अस्पृश्यता का उन्मूलन करना

(*c*) संविधान की आधारभूत संरचना, जैसा कि उद्देशिका में निरूपित है, परिवर्तित नहीं की जा सकती

(*d*) जीवन और स्वातंत्र्य का अधिकार किसी भी परिस्थिति में निलंबित नहीं किया जा सकता

125. निम्नलिखित भारतीय प्रधानमंत्रियों में से किसने लोकसभा में अविश्वास मत का सामना करने से पहले त्यागपत्र दे दिया था?

(*a*) चंद्रशेखर (*b*) मोरारजी देसाई

(*c*) चौधरी चरणसिंह (*d*) वी. पी. सिंह

126. अमरीकी स्वतंत्रता संग्राम के दौरान 16 दिसंबर, 1773 की बोस्टन टी पार्टी से संबंधित निम्नलिखित वाक्यों में से कौन-सा एक सही है?

(*a*) क्रांतिकारी चोरी-छिपे पोतों में घुसे और चाय की सारी पेटियाँ पानी में फेंक दीं

(*b*) क्रांतिकारियों ने ब्रिटिश चांसलर ऑफ एक्सचेकर, चार्ल्स टाउंसहेंड के सम्मान में एक टी पार्टी दी ताकि अपनी शिकायतें उसके सामने रख सकें

(*c*) जब टाउंसहेंड के उत्तराधिकारी लॉर्ड नॉर्थ ने टाउंसहेंड द्वारा लगाए गए शुल्कों में से कुछ को निरस्त कर दिया, तब यह उस उपलक्ष्य का समारोह बन गया

(*d*) यह क्यूबेक ऐक्ट के विरुद्ध एक प्रतिवाद था

127. निम्नलिखित कथनों पर विचार कीजिए–

1. लोकसभा की कुल निर्वाचित सदस्यता राज्यों में राज्य की जनसंख्या और क्षेत्रफल के आधार पर वितरित है।
2. भारत के संविधान के 84वें संशोधन अधिनियम ने, 42वें संशोधन द्वारा अधिरोपित निर्वाचन-क्षेत्रों के परिसीमन पर लगी रोक को उठा लिया।

उपर्युक्त कथनों में से कौन-सा/से सही है/हैं ?

(*a*) केवल 1 (*b*) केवल 2

(*c*) 1 और 2 दोनों (*d*) न तो 1और न ही 2

128. निम्नलिखित में से कौन-सा एक भारत के संविधान के अधीन मानवाधिकार है साथ ही मूल अधिकार भी है?

(*a*) सूचना का अधिकार

(*b*) शिक्षा का अधिकार

(*c*) काम पाने का अधिकार

(*d*) आवास का अधिकार

129. निम्नलिखित आयोगों/समितियों में से किस एक की नियुक्ति ब्रिटिश सरकार द्वारा जलियाँवाला बाग हत्याकांड की जाँच के लिए की गई थी?

(*a*) वेल्बी आयोग (*b*) हंटर समिति

(*c*) साइमन आयोग (*d*) बटलर समिति

130. 'सफेद संगमरमर का प्रयोग, लंबी टाँगें और इकहरे बदन, केंद्रीय चरित्र के रूप में मनुष्य और राजाओं, राजकुमारियों और राजमहलों को प्रमुखता भारत के निम्नलिखित प्राचीन कला-रूपों में से किस एक की लाक्षणिक विशेषताएँ थीं ?

(*a*) अमरावती कला शाखा

(*b*) गांधार कला शाखा

(*c*) मथुरा कला शाखा

(*d*) पहाड़ी कला शाखा

131. निम्नलिखित अनुच्छेद पर विचार कीजिए और नीचे दिए गए कूट का प्रयोग कर उसमें उल्लिखित व्यक्ति को पहचानिए–

वह 1949 में राजनयिक कोर में सम्मिलित हुईं और भारत की प्रथम महिला राजनयज्ञ बनीं। वह हंगरी, घाना और नीदरलैंड्स की राजदूत रहीं।

(*a*) सी. बी. मुथम्मा

(*b*) निरुपमा राव

(*c*) चोकिला अय्यर

(*d*) मीरा कुमार

132. 'आवाहन'–बिल और मेलिन्डा गेट्स फाउण्डेशन (BMGF) का भारतीय सेगमेंट निम्नलिखित में से किसके निवारण में संलग्न है?

(*a*) डेंगू

(*b*) पोलियो

(*c*) एच. आई .वी./एड्स

(*d*) फाइलेरिया

133. निम्नलिखित सार्वजनिक क्षेत्र के बैंकों में से किस एक के प्रतीक-चिह्न में एक कुत्ते की आकृति और 'विश्वसनीय, मैत्रीपूर्ण' शब्द हैं ?

(*a*) पंजाब नेशनल बैंक

(*b*) सिंडीकेट बैंक

(*c*) ओरिएण्टल बैंक ऑफ कॉमर्स

(*d*) भारतीय स्टेट बैंक

134. सुमेलित कीजिए–

स्फोटफ शीर्ष (वॉरहेड) का नाम	प्रकार
A. तेज	1. वायु-से-वायु मिसाइल
B. अर्जुन	2. पोत-आधारित मिसाइल
C. धनुष	3. मुख्य युद्धक टैंक
D. अस्त्र	4. हल्का युद्धक विमान (लाइट कॉम्बैट एयरक्राफ्ट)

कूट

	A	B	C	D
(*a*)	4	3	2	1
(*b*)	1	2	3	4
(*c*)	4	2	3	1
(*d*)	1	3	2	4

135. निम्नलिखित राज्यों में से किस एक राज्य में लागू सशस्त्र बल विशेष शक्तियाँ अधिनियम (आर्म्ड फोर्सेस स्पेशल पावर्स ऐक्ट) के विरुद्ध प्रबल जन-विरोध की शृंखला देखी गई ?

(*a*) नागालैंड (*b*) मणिपुर

(*c*) जम्मू-कश्मीर (*d*) झारखंड

136. निम्नलिखित नदियों का उत्तर से दक्षिण की ओर सही विन्यास कौन-सा है ?

(*a*) गोदावरी, पेन्नर, कावेरी, पेरियार

(*b*) पेन्नर, गोदावरी, पेरियार, कावेरी

(*c*) गोदावरी, कावेरी, पेन्नर, पेरियार

(*d*) कावेरी, गोदावरी, पेरियार, पेन्नर

137. काहिरा (काइरो) का समय ग्रिनविच से 2 घंटे आगे है। अत: यह कितने देशांतर पर अवस्थित है?

(*a*) 30° W (*b*) 30° E

(*c*) 28° E (*d*) 28° W

138. बोलिवर कहाँ की मुद्रा-इकाई है?

(*a*) वेनेजुएला (*b*) ब्राजील

(*c*) बोलिविया (*d*) बेलारूस

139. सुमेलित कीजिए–

पृथ्वी का मंडल	मंडल के मुख्य घटक
A. लिथोस्फीयर	1. जैव पदार्थ
B. हाइड्रोस्फीयर	2. गैसों का मिश्रण
C. ऐट्मॉस्फीयर	3. जल
D. बायोस्फीयर	4. मृदा

कूट

	A	B	C	D
(*a*)	1	2	3	4
(*b*)	4	2	3	1
(*c*)	1	3	2	4
(*d*)	4	3	2	1

140. भूकंप अधिकेंद्र क्या होता है?

(*a*) बिंदु, जहाँ पर भूकंप-लेखी अवस्थित होता है

(*b*) पृथ्वी के भीतर बिंदु, जहाँ भ्रंश के पास संचलन होता है

(*c*) संबंधित भूकंपों के समूह का सन्निकट केंद्र

(*d*) उस स्थान के प्रत्यक्षत: ऊपर बिंदु, जहाँ भ्रंश क्षेत्र के साथ संविदारण होता है

141. जेट प्रवाह क्या हैं?

(*a*) एक दिशा में प्रमुख ऋतुनिष्ठ रिवर्स के साथ पवन तंत्र

(*b*) उपोष्ण उच्च-दाब कटिबंधों से उपध्रुवीय निम्न कटिबंधों की ओर बहने वाली पवन

(*c*) क्षिप्र पवन की संकीर्ण विसर्पी पट्टियाँ, जो झोभसीमा के निकट मध्य अक्षांश में प्रवाहित हैं और भूमंडल को घेरती हैं

(*d*) उपध्रुवीय निम्न-दाब कटिबंधों से उपोष्ण उच्च दाब कटिबंधों की ओर बहने वाली पवन

142. सुनामी किसके द्वारा नहीं होती?

(*a*) प्रभंजन (*b*) भूकंप

(*c*) समुद्रतलीय भूस्खलन (*d*) ज्वालामुखी उद्गार

143. भारत में वर्षा के बारे में निम्नलिखित में से कौन-सा/से सही है/हैं ?

1. भारत में अधिकांश वर्षा दक्षिण-पश्चिम मानसून के कारण होती है।

2. दक्षिण भारत में वर्षा, पूर्वी घाटी से दूर घटती जाती है।

नीचे दिये गए कूट का प्रयोग कर सही उत्तर चुनिए

(*a*) केवल 1 (*b*) केवल 2

(*c*) 1 और 2 दोनों (*d*) न तो 1और न ही 2

144. निम्नलिखित में से कहाँ हेवी वॉटर प्लांट नहीं है ?

(*a*) नरोरा (*b*) श्रीहरिकोटा

(*c*) काकरापार (*d*) कोटा

145. मुस्लिम लीग के संविधान, 'द ग्रीन बुक', का प्रारूप किसने बनाया?

(*a*) रहमत अली

(*b*) मुहम्मद इकबाल

(*c*) मुहम्मद अली जिन्ना

(*d*) मौलाना मुहम्मद अली जौहर

146. किस कारण 26 अक्टूबर, 1947 भारतीय इतिहास की एक प्रमुख तिथि है?

(*a*) महाराजा हरिसिंह द्वारा अधिमिलन-पत्र पर हस्ताक्षर किया जाना

(*b*) पाकिस्तान के साथ युद्ध-विराम

(*c*) सिंध का विलयन

(*d*) पाकिस्तान द्वारा भारत पर युद्ध की घोषणा

147. भारत और पाकिस्तान के बीच 1950 में नेहरू-लियाकत पैक्ट पर हस्ताक्षर निम्नलिखित में से किस मुद्दे के समाधान के लिए किये गए?

(*a*) अल्पसंख्यकों का संरक्षण

(*b*) देशी रियासतों का अधिमिलन

(*c*) सीमा विवाद

(*d*) शरणार्थियों की समस्या

148. लॉर्ड क्लाइव द्वारा संस्तुत 'द्वैध सरकार' में क्या उपबंधित था ?

(*a*) दंड-न्याय नवाबी अधिकारियों के लिए छोड़ दिया जाएगा, जबकि नागरिक और राजकोषीय मामले कंपनी के नियंत्रण में रहेंगे

(*b*) कंपनी राजकोषीय मामलों को देखेगी और शेष सभी मामले भारतीय शासकों द्वारा निपटाए जाएँगे

(*c*) कंपनी के एक अधिकारी के पर्यवेक्षण के अधीन, प्रशासन के सभी मामले भारतीय शासकों द्वारा निपटाए जाएँगे

(*d*) भारतीय शासक नाममात्र के मुखिया होंगे और सभी शक्तियाँ कंपनी के प्रत्यक्ष व्यवहार में होंगी

149. राजा राममोहन राय की मृत्यु के पश्चात् ब्रह्म समाज और आदि ब्रह्म समाज। इन दोनों अनुभागों के नेता क्रमश: कौन थे?

(*a*) केशव चंद्र सेन और देवेंद्र नाथ टैगोर

(*b*) राधाकांत देव और देवेंद्रनाथ टैगोर

(*c*) केशव चंद्र सेन और राधाकांत देव

(*d*) देवेंद्रनाथ टैगोर और राधाकांत देव

150. हड़प्पा सभ्यता के विषय में निम्नलिखित कथनों में से कौन-सा एक सही है?

(*a*) मानक हड़प्पा मुद्राएँ मिट्टी की बनी थीं

(*b*) हड़प्पा के निवासी न तो कांस्य के विषय में जानते थे और न ही ताम्र के

(*c*) हड़प्पा सभ्यता ग्राम-आधारित थी

(*d*) हड़प्पा के निवासी कपास उगाते थे और प्रयोग में लाते थे

■■

उत्तरमाला

1. (*b*)	**2.** (*b*)	**3.** (*b*)	**4.** (*c*)	**5.** (*b*)	**6.** (*b*)	**7.** (*a*)	**8.** (*b*)	**9.** (*b*)	**10.** (*d*)
11. (*a*)	**12.** (*c*)	**13.** (*d*)	**14.** (*d*)	**15.** (*b*)	**16.** (*a*)	**17.** (*d*)	**18.** (*a*)	**19.** (*d*)	**20.** (*c*)
21. (*d*)	**22.** (*c*)	**23.** (*a*)	**24.** (*b*)	**25.** (*a*)	**26.** (*b*)	**27.** (*b*)	**28.** (*d*)	**29.** (*a*)	**30.** (*c*)
31. (*b*)	**32.** (*c*)	**33.** (*d*)	**34.** (*d*)	**35.** (*d*)	**36.** (*a*)	**37.** (*c*)	**38.** (*d*)	**39.** (*d*)	**40.** (*b*)
41. (*b*)	**42.** (*b*)	**43.** (*a*)	**44.** (*b*)	**45.** (*c*)	**46.** (*c*)	**47.** (*a*)	**48.** (*b*)	**49.** (*d*)	**50.** (*c*)
51. (*b*)	**52.** (*a*)	**53.** (*c*)	**54.** (*b*)	**55.** (*c*)	**56.** (*b*)	**57.** (*d*)	**58.** (*c*)	**59.** (*b*)	**60.** (*a*)
61. (*a*)	**62.** (*d*)	**63.** (*c*)	**64.** (*d*)	**65.** (*d*)	**66.** (*c*)	**67.** (*b*)	**68.** (*b*)	**69.** (*c*)	**70.** (*d*)
71. (*a*)	**72.** (*d*)	**73.** (*d*)	**74.** (*d*)	**75.** (*d*)	**76.** (*c*)	**77.** (*b*)	**78.** (*a*)	**79.** (*b*)	**80.** (*c*)
81. (*d*)	**82.** (*b*)	**83.** (*d*)	**84.** (*d*)	**85.** (*c*)	**86.** (*d*)	**87.** (*a*)	**88.** (*b*)	**89.** (*d*)	**90.** (*a*)
91. (*c*)	**92.** (*d*)	**93.** (*b*)	**94.** (*a*)	**95.** (*d*)	**96.** (*b*)	**97.** (*d*)	**98.** (*b*)	**99.** (*d*)	**100.** (*c*)
101. (*a*)	**102.** (*c*)	**103.** (*b*)	**104.** (*b*)	**105.** (*b*)	**106.** (*d*)	**107.** (*b*)	**108.** (*c*)	**109.** (*d*)	**110.** (*d*)
111. (*b*)	**112.** (*a*)	**113.** (*a*)	**114.** (*c*)	**115.** (*d*)	**116.** (*c*)	**117.** (*a*)	**118.** (*c*)	**119.** (*d*)	**120.** (*b*)
121. (*b*)	**122.** (*b*)	**123.** (*a*)	**124.** (*c*)	**125.** (*c*)	**126.** (*a*)	**127.** (*b*)	**128.** (*b*)	**129.** (*b*)	**130.** (*a*)
131. (*a*)	**132.** (*c*)	**133.** (*b*)	**134.** (*a*)	**135.** (*b*)	**136.** (*a*)	**137.** (*b*)	**138.** (*a*)	**139.** (*d*)	**140.** (*d*)
141. (*c*)	**142.** (*a*)	**143.** (*a*)	**144.** (*b*)	**145.** (*d*)	**146.** (*a*)	**147.** (*a*)	**148.** (*a*)	**149.** (*a*)	**150.** (*d*)

व्याख्या

1.
$2 \xrightarrow{+1} 3 \quad 3 \xrightarrow{+1} 4$
$4 \xrightarrow{-1} 3 \quad 5 \xrightarrow{-1} 4$
$6 \xrightarrow{+1} 7 \quad 7 \xrightarrow{+1} 8$
$8 \xrightarrow{-1} 7 \quad 9 \xrightarrow{-1} 8$
$5 \xrightarrow{+1} 6 \quad 1 \xrightarrow{+1} 2$

5.
$C \xrightarrow{+1} D \qquad Q \xrightarrow{+1} R$
$E \xrightarrow{+1} F \qquad N \xrightarrow{+1} O$
$I \xrightarrow{+1} J \;\Rightarrow\; L \xrightarrow{+1} M$
$S \xrightarrow{+1} T \qquad I \xrightarrow{+1} J$

6.
E → बाइसवाँ दायें से
H → उन्नीसवाँ दायें से
⇒ B → पच्चीसवाँ दायें से
I → अट्ठारहवाँ दायें से

9. n [s] t n s [t] [n] s [t] n st n [s] t ns
⇒ s t n t s

10.
52, 25, 36, 63, 74, 47, 58, 85, ?
–27 +11 +27 +11 –27 +11 –27 +11
⇒ 85 + 11 = 96

11.
6, 26, 8, 37, 10, 48, 12, 59, ?
(वैकल्पिक पदों में अंतर: 2, 2, 2, 2; तथा 26, 37, 48, 59 में अंतर: 11, 11, 11)
⇒ 12 + 2 = 14

12.

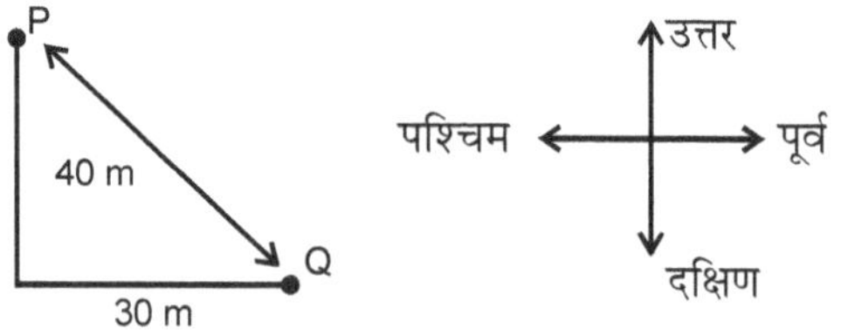

दूरी = $\sqrt{40^2 + 30^2}$ = 50 m
दिशा = दक्षिण-पूर्व

18.

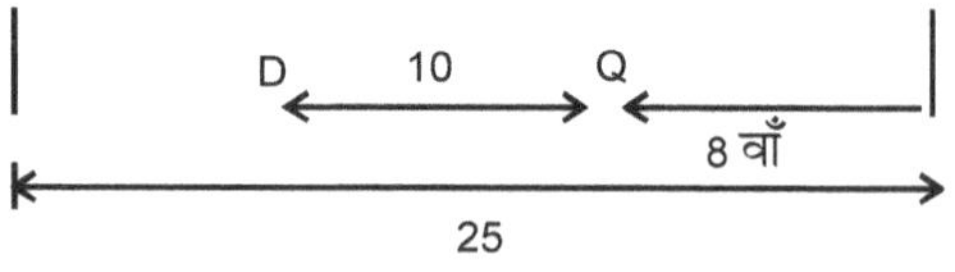

D का स्थान = 25 + 1 – 19
= 7 वाँ

22. 7 — 49 — 98 — 140

7^2, $\times 2$, $+ (49 - 7)$

21 — 441 — 882 — 1302

21^2, $\times 2$, $+ (441 - 21)$

15 — 225 — 450 — ?

15^2, $\times 2$, $+ (225 - 15)$

$? = 450 + 210$

$= 660$

23. C, E, H (+ 2, + 3); H, K, O (+ 3, + 4); O, S, ? (+ 4, + 5)

$? = 5 + 5 = X$

76. 1 — 5 — 17 — 53 — 161 — 485 — ?

×3+2 ×3+2 ×3+2 ×3+2 ×3+2 ×3+2

$? = 485 \times 3 + 2$

$= 1455 + 2$

$= 1457$

78.

$$\text{ब्याज} = \frac{\text{मूलधन} \times \text{दर} \times \text{समय}}{100}$$

$$= \frac{35,000 \times 15 \times 4}{100} ₹$$

$= 21000$ ₹

चार वर्ष बाद प्राप्त राशि $= 35000 + 21000$

$= 56000$ ₹

79. $$\text{चक्रवृद्धि ब्याज} = \text{मूलधन}\left[\left(1+\frac{\text{दर}}{100}\right)^{\text{समय}} - 1\right]$$

$$= 12000\left[\left(1+\frac{9}{100}\right)^2 - 1\right]$$

$= 12000\,[0.1881]$

$= 2257.2$ ₹

80. माना दो संख्या x तथा y है

प्रश्न से

$$x \times 48\% = y \times 60\%$$

or $$\frac{x}{y} = \frac{\cancel{60}^{5}}{\cancel{48}_{4}}$$

$\Rightarrow$ $x : y = 5 : 4$

88. माना दो उत्तरोत्तर सम संख्या x तथा $x + 2$ है।

प्रश्न से

$$x (x + 2) = 11448$$

$\therefore$ $x^7 + 2x - 11448 = 0$

$\therefore$ $x^2 + 108x - 106x - 11448 = 0$

$\therefore$ $x (x + 108) - 106 (x + 108) = 0$

$\therefore$ $(x - 106) (x + 108) = 0$

$\therefore$ $x = 106$

बड़ी संख्या $= x + 2$

$= 106 + 2 = 108$

89. $\because$ 16 व्यक्ति 1 काम 14 दिन में पूरा करते हैं।

$\therefore$ 8 व्यक्ति 1 काम $\frac{14 \times \cancel{16}^{2}}{\cancel{8}}$ दिन में पूरा करते है

$\therefore$ 28 दिन

100.

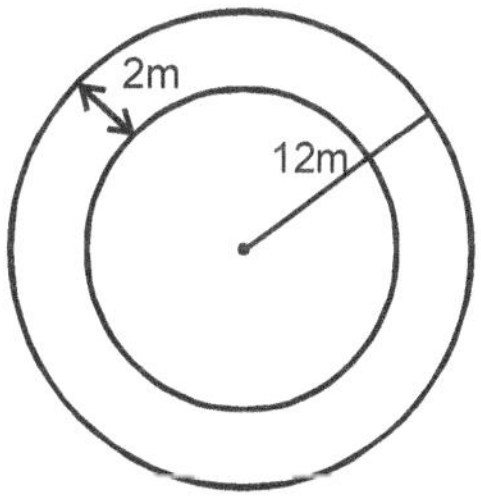

रास्ता का क्षेत्रफल $= \pi (12^2 - 10^2)$

$= \pi (12 + 10) (12 - 10)$

$$= \frac{22}{7} \times 22 \times 2$$

$= 138.29$ वर्ग मी०

अभ्यास पत्र-4

समय : 2 घंटे **पूर्णांक : 150**

भागः I-सामान्य बुद्धिमत्ता

1. निम्नलिखित चार में से तीन किसी प्रकार से एक समान हैं और वे अपना एक समूह बनाते हैं। वह कौन-सा एक है जो इस समूह में शामिल नहीं होता है ?

(*a*) 39 (*b*) 63

(*c*) 78 (*d*) 37

2. एक निश्चित कूट भाषा में GOLD को 5124 लिखा जाता है तथा LIVE को 2983 लिखा जाता है। उसी कूट भाषा में VOID किस प्रकार लिखा जाएगा ?

(*a*) 8194 (*b*) 8394

(*c*) 8154 (*d*) 8793

3. अक्षरों LMAE से प्रत्येक शब्द में प्रत्येक अक्षर का केवल एक बार प्रयोग करते हुए, अंग्रेजी के कितने अर्थपूर्ण शब्द बनाए जा सकते हैं ?

(*a*) कोई नहीं (*b*) एक

(*c*) दो (*d*) तीन

4. संख्या 5132684 में ऐसे कितने अंक हैं जो संख्या के प्रारंभ से उतनी ही दूरी पर हैं जितनी कि संख्या के अंकों को आरोही क्रम में सजाने पर हैं ?

(*a*) कोइ नहीं (*b*) एक

(*c*) दो (*d*) तीन

5. निम्नलिखित चार में से तीन किसी प्रकार से एक समान हैं और वे अपना समूह बनाते हैं। वह कौन-सा एक है जो इस समूह में शामिल नहीं होता है ?

(*a*) शर्ट (*b*) ट्राउजर

(*c*) जैकेट (*d*) कपड़ा

6. एक निश्चित कूट भाषा में STORMED को PUTQCDL लिखा जाता है। उसी कूट भाषा में CORNERS को किस प्रकार लिखा जाएगा ?

(*a*) SPDMRQD (*b*) SPDMDQR

(*c*) SPDORQD (*d*) DPSMRQD

7. A, B, C, D एवं E में से प्रत्येक का वजन अलग-अलग है। D, A एवं C से भारी है। E, A से हल्का है। बताइए इनमें से सबसे हल्का कौन है ?

(*a*) E (*b*) C

(*c*) B (*d*) आँकड़े अपर्याप्त हैं

8. यदि 'नीला' को 'सफेद' कहा जाए, 'सफेद' को 'हरा' कहा जाए, 'हरा' को 'लाल' कहा जाए, 'लाल' को 'भूरा' कहा जाए, 'भूरा' को 'काला' कहा जाए एवं 'काला' को 'पीला' कहा जाए, तो बताइए मनुष्य के रक्त का रंग कैसा होता है ?

(*a*) लाल

(*b*) भूरा

(*c*) काला

(*d*) पीला

9. नवीन को ठीक से याद है कि उसकी माता का जन्मदिन 14 के बाद परंतु 20 के पहले है। उसकी बहन को ठीक से याद है उनकी माता का जन्मदिन 18 के बाद परंतु 23 से पहले है। यदि दोनों अपनी जगह ठीक हो तो, उनकी माता का जन्मदिन कब है ?

(*a*) 18

(*b*) 20

(*c*) 21

(*d*) इनमें से कोई नहीं

10. निम्नलिखित चार में से तीन किसी प्रकार से एक समान हैं और वे अपना एक समूह बनाते हैं। वह कौन-सा एक है जो इस समूह में शामिल नहीं होता है ?

(*a*) अनार

(*b*) नाशपाती

(*c*) आम

(*d*) पपीता

निर्देश (11-15) : नीचे दो आव्यूह (मैट्रिसेज) दिए हैं, जिनमें से प्रत्येक में 25 कोष्ठक और दो प्रकार की अक्षरमाला दी गई हैं। आव्यूह I के स्तम्भों एवं पंक्तियों को 0 से 4 क्रमांकित किया गया है और आव्यूह II में 5 से 9 तक। इन आव्यूहों का कोई अक्षर पहले इसकी पंक्ति संख्या और फिर इसकी स्तम्भ संख्या द्वारा प्रदर्शित किया जा सकता है, यथा 'A' को '01' तथा '41' आदि से प्रदर्शित कर सकते हैं। इसी तरह 'R' को '59', '78' आदि द्वारा प्रदर्शित कर सकते हैं। निम्नांकित प्रत्येक प्रश्न में संख्याओं के एक जोड़े की पहचान (*a*), (*b*), (*c*) व (*d*) में से करें, जो कि दिए हुए शब्द को प्रदर्शित करता है–

आव्यूह I

	0	1	2	3	4
0	E	A	C	S	E
1	J	D	E	G	I
2	G	F	S	A	B
3	S	C	H	J	D
4	B	A	G	I	S

आव्यूह II

	5	6	7	8	9
5	P	V	T	M	R
6	K	R	Q	Z	X
7	W	P	Y	R	T
8	N	Z	M	W	U
9	L	X	P	T	O

11. FAKE

(*a*) 04, 01, 66, 12 (*b*) 21, 41, 65, 00

(*c*) 21, 14, 65, 00 (*d*) 01, 14, 56, 00

12. PHGW

(*a*) 55, 32, 24, 88 (*b*) 56, 32, 24, 87

(*c*) 97, 23, 42, 88 (*d*) 01, 14, 56, 00

13. STEM

(*a*) 03, 57, 12, 87 (*b*) 22, 79, 41, 58

(*c*) 22, 57, 21, 85 (*d*) 22, 57, 21, 58

14. VAST

(*a*) 89, 01, 22, 56 (*b*) 89, 23, 22, 75

(*c*) 56, 41, 44, 57 (*d*) 56, 23, 22, 75

15. FRANK

(*a*) 04, 78, 01, 58, 66

(*b*) 21, 78, 41, 85, 65

(*c*) 21, 66, 01, 85, 56

(*d*) 04, 66, 10, 58, 55

16. एक बिन्दु M से गोपाल ने दक्षिण की ओर चलना प्रारम्भ किया तथा 40 मी॰ चला तब वह अपनी बायीं ओर मुड़ा और 30 मी॰ चला और वह शंकर के घर पहुँचा, वह अपने मूल बिन्दु M से अब किस दिशा में है और कितनी दूर है ?

(*a*) 30 मी. दक्षिण-पश्चिम (*b*) 50 मी. दक्षिण-पूर्व

(*c*) 40 मी. उत्तर-पूर्व (*d*) 30 मी. उत्तर

17. गणित की एक काल्पनिक संक्रिया में – से भाग का अभिप्राय है, + का अर्थ गुणा करना है, ÷ का अर्थ घटाना है, × का अर्थ जोड़ना हो, तो नीचे दिए गए समीकरणों में कौन-सा सही है ?

(*a*) $6 \div 20 \times 12 + 7 - 1 = 70$

(*b*) $6 + 20 - 12 \div 7 \times 1 = 62$

(*c*) $6 - 20 \div 12 \times 7 + 1 = 57$

(*d*) $6 + 20 - 12 \div 7 - 1 = 38$

18. यदि + को P से, – को M से, × को N से तथा ÷ को O से निरूपित किया जाये, तो नीचे दिए गए समीकरण का मान क्या होगा ?

6 N 9 P 11 M 5 O 2 = ?

(*a*) 61.5 (*b*) 62.5

(*c*) 59 (*d*) 43

19. यदि जोड़े को A, भाग को B, घटाना को C तथा गुणा को D कहा जाये, तो निम्न समीकरण का मान क्या होगा ?

18 D 2 C 20 A 2 A 18 B 9 = ?

(*a*) 16 (*b*) 20

(*c*) 13 (*d*) 15

20. नीचे दिए गए आरेख का ध्यानपूर्वक अध्ययन करके यह ज्ञात करें कि, वे युवक जो नौकरी करते हैं, लेकिन शिक्षित नहीं हैं; निम्नलिखित में से कौन-से हैं ?

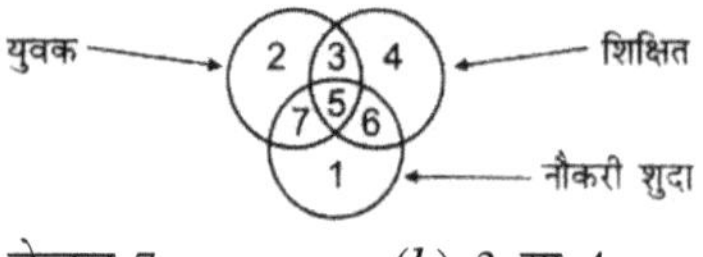

(*a*) केवल 7 (*b*) 3 या 4

(*c*) 6 या 4 (*d*) 2 या 5 या 7

निर्देश (21-22) : नीचे प्रत्येक प्रश्न में तीन प्रकार की वस्तुओं के समूह दिये गये हैं। आपको नीचे दिये गये (चार) क्रमांकिक आरेखों में से उस एक आरेख को ज्ञात करना है, जोकि प्रश्न में दिये गये तीनों वर्गों के समूह के संबंध को सही रूप से निरूपित करता है।

(*a*) 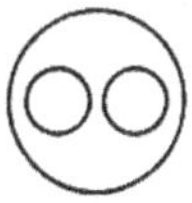 (*b*) 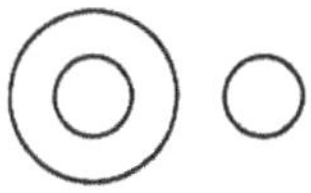

(*c*) 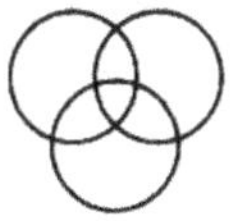 (*d*) 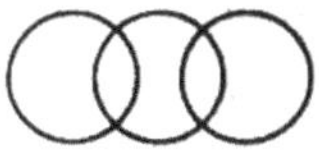

21. विज्ञान, भौतिकी, रसायन शास्त्र

22. जीव, मनुष्य, ग्रह

23. शम्भू ने कृष्णा से कहा– "तुम मेरी बहन की माँ के पति की बहन के बेटे हो।" तो कृष्णा शम्भू से किस तरह संबंधित है ?

(*a*) फुफेरा भाई (*b*) फुफेरी बहन

(*c*) ममेरा भाई (*d*) ज्ञात नहीं कर सकते

24. विनय ने सूरज से कहा कि– "दिया तुम्हारी मौसी है और मेरी माँ भी तुम्हारी मौसी है तथा राधा मेरी बहन है।" तो बताएँ कि सूरज का राधा से क्या रिश्ता है ?

(*a*) मौसेरा भाई (*b*) ममेरा भाई

(*c*) फुफेरा भाई (*d*) इनमें से कोई नहीं

25. किसी एक व्यक्ति की ओर संकेत करते हुए मोहन ने कहा– "उसका भाई मेरी पत्नी के पिता का नाती है।" वह व्यक्ति, मोहन, से कैसे संबंधित है ?

(*a*) पिता (*b*) पुत्र/पुत्री

(*c*) भाई (*d*) ज्ञात नहीं कर सकते

भागः II-अंग्रेजी भाषा

Directions (26 – 34) : *Read the following passage carefully and answer the questions given below it. Certain words / expressions are given in **bold** in the passage to help you locate them while answering some of the questions.*

'My God, it speaks' uttered the Emperor of Brazil and the receiver of the Telephone Slipped from his hand and banged aground. At the other end Alexander Graham Bell was still on line.

This incident goes back to 1876 when at an exhibation in Philadelphia (USA), Alexander Graham Bell was giving a demonstration of his new invention. This **strange** instrument known as Telephone was to **revolutionize** life in the years to come.

Bell was born at Edinborough, Scotland. He was teacher and, was **dedicated** to the noble cause to teaching the deaf and the dumb. Due to severe illness. Bell was sent to Canada in 1870, where too he got engaged in helping the dumb-deaf to hear and speak. Thereafter, he shifted to the USA but **continued** with his work by opeaning a school for deag and dumb.

Bell was fond of scientific inventions and was ever engaged in making some machines in his spare time. While at Boston, he tried to communicate through metal wire. His companion in this work was Watson. One day while experimenting with his instrument, Bell spoke to Wetson standing at a distance. Watson was taken by a **pleasant** surprise as he had heard Bell clearly through his instrument. The instrument was a success and Bell patented it.

Graham Bell had some sterling qualities of head and heart. **A part from** being an artist, he was a kind human being, ready to help the needy. He established an institution for the deaf and dumb children. He died in 1922 in Canada. The entire northern America paid him a tribute by hanging up their telephones for a while during his funeral.

26. Which of the following is not mentioned in the passage as a quality of Graham Bell ?

(*a*) Lover of art

(*b*) Kind natured person

(*c*) Cooperative individual

(*d*) All these are mentioned

27. The words uttered by the Emperor of Brazil suggest that he was extremely __

(*a*) angry

(*b*) insulted

(*c*) surprised

(*d*) agitated

28. Which of the following made Bell to invent telephone ?

(*a*) His activity of teaching
(*b*) His service to the deaf and dumb
(*c*) His keen interest in scientist inventions
(*d*) Encouragement received from Watson

29. What accoding to he passage was the contribution of invention of telephone?

(*a*) Interaction between who persons at some distance was possible
(*b*) Rich people were able to communicate with others
(*c*) Graham Bell could converse with Watson regarding invention through telephone
(*d*) It revolutionized human life

30. Graham Bell made the telephone call of his invention to the Emperor from the city of ___

(*a*) Edinborough
(*b*) Philadelphia
(*c*) Brazil
(*d*) Boston

31. The teaching activity undertaken by Bell was considered 'noble' particularly because ___

(*a*) he was teaching the physically under-privileged persons
(*b*) here was nobody else in the field of education
(*c*) he was not accepting any salary for that job
(*d*) he was a very famous scientist of his times

32. The North Americans paid their last respects to Bell by___

(*a*) attending his funeral
(*b*) suspending telephone lines for some time during his funeral
(*c*) establishing an institution for the deaf and dumb children
(*d*) showing their readiness to help the poor and needy

33. Bell had gone to Canada in 1870 for ___

(*a*) treating a patient who was seriously ill
(*b*) helping the deaf and dumb children to hear and speak
(*c*) undergoing medaical treatment for himself
(*d*) devoting his full time to his invention

34. Bell establishing an institution for the deaf and dumb children shows that he was

(*a*) an expert scientist
(*b*) a curious explorer
(*c*) a dedicated social worker
(*d*) genuinely emphatic towards the technology

Directions (35 – 37) : *Choose the word or group of words which is MOST NEARLY THE SAME in meaning as the word printed in* ***bold*** *as used in the passage.*

35. Dedicated :

(*a*) Appointed (*b*) Deployed
(*c*) Devoted (*d*) Religious

36. Apart from :

(*a*) in addition to (*b*) At a long distance
(*c*) Separated from (*d*) Inspite of

37. Revolutionize:

(*a*) Affect adversely
(*b*) Develop gradually
(*c*) Illuminate completely
(*d*) Change drastically

Directions (38 – 40) : *Choose the word which is MOST OPPOSITE in meaning of the word printed in bold as used in the passage.*

38. Pleasant:

(*a*) Admirable (*b*) Disgusting
(*c*) Nice (*d*) Indecent

39. Strange :

(*a*) Familiar (*b*) Unseen
(*c*) Illfamed (*d*) Novel

40. Continued :

(*a*) Irregular (*b*) Destroyed
(*c*) Reckoned (*d*) Suspended

Directions (41 – 55) : *Read each sentence to find out whether there is any grammetical error in it. The error, if any, will be in the one part of the sentence. The number of that part is the answer. If there is no error, the answer is (d) i.e., 'No Error'. (Ignore the errors of punctuation, if any)*

41. It was clear from the way (*a*)/ they were behaving (*b*)/ that they had been lost their senses, (*c*). No error (*d*)

42. A small peice (*a*)/ of bread is (*b*)/ better than having nothing to eat (*c*). No error (*d*).

43. When he had been (*a*)/ walked along the road (*b*)/ a wild and ferocious dog hit him hard and knocked him down (*c*). No error (*d*)

44. That boy possess (*a*)/ three beautiful pens (*b*)/ but he would not show them to any one (*c*). No error (*d*)

45. I am grateful I had been (*a*)/ his friend for quite a long time, (*b*)/I refused to help him because his ill nature (*c*). No error (*d*)

46. Though I had been (*a*)/ his friend for quite a long time, (*b*)/I refused to help him because his ill nature (*c*). No error (*d*)

47. Families are (*a*)/ fortunate enough to own (*b*)/ a house in the city are very few (*c*). No error (*d*)

48. Ramesh has been both (*a*)/ a dishonestly person (*b*)/ and a gambler since his childhood (*c*). No error (*d*)

49. Everyone of us know (*a*)/ that he is not capable of (*b*) remaining under water for such a long time (*c*). No error (*d*)

50. He is the man who I know (*a*)/ has helped my son (*b*)/ in the final examination (*c*). No error (*d*)

51. The number of employees (*a*)/ reporting sick (*b*)/ has reduced significantly because of the incentive (*c*). No error (*d*)

52. Your television set (*a*)/ is superiror to (*b*)/ our television set by all respects (*c*). No error (*d*)

53. I have been (*a*)/ living in Hyderabad (*b*)/ at my uncle since my birth (*c*). No error (*d*).

54. The leader was so shrewd (*a*)/ that he could not deceive (*b*)/ by he words of the sycophant courtiers (*c*). No error (*d*)

55. The boy who was guilt for (*a*)/ having broken the window glass (*b*)/ came out with the truth (*c*). No error (*d*)

Directions (56 – 60) : *Rearrange the following sentences (1), (2), (3), (4), (5) and (6) in proper sequence to form a meaningful paragraph, then answer the questions below them.*

1. He felt that his honest ways were responsible for the poverty and starvation of his family.
2. Sixteen miles away from Mysore, there is a dense forest.
3. He told them how his honesty was useless and asked if he should try an alternative.
4. They told him that they would prefer starving to dishonesty.
5. One there lived a poor but honest woodcutter in the forest
6. So he wanted to discuss his feeling with his wife and children.

56. Which of the following should be the **SECOND** sentence?

(*a*) 1 (*b*) 2
(*c*) 3 (*d*) 4

57. Which of the following should be the **FIFTH** sentence?

(*a*) 1 (*b*) 2
(*c*) 3 (*d*) 4

58. Which of the following should be the **FIRST** sentence?

(*a*) 1 (*b*) 2
(*c*) 3 (*d*) 4

59. Which of the following should be the **SIXTH** (LAST) sentence?

(*a*) 1 (*b*) 2
(*c*) 3 (*d*) 4

60. Which of the following should be the **THIRD** sentence?

(*a*) 1 (*b*) 2
(*c*) 3 (*d*) 4

Directions (61- 65) : *Pick out the most effective word from the given words to fill in the blank to make the sentence meaningful complete.*

61. You must ensure the correctness of the information before __ to conclusion.
(*a*) drawing (*b*) enabling
(*c*) leaning (*d*) jumping

62. The rocket ___ the target and did not cause any casualty.
(*a*) sensed (*b*) reached
(*c*) missed (*d*) exploded

63. It is desirable to take __ in any business if you want to make profit,
(*a*) advice (*b*) risk
(*c*) loan (*d*) recourse

64. They wasted all the money on purchase of some ___ items.
(*a*) excellent (*b*) important
(*c*) significant (*d*) expensive

65. When he found the wallet his face glowed but soon it faded as the wallet was __
(*a*) empty (*b*) vacant
(*c*) recovered (*d*) Stolen

Directions (66 - 75) : *In the following passage, there are blanks, each of which has been numbered. There numbers are printed below the passage and against each, four words are suggested, one of which fits the blank appropriately. Find out the appropriate word in each case.*

Jamshedji Tata is **(66)** to be path -finder of modern industrial builders. He is known as the grand-father of the Indian industry for his acumen and enthusiasm. Nobody else could have **(67)** of the new industries started by Jamshedji at that time when industrial **(68)** and revolution was yet to come to india.

Jamshedji's father Nasarvanji Tata used to trade in jute with China and Britain. He started **(69)** from India. Jamshedji started a cloth mill in Nagpur more than hundred years ago. At that time almost all the **(70)** used to come from Lancashire in England. What Jamshedji **(71)** was praiseworthy. Jamshedji **(72)** very well that an industrial revolution can only be brought in the country by setting up iron and steel industry. **(73)** he duid live to see the industry he had in mind, he had done all **(74)** work. In fact, he laid the ground work for it. He had planned the entire steel city now known as Jamshedpur, complete with streets, roads, schools, parks, play grounds, temples, mosques, churches, etc. His **(75)** was fulfilled by his sons, Sir Dorabji Tata and Sir Rattan Tata, when they started the Tata Iron & steel Factory in 1907 just after three years of his death.

66. (*a*) rewarded (*b*) agreed
(*c*) empowered (*d*) considered

67. (*a*) absolved (*b*) thought
(*c*) ventured (*d*) set

68. (*a*) imports (*b*) acts
(*c*) machinery (*d*) awakening

69. (*a*) export (*b*) industries
(*c*) import (*d*) trade

70. (*a*) goods (*b*) imports
(*c*) cloth (*d*) machines

71. (*a*) did (*b*) dreamt
(*c*) agreed (*d*) told

72. (*a*) felt (*b*) advocated
(*c*) planned (*d*) knew

73. (*a*) Because (*b*) Although
(*c*) Surprisingly (*d*) Luckily

74. (*a*) insignificant (*b*) complete
(*c*) trivial (*d*) preliminary

75. (*a*) need (*b*) task
(*c*) dream (*d*) industry

भागः III-संख्यात्मक अभियोग्यता

76. $\dfrac{0.125+0.027}{0.25-0.15+0.09}$ का मान है–
(*a*) 0.2 (*b*) 0.25
(*c*) 0.3 (*d*) 0.8

77. $\sqrt[3]{1372}\times\sqrt[3]{1458}+\sqrt[3]{343}$ का मान है–
(*a*) 189 (*b*) 151
(*c*) 133 (*d*) 126

78. दो संख्याओं का म. स. तथा उनका गुणनफल क्रमशः 15 तथा 6300 है। ऐसी संख्याओं के संभव युग्मों की संख्या होगी–

(*a*) 4 (*b*) 3

(*c*) 2 (*d*) 1

79. $\left(1-\frac{1}{3}\right)\left(1-\frac{1}{4}\right)\left(1-\frac{1}{5}\right)\ldots\left(1-\frac{1}{99}\right)\left(1-\frac{1}{100}\right)$

का सरलीकृत का मान है–

(*a*) $\frac{2}{99}$ (*b*) $\frac{1}{25}$

(*c*) $\frac{1}{50}$ (*d*) $\frac{1}{100}$

80. $\frac{8(3.75)^3+1}{(7.5)^2-6.5}$ बराबर है–

(*a*) 2.75 (*b*) $\frac{9}{5}$

(*c*) 4.75 (*d*) 8.5

81. निम्नलिखित संख्याओं में से कौन-सी संख्या किसी भी प्राकृत संख्या का वर्ग नहीं है ?

(*a*) 17956 (*b*) 18225

(*c*) 63592 (*d*) 53361

82. यदि $x = 1+\sqrt{2}+\sqrt{3}$ हो तो $\left(x+\frac{1}{x-1}\right)$ का मान होगा–

(*a*) $1+2\sqrt{3}$ (*b*) $2+\sqrt{3}$

(*c*) $3+\sqrt{2}$ (*d*) $2\sqrt{3}-1$

83. एक लड़के को किसी भिन्न का 3/5 ज्ञात करने को कहा गया। किंतु उसने उस भिन्न को 3/5 से भाग दे दिया तथा उसका उत्तर सही उत्तर से 32/75 अधिक आया। सही उत्तर है–

(*a*) 3/25 (*b*) 6/25

(*c*) 2/25 (*d*) 2/15

84. कुल कितनी 3-अंकीय संख्याएँ 6 से विभाजित होंगी ?

(*a*) 140

(*b*) 150

(*c*) 160

(*d*) 170

85. किसी संख्या को 899 से भाग देने पर शेष 63 प्राप्त होता है। यदि उसी संख्या को 29 से भाग दें, तो शेष कितना होगा ?

(*a*) 3 (*b*) 1

(*c*) 5 (*d*) 0

86. अनुक्रम 5, 10, 13, 26, 29, 58, 61, ... की अगली संख्या होगी–

(*a*) 122 (*b*) 120

(*c*) 93 (*d*) 64

87. किसी वस्तु का मूल्य ₹ 75 था। पहले मूल्य में 20% की वृद्धि की गयी तथा बाद में इसमें 20% की कमी कर दी गयी। वस्तु का वर्तमान मूल्य है–

(*a*) ₹ 72 (*b*) ₹ 60

(*c*) ₹ 75 (*d*) ₹ 90

88. किसी मिश्रधातु में जस्ता तथा ताँबा 1 : 2 के अनुपात में हैं। एक दूसरी मिश्रधातु में ये अवयव 2 : 3 के अनुपात में हैं। यदि इन दोनों मिश्रधातुओं को मिलाकर एक नयी मिश्रधातु बनायी जाए, जिसमें ये दोनों अवयव 5 : 8 के अनुपात में हों, तो नयी मिश्रधातुएँ में दोनों मिश्रधातुएं किस अनुपात में मिलायी जाएंगी ?

(*a*) 3 : 10 (*b*) 3 : 7

(*c*) 10 : 3 (*d*) 7 : 3

89. एक लड़के के पास 50 पैसे, 25 पैसे तथा 10 पैसे मूल्यवर्ग के कुछ सिक्के 1 : 2 : 3 के अनुपात में हैं। यदि सिक्कों की कुल राशि ₹ 6.50 है, तो 10 पैसे वाले सिक्कों की संख्या होगी–

(*a*) 5 (*b*) 10

(*c*) 15 (*d*) 20

90. ₹ 13, 360 की धनराशि $8\frac{3}{4}\%$ वार्षिक चक्रवृद्धि ब्याज की दर से उधार ली गयी तथा उसका वापसी भुगतान दो वर्ष में दो समान वार्षिक किश्तों के द्वारा किया गया। प्रत्येक किश्त की राशि कितनी थी ?

(*a*) ₹ 5,769 (*b*) ₹ 7,569

(*c*) ₹ 7,009 (*d*) ₹ 7,500

91. साधारण ब्याज की किस वार्षिक दर से कोई धनराशि 4 वर्ष में स्वयं के $\frac{7}{4}$ के बराबर हो जायेगी ?

(*a*) 18% (*b*) $18\frac{1}{4}\%$

(*c*) $18\frac{3}{4}\%$ (*d*) $18\frac{1}{2}\%$

92. कोई दुकानदार एक कूलर बेचते समय उसके अंकित मूल्य पर 10% की छूट देता है। यदि वह 12% की छूट दे, तो उसके द्वारा अर्जित लाभ में ₹ 35 की कमी हो जाती है। कूलर का अंकित मूल्य है–

(*a*) ₹ 1,650 (*b*) ₹ 1,625

(*c*) ₹ 1,725 (*d*) ₹ 1,750

93. एक साइकिल, जिसका अंकित मूल्य ₹ 2,000 है, 20% तथा 10% के दो क्रमवार बट्टों के साथ बेची जाती है। नकद भुगतान के लिए 5% का एक अतिरिक्त बट्टा दिया जाता है। नकद भुगतान के लिए साइकिल का विक्रय-मूल्य होगा–

(*a*) ₹ 1,368 (*b*) ₹ 1,468

(*c*) ₹ 1,568 (*d*) ₹ 1,668

94. 48 किमी/घंटा की चाल से चलने वाली एक रेलगाड़ी, इससे आधी लंबाई वाली तथा विपरीत दिशा में 42 किमी/घंटा की चाल से चलने वाली एक अन्य रेलगाड़ी को 12 सेकेंड में पार करती है। यही रेलगाड़ी एक रेलवे प्लेटफॉर्म को 45 सेकंड में पार करती है। प्लेटफॉर्म की लंबाई होगी–

(*a*) 200 मी. (*b*) 300 मी.

(*c*) 350 मी. (*d*) 400 मी.

95. एक कक्षा प्रात: 7 बजे आरम्भ होती है तथा 10.27 बजे समाप्त होती है। इस अंतराल में चार पीरिएड होते हैं। प्रत्येक पीरिएड के बाद 5 मिनट का अवकाश होता है। प्रत्येक पीरिएड का अंतराल कितना है ?

(*a*) 45 मिनट (*b*) 48 मिनट

(*c*) 51 मिनट (*d*) 47 मिनट

96. एक व्यक्ति ने एक घोड़ा 15% लाभ पर बेचा। यदि उसने इसे 25% कम मूल्य पर खरीदा होता तथा ₹ 600 कम में बेचा होता, तो उसे 32% लाभ हुआ होता। घोड़े का क्रय-मूल्य था–

(*a*) ₹ 3,750 (*b*) ₹ 3,250

(*c*) ₹ 2,750 (*d*) ₹ 2,250

97. एक वृत्ताकार पार्क के बाहर चारों ओर एक वृत्ताकार सड़क है। बाहरी और भीतरी वृत्तों की परिधियों का अंतर 66 मी है। सड़क की चौड़ाई कितनी है ?

(*a*) 3.5 मी (*b*) 7 मी

(*c*) 10.5 मी (*d*) 21 मी

98. यदि किसी अर्द्धवृत्ताकार क्षेत्र का परिमाप 144 मी. हो, तो क्षेत्र का व्यास होगा– ($\pi = \frac{22}{7}$ लीजिए)

(*a*) 55 मी (*b*) 30 मी

(*c*) 28 मी (*d*) 56 मी

99. किसी वस्तु को ₹ 960 की अपेक्षा ₹ 1200 में बेचने से 30% अधिक लाभ प्राप्त होता है। वस्तु का क्रय मूल्य क्या है ?

(*a*) ₹ 1000 (*b*) ₹ 800

(*c*) आँकड़ें अपर्याप्त हैं (*d*) इनमें से कोई नहीं

100. एक आयताकार मैदान की चौड़ाई 80 मीटर है। यदि खेत की लंबाई, चौड़ाई से दो गुनी है। एक मनुष्य जो एक ही बार मैदान के चारों ओर चक्कर लगाता है तो बताओ वह कुल कितनी दूरी तय करता है ?

(*a*) 480 मीटर (*b*) 460 मीटर

(*c*) 240 मीटर (*d*) 640 मीटर

भाग: IV-सामान्य सचेतता

101. निम्नलिखित में से कौन-सा एक वायुमंडलीय जोन ओजोन गैस से समृद्ध है ?

(*a*) मध्यमंडल (*b*) क्षोभमंडल

(*c*) समतापमंडल (*d*) आयनमंडल

102. निम्नलिखित में से कौन-सा एक राष्ट्रीय पार्क भारत में सर्वप्रथम स्थापित किया गया ?

(*a*) बाँदीपुर (*b*) कॉर्बेट

(*c*) वेल्वादर (*d*) पेरियार

103. आनुवंशिकत: इंजीनियरित 'गोल्डन राइस' में निम्नलिखित में से किनकी प्रचुरता है ?

(*a*) विटामिन A और निकोटिनिक अम्ल

(*b*) β–कैरोटीन और फोलिक अम्ल

(*c*) β–कैरोटीन और लौह

(*d*) विटामिन A और नियासिन

104. निम्नलिखित कथनों पर विचार कीजिए–

1. राष्ट्रीय पार्क विशिष्ट वर्ग के स्थल पर समुद्री तट से संरक्षित क्षेत्र है, जिनमें मानव, तंत्र के अभेदी भाग हैं।
2. अभयारण्य का संबंध विशिष्ट प्रजातियों के संरक्षण से है।
3. जीवमंडल रिजर्व एक विशेष वन्य जंतु के आवास से संबंधित हैं।

उपर्युक्त कथनों में से कौन-सा/से सही है/हैं ?

(*a*) 1, 2 और 3 (*b*) केवल 2

(*c*) 1 और 2 (*d*) 1 और 3

105. निम्नलिखित में से कौन-सा एक मिलेट वर्ग में आता है ?

(*a*) गेहूँ (*b*) धान

(*c*) सोरघम (*d*) मक्का

106. निम्नलिखित में से किस एक पौधे को नाइट्रोजन की जैव-उपलब्धता बढ़ाने हेतु मिश्रित खेती के लिए अधिक पसंद किया जाता है ?

(*a*) गेहूँ (*b*) चना

(*c*) मक्का (*d*) जौ

107. सभी वन्य पादप एवं जंतु जो विलुप्त होने के कगार पर हैं, से संबंधित सूचना रखने वाली पुस्तक रेड डेटा बुक का प्रकाशन निम्नलिखित में से किस एक ने किया है ?

(*a*) प्रकृति एवं प्राकृतिक संसाधनों के संरक्षण हेतु अंतर्राष्ट्रीय संघ

(*b*) विश्व वन्यजीव निधि

(*c*) विश्व संरक्षण संघ

(*d*) संयुक्त राष्ट्र पर्यावरण प्रोग्राम

108. प्रकाश के दृश्य स्पेक्ट्रम के निम्नलिखित में से कौन-से रंगों की तरंगदैर्ध्य हरे पादपों द्वारा अधिकत: अवशोषित की जाती है ?

(*a*) हरी एवं पीली

(*b*) लाल एवं नीली

(*c*) हरी एवं लाल

(*d*) नीली एवं पीली

109. भारत के निम्नलिखित क्षेत्रों पर विचार कीजिए :

1. पश्चिमी घाट
2. अरावली पर्वतमाला
3. पूर्वी हिमालय श्रेणियाँ

उपर्युक्त में से कौन-सा/से जैव विविधता का/के प्रमुख स्थल है/हैं ?

(*a*) केवल 1 (*b*) 1 और 3

(*c*) 2 और 3 (*d*) 1, 2 और 3

110. सूची-I को सूची-II के साथ सुमेलित कीजिए और सूचियों के नीचे दिए गए कूट का प्रयोग कर सही उत्तर चुनिए–

सूची-I (*औषधीय उत्पाद*)	**सूची-II** (*स्रोत*)
A. कुनैन	1. पोस्ता पादप
B. मॉर्फिन	2. जीवाणु
C. पेनिसिलिन	3. सिन्कोना छाल
D. टेट्रासाइक्लीन	4. फूफूँद

	A	**B**	**C**	**D**
(*a*)	3	4	1	2
(*b*)	2	3	1	4
(*c*)	3	1	4	2
(*d*)	2	1	3	4

111. प्रसिद्ध इतिहासज्ञ रॉबर्ट सीवेल द्वारा लिखित ए फारगॉटेन एंपायर निम्नलिखित साम्राज्य में से किस एक साम्राज्य के बारे में है ?

(*a*) कुषाण साम्राज्य

(*b*) मौर्य साम्राज्य

(*c*) विजयनगर साम्राज्य

(*d*) मुगल साम्राज्य

112. निम्नलिखित में से किस एक को मनुष्य के लिए अंतिम उपाय की औषधि के रूप में माना जाता है ?

(*a*) पेनिसिलिन (*b*) टेट्रासाइक्लीन

(*c*) क्लोरेम्फेनिकोल (*d*) सट्रप्टोमाइसिन

113. शाहजहाँ का मकबरा कहाँ स्थित है ?

(*a*) लखनऊ (*b*) गोरखपुर

(*c*) आगरा (*d*) गाजियाबाद

114. बॉटेनिकल रिसर्च इन्स्टीट्यूट और सेंट्रल इन्स्टीट्यूट ऑफ मेडिसन कहाँ स्थित है ?

(*a*) लखनऊ (*b*) रुड़की

(*c*) इलाहाबाद (*d*) कानपुर

115. उत्तर प्रदेश में सर्वाधिक समय तक मुख्यमंत्री पद को सुशोभित करने वाले निम्नलिखित में से कौन थे ?

(*a*) चौधरी चरण सिंह

(*b*) चन्द्रभान गुप्त

(*c*) हेमवतीनन्दन बहुगुणा

(*d*) गोविन्द बल्लभ पन्त

116. उत्तर प्रदेश के वाराणसी नगर में स्थित 'बनारस हिन्दू विश्वविद्यालय' की स्थापना निम्नलिखित में से किसने की थी ?

(*a*) मदन मोहन मालवीय

(*b*) स्वामी विवेकानन्द

(*c*) स्वामी दयानन्द

(*d*) ईश्वर चन्द्र विद्यासागर

117. प्रथम स्वतन्त्रता संग्राम के दौरान अवध में हुए विद्रोह का नेतृत्व किसने किया था ?

(*a*) नाना साहब (*b*) बेगम हजरत महल

(*c*) तात्यां टोपे (*d*) बहादुर खान

118. उत्तर प्रदेश में सबसे अल्प समय तक निम्नलिखित में से कौन मुख्यमन्त्री पद पर रहे हैं ?

(*a*) त्रिभुवन नारायण सिंह (*b*) चौधरी चरण सिंह

(*c*) रामनरेश यादव (*d*) बनारसी दास

119. उत्तर प्रदेश का किस वर्ष में 'आगरा व अवध संयुक्त प्रान्त' नाम रखा गया था ?

(*a*) सन् 1833 (*b*) सन् 1877

(*c*) सन् 1902 (*d*) सन् 1921

120. उत्तर प्रदेश का वर्तमान नाम 'उत्तर प्रदेश' निम्नलिखित में से किस वर्ष रखा था ?

(*a*) सन् 1947 (*b*) सन् 1950

(*c*) सन् 1956 (*d*) सन् 1935

121. रामायण के रचयिता महर्षि वाल्मीकि का आश्रम उत्तर के किस नगर में स्थित है ?

(*a*) चकराता (*b*) बिठूर

(*c*) चित्रकूट (*d*) अयोध्या

122. भारत के उपराष्ट्रपति को पद से हटाया जा सकता है

(*a*) मंत्रिपरिषद् की सलाह से राष्ट्रपति द्वारा

(*b*) राष्ट्रपति की सम्मति से लोकसभा द्वारा

(*c*) लोकसभा की सहमति से राज्यसभा द्वारा

(*d*) राष्ट्रपति की सहमति से राज्यसभा द्वारा

123. उपन्यास 'व्हाइट टाइगर' जिसे 2008 का मैन बुकर पुरस्कार मिला है, का लेखक है–

(*a*) अरुंधती राय (*b*) वी. एस. नायपॉल

(*c*) किरण देसाई (*d*) अरविंद अडिगा

124. डांडी यात्री की तुलना नेपोलियन के एल्बा से लौटने के बाद उसकी पेरिस तक यात्रा के साथ किसने की थी ?

(*a*) दादाभाई नौरोजी (*b*) लाला लाजपतराय

(*c*) सुभाष चंद्र बोस (*d*) बाल गंगाधर तिलक

125. लोकसभा द्वारा पारित धन विधेयक राज्यसभा द्वारा कितने समय के भीतर पारित किया जाना/लौटाया जाना होता है ?

(*a*) 21 दिन (*b*) 14 दिन

(*c*) 1 महिना (*d*) 3 महीने

126. क्रय-शक्ति समता (पी.पी.पी.) के अनुसार, भारत है–

(*a*) दसवीं विशालतम अर्थव्यवस्था

(*b*) सातवीं विशालतम अर्थव्यवस्था

(*c*) छठी विशालतम अर्थव्यवस्था

(*d*) चौथी विशालतम अर्थव्यवस्था

127. भारत सरकार द्वारा शुरू की गई 'लाडली' योजना किसके कल्याण से संबंधित है ?

(*a*) लड़की को जन्म देने वाली मातायें

(*b*) बच्ची

(*c*) पूर्ण परिवार

(*d*) विवाह के बाद लड़की

128. मुक्त अर्थव्यवस्था में कीमत-तंत्र की भूमिका यह तय करना होती है कि–

(*a*) कौन-से उत्पादन किए जाएँ और कितनी मात्रा में

(*b*) उन मात्राओं के उत्पादन के लिए कौन-सी तकनीकें अपनाई जाएँ

(*c*) स्रोतों के मालिकों और उत्पादकों के बीच आय का वितरण कैसे किया जाए

(*d*) उपर्युक्त सभी

129. सकल राष्ट्रीय उत्पाद को निम्नलिखित तीन सुविदित विधियों से मापा जाता है, सिवाय

(*a*) उत्पाद विधि के

(*b*) व्यय विधि के

(*c*) मूल्य वर्धित विधि के

(*d*) आय विधि के

130. वैदिक काल में ग्राम मुखिया क्या कहलाता था ?

(*a*) विशपति (*b*) गृहपति

(*c*) गणपति (*d*) ग्रामणी

131. किसी भारतीय बैंक द्वारा कतर में पहली शाखा स्थापित की गई है–

(*a*) सेंट्रल बैंक ऑफ इंडिया द्वारा

(*b*) इंडियन ओवरसीज बैंक द्वारा

(*c*) आई.सी.आई.सी.आई. बैंक द्वारा

(*d*) पंजाब नेशनल बैंक द्वारा

132. यू.टी.आई. बैंक ने यू.टी.आई. ब्रांड के नाम छोड़ने का निर्णय लेने के बाद नया ब्रांड नाम चुना है–

(*a*) 'एक्सेल बैंक' (*b*) 'ट्रेड बैंक'

(*c*) 'ऐक्सिस बैंक' (*d*) 'सुपर बैंक'

133. भारतीय रिजर्व बैंक की स्थापना किस वर्ष हुई थी ?

(*a*) 1935 (*b*) 1948

(*c*) 1950 (*d*) 1952

134. भारत में विकसित एक समांतर कंप्यूटर है–

(*a*) IBM-360 (*b*) PARAM

(*c*) CRAY-1 (*d*) ILLIAC

135. कृत्रिम उपग्रह में विद्युत ऊर्जा का स्रोत क्या होता है ?

(*a*) एक लघु न्यूक्लीय रिऐक्टर

(*b*) एक डायनमो

(*c*) एक थर्मोपाइल

(*d*) सौर सेल

136. निम्न में से किस भारतीय नदी को 'राष्ट्रीय नदी' घोषित किया है। उस नदी का नाम है–

(*a*) ब्रह्मपुत्र (*b*) महानदी

(*c*) गंगा (*d*) कोसी

137. वायुमंडल की ओजोन परत अवशोषण करती है–

(*a*) दृश्य विकिरणों का

(*b*) पराबैंगनी विकिरणों का

(*c*) रेडियो तरंगों का

(*d*) अवरक्त विकिरणों का

138. खरीददारी के उद्देश्य से कैरी बैग बनाने के लिए प्रयुक्त सामग्री एक बहुलक है–

(*a*) एथिलीन का

(*b*) ऐसीटिलीन का

(*c*) विनाइल क्लोराइड का

(*d*) प्रोपिलीन का

139. पंकिल जल का शुद्धिकरण फिटकरी से होता है–

(*a*) अपोहन के कारण

(*b*) स्कंदन के कारण

(*c*) पायसीकरण के कारण

(*d*) निस्यंदन के कारण

140. बिजली के बल्ब से वायु को पूरी तरह निकाल दिया जाता है ताकि–

(*a*) टंगस्टन फिलामेंट का ऑक्सीकरण न हो

(*b*) बल्ब फट न जाए

(*c*) अवशोषण के कारण रोशनी कम न हो जाए

(*d*) इनमें से कोई नहीं

141. पश्मीना नाम की ऊन प्राप्त की जाती है–

(*a*) भेड़ से (*b*) ऊँट से

(*c*) खरगोश से (*d*) बकरी से

142. पश्चिमी घाटों और पूर्वी घाटों का मिलन स्थल है–

(*a*) कार्डामम पहाड़ियाँ

(*b*) पालनी पहाड़ियाँ

(*c*) अन्नामलाई पहाड़ियाँ

(*d*) नीलगिरि पहाड़ियाँ

143. अंतर्राष्ट्रीय चावल अनुसंधान संस्थान स्थित है–

(*a*) फिलिपींस में (*b*) इंडोनेशिया में

(*c*) मलेशिया में (*d*) भारत में

144. भारत का सर्वोत्तम प्राकृतिक पत्तन निम्नलिखित में से कौन-सा है ?

(*a*) मार्मुगाओ (*b*) मुंबई

(*c*) मैंगलोर (*d*) कोच्चि

145. निम्नलिखित में से किस तोमर शासक को दिल्ली शहर को स्थापित करने का श्रेय प्राप्त है ?

(*a*) अनंगपाल (*b*) वज्रात

(*c*) रुद्राने (*d*) देवराज

146. सार्वजनिक क्षेत्र की 'नेपा-न्यूजप्रिंट' फैक्टरी कहाँ स्थित है ?

(*a*) हिमाचल प्रदेश में (*b*) मध्य प्रदेश में

(*c*) तमिलनाडु में (*d*) महाराष्ट्र में

147. किस नगर को 'पूर्व का बोस्टन' कहा जाता है ?

(*a*) मुंबई (*b*) अहमदाबाद

(*c*) कोयंबटूर (*d*) मदुरई

148. प्रायद्वीपीय प्रदेश का सबसे बड़ा नदी तंत्र कौन-सा है ?

(*a*) गोदावरी (*b*) कावेरी

(*c*) नर्मदा (*d*) महानदी

149. सुभाषचन्द्र बोस ने भारतीय राष्ट्रीय कांग्रेस को छोड़ने के बाद किस दल की स्थापना की थी ?

(*a*) कांग्रेस समाजवादी दल

(*b*) फॉरवर्ड ब्लॉक

(*c*) इंडियन नेशनल कॉन्फ्रेंस

(*d*) स्वराज पार्टी

150. निम्नलिखित में से कौन 'खिलाफत आंदोलन' के प्रमुख नेता थें ?

(*a*) जवाहरलाल नेहरू

(*b*) महात्मा गाँधी

(*c*) राजेन्द्र प्रसाद

(*d*) वल्लभभाई पटेल

उत्तरमाला

1. (*d*)	**2.** (*a*)	**3.** (*d*)	**4.** (*b*)	**5.** (*d*)	**6.** (*a*)	**7.** (*c*)	**8.** (*b*)	**9.** (*d*)	**10.** (*a*)
11. (*b*)	**12.** (*a*)	**13.** (*a*)	**14.** (*b*)	**15.** (*a*)	**16.** (*b*)	**17.** (*a*)	**18.** (*b*)	**19.** (*b*)	**20.** (*a*)
21. (*b*)	**22.** (*a*)	**23.** (*a*)	**24.** (*a*)	**25.** (*b*)	**26.** (*d*)	**27.** (*c*)	**28.** (*c*)	**29.** (*d*)	**30.** (*b*)
31. (*a*)	**32.** (*b*)	**33.** (*c*)	**34.** (*c*)	**35.** (*c*)	**36.** (*a*)	**37.** (*d*)	**38.** (*b*)	**39.** (*a*)	**40.** (*d*)
41. (*c*)	**42.** (*c*)	**43.** (*b*)	**44.** (*a*)	**45.** (*c*)	**46.** (*c*)	**47.** (*a*)	**48.** (*b*)	**49.** (*c*)	**50.** (*b*)
51. (*d*)	**52.** (*c*)	**53.** (*c*)	**54.** (*c*)	**55.** (*a*)	**56.** (*b*)	**57.** (*c*)	**58.** (*b*)	**59.** (*d*)	**60.** (*a*)
61. (*d*)	**62.** (*c*)	**63.** (*b*)	**64.** (*d*)	**65.** (*a*)	**66.** (*d*)	**67.** (*b*)	**68.** (*d*)	**69.** (*a*)	**70.** (*c*)
71. (*a*)	**72.** (*d*)	**73.** (*b*)	**74.** (*d*)	**75.** (*c*)	**76.** (*d*)	**77.** (*c*)	**78.** (*c*)	**79.** (*c*)	**80.** (*d*)
81. (*c*)	**82.** (*a*)	**83.** (*b*)	**84.** (*b*)	**85.** (*c*)	**86.** (*a*)	**87.** (*a*)	**88.** (*a*)	**89.** (*c*)	**90.** (*b*)
91. (*c*)	**92.** (*d*)	**93.** (*a*)	**94.** (*d*)	**95.** (*b*)	**96.** (*a*)	**97.** (*c*)	**98.** (*c*)	**99.** (*b*)	**100.** (*a*)
101. (*c*)	**102.** (*b*)	**103.** (*a*)	**104.** (*b*)	**105.** (*c*)	**106.** (*b*)	**107.** (*a*)	**108.** (*b*)	**109.** (*b*)	**110.** (*c*)
111. (*c*)	**112.** (*d*)	**113.** (*c*)	**114.** (*a*)	**115.** (*d*)	**116.** (*a*)	**117.** (*b*)	**118.** (*a*)	**119.** (*b*)	**120.** (*b*)
121. (*b*)	**122.** (*c*)	**123.** (*d*)	**124.** (*c*)	**125.** (*b*)	**126.** (*d*)	**127.** (*b*)	**128.** (*d*)	**129.** (*d*)	**130.** (*d*)
131. (**c**)	**132.** (*c*)	**133.** (*a*)	**134.** (*b*)	**135.** (*d*)	**136.** (*c*)	**137.** (*b*)	**138.** (*a*)	**139.** (*b*)	**140.** (*a*)
141. (*d*)	**142.** (*d*)	**143.** (*a*)	**144.** (*b*)	**145.** (*a*)	**146.** (*b*)	**147.** (*b*)	**148.** (*a*)	**149.** (*d*)	**150.** (*b*)

व्याख्या

2. 5 1 2 4 — G O L D   2 9 8 3 — L I V E

$\Rightarrow$ 8 1 9 4 — V O I D

4. 5 1 3 2 6 8 4

आरोही क्रम में, 1 2 3 4 5 6 8

6.

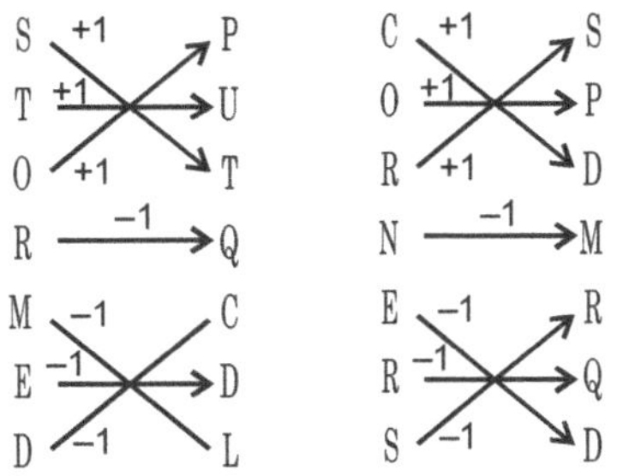

9. नवीन के याद से उसकी माता का जन्मदिन 15, 16, 17, 18 या 19 में से एक दिन में है।

उसकी बहन के याद से 19, 20, 21 या 22 में एक दिन है।

दोनों को सही रखने पर उनकी माता का जन्मदिन 19 को है।

21.

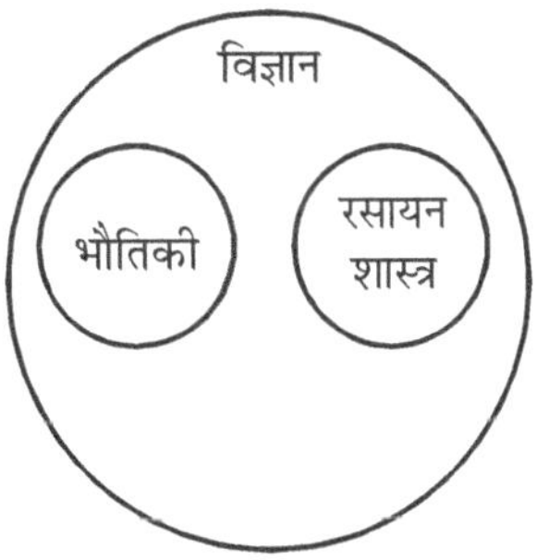

76. $\dfrac{0.125+0.027}{0.25-0.15+0.09}$

$= \dfrac{(0.5)^3+(0.03)^3}{(0.5)^2-(0.5)(0.3)+(0.3)^2}$

$= \dfrac{(0.5+0.3)\,((0.5)^2-(0.5)\times 0.3)+(0.3)^2)}{(0.5)^2-(0.5)(0.3)+(0.3)^2}$

$= 0.8$

77. $\sqrt[3]{1372}\times\sqrt[3]{1458}+\sqrt[3]{343}$

$= \sqrt[3]{(7)^3\times(2)^2}\times\sqrt[3]{(9)^3\times 2}+\sqrt[3]{(7)^3}$

$= \sqrt[3]{(7)^3\times(2)^3(9)^3}+\sqrt[3]{(7)^3}$

$= 7\times 2\times 9+7$

$= 127+7$

$= 133$

79. $\left(1+\frac{1}{3}\right)\left(1-\frac{1}{4}\right)\left(1-\frac{1}{5}\right)....\left(1-\frac{1}{99}\right)\left(1-\frac{1}{100}\right)$

$= \frac{2}{\cancel{3}}\times\frac{\cancel{3}}{\cancel{4}}\times\frac{\cancel{4}}{\cancel{5}}....\frac{\cancel{98}}{\cancel{99}}\times\frac{\cancel{99}}{100}$

$= \frac{2}{100} = \frac{1}{50}$

80. $\dfrac{8(3.75)^3+1}{(7.5)^2-6.5}$

$= \dfrac{(2)^3(3.75)^3+1}{(7.5)^2-7.5+1}$

$= \dfrac{(7.5)^3+1}{(7.5)^2-7.5+1}$

$= \dfrac{(7.5+1)(7.5^2-7.5+1)}{7.5^2-7.5+1}$

$= 7.5+1$

$= 8.5$

82. $x = 1+\sqrt{2}+\sqrt{3}$

$x-1 = \sqrt{2}+\sqrt{3}$

प्रश्न से

$$x+\frac{1}{x-1}$$

$= 1+\sqrt{2}+\sqrt{3}+\dfrac{1}{\sqrt{2}+\sqrt{3}}\times\dfrac{-\sqrt{2}+\sqrt{3}}{-\sqrt{2}+\sqrt{3}}$

$= 1+\cancel{\sqrt{2}}+\sqrt{3}+\sqrt{3}-\cancel{\sqrt{2}}$

$= 1+2\sqrt{3}$

86. 5 10 13 26 29 58 61 ?

×2 +3 ×2 +3 ×2 +3 ×2

$$? = 61 \times 2 = 122$$

94. माना रेलगाड़ी की लंबाई x मी॰ है।

विपरीत दिशा से आ रही रेलगाड़ी की लंबाई $x/2$ मी॰ है

प्रश्न से x

$$48 \text{ km/h} = \frac{\overset{8}{\cancel{48}} \times 5}{\underset{3}{\cancel{18}}} \text{ m/s} = \frac{40}{3} \text{ m/s}$$

$$42 \text{ km/h} = \frac{\overset{7}{\cancel{42}} \times 5}{\underset{3}{\cancel{18}}} \text{ m/s} = \frac{35}{3} \text{ m/s}$$

रेलगाड़ी को पार करने में लगा समय = 12 sec

दोनों रेलगाड़ी की लंबाई $= x + \frac{x}{2}$

$$x + \frac{x}{2} = \left(\frac{40}{3} + \frac{35}{3}\right) \times 15$$

$$\frac{3}{2}x = 25 \times 15$$

$$x = 250 \text{ मी॰}$$

माना प्लेटफार्म की लंबाई x है।

अत: प्लेटफार्म को पार करने में कुल तय दूरी

$$= x + y = 250 \;\; y$$

अत:

$$250 + y = \frac{40}{3} \times 45$$

or $250 + y = 600$

or $y = 350$ मी॰

100.

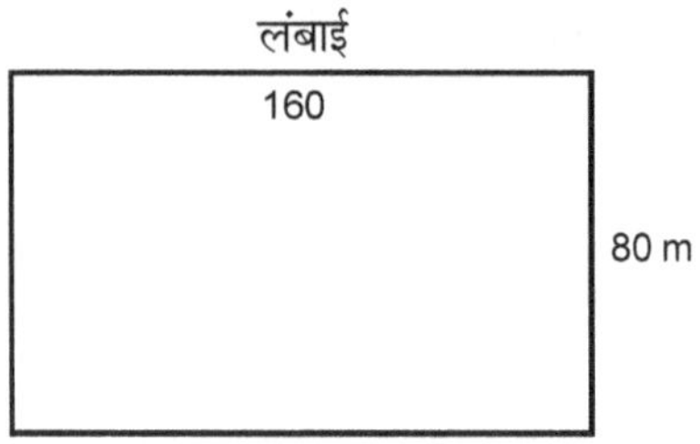

चौड़ाई = 80 m

लंबाई = 2 × 80 m

= 160 m

आदमी द्वारा तय दूरी

= 2(160 + 80)

= 2 × 240 m

= 480 m

अभ्यास पत्र-5

समय : 2 घंटे **पूर्णांक : 150**

भाग: I-सामान्य बुद्धिमत्ता

1. यदि HONESTY को 5132468 के रूप में लिखा जाता है और POVERTY को 7192068 के रूप में, तो HORSE को किस कोडबद्ध रूप में लिखा जाएगा?

(*a*) 50124 (*b*) 51042

(*c*) 51024 (*d*) 52014

2. एक रेलवे स्टेशन में निम्नलिखित सूचना प्रसारित की जा रही थी, दिल्ली के लिए 15 मिनट पहले एक ट्रेन चल चुकी है। नियमानुसार प्रत्येक 45 मिनट के बाद दिल्ली के लिए एक ट्रेन है। अगली ट्रेन का निर्धारित समय 8: 30 am है। बताएँ कि कितने बजे यह जानकारी प्रसारित की गयी थी?

(*a*) 8: 00 am (*b*) 9: 00 am

(*c*) 8 : 15 am (*d*) 9: 45 am

निर्देश–(3-4): दिए हुए विकल्पों में से उस शब्द को चुनिए जो दिए गए शब्द में शामिल अक्षरों से बन सकता हो।

3. CIRCUMSCRIBE

(*a*) TRIBES (*b*) BARBER

(*c*) SCARE (*d*) CRUMBS

4. GLAZE

(*a*) GLAD (*b*) LAZY

(*c*) LEASE (*d*) ZEAL

5. किसी खास कोड में DROWN को MXNSC लिखते हैं। इस कोड में BREAK कैसे लिखा जाएगा?

(*a*) LBFSC (*b*) JBDSA

(*c*) JZDQA (*d*) LFQC

6. M, N, T, R और D में से प्रत्येक की लंबाई अलग-अलग है। T, D से लंबा किंतु M से नाटा है। R, N से लंबा किंतु D से नाटा है। इनमें सबसे लंबा कौन है?

(*a*) D (*b*) T

(*c*) M (*d*) R

7. संख्या 5436182 में ऐसे कितने अंक हैं जिनमें से प्रत्येक संख्या के आरंभ से उतना ही दूर है जितना कि संख्या के भीतर अंकों को आरोही क्रम में लगाने पर होगा?

(*a*) कोई नहीं (*b*) एक

(*c*) दो (*d*) तीन

8. शब्द MORTIFY में अक्षर इस तरह बदले जाते हैं कि स्वर अंग्रेजी भाषा में उसके पहले के अक्षर से प्रतिस्थापित किया जाता है और व्यंजन अंग्रेजी भाषा में उसके बाद वाले अक्षर से प्रतिस्थापित किया जाता है। निम्नलिखित में से कौन-सा अक्षरों के नए सेट के दाएं से चौथा अक्षर होगा?

(*a*) S (*b*) H

(*c*) G (*d*) इनमें से कोई नहीं

9. निम्नलिखित चार में तीन किसी प्रकार समान है, अत: उनका एक समूह बनता है। वह एक कौन-सा है जो इस समूह में नहीं आता है?

(*a*) पत्ता (*b*) फूल

(*c*) पंखुड़ी (*d*) पेड़

10. निम्नलिखित चार में तीन किसी प्रकार समान है, अत: उनका एक समूह बनता है। वह एक कौन-सा है जो इस समूह में नहीं आता है?

(*a*) लहसुन (*b*) अदरक

(*c*) गाजर (*d*) बैंगन

11. अक्षर ALPE में से प्रत्येक अक्षर का प्रत्येक शब्द में केवल एक बार प्रयोग करते हुए कितने अर्थपूर्ण अंग्रेजी शब्द बनाए जा सकते हैं?

(*a*) कोई नहीं (*b*) एक

(*c*) दो (*d*) तीन से अधिक

12. निम्नलिखित चार में तीन किसी प्रकार समान हैं, अत: उनका एक समूह बनता है। वह एक कौन-सा है जो इस समूह में नहीं आता है?

(*a*) 24 (*b*) 48

(*c*) 32 (*d*) 64

13. शब्द CHAMBERS में अक्षरों के ऐसे कितने जोड़े हैं जिनमें से प्रत्येक के बीच शब्द में उतने ही अक्षर हैं जितने कि उनके बीच अंग्रेजी वर्णमाला में हैं?

(*a*) कोई नहीं (*b*) एक

(*c*) दो (*d*) तीन

14. 40 बच्चों की एक पंक्ति में R दाएं से 5 वाँ है। R और O के बीच 10 बच्चे हैं। पंक्ति के बाएं से O का स्थान कौन-सा है?

(*a*) 26 वाँ (*b*) 23 वाँ

(*c*) 25 वाँ (*d*) 24 वाँ

15. इस समय राम और श्याम की उम्र का योग उनकी उम्र के अन्तर का 7 गुना है। 5 वर्ष के बाद उनकी उम्र का योग उनकी उम्र के अन्तर का 9 गुना हो जाएगा। इस समय इन दोनों में जो बड़ा है, उसकी उम्र क्या है?

(*a*) 10 वर्ष

(*b*) 20 वर्ष

(*c*) 35 वर्ष

(*d*) आँकड़े अधूरे हैं

16. एक विद्यालय में पीरियड 10 बजे से शुरू होते हैं तथा दोपहर 1 : 30 तक चलते हैं। यदि इस अवधि में पाँच पीरियड होते हैं तथा प्रत्येक पीरियड से पहले 5 मिनट का समय एक कमरे से दूसरे कमरे में जाने के लिए छोड़ा जाता है तो बताएँ कि प्रत्येक कितने मिनट का होता है?

(*a*) 36 (*b*) 38

(*c*) 40 (*d*) 42

17. निम्न संख्या में ऐसे कितने 9 हैं, जिनके ठीक पहले तथा बाद में विषम संख्या है?

5, 8, 9, 7, 5, 9, 7, 3, 9, 2, 9, 1, 1, 5, 9, 6, 3, 9, 3, 9, 7

(*a*) दो (*b*) तीन

(*c*) चार (*d*) एक

18. नीचे दी गई अक्षर शृंखला में आगे क्या आएगा?

D D E D E F D E F G D E F G H D E F G H I D E F G H I J D

(*a*) D (*b*) E

(*c*) F (*d*) J

19. A 'योग' के लिए है, B 'घटाने' के लिए है, C 'भाग के लिए है, D 'गुणा' के लिए है, E 'से कम' के लिए है, F 'से अधिक' के लिए है और G 'बराबर' के लिए है। निम्नलिखित विकल्पों में से उपर्युक्त अक्षर संकेतों के अनुसार केवल एक सही है, उसकी पहचान कीजिए–

(*a*) 18C2A4B6G9

(*b*) 6D4B12A4C2F18

(*c*) 10C2D4B6E12

(*d*) 9A7B4C2G14

20. यदि 81−196 = 5 और 64−36 = 2, तो 289−16 = ?

(*a*) 13 (*b*) 23

(*c*) 53 (*d*) 38

21. यदि किसी सांकेतिक भाषा में 'guda buka' का अर्थ 'clear water' 'overcast sky' और 'pin saf buka' का अर्थ 'clear blue sky' हो, तो 'blue' का सांकेतिक कोड क्या होगा ?

(*a*) pin (*b*) buka

(*c*) saf (*d*) gola

22. एक टोकरी में कुछ फूल हैं और हर मिनट बाद वे दोगुने दो जाते हैं। 30 मिनट बाद टोकरी भर जाती है, तो कितने मिनट बाद टोकरी आधी भरी हुई थी ?

(*a*) 15 मिनट (*b*) 20 मिनट

(*c*) 29 मिनट (*d*) 12 मिनट

23. एक शब्द बड़े अक्षरों में लिखा गया है। इसके बाद चार शब्द लिखे गए है। उस शब्द को पहचानें जो बड़े अक्षरों में लिखे शब्द के अक्षरों द्वारा लिखा जा सकता है–

ALTERNATIVES

(*a*) TELEVISION (*b*) RENOVATE

(*c*) RESPITE (*d*) TRAINS

24. नीचे दो कथन दिए गए हैं और उनके बाद विकल्प। उनसे निकलने वाले सही निष्कर्ष का विकल्प चुनिए–

सभी एशियावासी बुद्धिमान होते हैं।

सभी चीनी एशियावासी हैं।

(*a*) कुछ चीनी बुद्धिमान नहीं होते हैं

(*b*) सभी बुद्धिमान चीनी होते हैं

(*c*) सभी चीनी बुद्धिमान होते हैं

(*d*) कोई भी निष्कर्ष नहीं निकलता

25. एक कथन दिया गया है और उसके बाद चार निष्कर्ष (*a*), (*b*), (*c*) तथा (*d*) दिए गए हैं। वह निष्कर्ष चुनिए, जो दिए कथन से निश्चित रूप से निकलता है–

उस दुकान में अधिकांश पोशाकें महँगी हैं।

(*a*) उस दुकान में कुछ पोशाकें महँगी हैं

(*b*) उस दुकान में सस्ती पोशाकें महँगी हैं

(*c*) उस दुकान में हैंडलूम की पोशाकें सस्ती हैं

(*d*) उस दुकान में सस्ती पोशाकें उपलब्ध नहीं हैं

भाग: II-अंग्रेजी भाषा

Directions (26-40) : *Read the following passage carefully and answer the questions given below it.* ***Certain*** *words are printed in bold to help you to locate* ***them*** *while answering some of the* ***questions.***

Once upon a time, there lived a cruel Lion by the sane of Bhasuraka, in dense forest. He was very powerful, ferocious and arrogant. He used to kill the other animals in the forest to **gratify** his hunger. His behaviour caused the other animals in the forest to worry. They were worried that after sometimes none of them would be left alive. They discussed their problem amongst themselves and decided to hold a meeting with the Lion.

One day, as per the plan, all the animals of the forest gathered under a big tree. They invited the Lion, the king of the forest to attend the meeting in the representative of the animals said, 'Your Majesty, we are grateful, that you are our king. We are all the more happy that you are attending this meeting'. The Lion thanked them and replied, 'What is the matter? Why have we gathered here? One of the animals stood up and said. 'Sir, its natural that you have to kill us for food. But, killing more than what is required is not good approach. If you go on killing the animals without purpose, very soon a day will come, when there will be no animal left in the forest. 'The Lion roared, "So what are you proposing? One of the animals replied. "Your Majesty, we have already discussed the problem among ourselves and have come up with a solution. We have decided to send one animal daily to your den. You can kill and eat it, the way you like. This will also save you the trouble of hunting. 'The Lion replied, 'Fine I agree to this proposal, but make sure that the animal reaches me on time, otherwise. I will kill all the animals of the forest.' The animals agreed.

From that day onwards, an animal was sent to the Lion daily to become his meal. The Lion was very happy to have his food before him without taking any pains of hunting. A day came when it was the turn of the rabbit to go to the L ion's den. The rabbit was old and wise. He was unwilling to go, but the other animals forced him to go. The rabbit thought of a plan that would save his life and the lives of the other animals in the forest. He look his own sweet to go to Lion and reached the Lion's den a little later than the usual time.

The Lion was getting impatient and he was extremely furious when he saw a small rabbit for his meal. He swore to kill all the animals. The rabbit with folded hands hesitatingly explained. 'Your Majesty, I am not to be blamed for my delay. Actually, six rabbits were sent to make your meal, but five of them were killed and **devoured** by another Lion. He also claimed to be the king of the forest. I have somehow escaped to reach here safely.

'The Lion howled in great anger and said. * 'Impossible, there cannot be another king of this forest. I'll kill him. Take me to the place where you saw him. The intelligent rabbit agreed and took the Lion towards a deep well filled with water. When they reached the well, the rabbit said. 'This is the place where he lives. He might be hinding inside'. The Lion looked into the well and saw his own reflection. He thought it was the other Lion. The Lion was furious and started growling. Naturally the image in the water, the other Lion, was also equally angry. In order to kill the other Lion, he jumped into the well and drowned. Thus, the jubilant rabbit saved all the animals from the Lion and Lived cheerfully thereafter.

26. What did the Lion see when he looked into the well?
(*a*) The other animals
(*b*) The rabbit's reflection
(*c*) The five other rabbits
(*d*) His own reflection

27. What could be an appropriate little for the story?
(*a*) The Foolish Lion and the Wise Rabbit
(*b*) The Foolish Animals
(*c*) The Lion's Reflection
(*d*) The Empty Well

28. Where did the animals schedule to have the meeting?
(*a*) In the Lion's den
(*b*) At the outskirts of the forest
(*c*) In the forest under a big tree
(*d*) Beside the well

29. Why was the rabbit unwilling to go to the Lion?
(*a*) He didn't want to be killed
(*b*) He was scared to the Lion
(*c*) He left intimidated by the Lion
(*d*) He was too old to walk

30. The animals had a problem with their King because __.
1. He was killing more animals than was required
2. He was a very selfish king
3. He chose to eat one animal a day as his meal.

(*a*) Only 1 (*b*) Only 2
(*c*) Only 3 (*d*) Only 1 and 3

31. The rabbit took his own sweet time to reach the Lion as —— it.
1. He got lost on the day
2. He wanted to make the Lion angry
3. He met five of his friends on the way

(*a*) Only 1
(*b*) Only 2
(*c*) Only 3
(*d*) Only 1 and 3

32. Why was the Lion called for a meeting?
(*a*) The animals in the forest wanted to discuss their problems about the other lion who lived in the well with him.
(*b*) The animals in the forest were not satisfied with him
(*c*) The animals wanted to organise a party for him in gratitude.
(*d*) The animals wanted to propose a solution to their problem.

33. What did the animals decide at the meeting?
(*a*) That the Lion kill them together once and for all
(*b*) The Lion be transferred to another forest.
(*c*) That it was time for the Lion to retire.
(*d*) To send one animal dairy to the Lion's den as his meal

34. Why did the Lion, the king of the forest jump into the well?
(*a*) He liked to swim
(*b*) He was thirsty
(*c*) He saw his reflection
(5) He wanted to kill the other Lion

35. On what condition did the Lion agree to the proposal?
(*a*) That he would not have to hunt ever again.
(*b*) That he be given only the best
(*c*) That the animal for his meal reaches him on time.
(*d*) That he would have a lasting supply of food.

Directions (36-38) : *Choose the word which is most nearly the SAME in meaning as the word printed in bold as used in the passage.*

36. Devoured
(*a*) Appreciated
(*b*) Consumed
(*c*) Sacrificed
(*d*) Cherished

37. Gratify

(*a*) Indulge (*b*) Cease

(*c*) Submit (*d*) Satisfy

38. Proposal

(*a*) Fact (*b*) Application

(*c*) Suggestion (*d*) Routine

Direction (39-40) : *Choose the word which is most OPPOSITE in meaning of the word printed in bold as used in the passage.*

39. Gathered

(*a*) Collected (*b*) Arrived

(*c*) Dispersed (*d*) Joined

40. Escaped

(*a*) Rescued (*b*) Withdrew

(*c*) Returned (*d*) Captured

Directions (41-50) : *Read each sentence to find out whether there is any grammatical error in it. The error, if any, will be in one part of the sentence. The number of that part is the answer. If there is no error, the answer is (d) i.e., 'No error'. (Ignore the errors of punctuation, if any).*

41. The medias, (*a*) especially television, (*b*)/ has a very powerful influence on children (*c*). No error (*d*)

42. The courses (*a*)/ in the field of psychology (by should provide more practical sessions (*c*). No error (*d*)

43. Comparing to the other (*a*)/ states in india (*b*)/ Goa is the smallest geopgraphically (*c*). No error (*d*)

44. My friend (*a*)/gift me two (*b*)/cookery books, which! find very useful (*c*). No error (*d*)

45. The dentist stressed (ay on the importance (*b*)/ of brushing one's teeth two time regularly (*c*). No error (*d*)

46. What are (*a*)/ the main ingredients (*b*)/ in cooking South Indian dishes (*c*). No error (*d*)

47. Last year there were (ay so many mangoes (by that we had to give the half of them away (*c*). No error (*d*)

48. If you need someone (*a*)/ to helping you (by I shall be free all day tomorrow, (*c*). No error (*d*)

49. Our mathematics teacher (ay does not allow us (*b*)/ to use a calculator during her class (*c*). No error (*d*)

50. The water (*a*)/ in the canal (*b*)/ was much more higher than useual (*c*). No error (*d*)

Directions (51-55) : *Pick out the most effective word from the given words to increasing poverty in the state.*

51. The researchers will ___ some of the causes of increasing poverty in the state.

(*a*) fund (*b*) investigate

(*c*) promote (*d*) circulate

52. One requires great __ to teach and handle little children who are restless.

(*a*) patience (*b*) attitude

(*c*) determination (*d*) knowledge

53. I would stay indoors __ the rain stops.

(*a*) so (*b*) waiting

(*c*) until (*d*) usually

54. I usually perform ____when nobody is watching me.

(*a*) alone (*b*) good

(*c*) better (*d*) hard

55. It was to everyone that the minister had been drinking.

(*a*) observed (*b*) known

(*c*) discovered (*d*) realised

Directions (56-60): *In each equation below four words which are numbered (a), (b), (c) and (d) have been printed, of which, one word may be wrongly spelt. The number of that word is the answer.*

56. (*a*) Nessessary (*b*) Board

(*c*) Possession (*d*) Assemble

57. (*a*) Investment (*b*) Terrain

(*c*) Futile (*d*) Procession

58. (*a*) Torture (*b*) Accommodate

(*c*) Business (*d*) infusion

59. (*a*) Mantain (*b*) Thrust
(*c*) Possible (*d*) Pioneer

60. (*a*) Cherish (*b*) Inocent
(*c*) Deceive (*d*) Doubt

Directions (61-65): *Rearrange the following six sentence (1), (2), (3), (4), (5) and (6) in the proper sequence to form a meaningful paragraph; then answer the questions given below them.*

(1) 'It is possible' asaid the courtier pensively.

(2) "But I don't understand how he can be the noblest."

(3) The Emperor asked one of his courtier's if it was possible for a man to be the 'lowest' and the 'noblest' at the same time.

(4) 'He has been given the honour of an audience with the Emperor. That makes him to the noblest among all beggars.' said the courtier.

(5) The courtier returned with a beggar. 'He is the lowest among your Subject* he said to the Emperor.

(6) The Emperor then requested that such a person be brought to him.

61. Which of the following should be the **SECOND** sentence after the rearrangement?
(*a*) 2 (*b*) 3
(*c*) 5 (*d*) 1

62. Which of the following should be the **FIFTH** sentence after the rearrangement?
(*a*) 1 (*b*) 4
(*c*) 3 (*d*) 2

63. Which of the following should be the **FIRST** sentence after the rearrangement?
(*a*) 3 (*b*) 4
(*c*) 6 (*d*) 1

64. Which of the following should be the **SIXTH** (LAST) sentence after the rearrangement?
(*a*) 6 (*b*) 2
(*c*) 3 (*d*) 4

65. Which of the following should be the **FOURTH** sentence after the rearrangement?
(*a*) 1 (*b*) 5
(*c*) 2 (*d*) 6

Directions (66-75) : *In the following passage, there are blanks, each of which has been numbered. These number are printed below the passage and against each, five words are suggested, one of which fits the blank appropriately. Find out the most appropriate word in each case.*

Rabbits are among the most **(66)** of all animals. The rabbits of a colony, once had a **(67)** to discus this **(68)** of their. They came to the **(69)** that as their timidity would never leave them, they were condemned to a miserable, existence and it would be better to drown themselves and end their **(70)** once and for all. Accordingly, they began to move towards a large lake.

When the frogs in the lake saw a large number of rabbits **(71)**, they were filled with **(72)** and made for the deepest part of the lake. Seeping this, the **(73)** of the stopped and said to his fellow-creatures : 'It is true we are timid, but there are animals more timid than us. There is still some **(74)** for us. Let us all go back to our homes' and the **(75)** of rabbits headed back to their colony.

66. (*a*) calm (*b*) expensive
(*c*) generous (*d*) timid

67. (*a*) lecture (*b*) assembly
(*c*) festival (*d*) meeting

68. (*a*) gene (*b*) trait
(*c*) virtue (*d*) sentimet

69. (*a*) finale (*b*) point
(*c*) solution (*d*) conclusion

70. (*a*) misery (*b*) bad luck
(*c*) life (*d*) species

71. (*a*) retreating (*b*) approaching
(*c*) swimming (*d*) sulking

72. (*a*) fear (*b*) empathy
(*c*) gratitude (*d*) glee

73. (*a*) army (*b*) leader
(*c*) captain (*d*) fellow

74. (*a*) refuge (*b*) doubt
(*c*) solution (*d*) hope

75. (*a*) manifold (*b*) leader
(*c*) herd (*d*) calmest

भागः III-संख्यात्मक अभियोग्यता

76. 8,200 को पूर्ण वर्ग बनाने के लिए उसमें जोड़ी जाने वाली सबसे छोटी संख्या क्या है?
(*a*) 81 (*b*) 100
(*c*) 264 (*d*) 154

77. सतत् दो सम संख्याओं का गुणनफल 9408 है। बड़ी संख्या क्या है?
(*a*) 94 (*b*) 102
(*c*) 104 (*d*) 98

78. एक फर्नीचर की दुकान का मालिक अपनी लागत कीमत से 29% अधिक अपने ग्राहक से लेता है। यदि एक ग्राहक ने एक कंप्यूटर टेबल के लिए 7,842 अदा किए तो कंप्यूटर टेबल की लागत कीमत क्या थी?
(*a*) 6,000 (*b*) 5,700
(*c*) 6,250 (*d*) इनमें से कोई नहीं

79. एक महिला और उसकी पुत्री की औसत आयु 24 वर्ष है। उनकी आयु का क्रमशः अनुपात 3 : 1 है। पुत्री की आयु कितनी है?
(*a*) 12 वर्ष (*b*) 24 वर्ष
(*c*) 36 वर्ष (*d*) 48 वर्ष

80. एक संख्या के 71% और 58% के बीच 299 का अंतर है। इस संख्या का 67% कितना है?
(*a*) 1608 (*b*) 1407
(*c*) 1541 (*d*) 1474

81. 15 सेल फोन और 10 घड़ियों की कीमत ₹ 60,675 है। 3 सेल फोन और दो घड़ियों की कीमत कितनी है?
(*a*) 18,745
(*b*) 20,225
(*c*) 12,135
(*d*) इनमें से कोई नहीं

82. एक परीक्षा में पास होने के लिए कुल अंकों में से 447 अंक पाना जरूरी है। एक विद्यार्थी को 394 अंक मिलते हैं और उसे 5% अंक से फेल घोषित किया जाता है। कोई विद्यार्थी अधिकतम कुल कितने अंक पा सकता है?
(*a*) 1140 (*b*) 1060
(*c*) 1230 (*d*) इनमें से कोई नहीं

83. 12 प्र.श.प्र.व. की दर से साधारण ब्याज पाने हेतु सुश्री संजना 41,700 की राशि 6 वर्ष के लिए जमा करती है। 6 वर्ष के बाद उसे कुल कितनी राशि मिलेगी?
(*a*) 71,724 (*b*) 30,024
(*c*) 56,894 (*d*) 43,472

84. निम्नलिखित प्रश्न में प्रश्नचिन्ह (?) के स्थान पर लगभग क्या मूल्य आयेगा?
$5811 \div 309 \times (19)^2 = ?$
(*a*) 9990 (*b*) 8650
(*c*) 5430 (*d*) 6790

85. एक संख्या के वर्ग में $(49)^2$ जोड़ने पर उत्तर 9,125 आता है। वह संख्या क्या है?
(*a*) 6725 (*b*) 95
(*c*) 4624 (*d*) 82

86. एक संगठन में 2,240 कर्मचारी हैं। इनमें से 35% का विभिन्न स्थलों पर तबादला हो गया। ऐसे कितने कर्मचारी हैं जिनका तबादला हो गया है?
(*a*) 784 (*b*) 1008
(*c*) 896 (*d*) 672

87. अंकों के निम्नलिखित सेट का औसत बताइए।
232, 149, 208, 301, 399, 415
(*a*) 296 (*b*) 284
(*c*) 272 (*d*) 260

88. एक स्कूल में विद्यार्थियों की कुल संख्या 6,020 है। स्कूल में लड़कियों की संख्या 2,800 है तो स्कूल में लड़कों की कुल संख्या का लड़कियों की कुल संख्या से क्रमशः अनुपात क्या है?
(*a*) 23 : 20 (*b*) 8 : 7
(*c*) 81 : 70 (*d*) 11 : 13

89. भिन्न $\frac{2}{3}, \frac{3}{4}, \frac{4}{7}, \frac{5}{8}$ और $\frac{9}{11}$ को उनके मूल्य के अनुसार आरोही क्रम में लगाने पर दूसरा कौन-सा होगा?

(*a*) $\frac{2}{5}$ (*b*) $\frac{4}{7}$

(*c*) $\frac{5}{8}$ (*d*) $\frac{9}{11}$

90. चार घण्टियाँ 4, 6, 8 और 14 सेकण्ड के अन्तराल में बजती है। वे चारों इकट्ठी 12 बजे बजना प्रारम्भ करती है। किस समय वे फिर इकट्ठी बजेंगी?

(*a*) 12 बजकर 2 मिनट 48 सेकण्ड

(*b*) 12 बजकर 3 मिनट 32 सेकण्ड

(*c*) 12 बजकर 3 मिनट 20 सेकण्ड

(*d*) 12 बजकर 3 मिनट 44 सेकण्ड

91. किसी संख्या में 10% की वृद्धि कर दी जाती है तथा पुन: उसमें 10% की कमी कर दी जाती है। अन्तिम रूप से उस संख्या में–

(*a*) कोई परिवर्तन नहीं होता है

(*b*) 1% की कमी हो जाती है

(*c*) 1% की वृद्धि हो जाती है

(*d*) 0.1% की वृद्धि हो जाती है

92. अक्षु ने अपने वेतन का 40% भोजन पर, 20% मकान किराये पर, 10% मनोरंजन पर तथा 10% परिवहन पर व्यय करती है। यदि माह के अन्त में उसकी बचत ₹ 1500 है, तो उसका मासिक वेतन (₹ में) है–

(*a*) 8000 (*b*) 7500

(*c*) 6000 (*d*) 10000

93. यदि 50 सन्तरों का क्रय मूल्य 40 सन्तरों के विक्रय मूल्य के बराबर है, तो प्रतिशत लाभ है–

(*a*) 5 (*b*) 10

(*c*) 20 (*d*) 25

94. P और Q की आय का अनुपात 3 : 4 है तथा उनके व्ययों का अनुपात 2 : 3 है। यदि इनमें से प्रत्येक ₹ 6000 की बचत करता है, तो P की आय है–

(*a*) ₹ 20000 (*b*) ₹ 12000

(*c*) ₹ 18000 (*d*) ₹ 24000

95. किसी मिश्रण में स्पिरिट और पानी 3 : 2 के अनुपात में है। यदि इसमें पानी से स्पिरिट 3 ली. अधिक है, तो इसक मिश्रण में स्पिरिट की मात्रा है–

(*a*) 10 ली. (*b*) 12 ली.

(*c*) 8 ली. (*d*) 9 ली.

96. 25 छात्रों की औसत आयु 17 वर्ष है। यदि इसमें अध्यापक की आयु भी शामिल कर ली जाये, तो औसत में एक वर्ष की वृद्धि हो जाती है। अध्यापक की आयु है–

(*a*) 35 वर्ष (*b*) 43 वर्ष

(*c*) 48 वर्ष (*d*) 53 वर्ष

97. एक स्कूटर सवार 150 किमी. दूरी 50 किमी./घण्टा की चाल से तय करता है तथा इतनी ही दूरी 30 किमी./घण्टा की चाल से तय करता है। पूरी यात्रा में उसकी औसत चाल है–

(*a*) 35 किमी./घण्टा (*b*) 37 किमी./घण्टा

(*c*) 37.5 किमी./घण्टा (*d*) 40 किमी./घण्टा

98. यदि 12 व्यक्ति एक कुएँ को 20 दिन में खोद सकें, तो 15 दिन में इस कुएँ को खोदने के लिए व्यक्ति चाहिए–

(*a*) 15 (*b*) 16

(*c*) 18 (*d*) 13

99. एक नाव धारा के विरूद्ध 7 किमी. जाने में 42 मिनट लेती है। यदि धारा का वेग 3 किमी./घण्टा हो, तो शान्त जल में नाव की चाल होगी–

(*a*) 4.2 किमी./घण्टा (*b*) 9 किमी./घण्टा

(*c*) 13 किमी./घण्टा (*d*) 21 किमी./घण्टा

100. 84 मीटर लंबे एक वर्गाकार प्लॉट के बदले रमेश उतने ही क्षेत्रफल वाला एक आयताकार प्लॉट खरीदना चाहता है। यदि आयताकार प्लॉट की लंबाई 144 मीटर हो तो चोड़ाई ज्ञात कीजिए:

(*a*) 64 मीटर (*b*) 100 मीटर

(*c*) 39 मीटर (*d*) 49 मीटर

भाग: IV-सामान्य जानकारी

101. निम्नलिखित में से किसको राष्ट्रीय ऋण नहीं माना जाता?

(*a*) राष्ट्रीय बचत पत्र (*b*) दीर्घावधि सरकारी बॉण्ड

(*c*) बीमा पॉलिसी (*d*) भविष्य निधि

102. निम्नलिखित में से किसको वास्तविक मजदूरी (वेतन) का प्रमुख निर्धारक कहा जाता है?

(*a*) अतिरिक्त आमदनी

(*b*) कार्य की प्रकृति

(*c*) पदोन्नति की संभावना

(*d*) मुद्रा की क्रय-शक्ति

103. जन्म-दर मापती है एक वर्ष के दौरान जन्मों की संख्या प्रति–

(*a*) 100 आबादी (*b*) 1000 आबादी

(*c*) 10000 आबादी (*d*) 100000 आबादी

104. निम्नलिखित में से किसको राष्ट्रीय आय में शामिल नहीं किया जाता है?

(*a*) मालिक के कब्जे में आरोपित मकानों का किराया

(*b*) नए पुलों के निर्माण पर किया गया सरकारी व्यय

(*c*) लॉटरी जीतना

(*d*) किसी मकान की बिक्री के लिए एजेंट को दिया गया कमीशन

105. वैयक्तिक प्रयोज्य आय होती है–

(*a*) सदा वैयक्तिक आय के बराबर

(*b*) सदा वैयक्तिक आय से अधिक

(*c*) वैयक्तिक आय और अप्रत्यक्ष करों में अंतर के बराबर

(*d*) वैयक्तिक आय और प्रत्यक्ष करों के अंतर के बराबर

106. देश के लिए राष्ट्रीय आय का पहला अनुमान किसने तैयार किया था?

(*a*) केंद्रीय सांख्यिकी संगठन

(*b*) राष्ट्रीय आय समिति

(*c*) दादाभाई नौरोजी

(*d*) राष्ट्रीय नमूना सर्वेक्षण संगठन

107. संसद के दोनों सदनों की 'सयुक्त बैठक' को भेजा गया विधेयक पारित होता है–

(*a*) उपस्थित सदस्यों के साधारण बहुमत से

(*b*) कुल सदस्यों के पूर्ण बहुमत से

(*c*) उपस्थित सदस्यों के 2/3 बहुमत से

(*d*) उपस्थित सदस्यों के 3/4 बहुमत से

108. भारत सरकार का संवैधानिक अध्यक्ष कौन है?

(*a*) राष्ट्रपति

(*b*) प्रधानमंत्री

(*c*) भारत का मुख्य न्यायाधीश

(*d*) महान्यायवादी

109. भारत में किसी विधेयक को धन विधेयक कौन प्रमाणित करता है?

(*a*) वित्तमंत्री (*b*) राष्ट्रपति

(*c*) लोकसभा का अध्यक्ष (*d*) प्रधानमंत्री

110. संविधान में 'मौलिक कर्त्तव्य' किस संशोधन द्वारा जोड़े गए थे?

(*a*) 40 वाँ संशोधन (*b*) 42 वाँ संशोधन

(*c*) 44 वाँ संशोधन (*d*) 45 वाँ संशोधन

111. भारत के उपराष्ट्रपति का चुनाव किया जात है–

(*a*) संसद के सदस्यों द्वारा

(*b*) राज्यसभा के सदस्यों द्वारा

(*c*) संसद के निर्वाचित सदस्यों द्वारा

(*d*) संसद और राज्य विधान-मंडलों के सदस्यों द्वारा

112. राज्य पुनर्गठन आयोग की सिफारिशों के अनुसार भारतीय राज्यों का व्यापक पुनर्गठन कब पूरा किया गया था?

(*a*) 1953 ई. (*b*) 1956 ई.

(*c*) 1960 इ. (*d*) 1966 इ.

113. जब महात्मा गांधी की हत्या हुई, तब किसने कहा था, "कोई विश्वास नहीं करेगा कि इस ऐसे शरीर और आत्मा वाला आदमी कभी इस धरती पर चला था"?

(*a*) बर्ट्रैण्ड रसेल

(*b*) लिओ टॉल्सटाय

(*c*) अल्बर्ट आइंस्टीन

(*d*) खान अब्दुल गफ्फार खान

114. चित्तौड़ के दुर्ग में 'विजय-स्तंभ का निर्माण किसने किया था?

(*a*) राणा सांगा

(*b*) राणा रतन सिंह

(*c*) राणा हमीर देव

(*d*) राणा कुंभा

115. नमक कानून के उल्लंघन में गाँधीजी ने एक आंदोलन शुरू किया था, जिसका नाम था–
(*a*) असहयोग आंदोलन
(*b*) स्वदेशी आंदोलन
(*c*) सविनय अवज्ञा आंदोलन
(*d*) उपर्युक्त में से कोई नहीं

116. निम्नलिखित में से किस युद्ध में अंग्रेजों ने फ्रांसीसियों को पूरी तरह परास्त कर दिया था?
(*a*) वांडीवाश की लड़ाई
(*b*) बक्सर की लड़ाई
(*c*) प्लासी की लड़ाई
(*d*) अडयार की लड़ाई

117. कैबिनेट मिशन भारत आया था–
(*a*) 1943 ई. में (*b*) 1944 ई. में
(*c*) 1945 ई. में (*d*) 1946 ई. में

118. भारत में सबसे पहले आने वाले और सबसे बाद में जाने वाले थे–
(*a*) पुर्तगाली (*b*) फ्रांसीसी
(*c*) अंग्रेज (*d*) डच

119. IR 20 और रत्ना दो प्रमुख किस्में हैं–
(*a*) गेहूँ की (*b*) बाजरा की
(*c*) ज्वार की (*d*) धान की

120. ट्रांस-साइबेरियन रेलवे (8960 किमी) पश्चिम में.... को पूर्व में..... से जोड़ती है।
(*a*) मॉस्को, ताशकंद
(*b*) सेंट पीटर्सबर्ग, ओमस्क
(*c*) मॉस्को, इर्कुट्स्क
(*d*) सेंट पीटर्सबर्ग, ब्लाडिवोस्टाक

121. इंदिरा गांधी राष्ट्रीय उड़ान अकादमी स्थित है–
(*a*) सिकंदराबाद में (*b*) रायबरेली में
(*c*) जोधपुर में (*d*) दिल्ली में

122. प्रायद्वीपीय भारत की निम्नलिखित में से कौन-सी नदी अरब सागर में नहीं मिलती,
(*a*) पेरियार (*b*) कावेरी
(*c*) नर्मदा (*d*) ताप्ती

123. 'अग्नि' की सही वर्णन निम्नलिखित में से किसके द्वारा होता है?
(*a*) लड़ाकू विमान (*b*) सर्वतोमुखी टैंक
(*c*) दीर्घ-परास मिसाइल (*d*) दीर्घ-परास तोप

124. नक्शों पर क्षेत्रफल मापने के लिए प्रयुक्त यंत्र को कहते हैं–
(*a*) प्लैनीमीटर (*b*) आइडोग्राफ
(*c*) पैंटोग्राफ (*d*) ओपिसोमीटर

125. यदि माता-पिता में से एक का रूधिर वर्ग AB है और दूसरे का O, तो उनके बच्चे का संभावित रूधिर वर्ग होगा–
(*a*) A या B
(*b*) A या B या O
(*c*) A या AB या O
(*d*) A या B या AB या O

126. मानव शरीर में कुल कितनी अस्थियाँ हैं?
(*a*) 187 (*b*) 287
(*c*) 206 (*d*) 306

127. डायनोसॉर्स
(*a*) स्तनपायी, जो लुप्त हो गए
(*b*) विशाल शाकाहारी जंतु, जिन्होंने हिप्पोपोटैमस जाति को जन्म दिया
(*c*) अंडा देने वाले स्तनपायी
(*d*) सरीसृप, जो लुप्त हो गए

128. स्तनपायियों में स्वेद ग्रंथियां मूलत: संबंधित है–
(*a*) अतिरिक्त लवणों को निकालने से
(*b*) नाइट्रोजनी अपशिष्टों के उत्सर्जन से
(*c*) ताप-नियमन से
(*d*) यौन-आकर्षण से

129. मानव शरी में संक्रमण को रोकने में मदद करने वाला विटामिन है–
(*a*) विटामिन A (*b*) विटामिन B
(*c*) विटामिन C (*d*) विटामिन D

130. वयस्क पुरुष में RBC की सामान्य संख्या होती है–
(*a*) 5.5 मिलियन (*b*) 5.0 मिलियन
(*c*) 4.5 मिलियन (*d*) 4.0 मिलियन

131. तूफान की भविष्यवाणी की जाती है, जब वायुमण्डल का दाब–

(*a*) सहसा बढ़े (*b*) क्रमशः बढ़े

(*c*) सहसा कम हो जाए (*d*) क्रमशः कम हो जाए

132. निम्नलिखित में से कौन-सी गैस न्यूनतम तापमान पर द्रव में बदल जाती है?

(*a*) हाइड्रोजन (*b*) ऑक्सीजन

(*c*) हीलियम (*d*) नाइट्रोजन

133. अंडा मृदु जल में डूब जाता है, किंतु नमक के सांद्र घोल में तैरता है, क्योंकि–

(*a*) अंडा घोल से नमक का अवशोषण करता है और फैल जाता है

(*b*) एल्ब्युमिन नमक के घोल में घुल जाता है और अंडा हल्का हो जाता है

(*c*) नमक के घोल का घनत्व अंडे के घनत्व से अधिक हो जाता है

(*d*) जल का पृष्ठ तनाव अधिक होता है

134. किसी व्यक्ति को मुक्त रूप से घूर्णन कर रहे घूर्णी मंच पर अपनी (कोणीय) चाल कम करने के लिए क्या करना चाहिए?

(*a*) अपने हाथ एक साथ मिला लें

(*b*) अपने हाथ ऊपर उठा लें

(*c*) अपने हाथ बाहर की ओर फैला दें

(*d*) हाथ ऊपर उठाकर बैठ जाएं

135. बारूद एक मिश्रण होता है–

(*a*) बालू और TNT का

(*b*) TNT और चारकोल का

(*c*) नाइटर, सल्फर और चारकोल का

(*d*) सल्फर, बालू और चारकोल का

136. निम्नलिखित में से सबसे मीठी शर्करा कौन-सी है?

(*a*) सुक्रोस (*b*) ग्लूकोस

(*c*) फ्रक्टोस (*d*) माल्टोस

137. नाभिकीय रियेक्टरों में ग्रेफाइट का प्रयोग किया जाता है–

(*a*) ईंधन के रूप में (*b*) स्नेहक के रूप में

(*c*) विमंदक के रूप मे (*d*) विद्युतरोधी के रूप में

138. निम्नलिखित में से किस खगोलीय पिंड में हीलियम-3 प्रचुर मात्रा में मौजूद है, जो ऊर्जा का एक भावी स्त्रोत है?

(*a*) पृथ्वी (*b*) चंद्र

(*c*) शुक्र (*d*) शनि

139. निम्नलिखित में से कौन-सी अंतर्राष्ट्रीय टेनिस खेल प्रतियोगिता घास के मैदान में खेली जाती है?

(*a*) यू. एस. ओपन (*b*) फ्रेंच ओपन

(*c*) विम्बल्डन (*d*) ऑस्ट्रेलियाई ओपन

140. भारतीय मूल के उस लेखक का क्या नाम है, जिसके उपन्यास 'द इनहेरिटेन्स ऑफ लॉस' को 'मैन बुकर पुरस्कार' मिला है?

(*a*) विक्रम सेठ (*b*) किरण देसाई

(*c*) सलमान रुश्दी (*d*) वी. एस. नायपॉल

141. निम्न से कौन-सा देश संयुक्त राष्ट्र सुरक्षा परिषद का स्थायी सदस्य है?

(*a*) स्विट्जरलैंड

(*b*) चीन का लोक गणतंत्र

(*c*) जापान

(*d*) यूक्रेन

142. लोकटक झील, जिस पर जलविद्युत परियोजना का निर्माण किया था, किस राज्य में स्थित है?

(*a*) मध्य प्रदेश (*b*) मणिपुर

(*c*) मेघालय (*d*) हिमाचल प्रदेश

143. हमारे राष्ट्रीय चिन्ह के नीचे आदर्श वाक्य क्या है?

(*a*) सत्यं शिवम् (*b*) सत्यं शिवं सुंदरम्

(*c*) सत्यमेव जयते (*d*) जय हिंद

144. बर्ड फ्लू पैदा करने वाले H5N1 वाइरस का सबसे पहले पता चला था–

(*a*) 1991 में (*b*) 1995 में

(*c*) 1997 में (*d*) 2001 में

145. भारत के दक्षिणी छोर का नाम क्या है?

(*a*) कन्याकुमारी

(*b*) कालिमियर पाइंट

(*c*) निकोबार द्वीप स्थित इंदिरा पॉइंट

(*d*) तिरुवनंतपुरम में स्थित कोवलम

146. संयुक्त राष्ट्र महासभा द्वारा स्वीकृत संकल्प के अनुसार 'अंतर्राष्ट्रीय शांति दिवस' मनाया जाता है हर वर्ष–

(*a*) 1 सितंबर को (*b*) 14 सितंबर को

(*c*) 21 सितंबर को (*d*) 30 सितंबर को

147. निम्न में किस राज्य में निजामगिरी बॉक्साइड माइनिंग प्रोजेक्ट की स्थापना प्रस्तावित है?

(*a*) ओड़िसा (*b*) झारखंड

(*c*) पश्चिम बंगाल (*d*) बिहार

148. संयुक्त राष्ट्र सभा के अनुसार बाल अधिकार के अंतर्गत निम्नलिखित में से कौन-सा अधिकार नहीं आता?

(*a*) शुद्ध पेय जल (*b*) समुचित जीवन-स्तर

(*c*) शिक्षा (*d*) विवाह

149. 'एजलेस बॉडी, टाइमलेस माइंड' का लेखक कौन है?

(*a*) वी. एस. नायपॉल

(*b*) दीपक चोपड़ा

(*c*) डम मोरेस

(*d*) टोनी कुशेर

150. किसी टेस्ट मैच की एक पारी में सर्वाधिक रन बटोरने का कीर्तिमान किस क्रिकेट खिलाड़ी के नाम है?

(*a*) गैरी सोबर्स

(*b*) विवियन रिचर्ड्स

(*c*) सुनील गावस्कर

(*d*) ब्रायन लारा

उत्तरमाला

1. (*b*)	**2.** (*a*)	**3.** (*d*)	**4.** (*d*)	**5.** (*c*)	**6.** (*c*)	**7.** (*b*)	**8.** (*d*)	**9.** (*d*)	**10.** (*d*)
11. (*d*)	**12.** (*d*)	**13.** (*c*)	**14.** (*c*)	**15.** (*b*)	**16.** (*b*)	**17.** (*b*)	**18.** (*b*)	**19.** (*d*)	**20.** (*a*)
21. (*c*)	**22.** (*c*)	**23.** (*d*)	**24.** (*c*)	**25.** (*a*)	**26.** (*d*)	**27.** (*a*)	**28.** (*c*)	**29.** (*a*)	**30.** (*d*)
31. (*b*)	**32.** (*d*)	**33.** (*d*)	**34.** (*d*)	**35.** (*c*)	**36.** (*b*)	**37.** (*d*)	**38.** (*c*)	**39.** (*c*)	**40.** (*d*)
41. (*a*)	**42.** (*c*)	**43.** (*c*)	**44.** (*b*)	**45.** (*c*)	**46.** (*c*)	**47.** (*c*)	**48.** (*b*)	**49.** (*c*)	**50.** (*c*)
51. (*b*)	**52.** (*c*)	**53.** (*c*)	**54.** (*c*)	**55.** (*b*)	**56.** (*a*)	**57.** (*a*)	**58.** (*d*)	**59.** (*a*)	**60.** (*b*)
61. (*d*)	**62.** (*d*)	**63.** (*a*)	**64.** (*d*)	**65.** (*b*)	**66.** (*d*)	**67.** (*d*)	**68.** (*b*)	**69.** (*d*)	**70.** (*a*)
71. (*b*)	**72.** (*a*)	**73.** (*b*)	**74.** (*d*)	**75.** (*c*)	**76.** (*a*)	**77.** (*d*)	**78.** (*d*)	**79.** (*a*)	**80.** (*c*)
81. (*c*)	**82.** (*b*)	**83.** (*b*)	**84.** (*d*)	**85.** (*d*)	**86.** (*a*)	**87.** (*b*)	**88.** (*a*)	**89.** (*c*)	**90.** (*a*)
91. (*b*)	**92.** (*b*)	**93.** (*d*)	**94.** (*c*)	**95.** (*d*)	**96.** (*b*)	**97.** (*c*)	**98.** (*b*)	**99.** (*c*)	**100.** (*d*)
101. (*c*)	**102.** (*d*)	**103.** (*b*)	**104.** (*c*)	**105.** (*d*)	**106.** (*c*)	**107.** (*a*)	**108.** (*a*)	**109.** (*c*)	**110.** (*b*)
111. (*a*)	**112.** (*b*)	**113.** (*c*)	**114.** (*d*)	**115.** (*c*)	**116.** (*a*)	**117.** (*d*)	**118.** (*a*)	**119.** (*d*)	**120.** (*d*)
121. (*b*)	**122.** (*b*)	**123.** (*c*)	**124.** (*a*)	**125.** (*d*)	**126.** (*c*)	**127.** (*d*)	**128.** (*c*)	**129.** (*c*)	**130.** (*b*)
131. (*c*)	**132.** (*d*)	**133.** (*c*)	**134.** (*c*)	**135.** (*c*)	**136.** (*c*)	**137.** (*c*)	**138.** (*b*)	**139.** (*c*)	**140.** (*b*)
141. (*b*)	**142.** (*b*)	**143.** (*c*)	**144.** (*c*)	**145.** (*c*)	**146.** (*c*)	**147.** (*a*)	**148.** (*d*)	**149.** (*b*)	**150.** (*d*)

व्याख्या

1. 5 1 3 2 4 6 8 7 1 9 2 0 6 8
H O N E S T Y P O V E R T Y
5 1 0 4 2
H O R S E

5.
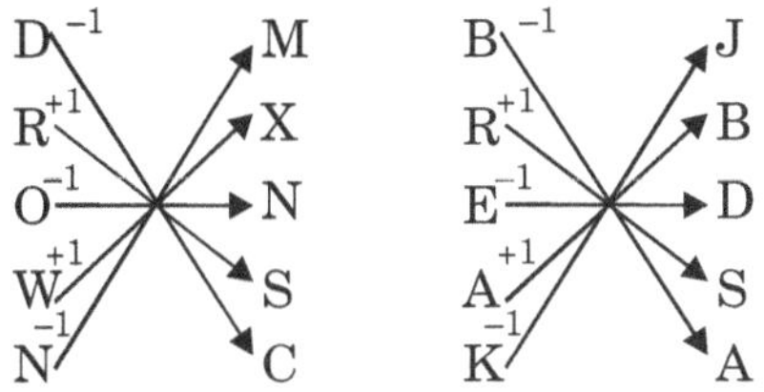

13. C H A M B E R S
(C H A — 1; R S — 1)

15. माना राम और श्याम का उम्र x और y है।
प्रश्न से,

$$x + y = 7(x + y) \quad ...(i)$$

5 वर्ष बाद

$$x + 5 + y + 5 = 9[(x + 5) - (y - 5)]$$
$$x + y + 10 = 9(x - y) \quad ...(ii)$$

(i) तथा (ii) से

$$x - y = 5 \quad ...(iii)$$

अत: $x + y = 35$ ...(iv)

(iii) और (iv) से

$x = 20$ वर्ष
$y = 15$ वर्ष

17. 5 8 9 7 5 9 7 3 9 2 9 1 1 5 9 6 3 9 3 9 7
(5 9 7 — 1; 3 9 3 — 1; 9 7 — 1)

20. $81 - 195 = 5$ $\qquad 64 - 36 = 2$
$(9)^2 - (14)^2 = 5 \qquad 8^2 - 6^2 = 2$
$14 - 9 = 5 \qquad 8 - 6 = 2$
$\Rightarrow 289 - 16 = (17)^2 - (4)^2 = 17 - 4 = 13$

24.
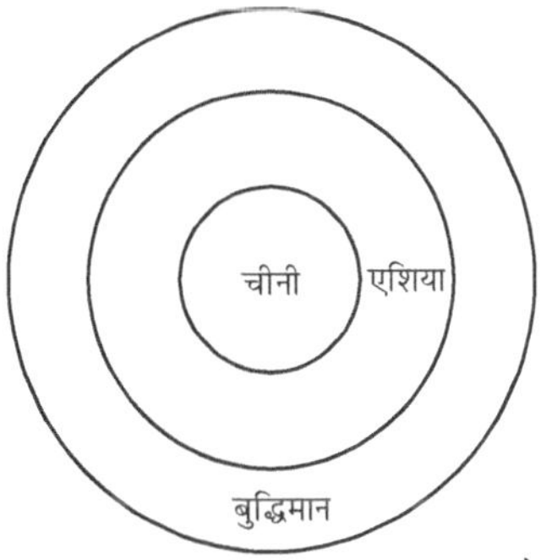

78. माना फर्नीचर की लागत मूल्य x है।
प्रश्न से,
$x + x$ का 29% = 7842

$$\therefore \quad x + \frac{x \times 29}{100} = 7842$$
$$x = \frac{7842 \times 100}{129}$$
$$= ₹\,6079$$

80. माना संख्या x है।

$$x(71\% - 58\%) = 299$$
$$\therefore \quad x = \frac{299 \times 100}{13} = 2300$$

संख्या x का 67% = 2300 × 67% = 1541

87. औसत

$$= \frac{232 + 149 + 208 + 301 + 399 + 415}{6}$$
$$= 284$$

88. लड़कों की संख्या = 6020 − 2800 = 3220

$$\text{अनुपात} = \frac{3220}{2800} = \frac{23}{20}$$

90. 4, 6, 8, 14 का ल. स. = 168 sec
अत: वह 2 मिनट 48 सेकण्ड के बाद पुन: बजेगी।

91. 10% वृद्धि एवं उसके बाद 10% कमी
अत:

$$\text{कुल वृद्धि एवं कमी} = 10 - 10 - \frac{10 \times 10}{100}$$
$$= 10 - 10 - 1 = -1$$

∴ 1% की कमी हुई

96. 25 छात्रों की औसत आयु 17 है।
माना अध्यापक की आयु x है।
प्रश्न से,

$$\frac{25 \times 17 + x}{26} = 18$$
$$\therefore \quad x = 26 \times 18 - 25 \times 17$$
$$= 43 \text{ वर्ष}$$

99. माना नाव की चाल शान्त धारा में x किमी./घण्टा है।
प्रश्न से

$$(x - 3)\frac{42}{60} = 7 \text{ km}$$
$$x - 3 = \frac{7 \times 60}{42} = 10$$
$$x = 13 \text{ km/h}$$

अभ्यास पत्र-6

समय : 2 घंटे **पूर्णांक : 150**

भागः I-सामान्य बुद्धिमत्ता

1. यदि P, + को व्यक्त करता है, Q, – को व्यक्त करता है, R, ÷ को व्यक्त करता है और S, × को व्यक्त करता है, तो

18S36R12Q6P7 = ?

(*a*) 115 (*b*) 25

(*c*) 55 (*d*) $\frac{648}{13}$

2. एक शृंखला के समीपस्थ अक्षरों के बीच वाले छोड़े गए अक्षरों में एक-एक की कमी होती जा रही है, निम्नलिखित शृंखलाओं में से किसमें इस नियम का पालन किया गया है ?

(*a*) DJOTV (*b*) DJOSV

(*c*) DJOSW (*d*) DIOSU

3. एक कूट भाषा में 123 का अर्थ है 'गरम फिल्टर्ड कॉफी', 356 का अर्थ है 'बहुत गरम दिन', 589 का अर्थ है 'दिन और रात', 'बहुत' के लिए कौन सा अंक है ?

(*a*) 5 (*b*) 6

(*c*) 8 (*d*) 9

4. यदि CLOCK को कूट भाषा में 34235 लिखा जाए और TIME को 8679 लिखा जाए, तो MOLEK को कैसे लिखा जाएगा ?

(*a*) 62495 (*b*) 62945

(*c*) 72495 (*d*) 72945

5. यदि ASSIGN को कूट भाषा में SASING लिखा जाए, तो KIDNAP को लिखा जाएगा–

(*a*) IKNDPA (*b*) IKDNPA

(*c*) IKDNAP (*d*) IKAPDN

6. प्रेरणा स्कूल जाने के लिए अपने घर से उत्तर की ओर जाती है, फिर बाईं ओर मुड़ती है, फिर दाईं ओर मुड़ती है तथा अन्त में फिर बाईं ओर मुड़ती है तथा स्कूल पहुँचा जाती है। उसका स्कूल उसके घर की किस दिशा में स्थित है ?

(*a*) उत्तर-पूर्व (*b*) उत्तर-पश्चिम

(*c*) दक्षिण-पूर्व (*d*) दक्षिण-पश्चिम

7. सुरेश एक आदमी का परिचय इस रूप में देता है, "वह उस स्त्री का पुत्र है जो मेरी माता के पति की माता है", सुरेश का उस आदमी से क्या संबंध है ?

(*a*) चाचा (*b*) पुत्र

(*c*) चचेरा भाई (*d*) पौत्र

8. दस छात्रों का एक समूह आपस में एक-दूसरे से हाथ मिलाता है। कुल कितनी बार हाथ मिलाए गए ?

(*a*) 20 (*b*) 56

(*c*) 90 (*d*) 45

9. दिए गए वैकल्पिक शब्दों में उस शब्द को चुनिए जो दिए गए शब्द के अक्षरों के प्रयोग द्वारा नहीं लिखा जा सकता–

OUTRAGEOUS

(*a*) GREAT

(*b*) OUTAGE

(*c*) SURAT

(*d*) GREGARIOUS

10. आरेख में विद्यार्थी दिखाए गए हैं जो गायक, नर्तक और कवि हैं–

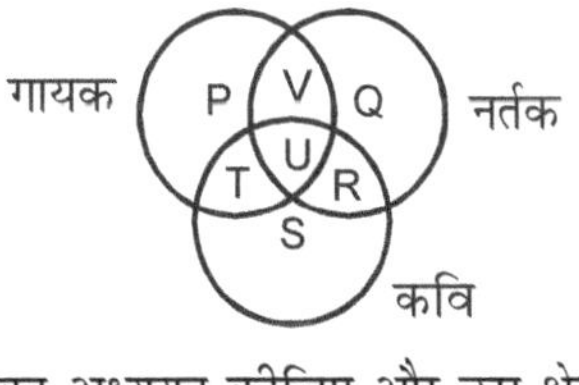

आरेख का अध्ययन कीजिए और उस क्षेत्र की पहचान कीजिए जो उन विद्यार्थियों को दर्शाता है जो कवि भी हैं और गायक भी, किन्तु नर्तक नहीं हैं।

(*a*) P + T + S

(*b*) T

(*c*) T + U + R + S

(*d*) P + T + U + S

11. एक पासे की निम्नलिखित दो भिन्न आकृतियों से पता लगाएं कि लाल के सामने कौन-सा रंग है ?

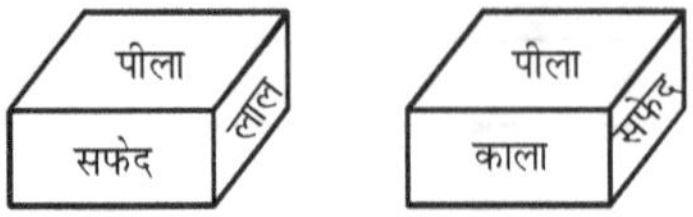

(*a*) नीला (*b*) काला

(*c*) सफेद (*d*) पीला

12. निम्नलिखित में से किस उत्तर आकृति में दी गई आकृति निहित है ?

प्रश्न आकृति

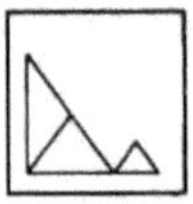

उत्तर आकृति

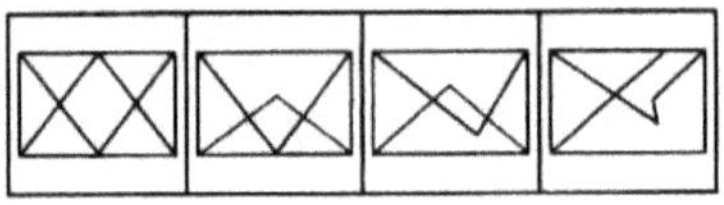

(*a*) (*b*) (*c*) (*d*)

निर्देश (13-14) : दिए गए विकल्पों में से संबंधित शब्द/अक्षर/संख्या/आकृति को चुनिए–

13. पश्चिम : उत्तर-पूर्व : : दक्षिण : ?

(*a*) उत्तर-पश्चिम (*b*) दक्षिण-पूर्व

(*c*) उत्तर (*d*) पूर्व

14. QPRS : TUWV : : JIKL : ?

(*a*) MNOP (*b*) NMPO

(*c*) MNPO (*d*) MNOP

निर्देश (15-16): निम्न में उसे चुनिए जो अन्य तीन विकल्पों से भिन्न है।

15. (*a*) ऊन (*b*) पर

(*c*) बाल (*d*) घास

16. (*a*) 32 - 41 (*b*) 62 - 44

(*c*) 46 - 28 (*d*) 33 - 56

17. दिए गए चार वैकल्पिक समुच्चयों में से वह संख्या समूह छाँटिए जो प्रश्न में दिए गए संख्या समूह से सर्वाधिक मेल खाता हो–

23, 51, 17

(*a*) 29, 57, 13 (*b*) 24, 53, 17

(*c*) 29, 57, 14 (*d*) 21, 51, 17

18. निम्नलिखित चार विकल्पों में से कौन-सा विकल्प नीचे दिए गए शब्दों का सार्थक क्रम दर्शाएगा ?

1. अक्षर
2. मुहावरा
3. शब्द
4. वाक्य

(*a*) 1, 3, 4, 2 (*b*) 1, 3, 2, 4

(*c*) 2, 3, 1, 4 (*d*) 4, 3, 1, 2

निर्देश (19-21): एक अनुक्रम दिया है जिसमें एक पद लुप्त है। चार दिए गए विकल्पों में से वह विकल्प चुनिए जो अनुक्रम को पूरा करे।

19. NOAB OPBC PQCD ? ? ? ?

(*a*) QRDE (*b*) RTEF

(*c*) QSDE (*d*) QRGI

20. 33, 28, 24, ?, 19, 18

(*a*) 21 (*b*) 22

(*c*) 20 (*d*) 23

21. 6, 10, 18, 34, ?

(*a*) 46 (*b*) 56

(*c*) 66 (*d*) 76

22. अक्षरों का कौन-सा समूह खाली स्थानों पर क्रमवार रखने से दी गई अक्षर शृंखला को पूरा करेगा ?

a...ab...bcbc..caca...

(*a*) ccba (*b*) acba

(*c*) bccb (*d*) bcab

23. लुप्त संख्या ज्ञात कीजिए–

(*a*) 60 (*b*) 62

(*c*) 64 (*d*) 66

24. यदि + 'भाग' के लिए है, × 'योग' के लिए है, – 'गुणा' के लिए है और ÷ 'घटाने' के लिए है, तो निम्नलिखित में से कौन-सा समीकरण सही है ?

(*a*) $36 \times 6 + 7 \div 2 - 6 = 20$

(*b*) $36 + 6 - 3 \times 5 \div 3 = 24$

(*c*) $36 \div 6 + 3 \times 5 - 3 = 45$

(*d*) $36 - 6 + 3 \times 5 \div 3 = 74$

25. निम्नलिखित में से कौन-सा विजातीय है ?

(*a*) पैर-हाथ (*b*) आँख-नाक

(*c*) शरीर-सिर (*d*) कलाई-उँगली

भागः II- अंग्रेजी भाषा

Direction (26-40) : *Read the following passage carefully and answer the questions given below it. Certain words/phrases have been printed in **bold to** help you locate them while answering some of the questions.*

Once upon a time, there lived a Lion in a forest. A Jackal, a Crow and a Wolf had developed friendship with him. However, all the three had a selfish motive behind this so-called friendship. They knew that the Lion was the King of the forest and friendship with such a fierce creature would always help them. To meet their selfish ends, they started obeying and were always at the service of the Lion. They didn't have to make any efforts to search for their food, as the Lion gave his leftover meals to them. Moreover, they became powerful as they were next to the King of the forest. One day, a Camel, who came from some distant land, lost his way and entered the same forest where these friends lived. In the meantime, these three friends happened to pass the same way that the Camel was wandering. When they saw the Camel, they realized that he did not belong to their forest. The Jackal suggested to his other two friends, "Let's kill and eat him." The Wolf replied, "It is a big animal. We cannot kill him like this. I think, we should first inform our King about this Camel." The Crow agreed with the Wolfs idea. All of them went to meet the Lion. On reaching the Lion's den, the Jackal approached the Lion and said. "Your Majesty, an unknown Camel has dared to enter your kingdom without your consent. Let's kill him; he could make a nice meal." The Lion roared loudly on hearing this and said. "What are you saying? The Camel has come for refuge in my kingdom. It is unethical to kill him. We should provide him the best shelter. Go and bring him to me." All of them were dispirited to hear these words from the King. They unwillingly went to the Camel and told him ahout the Lion's desire to meet him. The Camel was scared about the strange offer. He thought that his end had come and in a little while he would become the Lion's meal. As he couldn't even escape, he decided to meet the Lion. The selfish friends escorted the Camel to the Lion's den. The Lion welcomed the Camel warmly and assured him of a safe stay in the forest. The Camel was totally **amazed** to hear the Lion's words. He happily started living with the Jackal, the Crow and the Wolf.

One day, when the Lion was hunting for food, he had a struggle with a mighty Elephant. The Lion was badly injured in the struggle and became incapable of hunting for his food. Thus the Lion had to sustain without food for days. Due to this, his friends too had to go hungry for day as they totally depended on the Lion's kill for their food. But the Camel was .satisfied grazing around in the forest. All the three friends were **worried** and discussed the matter among them. As the Jackal, the Crow and the Wolf had set their evil eyes on the camel; they met once again and devised a plan to kill the Camel. They went to the Camel and said, "Dear Friend, you know our King has not eaten anything for many days now. He is unable to hunt due to his wounds and sickness. Under such circumstances, it becomes our duty to sacrifice ourselves to save the life of our king. Come with us, we wilt offer our bodies as food for him." The Camel didn't understand their plan, but **innocently** nodded in favour of it. All of them approached the Lion's den. First of all, the Crow came forward and said. "Your Majesty, I can't see you like this. So please eat me." The Lion replied. "I would prefer to die than to perform such a sinful deed." Then, the Jackal came forward and said, "Your Majesty, Crow's body is too small for your appetite. I offer myself to you, as it is my duty to save your life." The Lion politely rejected the offer. As per the plan, now it was the Wolfs turn to offer himself to the King. So. the Wolf came forward and said, "Your Majesty, Jackal is quite small to **gratify** your hunger. I offer myself for this kind job. Please kill me and appease your hunger." But the Lion didn't kill any of them, the camel, was watching the whole scence felt reassured of his safety and also decided to go forward and complete the formality. He marched forward and said, 'Your Majesty, why don't you kill me ? You are my friend. Please allow me to offer you my body." The Lion found die offer quite **appropriate** as the Camel himself had offered his body for food. The Lion attacked the Camel at once, ripped open his body and tore him into pieces. The Lion and his friends feasted on the poor Camel for days together.

26. Why would the Lion not hunt anymore ?

(*a*) He had become lazy as his friends had provided him with food all the time

(*b*) There were no animals left in the forest besides his friends

(*c*) He had injured himself badly in a fight with an elephant

(*d*) He was too old and his bones were weak

27. Why were the Jackal, the Crow and the Wolf friends with the Lion ?

(*a*) As they got food easily and were also powerful in the Lion's presence

(*b*) As the Lion was really weak and they could take over the Kingship soon

(*c*) As they loved to hunt along with the Lion and he taught them new tricks every time

(*d*) As they were scared of the Lion and had no other alternative

28. Why had the Camel come to the forest in the first place ?

(*a*) He wanted to meet the Lion

(*b*) He was starving and was looking for food

(*c*) He was in search of friends

(*d*) He was lost

29. Why did the Camel feel afraid when the Lion desired to meet him ?

(*a*) He had breached the Lion's secure forest and was sure to be punished

(*b*) He felt that the Lion would eat him

(*c*) He knew that the Lion would ask him to fight with the Elephant

(*d*) The three friends had told him that the Lion wanted to arrest him

30. Which of the following can definitely be said about the Camel in the story ?

1. He was fierce
2. He was young
3. He was trusting

(*a*) Only 1 (*b*) Only 1 and 3

(*c*) All (1, 2 and 3) (*d*) Only 3

31. How did the Jackal, the Crow and the Wolf finally manage to eat the Camel ?

(*a*) They tricked him into offering his body to the Lion

(*b*) They poisoned him

(*c*) They requested him to be their meal

(*d*) They killed him as soon as they saw him in the forest

32. What made the Camel offer his body to the Lion ?

(*a*) He felt very sorry for the Lion as he had grown thin and weak

(*b*) He wanted to end his own life

(*c*) He knew that the Lion would die on consuming him

(*d*) Since the Lion had rejected the other friends bodies the Camel was sure that the Lion would not eat him as well

33. Which of the following **cannot** be said about the Jackal, he Crow and the Wolf?

1. They were sensitive
2. They were selfish
3. They were cunning

(*a*) Only 2 (*b*) Only 3

(*c*) Only 1 (*d*) Only 2 and 3

34. Which of the following can be the most appropriate title for the story ?

(*a*) The Old Lion

(*b*) The Mighty Elephant

(*c*) The Selfish Camel and the Brave Friends

(*d*) The Shrewd Friends and the Innocent Camel

35. What reason did the Lion give for not eating the Crow ?

(*a*) He would prefer to eat the Camel

(*b*) It was wrong to eat friends

(*c*) The crow was too tiny to be eaten

(*d*) The Crow was not good to taste

Direction (36-38) : *Choose the word/group of words which is* ***most similar*** *in meaning to the word/group of words primed in* ***bold*** *as used in the passage.*

36. GRATIFY

(*a*) delight (*b*) humour

(*c*) grateful (*d*) satisfy

37. AMAZED

(*a*) surprised (*b*) emotional

(*c*) appalled (*d*) scared

38. WORRIED

(*a*) angry (*b*) concerned

(*c*) relaxed (*d*) annoyed

Direction (39-40) : *Choose the word/group of words which is* ***most opposite*** *in meaning to the word/group of words printed in* ***bold*** *as used in the passage.*

39. APPROPRIATE

(*a*) unique (*b*) harmful

(*c*) proper (*d*) unsuitable

40. INNOCENTLY

(*a*) knowingly (*b*) offensively

(*c*) secretly (*d*) lovingly

Direction (41-45): *Which of the phrases (a) (b) (c) and (d) given below each sentence should replace the phrase printed in* ***bold*** *in the sentence to make it grammatically correct ?*

41. Meena loved to shop and **goes out with** her friends whenever she got time,

(*a*) Went outside along

(*b*) Went out with

(*c*) goes for outing to

(*d*) go outing and

42. Manoj was **many better at** sports than Anurag.

(*a*) Much good than

(*b*) many good to

(*c*) much better at

(*d*) much better than

43. It was very dark and Trisha was **too scary to** go home alone.

(*a*) too scaring (*b*) to scary too

(*c*) to scare too (*d*) too scared to

44. Many people **not like being** interrupted when they arc busy working.

(*a*) do not like being

(*b*) do not like

(*c*) not liking when

(*d*) no like being

45. The crowd loved her performance and gave her a **stand ovation** as she left the stage,

(*a*) stand ovate (*b*) stood ovation

(*c*) stand the ovation (*d*) standing ovation

Direction (46-50): *In each question below, a sentence with three words printed in* ***bold*** *type is given. These are numbered as (a), (b) and (c). One of these three words printed in* ***bold*** *may be either* ***wrongly spelt or inappropriate*** *in the context of the sentence. Find out the word which his wrongly spelt or inappropriate, if any. The number of that word is your answer. If all the words printed in* ***bold*** *are correctly spelt and also appropriate in the context of the sentence, mark (d) i.e.. 'All correct' as your answer.*

46. Quality is never an **accident** (*a*) /and is always the result **of intelligent** (*b*) / **effort** (*c*) /. All Correct. (*d*)

47. Sharad **consoled** (*a*) / Vijay and **asured** (*b*)'; him that his son would return home by **sunset** (*c*) /. All correct (*d*)

48. One of the monkeys was **keeping** (*a*) /a track of the **things** (*b*) /done by the king's men from a **distance.** (*c*) /All correct (*d*)

49. The San lived in a **pawned** (*a*) /and had **striking** (*b*) /golden **feathers,** (*c*) / All correct, (*d*)

50. The mother and her **daughter** (*a*) /were happily selling milk which got them **enough** (*b*) /money to **lead** a\ comfortable life, (*c*) / All correct, (*d*)

Direction (51-55) : *Rearrange the following six sentences (1), (2), (3), (4), (5) and (6) in the proper sequence to form a meaningful paragraph; then answer the questions given he low them.*

1. On reaching inside the drum it was disappointed to find nothing but wood and leather.
2. One day a jackal was very hungry and it reached the king's battleground in search of food.
3. On looking for the source of the noise, it found a war-drum nearby and mistook it be a huge animal with lots of food inside it.
4. With great difficlty it came out of the drum, backed off and crept away to safety laughing at its own judgement.
5. With great difficulty it pierced the drum and reached inside.
6. Suddenly, it heard a loud noise and was frightened.

51. Which of the following should be the **FIRST** sentence after rearrangement ?
(*a*) 1 (*b*) 2
(*c*) 3 (*d*) 4

52. Which of the following should be the **SECOND** sentence after rearrangement ?
(*a*) 1 (*b*) 2
(*c*) 3 (*d*) 6

53. Which of the following should be the **THIRD** sentence after rearrangement ?
(*a*) 1 (*b*) 2
(*c*) 3 (*d*) 4

54. Which of the following should be the **FOURTH** sentence after rearrangement ?
(*a*) 1 (*b*) 2
(*c*) 3 (*d*) 5

55. Which of the following should be the **LAST (SIXTH)** sentence after rearrangement ?
(*a*) 6 (*b*) 6
(*c*) 4 (*d*) 3

Directions (56-65) : *Read each sentence to find out whether there is any grammatical error in it. The error, if any, will be in one part of the sentence. The number of that part is the answer. I/there is no error, the answer is (d) i.e., 'No Error'. (Ignore the errors of punctuation if any)*

56. People who intend (*a*) / to visit the tourist spots (*b*) / are always thrilling to see the scenario here, (*c*) / No Error (*d*)

57. In such delicate matters, we often go with (*a*) / his advice as he has (*b*) / been handling such cases effectively, (*c*) / No Error (*d*)

58. You should think that (*a*) / of all the possibilities (*b*) / before you take any decision, (*c*) / No Error (*d*)

59. He was too tired that (*a*) / he could not cross (*b*) / the street even with the help of a porter, (*c*) / No Error (*d*)

60. Your desire to meet the President (*a*) / without prior (*b*) / appointment, can not be fullfilled. (*c*) / No Error (*d*)

61. Whenever a man attain fame, (*a*) / his person qualities are (*b*) / imitated by others who are close to him. (*c*) / No Error (*d*)

62. Rivers, mountains and deep forests (*a*) / are the places mostly like by (*b*) / people living in urban areas, (*c*) / No Error (*d*)

63. When we visited his office (*a*) / we found that he was sipping coffee (*b*) /with some of his colleagues, (*c*) / No Error (*d*)

64. For giving up the bad habit of smoking (*a*)/ use of chewing gum or (*b*) / Similar other method can be helped, (*c*) / No Error (*d*)

65. His obviously reluctance (*a*) / was viewed seriously by (*b*) / his superiors and he was suspended, (*c*) / No Error (*d*)

Direction (66-75) : *In the following passage there are blanks, each of which has been numbered. These numbers are printed below the passage and against each, four words are suggested, one of the which fits the blank apropriately. Find out the appropriate word in each case.*

Clement Atlee became the Prime Minister of England after the Second World War. Winston Churchill who had successfully **(66)** England and the allies to victory over Hilter was now rejected by the English people at the hustings. Labour Party was **(67)** to power and Atlee became the Prime Minister. One of his memorable tasks was that he was **(68)** in granting India its freedom. Atlee was bom in a well-to-do **(69)** but he always had **(70)** for the poor and the down-trodden. He is known for keeping **(71)** and cooperation among his cabinet colleagues. Not that there were no differences of opinion **(72)** his cabinet members, but Atlee. by is **(73)** nature and positive approach, always managed to keep them together and had control over them. **(74)** being sympathetic to the cause of India, and granting India freedrn, he **(75)** many a constructive activity for his country too, like nationalization of some industries, and starting national health Scheme.

66. (*a*) isolated (*b*) established (*c*) conquered (*d*) led

67. (*a*) averse (*b*) close (*c*) swept (*d*) used

68. (*a*) interested (*b*) instrumental (*c*) eager (*d*) reluctant

69. (*a*) class (*b*) origin (*c*) country (*d*) family

70. (*a*) concern (*b*) reverence (*c*) apathy (*d*) jobs

71. (*a*) assistance (*b*) conviction (*c*) harmony (*d*) faith

72. (*a*) among (*b*) within (*c*) between (*d*) from

73. (*a*) withdrawing (*b*) gentle (*c*) stubborn (*d*) aggressive

74. (*a*) Although (*b*) without (*c*) He (*d*) beside

75. (*a*) demonstrated (*b*) imitated (*c*) bypassed (*d*) did

भाग: III-संख्यात्मक अभियोग्यता

76. सोफिया अपने मासिक वेतन का 25% बीमा पॉलिसियों में निवेश करती है। वह अपने मासिक वेतन का 15% खरीददारी में और 35% पारिवारिक व्ययों पर खर्च करती है। शेष ₹ 9050 की वह बचत करती है। सोफिया की वार्षिक आय कितनी है ?

(*a*) ₹ 84,500 (*b*) ₹ 5,30,000 (*c*) ₹ 3,25,000 (*d*) ₹ 4,34,400

77. एक बगीचे में गुलाब और लिलि का अनुपात क्रमश: 3 : 2 है। गुलाब और लिलि की औसत संख्या 180 है। बगीचे में लिलि की संख्या कितनी है ?

(*a*) 144 (*b*) 182 (*c*) 216 (*d*) 360

78. 5% प्रतिवर्ष की दर से 3 वर्ष के अंत में ₹ 8,840 की राशि पर चक्रवृद्धि ब्याज की कितनी राशि मिलेगी ?

(*a*) ₹ 1393.405 (*b*) ₹ 1326 (*c*) ₹ 1384.50 (*d*) ₹ 1340

79. एक व्यापारी 150 मीटर कपड़ा ₹ 6,600 में और 300 मीटर कपड़ा ₹ 12,750 में बेचता है। व्यापारी जब 300 मीटर कपड़ा बेचता है तब वह कितनी रियायत देता है ?

(*a*) ₹ 3 (*b*) ₹ 2.5 (*c*) ₹ 1.5 (*d*) ₹ 2

80. बिना सर्विस एक कार 40 किमी. प्रति घंटा चलती है और सर्विस के बाद 65 किमी/घंटा चलती है। सर्विस के बाद 5 घंटे में यह कार एक निश्चित दूरी तय करती है। बिना सर्विस के उतनी ही दूरी को तय करने के लिए कार को लगभग कितना समय लगेगा ?

(*a*) 10 (*b*) 7 (*c*) 12 (*d*) 8

81. 33 लोगों में ₹ 5,874 की राशि समानत: बांटने पर प्रत्येक को कितनी राशि मिलेगी ?

(*a*) ₹ 178 (*b*) ₹ 176 (*c*) ₹ 174 (*d*) ₹ 172

82. एक वार्षिक परीक्षा में भैरवी को 875 में से कुल 543 अंक मिले हैं। वार्षिक परीक्षा में उसका लगभग प्रतिशत कितना है ?

(*a*) 57 (*b*) 62 (*c*) 66 (*d*) 69

83. भिन्न $\frac{4}{5}, \frac{3}{7}, \frac{5}{9}, \frac{6}{11}$ और $\frac{7}{13}$ को उनके मूल्यों के अनुसार आरोही क्रम में लगाया जाए तो कौन-सा दूसरा होगा ?

(*a*) $\frac{4}{5}$ (*b*) $\frac{6}{11}$

(*c*) $\frac{7}{13}$ (*d*) $\frac{5}{9}$

84. एक परीक्षा में पास होने के लिए कुल अंकों में से 540 अंक पाना जरूरी है। एक विद्यार्थी को 432 अंक मिलते हैं और उसे 90% अंकों से फेल घोषित किया जाता है। किसी विद्यार्थी को अधिकतम कुल कितने अंक मिल सकते हैं ?

(*a*) 1475

(*b*) 1350

(*c*) 1200

(*d*) निर्धारित नहीं किया जा सकता

85. सतत 4 विषम संख्याओं A, B, C, और D का औसत 44 है। A और D का गुणनफल क्या है ?

(*a*) 1763

(*b*) 1677

(*c*) 1845

(*d*) इनमें से कोई नहीं

86. एक स्कूल में विद्यार्थियों की कुल संख्या 2025 है। स्कूल में लड़कियों की संख्या 1175 है, तो स्कूल में लड़कों की कुल संख्या का लड़कियों की कुल संख्या से क्रमशः अनुपात क्या है ?

(*a*) 47 : 34

(*b*) 17 : 23

(*c*) 23 : 17

(*d*) 34 : 47

87. *A*, *B* और *C* की आय के अनुपात 7 : 9 : 12 के अनुपात में है तथा उनके व्यय 8 : 9 : 15 के अनुपात में है। यदि *A* अपनी आय का 1/4 भाग बचाता है, तो *A*, *B* तथा *C* की बचत का अनुपात है

(*a*) 56 : 99 : 69

(*b*) 69 : 56 : 99

(*c*) 99 : 56 : 99

(*d*) 99 : 69 : 56

88. दो वर्ष पूर्व माँ की आयु अपनी पुत्री की आयु का आठ गुना थी। एक वर्ष के पश्चात् माँ की आयु पुत्री की आयु का पाँच गुना होगी। अब से कितने वर्ष बाद माँ की आयु पुत्री की आयु का तीन गुना होगी ?

(*a*) 6 वर्ष (*b*) 8 वर्ष

(*c*) 10 वर्ष (*d*) 12 वर्ष

89. यदि 2.5252525 ... = $\frac{p}{q}$ (न्यूनतम रूप में), तो $\frac{q}{p}$ का मान क्या है ?

(*a*) 0.4 (*b*) 0.42525

(*c*) 0.0396 (*d*) 0.396

90. यदि m और n का महत्तम समापवर्तक 1 है, तो $m + n, m$ का महत्तम समापवर्तक तथा का महत्तम समापर्वतक क्रमशः क्या हैं ?

$(m > n)$

(*a*) 1 और 2

(*b*) 2 और 1

(*c*) 1 और 1

(*d*) निर्धारित नहीं किया जा सकता

91. एक भाग संक्रिया में, भाजक भागफल का 5 गुना और शेषफल का दो गुना है। यदि शेषफल 15 है तो भाज्य क्या है ?

(*a*) 175 (*b*) 185

(*c*) 195 (*d*) 205

92. किसी गाँव की जनसंख्या एक वर्ष में 20% अधिक हो जाती है और अगले वर्ष तक 20% कम हो जाती है। यदि तीसरे वर्ष के प्रारंभ में जनसंख्या 5184 है, तो प्रथम वर्ष में जनसंख्या क्या थी ?

(*a*) 5400 (*b*) 5500

(*c*) 5600 (*d*) 5800

93. एक वायुयान एक वर्ग की चारों भुजाओं पर क्रमशः 100, 200, 300 और 400 km प्रतिघंटे की चाल से उड़ता है। वर्ग के परितः वायुयान की इस उड़ान में उसकी औसत चाल क्या है ?

(*a*) 196 km प्रतिघंटा

(*b*) 200 km प्रतिघंटा

(*c*) 250 km प्रतिघंटा

(*d*) उपर्युक्त तीनों में से कोई नहीं

94. दो संख्याओं का लघुतम समापवर्त्य, उनके महत्तम समापवर्तक का 16 गुना है। लघुत्तम समापवर्त्य और महत्तम समापर्वतक का योगफल 850 है। यदि एक संख्या 50 है, तो दूसरी संख्या क्या है ?

(*a*) 800 (*b*) 1200
(*c*) 1600 (*d*) 2400

95. पांच घंटे एक साथ बजाना प्रारंभ करते हैं और क्रमश: 2, 4, 5, 6, 8 और सेकेंडों के अंतराल से बजते हैं। तो 20 मिनटों में पाँचों घंटे कितनी बार एक साथ बजते हैं ?

(*a*) 10 (*b*) 11
(*c*) 12 (*d*) 15

96. संगमरमर के एक आयताकार 28 सेमी चौड़े तथा 5 सेमी मोटे टुकड़े का भार 112 किग्रा है। यदि एक घन सेमी संगमरमर का भार 25 ग्राम हो, तो टुकड़े की लंबाई है

(*a*) 36 सेमी (*b*) 37.5 सेमी
(*c*) 32 सेमी (*d*) 26.5 सेमी

97. साइकिल का एक पहिया 440 m की दूरी तय करने में 1000 परिक्रमण करता है। पहिये का व्यास कितना है ?

(*a*) 7 cm (*b*) 14 cm
(*c*) 28 cm (*d*) 21 cm

98. एक क्रिकेट मैच में एक टीम के पहले 5 बल्लेबाजों ने 30, 40, 50, 30 और 40 रनों के स्कोर बनाए। यदि इन आंकड़ों से एक ऐसी चतुर्भुजीय आकृति निरूपित होती हो जिसका एक विकर्ण 50 हो, तो दूसरा विकर्ण क्या निरूपित करेगा ?

(*a*) 30 रन (*b*) 40 रन
(*c*) 50 रन (*d*) 70 रन

99. घास के मैदान में एक खूंटे से बंधी गाय 10.5 मीटर दूर तक चर सकती है। वह कितने क्षेत्रफल की घास कर सकती है ?

(*a*) 346.5 वर्ग मी (*b*) 315.75 वर्ग मी
(*c*) 254 वर्ग मी (*d*) 412.50 वर्ग मी

100. एक वृत्त a भुजा वाले समबाहु त्रिभुज में अंतवृत्त है। उस वर्ग का क्षेत्रफल क्या है जो इस अंतवृत्त में अंर्तवर्ग है ?

(*a*) $\frac{a^3}{3}$ (*b*) $\frac{a^2}{4}$
(*c*) $\frac{a^2}{6}$ (*d*) $\frac{a^2}{8}$

भाग: IV-सामान्य सचेतता

101. अमृतसर की संधि निम्नलिखित में से किसके और महाराजा रणजीत सिंह के बीच संपादित हुई ?

(*a*) लॉर्ड कार्नवालिस (*b*) लॉर्ड डलहौजी
(*c*) लॉर्ड हेस्टिंग (*d*) लॉर्ड मिंटो

102. निम्नलिखित कथनों पर विचार कीजिए–

1. केंद्रीय सरकार के मंत्रालयों/विभागों का सृजन प्रधानमंत्री द्वारा किया जाता है।
2. मंत्रिमंडलीय सचिव सिविल सेवा बोर्ड के पदेन अध्यक्ष होते हैं।

उपर्युक्त कथनों में से कौन-सा/से सही है/हैं ?

(*a*) केवल 1 (*b*) केवल 2
(*c*) 1 और 2 दोनों (*d*) न तो 1 और न ही 2

103. भारत के संविधान के अनुच्छेद 371 'क' के संदर्भ में निम्नलिखित में से किस राज्य के राज्यपाल का राज्य के कानून एवं व्यवस्था के विषय में विशेष उत्तरदायित्व है ?

(*a*) असोम (*b*) मणिपुर
(*c*) नागालैंड (*d*) आंध्र प्रदेश

104. राजभाषा विभाग निम्नलिखित में से किस मंत्रालय के अधीन आता है ?

(*a*) संस्कृति मंत्रालय
(*b*) गृह मंत्रालय
(*c*) मानव संसाधन विकास मंत्रालय
(*d*) सूचना एवं प्रसारण मंत्रालय

105. अंतर्राष्ट्रीय पुनर्निर्माण और विकास बैंक को निम्नलिखित में से किस एक नाम से भी जाना जाता है ?

(*a*) क्रेडिट बैंक (*b*) एक्जिम बैंक
(*c*) विश्व बैंक (*d*) एशियन बैंक

106. निम्नलिखित कथनों पर विचार कीजिए–

1. संघ लोक सेवा आयोग के अध्यक्ष एवं सदस्यों की नियुक्ति राष्ट्रपति द्वारा की जाती है।
2. संघ लोक सेवा आयोग के अध्यक्ष एवं सदस्य के अधीन अन्य रोजगार के लिए अर्ह होते हैं।

उपर्युक्त में से कौन-सा/से कथन सही है/हैं ?

(*a*) केवल 1 (*b*) केवल 2
(*c*) 1 और 2 दोनों (*d*) न तो 1 और न ही 2

107. बंबई उच्च न्यायालय, की निम्नलिखित में से किस एक स्थान पर कोई न्यायपीठ नहीं है ?

(*a*) नागपुर (*b*) पणजी

(*c*) पुणे (*d*) औरंगाबाद

108. निम्नलिखित कथनों पर विचार कीजिए–

1. भारत के संविधान का अनुच्छेद 46 अनुसूचित जातियों एवं अनुसूचित जनजातियों को निःशुल्क विधिक सहायता प्रदान करता है।
2. भारत के संविधान का अनुच्छेद 14 कानून के समक्ष समानता प्रदान करता है।

उपर्युक्त में से कौन सा/से कथन सही है/हैं ?

(*a*) केवल 1

(*b*) केवल 2

(*c*) 1 और 2 दोनों

(*d*) न तो 1 और न ही 2

109. निम्नलिखित में से कौन-सा एक युग्म सही सुमेलित नहीं है ?

संगठन	**मुख्यालय**
(*a*) अंतर्राष्ट्रीय श्रम संगठन	– जेनेवा
(*b*) अंतर्राष्ट्रीय समुद्री संगठन	– लंदन
(*c*) अंतर्राष्ट्रीय मुद्रा कोष	– वाशिंगटन डी. सी.
(*d*) अंतर्राष्ट्रीय परमाणु ऊर्जा अभिकरण	– न्यूयॉर्क

110. निम्नलिखित में से किस एक राज्य में काकरापार नाभिकीय शक्ति स्टेशन स्थित है ?

(*a*) कर्नाटक (*b*) तमिलनाडु

(*c*) महाराष्ट्र (*d*) गुजरात

111. निम्नलिखित में से कौन-सा एक कथन सही नहीं है ?

(*a*) सभी याम्योत्तर वास्तविक उत्तर-दक्षिण दिशा में चलते हैं

(*b*) याम्योत्तर भूमध्य रेखा पर सबसे अधिक दूर होते हैं और ध्रवों पर सर्वनिष्ठ बिंदुओं पर अभिसरित होते हैं

(*c*) सभी याम्योत्तर सदैव एक दूसरे के समानांतर होते हैं

(*d*) ग्लोब पर अनिश्चित संख्या में याम्योत्तर खींचे जा सकते हैं

112. कूनूर का पर्वतीय स्टेशन निम्नलिखित में से किस राज्य में स्थित है ?

(*a*) कर्नाटक (*b*) आंध्र प्रदेश

(*c*) केरल (*d*) तमिलनाडु

113. निम्नलिखित में से कौन-सा एक स्थान रेल के डिब्बों के निर्माण के लिए प्रसिद्ध है ?

(*a*) नासिक

(*b*) कपूरथला

(*c*) कानपुर

(*d*) कोच्चि

114. सूची-I को सूची-II के साथ सुमेलित कीजिए और सूचियों के नीचे दिए गए कूट का प्रयोग कर सही उत्तर चुनिए–

सूची-I	**सूची-II**
A. स्लेट	1. आग्नेय शैल
B. लिग्नाइट	2. कायांतरित शैल
C. बॉक्साट	3. अलौह लवण
D. ग्रेनाइट	4. अवसादी शैल

	A	**B**	**C**	**D**
(*a*)	1	3	4	2
(*b*)	2	4	3	1
(*c*)	2	3	4	1
(*d*)	1	4	3	2

115. निम्नलिखित में से कौन-सा कथन सही है ?

प्लास्टर ऑफ पेरिस का जमाव–

(*a*) निर्जलन के कारण होता है

(*b*) वातावरणीय ऑक्सीजन के साथ ऑक्सीकरण के कारण होता है

(*c*) जलयोजन द्वारा एक अन्य हाइड्रेट के निर्माण के कारण होता है

(*d*) वातावरणीय CO_2 के साथ संयोजन के कारण होता है

116. निम्नलिखित में से कौन-सी एक नदी अरब सागर से जा मिलती है ?

(*a*) इंद्रावती (*b*) गोदावरी

(*c*) कावेरी (*d*) नर्मदा

117. निम्नलिखित में से किस एक के लिए सुआलकुची प्रसिद्ध है ?

(*a*) पक्षी अभयारण्य

(*b*) मंदिर नगर

(*c*) रेशम केंद्र

(*d*) पर्वतीय स्थल

118. सूची-I को सूची-II के साथ सुमेलित कीजिए और सूचियों के नीचे दिए गए कूट का प्रयोग कर सही उत्तर चुनिए–

सूची-I	**सूची-II**
A. औरंगाबाद	1. ऑरोविले
B. गुवाहाटी	2. सारनाथ
C. पुचुचेरी	3. एलोरा के मंदिर
D. वाराणसी	4. नीलांचल पहाड़ियाँ

	A	**B**	**C**	**D**
(*a*)	3	4	1	2
(*b*)	2	1	4	3
(*c*)	3	1	4	2
(*d*)	2	4	1	3

119. निम्नलिखित में से किस एक राज्य में पट्टडाकल स्मारक स्थित हैं ?

(*a*) बिहार (*b*) ओड़िसा
(*c*) मध्य प्रदेश (*d*) कर्नाटक

120. निम्नलिखित में से किस एक राज्य में रंगनाथित्तु पक्षी अभयारण्य स्थित है ?

(*a*) तमिलनाडु (*b*) केरल
(*c*) कर्नाटक (*d*) आंध्र प्रदेश

121. निम्नलिखित में से किस एक के कारण कुहासा होता है ?

(*a*) संघनन (*b*) वाष्पीकरण
(*c*) ऊर्ध्वपातन (*d*) संतृप्ति

122. निम्नलिखित में से किस एक स्थान के अक्षांश तथा देशांतर क्रमश: 28.38 N और 77.12 E हैं ?

(*a*) जयपुर (*b*) दिल्ली
(*c*) लखनऊ (*d*) इलाहाबाद

123. निम्नलिखित में से किस भारतीय राज्य की बंगलादेश के साथ साझी अंतर्राष्ट्रीय सीमा नहीं है ?

(*a*) मणिपुर (*b*) पश्चिम बंगाल
(*c*) त्रिपुरा (*d*) असोम

124. पूर्व से पश्चिम की तरफ चलने पर निम्नलखित स्थानों के आने का सही क्रम क्या है ?

1. मुर्शिदाबाद 2. गोरखपुर
3. भोपाल 4. भावनगर

नीचे दिए गए कूट का प्रयोग कर सही उत्तर चुनिए–

(*a*) 2-4-3-1 (*b*) 1-3-4-2
(*c*) 1-2-3-4 (*d*) 4-3-2-1

125. निम्नलिखित में से किस एक राज्य में कुल भू-क्षेत्र का अधिकतम वन क्षेत्र है ?

(*a*) मिजोरम (*b*) अरुणाचल प्रदेश
(*c*) सिक्किम (*d*) जम्मू और कश्मीर

126. रिहंद घाटी परियोजना निम्नलिखित में से किस एक राज्य में अवस्थित है ?

(*a*) ओड़िसा (*b*) गुजरात
(*c*) हिमाचल प्रदेश (*d*) उत्तर प्रदेश

127. निम्नलिखित में से किस एक नदी के किनारे नासिक शहर स्थित है ?

(*a*) कृष्णा (*b*) मांडवी
(*c*) गोदावरी (*d*) तापी

128. निम्नलिखित में से किस एक के लिए प्लैनीमीटर का इस्तेमाल किया जाता है ?

(*a*) किसी मानचित्र पर पृष्ठीय क्षेत्रफल को जानने के लिए
(*b*) किसी मानचित्र पर दूरी को जानने के लिए
(*c*) किसी मानचित्र पर दिशा को जानने के लिए
(*d*) किसी मानचित्र पर स्थलों की ऊँचाई जानने के लिए

129. गंगा तंत्र की निम्नलिखित में से कौन-सी सहायक नदी उत्तर की ओर बहती है ?

(*a*) कोसी (*b*) घाघरा
(*c*) गंडक (*d*) सोन

130. विश्व में खाद्य की गुणवत्ता, मात्रा तथा उपलब्धता में वृद्धि को प्रोत्साहित करने के लिए निम्नलिखित में से किस एक द्वारा विश्व खाद्य पुरस्कार की स्थापना की गई है ?

(*a*) प्रो. एम. एस. स्वामीनाथन
(*b*) यू. एन. डी. पी.
(*c*) प्रो. नोरमन बोरलॉग
(*d*) डब्ल्यू. एच. ओ.

131. निम्नलिखित में से कौन-सा भारत का पहला तुल्यकाली दूरसंचार उपग्रह है ?

(*a*) INSAT-IA (*b*) APPLE
(*c*) रोहिणी (*d*) आर्यभट्ट

132. निम्नलिखित में से कौन एक स्वतंत्र भारत के चौथे राष्ट्रपति थे ?

(*a*) जाकिर हुसैन (*b*) जैल सिंह
(*c*) वी. वी. गिरी (*d*) नीलम संजीव रेड्डी

133. निम्नलिखित में से किस एक वर्ष में सूचना का अधिकार अधिनियम प्रभावी हुआ ?

(*a*) 2003 (*b*) 2004
(*c*) 2005 (*d*) 2006

134. निम्नलिखित में से किस भारतीय राज्य को पोलो खेल का उद्‌गम माना जाता है ?

(*a*) पश्चिम बंगाल (*b*) मेघालय
(*c*) मणिपुर (*d*) सिक्किम

135. निम्नलिखित में से किस एक उच्च न्यायालय द्वारा भारत में 'बंद' आयोजित करने को पहली बार अवैध घोषित किया गया ?

(*a*) राजस्थान उच्च न्यायालय
(*b*) गुजरात उच्च न्यायालय
(*c*) केरल उच्च न्यायालय
(*d*) महाराष्ट्र उच्च न्यायालय

136. 1946-1947 के दौरान अंतरिम सरकार में निम्नलिखित में से कौन एक भारत सरकार के वित्त मंत्री थे ?

(*a*) आर. के षणमुगम चेट्टी
(*b*) जॉन मथाई
(*c*) लिआकत अली खान
(*d*) चिन्तामनराव देशमुख

137. निम्नलिखित कथनों पर विचार कीजिए–

1. भारत में काम के बदले अनाज कार्यक्रम 10वीं पंचवर्षीय योजना के दौरान शुरू किया गया।
2. भारत में योजना आयोग एक संवैधानिक निकाय है।

उपर्युक्त में से कौन सा/से कथन सही है/हैं ?

(*a*) केवल 1 (*b*) केवल 2
(*c*) 1 और 2 दोनों (*d*) न तो 1 और न ही 2

138. निम्नलिखित में से कौन एक योजना आयोग के प्रथम अध्यक्ष थे ?

(*a*) डॉ. राजेन्द्र प्रसाद
(*b*) पं. जवाहर लाल नेहरू
(*c*) सरदार बल्लभ भाई पटेल
(*d*) जे. बी. कृपलानी

139. निम्नलिखित में से कौन-सा एक देश आसियान (ASEAN) का सदस्य नहीं है ?

(*a*) ब्रूनेइ दारुस्सलाम (*b*) कंबोडिया
(*c*) वियतनाम (*d*) भारत

140. निम्नलिखित में से किस एक स्थान पर उत्तर-पूर्वी रेलवे का मुख्यालय स्थिति है ?

(*a*) गुवाहाटी (*b*) गोरखपुर
(*c*) कोलकाता (*d*) भुवनेश्वर

141. भारत निम्नलिखित में से किस अंतर्राष्ट्रीय संगठन का सदस्य है ?

1. इंडियन ओशन रिम एसोसिएशन फॉर रीजनल कोऑपरेशन।
2. ऑर्गेनाइजेशन फॉर इकोनोमिक कोऑपरेशन एंड डेवलपमेंट।

(*a*) केवल 1
(*b*) केवल 2
(*c*) 1 और 2 दोनों
(*d*) न तो 1 और न ही 2

142. निम्नलिखित में से कौन 'नवरत्न' सार्वजनिक क्षेत्र का उपक्रम नहीं है ?

(*a*) हिंदुस्तान पेट्रोलियम कॉरपोरेशन लि.
(*b*) इंडियन ऑयल कॉरपोरेशन लि.
(*c*) ऑयल एंड नेचुरल गैस कॉरपोरेशन लि.
(*d*) ऑयल इंडिया लि.

143. सूची-I को सूची-II के साथ सुमेलित कीजिए और सूचियों के नीचे दिए गए कूट का प्रयोग कर सही उत्तर चुनिए–

सूची-I (*भारतीय राष्ट्रीय कांग्रेस का अधिवेशन*)

A. पहला अधिवेशन
B. दूसरा अधिवेशन
C. तीसरा अधिवेशन
D. चौथा अधिवेशन

सूची-II (*स्थान*)

1. इलाहाबाद
2. मद्रास
3. कलकत्ता
4. बंबई

	A	B	C	D
(*a*)	4	3	2	1
(*b*)	1	3	2	4
(*c*)	4	2	3	1
(*d*)	1	2	3	4

144. भारत में मुसलमानों के लिए अलग निर्वाचन क्षेत्र निम्नलिखित में से किस कानून के तहत शुरू किए गए थे ?

(*a*) 1909 का भारत सरकार अधिनियम

(*b*) 1892 का इंडियन काउंसिल्स ऐक्ट

(*c*) 1919 का रौलेट ऐक्ट

(*d*) 1935 का भारत सरकार अधिनियम

145. भारतीय राष्ट्रीय कांग्रेस की स्थापना के समय निम्नलिखित में से कौन, भारत का वायसराय था ?

(*a*) लॉर्ड मेयो

(*b*) लॉर्ड रिपन

(*c*) लॉर्ड डफरिन

(*d*) लॉर्ड लैंसडाउन

146. निम्नलिखित को कालानुक्रम में लगाइए–

1. बंगाल का विभाजन
2. चौरी-चौरा घटना
3. प्रथम गोलमेज सम्मेल

(*a*) 1-2-3

(*b*) 3-2-1

(*c*) 1-3-2

(*d*) 2-1-3

147. देश में रोगयुक्त पादपों के प्रवेश की रोकथाम के लिए संगरोध विनियमन निम्नलिखित में से किसके द्वारा किया जाता है ?

(*a*) राष्ट्रीय वनस्पति अनुसंधान (नेशनल बोटेनिकल रिसर्च इंस्टीट्यूट)

(*b*) भारतीय वनस्पति सर्वेक्षण (बोटेनिकल सर्वे ऑफ इंडिया)

(*c*) राष्ट्रीय पादप आनुवंशिक संसाधन ब्यूरो (नेशनल ब्यूरो ऑफ प्लांट जेनेटिक रिसोर्सेज)

(*d*) वैज्ञानिक एवं औद्योगिक अनुसंधान परिषद् (काउंसिल ऑफ साइंटिफिक एंड इंडस्ट्रियल रिसर्च)

148. वर्ष 2011 की जनगणना के आंकड़ों के अनुसार भारत की जनसंख्या कितने करोड़ हो गई है ?

(*a*) 118 करोड़ (*b*) 121 करोड़

(*c*) 123 करोड़ (*d*) 125 करोड़

149. जनगणना 2011 के अनुसार देश में प्रति एक हजार पुरूषों पर महिलाओं कितनी हो गई है ?

(*a*) 933 (*b*) 936

(*c*) 940 (*d*) 944

150. आधुनिक भारत में पहली जनगणना किसके काल में हुई थी ?

(*a*) लॉर्ड डलहौजा (*b*) लॉर्ड मेयो

(*c*) लॉर्ड कैनिंग (*d*) लॉर्ड रिपन

उत्तरमाला

1. (*c*)	**2.** (*b*)	**3.** (*b*)	**4.** (*c*)	**5.** (*b*)	**6.** (*b*)	**7.** (*b*)	**8.** (*d*)	**9.** (*d*)	**10.** (*b*)
11. (*b*)	**12.** (*b*)	**13.** (*a*)	**14.** (*c*)	**15.** (*d*)	**16.** (*d*)	**17.** (*d*)	**18.** (*b*)	**19.** (*a*)	**20.** (*a*)
21. (*c*)	**22.** (*d*)	**23.** (*d*)	**24.** (*d*)	**25.** (*c*)	**26.** (*c*)	**27.** (*d*)	**28.** (*d*)	**29.** (*b*)	**30.** (*d*)
31. (*a*)	**32.** (*d*)	**33.** (*c*)	**34.** (*d*)	**35.** (*b*)	**36.** (*d*)	**37.** (*a*)	**38.** (*b*)	**39.** (*d*)	**40.** (*a*)
41. (*b*)	**42.** (*c*)	**43.** (*d*)	**44.** (*a*)	**45.** (*d*)	**46.** (*a*)	**47.** (*b*)	**48.** (*d*)	**49.** (*a*)	**50.** (*c*)
51. (*b*)	**52.** (*d*)	**53.** (*c*)	**54.** (*d*)	**55.** (*c*)	**56.** (*c*)	**57.** (*a*)	**58.** (*a*)	**59.** (*a*)	**60.** (*d*)
61. (*b*)	**62.** (*c*)	**63.** (*d*)	**64.** (*c*)	**65.** (*b*)	**66.** (*d*)	**67.** (*c*)	**68.** (*b*)	**69.** (*d*)	**70.** (*a*)
71. (*c*)	**72.** (*a*)	**73.** (*d*)	**74.** (*d*)	**75.** (*d*)	**76.** (*d*)	**77.** (*a*)	**78.** (*a*)	**79.** (*c*)	**80.** (*d*)
81. (*a*)	**82.** (*a*)	**83.** (*c*)	**84.** (*c*)	**85.** (*d*)	**86.** (*d*)	**87.** (*a*)	**88.** (*b*)	**89.** (*d*)	**90.** (*c*)
91. (*c*)	**92.** (*a*)	**93.** (*d*)	**94.** (*a*)	**95.** (*a*)	**96.** (*c*)	**97.** (*b*)	**98.** (*c*)	**99.** (*a*)	**100.** (*d*)
101. (*d*)	**102.** (*a*)	**103.** (*c*)	**104.** (*b*)	**105.** (*c*)	**106.** (*a*)	**107.** (*c*)	**108.** (*c*)	**109.** (*d*)	**110.** (*d*)
111. (*c*)	**112.** (*c*)	**113.** (*b*)	**114.** (*b*)	**115.** (*b*)	**116.** (*d*)	**117.** (*c*)	**118.** (*a*)	**119.** (*d*)	**120.** (*c*)
121. (*a*)	**122.** (*b*)	**123.** (*a*)	**124.** (*c*)	**125.** (*a*)	**126.** (*d*)	**127.** (*c*)	**128.** (*a*)	**129.** (*d*)	**130.** (*c*)
131. (*b*)	**132.** (*c*)	**133.** (*c*)	**134.** (*c*)	**135.** (*c*)	**136.** (*a*)	**137.** (*a*)	**138.** (*b*)	**139.** (*d*)	**140.** (*b*)
141. (*a*)	**142.** (*a*)	**143.** (*c*)	**144.** (*a*)	**145.** (*c*)	**146.** (*a*)	**147.** (*)	**148.** (*b*)	**149.** (*c*)	**150.** (*d*)

व्याख्या

1. 18 S 36 R 12 Q 6 P 7

$= 18 \times 36 \div 12 - 6 + 7$

$= 18 \times 3 - 6 + 7$

$= 54 - 6 + 7$

$= 61 - 6$

$= 55$

5.

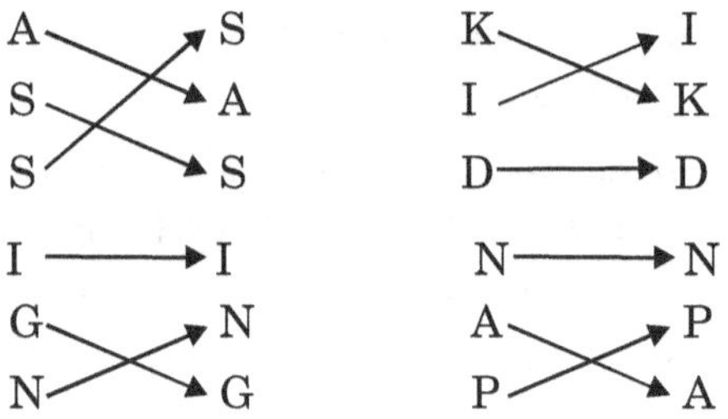

6.

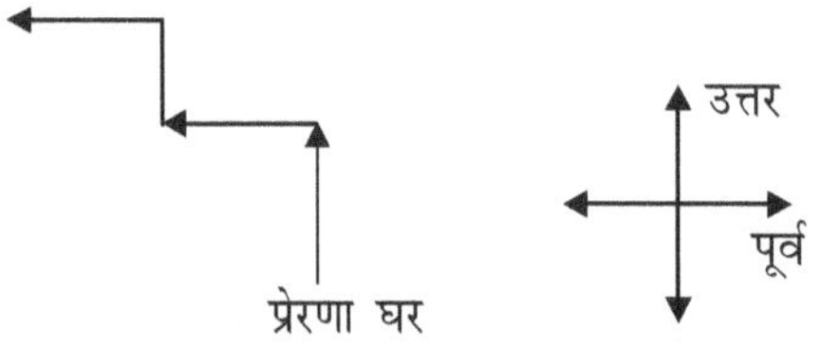

19.

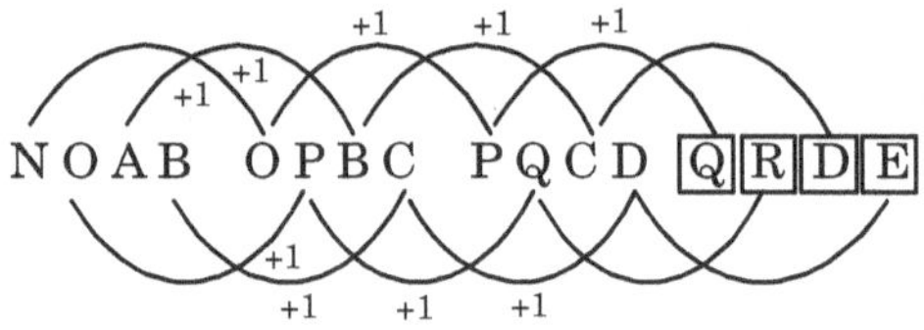

20. 33 28 24 [21] 19 18

(अंतर: 5, 4, 3, 2, 1)

21. 6 10 18 34 [66]

(×2 − 2, ×2 − 2, ×2 − 2, ×2 − 2)

22. a [b] ab [c] bc bc [a] ca ca [b]

23.

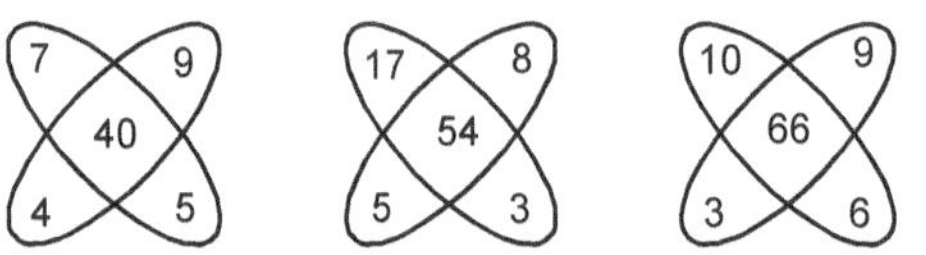

$7 \times 5 + 9 - 4 = 40$ $\quad 17 \times 3 + 8 - 5 = 54$ $\quad 10 \times 6 + 9 - 3 = 66$

76. कुल खर्च $= 25\% + 15\% + 35\%$

$= 75\%$

माना उसकी मासिक आय ₹x है

कुल बचत $= 25\%$

प्रश्न से,

$x \times 25\% = 9050$

$\therefore \quad x = \dfrac{9050 \times 100}{25}$

= ₹ 36200

वार्षिक आय = 36200 × ₹ 12

= ₹ 434400

82. कुल अंक = 875

प्राप्त अंक = 543

% अंक $= \dfrac{543 \times \cancel{100}^{\cancel{20}\,4}}{\cancel{875}_{\cancel{175}\,37}}$

= 62% (लगभग)

85. माना चार सतत् विषम संख्यायें (A, B, C, D); $x-3$, $x-1$, $x+1$ तथा $x+3$ हैं।

अत: $\dfrac{A+B+C+D}{4} = 44$

$\therefore x - 3 + x - 1 + x + 1 + x + 3 = 44 \times 4$

or $4x = 44 \times 4$

or $x = 44$

$\therefore A = 44 - 3 = 41$

$D = 44 + 3 = 47$

$\therefore$ A तथा D का गुणनफल $= 41 \times 47 = 1927$

89. माना $\dfrac{p}{q} = x$

$x = 2.5252 \ldots\ldots$

or $x = 2.\overline{52}$ ... (i)

or $100x = 252.\overline{52}$ ...(ii)

(ii) − (i)

$99x = 250$

$\therefore \quad x = \dfrac{250}{99}$

$\therefore \quad \dfrac{q}{p} = \dfrac{1}{x} = \dfrac{99}{250} = 0.396$

97. दूरी = 440 m

परिक्रमण = 1000

$\therefore$ 1 परिक्रमण $= \dfrac{440}{100}$ m

$\therefore$ 1 परिक्रमण = परिधि

$\dfrac{440}{1000} = \pi D$

or $D = \dfrac{14}{100}$ m = 14 cm

अभ्यास पत्र-7

समय : 2 घंटे **पूर्णांक : 150**

भागः I-सामान्य बुद्धिमत्ता

1. एक व्यक्ति मार्ग नं. 701, 702 तथा 703 के लिए इंतजार कर रहा है। मार्ग नं. 701 की बस प्रति 5 मिनट बाद, मार्ग नं. 702 की बस प्रति 10 मिनट बाद तथा मार्ग 703 की बस प्रति 15 मिनट बाद आती है, जैसे ही वह व्यक्ति बस स्टॉप पर पहुँचता है, ठीक उसी समय एक बस, बस स्टॉप से जाती है, तो अब उसको कम-से-कम कितने समय प्रतीक्षा करनी पड़ेगी ?

(*a*) 3 मिनट (*b*) 4 मिनट
(*c*) 5 मिनट (*d*) 6 मिनट

2. यदि किसी सांकेतिक भाषा के वर्णमाला A N B O C P D Q E R F S G T H U I V J W K X L Y M Z प्रकार हैं तथा 'CAT' को 'ONG' लिखा जाता है, तो DOG को उसी भाषा में कैसे लिखा जाएगा?

(*a*) QCS (*b*) PCS
(*c*) QBS (*d*) PCT

3. रेलवे आरक्षण सूची में श्याम का स्थान ऊपर से 31वाँ तथा मोहन का स्थान नीचे से 30वाँ है। यदि दोनों की स्थिति बदल दी जाए, तो मोहन की स्थिति नीचे से 41वीं हो जाता है। दोनों के बीच आरक्षण सूची में कितने व्यक्ति हैं?

(*a*) 10 (*b*) 20
(*c*) 30 (*d*) 40

4. छः व्यक्ति ताश खेल रहे हैं। गोपाल और कृष्ण एक-दूसरे के सामने हैं। कृष्ण मोहन के बायीं ओर तथा गिरधर के दाईं ओर है। मोहन मुरली के बायीं ओर है। यदि मुरली और मनोहर तथा गिरधर और कृष्ण परस्पर स्थान बदल लेते हैं, तो मुरली के बायीं ओर कौन होगा?

(*a*) गोपाल (*b*) कृष्ण
(*c*) मोहन (*d*) मनोहर

5. निम्नलिखित आकृति में कितने समानान्तर चतुर्भुज हैं?

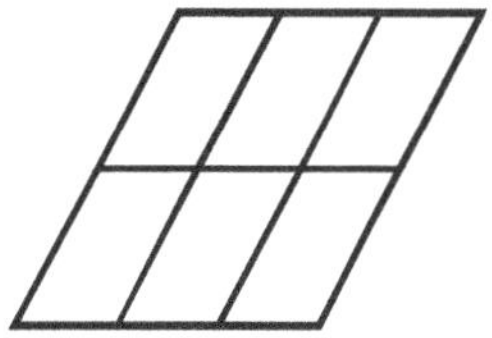

(*a*) 12 (*b*) 16
(*c*) 18 (*d*) 20

6. यदि '–' का अर्थ '÷', '+' का अर्थ '×', '÷' का अर्थ '–' तथा '×' का अर्थ '+' हो, तो नीचे दिये हुए समीकरणों में से कौन-सा सही है?

(*a*) $8 \div 3 \times 2 + 8 - 6 = 10$

(*b*) $18 - 3 + 2 \times 8 \div 6 = 14$

(*c*) $18 \times 3 + 2 \div 8 - 6 = 15$

(*d*) $18 - 3 \div 2 \times 8 + 6 = 17$

7. मनोज अपने घर से 9 बजने से 20 मिनट पूर्व सुबह चलता है तथा 25 मिनट में श्याम के घर पहुँच जाता है। वहाँ वे दोनों 15 मिनट में नाश्ता करके कार्यालय के लिए चलते हैं तथा चलने के 35 मिनट पश्चात् कार्यालय पहुँच जाते हैं। श्याम के घर से कार्यालय के लिए वे कब निकलते हैं?

(*a*) 8 : 40 बजे

(*b*) 9 : 20 बजे

(*c*) 9 : 40 बजे

(*d*) 9 : 45 बजे

8. यदि अंग्रेजी वर्णमाला को उल्टे क्रम में लिखा जाए, तो बाईं ओर से 12वें अक्षर के दायीं ओर सातवाँ अक्षर कौन-सा होगा?

(*a*) V (*b*) H
(*c*) C (*d*) S

9. विजय, विनय, कृष्ण तथा बल्लभ ताश खेल रहे हैं। विजय तथा विनय आपस में जोड़ीदार हैं। बल्लभ का मुख उत्तर की ओर है। यदि विजय का मुख पश्चिम की ओर हो, तो बताइए कि किसका मुख दक्षिण की ओर है?

(*a*) विनय (*b*) कृष्ण

(*c*) बल्लभ (*d*) उपरोक्त में से कोई नहीं

10. हरि दक्षिण की ओर 16 मी चलता है, फिर बाएँ मुड़कर 5 मीटर चलता है फिर उत्तर की ओर मुड़कर 7 मी चलता है और इसके बाद अपनी दाईं ओर मुड़कर 12 मी चलता है और फिर अन्त में वह बाएँ घूमकर 9 मी चलता है। बताइए कि वह अपने प्रारम्भिक स्थान से अभी कितनी दूर है ?

(*a*) 15 मी (*b*) 16 मी

(*c*) 17 मी (*d*) 20 मी

11. यदि किसी सांकेतिक भाषा में '12345' को '21436' लिखा जाता है, तो '21354' को उसी भाषा में कैसे लिखा जाएगा ?

(*a*) 30445 (*b*) 30454

(*c*) 12445 (*d*) 12454

12. मनोहर 1 किमी पूर्व जाता है, फिर वह 5 किमी दक्षिण जाता है, फिर वह पूर्व की ओर 2 किमी चलकर अन्त में 9 किमी उत्तर की ओर जाता है। अब वह प्रारम्भिक बिन्दु से कितनी दूर है ?

(*a*) 4 किमी (*b*) 5 किमी

(*c*) 6 किमी (*d*) 7 किमी

13. एक काले रंग के घन को 125 बराबर भागों में विभाजित किया गया है। ऐसे घनों की संख्या क्या होगी, जिनकी दो सतहें रंगीन हों ?

(*a*) 36 (*b*) 40

(*c*) 42 (*d*) 44

14. शंकर अपनी बहन से मिलने पहली बार सुबह 7:10 बजे आया, दूसरी बार 7:20 बजे आया, तीसरी बार 7:40 बजे आया और चौथी बार 8:10 बजे आया। वह फिर कब मिलने आयेगा ?

(*a*) 8 : 50 बजे (*b*) 8 : 40 बजे

(*c*) 8 : 30 बजे (*d*) 8 : 20 बजे

निर्देश (15-16) : निम्नलिखित प्रत्येक प्रश्न निम्न जानकारियों पर आधारित हैं–

(*i*) A + B का अर्थ है– A, B की पुत्री है।

(*ii*) A – B का अर्थ है– A, B की पत्नी है।

(*iii*) A × B का अर्थ है– A, B का पुत्र है।

15. यदि P × Q – S हो, तो निम्नलिखित में से कौन-सा कथन सत्य है ?

(*a*) S, P का पिता है

(*b*) P, Q की पुत्री है

(*c*) Q, P का पिता है

(*d*) S, Q की पत्नी है

16. यदि T – S × B – M हो, तो निम्नलिखित में से कौन-सा कथन असत्य है?

(*a*) S, B की पुत्री है (*b*) S, B की बहन है

(*c*) B, S की माँ है (*d*) S, T की पत्नी है

17. निम्नलिखित में से कौन-सा विजातीय है?

(*a*) मृत्यु-रोग (*b*) दूध-मक्खन

(*c*) अंगूर-मदिरा (*d*) जल-ऑक्सीजन

18. किसी सांकेतिक भाषा में '256' का अर्थ 'Boys are good', '637' का अर्थ 'Vijay is good' और '348' का अर्थ 'Shankar is bad' हो, तो इस भाषा में 'Vijay' के लिए कौन-सी संख्या प्रयुक्त की गयी है ?

(*a*) 5 (*b*) 6

(*c*) 7 (*d*) 8

19. एक 5 सेमी × 30 सेमी × 30 सेमी आकार के एक बड़े केक को 5 सेमी × 5 सेमी × 10 सेमी आकार के सर्वाधिक कितने टुकड़ों में काटा जा सकता है ?

(*a*) 10 (*b*) 15

(*c*) 18 (*d*) 30

20. सुधा जिसका मुख दक्षिण की ओर है। अपने बाईं ओर मुड़कर 15 मी चलती है। इसके बाद वह पुनः अपनी बाईं ओर मुड़कर 7 मी चलती है। इसके बाद पश्चिम की ओर मुख करके 15 मी चलती है। आप बताएँ कि वह अपने प्रारम्भिक स्थान से कितनी दूरी पर अभी स्थित है ?

(*a*) 7 मी (*b*) 17 मी

(*c*) 27 मी (*d*) 37 मी

21. 'FRIEND' शब्द के अक्षरों से कोई एक अक्षर निकाल दिया जाता है, तो नये बने शब्द का अर्थ विपरीत हो जाता है, आप बताइए कि निकाला गया अक्षर कौन-सा है ?

(*a*) F (*b*) R
(*c*) N (*d*) D

22. यदि '+' का अर्थ '×', '×' का अर्थ '÷', '–' का अर्थ '+' और '÷' का अर्थ '–' हो, तो 20 – 8 × 4 ÷ 3 + 2 का मान क्या होगा ?

(*a*) 16 (*b*) 18
(*c*) 20 (*d*) 22

23.

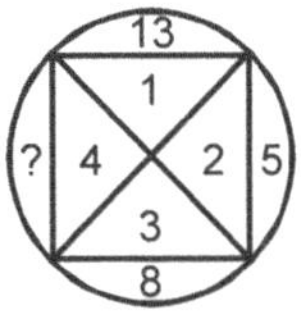

(*a*) 10 (*b*) 11
(*c*) 12 (*d*) 13

24. A, B, C, D, E, F और G एक परिवार के सदस्य हैं, जिनमें चार वयस्क और तीन बच्चें हैं, इनमें से दो F और G लड़कियाँ हैं, A और D भाई हैं एवं A एक डॉक्टर है, E एक इंजीनियर है, जो भाइयों में से एक से विवाहित है जिसके दो बच्चे हैं। B, D से विवाहित है और G उनकी सन्तान है। C कौन है ?

(*a*) A का पुत्र (*b*) E की पुत्री
(*c*) F का पिता (*d*) G का भाई

25. 'MEERUT' शब्द का दर्पण प्रतिबिम्ब है

(*a*) TUREEM (*b*) TURƎƎM
(*c*) T U ЯƎƎM (*d*) WEEBՈꓕ

भागः II-अंग्रेजी भाषा

Directions (26-40) : *Read the following passage carefully and answer the questions given below it. Certain words are printed in bold to help you to locate them while answering some of the questions.*

There was once a jackal that lived in a forest by the village along with all the other animals. Now, this particular jackal was adventurous and often strayed into the village in search of cooked food. It was not a particularly easy thing to do as he knew that the villagers would capture him if he were caught. Besides, the village was full of dogs and the jackal was afraid of them. They were sure to kill him or hurt him badly if they ever managed to catch him. But the **lure** of food proved too strong for him and so the jackal used to visit the village frequently.

One day, just as he was about to enter a big house he heard the sound of barking. To his horror goup of dogs running towards the house. They looked **fierce** and the jackal was soon trembling with fear. He ran haphazardly and tumbled right inside a tub of blue dye. The dogs didn't see him and ran the other way. By the time the jackal climbed out of the tub he was dyed blue from head to foot. He looked strange and totally unlike any other animal.

The jackal was very happy. "No one will be able to recognize me now" he said to himself, "I can easily fool everyone in the forest. "When he entered the forest once again everyone was surprised to see such a strange animal. They had never seen any animal of that colour before. "Who are you?" the smaller animals asked him. "Where have you come from ?' asked the mightly lion with a frown." "Lord Indra, king of heaven, has sent me to took after you" "said the blue jackal in a grand voice." I'll be your king from now on. "But I have always been the king of the forest' **protested** the mighty lion. "All that must change now as I am the king" said the blue jackal enjoying himself. "all of your must serve me and do exactly as I tell you."

"What if we don't ?" asked the Tiger. "Then Lord Indra will destroy the entire forest and all of you along with it" said the blue jackal. The animals did not dare to say anything more. "What would you like us to do ?" they asked the blue jackal." Bring me lots of food, to start with" said the blue jackal promptly, "I am hungry and can't take care of you unless I am property looked after."

The animals rushed off in search of food. They took care to bring whatever they could find and offered the best of everything to the blue jackal. The jackal was happy and had his fill. The animals promised to serve him faithfully. He assigned special duties to all the animals but **banished** the pack of jackals from the forest because he was afraid they might recognize him some day. The blue jackal had a wonderful time after that.

One day something **unexpected** happened. The banished pack of jackals was roaming just outside the forest and howled together loudly. The blue jackal for got as he used to do before. The other animals were present when it happened and stared at him incredulously. Here was their mighty blue king howling just like a jackal ! So he was a jackal after all and not a strange creature sent from heaven ! He had merely been fooling them all these days ! Well, they were not going to be fooled any longer. They fell upon the blue jackal and killed him before he could explain or protest, and that was the end of the blue jackal's reign as king !

26. Why did the jackal keep going to the village ?

(*a*) Because he had many friends in the village.

(*b*) Because he loved the food the humans prepared.

(*c*) Because he wanted to get away from the pack of jackals.

(*d*) Because he was not allowed in the forest.

27. When the jackal returned to the forest -

1. he was greeted warmly by the other animals.
2. the pack of jackals immediately recognized him.
3. the other animals were surprised to see him.

(*a*) Only 1 (*b*) Only 2

(*c*) Only 3 (*d*) Only 2 and 3

28. How did the jackal change his colour ?

(*a*) He not himself a skin treatment

(*b*) He prayed to Lord Indra to change his colour.

(*c*) He wore a set of blue clothes.

(*d*) He tumbled inside a tub containing blue dye.

29. What could be an appropriate title for the story ?

(*a*) The foolish animals

(*b*) The pack of jackals

(*c*) Lord Indra, king of heavens

(*d*) The blue jackal

30. What did the jackal do after he realized that his colour had changed ?

(*a*) Decided to trick the other animals in the forest.

(*b*) He decided to kill himself as no one would accept him.

(*c*) He pretended to be a dog and stayed in the village.

(*d*) None of these.

31. Why did the Jackal banish the pack of jackals from the forest?

(*a*) He feared they would be jealous of him.

(*b*) He feared they would not accept him.

(*c*) He feared they would recognize him.

(*d*) None of these.

32. What would happen if the animals refused to serve the jackal?

(*a*) The jackal would banish them all from the forest.

(*b*) The jackal would ensure that they be punished accordingly.

(*c*) Lord Indra would be very happy about their misbehaviour.

(*d*) Lord Indra would destroy the forest along with all the animals.

33. Why did the animals in the forest readily accept the blue jackal as their king ?

(*a*) Because he was different from all the other

(*b*) Because he had an answer to all their questions.

(*c*) Because he claimed he was sent by Lord Indra to look after them.

(*d*) Because the Lion who was the king of the forest was not doing a good job.

34. The other animals in the forest discovered that their king was indeed a jackal as

1. the jackal finally told them the truth about his colour.
2. their king was caught howling in response to the banished pack of jackals.
3. the dye faded off unexpectedly one morning.

(*a*) Only 1
(*b*) Only 2
(*c*) Only 3
(*d*) Only 1 and 2

35. What was the first demand of the blue jackal'.'

(*a*) That he be served at all times.
(*b*) That the pack of jackals be banished from the forest.
(*c*) That he be given a grand ceremony as king.
(*d*) That the animals in the forest worship him.

Directions (36-38) : *Choose the word which is most nearly the SAME in meaning as the word printed in bold as used in the passage.*

36. Fierce

(*a*) Daring (*b*) Solid
(*c*) Violent (*d*) Trained

37. Protested

(*a*) Objected (*b*) Said
(*c*) Affirmed (*d*) Fought

38. Lure

(*a*) Reward (*b*) Desire
(*c*) Happiness (*d*) Temptation

Directions (39-40) : *Choose the word which is most OPPOSITE in meaning of the word printed in bold as used in the passage.*

39. Unexpected

(*a*) Noticeable (*b*) Pleasant
(*c*) Ordinary (*d*) Usual

40. Banished

(*a*) Secluded (*b*) Embraced
(*c*) Included (*d*) Loved

Directions (41-50) : *Read each s 'ntence to find out whether there is any grammatical error in it. The error, if any, will be in one part of the sentence. The number of that part is the answer. If there is no error, the answer is (d), i.e., 'No error'. (Ignore the errors of punctuation, if any)*

41. The employee was asked to leave her job (*a*)/ as she was not (*b*)/ performing well (*c*)/. No error (*d*)

42. In school (*a*)/ we have to enrolled (*b*)/ in sports and music classes (*c*)/. No error (*d*)

43. This report (*a*)/ highlights on (*b*)/ the need for further research (*c*)/. No error (*d*)

44. My heart friend left the country (*a*)/I hope to hearing (*b*)/ from her again soon (*c*)/. No error (*d*)

45. She is pretending (*a*)/ to be sick (*b*)/ because she don't want to study (*c*)/. No error (*d*)

46. While I am (*a*)/ doing the house works (*b*)/ I like to listen to music on the radio (*c*)/. No error (*d*)

47. I was very lucky (*a*)/ that day (*b*)/ and catched a lot of fish (*c*)/. No error (*d*)

48. Several banks are shown interest (*a*)/ in the proposed development (*b*)/ of the public sector (*c*)/. No error (*d*)

49. In order (*a*)/ to be successful (*b*)/ youmust worked very hard (*c*)/. No error (*d*)

50. As a child, (*a*)/I always want to (*b*)/ have a bicycle of my own (*c*)/. No error (*d*)

Directions (51-55) : *Pick out the most effective word from the given words to fill in the blanks to make the .sentence meaningfully complete.*

51. I ____ your parents that I would take care of you.

(*a*) said (*b*) alerted
(*c*) forced (*d*) promised

52. The seating arrangement makes it diffucult for the students to ____ from each other.

(*a*) copy (*b*) talk
(*c*) relate (*d*) complaint

53. Computers are useless ____ you know how to use them.

(*a*) therefore (*b*) if
(*c*) hence (*d*) unless

54. We need more information before we can reach a ____.

(*a*) development (*b*) fact
(*c*) step (*d*) decision

55. We must have ____ that these drugs are harmless,

(*a*) proof (*b*) signs
(*c*) notes (*d*) intelligence

Directions (56-60) : *In each questions below four words which are numbered (a), (b), (c) and (d) have been printed, of which one word may be wrongly spelt. The number of that word is the answer.*

56. (*a*) Lettre (*b*) Error
(*c*) Habitual (*d*) Explain

57. (*a*) Pulse (*b*) Arrange
(*c*) Stores (*d*) Prudant

58. (*a*) Substance (*b*) Holiday
(*c*) Disaster (*d*) Constent

59. (*a*) Sense (*b*) Impact
(*c*) Tension (*d*) Febrary

60. (*a*) Memory (*b*) Excited
(*c*) Social (*d*) Fourty

Directions (61-65) : *Rearrange the following six sentence (1), (2), (3), (4), (5) and (6) in the proper sequence to form a meaningful paragraph; then answer the questions given below them.*

(1) The next day, the priest discovered that one of the servants cut his stick shorter by two inches, fearing that it would grow.

(2) When the priest questioned each of the servants, they denied.

(3) One day a rich merchant's house was robbed, and he suspected one of his servants.

(4) In this way, the wise old priest caught the thief.

(5) He approached the wise priest in the village and asked for help on the matter.

(6) The priest then gave them each a stick of equal length and said that the stick of the real thief would grow by two inches the next morning.

61. Which of the following should be the SIXTH (LAST) sentence after the rearrangement?

(*a*) 6 (*b*) 2
(*c*) 3 (*d*) 4

62. Which of the following should be the FIFTH sentence after the rearrangement?

(*a*) 1 (*b*) 4
(*c*) 3 (*d*) 2

63. Which of the following should be the SECOND sentence after the rearrangement?

(*a*) 2 (*b*) 3
(*c*) 5 (*d*) 1

64. Which of the following should be the FIRST sentence after the rearrangement?

(*a*) 3 (*b*) 4
(*c*) 6 (*d*) I

65. Which of the following should be the FOURTH sentence after the rearrangement?

(*a*) 1 (*b*) 5
(*c*) 2 (*d*) 6

Directions (66-75) : *In the following passage, there are blanks, each of which has been numbered. These numbers are printed below the passage and against each, four words are suggested one of the which fits the blank appropriately. Find out the most appropriate word in each case.*

An idol-maker has to deliver an idol to customer. He placed it on his donkey's back and they began their journey. The idol-maker was extermely **(66)** at his job and this particular **(67)** was one of the best he had ever made. Whoever saw it stopped to bow down and **(68).** The donkey **(69)** they were bowing to him. He was enormously pleased and flattered. He did not wish to go away from the place where he was held in such high **(70)** and so he stopped **(71).**

His master coaxed him to start walking again, but he did not **(72).** Finally his master lifted the idol on to own head and **(73)** his journey. The donkey stood where he was, head held high, and feeling very happy until, he suddenly became **(74)** that no one was watching him. The people were now following his master and bowing to he idol. The donkey realized his **(75)** and feeling ashamed of himself) ran to rejoin his master.

66. (*a*) adventurous (*b*) tactful (*c*) fond (*d*) skilled

67. (*a*) piece (*b*) imitation (*c*) feature (*d*) art

68. (*a*) appreciation (*b*) praises (*c*) pray (*d*) meditate

69. (*a*) wished (*b*) knew (*c*) enjoyed (*d*) thought

70. (*a*) preference (*b*) esteem (*c*) spirit (*d*) altitudee

71. (*a*) steadily (*b*) willingly (*c*) abruptly (*d*) smoothly

72. (*a*) succeed (*b*) win (*c*) avail (*d*) yield

73. (*a*) cancelled (*b*) disregarded (*c*) began (*d*) resumed

74. (*a*) aware (*b*) obvious (*c*) tired (*d*) reluctant

75. (*a*) outcome (*b*) foolishness (*c*) fantasy (*d*) behaviour

भागः III-संख्यात्मक अभियोग्यता

76. A और B एक कार्य 72 दिनों में कर सकते हैं। उसी को B और C, 120 दिनों में कर सकते हैं। A और C उसे 90 दिनों में कर सकते हैं। तदनुसार A अकेला उसे कितने दिनों में कर सकता है?

(*a*) 80 दिन (*b*) 100 दिन
(*c*) 120 दिन (*d*) 150 दिन

77. दो संख्याओं का महत्तम समापवर्तक और लघुत्तम समापवर्त्य क्रमशः 8 तथा 1728 है। तदनुसार ऐसे अंकों के जोड़े कुल-कितने हैं?

(*a*) 2 (*b*) 1
(*c*) 4 (*d*) 5

78. $3^{28} \times 11^{42} \times 7^{35}$ के गुणनफल में मात्रक-अंक कितना होगा?

(*a*) 1 (*b*) 3
(*c*) 5 (*d*) 7

79. दो संख्याओं का योगफल और गुणनफल क्रमशः 5 तथा 6 है। तदनुसार उनके वर्गों के व्युत्क्रमों का योगफल होगा।

(*a*) $\frac{13}{36}$ (*b*) $\frac{36}{13}$
(*c*) $\frac{61}{900}$ (*d*) $\frac{5}{6}$

80. यदि $1\frac{2}{3} \div \frac{2}{7} \times \frac{x}{7} = 1\frac{1}{4} \times \frac{2}{3} \div \frac{1}{6}$, तो x का मान ज्ञात कीजिए।

(*a*) 0.006 (*b*) 1/6
(*c*) 0.6 (*d*) 6

81. 50 प्रेक्षणों का औसत 36 था। बाद में पता चला कि उनमें एक प्रेक्षण को 48 की बजाय 84 और एक अन्य को 32 की बजाय 23 लिख दिया गया था। तदनुसार सही औसत ज्ञात कीजिए।

(*a*) 35.46 (*b*) 35.66
(*c*) 36.44 (*d*) 36.54

82. एक वस्तु के लागत मूल्य और बिक्री मूल्य में ₹ 240 का अंतर है। तदनुसार यदि उसमें 20% लाभ होता है, तो बिक्री मूल्य कितना है?

(*a*) ₹ 1,440 (*b*) ₹ 1,400
(*c*) ₹ 1,240 (*d*) ₹ 1,200

83. दो वर्गों के परिमाप 68 सेमी तथा 60 सेमी है। तदनुसार ऐसे तीसरे वर्ग का परिमाप ज्ञात कीजिए, जिसका क्षेत्रफल उक्त दोनों वर्गों के क्षेत्रफलों के अंतर के बराबर हो।

(*a*) 64 सेमी (*b*) 60 सेमी
(*c*) 32 सेमी (*d*) 8 सेमी

84. एक शंकु, एक गोलार्द्ध और एक बेलन एकसमान आधार वाले हैं और उनकी ऊँचाई भी एकसमान है। तदनुसार उन तीनों के आयतन का अनुपात क्या होगा?

(*a*) 2 : 3 : 1 (*b*) 3 : 2 : 1
(*c*) 1 : 2 : 3 (*d*) इनमें से कोई नहीं

85. ₹ 1,000 पर 40% छूट और उसकी पर क्रमानुसार 30% तथा 10% की छूट का अंतर कितना होगा?

(*a*) ₹ 0 (*b*) ₹ 20
(*c*) ₹ 30 (*d*) ₹ 40

86. P, Q तथा R के वेतनों का अनुपात 3 : 4 : 5 है और उनमें क्रमशः 10%, 15%, 20% वृद्धि की जाती है। उनके वेतनों का नया अनुपात ज्ञात कीजिए।

(*a*) 3 : 4 : 5 (*b*) 30 : 44 : 57
(*c*) 33 : 46 : 60 (*d*) 33 : 60 : 46

87. यदि एक वस्तु की कीमत में 15% वृद्धि कर दी जाती है और उस वस्तु की बिक्री की कुल संख्या में 10% की कमी कर दी जाती है, तो तदनुसार संबंधित दुकान की सकल प्राप्ति पर क्या प्रभाव पड़ेगा?

(*a*) 5% ह्रास (*b*) 1.5% ह्रास
(*c*) 2.5% ह्रास (*d*) 3.5% ह्रास

88. यदि कोई व्यक्ति 3 किमी/घंटा की गति से चलता है, तो वह अपने कार्यालय 20 मिनट देरी से पहुँचता है। यदि वह व्यक्ति अपनी गति 6 किमी/घंटा तक बढ़ा देता है, तो वह अपने कार्यालय 30 मिनट जल्दी पहुँच जाता है। तदनुसार उस व्यक्ति के आरंभिक स्थान से उसके कार्यालय की दूरी ज्ञात कीजिए।

(*a*) 6 किमी (*b*) 5 किमी
(*c*) 5.5 किमी (*d*) 4 किमी

89. ₹ 30 में 32 संतरे बेचने पर एक व्यक्ति को 25% हानि होती है। तदुनसार उसे ₹ 24 में कितने संतरे बेचने चाहिए, ताकि उसे इस सौदे में 20% लाभ हो सके।

(*a*) 16 (*b*) 24
(*c*) 32 (*d*) 40

90. सीमा ने एक मोबाइल फोन 25% घाटा उठाकर ₹ 1,950 में बेचा। 30% लाभ कमाने के लिए उसे मोबाइल फोन कितने में बेचना चाहिए था ?

(*a*) ₹ 3,300 (*b*) ₹ 2,600
(*c*) ₹ 2,535 (*d*) ₹ 3,380

91. एक कार और ट्रेन की गति के बीच क्रमशः 15 : 22 का अनुपात है। यदि ट्रेन की गति कार की गति से 35 किमी/घंटा ज्यादा है, तो कार की गति क्या है ?

(*a*) 75 किमी/घंटा
(*b*) 110 किमी/घंटा
(*c*) 85 किमी/घंटा
(*d*) निर्धारित नहीं किया जा सकता

92. भिन्न $\frac{9}{31}, \frac{3}{17}, \frac{6}{23}, \frac{4}{11}$ व $\frac{7}{25}$ में सबसे बड़ी भिन्न कौन-सी है ?

(*a*) $\frac{9}{31}$ (*b*) $\frac{3}{17}$
(*c*) $\frac{6}{23}$ (*d*) $\frac{4}{11}$

93. शब्द 'FINISH' को भिन्न-भिन्न कितने तरीकों से व्यवस्थित किया जा सकता है ?

(*a*) 80 (*b*) 120
(*c*) 60 (*d*) इनमें से कोई नहीं

94. एक मूलधन पर 5 वर्ष में 12 प्रतिशत प्रतिवर्ष की दर से ₹ 1,536 का साधारण ब्याज उपचित होता है। यदि कोई व्यक्ति इसे इतनी ही प्रतिशत प्रतिवर्ष ब्याज दर पर पहले के मूलधन से ₹ 1,000 अधिक का लेकिन 2 वर्ष के लिए निवेश करता है, तो उसे कितना साधारण ब्याज मिलेगा ?

(*a*) ₹ 845.40 (*b*) ₹ 614.40
(*c*) ₹ 2,136 (*d*) इनमें से कोई नहीं

95. यदि 3 पुरुष या 9 लड़के एक काम को 21 दिन में पूरा करते हैं। उसी काम को 5 पुरुष और 6 लड़के कितने दिन में पूरा कर सकते हैं ?

(*a*) 12 दिन (*b*) 8 दिन
(*c*) 14 दिन (*d*) इनमें से कोई नहीं

96. रीना के वार्षिक वेतन का 25 प्रतिशत अनुभव के मासिक वेतन के 75 प्रतिशत के बराबर है। यदि अनुभव की वार्षिक आय ₹ 2,40,000 है, तो रीना की मासिक आय कितनी है ?

(*a*) ₹ 60,000
(*b*) ₹ 12,000
(*c*) ₹ 5,200
(*d*) इनमें से कोई नहीं

97. यदि ₹ 5,075 को 29 लोगों के बीच विभाजित किया जाना है, तो प्रत्येक व्यक्ति को कितनी राशि मिलेगी ?

(*a*) ₹ 195 (*b*) ₹ 165
(*c*) ₹ 155 (*d*) ₹ 175

98. ₹ 1,800 की राशि पर 4 प्रतिशत प्रतिवर्ष की दर से 2 वर्ष में कितना चक्रवृद्धि ब्याज उपचित होगा?

(*a*) ₹ 146.88 (*b*) ₹ 1,946.88
(*c*) ₹ 156.84 (*d*) ₹ 1,846.84

99. एक चतुर्भुज के कोणों के बीच क्रमशः 3 : 5 : 9 : 1 का अनुपात है। सबसे छोटे कोण और दूसरे सबसे बड़े कोण के योग का दो-तिहाई मूल्य कितना होगा ?

(*a*) 60 (*b*) 90
(*c*) 80 (*d*) 120

100. एक आयताकार फार्म की लंबाई तथा चौड़ाई क्रमशः 75 मीटर तथा 27 मीटर है। एक वर्गाकार मैदान का क्षेत्रफल इस आयताकार फार्म के क्षेत्रफल के बराबर है तो वर्गाकार खेत का परिमाप बताइए–

(*a*) 160 मीटर (*b*) 180 मीटर
(*c*) 200 मीटर (*d*) 250 मीटर

भागः IV–सामान्य सचेतता

101. राष्ट्रीय गान 'जन-गण-मन' की रचना किसने की थी ?

(*a*) बंकिम चन्द्र चटर्जी (*b*) रवीन्द्रनाथ टैगोर
(*c*) शरत चन्द्र चटर्जी (*d*) जयदेव

102. 'सत्यमेव जयते' जो कि देश के राज्य चिह्न में देवनागरी लिपि में लिखा गया, वह कहाँ से लिया गया है ?

(*a*) यजुर्वेद (*b*) मुंडकोपनिषद्
(*c*) सामवेद (*d*) भगवद्गीता

103. कौन-सी नदी अपने मुख पर 'डेल्टा' नहीं बनाती ?

(*a*) कावेरी (*b*) महानदी
(*c*) ताप्ती (*d*) गोदावरी

104. लक्षद्वीप की राजधानी है :

(*a*) आइजोल (*b*) पोर्ट ब्लेयर
(*c*) कवारत्ती (*d*) अगरतला

105. भारत में सबसे ज्यादा 'कोयला' उत्पादन करने वाला राज्य है :

(*a*) झारखंड (*b*) उत्तर प्रदेश
(*c*) पश्चिम बंगाल (*d*) तमिलनाडु

106. भारत के किस राज्य में सबसे ज्यादा माचिस और चमड़े का उत्पादन होता है ?

(*a*) महाराष्ट्र (*b*) बिहार
(*c*) आंध्र प्रदेश (*d*) तमिलनाडु

107. कोणार्क मंदिर किस राज्य में स्थित है ?

(*a*) ओड़िसा (*b*) केरल
(*c*) मध्य प्रदेश (*d*) आंध्र प्रदेश

108. भारत का सबसे अधिक 'यूरेनियम' पैदा करने वाला राज्य :

(*a*) राजस्थान (*b*) केरल
(*c*) झारखंड (*d*) पश्चिम बंगाल

109. गौतम बुद्ध का जन्म-स्थान 'लुम्बिनी' कहाँ पर है ?

(*a*) बिहार (*b*) सिक्किम
(*c*) नेपाल (*d*) उत्तर प्रदेश

110. निम्नलिखित में से भारत के कौन-से राज्य में सबसे अधिक गेहूँ की पैदावार होती है ?

(*a*) पंजाब (*b*) उत्तर प्रदेश
(*c*) बिहार (*d*) हरियाणा

111. 'आइन-ए-अकबरी' किसके द्वारा लिखी गई ?

(*a*) फिरदौसी (*b*) गालिब
(*c*) अबुल फजल (*d*) इनमें से कोई नहीं

112. अकबर राजपूतों से मित्रता एवं सहयोग का इच्छुक था :

(*a*) अफगान विद्रोह को कुचलने के लिए
(*b*) मुगल साम्राज्य के आधार को दृढ़ता प्रदान करने के लिए
(*c*) एक राजपूत महिला से शादी के लिए
(*d*) भारत पर आक्रमण करने वाली विदेशी जातियों को पराजित करने के लिए

113. ...... के कार्यकाल में फतेहपुर सीकरी का निर्माण किया गया था

(*a*) अकबर (*b*) शाहजहाँ
(*c*) इल्तुतमिश (*d*) रजिया बेगम

114. पानीपत की तृतीय लड़ाई में मराठे किससे पराजित हुए?

(*a*) राजपूत (*b*) अफगान
(*c*) मुगल (*d*) सिख

115. विजयनगर के कला के उदाहरण पाए गए हैं :

(*a*) सोमनाथ
(*b*) हम्पी
(*c*) अमरावती
(*d*) पट्टादकल

116. भक्ति आंदोलन के संस्थापक शंकराचार्य संबंधित थे :
(*a*) महाराष्ट्र (*b*) असोम
(*c*) बंगाल (*d*) दक्षिण भारत

117. दक्षिण भारत का वह प्रसिद्ध हिंदू राजा कौन था जिसने बंगाल की खाड़ी को पार कर जावा, सुमात्रा एवं मलेशिया को जीता था ?
(*a*) राजेन्द्र-I (*b*) राजेन्द्र चोल
(*c*) पुलकेशिन (*d*) महिपाल-II

118. शिवाजी ने मुगलों के विरुद्ध युद्धनीति अपनाई थी :
(*a*) सावधान सेना (*b*) राजनीतिक सर्वोच्चता
(*c*) बड़ी सेना (*d*) गुरिल्ला छद्मयुद्ध

119. 1857 ई. के सिपाही विद्रोह का कारण था :
(*a*) ईस्ट इंडिया कंपनी से ब्रिटिश क्राउन को सत्ता का स्थानांतरण
(*b*) भारतीय सैनिकों को निम्न वेतन
(*c*) सैनिकों को चर्बी लगे कारतूसों की आपूर्ति
(*d*) ब्रिटिशों द्वारा भारतीयों का शोषण

120. भारतीयों द्वारा साइमन कमीशन का बहिष्कार किया गया:
(*a*) किसी भी भारतीय सदस्य के न होने के कारण
(*b*) इसका उद्देश्य भारत का विभाजन था
(*c*) लेबर पार्टी के किसी प्रतिनिधि के न होने के कारण
(*d*) इसका प्रमुख जनरल डायर था

121. 1906 ई. में स्वराज शब्द का प्रयोग सर्वप्रथम किस भारतीय ने किया था ?
(*a*) कांग्रेस के कलकत्ता अधिवेशन में बाल गंगाधर तिलक ने
(*b*) कांग्रेस के कलकत्ता अधिवेशन में दादा भाई नौरोजी ने
(*c*) कांग्रेस के बम्बई अधिवेशन में गोपाल कृष्ण गोखले ने
(*d*) उपरोक्त में से कोई नहीं

122. आल इंडिया मुस्लिम लीग की स्थापना हुई थी :
(*a*) 1906 ई. में
(*b*) 1904 ई. में
(*c*) 1924 ई. में
(*d*) 1910 ई. में

123. 'तीन रत्न' किससे संबंधित हैं ?
(*a*) जोरोष्ट्रियन धर्म से (*b*) बौध धर्म से
(*c*) जैन धर्म से (*d*) हिन्दू धर्म से

124. 'पुराण' कितने है ?
(*a*) चार (*b*) सात
(*c*) दस (*d*) अठारह

125. मिश्रित खेती क्या है ?
(*a*) रबी और खरीफ की फसलों की खेती
(*b*) अनेक फसलों की खेती
(*c*) अनेक फसलों की खेती और पशुपालन
(*d*) गन्ना और अनाज की खेती

126. निम्नलिखित में से सर्वाधिक प्राचीन पर्वत श्रृंखला कौन-सी है ?
(*a*) नीलगिरि (*b*) अरावली
(*c*) हिमालय (*d*) सतपुड़ा

127. राज्यसभा का पदेन अध्यक्ष कौन होता है ?
(*a*) राष्ट्रपति (*b*) उप राष्ट्रपति
(*c*) प्रधानमंत्री (*d*) इनमें से कोई नहीं

128. भारत का प्रधानमंत्री बनने के लिए न्यूनतम अपेक्षित आयु क्या है ?
(*a*) 25 वर्ष (*b*) 30 वर्ष
(*c*) 40 वर्ष (*d*) 35 वर्ष

129. संसदीय प्रणाली में कार्यपालिका किसके प्रति उत्तरदायी होती है ?
(*a*) देश के राष्ट्रपति (*b*) लोकसभा
(*c*) विधायिका (*d*) न्यायपालिका

130. भारत में संसदीय प्रजातांत्रिक प्रणाली है क्योंकि :
(*a*) लोकसभा सदस्यों का चुनाव जनता करती है
(*b*) मंत्रिपरिषद् संसद के प्रति उत्तरदायी होती है
(*c*) केंद्र और राज्यों के बीच शक्तियाँ वितरित हैं
(*d*) संविधान का एक ढाँचा है

131. सामुदायिक विकास कार्यक्रम का मुख्य उद्देश्य है :
(*a*) सहकारी समितियों का गठन
(*b*) लघु उद्योगों की स्थापना
(*c*) कृषि आधारित उद्योगों की स्थापना
(*d*) ग्रामीण जनता का चहुँमुखी विकास

132. डायनेमो परिवर्तित करता है :

(*a*) यांत्रिक ऊर्जा को विद्युत ऊर्जा में

(*b*) विद्युत ऊर्जा को यांत्रिक ऊर्जा में

(*c*) यांत्रिक ऊर्जा को यांत्रिक ऊर्जा में

(*d*) उपरोक्त में से कोई नहीं

133. तेल के दीये में बत्ती में तेल चढ़ने का कारण है :

(*a*) दबाव में अंतर

(*b*) केशिका क्रिया

(*c*) तेल की कम श्यानता

(*d*) गुरुत्वाकर्षण बल

134. यदि हम हिमलय में जाते हैं, हमें सांस लेने में दिक्कत होती है क्योंकि :

(*a*) वहाँ बहुत ठंड है

(*b*) पहाड़ों में हवा का घनत्व बहुत कम है, इस तरह ऑक्सीजन की मात्रा कम हो जाती है

(*c*) पहाड़ों में हवा का घनत्व अधिक होता है, अत: ऑक्सीजन की मात्रा कम हो जाती है

(*d*) उपरोक्त में से कोई नहीं

135. लोहे के साथ जस्ते की परत चढ़ाने को जाना जाता है :

(*a*) यशद-लेपन (*b*) विद्युत-लेपन

(*c*) आयनन (*d*) कोई नहीं

136. निम्न में कौन प्राथमिक रंग नहीं है ?

(*a*) नीला (*b*) हरा

(*c*) लाल (*d*) काला

137. ध्वनि सबसे तेज यात्रा करती है :

(*a*) निर्वात में (*b*) स्टील में

(*c*) पानी में (*d*) हवा में

138. फ्यूज तार का प्रयोग होता है :

(*a*) विद्युत परिपथ को मजबूत बनाने के लिए

(*b*) ए. सी. को डी. सी में परिवर्तित करने के लिए

(*c*) डी. सी. को ए. सी. में परिवर्तित करने के लिए

(*d*) परिपथ से अनचाहे विद्युत धारा को रोकने के लिए

139. साधारण नमक का रासायनिक नाम क्या है ?

(*a*) पोटेशियम क्लोराइड (*b*) सोडियम क्लोराइड

(*c*) कैल्शियम क्लोराइड (*d*) सोडियम हाइपोसल्फेट

140. वर्ष 2011 की जनगणना के अनुसार उत्तर प्रदेश की कुल जनसंख्या कितनी है ?

(*a*) 19,95,81,477 (*b*) 19,99,75,487

(*c*) 20,01,27,875 (*d*) 20,26,50,941

141. क्षेत्रफल की दृष्टि से उत्तर प्रदेश का भारत में कौन-सा स्थान है ?

(*a*) चतुर्थ स्थान (*b*) प्रथम स्थान

(*c*) तृतीय स्थान (*d*) पाँचवाँ स्थान

142. पंचायत राज पद्धति की रचना सबसे पहले किस राज्य में हुई ?

(*a*) राजस्थान एवं आंध्र प्रदेश

(*b*) महाराष्ट्र एवं राजस्थान

(*c*) गुजरात एवं राजस्थान

(*d*) तमिलनाडु एवं राजस्थान

143. राज्यसभा और लोकसभा में किसी बिल पर समझौता न होने पर मामला सौंपा जाता है :

(*a*) भारत के राष्ट्रपति को

(*b*) लोकसभा के अध्यक्ष को

(*c*) राज्यसभा के सभापति को

(*d*) राज्यसभा और लोकसभा की संयुक्त बैठक को

144. भारत के संविधान के अंतर्गत कृषि की आय पर कर लगाया जा सकता है :

(*a*) केंद्रीय सरकार द्वारा

(*b*) पंचायत द्वारा

(*c*) राज्य सरकार के द्वारा

(*d*) जिला परिषद के द्वारा

145. किस पंचवर्षीय योजना का मुख्य उद्देश्य आर्थिक आत्मनिर्भरता था ?

(*a*) प्रथम योजना (*b*) द्वितीय योजना

(*c*) तृतीय योजना (*d*) चतुर्थ योजना

146. भारतीय रिजर्व बैंक :

(*a*) कृषि को प्रत्यक्ष वित्त प्रदान करता है

(*b*) प्राथमिक सहकारी समितियों को वित्त प्रदान करता है

(*c*) राज्य सहकारी समितियों को वित्त प्रदान करता है

(*d*) कृषि को वित्त प्रदान नहीं करता है

147. भारत की सबसे पहली जनगणना की गई :

(*a*) 1872 में (*b*) 1881 में

(*c*) 1911 में (*d*) 1921 में

148. भारत में 'रैयतवाड़ी प्रथा' किसने शुरू की ?

(*a*) डलहौजी (*b*) कार्नवालिस

(*c*) थॉमस मुनरो (*d*) सर जॉन शोर

149. पीलिया किस अंग के संक्रमण के कारण होता है ?

(*a*) मस्तिष्क (*b*) यकृत

(*c*) वृक्क (गुर्दे) (*d*) प्लीहा

150. निम्नलिखित में से किसके बहुलीकरण से प्रोटीन का निर्माण होता है ?

(*a*) न्यूक्लिक अम्ल (*b*) अमीनो अम्ल

(*c*) ग्लिसरिक अम्ल (*d*) फॉस्फोरिक अम्ल

उत्तरमाला

1. (*c*)	**2.** (*b*)	**3.** (*a*)	**4.** (*a*)	**5.** (*c*)	**6.** (*b*)	**7.** (*b*)	**8.** (*b*)	**9.** (*a*)	**10.** (*c*)
11. (*a*)	**12.** (*b*)	**13.** (*a*)	**14.** (*a*)	**15.** (*a*)	**16.** (*b*)	**17.** (*a*)	**18.** (*c*)	**19.** (*c*)	**20.** (*a*)
21. (*b*)	**22.** (*a*)	**23.** (*c*)	**24.** (*a*)	**25.** (*c*)	**26.** (*b*)	**27.** (*c*)	**28.** (*d*)	**29.** (*d*)	**30.** (*d*)
31. (*c*)	**32.** (*d*)	**33.** (*c*)	**34.** (*b*)	**35.** (*a*)	**36.** (*c*)	**37.** (*a*)	**38.** (*d*)	**39.** (*d*)	**40.** (*b*)
41. (*d*)	**42.** (*b*)	**43.** (*b*)	**44.** (*d*)	**45.** (*c*)	**46.** (*b*)	**47.** (*c*)	**48.** (*a*)	**49.** (*c*)	**50.** (*b*)
51. (*d*)	**52.** (*a*)	**53.** (*d*)	**54.** (*d*)	**55.** (*a*)	**56.** (*a*)	**57.** (*d*)	**58.** (*d*)	**59.** (*d*)	**60.** (*d*)
61. (*d*)	**62.** (*a*)	**63.** (*c*)	**64.** (*a*)	**65.** (*d*)	**66.** (*d*)	**67.** (*a*)	**68.** (*d*)	**69.** (*d*)	**70.** (*b*)
71. (*c*)	**72.** (*a*)	**73.** (*d*)	**74.** (*a*)	**75.** (*b*)	**76.** (*c*)	**77.** (*b*)	**78.** (*d*)	**79.** (*a*)	**80.** (*d*)
81. (*b*)	**82.** (*a*)	**83.** (*c*)	**84.** (*d*)	**85.** (*c*)	**86.** (*c*)	**87.** (*d*)	**88.** (*b*)	**89.** (*a*)	**90.** (*d*)
91. (*a*)	**92.** (*d*)	**93.** (*d*)	**94.** (*d*)	**95.** (*d*)	**96.** (*d*)	**97.** (*d*)	**98.** (*a*)	**99.** (*c*)	**100.** (*b*)
101. (*b*)	**102.** (*b*)	**103.** (*c*)	**104.** (*c*)	**105.** (*a*)	**106.** (*d*)	**107.** (*a*)	**108.** (*c*)	**109.** (*c*)	**110.** (*b*)
111. (*c*)	**112.** (*b*)	**113.** (*a*)	**114.** (*b*)	**115.** (*b*)	**116.** (*d*)	**117.** (*b*)	**118.** (*d*)	**119.** (*c*)	**120.** (*a*)
121. (*b*)	**122.** (*a*)	**123.** (*c*)	**124.** (*d*)	**125.** (*c*)	**126.** (*b*)	**127.** (*b*)	**128.** (*a*)	**129.** (*b*)	**130.** (*c*)
131. (*d*)	**132.** (*a*)	**133.** (*b*)	**134.** (*b*)	**135.** (*a*)	**136.** (*d*)	**137.** (*b*)	**138.** (*d*)	**139.** (*b*)	**140.** (*a*)
141. (*d*)	**142.** (*a*)	**143.** (*d*)	**144.** (*c*)	**145.** (*d*)	**146.** (*c*)	**147.** (*a*)	**148.** (*c*)	**149.** (*b*)	**150.** (*b*)

व्याख्या

4.

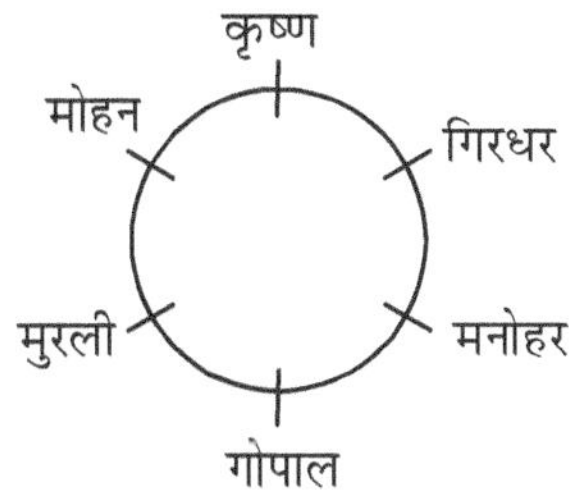

स्थान बदलने पर

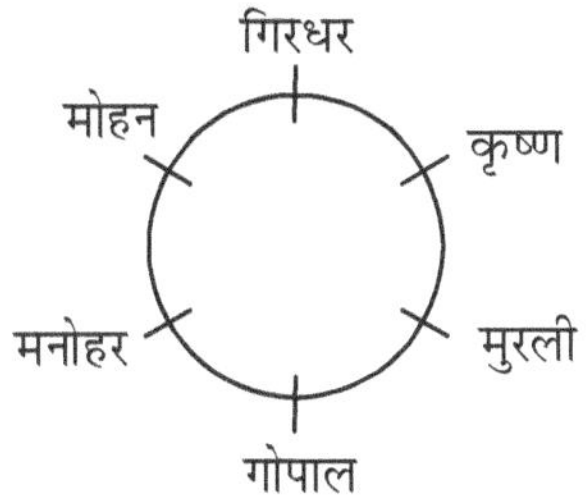

10.

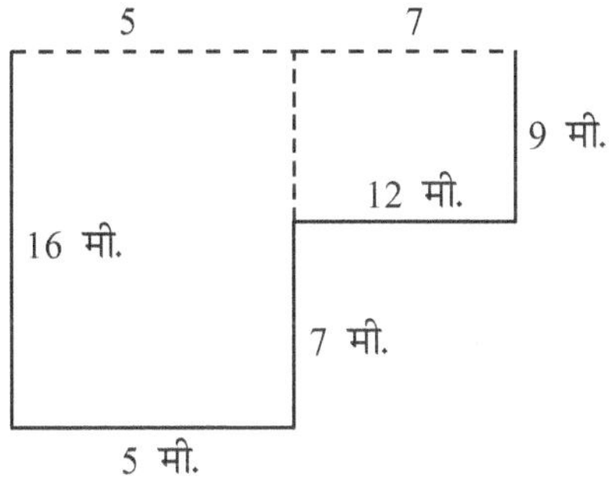

प्रारम्भिक स्थान से दूरी = 5 + 7

= 12 मी

11. $1 \xrightarrow{+1} 2$ $2 \xrightarrow{+1} 3$

$2 \xrightarrow{-1} 1$ $1 \xrightarrow{-1} 0$

$3 \xrightarrow{+1} 4$ $3 \xrightarrow{+1} 4$

$4 \xrightarrow{-1} 3$ $5 \xrightarrow{-1} 4$

$5 \xrightarrow{+1} 6$ $4 \xrightarrow{+1} 5$

19. टुकड़ों की संख्या $= \dfrac{\cancel{5}\times\overset{6}{\cancel{30}}\times\overset{3}{\cancel{30}}}{\cancel{5}\times\cancel{5}\times\cancel{10}}$

= 18 टुकड़े

25. M E E R U T | T U Я Ǝ Ǝ M

78. 3^{28} का मात्रक अंक = 1

11^{42} का मात्रक अंक = 1

7^{35} का मात्रक अंक = 3

अत: इन तीनों के गुणनफल का मात्रक अंक

$= 1 \times 1 \times 3$

$= 3$

80. $1\frac{2}{3} \div \frac{2}{7} \times \frac{x}{7} = 1\frac{1}{4} \times \frac{2}{3} \div \frac{1}{6}$

$\Rightarrow \frac{5}{3} \div \frac{2}{7} \times \frac{x}{7} = \frac{5}{4} \times \frac{2}{3} \div \frac{1}{6}$

$\Rightarrow \frac{\cancel{5}}{3} \div \frac{\cancel{7}}{2} \times \frac{x}{\cancel{7}} = \frac{\cancel{5}}{\cancel{4}} \times \frac{\cancel{2}}{\cancel{3}} \times \frac{\cancel{6}}{1}$

$\Rightarrow x = 6$

82. माना वस्तु का लागत मूल्य x है।

प्रश्न से,

$x \times 20\% = 240$

x = ₹ 1200

अत: बिक्री मूल्य = 1200 + 240

= ₹ 1440

90. माना मोबाइल का क्रय मूल्य x है।

25% हानि होने पर

$x - x$ का 25% = 1950

$x = \dfrac{1950 \times 100}{75}$

= ₹ 2600

30% लाभ के लिए विक्रय मूल्य

$= 2600 + 2600 \times 30\%$

$= \dfrac{2600 \times 130}{100}$

= ₹ 3380

93. FINISH में कुल शब्द = 6

अत: व्यवस्थित करने का तरीका = $\lfloor 6 = 120$

94. माना मूलधन = x

$\therefore$ साधारण ब्याज $= \dfrac{x \times \text{दर} \times \text{समय}}{100}$

$$1536 = \frac{x \times 12 \times 5}{100}$$

$$\therefore \quad x = \frac{\overset{256}{\cancel{1536}} \times 10\cancel{0}}{\cancel{6}\cancel{0}} = 2560$$

मूलधन बढ़ाने पर साधारण ब्याज

$$= \frac{3560 \times 12 \times 2}{100} = ₹\,854.40$$

95. 3 पुरुष 21 दिन में 1 काम

$\therefore$ 5 पुरुष $\frac{63}{5}$ दिन में 1 काम

$\therefore$ 5 पुरुष 1 दिन में $\frac{5}{63}$ काम

9 लड़के 21 दिन में 1 काम

$\therefore$ 6 लड़के $\frac{21 \times 9}{6}$ दिन में 1 काम

$\therefore$ 6 लड़के 1 दिन में $\frac{2}{63}$ काम

प्रश्न से,

5 पुरुष तथा 6 लड़के मिलकर एक दिन में

$$= \frac{5}{63} + \frac{2}{63} = \frac{7}{63}$$

$$= \frac{1}{9} \text{ काम}$$

अतः पूरा काम 9 दिन में खत्म होगा।

अभ्यास पत्र-8

समय : 2 घंटे **पूर्णांक : 150**

भागः I-सामान्य बुद्धिमत्ता

1. यदि किसी सांकेतिक भाषा में 'STABILISE' को 'UVCDKNKUG' लिखा जाता, है तो 'CRICKET' को उसी भाषा में कैसे लिखा जाएगा ?

(*a*) ETKEMVG (*b*) ETKEMGV

(*c*) ETJEMVG (*d*) ETJEGMV

2. यदि किसी सांकेतिक भाषा में 'GOAL' को 'HPBM' लिखा जाता है, तो 'POST' को उसी भाषा में कैसे लिखा जाएगा ?

(*a*) QPTS (*b*) QPST

(*c*) QPTV (*d*) QPTU

3. यदि किसी सांकेतिक भाषा में 'JOURNAL' को 'MRXUQDO' लिखा जाता है, तो 'TRAINING' को उसी में कैसे लिखा जाएगा ?

(*a*) WVDHQLQJ (*b*) WUDLQLQJ

(*c*) WUDKQLQJ (*d*) WUCLQLQJ

4. यदि 'आसमान' को 'जल' कहा जाए, 'जल' को 'हरा' कहा जाए, 'हरा' को 'हवा' कहा जाए, 'हवा' को 'नीला' कहा जाए, 'नीला' को 'बादल' कहा जाए, 'बादल' को 'पीला' कहा जाए और 'पीला' को 'जमीन' कहा जाए, तो मछली कहाँ रहेगी ?

(*a*) आसमान (*b*) जल

(*c*) पीला (*d*) हरा

5. किसी सांकेतिक भाषा में '123' का अर्थ, 'Bright little boy', '145' का अर्थ, 'Tall big boy' और '637' का अर्थ 'Beautiful little flower' हो, तो इस सांकेतिक भाषा 'Bright के लिए कौन-सी संख्या प्रयुक्त की गयी है ?

(*a*) 4 (*b*) 6

(*c*) 1 (*d*) 2

6. कब : कहाँ : : समय : ?

(*a*) तर्क (*b*) प्रक्रिया

(*c*) जगह (*d*) लम्बाई

7. नदी : बाँध : : यातायात : ?

(*a*) संकेतक (*b*) वाहन

(*c*) गति (*d*) वीथिका

8. बिस्मिल्ला खाँ : शहनाईवादन : : बिरजू महाराज : ?

(*a*) कत्थक (*b*) भरतनाट्यम

(*c*) संगीत (*d*) सितार

निर्देश (9-10): निम्नलिखित श्रेणियों में पद गलत चुनिए–

9. 5, 4, 6, 15, 55, 275

(*a*) 4 (*b*) 55

(*c*) 275 (*d*) 6

10. 1, 3, 6, 39, 1525

(*a*) 3 (*b*) 6

(*c*) 39 (*d*) 1525

11. राजेश अपने घर से 20 किमी॰ उत्तर की ओर जाता है फिर वह पश्चिम की ओर मुड़ जाता है और 12 किमी॰ तय करता है। इसके बाद वह दक्षिण की ओर मुड़ जाता है और 5 किमी तय करता है। अन्त में वह पूर्व की ओर मुड़ जाता है और 12 किमी तय करता है। बताएँ कि वह अपने घर से अभी किस दिशा में और कितनी दूरी पर है ?

(*a*) 15 किमी उत्तर (*b*) 20 किमी दक्षिण

(*c*) 12 किमी पश्चिम (*d*) 12 किमी पूर्व

12. बिन्दु O से रवाना होकर प्रदीप अग्रवाल पश्चिम की ओर 13 मी. चला। वह अपनी बायीं तरफ मुड़कर 30 मी. चला फिर वह अपनी बायीं तरफ मुड़ा और 13 मीटर चला। इसके बाद वह फिर से अपनी दायीं तरफ मुड़ा और 18 मी. चला। प्रदीप अग्रवाल O से बिन्दु से कितनी दूरी पर है और किस दिशा में है?

(*a*) 45 मी. पूर्व (*b*) 48 मी. दक्षिण

(*c*) 43 मी. पश्चिम (*d*) 42 मी. उत्तर

13. 'A' और 'B' भाई हैं, 'C' और 'D' बहन हैं, 'A' का पुत्र 'E', 'D' का भाई है। 'B' का 'C' से क्या संबंध है ?

(*a*) भाई (*b*) चाचा

(*c*) पिता (*d*) दादा

14. निम्नलिखित अक्षर श्रेणी में अगला अक्षर क्या होगा ?
A B C D P Q R S A B C D E P Q R S T A B C D E F P Q R S T
(*a*) A (*b*) V
(*c*) U (*d*) W

15. संख्या 51534876 में ऐसे कितने अंकों के युग्म हैं, जिनमें प्रत्येक के बीच उतने ही अंक हैं जितने कि जब इस संख्या के अंकों को आरोही क्रम में लगाने पर हैं ?
(*a*) एक भी नहीं (*b*) एक
(*c*) दो (*d*) तीन

16. यदि संख्या 531697 के पहले, चौथे और छठवें अंकों से किसी दो अंकों की पूर्ण वर्ग संख्या बनना संभव हो, तो उन दो अंकों की संख्या का दूसरा अंक क्या होगा ? यदि ऐसी संख्या बनना संभव न हो, तो उत्तर @ दीजिए और यदि एक से अधिक संख्याएँ बनना संभव हो, तो उत्तर © दीजिए।
(*a*) 4 (*b*) 2
(*c*) 6 (*d*) @

17. जिस प्रकार BF का संबंध HL से उसी प्रकार EI का संबंध किससे है?
(*a*) KO (*b*) KN
(*c*) JN (*d*) JO

18. यदि किसी सांकेतिक भाषा में 'JUMP' को '39%4' तथा 'MEALS' को '%2★7@' लिखा जाता है, तो उसी भाषा में 'PULSE' को किस प्रकार लिखा जाएगा ?
(*a*) 493@2 (*b*) 4★7@2
(*c*) 479@2 (*d*) 497@2

19. NNEO अक्षरों से अंग्रेजी के कितने सार्थक शब्द बनाए जा सकते हैं, जबकि प्रत्येक शब्द में एक अक्षर केवल एक बार प्रयोग किया जाए ?
(*a*) एक भी नहीं (*b*) एक
(*c*) दो (*d*) तीन

20. जो संबंध ROCK और CROK में है वही संबंध निम्नलिखित किस जोड़े में है ?
(*a*) BALE : ELAB (*b*) COLD : DOLC
(*c*) MEAN : AEMN (*d*) इनमें से कोई नहीं

21. यदि किसी सांकेतिक भाषा में JOURNEY को TNISZFO लिखा जाता है, तो उसी भाषा में MEDICAL को किस प्रकार लिखेंगे ?
(*a*) CDLJMBD (*b*) CDLJDBM
(*c*) LDCJMBD (*d*) EFNJMBD

22. यदि 'K' सूचक है '×' का, 'B' सूचक है '÷' का, 'T' सूचक है '–' का तथा 'M' सूचक है '+' का, तो
40 B 8 T 6 M 3 K 4 = ?
(*a*) 19 (*b*) 11
(*c*) –31 (*d*) 23

23. शब्द GAMBLE के प्रत्येक स्वर अक्षर (Vowel) को अंग्रेजी वर्णमाला में अगले अक्षर से तथा प्रत्येक व्यंजन (Consonant) को अंग्रेजी वर्णमाला में पहले अक्षर से प्रतिस्थापित किया जाए, फिर नई श्रेणी को वर्णमाला के क्रम में आयोजित किए जाए, तो इस प्रकार प्राप्त व्यवस्था में दाएँ सिरे से चौथा अक्षर कौन-सा होगा ?
(*a*) F (*b*) B
(*c*) K (*d*) E

24. शब्द CONSUMER में ऐसे कितने अक्षर-युग्म हैं जिनमें प्रत्येक के बीच उतने ही अक्षर लुप्त हैं, जितने कि उनके बीच अंग्रेजी वर्णमाला में लुप्त होते हैं ?
(*a*) एक भी नहीं (*b*) एक
(*c*) दो (*d*) तीन

25. 2, 15, 4, 47, 7, 118, 11, ?, ?
(*a*) 260, 15 (*b*) 252, 16
(*c*) 250, 17 (*d*) 254, 16

भाग: II–अंग्रेजी भाषा

Direction (26–40): *Read the following passage carefully and answer the questions given below it. Certain words/phrases have been printed in **bold** to help you locate them while answering some of the questions.*

A sobbing little girl stood near a small school from which she had been turned away because it 'was too crowded'. 'I can't go to school', she sobbed to a priest as he walked by. Seeing her shabby, **unkempt** appearance, the priest guessed the reason and, taking her by the hand, took her inside and found a place for her in the school class. The child was so **touched** that she want to bed that night thinking of the children who have no place to study.

Some two years later, this child lay dead in one of the poor tenement buildings and the parents called for the kindhearted priest, who had **befriended** their daughter, to handle the final arrangements. As her poor little body was being moved, a worn and crumpled purse was found which seemed to have been rummaged from some trash dump, Inside were found 57 cents and a note scribbed in childish handwriting which read. 'This is to help make the little school bigger so more children can go to school'.

For two years she had saved for this offering of love. When the priest tearfully read that note, he knew instantly what he woud do.

Carrying this note and the cracked, red pocketbook to the stage, he told the story of her unselfish love and devotion. He challenged his assistants to get busy and raise enough money for the larger building.

A newspaper learned of the story and published it. It was read by a realtor who offered them a parcel of land **worth** many thousands. When told that the school could not pay so much, he offered it for a 57 cent payment.

Religious members too made large subscriptions. Cheques came from far and wide. Within five years the little girl's gift had increased to $250,000 — a huge sum for that time. Her unselfish love head paid large dividends. The school building house hundreds of scholars, so that no child in the area will ever need to be left outside at school time.

In one of the rooms of this building may be seen the picture of the sweet face of the little girl whose 57 cents, so sacrificially saved, made such remarkable, history. Alongside of it is a portrait of her kind priest

26. How did the little girl die?

(*a*) she had died from suffocation in the tenement building

(*b*) she had starved of death

(*c*) She fell from a poor tenement building

(*d*) None of these

27. What was found on the girl's body after her death?

(*a*) A purse containing the drawing of a school

(*b*) Notes that she has taken during school

(*c*) A note to the priest thanking him for his kindness.

(*d*) None of these

28. In what manner did the realtor help in making the little girl's dream come true?

(*a*) By buying a land for the building of the school for thousands of dollars

(*b*) By building the school himself

(*c*) By giving away land for building the school at a negligible price

(*d*) By publishiung the girl's story in the newspaper

29. What was the real reason behind the girl not being allowed into school?

(*a*) The girl had a learning disability

(*b*) She was poor and inappopriately dressed

(*c*) The teachers were too busy to teach her

(*d*) The school was full a good students and did not need one more

30. Which of the following can be the most appropriate title for the passage/story?

(*a*) The girl with the 57 Cents

(*b*) The Making of Any School

(*c*) A Realtor's Sacrifice

(*d*) How Newspapers spread Information

31. Which of the following characteristic can be atributed to the little girl from the story ?

1. She was brave
2. She was selfish
3. She was loving

(*a*) Only 1 (*b*) Only 1 and 3

(*c*) All 1, 2 and 3 (*d*) Only 3

32. Which of the following cannot be said about the priest?

1. He was insensitive
2. He put his throughts into action
3. He was compassionate

(*a*) Only 2 (*b*) Only 3

(*c*) Only 1 (*d*) Only 2 and 3

33. What was the little girls's idead behind wanting to build a bigger school?

(*a*) The current school was not providing quality education

(*b*) More students could study in the school

(*c*) To gain popularity

(*d*) Not mentioned in the passage

34. How was the priest instrumental in fullfilling the little girl's dream?

(*a*) He shared her story and urged his helpers to raise money

(*b*) He constructed the school building with the help of his assistants

(*c*) He handed over the 57 cents to the realtor himself

(*d*) He helped in the cremation of the litttle girls body

35. What was the final outcome of the 57 cent saved by the little girl ?

(*a*) The 57 cents were taken by the priest as a fee for his service to the little girl

(*b*) Nothing could be done with the 57 cents as amount was too small

(*c*) A home for the poor was built with the 57 cents

(*d*) The amount grew manifold due to various contributioons and a school housing hundreads was finally built

Direction (36–38) : *Choose the word / group of words which is **most similar** in meaning to the word / groups of words printed in **bold** as used in the passage.*

36. WORTH

(*a*) costing (*b*) importance

(*c*) significance (*d*) appeal

37. TOUCHED

(*a*) patted (*b*) tapped

(*c*) felt (*d*) moved

38. UNKEMPT

(*a*) untidy (*b*) tiny

(*c*) torn (*d*) proper

Direction (39–40) : *Choose the word / group of words, which is **most opposite** in meaning to the word / group of words printed in **bold** as used in the passage.*

39. BEFRIENDED

(*a*) recoiled (*b*) killed

(*c*) accepted (*d*) mistrusted

40. KIND

(*a*) unique (*b*) heartless

(*c*) careless (*d*) common

Direction (41–45) : *Which of the phrases (a), (b), (c) and (d) given below each sentence should replace the phrase printed in bold in the sentence to make it grammatically correct?*

41. As Anuj was familiar with the road to Neeraj's house, he **lead the way.**

(*a*) led the way (*b*) led away

(*c*) leading ways (*d*) lead ways

42. Although he was new to the field of painting. Shared **give it a go.**

(*a*) gave goes (*b*) gives his go

(*c*) gave it a go (*d*) giving it go

43. The performance of the band on New Year's Eve was **out of worlds.**

(*a*) out of the worldly

(*b*) outing of worlds

(*c*) Out from the world

(*d*) out of the world

44. Parents are **changing with the times** and rare friendlier and more open to their children's views.

(*a*) changed timings

(*b*) changed to the time

(*c*) changing times

(*d*) No correction required

45. Many people do not like to **switch** at one brand to another.

(*a*) switched in (*b*) **switches** at

(*c*) switch from (*d*) switching on

Direction (46-50) : *In each question below, a sentence with four words printed in **bold** type is given. These are numbered as (a), (b), (c) and (d). One of these four words printed in **bold** may be either **wrongly spelt or inappropriate** inthe context of the sentence. Find out the word which is wrongly spelt or inappropriate, if any. The number of that word is your answer.*

46. Besides (*a*)/ the duties of **compassion** (*b*)/ **harmlessness** (*c*)/ and **forgiveness** (*d*)/ there are still dutics.That we owe to others.

47. There was once a Brahmana who had made a **vow** (*a*)/ that he would only eat food that he **could** (*b*)/ **gather** (*c*)/ in the **fields** (*d*).

48. By far the most **urgent** (*a*)/ need of industry in **journal** (*b*)/ and of IT industry in **particular** (*c*)/ is the need for **skilled.** (*d*)/ manpower.

49. The king gave **away** (*a*)/ all that he had, and he and his **family** (*b*)/ went without food so that they **might** (*c*)/ feed the **hungry**, (*d*).

50. We must **feal** (*a*)/ love for all, no **matter** (*b*)/ **wheather** (*c*)/ they are of our own family of **strangers**. (*d*)/or wheather they are rich or poor.

Direction (51–55) : *Rearrange the following six sentences (1), (2), (3), (4), (5) and (6) in the proper sequence to form a meaningful paragraph; then answer the questions given below them.*

1. When my schoolmates asked, 'What happened to your lip? I'd tell them that I'd fallen as a baby and cut it on a piece of glass.
2. At a very young age, I knew I was diferent and I hated it.
3. They saw me as a little girl with a broken lip, crooked nose, lopsided teeth, and hollow and somewhat slurred speech.
4. Some how it seemed more acceptable to have suffered an accident that to have been born different.
5. Besides this physical appearance, I couldn't even blow up a ballon without holding my nose and when I bent to drink from a fountain, the water spilled out of my nose.
6. This was because I was born with a cleft palate, and when I started to go to school, my classmates, who were constantly teasing, made it clear to me how I must look to others.

51. Which of the following should be the **FIRST** sentence after rearrangement?

(*a*) 1 (*b*) 2
(*c*) 3 (*d*) 4

52. Which of the following should be the **THIRD** sentence after rearrangement ?

(*a*) 1 (*b*) 2
(*c*) 3 (*d*) 4

53. Which of the following should be the **LAST (SIXTH)** sentence after rearrangement ?

(*a*) 6 (*b*) 5
(*c*) 4 (*d*) 3

54. Which of the following should be the **SECOND** sentence after rearrangement ?

(*a*) 1 (*b*) 2
(*c*) 3 (*d*) 5

55. Which of the following should be the **FOURTH** sentence after rearrangement?

(*a*) 1 (*b*) 2
(*c*) 3 (*d*) 5

Direction (56–65) : *Read each sentence to find out wheather there is any grammatical error or idiomatic error in it. The error, if any, will be in one part of the sentence. The number of that part is the answer. If these is no error, the answer is (d) (Ignore errors of punctuation, if any.)*

56. As the minister was very intelligent and hardworking(*a*)/the King appointed him (*b*)/ as his chief advisor (*c*)/ No error (*d*)

57. Humour is a better way (*a*)/to provide social comentary on countroversy issues and some movies (*b*)/do that successfully, (*c*)/ No error. (*d*)

58. The comedian enthralled (*a*)/evcrybody with his quick witty as (*b*)/he had chosen just the right topic. (*c*)/to warm up to the crowd. No error. (*d*)

59. The superstar reveal that (*a*)/he had been turning the controversial security measures into (*b*)/a public relations opportunity (*c*)/ No error. (*d*)

60. An old tiger living in (*a*)/the forest was not strong enough (*b*)/ to hunt animals and starved For much days, (*c*)/ No error. (*d*)

61. My singing style was unique (*a*)/but it would have been nothing (*b*)/without the contribution of the brilliant music directors, (*c*)/ No error. (*d*)

62. The boy was almost (*a*)/asleep when a ball (*b*)/files across the garden and hit him on the foot, (*c*)/ No error. (*d*)

63. At last Amar found (*a*)/Naresh under the shade (*b*)/of a tree and brought him back on the city. (*c*)/ No error. (*d*)

64. Mother sat through her chair (*a*)/by the fire to read her book (*b*)/but her ten little boys were too noisy, (*c*)/ No error. (*d*)

65. Since, the lion was (*a*)/very illness (*b*)/ all the other animals in her forest gave the lion a lot of medicines, (*c*)/ No error. (*d*)

Direction (66-75) : *In the following passage there are blanks, each of which has been hunbered. These numbers printed below the passage and against each, four words are suggested onme of which fits the approproately. Find out the appropriate world each case.*

A poor washerman had an old donkey. He did not give it **(66)** food. The donkey became thin and **(67)**. The washerman had a wife and seven children. He said. "I am working hard. But I am not **(68)**. a lot of money. I can't feed my wife and children **(69)**. How can't I feed this donkey ? " Suddenly he remembered a tiger-skin in the house. It was a gift to his father's good work. He though. "I shall **(70)** the donkey with the skin and drive it into the field and won't go near it. My donkey can eat a lot and **(71)** fat too". The next day he dressed the donkey in the tiger-skin and drove it into the field of crops. The villagers saw the donkey in the tiger skin and thought, The tiger will kill us all. We shall write to the collector and he will **(72)** it with the help of the police. Many days **(73)**. The donkey ate a lot of crops everyday and grew stout and strong. One day the villagers **(74)** a letter from the collector saying. "There is no tiger in your village or in any place near your village." That evening all the villagers went to the field with big **(75)**. The washermans donkey in the tiger-skin was in the field Suddenly another donkey brayed from some place near the field. The washerman's donkey lifted up his head and brayed too. The villagers saw this and beat the donkey.

66. (*a*) any (*b*) too (*c*) many (*d*) with

67. (*a*) sorry (*b*) died (*c*) fat (*d*) weak

68. (*a*) accumulate (*b*) spend (*c*) wasting (*d*) earning

69. (*a*) good (*b*) main (*c*) well (*d*) two

70. (*a*) sew (*b*) wrapped (*c*) enclose (*d*) stuek

71. (*a*) see (*b*) grow (*c*) decame (*d*) demand

72. (*a*) shoot (*b*) stroke (*c*) shooed (*d*) ask

73. (*a*) elapse (*b*) went (*c*) late (*d*) passed

74. (*a*) granted (*b*) tore (*c*) received (*d*) shred

75. (*a*) scare (*b*) sticks (*c*) bowl (*d*) relieved

भाग: III-संख्यात्मक अभियोग्यता

76. एक दुकानदार किसी वस्तु के अंकित मूल्य पर 10% का बट्टा देता है और फिर भी 20% का लाभ अर्जित करता है। यदि उसका अंकित मूल्य ₹ 800 है, तो उस वस्तु का क्रय-मूल्य होगा–

(*a*) ₹ 900 (*b*) ₹ 800 (*c*) ₹ 700 (*d*) ₹ 600

77. यदि $p : q : r = 1 : 2 : 4$ हो, तो $\sqrt{5p^2 + q^2 + r^2}$ बराबर होगा–

(*a*) 5 (*b*) 2 (*c*) $5p$ (*d*) $4r$

78. $(3+\sqrt{2})$ तथा $(12-\sqrt{32})$ का मध्यानुपाती है–

(*a*) $\sqrt{7}$ (*b*) $2\sqrt{7}$ (*c*) 6 (*d*) $\frac{15-3\sqrt{2}}{2}$

79. 504 विद्यार्थियों वाले एक विद्यालय में लड़कों और लड़कियों की संख्याओं का अनुपात 13 : 11 है। यदि 3 अन्य लड़कियाँ भर्ती कर ली जाएं, तो उनका नया अनुपात क्या होगा ?

(*a*) 7 : 6 (*b*) 6 : 7 (*c*) 10 : 11 (*d*) 13 : 14

80. एक पार्टी में शामिल महिलाओं और पुरुषों में 3 : 2 का अनुपात था। जब 20 और पुरुष शामिल हो गए, तो अनुपात उल्टा हो गया। पार्टी में शामिल महिलाओं की संख्या थी–

(*a*) 36 (*b*) 32 (*c*) 24 (*d*) 16

81. A और B की वार्षिक आय 4 : 3 के अनुपात में हैं तथा उनके वार्षिक व्यय 3 : 2 के अनुपात में हैं। यदि इनमें से प्रत्येक वर्ष के अंत में ₹ 600 की बचत करता हो, तो A की वार्षिक आय है–

(*a*) ₹ 4,800 (*b*) ₹ 1,800

(*c*) ₹ 1,200 (*d*) ₹ 2,400

82. दो क्रमागत वर्षों में एक विद्यालय के 100 तथा 75 विद्यार्थी अंतिम परीक्षा में बैठे। इनमें से क्रमश: 75% तथा 60% उत्तीर्ण हुए । उत्तीर्ण होने वालों की औसत दर है–

(*a*) $68\frac{4}{7}\%$ (*b*) 78%

(*c*) $80\frac{1}{2}\%$ (*d*) 80%

83. एक व्यक्ति एक वस्तु को 10% हानि पर बेचता है। यदि उसने इसे ₹ 10 अधिक पर बेची होती, तो उसे 10% लाभ हुआ होता। वस्तु का क्रय-मूल्य है–

(*a*) ₹ 50 (*b*) ₹ 55

(*c*) ₹ 100 (*d*) ₹ 110

84. एक प्लेटफार्म पर खड़े हुए व्यक्ति को पता चलता है कि एक रेलगाड़ी उसे 3 सेकंड में पार करती है तथा उतनी ही लंबाई की विपरीत दिशा में चलने वाली दूसरी रेलगाड़ी उसे 4 सेकंड में पार करती है। ये दोनों रेलगाड़ियाँ एक-दूसरे को कितनेसमय में पार करेंगी ?

(*a*) $2\frac{3}{7}$ सेकंड (*b*) $3\frac{3}{7}$ सेकंड

(*c*) $4\frac{3}{7}$ सेकंड (*d*) $5\frac{3}{7}$ सेकंड

85. एक रेलगाड़ी, उसी दिशा में क्रमश: 3 किमी/घंटा तथा 5 किमी/घंटा की चाल से चलने वाले दो व्यक्तियों को क्रमश: 10 सेकंड तथा 11 सेकंड में पार करती है, तो रेलगाड़ी की रफ्तार है–

(*a*) 28 किमी/घंटा (*b*) 27 किमी/घंटा

(*c*) 25 किमी/घंटा (*d*) 24 किमी/घंटा

86. एक विद्यार्थी को किसी परीक्षा में पास होने के लिए कम-से-कम 35% अंक प्राप्त करने चाहिए। यदि उस विद्यार्थी को 200 अंक प्राप्त हुए हों और वह 10 अंकों से फेल हो गया हो, तो परीक्षा के अधिकतम अंक हैं–

(*a*) 300 (*b*) 400

(*c*) 500 (*d*) 600

87. यदि किसी आयत की लंबाई को 20% बढ़ा दिया जाए तथा उसकी चौड़ाई को 20% कम कर दिया जाए, तो उसका क्षेत्रफल–

(*a*) 4% बढ़ जाएगा (*b*) 4% कम हो जाएगा

(*c*) 1% कम हो जाएगा (*d*) अपरिवर्तित रहेगा

88. यदि ब्याज त्रैमासिक रूप से संयोजित हो, तो ₹16000 का 9 मास का 20% वार्षिक ब्याज की दर से चक्रवृद्धि ब्याज होगा–

(*a*) ₹ 2,520 (*b*) ₹ 2,524

(*c*) ₹ 2,522 (*d*) ₹ 2,518

89. यदि प्रथम वर्ष के वार्षिक ब्याज की दर 4%, द्वितीय वर्ष के लिए 5% तथा तृतीय वर्ष के लिए 6% हो, तो ₹ 10,000 का 3 वर्ष का चक्रवृद्धि ब्याज होगा–

(*a*) ₹ 1,600 (*b*) ₹ 1625.80

(*c*) ₹ 1575.20 (*d*) ₹ 2,000

90. कोई व्यक्ति ₹ 3,250 के ऋण के भुगतान के लिए प्रथम मास में ₹ 20 देता है तथा उसके उपरांत प्रत्येक मास के भुगतान में ₹ 15 की वृद्धि करता है। ऋण के पूर्ण भुगतान में उसे कुल कितने मास का समय लगेगा ?

(*a*) 26 (*b*) 25

(*c*) 23 (*d*) 20

91. अनुक्रम 7, 28, 63, 124, 215, 342, 511 का अशुद्ध पद है–

(*a*) 7 (*b*) 28

(*c*) 124 (*d*) 215

92. एक आयताकार खेत की लंबाई 500 मीटर तथा चौड़ाई 350 मीटर है तो खेत का क्षेत्रफल ज्ञात कीजिए :

(*a*) 1,75,000 वर्ग मीटर (*b*) 87,500 वर्ग मीटर

(*c*) 80,000 वर्ग मीटर (*d*) 82,500 वर्ग मीटर

93. एक आयताकार कमरा 8 मीटर चौड़ा तथा 4 मीटर ऊँचा है। यदि कमरे की दीवारों का क्षेत्रफल 256 वर्ग मीटर हो तो कमरे की लंबाई बताओ :

(*a*) 8 मीटर (*b*) 16 मीटर

(*c*) 24 मीटर (*d*) 32 मीटर

94. यदि चार लगातार आने वाली प्राकृत संख्याओं के गुणनफल में एक प्राकृत संख्या p जोड़ने पर एक पूर्ण वर्ग संख्या प्राप्त होती हो, तो p का मान होगा–

(*a*) 8 (*b*) 4

(*c*) 2 (*d*) 1

95. निम्नलिखित में से कौन-सा भिन्न $\frac{2}{3}$ तथा $\frac{3}{5}$ के मध्य स्थित है ?

(*a*) $\frac{2}{5}$ (*b*) $\frac{1}{3}$

(*c*) $\frac{1}{15}$ (*d*) $\frac{31}{50}$

96. पाँच अंकों वाली सबसे छोटी कौन-सी संख्या 41 से विभाजित होगी ?

(*a*) 10045

(*b*) 10004

(*c*) 10041

(*d*) 41000

97. एक दैनिक मजदूरी पाने वाले श्रमिक को ₹ 5,750 पर कुछ दिनों के लिए रखा गया, किंतु उन दिनों में से कुछ में अनुपस्थित रहने के कारण उसे कुल ₹ 5,000 दिए गए। उसकी अधिकतम संभव दैनिक मजदूरी कितनी थी ?

(*a*) ₹ 125 (*b*) ₹ 250

(*c*) ₹ 375 (*d*) ₹ 500

98. एक पंप किसी टंकी को पानी से 2 घंटों में भर सकता है। टंकी में पानी रिसने से इसको भरने में $2\frac{1}{3}$ घंटे लगते हैं। पानी से पूरी भरी टंकी रिसाव के कारण कितने समय में खाली हो जाएगी ?

(*a*) 8 घंटे (*b*) 7 घंटे

(*c*) $4\frac{1}{3}$ घंटे (*d*) 14 घंटे

99. कमल एक काम को 15 दिन में पूरा कर सकता है। बिमल काम करने में कमल से 50% अधिक कुशल है। उस काम को बिमल द्वारा पूरा किए जाने में कितने दिन लगेंगे ?

(*a*) 14 (*b*) 12

(*c*) 10 (*d*) $10\frac{1}{2}$

100. यदि किसी वृत्त की परिधि और उसके व्यास में 30 सेमी का अन्तर हो, तो उस वृत्त की त्रिज्या होगी–

(*a*) 6 सेमी (*b*) 7 सेमी

(*c*) 5 सेमी (*d*) 8 सेमी

भाग : IV-सामान्य सचेतता

101. एल नीनो है–

(*a*) उष्ण समुद्री धारा

(*b*) समुद्री तूफान

(*c*) उष्णकटिबन्धीय विक्षोभ

(*d*) टाइफून का दूसरा नाम

102. प्रकाश संश्लेषण के द्वारा हरे पौधे पैदा करते हैं–

(*a*) अकार्बनिक द्रव्य (*b*) खनिज

(*c*) कार्बनिक द्रव्य (*d*) पोषक तत्त्व

103. जनांकिकीय अभिलक्षणों के आधार पर भारत का वर्गीकरण जनसंख्या चक्र के किस चरण में किया गया है ?

(*a*) आरम्भिक विस्तारशील चरण

(*b*) उच्च स्थिर-चरण

(*c*) विलम्बित विस्तारशील चरण

(*d*) ह्रासमान चरण

104. भूकम्प की तीव्रता मापने वाले यन्त्र को कहते हैं–

(*a*) इडियोग्राफ (*b*) पैंटाग्राफ

(*c*) अर्गोग्राफ (*d*) सीज्मोग्राफ

105. जादुगोडा की खानें प्रसिद्ध हैं–

(*a*) लौह अयस्क के लिए

(*b*) माइका के भण्डारों के लिए

(*c*) स्वर्ण के भण्डारों के लिए

(*d*) यूरेनियम के भण्डारों के लिए

106. 2016 में ओलंपिक खेल कहां आयोजित किए जाएंगे ?

(*a*) स्कॉटलैंड (*b*) सिडनी

(*c*) रियो डी जनैरियो (*d*) दोहा

107. क्षेत्रफल की दृष्टि से निम्नलिखित भारतीय राज्यों में से सबसे अधिक वन-आच्छादन किस राज्य का है ?

(*a*) अरुणाचल प्रदेश (*b*) छत्तीसगढ़

(*c*) मध्य प्रदेश (*d*) ओड़िसा

108. मांग के नियम में, कथन 'अन्य बातें स्थिर रहती हैं' का अर्थ है–

(*a*) उपभोक्ता की आय में परिवर्तन न हो

(*b*) अन्य वस्तुओं के दाम में परिवर्तन न हो

(*c*) उपभोक्ता की रुचि में परिवर्तन न हो

(*d*) उपर्युक्त सभी

109. कोई फर्म साम्यावस्था में होती है, जब इसकी–

(*a*) सीमान्त लागत सीमान्त आय के बराबर हो

(*b*) कुल लागत न्यूनतम हो

(*c*) कुल आय अधिकतम हो

(*d*) औसत आय तथा सीमान्त आय बराबर हो

110. विश्व व्यापार संगठन (WTO) को पहले कहते थे–

(*a*) GATT (*b*) UNICEF

(*c*) UNCTAD (*d*) FAO

111. नकद मजदूरी ज्ञात होते हुए, यदि किसी अर्थव्यवस्था में कीमत स्तर में वृद्धि होती है, तो वास्तविक मजदूरी–

(*a*) बढ़ेगी (*b*) घटेगी

(*c*) स्थिर रहेगी (*d*) लचीली हो जाएगी

112. दृश्य निर्यात और दृश्य आयात के बीच अन्तर को कहते हैं–

(*a*) व्यापार शेष

(*b*) भुगतान सन्तुलन

(*c*) व्यापार की सन्तुलित स्थिति

(*d*) व्यापार से लाभ

113. मूल्यवर्धित कर (VAT) क्या है ?

(*a*) उपभोक्ताओं पर लगाया गया एक सरल, पारदर्शी, भुगतान करने में आसान कर

(*b*) उच्च आय वर्ग पर कर का भार बढ़ाने के लिए सरकार द्वारा किया गया एक नया उपक्रम

(*c*) एक अकेला कर जो अधिप्रभार, पण्यावर्त कर आदि राज्य करों का स्थान लेता है

(*d*) पूँजीगत वस्तुओं के उत्पादकों पर लगाया जाने वाला एक नया कर

114. 'मुद्रा के अवमूल्यन' का परिणाम होता है–

(*a*) निर्यात में वृद्धि और भुगतान सन्तुलन में सुधार

(*b*) निर्यात में वृद्धि और विदेशी आरक्षित निधि में कमी

(*c*) आयात में वृद्धि और भुगतान सन्तुलन में सुधार

(*d*) निर्यात और आयात में वृद्धि

115. भारत में पीत क्रान्ति का सम्बन्ध है–

(*a*) धान के उत्पादन के साथ

(*b*) तिलहन के उत्पादन के साथ

(*c*) चाय के उत्पादन के साथ

(*d*) फूलों के उत्पादन के साथ

116. निम्नलिखित में से किसको भारत में नकदी फसल माना जाता है ?

(*a*) मक्का (*b*) चना

(*c*) प्याज (*d*) गेहूँ

117. पद 'हरित सकल राष्ट्रीय उत्पाद' जोर देता है–

(*a*) सकल राष्ट्रीय उत्पाद की तीव्र वृद्धि पर

(*b*) प्रति व्यक्ति आय में वृद्धि पर

(*c*) आर्थिक विकास पर

(*d*) चिरस्थायी (sustainable) विकास पर

118. ग्यारह यूरोपीय राष्ट्रों में शुरू की गई साझी मुद्रा को कहते हैं–

(*a*) यूरो पाउण्ड (*b*) यूरो

(*c*) यूरो डॉलर (*d*) इनमें से कोई नहीं

119. निक्षेप सेवाएँ किसे कहते हैं ?

(*a*) सावधि निक्षेपों की एक नई योजना

(*b*) शेयर बाजार को विनियमित करने की एक विधि

(*c*) प्रतिभूतियों को सुरक्षित रखने के लिए एक एजेंसी

(*d*) निवेशकों के लिए एक सलाहकार सेवा

120. पुरावशेष का महानतम अन्वेषक किसे कहा जाता है ?

(*a*) अरस्तू (*b*) डार्विन

(*c*) कुविअर (*d*) सुकरात

121. भोपाल गैस काण्ड-किसके रिसाव से संबंधित है ?

(*a*) कार्बन-डाइऑक्साइड

(*b*) नाइट्रोजन-डाइऑक्साइड

(*c*) सल्फर डाइऑक्साइड

(*d*) मैथिल आइसोसायनेट

122. आयोडीनयुक्त नमक लाभकारी होता है–

(*a*) रक्तचाप कम करने के लिए

(*b*) निर्जलीकरण को रोकने के लिए

(*c*) थाइरॉइड (अवटु ग्रंथि) के काम के लिए

(*d*) सैलिवरी ग्लैंड (लाल ग्रंथि) के लिए

123. अम्ल वर्षा वनस्पति को नष्ट कर देती है, क्योंकि उसमें–

(*a*) नाइट्रिक अम्ल होता है

(*b*) ओजोन होती है

(*c*) कार्बन मोनोक्साइड होती है

(*d*) सल्फ्यूरिक अम्ल होती है

124. लाख बनाई जाती है–

(*a*) एक पेड़ से (*b*) एक कीट से

(*c*) एक बिल्ली से (*d*) एक कस्तूरी उन्दुर से

125. संगरोध विनियम का संबंध है–

(*a*) पौधों की बढ़िया किस्में पैदा करने से

(*b*) रोगयुक्त जीव के प्रवेश को रोकने से

(*c*) रोगयुक्त जीव की पहचान करने से

(*d*) इनमें से कोई नहीं

126. टॉक्सिकोलॉजी का संबंध किसके अध्ययन से है ?

(*a*) वाइरसों के (*b*) बैक्टीरिया के

(*c*) रोगों के (*d*) विषों के

127. उत्तेजना के समय निम्न में से कौन-सा हार्मोन अधिक मात्रा में उत्सर्जित होता है–

(*a*) कॉर्टिसोन (*b*) सिरोटोनिन

(*c*) ऐड्रिनलीन (*d*) आइस्ट्रोजन

128. पौधों में जल का परिवहन किसके माध्यम से होता है ?

(*a*) कैम्बियम (*b*) फ्लोएम

(*c*) एपीडर्मिस (*d*) जाइलम

129. निम्नलिखित में से कौन-सा जन्तु पराश्रव्य ध्वनि को सुन सकता है ?

(*a*) चूहा (*b*) गिलहरी

(*c*) बिल्ली (*d*) चिमगादड़

130. पक्षियों के वैज्ञानिक अध्ययन को कहते हैं–

(*a*) लिम्नॉलोजी (*b*) हर्पिटॉलोजी

(*c*) मैलाकॉलोजी (*d*) ऑर्निथॉलोजी

131. हमारे सौरमण्डल का सबसे चमकीला ग्रह है

(*a*) शुक्र (*b*) बुध

(*c*) मंगल (*d*) बृहस्पति

132. सूर्य की ऊर्जा का स्त्रोत किस प्रक्रिया में निहित है ?

(*a*) फोटोइलेक्ट्रिक उत्सर्जन

(*b*) नाभिकीय विखण्डन

(*c*) नाभिकीय संलयन

(*d*) तापायनी उत्सर्जन

133. बहुलमापी का प्रयोग किसे मापने के लिए किया जाता है ?

(*a*) धारा (*b*) वोल्टता

(*c*) प्रतिरोध (*d*) ये सभी

134. निम्नलिखित में से किस प्रकाश घटना के कारण हीरे जगमगाते हैं और आकर्षक होते हैं ?

(*a*) उच्चतम अपवर्तन

(*b*) बहुलित आंतरिक परावर्तन

(*c*) बहुलित पृष्ठ परावर्तन

(*d*) शत प्रतिशत संचरण

135. श्वेत प्रकाश को भिन्न-भिन्न रंगों में विभक्त करने के लिए निम्नलिखित में से किसका प्रयोग किया जाता है ?

(*a*) काँच की सिल्ली (*b*) उत्तल लेन्स

(*c*) अवतल लेन्स (*d*) प्रिज्म

136. विद्युत उत्पादन के लिए प्रयुक्त नाभिकीय रिऐक्टर आधारित हैं–

(*a*) नाभिकीय विखण्डन पर (*b*) नाभिकीय संलयन पर

(*c*) शीत संलयन पर (*d*) अतिचालकता पर

137. यक्ष्मा (तपेदिक) के इलाज के लिए निम्नलिखित में से किसका प्रयोग किया जाता है ?

(*a*) पेनिसिलिन (*b*) ऐस्पिरिन

(*c*) पैरासिटामोल (*d*) डेटोल

138. निम्नलिखित में से कौन-सी गैस सबसे अधिक विषाक्त है ?

(*a*) कार्बन डाइऑक्साइड

(*b*) कार्बन मोनोक्साइड

(*c*) सल्फर डाइऑक्साइड

(*d*) क्लोरिन

139. नाभिकीय विकिरण का अत्यधिक दुष्प्रभाव सबसे पहले मानव शरीर के किस अंग पर होता है ?

(*a*) आँखे (*b*) फेफड़े

(*c*) त्वचा (*d*) अस्थि मज्जा

140. कांग्रेस की पहली महिला अध्यक्ष कौन थीं ?

(*a*) श्रीमती ऐनी बेसेन्ट

(*b*) श्रीमती सरोजिनी नायडू

(*c*) श्रीमती नेली सेनगुप्ता

(*d*) अरुणा आसफ अली

141. गुजरात तट से दूर जिस विवादास्पद तटीय पट्टी पर भारत और पाकिस्तान बातचीत कर रहे हैं, उसका नाम है

(*a*) गल्फ ऑफ कैम्बे (*b*) सर क्रीक

(*c*) गल्फ ऑफ खम्भात (*d*) माउथ ऑफ इन्डस

142. फरवरी 1928 में भारत आने वाले साइमन कमीशन का बहिष्कार किया गया, क्योंकि
(*a*) उसके सभी सदस्य अंग्रेज थे
(*b*) उस समय अनेक राष्ट्रवादी नेता बन्दी थे
(*c*) उसका अध्यक्ष सर जॉन साइमन बहुत अलोकप्रिय था
(*d*) मान्टेग्यू-चेम्सफोर्ड सुधार असफल हो गए थे

143. विभाजन परिषद् का अध्यक्ष कौन था ?
(*a*) एम. ए. जिन्नाह (*b*) लॉर्ड माउन्टबेटन
(*c*) जवाहरलाल नेहरू (*d*) वी. पी. मेनन

144. भारतीय संघ के राष्ट्रपति के पास वही संवैधानिक अधिकार हैं जो–
(*a*) ब्रिटिश राजा (महारानी) के पास हैं
(*b*) यू. एस. ए. के राष्ट्रपति के पास हैं
(*c*) पाकिस्तान के राष्ट्रपति के पास हैं
(*d*) फ्रांस के राष्ट्रपति के पास हैं

145. निम्नलिखित में से कौन-सा एक संवैधानिक निकाय नहीं है ?
(*a*) चुनाव आयोग (*b*) वित्त आयोग
(*c*) योजना आयोग (*d*) संघ लोक सेवा आयोग

146. संघ लोक सेवा आयोग के किसी सदस्य को हटाया जा सकता है–
(*a*) राष्ट्रपति द्वारा
(*b*) प्रधानमन्त्री द्वारा
(*c*) उच्चतम न्यायालय के मुख्य न्यायाधीश द्वारा
(*d*) संघ लोक सेवा आयोग के अध्यक्ष द्वारा

147. ऐसे व्यक्ति कौन हैं जो राज्य सभा के सदस्य होते हुए राज्य सभा और लोक सभा दोनों में बोल सकते हैं ?
(*a*) राज्य सभा का उपाध्यक्ष
(*b*) राज्य सभा में सदन का नेता
(*c*) राज्य सभा के मनोनीत सदस्य
(*d*) वे मन्त्री जो राज्य सभा के सदस्य हैं

148. सूची-I का मिलान सूची-II के साथ कीजिए–

सूची-I (संगीतज्ञ)	**सूची-II (उत्कृष्टता)**
(A) असद अली खाँ	1. शहनाई
(B) मल्लिकार्जुन	2. वायलिन
(C) बिस्मिल्ला खाँ	3. शास्त्रीय संगीत
(D) टी॰ एन॰ कृष्णन	4. वीणा

कोड :

	A	B	C	D
(*a*)	2	4	3	1
(*b*)	4	3	1	2
(*c*)	3	4	2	1
(*d*)	1	2	3	4

149. चंडीगढ़ का रॉक गार्डन किसका बनाया हुआ है ?
(*a*) किशन चन्द (*b*) नेक चन्द
(*c*) ज्ञान चन्द (*d*) मूल चन्द

150. बीमर शब्द का सम्बन्ध किस खेल के साथ है?
(*a*) फुटबाल (*b*) हॉकी
(*c*) क्रिकेट (*d*) शतरंज

उत्तरमाला

1. (*b*)	**2.** (*d*)	**3.** (*b*)	**4.** (*d*)	**5.** (*d*)	**6.** (*c*)	**7.** (*a*)	**8.** (*a*)	**9.** (*b*)	**10.** (*a*)
11. (*a*)	**12.** (*b*)	**13.** (*b*)	**14.** (*c*)	**15.** (*b*)	**16.** (*a*)	**17.** (*a*)	**18.** (*d*)	**19.** (*c*)	**20.** (*d*)
21. (*a*)	**22.** (*b*)	**23.** (*a*)	**24.** (*c*)	**25.** (*b*)	**26.** (*d*)	**27.** (*d*)	**28.** (*c*)	**29.** (*b*)	**30.** (*a*)
31. (*d*)	**32.** (*c*)	**33.** (*b*)	**34.** (*a*)	**35.** (*d*)	**36.** (*a*)	**37.** (*d*)	**38.** (*a*)	**39.** (*a*)	**40.** (*b*)
41. (*a*)	**42.** (*c*)	**43.** (*d*)	**44.** (*d*)	**45.** (*c*)	**46.** (*c*)	**47.** (*d*)	**48.** (*b*)	**49.** (*b*)	**50.** (*a*)
51. (*b*)	**52.** (*c*)	**53.** (*c*)	**54.** (*d*)	**55.** (*d*)	**56.** (*c*)	**57.** (*b*)	**58.** (*b*)	**59.** (*a*)	**60.** (*c*)
61. (*d*)	**62.** (*c*)	**63.** (*c*)	**64.** (*a*)	**65.** (*b*)	**66.** (*a*)	**67.** (*d*)	**68.** (*d*)	**69.** (*c*)	**70.** (*b*)
71. (*b*)	**72.** (*a*)	**73.** (*d*)	**74.** (*c*)	**75.** (*b*)	**76.** (*d*)	**77.** (*c*)	**78.** (*b*)	**79.** (*a*)	**80.** (*c*)
81. (*d*)	**82.** (*a*)	**83.** (*a*)	**84.** (*b*)	**85.** (*c*)	**86.** (*d*)	**87.** (*b*)	**88.** (*c*)	**89.** (*c*)	**90.** (*d*)
91. (*b*)	**92.** (*a*)	**93.** (*a*)	**94.** (*d*)	**95.** (*d*)	**96.** (*b*)	**97.** (*d*)	**98.** (*d*)	**99.** (*c*)	**100.** (*b*)
101. (*a*)	**102.** (*d*)	**103.** (*c*)	**104.** (*d*)	**105.** (*d*)	**106.** (*c*)	**107.** (*c*)	**108.** (*d*)	**109.** (*a*)	**110.** (*a*)
111. (*d*)	**112.** (*a*)	**113.** (*a*)	**114.** (*a*)	**115.** (*b*)	**116.** (*b*)	**117.** (*b*)	**118.** (*b*)	**119.** (*c*)	**120.** (*b*)
121. (*d*)	**122.** (*d*)	**123.** (*d*)	**124.** (*b*)	**125.** (*b*)	**126.** (*d*)	**127.** (*c*)	**128.** (*b*)	**129.** (*d*)	**130.** (*d*)
131. (*a*)	**132.** (*c*)	**133.** (*d*)	**134.** (*b*)	**135.** (*d*)	**136.** (*a*)	**137.** (*a*)	**138.** (*b*)	**139.** (*c*)	**140.** (*a*)
141. (*b*)	**142.** (*a*)	**143.** (*b*)	**144.** (*a*)	**145.** (*c*)	**146.** (*a*)	**147.** (*d*)	**148.** (*b*)	**149.** (*b*)	**150.** (*c*)

व्याख्या

1. $S \xrightarrow{+2} U$ $\quad C \xrightarrow{+2} E$

$T \xrightarrow{+2} V$ $\quad R \xrightarrow{+2} T$

$A \xrightarrow{+2} C$ $\quad I \xrightarrow{+2} K$

$B \xrightarrow{+2} D$ $\quad C \xrightarrow{+2} E$

$I \xrightarrow{+2} K$ $\quad K \xrightarrow{+2} M$

$L \xrightarrow{+2} N$ $\quad E \xrightarrow{+2} G$

$I \xrightarrow{+2} K$ $\quad T \xrightarrow{+2} V$

$S \xrightarrow{+2} U$

$E \xrightarrow{+2} G$

2. $G \xrightarrow{+1} H$ $\quad P \xrightarrow{+1} Q$

$O \xrightarrow{+1} P$ $\quad O \xrightarrow{+1} P$

$A \xrightarrow{+1} B$ $\quad S \xrightarrow{+1} T$

$L \xrightarrow{+1} M$ $\quad T \xrightarrow{+1} U$

10.

2

1 [3] 6 39 15 25

$1^2 + 1$ $\quad 2^2 + 2$ $\quad 6^2 + 3$ $\quad 39^2 + 4$

14. ABCD PQRS ABCDE PQRST

ABCDEF PQRST[U]

15. 5 1 5 3 4 8 7 6

1 3 4 5 5 6 7 8

17.

1 $\quad$ 1

B F H L ⇒ E I K O

3 $\quad$ 3 $\quad$ 3 $\quad$ 3

78. माना मध्यानुपाती x है।

$3+\sqrt{2} : x :: x : 12-\sqrt{32}$

$$\frac{3+\sqrt{2}}{x} = \frac{x}{12-\sqrt{32}}$$

$$x^2 = \left(3+\sqrt{2}\right)\left(12-\sqrt{32}\right)$$

$$= 36 - 3\sqrt{32} + 12\sqrt{2} - \sqrt{64}$$

$$= 36 - 12\sqrt{2} + 12\sqrt{2} - 8$$

$$x^2 = 28$$

$$x = \sqrt{28}$$

$$= 2\sqrt{7}$$

83. माना वस्तु का क्रय मूल्य x है।

प्रश्न से,

10% हानि होने पर विक्रय मूल्य $.9x$ है।

₹ 10 अधिक बेचने पर लाभ 10% है।

अतः

$$.9x + 10 = 1.1\,x$$

$$\therefore \quad .2x = 10$$

$$\therefore \quad x = ₹\,50$$

84. माना रेलगाड़ी की लंबाई x है।

प्रथम रेलगाड़ी की चाल $x/3$ मी०/से० है

द्वितीय रेलगाड़ी की चाल $x/4$ मी०/से० है

दोनों को आपस में पार करने में तय दूरी $2x$ है

अतः पार करने में लगा समय $= \dfrac{2x}{\frac{x}{3}+\frac{x}{4}}$

$= \dfrac{24}{7}$ सेकेण्ड

88. मूलधन = ₹ 16000

ब्याज त्रैमासिक संयोजित होता है।

अतः

दर $= \dfrac{20}{4}\% = 5\%$

समय = 9 माह = 3 त्रैमासिक

चक्रवृद्धि ब्याज $=$ मूलधन $\left[\left(1+\dfrac{\text{दर}}{100}\right)^{\text{समय}} - 1\right]$

$= 16000\left[\left(1+\dfrac{5}{100}\right)^{3} - 1\right]$

= ₹ 2522

91.

26

7 [28] 63 124 215 342 511

19 37 61 91 127 169

18 24 30 36 42

6 6 6 6

अभ्यास पत्र-9

समय : 2 घंटे **पूर्णांक : 150**

भागः I-सामान्य बुद्धिमत्ता

निर्देश–(1-6): दिए गए विकल्पों में से संबंधित शब्द/अक्षरों/संख्या को चुनिए–

1. ACE : GIK : : MOQ : ?

(*a*) SUW (*b*) STU

(*c*) STW (*d*) SVW

2. EGIK : LJHF : : SUWY : ?

(*a*) ZXVT (*b*) LNPR

(*c*) MOQS (*d*) TVXZ

3. 3 : 27 : : 4 : ?

(*a*) 16 (*b*) 64

(*c*) 28 (*d*) 32

4. टांग : घुटना : : बाँह (भुजा) : ?

(*a*) हाथ (*b*) कलाई

(*c*) कोहनी (*d*) बाँह (आस्तीन)

5. टोकना (बीच में बोलना) : बोलना : : ?

(*a*) चिल्लाना : चीखना

(*b*) घुसपैठ : प्रवेश

(*c*) हस्तक्षेप : टकराव

(*d*) टेलीफोन (दूरभाष) : टेलीग्राफ

6. 18 : 52 : : 12 : ?

(*a*) 34 (*b*) 48

(*c*) 60 (*d*) 72

निर्देश–(7-13): उसे चुनिए जो अन्य तीन विकल्पों से भिन्न है–

7. (*a*) DGLS (*b*) MPSV

(*c*) HKPW (*d*) KNSZ

8. (*a*) 204 (*b*) 220

(*c*) 228 (*d*) 252

9. (*a*) किताब (*b*) पत्रिका

(*c*) लेख (*d*) समाचार-पत्र

10. (*a*) एरलडाइट (*b*) जैल

(*c*) प्लास्टर (*d*) मोम

11. (*a*) 49 – 100 (*b*) 81 – 144

(*c*) 24 – 64 (*d*) 9 – 36

12. निम्नलिखित शब्दों को अंग्रेजी शब्दकोश के अनुसार क्रम में रखें–

(1) Advertise (2) Admit

(3) Addition (4) Adhesive

(*a*) 1, 2, 3, 4 (*b*) 3, 4, 2, 1

(*c*) 3, 2, 4, 1 (*d*) 4, 1, 2, 3

13. दी गई अक्षर-शृंखला के खाली स्थानों पर क्रम से रखने पर निम्नलिखित में से कौन-सा अक्षर-समूह उसे पूरा करेगा?

KLM_, KL_N, K_MN, _LMN

(*a*) NMLK (*b*) KLMN

(*c*) LKMN (*d*) KLNM

निर्देश–(14-15): दिए गए विकल्पों में से उसे चुनिए जो अनुक्रम को पूरा करेगा–

14. 480, ?, 24, 8, 4

(*a*) 98 (*b*) 96

(*c*) 104 (*d*) 88

15. BE, HK, NQ, ?

(*a*) PR (*b*) SU

(*c*) TW (*d*) UW

16. दी गई शृंखला में गलत संख्या ज्ञात कीजिए–

6, 14, 31, 64, 137, 280

(*a*) 31 (*b*) 64

(*c*) 137 (*d*) 280

17. यदि FIREWOOD को एक कूट भाषा में ERIFDOOW लिखा जाए, तो उस कूट भाषा में FRACTION को किस प्रकार लिखा जाएगा?

(*a*) ARFITCNO (*b*) NOITCARF

(*c*) CARFNOIT (*d*) CRAFNOIT

18. कुछ अक्षरों का समूह दिया गया है जिनमें से प्रत्येक अक्षर को एक अंक निर्धारित किया गया है। इन अक्षरों को इस प्रकार व्यवस्थित करें कि उससे एक अर्थपूर्ण शब्द बन जाए और उनके अंकों के सही क्रम को दिए गए विकल्पों में से दर्शाएं?

L R T O A I

1 2 3 4 5 6

(*a*) 341625 (*b*) 356142

(*c*) 536241 (*d*) 625341

19. यदि RACKET को एक कूट भाषा में 813524 लिखा जाए, तो उस भाषा में TRACK को किस प्रकार लिखा जाएगा?

(*a*) 28153 (*b*) 41835

(*c*) 81253 (*d*) 48135

20. कुछ समीकरण किसी विशेष प्रणाली के आधार पर हल किए गए हैं। इसी आधार पर हल न किए गए समीकरण का उत्तर ज्ञात कीजिए?

$4 \times 6 \times 9 = 649, 7 \times 3 \times 2 = 372, 8 \times 9 \times 4 = ?$

(*a*) 489 (*b*) 849

(*c*) 948 (*d*) 984

21. 'X' दक्षिण की ओर चलता है और फिर दाएं, फिर बाएं और फिर दाएं मुड़ता है। वह अब किस दिशा में जा रहा है?

(*a*) दक्षिण (*b*) उत्तर

(*c*) पश्चिम (*d*) दक्षिण-पश्चिम

22. प्रश्न में दिए गये विकल्पों में से लुप्त संख्या ज्ञात कीजिए।

8	72	9
6	66	11
9	?	6

(*a*) 64 (*b*) 60

(*c*) 52 (*d*) 54

23. दो कथनों के आगे दो निष्कर्ष I और II दिए गए हैं। आपको कथनों को सत्य मान कर विचार करना है चाहे वे सामान्यत: ज्ञात तथ्यों से भिन्न प्रतीत होते हों। आपको निर्णय करना है कि दिए गए निष्कर्षों में से कौन-सा, यदि कोई हो, निश्चित रूप से कथनों के आधार पर निकाला जा सकता है। अपना उत्तर निर्दिष्ट करें–

कथन : शिक्षण एक कला है। चित्रकारी भी एक कला है।

निष्कर्ष I : सभी कलाकार शिक्षक हैं।

II : सभी कलाकार चित्र बनाना जानते हैं।

(*a*) केवल निष्कर्ष I लागू।

(*b*) केवल निष्कर्ष II लागू।

(*c*) निष्कर्ष I या II दो में से कोई लागू नहीं।

(*d*) निष्कर्ष I और II दोनों लागू।

24. 4 इंच आकार के एक ठोस धन के विपरीत फलकों के जोड़े लाल, हरे और काले रंगे हैं। इसे एक इंच के घनों में काटा गया है। कितने घनों के केवल चार फलक रंगे हुए हैं?

(*a*) 0 (*b*) 4

(*c*) 8 (*d*) 16

25. निम्नलिखित में से कौन-सी आकृति गौरैयाओं, पक्षियों और चूहों के बीच संबंध को भली-भाँति दर्शाती है?

(*a*)
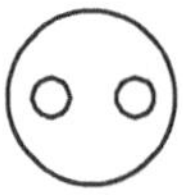

(*b*)
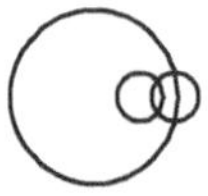

(*c*)
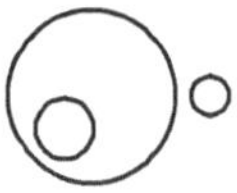

(*d*)
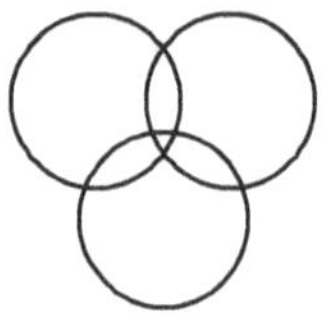

भाग: II-अंग्रेजी भाषा

Directions (26-30): *Some parts of the sentence have errors and some are correct. Find out which part of a sentence has an error and blacken the rectangle [■] corresponding to the appropriate letter (a, b, c). If a sentence is free from errors, blacken the rectangle corresponding to (d) in the Answer Sheet.*

26. Very soon/(*a*) I realised/(*b*) that he is at fault/(*c*) No error.(*d*)

27. Santosh lives/(*a*) by the principals(*b*) he professes./(*c*) No error.(*d*)

28. There are/(*a*) no poetries/(*b*) in my book./(*c*) No error.(*d*)

29. That house/{*a*) is built of(*b*) stones./(*c*) No error.(*d*)

30. He as well as/(*a*) you like/(*b*) to go./(*c*) No error.(*d*)

Directions (31-35) : *Sentences are given with blanks to be filled in with an appropriate words(s). four alternatives are suggested for each question. Choose the correct alternative out of the four and indicate it by blackening the appropriate rectangle [■] in the Answer Sheet.*

31. There is no possibility of........ coming late.

(*a*) they (*b*) their
(*c*) them (*d*) theirs

32. His friend......... unexpectedly.

(*a*) returned to (*b*) comeback
(*c*) turned up (*d*) get down

33. The headmaster congratulated Rajan .... getting the merit scholarship.

(*a*) for (*b*) about
(*c*) with (*d*) on

34. Smallpox has been eradicated ..... India.

(*a*) in (*b*) from
(*c*) within (*d*) out of

35. The police offered a .... for information about the stolen money.

(*a*) reward (*b*) award
(*c*) profit (*d*) prize

Directions (36-40): *In Question, out of the four alternatives, choose the one which best expresses the meaning of the given word and mark it in the Answer Sheet.*

36. impediment

(*a*) clear (*b*) ailment
(*c*) incapable (*d*) obstruction

37. advance

(*a*) reduce (*b*) halt
(*c*) progress (*d*) extend

38. elastic

(*a*) rubbery (*b*) flexible
(*c*) expensive (*d*) exciting

39. vacillate

(*a*) waver (*b*) never
(*c*) quiver (*d*) queer

40. impeccable

(*a*) perfect (*b*) fair
(*c*) faultless (*d*) criminal

Directions (41-45): *In Questions choose the word opposite in meaning to the given word and mark it in the Answer Sheet.*

41. despair

(*a*) sneer (*b*) compliment
(*c*) irony (*d*) hope

42. transparent

(*a*) translucent (*b*) opaque
(*c*) clear (*d*) sharp

43. dormant

(*a*) acute (*b*) active
(*c*) able (*d*) ablaze

44. chivalrous

(*a*) gallant (*b*) dastardly
(*c*) amorous (*d*) defiant

45. erudite

(*a*) illiterate (*b*) crude
(*c*) boring (*d*) ignorant

Directions (46-50) : *In Question, four alternatives are given for the idiom/phrase. Choose the alternative which best expresses the meaning of the idiom/phrase and mark it in the Answer Sheet.*

46. to have something up one's sleeve

(*a*) to hide something in the sleeve
(*b*) to play a magician trick
(*c*) to have a secret plan
(*d*) to play hide and seek

47. on the spur of the moment

(*a*) to act at once
(*b*) to ride a horse in a race
(*c*) to act deliberately
(*d*) to act at the appointed time

48. at one's beck and call

(*a*) to attend a call
(*b*) to be helped by someone
(*c*) to be useful to someone
(*d*) to be dominated by someone

49. to explore every avenue

(*a*) to search all streets
(*b*) to scout the wilderness
(*c*) to find adventure
(*d*) to try every oportunity

50. a red letter day

(*a*) a dangerous day in one's life

(*b*) a sorrowful day in one's life

(*c*) an important or joyful occasion in one's life

(*d*) both a dangerous and sorrowful day in one's life

Directions (51-55) : *In Questions, a part of the sentence is underlined. Below are given alternatives to the underlined part a, b and c which may improve the sentence. Choose the correct alternative. In case no improvement is needed, your answer is 'd'.*

51. The judge asked the lawyer to be consistent with proof in the case.

(*a*) corroboration

(*b*) testimony

(*c*) evidence

(*d*) No improvement

52. Raju requested me to his birthday part tomorrow.

(*a*) indulged

(*b*) invited

(*c*) inspired

(*d*) No improvement

53. Enlightenment were a state of relaxed awareness.

(*a*) had

(*b*) has

(*c*) is

(*d*) No improvement

54. I complemented him for his success in the examination.

(*a*) about

(*b*) on

(*c*) at

(*d*) No improvement

55. He should not had ignored his friend.

(*a*) should not have

(*b*) should have not

(*c*) should not has

(*d*) No improvement

Directions (56-60) : *In Questions, out of the four alternatives, choose the one which can be substituted for the given words / sentence.*

56. An unexpected piece of good fortune

(*a*) Turnstile (*b*) Windfall

(*c*) Philanthropy (*d*) Benevolence

57. Those who go on to someone else's land without the owner's permission

(*a*) delinquents (*b*) trespassers

(*c*) offenders (*d*) culprits

58. Pertaining to horses

(*a*) equine (*b*) equestrian

(*c*) equinox (*d*) equation

59. One who cannot be corrected

(*a*) incurable (*b*) incorrigible

(*c*) hardened (*d*) vulnerable

60. Difficult or impossible to read

(*a*) illogical (*b*) illegible

(*c*) ineligible (*d*) legible

Directions (61-65) : *In Questions, group of four words are given. In each group one word is correctly spelt. Find the correctly spelt word and mark it in the Answer Sheet.*

61. (*a*) escpecation (*b*) expactation

(*c*) expectation (*d*) expcctasion

62. (*a*) assimilation (*b*) asimillation

(*c*) assimillation (*d*) assimilation-

63. (*a*) desiccation (*b*) dedication

(*c*) desiccasion (*d*) deziccation

64. (*a*) nigardlely (*b*) niggardly

(*c*) nigerdly (*d*) nigardly

65. (*a*) relinquish (*b*) relenquish

(*c*) relinquesh (*d*) relinquesh

Directions (66-75): *In the following passage, some of the words have been left out. First read the passage over and try to understand what it is about. Then fill in the blanks with the help of the alternatives given. Blacken the appropriate rectangle in the Answer Sheet.*

Even during that cold winter afternoon, the postman was slowly pushing his bicycle up the hill that led out to me village. He used to walk very **66** because there was a lot of ice on the ground. He bad only one letter to **67** , this was for an **68** lady who lived at the **69** of the hill. Everyone **70** her 'grandmother'. She had lived alone **71** since her daughter bad emigrated **72** Australia many years **73** . She **74** used, to invite the postman for a cup of tea **75** he read her letters.

66. (*a*) briskly (*b*) slowly
(*c*) fast (*d*) leisurely

67. (*a*) post (*b*) handover
(*c*) deliver (*d*) give

68. (*a*) ancient (*b*) important
(*c*) old (*d*) illiterate

69. (*a*) foot (*b*) top
(*c*) end (*d*) mouth

70. (*a*) called (*b*) named
(*c*) branded (*d*) designated

71. (*a*) even (*b*) ever
(*c*) about (*d*) all

72. (*a*) for (*b*) about
(*c*) in (*d*) to

73. (*a*) since (*b*) after
(*c*) before (*d*) away

74. (*a*) always (*b*) rarely
(*c*) frequently (*d*) occasionally

75. (*a*) always (*b*) while
(*c*) sometimes (*d*) often

भागः III-संख्यात्मक अभियोग्यता

76. धनात्मक पूर्णांकों के एक युग्म का योगफल 336 है और उनका महत्तम 21 है। ऐसे संभव युग्मों की संख्या है

(*a*) 2 (*b*) 3
(*c*) 4 (*d*) 5

77. तीन संख्याओं में से पहली दो का योगफल 55 है, दूसरी और तीसरी का योगफल 65 है और पहली के तीन गुणा के साथ तीसरी का योगफल 110 है। तीसरी संख्या है

(*a*) 25 (*b*) 30
(*c*) 35 (*d*) 28

78. एक धनात्मक भिन्न के अंश तथा हर का योगफल 11 है। यदि अंश तथा हर दोनों में 2 जोड़ दिया जाए तो भिन्न में $\frac{1}{24}$ की वृद्धि हो जाती है। भिन्न के अंश और हर में अंतर है

(*a*) 5 (*b*) 3
(*c*) 1 (*d*) 9

79. एक गोलार्ध और एक लम्ब वृत्तीय बेलन की ऊँचाई और आयतन बराबर हैं, तो उनकी त्रिज्याओं का अनुपात है

(*a*) $\sqrt{2}:\sqrt{3}$ (*b*) $\sqrt{3}:1$
(*c*) $\sqrt{3}:\sqrt{2}$ (*d*) $2:\sqrt{3}$

80. किसी समबहुभुज के एक शीर्ष पर बाह्य तथा आंतरिक कोणों में 150° का अंतर है। बहुभुज की भुजाओं की संख्या है

(*a*) 10 (*b*) 15
(*c*) 24 (*d*) 30

81. एक खिलौना किसी गोलार्द्ध पर आरोपित शंकु के रूप में है। गोलार्द्ध और शंकु की त्रिज्या 3 cm है और शंकु की ऊँचाई 4 cm है तो खिलौने का कुल पृष्ठ क्षेत्रफल है ($\pi = \frac{22}{7}$ लेकर)

(*a*) 77.43 sq. cm. (*b*) 103.71 sq. cm.
(*c*) 85.35 sq. cm. (*d*) 120.71 sq. cm.

82. 2 पुरुष और 3 महिलाएँ एक काम को 10 दिन में कर लेते हैं जबकि 3 पुरुष और 2 महिलाएँ उसी काम को 8 दिन में करते हैं तो 2 पुरुष और 1 महिला उस काम को कितने दिन में करेंगे?

(*a*) 12 दिन (*b*) 12 1/2 दिन
(*c*) 13 दिन (*d*) 13 1/2 दिन

83. एक वर्ग के चारों कोनों पर 4 cm त्रिज्या के चार बराबर वृत्त एक दूसरे को बाहर स्पर्श करते हैं। वर्ग और चारों त्रिज्या खंडों के बीच अंश का क्षेत्रफल है

(*a*) $9(\pi - 4)$ sq. cm.

(*b*) $16(\pi - 4)$ sq. cm.

(*c*) $9(4 - \pi)$ sq. cm.

(*d*) $16(4 - \pi)$ sq. cm.

84. धातु की एक पाइप 21 cm लंबी है और उसका बाहरी व्यास 8 cm है। यदि पाइप की मोटाई 1 cm है और धातु का भार 8 gm/cm^3, तो पाइप का भार (kg में) है ($\pi = \frac{22}{7}$ लें।)

(*a*) 3.696 (*b*) 3.669
(*c*) 3.966 (*d*) 3.699

85. एक क्रिकेट खिलाड़ी की 40 पारियों के लिए बैटिंग औसत 50 रन है। उसका अधिकतम स्कोर उसके न्यूनतम स्कोर से 172 रन अधिक है। यदि इन दो पारियों को निकाल दिया जाए, तो शेष 38 पारियों का औसत 48 रन है। खिलाड़ी का अधिकतम स्कोर है

(*a*) 165 रन (*b*) 170 रन
(*c*) 172 रन (*d*) 174 रन

86. 10%, 20% और 40% की छूट शृंखला कितनी एकल छूट के बराबर है?

(*a*) 50% (*b*) 56.8%
(*c*) 70% (*d*) 70.28%

87. एक दुकान में कमीजें प्राय: क्रय मूल्य से 40% अधिक पर बेची जाती हैं। एक सेल के दौरान, दुकानदार सामान्य विक्रय मूल्य पर 10% की छूट देता है। यदि वह ₹13,608 में 72 कमीजें बेच लेता है तो उसकी प्रति कमीज लागत, रूपयों में है

(*a*) 210 (*b*) 150
(*c*) 149 (*d*) 125

88. शेल्फ B में जितनी पुस्तकें है, शेल्फ A में उसकी 4/5 हैं। यदि A की 25% पुस्तकें B में अंतरित कर दी जाएँ और फिर B से 25% पुस्तकें A में अंतरित कर दी जाएँ तो A में पुस्तकों की कुल संख्या का प्रतिशत होगा

(*a*) 25 (*b*) 50
(*c*) 75 (*d*) 100

89. पाँच वर्ष पूर्व P और Q की औसत आयु 25 वर्ष थी। P, Q तथा R की आज औसत आयु 25 वर्ष है। पाँच वर्ष बाद R की आयु होगी

(*a*) 15 (*b*) 20
(*c*) 40 (*d*) 35

90. कुछ टॉफियाँ ₹ 10 में 11 की दर से खरीदी गई हैं और उतनी ही संख्या 10 में 9 की दर से। यदि सभी को ₹ 1 प्रति टॉफी की दर से बेचा जाए तो लाभ या हानि % है

(*a*) लाभ 2% (*b*) हानि 2%
(*c*) हानि 1% (*d*) लाभ 1%

91. यदि 25 वस्तुओं का क्रय मूल्य 20 वस्तुओं के विक्रय मूल्य के बराबर है तो लाभ प्रतिशत है

(*a*) 20% (*b*) 22.5%
(*c*) 25% (*d*) 27.5%

92. यदि $x^2 + y^2 - 4x - 4y + 8 = 0$, तो $x - y$ का मान है

(*a*) 4 (*b*) –4
(*c*) 0 (*d*) 8

93. यदि $a^3 - b^3 - c^3 - 3bac = 0$, तो

(*a*) $a = b = c$ (*b*) $a + b + c = 0$
(*c*) $a + c = b$ (*d*) $a = b + c$

94. एक आदमी नौका को 8 घंटे में 40 km ऊर्ध्व प्रवाह चलाता है और 6 घंटे में 36 km अनुप्रवाह। तो सरिता की चाल है

(*a*) 0.5 km/hr (*b*) 1.5 km/hr
(*c*) 1 km/hr (*d*) 3 km/hr

95. किसी राशि पर 5% प्र. व. की दर से 2 वर्ष के लिए साधारण और चक्रवृद्धि ब्याज में ₹160 का अंतर है। तो राशि है

(*a*) ₹64,000 (*b*) ₹60,000
(*c*) ₹40,000 (*d*) ₹48,000

96. यदि $x + \frac{1}{2x} = 2$ तो $8x^3 + \frac{1}{x^3}$ का मान है

(*a*) 48 (*b*) 88
(*c*) 40 (*d*) 44

97. एक वृत्त की जीवा की लंबाई वृत्त की त्रिज्या के बराबर है। इस जीवा द्वारा वृत्त के दीर्घ खंड में बनाया जाने वाला कोण है

(*a*) 30° (*b*) 45°
(*c*) 60° (*d*) 90°

98. ΔABC में, $AD, \angle A$ का आंतरिक द्विभाजक है और भुजा BC को D में मिलता है। यदि BD = 5 cm, BC = 7.5 cm, तो AB : AC है

(*a*) 2 : 1 (*b*) 1 : 2

(*c*) 4 : 5 (*d*) 3 : 5

99. ΔABC में, O केंद्रक है और AD, BE, CF तीन मध्यिकाएँ हैं और ΔAOE का क्षेत्रफल = 15 cm^2, तो चतुर्भुज BDOF का क्षेत्रफल है

(*a*) 20 cm^2 (*b*) 30 cm^2

(*c*) 40 cm^2 (*d*) 25 cm^2

100. किसी स्मारक के आधार से एक क्षैतिज रेखा के एक बिंदु पर स्मारक के शिखर का उन्नयन कोण इतना पाया गया कि उसका टेन्जेन्ट 1/5 है। स्मारक की ओर 138 मीटर चलने पर उन्नयन कोण का सीकेंट $\frac{\sqrt{193}}{12}$ पाया गया। स्मारक की ऊँचाई (मीटरों में) है

(*a*) 35 (*b*) 49

(*c*) 42 (*d*) 56

भाग : IV-सामान्य सचेतता

101. GNP से NNP निकालने के लिए निम्न में से किसको घटाया जाता है?

(*a*) ह्रास (*b*) ब्याज

(*c*) कर (*d*) इमदाद (सब्सिडी)

102. ग्यारहवीं पंचवर्षीय योजना की अवधि के लिए निम्न में से कौन-सा सही है?

(*a*) 01.01.2005 से 31.12.2010

(*b*) 01.04.2005 से 31.03.2010

(*c*) 01.01.2006 से 31.12.2011

(*d*) 01.04.2006 से 31.03.2011

103. सार्क के पहले विस्तार में निम्न में से कौन-सा देश आठवें सदस्य के रूप में शामिल हुआ?

(*a*) म्याँमार (*b*) ईरान

(*c*) अफगानिस्तान (*d*) थाईलैंड

104. घटिया वस्तु के लिए माँग गिरती है जब

(*a*) कीमत बढ़ती है (*b*) आय बढ़ती है

(*c*) कीमत घटती है (*d*) आय घटती है

105. सीमांत उपभोग प्रवृत्ति रहती है

(*a*) 0 से 1 के बीच (*b*) 0 से ∞ के बीच

(*c*) 1 से ∞ के बीच (*d*) ∞ से ∞ के बीच

106. निम्न में से कौन-सा भारत में संयुक्त क्षेत्र उद्यम का उदाहरण है?

(*a*) मारुति उद्योग लिमिटेड

(*b*) इंडियन ऑयल कार्पोरेशन

(*c*) हिन्दुस्तान ऐन्टीबायोटिक्स लि.

(*d*) भारत एल्युमिनियम लि.

107. लोकपाल का विचार लिया गया है

(*a*) ब्रिटेन से (*b*) अमेरिका से

(*c*) स्कैन्डिनेवियाई देशों से (*d*) फ्रांस से

108. चंगेज खान ने जलाउद्दीन का पीछा करते हुए किसके शासन काल में भारत की सीमाओं पर आक्रमण किया था?

(*a*) कुतबुद्दीन ऐबक (*b*) इल्तुतमिश

(*c*) बलबन (*d*) नसीरुद्दीन खुसरो

109. भारतीय प्रतीक पर उत्कीर्ण 'सत्यमेव जयते' लिया गया है

(*a*) ऋग्वेद से (*b*) मत्स्यपुराण से

(*c*) भगवद् गीता से (*d*) मुण्डकोपनिषद से

110. निम्न में से कौन-सा भारत के लिए चुनौती पैदा नहीं करता है?

(*a*) संप्रदायवाद (*b*) प्रादेशिकता

(*c*) समाजवाद (*d*) जातीयता

111. निम्न में से कौन-सी समिति संसद की स्थायी समिति नहीं है?

(*a*) लोक लेखा समिति

(*b*) प्राक्कलन समिति

(*c*) लोक उपक्रम समिति

(*d*) वित्त मंत्रालय की परामर्शदात्री समिति

112. कौन-सा देश एक दलील प्रणाली अपना रहा है?

(*a*) मंगालिया (*b*) स्पेन

(*c*) चिली (*d*) चीन

113. कौन-सा पर्वत हिमालयी श्रृंखला का अंग नहीं है?

(*a*) अरावली (*b*) कुनलुन

(*c*) कराकुरम (*d*) हिन्दुकुश

114. निम्न का मिलान कीजिए:

बाँध		नदियाँ
A. हीराकुंड		1. ब्यास
B. पौंग डैम		2. भागीरथी
C. टिहरी डैम		3. रावी
D. थीन डैम		4. महानदी

	A	B	C	D
(*a*)	4	3	1	2
(*b*)	4	2	3	1
(*c*)	4	3	2	1
(*d*)	1	2	4	3

115. 1865 का विद्रोह निम्न स्थानों पर हुआ था। उनका सही क्रम बताइए:

(1) झाँसी (2) मेरठ (3) दिल्ली (4) बैरकपुर

(*a*) 1, 2, 3, 4 (*b*) 1, 2, 4, 3

(*c*) 2, 3, 4, 1 (*d*) 4, 2, 3, 1

116. प्राचीन भारत का प्रसिद्ध शासक कौन था जिसने अपने जीवन के अंतिम दिनों में जैन धर्म अपना लिया था?

(*a*) समुद्रगुप्त (*b*) बिंदुसार

(*c*) चंद्रगुप्त (*d*) अशोक

117. निम्न में से किसका अपने समकालीन मुगल बादशाह के साथ मिलान गलत हुआ है?

(*a*) राणा सांगा – बाबर

(*b*) पृथ्वीराज चौहान – अकबर

(*c*) जुझार सिंह – शाहजहाँ

(*d*) जसवंत सिंह – औरंगजेब

118. विटामीन B_{12} का अन्य नाम है

(*a*) थायामीन (*b*) हीमोग्लोबिन

(*c*) राइबोफ्लेविन (*d*) डेक्स्ट्रोस

119. कॉकरोच जल में जीवित नहीं रह सकता क्योंकि उसका श्वसन अंग है

(*a*) क्लोम (गिल) (*b*) वातक (ट्रेकिया)

(*c*) पुस्त फुप्फुस (*d*) फुप्फुस कोश

120. पुरुष में मर्करी के विषाक्तन से कौन-सा रोग होता है?

(*a*) ब्लैक लंग (*b*) एरसेनिकोसिस

(*c*) मीनामाता (*d*) ताई-इताई

121. गुणसूत्रों में होते हैं

(*a*) DNA और लिपिड

(*b*) RNA और ऐमिनो ऐसिड

(*c*) DNA और प्रोटीन

(*d*) RNA और शुगर

122. मूत्र का पीला रंग किसकी मौजूदगी के कारण होता है?

(*a*) पित्त (*b*) लसीका

(*c*) कोलेस्ट्रोल (*d*) यूरोक्रोम

123. अक्टूबर और नवंबर के महीनों में भारी वर्षा होती है

(*a*) गारों, खासी तथा जैंतियां की पहाड़ियों में

(*b*) छोटा नागपुर पठार में

(*c*) कोरोमंडल तट पर

(*d*) मालवा पठार में

124. जैद (Zaid) मौसम में उगाई जाने वाली फसल है

(*a*) तरबूज (*b*) सोयाबीन

(*c*) मक्का (*d*) पटयन

125. वनरोपण प्रक्रिया है

(*a*) वन साफ करने की

(*b*) और पेड़ लगाने की

(*c*) पेड़ काटने की

(*d*) वन संसाधनों को एकत्र करने की

126. बाहरी वायुमंडल में ओजोन की परत हमारी मदद करती है

(*a*) रेडियो तरंगों का परावर्तन करके रेडियो संचार संभव बनाने में।

(*b*) वायुमंडल का तापमान नियमित करने में।

(*c*) अंतरिक्ष किरण कणों का अवशोषण करने में।

(*d*) पराबैंगनी विकिरण का अवशोषण करने में।

127. "मध्य रात्रि सूर्य" का क्या अर्थ है?

(*a*) सांध्य प्रकाश

(*b*) उदीयमान सूर्य

(*c*) बहुत चमकदार चंद्रमा

(*d*) सूर्य का ध्रुविय वृत्त में देर तक चमकना

128. कंप्यूटर में वाइरस होता है

(*a*) सिलिकॉन पर आक्रमण करने वाला रसायन

(*b*) सूक्ष्म जीव जो समेकित परिपथों में बाधा डालता है

(*c*) वह प्रोग्राम जो कंप्यूटर के सॉफ्टवेअर को हानि पहुँचाता है

(*d*) उपर्युक्त में से कोई नहीं

129. निम्न में से किसको 'RBCs का कब्रिस्तान' कहते हैं?

(*a*) यकृत (*b*) अस्थि मज्जा

(*c*) प्लीहा (*d*) परिशेषिका

130. तप्त जल के थैलों में जल का प्रयोग किया जाता है क्योंकि

(*a*) यह सरलता से मिल जाता है

(*b*) यह सस्ता है और हानिकारक नहीं है

(*c*) इसकी विशिष्ट ऊष्मा अधिक है

(*d*) जल को गरम करना आसान है

131. पानी की बूँदों का तैलिय पृष्ठ पर न चिपकने का कारण है

(*a*) आसंजक बल का आभाव

(*b*) पृष्ठ तनाव

(*c*) आपस में मिल नहीं सकते

(*d*) तेल की अपेक्षा जल हल्का होता है

132. अधातुओं में निम्न में से कौन-सा गुणधर्म सामान्यत: पाया जाता ह?

(*a*) भंगुरता (*b*) चालकता

(*c*) तन्यता (*d*) आघातवर्ध्यता

133. प्रति ग्राम ईंधन द्वारा मोचित ऊर्जा की दृष्टि से निम्न में से सर्वोत्तम ईंधन कौन-सा है?

(*a*) हाइड्रोजन (*b*) मिथेन

(*c*) एथनोल (*d*) ब्यूटेन

134. निम्न का मिलान कीजिए:

प्रक्रिया	परिवर्तन
A. वाष्पन	1. द्रव से गैस
B. ऊर्ध्वपातन	2. गैस से द्रव
C. हिमीकरण	3. ठोस से गैस
D. पिघलना	4. ठोस से द्रव

	A	B	C	D
(*a*)	1	2	4	3
(*b*)	3	1	2	4
(*c*)	2	1	4	3
(*d*)	2	1	3	4

135. ऐल्टा विस्टा है एक

(*a*) प्रोग्राम (*b*) सॉफ्टवेअर

(*c*) ब्राउजर (*d*) सर्च इंजन

136. हीरे का एक कैरट किसके बराबर है?

(*a*) 100 mg (*b*) 150 mg

(*c*) 200 mg (*d*) 250 mg

137. आहार में लवण का मुख्य उपयोग है:

(*a*) जल में भोजन के कणों की विलयता को बढ़ाना

(*b*) भोजन के पाचन के लिए अपेक्षित हाइड्रोक्लोरिक ऐसिड लघु मात्रा में पैदा करना

(*c*) पकाने की प्रक्रिया को सरल बनाना

(*d*) भोजन को स्वाद बनाना

138. निम्न में से कौन-सा जैव निम्नकरणीय है?

(*a*) कागज (*b*) डी.डी.टी.

(*c*) एल्युमिनियम (*d*) प्लास्टिक

139. भारत में सबसे लंबा बाँध है:

(*a*) भाखड़ा बाँध (*b*) नागार्जुन सागर बाँध

(*c*) हीराकुंड बाँध (*d*) कोसी बाँध

140. निम्न का मिलान कीजिए:

जनजाति	प्रदेश
A. भील	1. तराई
B. थारू	2. नीलगिरि
C. गोंड	3. बस्तर
D. टोडा	4. मालवा

	A	B	C	D
(*a*)	4	1	3	2
(*b*)	1	3	4	2
(*c*)	4	2	1	3
(*d*)	3	1	2	4

141. औद्योगिक बहि:स्त्राव द्वारा किए जाने वाले जल प्रदूषण को रोकने में निम्न में से कौन-सा आपतृण प्रभावी पाया गया है?

(*a*) वाटर हाइईन्थ (*b*) एलिफेंट ग्रास

(*c*) पार्थेनियम (*d*) (*b*) और (*c*) दोनों

142. विश्व पर्यावरण दिवस मनया जाता है:

(*a*) 15 जून को (*b*) 5 जून को

(*c*) 10 अक्टूबर को (*d*) 8 मार्च को

143. स्थिर वैद्युत अवक्षेपित्र का प्रयोग किसे नियंत्रित करने के लिए किया जाता है?

(*a*) रासायनिक प्रदूषण (*b*) रेडियो सक्रिय प्रदूषण

(*c*) जल प्रदूषण (*d*) वायु प्रदूषण

144. ATM किसका संक्षिप्त रूप है?

(*a*) ऑटोमेटिक टेलर मशीन

(*b*) ऑटोमेटिड टेलर मशीन

(*c*) ऑथेंटिक टेलर मशीन

(*d*) ऑथोराइज्ड टेलर मशीन

145. 2011 की जनगणना के अन्तिम परिणामों के अनुसार भारत में बाल लिंग अनुपात है:

(*a*) 927 (*b*) 924

(*c*) 917 (*d*) 914

146. XXX ओलंपिक खेलों के लिए स्थान निम्न में से कौन-सा नगर है?

(*a*) लिवरपूल (*b*) लंकाशायर

(*c*) लास वेगास (*d*) लंदन

147. आई सी सी द्वारा निम्न में से किस क्रिकेटर को 'बीसवीं शताब्दी का क्रिकेटर' घोषित किया गया है?

(*a*) सुनील गावस्कर (*b*) कपिल देव

(*c*) शेन वार्न (*d*) ब्रायन लारा

148. मुदुमलाई पशुविहार प्रसिद्ध है

(*a*) व्याघ्रों के लिए

(*b*) गवालों (बाइसनों) के लिए

(*c*) पक्षियों के लिए

(*d*) हाथियों के लिए

149. शृंगेरी, बद्रीनाथ, द्वारका और पुरी में चार 'मठ' स्थापित किए गए थे:

(*a*) रामानुज द्वारा

(*b*) अशोक द्वारा

(*c*) आदि शंकराचार्य द्वारा

(*d*) माधव विद्ययण्य द्वारा

150. भारत ने बीजिंग ओलिंपिक्स में तीन पदक जीते थे:

(*a*) निशानेबाजी, मुक्केबाजी और कुश्ती में

(*b*) बैडमिंटन, शतरंज और निशानेबाजी में

(*c*) बैडमिंटन, निशानेबाजी, और मुक्केबाजी में

(*d*) निशानेबाजी, तीरंदाजी और कुश्ती में

उत्तरमाला

1. (*a*)	**2.** (*a*)	**3.** (*b*)	**4.** (*c*)	**5.** (*b*)	**6.** (*a*)	**7.** (*b*)	**8.** (*a*)	**9.** (*c*)	**10.** (*d*)
11. (*c*)	**12.** (*b*)	**13.** (*a*)	**14.** (*b*)	**15.** (*c*)	**16.** (*d*)	**17.** (*c*)	**18.** (*b*)	**19.** (*d*)	**20.** (*d*)
21. (*c*)	**22.** (*d*)	**23.** (*c*)	**24.** (*a*)	**25.** (*c*)	**26.** (*c*)	**27.** (*b*)	**28.** (*b*)	**29.** (*c*)	**30.** (*b*)
31. (*b*)	**32.** (*c*)	**33.** (*d*)	**34.** (*b*)	**35.** (*a*)	**36.** (*d*)	**37.** (*c*)	**38.** (*b*)	**39.** (*a*)	**40.** (*c*)
41. (*d*)	**42.** (*b*)	**43.** (*b*)	**44.** (*b*)	**45.** (*a*)	**46.** (*c*)	**47.** (*a*)	**48.** (*d*)	**49.** (*d*)	**50.** (*c*)
51. (*c*)	**52.** (*b*)	**53.** (*c*)	**54.** (*b*)	**55.** (*a*)	**56.** (*b*)	**57.** (*b*)	**58.** (*a*)	**59.** (*b*)	**60.** (*b*)
61. (*c*)	**62.** (*a*)	**63.** (*a*)	**64.** (*d*)	**65.** (*a*)	**66.** (*b*)	**67.** (*c*)	**68.** (*c*)	**69.** (*b*)	**70.** (*a*)
71. (*b*)	**72.** (*d*)	**73.** (*c*)	**74.** (*d*)	**75.** (*b*)	**76.** (*c*)	**77.** (*c*)	**78.** (*c*)	**79.** (*b*)	**80.** (*c*)
81. (*b*)	**82.** (*b*)	**83.** (*d*)	**84.** (*a*)	**85.** (*d*)	**86.** (*b*)	**87.** (*b*)	**88.** (*b*)	**89.** (*b*)	**90.** (*c*)
91. (*c*)	**92.** (*c*)	**93.** (*d*)	**94.** (*a*)	**95.** (*a*)	**96.** (*c*)	**97.** (*a*)	**98.** (*a*)	**99.** (*b*)	**100.** (*c*)
101. (*a*)	**102.** (*)	**103.** (*c*)	**104.** (*b*)	**105.** (*a*)	**106.** (*a*)	**107.** (*a*)	**108.** (*b*)	**109.** (*d*)	**110.** (*c*)
111. (*d*)	**112.** (*d*)	**113.** (*a*)	**114.** (*)	**115.** (*c*)	**116.** (*c*)	**117.** (*b*)	**118.** (*c*)	**119.** (*b*)	**120.** (*c*)
121. (*c*)	**122.** (*d*)	**123.** (*d*)	**124.** (*a*)	**125.** (*b*)	**126.** (*d*)	**127.** (*a*)	**128.** (*c*)	**129.** (*c*)	**130.** (*c*)
131. (*b*)	**132.** (*a*)	**133.** (*a*)	**134.** (*)	**135.** (*d*)	**136.** (*c*)	**137.** (*b*)	**138.** (*a*)	**139.** (*c*)	**140.** (*b*)
141. (*a*)	**142.** (*b*)	**143.** (*b*)	**144.** (*b*)	**145.** (*d*)	**146.** (*d*)	**147.** (*a*)	**148.** (*d*)	**149.** (*c*)	**150.** (*a*)

व्याख्या

1. A C E : G I K :: M O Q : S U W (+2, +2)

2. EGIK : LJHF :: SUWY : ZXVT (+1, +1, +1, +1)

3. 3 : 27 :: 4 : 64

$3^1 : 3^3 :: 4^1 : 3^3$

6. 18 : 52 :: 12 : 34 (×3 − 2)

7. D —+3→ K —+5→ S —+7→ S

∴ M —+3→ P —+3→ S —+3→ V

H —+3→ K —+5→ P —+7→ W

K —+3→ N —+5→ S —+7→ Z

8. संख्या 220, 12 से पूर्णतया विभाजित नहीं है।

9. लेख अन्य सभी में छपता है।

11. विकल्प (C) को छोड़कर, अन्य सभी संख्या युग्म वर्ग संख्याएँ हैं।

12. Addition (3) › Adhesire (4) › Adrnit (2) → Advertise (1) → 3, 4, 2, 1

14. 480 ÷5 → 96 ÷4 → 24 ÷3 → 8 ÷2 → 4

15. B E H K N Q T W (+3 each)

16. 6 (×2+2) 14, 31 (×2+2) 64, 137 (×2+2) 280 (276)

17. FIRE | WOOD → ERIF | DOOW

FRAC | TION → CARF | NOIT

18. L R T O A I ⇒ T A I L O R

1 2 3 4 5 6 → 3 5 6 1 4 2

19. यदि R A C K E T → 8 1 3 5 2 4 तो T R A C K → 4 8 1 3 5

20. 8 × 9 × 4 = 984

21.

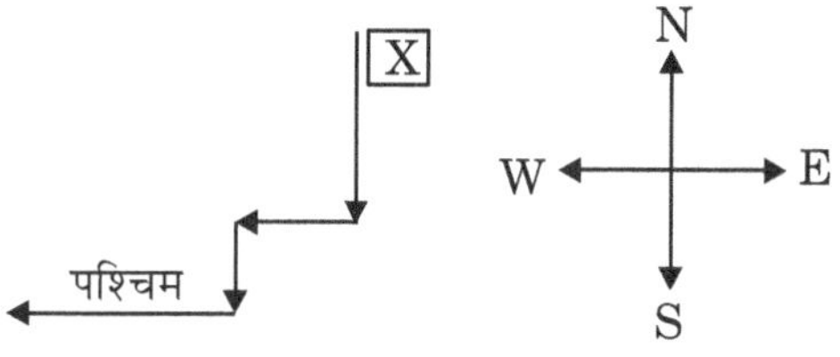

22. I III II

8 × 9 = 72

6 × 11 = 66

9 × 6 = 54

23.

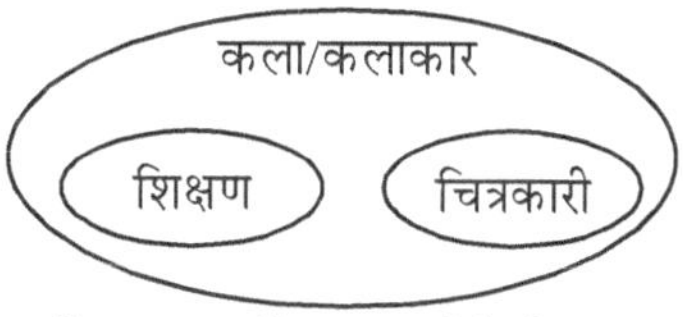

24. चारों फलक रंगे हुआ कोई भी घन नहीं होगा।

25.

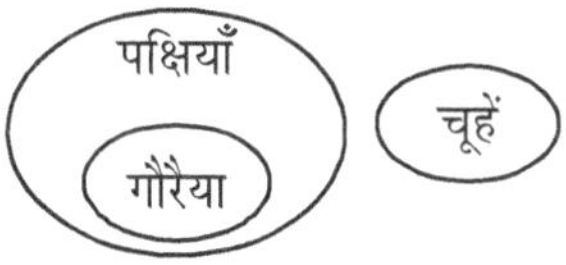

76. माना a तथा b दो सह-अभाज्य संख्याएँ हैं।

अब ∴ $21a + 21b = 336 \Rightarrow a + b = 16$

∴ $a + b = 16 = 1 + 15 \Rightarrow a = 1, b = 15$

$a + b = 16 = 1 + 15 \Rightarrow a = 3, b = 13$

$a + b = 16 = 3 + 13 \Rightarrow a = 5, b = 11$

$a + b = 16 = 7 + 9 \Rightarrow a = 7, b = 9$

77. माना तीन संख्याएँ a, b, c है।

प्रश्नानुसार,

$a + b = 55$ ...(1)

$b + c = 65$ ...(2)

$3a + c = 110$ ...(3)

सभी (1), (2), व (3) को हल करने पर, $a = 25$

$c = 35$

81.

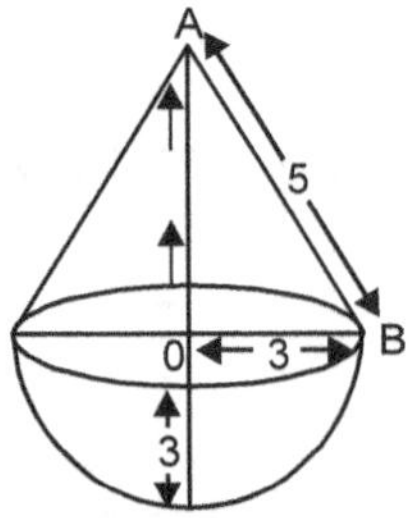

$\therefore$ खिलौने का कुल पृष्ठ क्षेत्रफल

= शंकु का पृष्ठीय क्षेत्रफल

+ गोलार्द्ध का पृष्ठीय क्षेत्रफल

$= \pi rl + 2\pi r^2$

$= \frac{22}{7} \times 3 \times 5 + 2 \times \frac{22}{7} \times (3)^2$

$\left[\begin{array}{l} l = \sqrt{h^2 + r^2} \\ \quad = \sqrt{(4)^3 + (3)^2} \\ \therefore l = 5 \end{array} \right]$

= 103.71 sq.cm

82. माना 1 पुरुष एक काम करता है $= \frac{1}{x}$ दिन में

और 1 महिला एक काम करती है $= \frac{1}{y}$ दिन में

तब प्रश्नानुसार,

$$\frac{2}{x} + \frac{3}{y} = \frac{1}{10} \quad ...(1)$$

$$\frac{3}{x} + \frac{2}{y} = \frac{1}{8} \quad ...(2)$$

$$\Rightarrow \quad x = \frac{200}{7}, y = 100$$

$$\therefore \quad 2M + 1W = \frac{2}{x} + \frac{1}{y}$$

$$= \frac{2 \times 7}{200} + \frac{1}{100}$$

$$= \frac{14+2}{200} + \frac{16}{200}$$

$\therefore$ 2M + 1W पूरा करेंगे

$$= \frac{1}{\frac{16}{200}} = \frac{200}{16} = \frac{25}{2} = 12\frac{1}{2} \text{ दिन}$$

83. वर्ग की भुजा = DC = 4 + 4 = 8 cm

त्रिज्याखंड का क्षे. $= \frac{\pi r^2 \theta}{360}$

$$= \frac{\pi \times (4)^2 \times 90}{360}$$

$$= \frac{16\pi}{4} = 4\pi$$

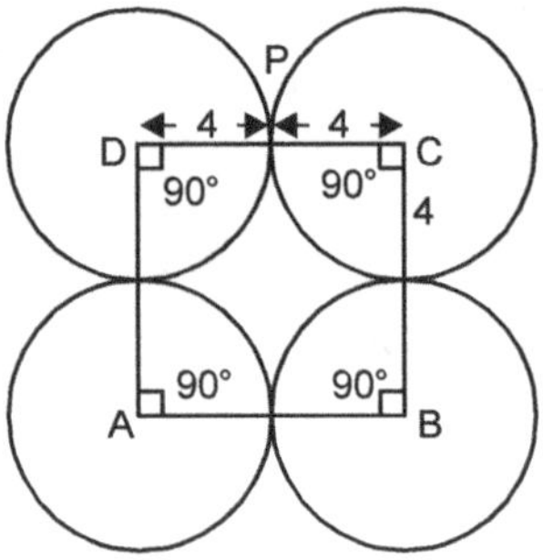

$\therefore$ छायांकित अंश का अभीष्ट क्षेत्रफल

= वर्ग का क्षेत्रफल – 4 (त्रिज्याखंड का क्षेत्रफल)

$= (\text{भुजा})^2 - 4(4\pi)$

$= (8)^2 - 16\pi$

$= 16(4 - \pi)$ sq.cm

85. दिया है: $50 = \frac{x_1 + x_2 + ... + x_{40}}{40}$

$$x_1 + x_2 + ... + x_{40} = 2000 \quad ...(1)$$

माना क्रिकेट खिलाड़ी का अधिकतम स्कोर $= x_1$ है।

और न्यूनतम स्कोर $= x_2$

तब प्रश्नानुसार,

$$x_1 - x_2 = 172 \quad ...(2)$$

और $48 = \frac{x_3 + x_4 + ... + x_{40}}{38}$

$$x_3 + x_4 + ... + x_{40} = 48 \times 38 = 1824 \quad ...(3)$$

सभी (1) व (3) से,

$$x_1 + x_2 = 2000 - 1824 = 176 \quad ... (4)$$

अब सभी (2) व (4) से,

$$x_1 = 174$$

$$x_2 = 2$$

$\therefore$ खिलाड़ी का अधिकतम स्कोर $= x_1 = 174$

86. एकल छूट

$$= \left[1-\left(1-\frac{d_1}{100}\right)\left(1-\frac{d_2}{100}\right)\left(1-\frac{d_3}{100}\right)\right]\times 100\%$$

$$= \left[1-\left(1-\frac{10}{100}\right)\left(1-\frac{20}{100}\right)\left(1-\frac{30}{100}\right)\right]\times 100\%$$

$= 56.8\%$

87. माना एक कमीज की लागत = ₹ K

तब, कमीज की विक्रय-मूल्य = $\frac{140}{100}K$

छूट = 10%

सेल के दौरान, कमीज का विक्रय-मूल्य

$$= \frac{140}{100}\text{K}\times\frac{90}{100} \quad ...(1)$$

∴ वह 72 कमीजे बेचता है = ₹13,608

∴ वह 1 कमीज बेचता है

$$= \frac{13608}{72} = ₹189 \quad ...(2)$$

∴ प्रश्नानुसार,

$$\frac{140}{100}\text{K}\times\frac{90}{100} = 189$$

$$\text{K} = \frac{189\times100\times100}{140\times90} = 150$$

K = ₹150

88. माना, प्रारंभ में पुस्तकों की संख्या = A: $\frac{4x}{5}$, B: x

A से 25% पुस्तकें B में जाने के बाद, पुस्तकों की कुल संख्या क्रमशः: $= \frac{3x}{5}\ \frac{6x}{5}$

पुनः B से 25% पुस्तकें, A में जाने के बाद, पुस्तकों की कुल संख्या क्रमशः: $\frac{3x}{5}+\frac{6x}{5}$ का 25%, $\frac{3x}{10}$

$$= \frac{9x}{10}, \frac{3x}{10}$$

परंतु प्रारंभ में पुस्तकों की कुल संख्या = A + B

$$= \frac{4x}{5}+x = \frac{9x}{5}$$

∴ शेल्फ A में पुस्तकों की संख्या का अभीष्ट %

$$= \frac{\left(\frac{9x}{10}\right)}{\left(\frac{9x}{5}\right)}\times100 = \frac{(9x)\times5\times100}{10\times(9x)} = 50$$

$= 50\%$

89. दिया है,

$$\frac{P+Q+R}{3} = 25 \Rightarrow P+Q+R = 75 \quad ...(1)$$

पुनः

$$\frac{(P-5)+(Q-5)}{2} = 25 \Rightarrow P+Q = 60 \quad ...(2)$$

सभी (1) व (2) से, $R = 75-60 = 15$

∴ 5 वर्ष बाद R की आयु = 15 + 5 = 20 वर्ष

90. ∴ 11 की दर से, 1 टॉफी का क्रय-मूल्य = ₹$\frac{10}{11}$/-

9 की दर से 1 टॉफी का क्रय-मूल्य = ₹$\frac{10}{9}$/-

∴ 2 टॉफी का क्रय-मूल्य = $\frac{10}{11}+\frac{10}{9}$ = ₹$\frac{200}{99}$/-

∵ 1 टॉफी का विक्रय मूल्य = ₹1/-

∴ 2 टॉफी विक्रय मूल्य = ₹2/-

स्पष्टतया विक्रय-मूल्य < क्रय-मूल्य

∴ हानि होगी।

$$\therefore \text{ हानि } \% = \frac{(\text{क्रय मूल्य} - \text{विक्रय मूल्य})}{\text{क्रय मूल्य}}\times100$$

$$= \frac{\left(\frac{200}{99}-2\right)}{\frac{200}{99}}\times100 = \frac{2}{99}\times\frac{99}{200}\times100 = 1$$

∴ हानि = 1 %

91. ∴ अभीष्ट लाभ % = $\left[\frac{(x-y)}{y}\times100\right]\%$

[जहाँ x वस्तुओं का CP = y वस्तुओं का SP और $x > y$]

$$= \frac{(25-20)}{20}\times100 = 25\%$$

92. $x^2 - y^2 - 4x - 4y + 8 = 0$

$\Rightarrow x^2 + 4 - 4x - y^2 - 4y + 4 = 0$

$\Rightarrow (x-2)^2 - (y-2)^2 = 0$

$\Rightarrow (x-2)^2 = (y-2)^2$

{दोनों ओर का वर्गमूल करने पर}

$\Rightarrow (x-2) = (y-2)$

$\Rightarrow x - y = 0$

93. यदि $a^3 + b^3 + c^3 - 3abc = 0 \Rightarrow a + b + c = 0$

$b = (-b)$ तथा $c = (-c)$ रखने पर

$a^3 - b^3 - c^3 - 3\,abc = 0 \Rightarrow a - b - c = 0$

$\Rightarrow a = b + c$

94. नौका की ऊर्ध्व प्रवाह में चाल $= \frac{40}{8} = 5$ किमी/घंटा

नौका की अनुप्रवाह में चाल $= \frac{36}{6} = 6$ किमी/घंटा

$\therefore$ सरिता की चाल $= \dfrac{\text{अनुप्रवाह में चाल} - \text{उर्ध्वप्रवाह में चाल}}{2}$

$= \frac{6-5}{2} = \frac{1}{2} = 0.5$

= 0.5 किमी/घंटा

95. सूत्र $d = \frac{Pr^2}{(100)^2}$ से

$P = \frac{d \times 100 \times 100}{r^2}$

$= \frac{160 \times 100 \times 100}{5 \times 5} =$ ₹64,000

96. दिया है, $x + \frac{1}{2x} = 2$

$\therefore \quad \left(x + \frac{1}{2x}\right)^3 = (2)^3$

$x^3 + \frac{1}{8x^3} = 5$

$\therefore \quad 8x^3 + \frac{1}{x^3} = 40$

99. दिया है; $ar.(\Delta AOE) = 15\,\text{cm}^2$

$\because$ $AD, \Delta ABC$ की माध्यिका है

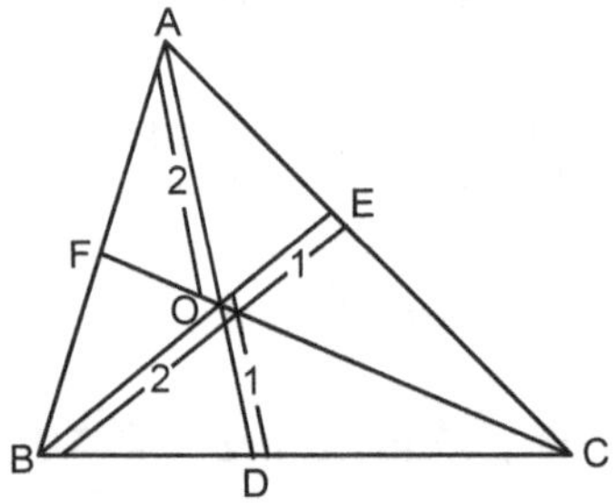

$\therefore$ $ar.(\Delta ABD) = ar.(\Delta ADC)$

इसी प्रकार, $OD, \Delta BOC$ की माध्यिका है

$\therefore$ $ar.(\Delta BOD) = ar.(\Delta DOC)$ ...(1)

इसी प्रकार, $OE, \Delta AOC$ की माध्यिका है

$\therefore$ $ar.(\Delta AOE) = ar.(\Delta COE) = 15$ ...(2)

पुनः $OF, \Delta AOB$ की माध्यिका है

$\therefore$ $ar.(\Delta BOF) = ar.(\Delta AOF)$ ...(3)

$\therefore$ $BO : OE = AO : OD = CO : OF = 2 : 1$

$\therefore$ ΔAOE तथा ΔBOD में,

$\angle AOE = \angle BOD$ (शीर्षाभिमुख कोण)

$AO = BO = 2$ (भुजा)

$OE = OD = 1$ (भुजा)

$\therefore$ $\Delta AOE \cong \Delta BOD$

$\Rightarrow ar.(\Delta BOD) = ar.(\Delta AOE) = 15$

$\Rightarrow$ चतुर्भुज $BODF$

$= ar.(\Delta BOD) + ar.(DELTABOF)$

$= 15 + 15 = 30\ \text{cm}^2$

100. दिया है; $\tan\theta = \frac{1}{5}$

और $\sec\alpha = \sqrt{\frac{193}{12}}$

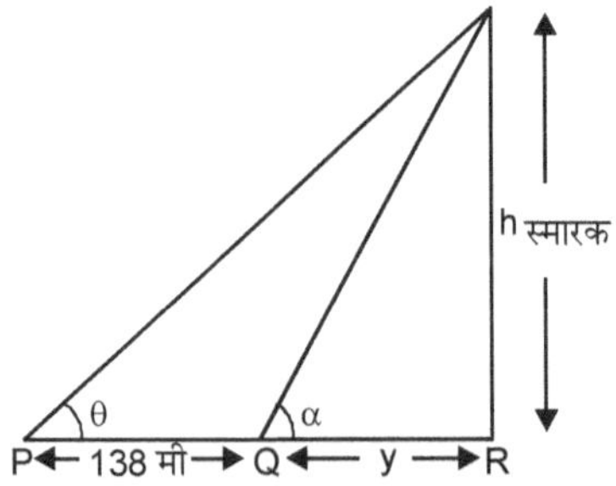

$\Delta\, SQR$ में,

$$\tan\alpha = \frac{\text{लम्ब}}{\text{आधार}} = \frac{h}{y}$$

$$\sqrt{\sec^2\alpha - 1} = \frac{h}{y} \quad [\because 1+\tan^2\alpha = \sec^2\alpha]$$

$$\sqrt{\left(\frac{\sqrt{193}}{12}\right)^2 - 1} = \frac{h}{y}$$

$$\sqrt{\frac{193-144}{144}} = \frac{h}{y} \Rightarrow \frac{7}{12} = \frac{h}{y}$$

$$\Rightarrow \quad y = \frac{12h}{7} \quad \ldots(1)$$

पुनः ΔSPR में

$$\tan\theta = \frac{\text{लम्ब}}{\text{आधार}} = \frac{h}{138+y}$$

$$\frac{1}{5} = \frac{h}{138+y} \Rightarrow 5h = 138 + y \quad \ldots(2)$$

सभी (1) व (2) से, $h = 42$ मीटर

अभ्यास पत्र-10

समय : 2 घंटे **पूर्णांक : 150**

भागः I-सामान्य बुद्धिमत्ता

निर्देश (1-4): दिए गए विकल्पों में से संबंधित शब्द/अक्षरों/संख्या को चुनिए।

1. निर्धनता : बेरोजगारी :: अरक्तता (रक्तक्षीणता) : ?

(*a*) कुपोषण (*b*) निरक्षरता

(*c*) सूखा (*d*) मृत्यु

2. प्रोत्साहित करना : रोक लगाना :: ?

(*a*) लाभ : सफलता

(*b*) दुर्लभता : अभिशेष

(*c*) देखना : विश्वास करना

(*d*) हृदय : आत्मा

3. ACF : JLO : : UWZ : ?

(*a*) CEG (*b*) MOP

(*c*) QRV (*d*) GIL

4. 27 : ? : : 125 : 25

(*a*) 3 (*b*) 9

(*c*) 18 (*d*) 125

निर्देश (5-9): दिए गए विकल्पों में से उसे चुनिए जो अन्य तीन विकल्पों से भिन्न है।

5. (*a*) नदी (*b*) पर्वत

(*c*) बाँध (*d*) जंगल

6. (*a*) स्पर्शज्या (स्पर्श-रेखा)

(*b*) वृत्तांश

(*c*) त्रिज्या

(*d*) विकर्ण

7. (*a*) BEH (*b*) CFL

(*c*) DGJ (*d*) EHL

8. (*a*) HIVW (*b*) MKLN

(*c*) EFOP (*d*) CDYZ

9. (*a*) 4, 12 (*b*) 8, 16

(*c*) 14, 24 (*d*) 6, 14

10. निम्नलिखित शब्दों को अंग्रेजी शब्दकोश के अनुसार क्रम से रखें

1 - Apple

2 - Appreciate

3 - Apply

4 - Application

5 - Apartment

(*a*) 5, 1, 2, 4, 3 (*b*) 5, 3, 1, 2, 4

(*c*) 5, 1, 3, 4, 2 (*d*) 5, 1, 4, 3, 2

निर्देश (11-12): दिए गए विकल्पों में से कौन-सा निम्नलिखित शब्दों का सार्थक आरोही क्रम दर्शाएगा ?

11. 1 - बिंदु

2 - त्रिभुज

3 - वर्ग

4 - कोण

5 - रेखा

(*a*) 4, 1, 5, 2, 3 (*b*) 3, 2, 1, 5, 4

(*c*) 2, 1, 4, 5, 3 (*d*) 1, 5, 4, 2, 3

12. दी गई अक्षर-श्रृंखला के खाली स्थानों पर क्रम से रखने पर निम्नलिखित में से कौन-सा अक्षर-समूह उसे पूरा करेगा ?

_XX_Y_XYYX_Y

(*a*) YYXY (*b*) YXYX

(*c*) XYYX (*d*) YYXX

निर्देश (13-14): दिए गए विकल्पों में से उस सही विकल्प को चुनिए जो अनुक्रम को पूरा करेगा।

13. CDE, IJK, NOP, ?

(*a*) FGH

(*b*) RST

(*c*) TUV

(*d*) QRS

14. 0, 2, 6, 12, 20, ?, 42

(*a*) 34 (*b*) 30

(*c*) 32 (*d*) 28

15. दी गई श्रृंखला में गलत संख्या ज्ञात कीजिए।

8, 16, 24, 40, 62, 104, 168

(*a*) 24 (*b*) 40

(*c*) 62 (*d*) 104

16. माला की ओर इशारा करते हुए, कला ने कहा, ''वह मेरे भाई की इकलौती बहन की पुत्री है।'' माला का कला से क्या संबंध है ?

(*a*) माता (*b*) पुत्री

(*c*) मौसी (*d*) भतीजी

17. यदि राम श्याम से कम तेज दौड़ता है और श्याम लाल जितना की तेज किंतु टॉम से कम तेज दौड़ता है, तो सबसे तेज कौन दौड़ता है,

(*a*) लाल (*b*) श्याम

(*c*) टॉम (*d*) टॉम और लाल

18. यदि APPRECIATION को एक कूट भाषा में 177832419465 लिखा जाए, तो उस कूट भाषा में RECEPTION को किस प्रकार लिखा जाएगा ?

(*a*) 832378365 (*b*) 832379465

(*c*) 832389465 (*d*) 832397645

19. नीचे दिए गए विकल्पों में से कौन-से चिन्हों या संख्याओं का अदल-बदल दिए गए समीकरण को सही कर देगा ?

$(5 + 2) \times 2 - 10 = 16$

(*a*) + और × (*b*) 5 और 10

(*c*) + और – (*d*) 5 और 2

20. कुछ समीकरण किसी विशेष प्रणाली के आधार पर हल किए गए हैं। इसी आधार पर हल न किए गए समीकरण का सही उत्तर ज्ञात कीजिए।

$3 \times 5 \div 7 = 573$, $8 \times 6 \div 3 = 638$,

$3 \times 7 \div 5 = 753$, $8 \times 6 \div 4 = ?$

(*a*) 864

(*b*) 468

(*c*) 648

(*d*) 846

निर्देश (21-22): निम्न श्रेणी में लुप्त संख्या/अक्षर/आकृति दिए गए विकल्पों में से ज्ञात कीजिए–

21.

5	4	41
7	3	58
10	2	?

(*a*) 34 (*b*) 12

(*c*) 99 (*d*) 104

22.

5	6	3	8
6	5	4	7
7	4	5	6
210	120	60	?

(*a*) 336 (*b*) 330

(*c*) 270 (*d*) 390

23. एक व्यक्ति पूर्व की ओर चलता है। कुछ दूर चलने के पश्चात् वह अपने दाईं ओर मुड़ता है। कुछ दूर चलने के पश्चात् वह फिर अपने दाईं ओर मुड़ता है। कुछ दूर चलने के बाद, अंत में, वह अपने बाईं ओर मुड़ता है। अब वह किस दिशा में जा रहा है ?

(*a*) उत्तर (*b*) दक्षिण

(*c*) पूर्व (*d*) पश्चिम

24. तीन कथनों के आगे चार निष्कर्ष I, II, III और IV दिए गए हैं। आपको कथनों को सत्य मानकर विचार करना है चाहे वे सामान्यत: ज्ञात तथ्यों से भिन्न प्रतीत होते हों। आपको निर्णय करना है कि दिए गए निष्कर्षों में से कौन-सा, यदि कोई हो, निश्चित रूप से दिए गए कथनों के आधार पर लागू होता है। अपना उत्तर निर्दिष्ट करें।

कथन : 1. सभी पुस्तकें डिब्बे हैं।
2. सभी डिब्बे कलम हैं।
3. सभी कलम कागज हैं।

निष्कर्ष : I. कुछ कागज पुस्तकें हैं।
II. सभी पुस्तकें कागज हैं।
III. कुछ कलम पुस्तकें हैं।
IV. सभी डिब्बे पुस्तकें हैं।

(*a*) निष्कर्ष I और III लागू होते हैं

(*b*) निष्कर्ष II या IV में से कोई भी लागू होता है

(*c*) निष्कर्ष I, II और III लागू होते हैं

(*d*) निष्कर्ष I या II या III में से कोई भी लागू होता है

25. छः मित्र A, B, C, D, E और F पूर्व की ओर मुँह करके एक पंक्ति में बैठे हैं। C बीच में है A और E के। B, E के निकटतम दाएँ लेकिन D के बाईं ओर है। F दाएँ छोर पर नहीं है। बाएँ छोर पर कौन है ?

(*a*) A (*b*) F
(*c*) C (*d*) B

भागः II-अंग्रेजी भाषा

Directions (26-30): *In the questions given below, some parts of the sentences have errors and some have none, find out which part of a sentence has an error and mark the appropriate letter (a, b, c). If there is no error, mark your answer (d).*

26. I am going (*a*)/ to have this certificate (*b*)/ attest by the Director. (*c*)/No error (*d*)

27. Ravi (*a*)/ told to his friend (*b*)/ to buy a car. (*c*)/ No error (*d*)

28. I would (*a*) accept the offer (*b*) / if I were you. (*c*)/ No error (*d*)

29. I am more lonelier (*a*)/ here than (*b*) /I was in the USA. (*c*) / No error (*d*)

30. May I know (*a*)/ to who (*b*)/ I am speaking? (*c*) / No error (*d*)

Directions (31-35) : *In the questions given below, some sentences are given with blanks to be filled in with an appropriate word(s). Four alternatives are suggested for each question. Choose the correct alternative out of the four.*

31. A thorough search of the aircraft was carried .... in the airport.

(*a*) out (*b*) off
(*c*) on (*d*) along

32. Discrimination .... any form should be avoided.

(*a*) of (*b*) by
(*c*) from (*d*) in

33. My friend's father died .... cancer.

(*a*) by (*b*) of
(*c*) from (*d*) with

34. I can't make ends .... on my small salary.

(*a*) meet (*b*) unite
(*c*) join (*d*) touch

35. His manners .... him.

(*a*) speak of (*b*) speak out
(*c*) speak up (*d*) speak for

Direction (36-40): *In the questions given below, out of the four alternatives, choose the one which best expresses the meaning of the given word*

36. Adorn

(*a*) Trust (*b*) Writer
(*c*) Suspect (*d*) Beautify

37. Repose

(*a*) Place (*b*) Keep
(*c*) Rest (*d*) Replace

38. Commotion

(*a*) Cheer (*b*) Imbalance
(*c*) Disturbance (*d*) Movement

39. Irrevocable

(*a*) Changed (*b*) Done
(*c*) Unalterable (*d*) Reversible

40. Anger

(*a*) Calmness (*b*) Vagueness
(*c*) Leisure (*d*) Displeasure

Directions (41-45): *In the questions given below, choose the word opposite in meaning to the given word.*

41. Explicit

(*a*) Elusive (*b*) Allusive
(*c*) Ambidextrous (*d*) Ambiguous

42. Immune

(*a*) Free (*b*) Vulnerable
(*c*) Powerful (*d*) Weak

43. Bleak

(*a*) Dull (*b*) Dark
(*c*) Bright (*d*) Exposure

44. Fastidious

(*a*) Fussy (*b*) Cooperative
(*c*) Promising (*d*) Adjustable

45. Shallow

(*a*) High (*b*) Long

(*c*) Wide (*d*) Deep

Directions (46-50) : *In the questions given below, four alternatives are given for the idiom/phrase. Choose the alternative which best expresses the meaning of the idiom/phrase.*

46. Birds of the same feather

(*a*) Persons of same caste

(*b*) Persons of same colour

(*c*) Birds with same type of feather

(*d*) Persons of same character

47. To fight tooth and nail

(*a*) To fight a losing battle

(*b*) To fight heroically

(*c*) To fight cowardly

(*d*) To make every possible effort

48. To call a spade a spade

(*a*) To be frank (*b*) To be sly

(*c*) To be rude (*d*) To be diplomatic

49. A white elephant

(*a*) An extinct species of elephant found in Burma

(*b*) A report by the government to give information

(*c*) Huge and colossal waste of human energy

(*d*) Costly and troublesome possession useless to its owner

50. To miss the bus

(*a*) To miss the bus that one regularly takes

(*b*) To miss an opportunity

(*c*) To have something to fall back upon

(*d*) To find fault with others

Directions (51-55) : *In the questions given below, a part of the sentence is underlined. Below are given alternatives to the underlined part at (a), (b) and (c) which may improve the sentence. Choose the correct alternative. In case no improvement is needed, your answer is (d).*

51. A large number of people have fallen victim **to** dengue fever.

(*a*) of

(*b*) from

(*c*) with

(*d*) No improvement

52. The stranger asked the little girl **what is her name**

(*a*) what her name is

(*b*) what her name was

(*c*) what was her name

(*d*) No improvement

53. She scoffed **on** the idea of revolution.

(*a*) for

(*b*) at

(*c*) about

(*d*) No improvement

54. **Beside** being a poet, he is also a famous singer.

(*a*) Besides being

(*b*) Besides becoming

(*c*) Beside becoming

(*d*) No improvement

55. Work at the **request** of your conscience.

(*a*) behest

(*b*) desires

(*c*) orders

(*d*) No improvement

Direction (56-60) : *In the questions given below, out of the four alternatives, choose the one which can be substituted for the given words/sentence.*

56. A remedy for all diseases

(*a*) Narcotic (*b*) Antiseptic

(*c*) Tonic (*d*) Panacea

57. The killing of a whole group of people

(*a*) Genocide (*b*) Germicide

(*c*) Patricide (*d*) Suicide

58. The plants and vegetation of a region

(*a*) Fauna (*b*) Flora

(*c*) Landscape (*d*) Environment

59. That which is without opposition

(*a*) Unaware (*b*) Verdict

(*c*) Unanimous (*d*) Spontaneous

60. Strong dislike between two persons

(*a*) Aversion (*b*) Antipathy

(*c*) Apathy (*d*) Despair

Directions (61-65) : *In the questions given below, groups of four words are given. In each group, one word is correctly spelt. Find the correctly spelt word from the options.*

61. (*a*) Abandant (*b*) Abendent

(*c*) Abundent (*d*) Abundant

62. (*a*) Asassin (*b*) Assassin

(*c*) Assasin (*d*) Assassen

63. (*a*) Magnificient (*b*) Magnifecent

(*c*) Magnifiscient (*d*) Magnificent

64. (*a*) Eccumenikal (*b*) Ecumenical

(*c*) Ecuemenicel (*d*) Ekumanical

65. (*a*) Supercede (*b*) Superzede

(*c*) Supersede (*d*) Superceed

Directions (66-75) : *In the following passage, some of the words have been left out. First read the passage over and try to understand what it is about. Then fill in the blanks with the help of the alternatives given.*

Everyone considers food, shelter, clothing and medical care to be the basic needs for a comfortable living. Even the government accepts this and **66** to provide all these. But very **67** people know that energy required for **68** and heating is also one of **69** basic needs. We are all aware **70** our country has achieved self-sufficiency in **71** but we have to go a **72** way **73** in order to **74** sufficiency in the **75** of energy.

66. (*a*) assures (*b*) loves

(*c*) hates (*d*) promises

67. (*a*) little (*b*) small

(*c*) few (*d*) leas

68. (*a*) cooking (*b*) living

(*c*) eating (*d*) sleeping

69. (*a*) theirs (*b*) such

(*c*) a (*d*) our

70. (*a*) this (*b*) that

(*c*) what (*d*) how

71. (*a*) food (*b*) resources

(*c*) weapon (*d*) heating

72. (*a*) some (*b*) all

(*c*) long (*d*) hard

73. (*a*) but (*b*) bet

(*c*) out (*d*) yet

74. (*a*) provide (*b*) serve

(*c*) achieve (*d*) garner

75. (*a*) field (*b*) terrain

(*c*) sector (*d*) space

भागः III-संख्यात्मक अभियोग्यता

76. $\sqrt{0.09}, \sqrt[3]{0.064}, 0.5$ तथा $\frac{3}{5}$ में सबसे बड़ी संख्या कौन-सी है ?

(*a*) $\sqrt{0.09}$ (*b*) $\sqrt[3]{0.064}$

(*c*) 0.5 (*d*) $\frac{3}{5}$

77. दो संख्याओं का महत्तम समापवर्तक 96 है और उनका लघुत्तम समापवर्त्य 1296 है। यदि उनमें एक संख्या 864 हो, तो दूसरी कितनी है ?

(*a*) 132 (*b*) 135

(*c*) 140 (*d*) 144

78. यदि एक सम बहुभुज के आंतरिक कोणों का योगफल 1080° हो, तो उस बहुभुज में कितनी भुजाएँ होंगी ?

(*a*) 6 (*b*) 8

(*c*) 10 (*d*) 12

79. एक धातु की 28 सेमी व्यास वाली अर्द्धवृत्ताकार चादर को मोड़कर खुले शंक्वाकार प्याले में बदल दिया गया है। तदनुसार उस प्याले की गहराई लगभग कितनी होगी ?

(*a*) 11 सेमी (*b*) 12 सेमी

(*c*) 13 सेमी (*d*) 14 सेमी

80. एक शंकु की त्रिज्या तथा ऊँचाई का अनुपात 4 : 3 है। तदनुसार उसके वक्राकार सतह के क्षेत्रफल तथा कुल सतह के क्षेत्रफल का अनुपात कितना होगा ?

(*a*) 5 : 9 (*b*) 3 : 7

(*c*) 5 : 4 (*d*) 16 : 9

81. एक समानांतर चतुर्भुज ABCD की एक भुजा AB = 24 सेमी और दूसरी भुजा AD = 16 सेमी है। भुजाओं AB तथा DC की दूरी 10 सेमी है। तद्नुसार AD तथा BC भुजाओं के बीच की दूरी कितनी होगी ?

(*a*) 16 सेमी (*b*) 18 सेमी

(*c*) 15 सेमी (*d*) 26 सेमी

82. एक पुरुष और एक स्त्री साथ-साथ काम करते हुए एक कार्य 18 दिनों में पूरा कर सकते हैं। उस कार्य को करने में उनकी दक्षता का अनुपात 3 : 2 रहता है। तद्नुसार उस स्त्री को अकेले वह कार्य पूरा करने में कितने दिन लगेंगे?

(*a*) 45 (*b*) 36

(*c*) 27 (*d*) 30

83. एक कार्य पूरा करने में A तथा B की तुलना में 10 दिन कम लगते हैं। यदि A तथा B दोनों मिलकर वह कार्य 12 दिनों में पूरा कर सकते हों, तो अकेले B को वह कार्य पूरा करने में कितना समय लगेगा।

(*a*) 30 दिन (*b*) 27 दिन

(*c*) 20 दिन (*d*) 25 दिन

84. ₹ 8000 की लागत मूल्य वाली एक वस्तु पर ₹ 11200 का बिक्री मूल्य अंकित है। उस पर x% छूट देकर भी यदि उसे 12% लाभ पर बेचा जाए, तो x का मान क्या होगा ?

(*a*) 21% (*b*) 20%

(*c*) 22% (*d*) 23%

85. दो बर्तनों A तथा B में अम्ल तथा पानी की मात्रा क्रमश 4 : 3 तथा 2 : 3 के अनुपात में है। तद्नुसार उन मिश्रणों से C बर्तन में एक नया मिश्रण तैयार करने के लिए उन्हें किस अनुपात में मिलाना चाहिए, ताकि नए मिश्रण में अम्ल और पानी की मात्रा आधी-आधी हो जाए ?

(*a*) 7 : 5 (*b*) 5 : 7

(*c*) 7 : 3 (*d*) 5 : 3

86. x संख्याओं का औसत y^2 है और y संख्याओं का औसत x^2 है। तद्नुसार उन सभी संख्याओं का कुल औसत कितना होगा?

(*a*) $\frac{x^3+y^3}{x+y}$ (*b*) xy

(*c*) $\frac{x^2+y^2}{x+y}$ (*d*) xy^2+yx^2

87. एक वस्तु का अंकित मूल्य उसके लागत मूल्य से 50% अधिक है। अनंतर अंकित मूल्य में 20% वृद्धि करने और बिक्री मूल्य में भी 20% वृद्धि कर देने पर लाभ दोगुना हो जाता है। तद्नुसार यदि आरंम्भिक अंकित मूल्य ₹ 300 रहा हो, तो आरम्भिक बिक्री मूल्य कितना था ?

(*a*) ₹ 200 (*b*) ₹ 250

(*c*) ₹ 240 (*d*) ₹ 275

88. एक परीक्षा में, जिसमें पूर्णांक 500 थे, A को B की अपेक्षा 10% कम अंक मिले उसी में B को C की अपेक्षा 25% अधिक अंक मिले और C को D की अपेक्षा 20% कम अंक मिले। तद्नुसार यदि A को 360 अंक मिले हों, तो D को पूर्णांक के कितने प्रतिशत अंक प्राप्त हुए थे ?

(*a*) 90% (*b*) 80%

(*c*) 50% (*d*) 60%

89. 75 ग्राम चीनी के एक घोल में 30% चीनी है। तद्नुसार उस घोल में कितनी चीनी और मिलाई जानी चाहिए कि घोल में चीनी का प्रतिशत 70% हो जाए?

(*a*) 125 ग्राम (*b*) 100 ग्राम

(*c*) 120 ग्राम (*d*) 130 ग्राम

90. यदि एक नाव 10 घंटों में धारा की दिशा में 100 किमी चल पाती है और धारा के विरूद्ध 15 घंटों में 75 किमी चलती है, तो धारा की गति कितनी है?

(*a*) 2 किमी/घंटा (*b*) 2.5 किमी/घंटा

(*c*) 3 किमी/घंटा (*d*) 3.5 किमी/घंटा

91. यदि $m+\frac{1}{m-2}=4$ हो, तो

$(m-2)^2+\frac{1}{(m-2)^2}$ का मान ज्ञात कीजिए

(*a*) − 2 (*b*) 0

(*c*) 2 (*d*) 4

92. यदि $a^2=b+c, b^2=c+a$ तथा $c^2=a+b$ हों, तो

$\frac{1}{1+a}+\frac{1}{1+b}+\frac{1}{1+c}$ का मान क्या होगा?

(*a*) abc (*b*) $a^2b^2c^2$

(*c*) 1 (*d*) 0

93. यदि $\frac{a}{1-a}+\frac{b}{1-b}+\frac{c}{1-c}=1$ हों, तो $\frac{1}{1-a}+\frac{1}{1-b}+\frac{1}{1-c}$ का मान क्या होगा?

(*a*) 1 (*b*) 2

(*c*) 3 (*d*) 4

94. यदि $a^2+b^2+2b+4a+5=0$ हों, तो $\frac{a-b}{a+b}$ का मान क्या होगा?

(*a*) 3 (*b*) -3

(*c*) $\frac{1}{3}$ (*d*) $-\frac{1}{3}$

95. यदि $a=2.361, b=3.263$ तथा, $c=5.624$ हों, तो $a^3+b^3-c^3+3abc$ का मान कितना होगा?

(*a*) 35.621 (*b*) 0

(*c*) 19.277 (*d*) 1

96. ABCD एक समचतुर्भुज है। उसमें C से गुजरने वाली एक सरल रेखा AD को आगे बढ़ाकर P पर काटती है और को AB आगे बढ़ाकर Q पर काटती है। तद्नुसार यदि $DP=\frac{1}{2}AB$ हो तो BQ तथा AB की लंबाइयों का अनुपात कितना होगा?

(*a*) 2 : 1 (*b*) 1 : 2

(*c*) 1 : 1 (*d*) 3 : 1

97. 10 सेमी. व्यास वाले एक वृत्त में प्रत्येक 8 सेमी. लंबी, दो समानांतर जीवाओं के बीच की दूरी कितनी होगी?

(*a*) 6 सेमी. (*b*) 7 सेमी.

(*c*) 8 सेमी. (*d*) 3 सेमी.

98. यदि एक समबाहु त्रिभुज की परित्रिज्या 10 सेमी. हो, तो उसकी अंत: त्रिज्या का मान कितना होगा?

(*a*) 5 सेमी. (*b*) 10 सेमी.

(*c*) 20 सेमी. (*d*) 15 सेमी.

99. दो वृत्तों के केंद्रों पर दो बराबर लंबाई की चापें क्रमश: 60° तथा 75° के कोण बनाती है। तद्नुसार उन दोनों वृत्तों की त्रिज्याओं का अनुपात कितना होगा?

(*a*) 5 : 2

(*b*) 5 : 4

(*c*) 3 : 2

(*d*) 2 : 1

100. यदि एक त्रिभुज ABC में, उसकी माध्यिकाएँ CD तथा BE परस्पर O बिंदु पर काटती हैं, तो ΔODE तथा ΔABC के क्षेत्रफलों का अनुपात कितना होगा?

(*a*) 1 : 6 (*b*) 6 : 1

(*c*) 1 : 12 (*d*) 12 : 1

भाग: IV-सामान्य सचेतता

101. प्रति व्यक्ति आय =

(*a*) $\frac{\text{निवल राष्ट्रीय उत्पाद}}{\text{कुल जनसंख्या}}$

(*b*) $\frac{\text{कुल जनसंख्या}}{\text{राष्ट्रीय आय}}$

(*c*) $\frac{\text{सकल राष्ट्रीय उत्पाद}}{\text{कुल जनसंख्या}}$

(*d*) $\frac{\text{राष्ट्रीय आय}}{\text{कुल जनसंख्या}}$

102. निम्नलिखित में से उल्टे 'U' आकार का वक्र कौन-सा है?

(*a*) औसत लागत (*b*) सीमांत लागत

(*c*) कुल लागत (*d*) नियत लागत

103. भारत में पूँजी प्रधान उद्योग का सर्वोत्तम उदाहरण कौन-सा है?

(*a*) वस्त्र उद्योग

(*b*) इस्पात उद्योग

(*c*) पर्यटन उद्योग

(*d*) खेल-कूद के सामान का उद्योग

104. भारत के भुगतान संतुलन को किसके द्वारा ठीक किया जा सकता है?

(*a*) मूद्रा अवमूल्यन

(*b*) प्रबल निर्यात संवर्धन

(*c*) आयात प्रतिस्थापन

(*d*) उपरोक्त सभी

105. गोल्डन हैंडशेक स्कीम संबंधित है?

(*a*) विदेशी कंपनियों को आमंत्रित करना

(*b*) सार्वजनिक उद्यमों में निजी निवेश

(*c*) संयुक्त उद्यम स्थापित करना

(*d*) स्वैच्छिक सेवानिवृत्ति

106. भारत में किस प्रकार की आपात-स्थिति अभी तक केवल एक बार लागू की गई है?

(*a*) आंतरिक आपात-स्थिति

(*b*) राज्य आपात-स्थिति

(*c*) बाह्य आपात-स्थिति

(*d*) वित्तीय आपात-स्थिति

107. मूल अधिकारों से संबंधित मामला निम्नलिखित में से कौन-सा है?

(*a*) गोलखनाथ बनाम पंजाब राज्य (1967)

(*b*) पश्चिम बंगाल बनाम भारत संघ (1963)

(*c*) शर्मा बनाम कृष्ण (1959)

(*d*) मुम्बई राज्य बनाम बलसारा (1951)

108. मुख्यमंत्री की नियुक्ति कौन करता है?

(*a*) भारत का राष्ट्रपति

(*b*) उच्च न्यायालय का मुख्य न्यायाधीश

(*c*) राज्यपाल

(*d*) दल का अध्यक्ष

109. निम्नलिखित में से क्या सही नहीं है?

(*a*) राज्यसभा में निर्वाचान के लिए व्यक्ति की आयु 30 वर्ष अवश्य पूरी होनी चाहिए

(*b*) लोकसभा में निर्वाचन के लिए व्यक्ति की आयु 25 वर्ष अवश्य पूरी होनी चाहिए

(*c*) राज्य विधानसभा में निर्वाचन के लिए व्यक्ति की आयु 21 वर्ष अवश्य पूरी होनी चाहिए

(*d*) ग्राम पंचायत के चुनाव में मतदान के लिए पात्र व्यक्ति की आयु 18 वर्ष अवश्य होनी चाहिए

110. भारत के प्रधानमंत्रियों की निम्नलिखित में से कौन-सा कालानुक्रम सही है?

I. इन्दिरा गाँधी

II. जवाहरलाल नेहरू

III. मोरारजी देसाई

IV. चरण सिंह

(*a*) I, II, III, IV

(*b*) II, III, I, IV

(*c*) II, I, III, IV

(*d*) III, II, IV, I

111. दिल्ली में मुगल साम्राज्य की नींव निम्नलिखित में से किस लड़ाई के परिणामस्वरूप पड़ी?

(*a*) पानीपत की तीसरी लड़ाई

(*b*) पानीपत की दूसरी लड़ाई

(*c*) हल्दीघाटी की लड़ाई

(*d*) पानीपत की पहली लड़ाई

112. लाहौर षड्यंत्र मामला किसके विरूद्ध रजिस्टर किया गया?

(*a*) वी डी सावरकर (*b*) भगत सिंह

(*c*) चंद्रशेखर आजाद (*d*) अरविन्द घोष

113. 'प्रिंस ऑफ पिलग्रिम्स' नाम किसे प्रदान किया गया था?

(*a*) फाह्यान (*b*) इत्सिंग

(*c*) ह्वनसांग (*d*) मेगास्थनीज

114. निम्नलिखित में से द्रविड़ कजगम के संस्थापक कौन थे?

(*a*) पेरियार ई वी रामास्वामी नाइकर

(*b*) आचार्य विनोबा भावे

(*c*) सी राजगोपालाचारी

(*d*) महात्मा गाँधी

115. निम्नलिखित में से वह व्यक्ति कौन है जो चिकित्सक नहीं है?

(*a*) सुश्रुत (*b*) चरक

(*c*) चार्वाक (*d*) धनवंतरी

116. भारत के भौगोलिक मानचित्र कौन तैयार करता है?

(*a*) भारतीय भूवैज्ञानिक सर्वेक्षण

(*b*) भारतीय सर्वेक्षण

(*c*) रक्षा मंत्रालय

(*d*) भारतीय भौगोलिक सर्वेक्षण

117. हरियाणा में सुविख्यात पक्षी विहार कौन-सा है?

(*a*) सुल्तानपुर (*b*) भरतपुर

(*c*) राजाजी (*d*) सरिस्का

118. 'आकस्मिक बाढ़' का संबंध किससे है?

(*a*) झुंडर तूफान

(*b*) चक्रवाती तूफान

(*c*) सुनामी

(*d*) टोरनेडो

119. भारत का सबसे बड़ा राज्य क्षेत्र कौन-सा है?

(*a*) चंडीगढ़

(*b*) पुदुचेरी

(*c*) अंडमान और निकोबार द्वीपसमूह

(*d*) लक्षद्वीप

120. निम्नलिखित जोड़ों पर विचार करें

सहायक नदी	**मुख्य नदी**
1. चंबल	नर्मदा
2. सोन	यमुना
3. मानस	ब्रह्मपुत्र

उपरोक्त में से किस जोड़े/किन जोड़ों का सही मेल बैठता है/हैं?

(*a*) 1, 2 और 3 (*b*) 1 और 2

(*c*) 2 और 3 (*d*) केवल 3

121. निम्नलिखित में से कौन-सा कीट रूधिराहारी है?

(*a*) फल-मक्खी

(*b*) घरेलू-मक्खी

(*c*) मच्छर

(*d*) घोंघा

122. काले वस्त्रों के मुकाबले श्वेत वस्त्र शीतल क्यों होते हैं,

(*a*) अपने पास पहुँचने वाले सभी प्रकाश को अवशोषित कर लेते हैं

(*b*) उनके पास जो भी प्रकाश पहुँचता है उसे वे परावर्तित कर देते हैं

(*c*) प्रकाश भेदन नहीं होने देते हैं

(*d*) सूर्य के प्रकाश को पूर्णतया शीतल कर देते हैं

123. 'गुर्दे' (किडनी) का कार्यात्मक यूनिट क्या है?

(*a*) एक्सॉन (*b*) न्यूरॉन

(*c*) नेफ्रॉन (*d*) धमनी

124. हमारे शरीर में त्वचा की सतह के नीचे मौजूद वसा किसके विरूद्ध अवरोधक का कार्य करती है?

(*a*) शरीर से ऊष्मा की क्षति

(*b*) शरीर से अनिवार्य द्रवों की क्षति

(*c*) शरीर से लवण की क्षति

(*d*) पर्यावरण से हानिकारक सूक्ष्म-जीवों का प्रवेश

125. मनुष्य की लाला रूधिर कोशिकाओं (आर बी सी) का जीवन काल कितना होता है?

(*a*) 120 दिन (*b*) 150 दिन

(*c*) 180 दिन (*d*) 190 दिन

126. गर्भाशय (वूम्ब) के लिए वैकल्पिक शब्द क्या है?

(*a*) यूटरस (*b*) यूरेटर

(*c*) वजाइना (*d*) वल्वा

127. फोटोग्राफी में मुख्य रंग कौन-से होते हैं?

(*a*) लाल, नीला, पीला (*b*) लाल, पीला, हरा

(*c*) लाल, नीला, हरा (*d*) नीला, पीला, हरा

128. अवतल लेंस हमेशा किस प्रकार का प्रतिबिंब बनाते हैं?

(*a*) वास्तविक प्रतिबिंब

(*b*) आभासी प्रतिबिंब

(*c*) वस्तु की विशेषता के अनुरूप प्रकार का प्रतिबिंब

(*d*) लेंस की वक्रता के अनुरूप प्रकार का प्रतिबिंब

129. आकाश किस कारण से नीला होता है?

(*a*) सूर्य के प्रकाश का परावर्तन

(*b*) सूर्य के प्रकाश का अपवर्तन

(*c*) वायुमंडल में सूर्य के प्रकाश के लघुत्तर तरंगदैर्ध्य का प्रकीर्णन

(*d*) वायुमंडल में सूर्य के प्रकाश के दीर्घत्तर तरंगदैर्ध्य का प्रकीर्णन

130. धातु की चायदानियों में लकड़ी के हैंडल क्यों लगे होते हैं?

(*a*) लकड़ी ऊष्मा की कुचालक होती है

(*b*) इससे बिजली का शॉक नहीं लगता

(*c*) इससे पात्र सुंदर लगता है

(*d*) इसमें स्वच्छता होती है

131. डॉस (DOS) का पूर्ण रूप क्या है?

(*a*) डायरेक्ट ऑपरेटिंग सिस्टम

(*b*) डुअल ऑपरेटिंग सिस्टम

(*c*) डिस्क ऑपरेटिंग सिस्टम

(*d*) डायल-अप ऑपरेटिंग सिस्टम

132. एक बाइट किसके बराबर होती है?

(*a*) 8 बिट्स (*b*) 12 बिट्स

(*c*) 16 बिट्स (*d*) 20 बिट्स

133. भाप-अंगार गैस किसका मिश्रण होती है?

(*a*) कार्बन डाइ-ऑक्साइड और हाइड्रोजन

(*b*) कार्बन मोनो-ऑक्साइड और नाइट्रोजन

(*c*) कार्बन मोनो-ऑक्साइड और हाइड्रोजन

(*d*) कार्बन डाइ-ऑक्साइड और नाइट्रोजन

134. पीतल किससे बनता है?

(*a*) ताँबा और टिन (*b*) टिन और सीसा

(*c*) ताँबा और जिंक (*d*) ताँबा, टिन और जिंक

135. निम्नलिखित में से किस कारण से लोहे में जंग लग जाता है?

1. ऑक्सीकरण
2. अपचयन
3. ऑक्सीजन के साथ रासायनिक अभिक्रिया
4. CO_2 के साथ रासायनिक अभिक्रिया

(*a*) 1 और 2 (*b*) 2 और 3

(*c*) 3 और 4 (*d*) 1 और 3

136. पेट्रोलियम अग्नि के लिए कौन-से प्रकार का अग्निशामक प्रयोग किया जाता है ?

(*a*) फोम प्रकार (*b*) सोडा एसिड प्रकार

(*c*) पाउडर प्रकार (*d*) इनमें से कोई नहीं

137. मलजल उपचार के मंथन टैंक का कार्य किसे निकालना है ?

(*a*) तेल और वसीय पदार्थ

(*b*) निलंबित ठोस पदार्थ

(*c*) शितकणी पदार्थ

(*d*) अजैविक पदार्थ

138. पृथ्वी की सतह के ऊपर ओजोन की परत किससे बचाव प्रदान करती है ?

(*a*) एक्स-रे से (*b*) पराबैंगनी किरणों से

(*c*) गामा किरणों से (*d*) अवरक्त किरणों से

139. निम्नलिखित में से कौन-सी 'ग्रीन हाउस गैस' नहीं है?

(*a*) क्लोरोफ्लोरोकार्बस

(*b*) मीथेन

(*c*) कार्बन डाइ-ऑक्साइड

(*d*) नाइट्रोजन

140. कहाँ काम करने वाले व्यक्तियों को ब्लैक लंग रोग हो जाता है ?

(*a*) विद्युत-लेपन उद्योग

(*b*) कार्बनिक विलायक उद्योग

(*c*) पेंट विनिर्माण उद्योग

(*d*) कोयला खान

141. निम्नलिखित का मेल करें

सूची I	सूची II
A. भरतनाट्यम	1. ओड़िशा
B. कुचीपुड़ी	2. केरल
C. कथकली	3. आंध्र प्रदेश
D. ओडिसी	4. तमिलनाडु

कूट

	A	B	C	D
(*a*)	4	3	2	1
(*b*)	3	4	1	2
(*c*)	2	3	4	1
(*d*)	1	2	3	4

142. भारत में पहला परमाणु युक्ति विस्फोट किस राज्य में किया गया था ?

(*a*) जम्मू और कश्मीर (*b*) नागालैंड

(*c*) मणिपुर (*d*) राजस्थान

143. भारत के किस नगर को 'भारत की सिलिकॉन वैली' कहा जाता है?

(*a*) बंगलुरु (*b*) चेन्नई

(*c*) हैदराबाद (*d*) मुंबई

144. इनमें से किसका सही मेल नहीं है ?

(*a*) सोमदेर देववर्मन – बैडमिंटन

(*b*) गगन नारंग – निशानेबाजी

(*c*) अर्जुन अटवाल – गोल्फ

(*d*) अनिता सूद – तैराकी

145. किस देश ने हाल में 'कोपा अमेरिका 2011' फाइनल जीता है ?

(*a*) ब्राजील (*b*) पैराग्वे

(*c*) वेनेजुएला (*d*) पेरु

146. निम्नलिखित किस नगर के निकट पालितन मंदिर स्थित है ?

(*a*) भावनगर (*b*) माउंट आबू

(*c*) नासिक (*d*) उज्जैन

147. भारत के ऐसे प्रथम राष्ट्रपति कौन थे जिन्होंने भारतीय वायु सेना के सुखोई फाइटर एयरक्राफ्ट में 30 मिनट की उड़ान भरी थी ?

(*a*) ए पी जे अब्दुल कलाम

(*b*) श्रीमती प्रतिभा पाटिल

(*c*) के आर नारायणन

(*d*) डॉ. शंकर दयाल शर्मा

148. नासा के किससे संबंधित मिशन का नाम 'जुनो' है ?

(*a*) शनि (*b*) मंगल

(*c*) बृहस्पति (*d*) इनमें से कोई नहीं

149. मैन बुकर पुरस्कार 2008 प्राप्त करने वाले उपन्यास 'द व्हाइट टाइगर' के लेखक कौन थे ?

(*a*) अरुंधति रॉय (*b*) अरविंद अडिग

(*c*) वी एस नायपॉल (*d*) किरण देसाई

150. राज्यसभा के लिए मनोनीत भारतीय चलचित्र की पहली नायिका कौन थी?

(*a*) नर्गिस (*b*) मधुबाला

(*c*) हेमामालिनी (*d*) शोभना भारतीय

उत्तरमाला

1. (*a*)	**2.** (*b*)	**3.** (*b*)	**4.** (*b*)	**5.** (*c*)	**6.** (*d*)	**7.** (*d*)	**8.** (*b*)	**9.** (*c*)	**10.** (*d*)
11. (*d*)	**12.** (*d*)	**13.** (*b*)	**14.** (*b*)	**15.** (*c*)	**16.** (*b*)	**17.** (*c*)	**18.** (*b*)	**19.** (*c*)	**20.** (*c*)
21. (*d*)	**22.** (*a*)	**23.** (*b*)	**24.** (*c*)	**25.** (*b*)	**26.** (*c*)	**27.** (*b*)	**28.** (*d*)	**29.** (*a*)	**30.** (*a*)
31. (*a*)	**32.** (*d*)	**33.** (*b*)	**34.** (*a*)	**35.** (*a*)	**36.** (*d*)	**37.** (*c*)	**38.** (*c*)	**39.** (*c*)	**40.** (*d*)
41. (*d*)	**42.** (*b*)	**43.** (*c*)	**44.** (*d*)	**45.** (*d*)	**46.** (*d*)	**47.** (*d*)	**48.** (*a*)	**49.** (*b*)	**50.** (*b*)
51. (*b*)	**52.** (*b*)	**53.** (*b*)	**54.** (*a*)	**55.** (*a*)	**56.** (*d*)	**57.** (*a*)	**58.** (*b*)	**59.** (*c*)	**60.** (*b*)
61. (*d*)	**62.** (*b*)	**63.** (*a*)	**64.** (*b*)	**65.** (*c*)	**66.** (*a*)	**67.** (*c*)	**68.** (*a*)	**69.** (*d*)	**70.** (*b*)
71. (*a*)	**72.** (*c*)	**73.** (*d*)	**74.** (*c*)	**75.** (*a*)	**76.** (*d*)	**77.** (*d*)	**78.** (*b*)	**79.** (*b*)	**80.** (*a*)
81. (*c*)	**82.** (*a*)	**83.** (*a*)	**84.** (*b*)	**85.** (*a*)	**86.** (*b*)	**87.** (*b*)	**88.** (*b*)	**89.** (*b*)	**90.** (*b*)
91. (*c*)	**92.** (*c*)	**93.** (*d*)	**94.** (*c*)	**95.** (*b*)	**96.** (*a*)	**97.** (*a*)	**98.** (*a*)	**99.** (*b*)	**100.** (*c*)
101. (*d*)	**102.** (*b*)	**103.** (*b*)	**104.** (*d*)	**105.** (*d*)	**106.** (*a*)	**107.** (*a*)	**108.** (*c*)	**109.** (*c*)	**110.** (*c*)
111. (*d*)	**112.** (*b*)	**113.** (*c*)	**114.** (*a*)	**115.** (*c*)	**116.** (*b*)	**117.** (*a*)	**118.** (*b*)	**119.** (*c*)	**120.** (*d*)
121. (*c*)	**122.** (*b*)	**123.** (*c*)	**124.** (*a*)	**125.** (*a*)	**126.** (*a*)	**127.** (*c*)	**128.** (*b*)	**129.** (*c*)	**130.** (*a*)
131. (*c*)	**132.** (*a*)	**133.** (*c*)	**134.** (*c*)	**135.** (*c*)	**136.** (*c*)	**137.** (*a*)	**138.** (*b*)	**139.** (*d*)	**140.** (*d*)
141. (*a*)	**142.** (*d*)	**143.** (*a*)	**144.** (*a*)	**145.** (*b*)	**146.** (*)	**147.** (*a*)	**148.** (*c*)	**149.** (*b*)	**150.** (*a*)

व्याख्या

1. निर्धनता पैदा होती है, बेरोजगारी से और अरक्तता पैदा होती है कुपोषण से

2. प्रोत्साहित करना : रोक लगाना : : दुर्लभता : अधिशेष
   (प्रोत्साहित करना – रोक लगाना: विपरीतार्थक; दुर्लभता – अधिशेष: विपरीतार्थक)

3. A C F : J L O : : U W Z : **G I L**
   +2 +3 $(1)^2$+3 +2 +3   +2 +3 $(2)^2$+3 +2 +3

4. 27 : **9** : : 125 : 25
   3^3 3^2 5^3 5^2

5. बाँध कृत्रिम है जबकि अन्य सभी प्राकृतिक है।

6. विकर्ण को छोड़कर अन्य सभी वृत्त के भाग है।

7. B E H   C F I   D G J   **E H L**
   +3 +3   +3 +3   +3 +3   +3 +4

8. H I V W   **M K L N**   E F O P   C D Y Z
   +1 +1   −2 +2   +1 +1   +1 +1

9. 4 12   8 16   **14 24**   6 14
   +8   +8   +10   +8

10. शब्द कोश के अनुसार सही क्रम होगा–
    Apartment → Apple → Application → Apply → Appreciate
    5   1   4   3   2

11. बिंदु → रेखा → कोण → त्रिभुज → वर्ग
    ⇒ 1,5,4,2,3

12. YX | XY | YX | XY |YX | XY ⇒ YYXX

13. C D E   I J K   N O P   **R S T**
    +1 +1 +4 +1 +1 +3 +1 +1 +2 +1 +1

14. 0   2   6   12   20   **30**   42
    +2   +4   +6   +8   +10   +12

15.
$$8 + 16 \Rightarrow 24$$
$$16 + 24 \Rightarrow 40$$
$$24 + 40 \Rightarrow 64$$
$$40 + 64 \Rightarrow 104$$
$$64 + 104 \Rightarrow 168$$

16.
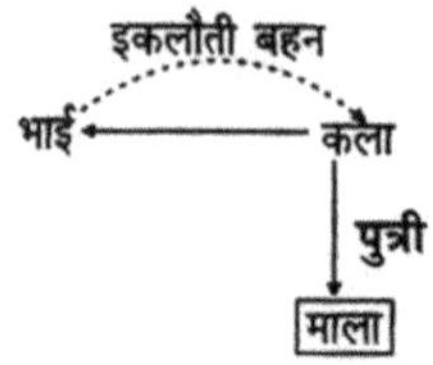

17. टॉम > श्याम > लाल/राम

18. A P P R E C I A T I O N
    ↓ ↓ ↓ ↓ ↓ ↓ ↓ ↓ ↓ ↓ ↓ ↓
    1 7 7 8 3 2 4 1 9 4 6 5
    ⇒ **R E C E P T I O N**
    ↓ ↓ ↓ ↓ ↓ ↓ ↓ ↓ ↓
    8 3 2 3 7 9 4 6 5

19. विकल्प (*c*) से,
$$(5-2) \times 2 + 10 = 16$$
$$\Rightarrow \quad 6 + 10 = 16$$
$$\Rightarrow \quad 16 = 16$$

20. दिये हुए पैटर्न के आधार पर,
    8 × **6** ÷ **4** → **6 4 8**

21.
$$5^2 + 4^2 = 41$$
$$7^2 + 3^2 = 58$$
$$10^2 + 2^2 = \mathbf{104}$$

22. स्तम्भ
    I. $5 \times 6 \times 7 = 210$
    II. $6 \times 5 \times 4 = 120$
    III. $3 \times 4 \times 5 = 60$
    IV. $8 \times 7 \times 6 = \mathbf{336}$

23.
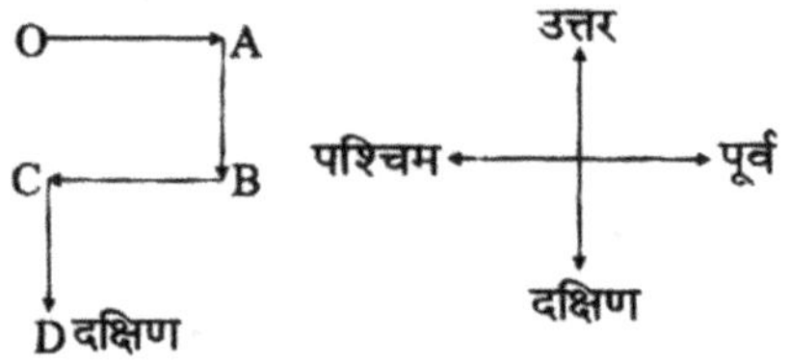

24.
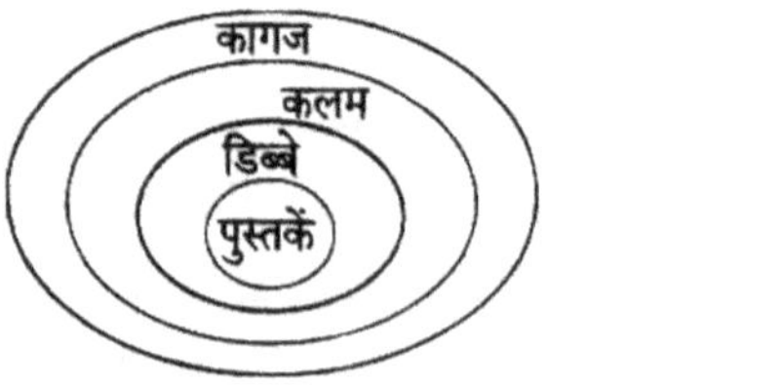

निष्कर्ष I. (✓)
II. (✓)
III. (✓)

25. सभी मित्रों के बैठने का क्रम होगा

F A C E B D

← बाईं ओर दाईं ओर →

76. $\sqrt{0.09} = 0.3$

$\sqrt[3]{0.064} = 0.4$

$0.5 = 0.5$

$\frac{3}{5} = 0.6$

77. $a \times b =$ ल.स. $\times$ म.स.

$b = \frac{1296 \times 96}{864} = 144$

78. n भुजाओं वाले समबहुभुज के आंतरिक कोणों का योग

$= (2n - 4) . 90$

$\Rightarrow \quad 1080 = (2n - 4). 90$

$\Rightarrow \quad \boldsymbol{n = 8}$

79. अर्द्धवृत्ताकार चादर की त्रिज्या $= \frac{\text{व्यास}}{2}$

$= \frac{28}{2} = 14$ सेमी

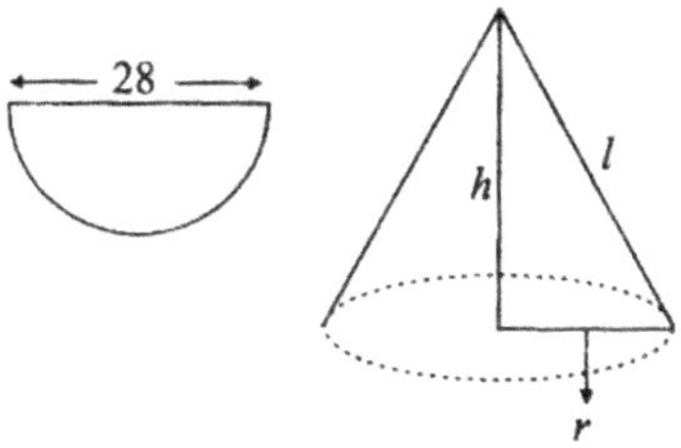

प्याले के आधार का परिमाप $= \pi \times 14$

$\Rightarrow \quad 2\pi r = \pi \times 14$

$r = \frac{14}{2} = 7$ सेमी

$\therefore$ प्याले की ऊँचाई $(h) = \sqrt{l^2 - r^2}$

$= \sqrt{(14)^2 - 7^2}$

$= \sqrt{147} \cong 12$ सेमी.

80. माना $r = 4x$

$h = 3x$

$\therefore \quad l = \sqrt{h^2 + r^2}$

$= \sqrt{(4x)^2 + (3x)^2}$

$= 5x$

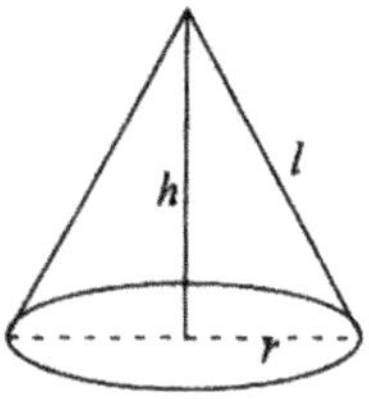

$\therefore$ अभीष्ट अनुपात $= \pi rl : \pi r (l + r)$

$= l : (l + r)$

$= 5x : (5x + 4x) = 5 : 9$

81.

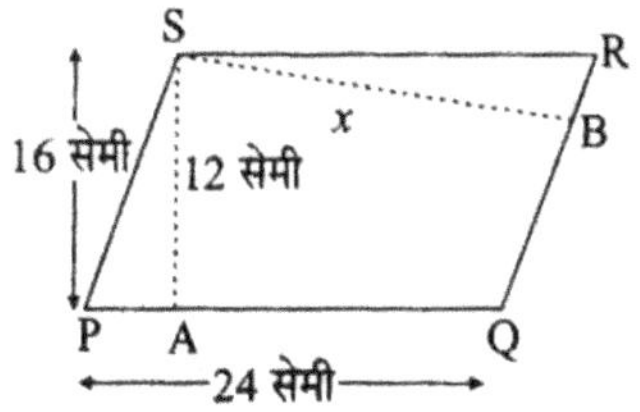

समानांतर चतुर्भुज PQRS में,

$PQ \times SA = QR \times SB$

$24 \times 10 = 16 \times x$

$x = 15$ सेमी

82. माना पुरुष अकेला 1 कार्य को करता है $= 2x$ दिन में

और स्त्री अकेली 1 कार्य को करती है $= 3x$ दिन में

तब प्रश्नानुसार, $\frac{M \times W}{M + W} = 18$

$\frac{(2x) \times (3x)}{2x + 3x} = 18$

$\Rightarrow \quad x = 15$

$\therefore$ स्त्री अकेली एक कार्य को करेगी

$= 3 \times 15 = 45$ दिनों में

83. माना A, x दिन में करता है $= 1$ काम

तो B, $(x + 10)$ दिन में करता है $= 1$ काम

$\therefore$ A का 1 दिन का काम $= \frac{1}{x}$ भाग

B का 1 दिन का काम $= \frac{1}{x + 10}$ भाग

(A + B) का 1 दिन का काम

$$= \left[\frac{1}{x} + \frac{1}{x + 10}\right] \quad ...(i)$$

परंतु (A + B) 12 दिन में करते हैं $= 1$ काम

$\therefore$ (A + B) 1 दिन में करते हैं $= \frac{1}{12}$ काम ...(*ii*)

$\therefore$ समी. (*i*) व (*ii*) से,

$$\frac{1}{x}+\frac{1}{x+10} = \frac{1}{12}$$

$\Rightarrow$ $x = (20, -6)$

$\therefore$ B अकेले उस काम को करेगा = 20 + 10

= 30 दिनों में

84. प्रश्नानुसार, 8000 का 112% = 11200 का (100 – x)%

$\Rightarrow$ $x = 20\%$

85. बर्तन A में अम्ल की मात्रा $= \frac{4}{7}$ भाग

बर्तन B में अम्ल की मात्रा $= \frac{2}{5}$ भाग

तथा बर्तन C में अम्ल की मात्रा $= \frac{1}{2}$ भाग

$\therefore$ मिश्रण के नियम से,

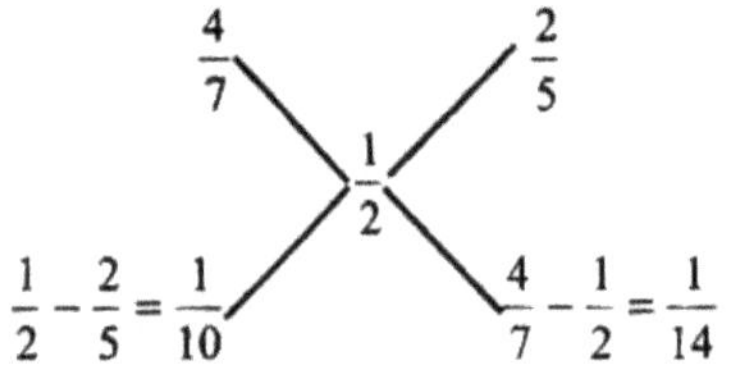

$\therefore$ अभीष्ट अनुपात $= \frac{1}{10} : \frac{1}{14} = 7 : 5$

86. x संख्याओं का कुल योगफल $= x, y^2$

y संख्याओं का कुल योगफल $= y.\ x^2$

$\therefore$ x और y संख्याओं का कुल औसत

$$= \frac{\text{कुल योगफल}}{\text{कुल संख्याएँ}}$$

$$= \frac{xy^2 + yx^2}{x+y} = xy$$

87. माना शुरु में वस्तु पर ₹ x लाभ प्राप्त होता है।

दिया है : वस्तु का अंकित मूल्य = ₹ 300

$\therefore$ वस्तु का लागत मूल्य = ₹ 200

वस्तु का प्रारंभ में बिक्री मूल्य = ₹ $(200 + x)$

प्रश्नानुसार,

$$\frac{(200+x)\times 120}{100} - 200 = 2x$$

$\Rightarrow$ $x = 50$

$\therefore$ वस्तु का प्रारंभ में बिक्री मूल्य = 200 + 50

= ₹ 250

88. माना B, C, D को क्रमशः गए y, z अंक मिले।

कुल पूर्णांक = 500

A को अंक मिले = 360

$\therefore$ प्रश्नानुसार, B को प्राप्त अंक = A को प्राप्त अंक

$\Rightarrow$ x का 90% = 360

$\Rightarrow$ $x = 400$

पुनः $x = y$ का 125%

$\Rightarrow$ $400 = \frac{y\times 125}{100}$

$\Rightarrow$ $y = 320$

पुनः z का 80% = y

$\Rightarrow$ $\frac{z\times 80}{100} = 320$

$\Rightarrow$ $z = 400$

$\therefore$ D के अभीष्ट % प्राप्तांक

$$= \frac{\text{D को प्राप्त अंक}}{\text{कुल अंक}}\times 100$$

$$= \frac{400}{500}\times 100 = 80\%$$

89. माना चीनी के घोल में x ग्राम चीनी मिलाने पर घोल में चीनी की मात्रा 70% हो जाती है

75 ग्राम चीनी के घोल में चीनी की मात्रा

= 75 का 30% = 22.5 ग्राम

प्रश्नानुसार, $(75 + x)$ का 70% = $22.5 + x$

$\Rightarrow$ $x = 100$ ग्राम

90. धारा की दिशा में नाव की चाल

$$= \frac{\text{दूरी}}{\text{समय}} = \frac{100}{10} = 10 \text{ किमी/घंटा}$$

धारा की विरुद्ध नाव की चाल $= \frac{\text{दूरी}}{\text{समय}}$

$$= \frac{75}{15} = 5 \text{ किमी/घंटा}$$

$\therefore$ धारा की गति =

$$\frac{\text{धारा की दिशा में नाव की चाल} - \text{धारा के विरूद्ध नाव की चाल}}{2}$$

$$= \frac{10-5}{2} = 2.5 \text{ किमी/घंटा}$$

91. $m + \dfrac{1}{m-2} = 4$

$\Rightarrow \quad m^2 - 6m + 9 = 0$

$\Rightarrow \quad m = 3$

$\therefore \ (m-2)^2 + \dfrac{1}{(m-2)^2} = (3-2)^2 + \dfrac{1}{(3-2)^2}$

$= 1 + 1 = 2$

92. $\because \quad a^2 = b + c$

$\dfrac{a^2}{a} = \dfrac{b+c}{a}$

$a = \dfrac{b+c}{a}$

$1 + a = 1 + \dfrac{b+c}{a} = \dfrac{a+b+c}{a}$ ...(*i*)

इसी प्रकार, $1 + b = 1 + \dfrac{c+a}{b} = \dfrac{b+c+a}{b}$ ...(*ii*)

तथा, $1 + c = 1 + \dfrac{a+b}{c} = \dfrac{c+a+b}{c}$ ...(*iii*)

$\therefore \quad \dfrac{1}{1+a} + \dfrac{1}{1+b} + \dfrac{1}{1+c}$

$= \dfrac{a}{a+b+c} + \dfrac{b}{b+c+a} + \dfrac{c}{c+a+b}$

$= \dfrac{(a+b+c)}{(a+b+c)} = 1$

93. $\dfrac{a}{1-a} + \dfrac{b}{1-b} + \dfrac{c}{1-c} = 1$

$\Rightarrow \dfrac{a}{1-a} + 1 + \dfrac{b}{1-b} + 1 + \dfrac{c}{1-c} + 1 = 1 + 3$

$\Rightarrow \dfrac{1}{1-a} + \dfrac{1}{1-b} + \dfrac{1}{1-c} = 4$

94. $a^2 + b^2 + 2b + 4a + 5 = 0$ (दिया है)

$\Rightarrow \quad a^2 + 4a + 4 + b^2 + 2b + 1 = 0$

$\Rightarrow \quad (a+2)^2 + (b+1)^2 = 0$

$\Rightarrow \quad a = -2$ तथा $b = -1$

$\therefore \quad \dfrac{a-b}{a+b} = \dfrac{-2-(-1)}{-2+(-1)} = \dfrac{-1}{-3} = \dfrac{1}{3}$

95. $a + b = 2.361 + 3.263 = 5.624 = c$

$\therefore \quad a + b = c$ ...(*i*)

दोनों तरफ का घन करने पर

$(a+b)^3 = (c)^3$

$a^3 + b^3 + 3ab\,(a+b) = c^3 \quad [\because a + b = c]$

$a^3 + b^3 - c^3 + 3\,abc = 0$

96. दिया है, $DP = \dfrac{AB}{2}$

$BQ : AB = ?$

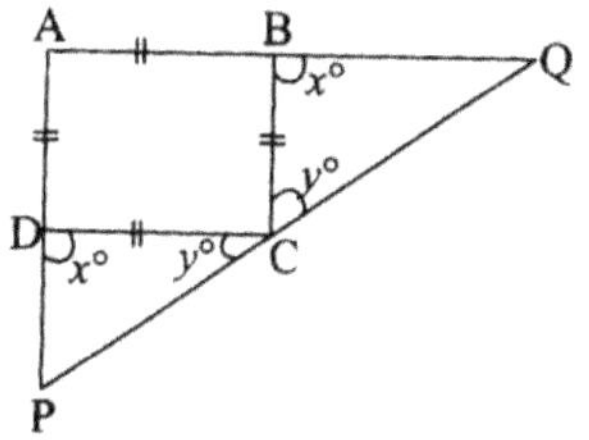

समचतुर्भुज ABCD में

$AB = DC = AD = BC$

$\therefore \quad \angle PDC = \angle CBQ$

($\because$ एक ही रेखा पर बने अंत:कोण बराबर होते हैं)

$\because \quad AB \parallel DC$

$\because \quad \angle DCP = \angle BCQ$

और $\quad DC = BC$

$\Rightarrow \quad \Delta\, DPC \sim \Delta\, BCQ$

$\because$ अभीष्ट अनुपात $= BQ : AB$

$= 2AB : AB$

$= 2 : 1$

97. माना जीवाओं AB व CD के बीच की दूरी = PQ

तब $\quad AQ^2 = OQ^2 + AQ^2$

$(5)^2 = OQ^2 + (4)^2$

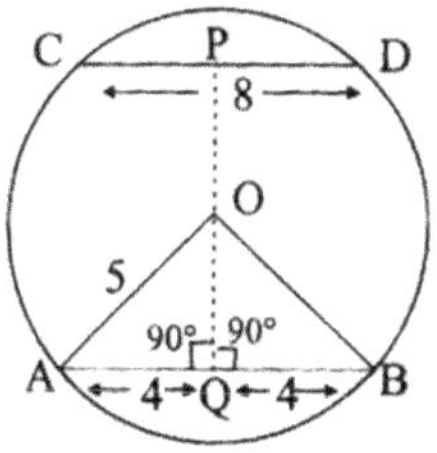

$\therefore \quad OQ = \sqrt{25-16} = 3$ सेमी

$\left[AO = r = \dfrac{\text{व्यास}}{2} = \dfrac{10}{2} = 5 \text{ सेमी}\right]$

$\therefore$ अभीष्ट दूरी $= 2 \times OQ$

$= 2 \times 3 = 6$ सेमी

98. समबाहु Δ की परित्रिज्या $= \dfrac{a}{\sqrt{3}}$

$$\Rightarrow \quad 10 = \frac{a}{\sqrt{3}}$$

$$\Rightarrow \quad a = 10\sqrt{3}$$

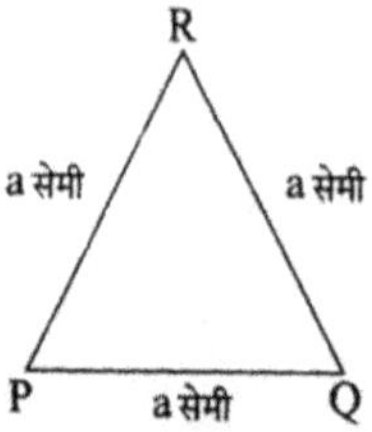

$\therefore$ समबाहु D की अंत: त्रिज्या

$$= \frac{a}{2\sqrt{3}} = \frac{10\sqrt{3}}{2\cdot\sqrt{3}} = 5 \text{ सेमी}$$

99.

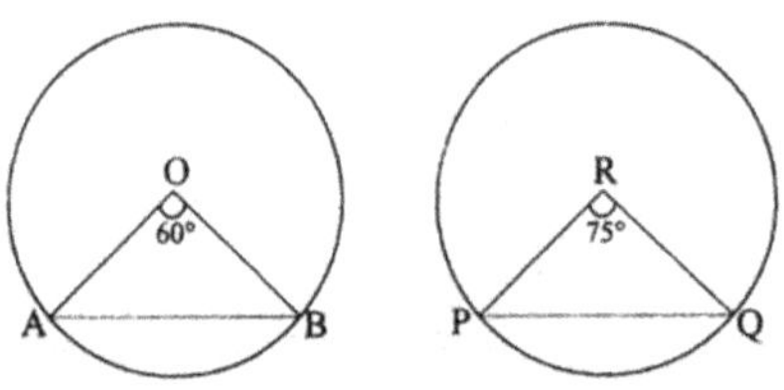

$\because$ वृत्त के चाप द्वारा केंद्र पर आंतरित कोण

$$\alpha \frac{1}{\text{त्रिज्या}}$$

$$\Rightarrow \quad l \,\alpha\, \frac{1}{r_1} \text{ और } l \,\alpha\, \frac{1}{r_2}$$

$$\Rightarrow \quad l = \frac{k}{r_1} \text{ और } l = \frac{k}{r_2}$$

$$\Rightarrow \quad 60° = \frac{k}{r_1} \text{ और } 75° = \frac{k}{r_2}$$

$$\Rightarrow \quad r_1 = \frac{k}{60°} \text{ और } r_2 = \frac{k}{75°}$$

$\therefore$ अभीष्ट अनुपात $= r_1 : r_2$

$$= \frac{k}{60°} : \frac{k}{75°}$$

$$= 75 : 60 = 5 : 4$$

100. Δ ABC का क्षेत्रफल = Δ AOB का क्षेत्रफल +

Δ BOC का क्षेत्रफल +

Δ COA का क्षेत्रफल

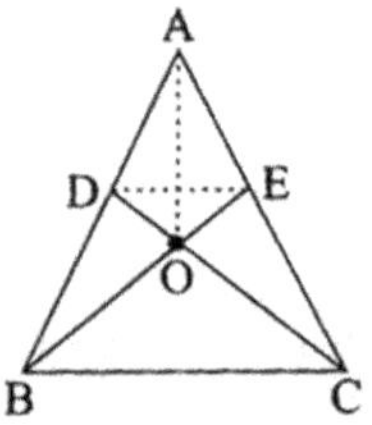

= 3 × Δ BOC का क्षेत्रफल

= 3 × 4 (Δ DOE का क्षेत्रफल)

= 12 (Δ DOE का क्षेत्रफल)

$$\therefore \quad \frac{\Delta \text{ DOE का क्षेत्रफल}}{\Delta \text{ ABC का क्षेत्रफल}} = \frac{1}{12}$$

www.ingramcontent.com/pod-product-compliance
Lightning Source LLC
LaVergne TN
LVHW062157171026
850499LV00044B/1785